Praxiswissen TYPO3

2. AUFLAGE

Praxiswissen TYPO3

Robert Meyer

O'REILLY®

Beijing · Cambridge · Farnham · Köln · Paris · Sebastopol · Taipei · Tokyo

Kommentare und Fragen können Sie gerne an uns richten:
O'Reilly Verlag
Balthasarstr. 81
50670 Köln
Tel.: 0221/9731600
Fax: 0221/9731608
E-Mail: kommentar@oreilly.de

1. Auflage 2005
2. Auflage 2006

Bibliografische Information Der Deutschen Bibliothek
Die Deutsche Bibliothek verzeichnet diese Publikation in der Deutschen Nationalbibliografie; detaillierte bibliografische Daten sind im Internet über *http://dnb.ddb.de* abrufbar.

Lektorat: Alexandra Follenius, Köln
Korrektorat: Eike Nitz, Köln & Sibylle Feldmann, Düsseldorf
Satz: Tung Huynh, reemers publishing services gmbh, Krefeld; www.reemers.de
Umschlaggestaltung: Michael Oreal, Köln
Produktion: Andrea Miß, Köln
Belichtung, Druck und buchbinderische Verarbeitung:
Druckerei Kösel, Krugzell; www.koeselbuch.de

ISBN 3-89721-449-0
SBN-13 978-3-89721-449-1

Dieses Buch ist auf 100% chlorfrei gebleichtem Papier gedruckt.

Inhalt

In diesem Kapitel:

- Über dieses Buch
- Aktualisierung auf TYPO3 4.0
- Aufbau dieses Buchs
- Beispielskripte
- Typografische Konventionen
- Support
- Weitere Ressourcen
- Die Geschichte von TYPO3
- Danksagung

KAPITEL 1

Einführung

TYPO3 ist ein frei konfigurierbares Content Management-System (CMS) zur Pflege von dynamisch generierten Internetpräsentationen, das in den letzten Jahren zunehmend an Bedeutung gewonnen hat. Klingt teuer, ist es aber nicht: TYPO3 ist Open Source und wurde unter der GPL-Lizenz veröffentlicht. Keine kostenpflichtige Software, keine Shareware, keine versteckten Kosten, sondern voll und ganz kostenlos. Für Privatanwender steht bei der Wahl eines CMS auch häufig der Preis im Vordergrund, für Unternehmen und Konzerne sind aber die entscheidenden Gründe für den Einsatz von TYPO3 insbesondere die Leistungsfähigkeit, Stabilität und Flexibilität des CMS.

Aber was genau ist ein Content Management-System, und wozu wird es verwendet? Unter dem Begriff wird ein System zur Verwaltung und Administration von Inhalten verstanden. Entscheidend ist, dass durch die Verwendung eines CMS Design und Inhalt voneinander getrennt werden. Reine Content Management-Systeme müssen dabei nicht unbedingt etwas mit der Thematik Internet zu tun haben. Häufig sind aber bei der Verwendung des Begriffs CMS tatsächlich Web Content Management-Systeme (WCMS) gemeint. Darunter werden Systeme verstanden, die sich ausschließlich auf die Ausgabe im HTML-Format beschränken. Größere Systeme, wie z.B. TYPO3, beherrschen neben der Ausgabe im HTML-Format auch Exporte in andere Formate, beispielsweise in XML, PDF etc.

Die Bandbreite der Funktionalitäten von WCMS reicht vom einfachen Internet-Baukasten zum Erstellen einer privaten Homepage bis hin zur vollständigen Workflow-Integration in Unternehmen. Dabei sind die Anforderungen an ein Content Management-System recht eindeutig: Ein CMS sollte Design und Inhalt voneinander trennen können, um die Einrichtung und Pflege der Systeme arbeitsteilig durchführen zu können. Zudem sollte das System auch von Benutzern ohne HTML-, XML- oder Programmierkenntnisse verwendbar sein.

Content Management-Systeme wie TYPO3 versetzen Sie in die Lage, Änderungen schnell und einfach durchführen zu können. Während Sie bei statischen HTML-Seiten bei einer Erweiterung der Präsentation um eine zusätzliche Seite durchaus an mehreren Stellen eingreifen müssen, um diese neue Seite mit in die Navigation oder in Sitemaps aufzunehmen, übernimmt TYPO3 diese Arbeiten automatisch nach von Ihnen bestimmten Vorgaben. Dadurch werden fehlerhafte Links deutlich seltener und der Pflegeaufwand auf ein Minimum reduziert. Mehrsprachigkeit und spezielle Druckansichten werden direkt unterstützt, ohne dass Sie ein und denselben Inhalt mehrfach einpflegen müssen. Redakteure erhalten mit TYPO3 ebenfalls ein sehr nützliches Tool, da tiefere Internetkenntnisse nicht mehr erforderlich sind. Durch die intuitive Handhabung der Oberfläche können Änderungen somit schnell und problemlos durchgeführt werden.

Über dieses Buch

TYPO3 ist mächtig und umfangreich zugleich. Um erste Projekte erfolgreich realisieren zu können, bedarf es einer Einführung in das System, die Sie auch bei den manchmal recht komplizierten Details nicht allein lässt. Dieses Buch ist aber kein vollständiges Handbuch zu TYPO3, sondern eine Einführung in die Arbeit mit dem CMS, die sich besonders zur Schritt-für-Schritt-Einarbeitung eignet. Es vermittelt in erster Linie praktische Kenntnisse, die Sie zu Beginn Ihrer Arbeit mit TYPO3 benötigen werden. Klassische Aufgabenstellungen werden dabei anhand eines umfassenden Praxisbeispiels beschrieben und konkret realisiert.

Dieses Buch richtet sich an Webentwickler und Agenturen, die professionelle Internetpräsentationen erstellen. Selbstverständlich können mit dem hier vermittelten Wissen auch Privat- oder Vereinsseiten mittels TYPO3 realisiert werden.

Ihre Kunden wünschen ein Redaktionssystem zur Pflege der Internetpräsentation, scheuen aber hohe Lizenzkosten? Dann ist TYPO3 vermutlich das richtige System und dieses Buch der richtige Einstieg. Ihr Unternehmen wünscht eine flexible, volldynamische Internetpräsentation mit Ausbaufähigkeit und Unabhängigkeit von einem Dienstleister? Auch dann ist TYPO3 das richtige System und dieses Buch ideal, um TYPO3 zu verstehen und anzuwenden.

Erfahrene Webentwickler mit sicheren HTML-Kenntnissen werden mit diesem Buch TYPO3 schnell erlernen können. Grundlagenkenntnisse in PHP sind insbesondere für die Entwicklung von eigenen Erweiterungen vorteilhaft, werden aber nicht zwingend vorausgesetzt. Kenntnisse in einem SQL-basierten Datenbanksystem sind ebenfalls von Vorteil, aber auch keine Voraussetzung. Eine Einführung in das Internet oder in HTML werden Sie in diesem Buch nicht finden.

Für Redakteure ist dieses Buch nicht bestimmt, auch wenn innerhalb der Kapitel aufgezeigt wird, wie neue Seiten und Seiteninhalte angelegt werden. Redakteure benötigen im Regelfall eine individuelle Einweisung, möglichst vom Entwickler der Internetpräsentation selbst, also Ihnen. Begleitende Materialien für Redakteure, auch deutscher Sprache, finden Sie online unter *typo3.org*.

Aktualisierung auf TYPO3-Version 4.0

Das vorliegende Buch wurde für die zweite Auflage vollständig aktualisiert und um ein Kapitel erweitert, es behandelt jetzt TYPO3 in der Version 4.0. Neben der neuen Optik der TYPO3-Oberfläche haben sich mit der Version 4.0 an diversen Stellen kleinere Änderungen ergeben, die eine vollständige Überarbeitung notwendig gemacht haben.

Darüber hinaus wurde das tabellenbasierte Praxisbeispiel durch ein CSS-basiertes Beispiel ersetzt, und es wurden alle in diesem Buch verwendeten Beispiele der ersten Auflage auf CSS umgestellt. CSS ist allerdings nicht ein Hauptthema dieses Buches, daher werden Sie beim Lesen feststellen, dass nicht intensiv auf CSS-spezifische Probleme eingegangen wird. Empfehlenswert zum Thema CSS sind beispielweise die Bücher *Cascading Style Sheets – Das umfassende Handbuch* von Eric A. Meyer und *Webdesign mit CSS* von Jens Meiert & Ingo Helmdach, beide auch im O'Reilly Verlag erschienen.

Da das klassische News-Plugin, das in der ersten Auflage beschrieben wurde, nicht mehr Bestandteil des TYPO3-Quellcodes ist, wird das aktuelle News-Plugin verwendet, um in die Arbeit mit Erweiterungen einzuführen. Das Buch enthält außerdem ein neues Kapitel zu *TemplaVoilà*, da diese Technik der Website-Erstellung in den vergangenen Monaten auf sehr viel Interesse gestoßen ist. Kapitel 13, *Einführung in TemplaVoilà*, wird Ihnen diese neue TYPO3-Erweiterung näher bringen.

Aufbau dieses Buchs

Das Erlernen von TYPO3-Praxiswissen steht in diesem Buch an erster Stelle. So wird, sofern möglich und sinnvoll, mit einem kapitelübergreifenden Praxisbeispiel gearbeitet. Sie lernen von Grund auf, wie TYPO3 arbeitet und wie Sie eigene Projekte mit TYPO3 realisieren. Dabei bauen die Kapitel aufeinander auf.

In diesem ersten Kapitel erfahren Sie in späteren Abschnitten, welche hilfreichen Internetadressen es zu TYPO3 gibt und was ein Content Management-System überhaupt ist.

Das Kapitel 2, *TYPO3 installieren*, widmet sich der Installation von TYPO3. Wenn Sie es selbstständig installieren und nicht die Vorteile von auf TYPO3 spezialisierten Providern nutzen möchten, erhalten Sie in diesem Kapitel die Anleitung zur Installation auf Linux- bzw. Windows-Systemen. Weiterhin erhalten Sie in diesem Kapitel eine Einführung in das TYPO3-Installtool, mit dem die Basiskonfiguration des Systems über eine grafische Oberfläche vorgenommen wird.

Eine Einführung in die Konfigurationsumgebung für Administratoren und Redakteure, das so genannte Backend, erhalten Sie in Kapitel 3, *Das Backend kennen lernen*. Dort wird gezeigt, welche Funktionen in welchen Menüpunkten enthalten sind. Außerdem lernen Sie in diesem Kapitel den generellen Umgang mit dem TYPO3-Backend.

In Kapitel 4, *Das Praxisbeispiel vorbereiten*, beginnen Sie, das Praxisbeispiel mit TYPO3 vorzubereiten. Dazu erstellen Sie zunächst eine so genannte HTML-Designvorlage und stellen dem System benötigte Dateien zur Verfügung. Dazu erfahren Sie, wie Sie eine benötigte Seitenstruktur anlegen.

Eine Einführung in die TYPO3-eigene Skriptsprache TypoScript erhalten Sie in Kapitel 5, *TypoScript in der Praxis*. Mit dieser Skriptsprache werden Webseiten logisch beschrieben. Sie lernen den objektorientierten Aufbau von TypoScript, die Sprachsyntax sowie die wichtigsten Objekte und deren Eigenschaften kennen. Am Ende dieses Kapitels werden Sie die Designvorlage in Ihr TYPO3-Projekt integriert haben und bereits erste sichtbare TYPO3-Erfolge auf der Website erkennen können.

Kapitel 6, *Grafiken mit TypoScript erstellen*, widmet sich der Integration von Grafiken in die Designvorlage. Sie erlernen, wie bestehende Grafik eingebunden und dynamische Grafiken generiert werden.

Wie Sie dynamisch generierte Menüs erstellen, ist Thema von Kapitel 7, *Menüs erstellen*. Hierzu wird auf die in Kapitel 4 angelegte Seitenstruktur zurückgegriffen und sowohl ein Textmenü als auch ein grafisches Menü werden in die Praxis umgesetzt.

In Kapitel 8, *Inhalte ausgeben*, erlernen Sie, wie vom Redakteur eingepflegte Inhalte auf der Webseite ausgegeben und formatiert werden können. Neben der Formatierung von klassischen textbasierten Inhalten erfahren Sie auch, wie Sie Sitemaps erstellen und Suchfunktionen integrieren.

Wie Sie mehrsprachige Präsentationen mit nur einem Seitenbaum erstellen, lernen Sie in Kapitel 9, *Erweiterte Darstellung von Inhalten*. In diesem Kapitel erfahren Sie außerdem, wie eine Druckversion der Webseite und zugriffsgeschützte Bereiche realisiert werden.

Das Integrieren und Individualisieren von Erweiterungen in TYPO3 ist Thema von Kapitel 10, *Bestehende Erweiterungen integrieren*. Sie erlernen anhand des News-Plugins ausführlich, wie und wo TYPO3-Erweiterungen im System verankert werden und wie Sie diese Erweiterungen an Ihre eigenen Bedürfnisse anpassen.

Um zu zeigen, wie eigene Funktionalitäten in TYPO3 integriert werden können, wird in Kapitel 11, *Eine eigene Erweiterung schreiben*, eine eigene Erweiterung für

TYPO3 geschrieben. Zur Realisierung dieser Erweiterung sind PHP-Kenntnisse von Vorteil, aber auch ohne sie werden Sie das grundlegende Prinzip von TYPO3-Erweiterungen verstehen.

In Kapitel 12, *Benutzerrechte für Redakteure anlegen*, lernen Sie, wie Benutzerrechte für Redakteure eingestellt werden, so dass nur noch tatsächlich benötigte und vom Praxisprojekt unterstützte Funktionalitäten für diese Redakteure zur Verfügung stehen.

Eine weitere Technik zum Erstellen von Webseiten wird in Kapitel 13, *Einführung in TemplaVoilà*, vorgestellt. Hierzu wird das Praxisbeispiel im Ansatz neu erstellt und dabei gezeigt, wie Internetprojekte mit TYPO3 und TemplaVoilà realisiert werden.

In Kapitel 14, *Tipps und Tricks*, werden weitere interessante und praxisnahe Aufgabenstellungen behandelt, die nicht oder nur schlecht im Praxisbeispiel Platz gefunden hätten. Beispielsweise wird hier erläutert, wie Sie ein Update auf eine höhere TYPO3-Version durchführen können, was zu tun ist, wenn Sie Ihr Passwort vergessen haben, wie Sie eine Trennung von Entwurfs- und Live-Umgebung einsetzen, und wie Sie suchmaschinenfreundliche und lesbare URLs generieren können.

Eine in der Praxis nutzbare Referenz zum Nachschlagen finden Sie im Anhang. Diese Referenz ist nicht vollständig, sondern bietet in kompakter Form all die Elemente, die Sie bei der praktischen Arbeit mit TYPO3 häufig brauchen werden und nachschlagen möchten. Außerdem finden Sie in diesem Anhang eine Übersicht über häufig verwendete Datenbankfelder.

Beispielskripte

Die in diesem Buch verwendeten Skripten, HTML-Vorlagen und Grafiken finden Sie auf der Webseite des O'Reilly Verlags unter der Adresse *http://www.oreilly.de/catalog/typo3bas2ger/* sowie auf der beiliegenden CD-ROM.

Typografische Konventionen

In diesem Buch werden die folgenden typografischen Konventionen verwendet:

Kursivschrift
: Wird für Datei- und Verzeichnisnamen, E-Mail-Adressen und URLs, aber auch bei der Definition neuer Fachbegriffe und für Hervorhebungen verwendet.

`Nichtproportionalschrift`
: Wird für Codebeispiele und Variablen, Funktionen, Befehlsoptionen, Parameter, Klassennamen und HTML-Tags verwendet.

`Nichtproportionalschrift fett`
Wird in den Codebeispielen zur Hervorhebung einzelner Zeilen oder Abschnitte verwendet.

Die Glühbirne kennzeichnet einen Tipp oder einen generellen Hinweis mit nützlichen Zusatzinformationen zum Thema.

Der Regenschirm kennzeichnet eine Warnung oder ein Thema, bei dem man Vorsicht walten lassen sollte.

In Kästen mit einem Mikroskop wird ein Thema genauer unter die Lupe genommen.

Support

TYPO3 ist das Kind von Kasper Skårhøj und wird auch immer noch von ihm betreut. Ein System, das mehr als 200.000-mal installiert wurde (Stand: April 2006), kann aber schwerlich von nur einer einzigen Person betreut werden.

Die *TYPO3 Association*, ein nicht kommerzieller und nicht profitorientierter Verein mit Sitz in der Schweiz, organisiert die Weiterentwicklung von TYPO3. Dieser Verein hat zwei Arten von Mitgliedern: aktive und unterstützende. Erster Vorsitzender des Vereins ist natürlich Kasper Skårhøj selbst. Informationen zu diesem Verein finden Sie online unter *association.typo3.org*.

Bei einer so großen Anzahl von Installationen ist es wichtig, bestimmte Regeln einzuhalten. Bug-Reports direkt per E-Mail an den Vater von TYPO3 werden häufig zwar zur Kenntnis genommen, vielleicht erhalten Sie auch eine Antwort. Der reguläre Weg ist das jedoch nicht. Unter *bugs.typo3.org* steht ein Bugtracking-System zur Verfügung, in dem Sie sich erkundigen können, ob Fehler bereits gemeldet oder behoben sind – und Sie können hier natürlich auch Fehler melden. Bevor Sie jedoch als TYPO3-Anfänger gleich in den ersten Tagen anfangen, Bugs anzuzeigen, sollten Sie sicher sein, dass es sich wirklich um Fehler handelt. Nützlicher, als eine E-Mail direkt an Kasper Skårhøj zu schicken oder eine Information im Bugtracking-System zu hinterlassen, ist daher eine Anfrage an die internationale TYPO3-Gemeinschaft in der TYPO3-Newsgruppe unter *news.netfielders.de*.

Supportanfragen können Sie im deutschsprachigen TYPO3-Portal unter der Adresse *www.typo3.net* oder auch in der Newsgruppe stellen. Meistens wird Ihre

Frage innerhalb weniger Minuten beantwortet. Versuchen Sie einmal, so einen Support von Ihrem Softwarehersteller (dazu noch kostenlos) zu bekommen!

Es gibt inzwischen viele Firmen, die kostenpflichtigen Support zu TYPO3 leisten und auch Supportverträge anbieten. Wenn Sie innerhalb kurzer Zeit eine Lösung für ein komplexeres Problem benötigen, wird dieser Weg eine gute Alternative zu den kostenlosen Supportangeboten sein. Eine Liste von Unternehmen, die zu TYPO3 Support anbieten, finden Sie unter *typo3.com* im Bereich *Support→Consultancies*.

Weitere Ressourcen

http://typo3.org/documentation/
: TYPO3 ist ausgiebig und umfassend dokumentiert. Kaum ein anderes Open Source-Projekt kann mit über 3.000 Seiten kostenlos erhältlicher Dokumente aufwarten. Nachteilig ist allerdings, dass diese Dokumentationen im Regelfall sehr technisch und auf Englisch verfasst sind. Eine Einführung in das TYPO3-System bieten diese Dokumente nicht. Aber als Nachschlagewerke für Suchende, die ein bestimmtes Problem zu lösen haben, sind sie ideal geeignet.

  Die Dokumente stehen im Regelfall im SXW-Format zur Verfügung, sind also OpenOffice-Dokumente. OpenOffice ist eine Weiterentwicklung des von der Firma SUN entwickelten StarOffice. Sie können OpenOffice unter der URL *http://de.openoffice.org/downloads/mirror.html* kostenlos für diverse Betriebssysteme herunterladen.

http://typo3.net
: Dieses deutschsprachige TYPO3-Portal richtet sich an die Bedürfnisse der deutschsprachigen Gemeinschaft, Informationen über die Anwendung von TYPO3 für Entwickler zu erhalten. In einem umfassenden Forum mit über 170.000 Beiträgen (Stand: April 2006) können Sie in bereits beantworteten Fragen suchen, eigene Fragen stellen und auf Fragen antworten. Zu häufig verwendeten Modulen finden Sie deutschsprachige Anleitungen. Die ursprünglich englischsprache TypoScript-Referenz finden Sie unter *http://www.typo3.net/tsref/* in einer deutschen Übersetzung.

news://news.netfielders.de
: Wer gern mit Newsgruppen arbeitet, wird sich in dieser Newsgruppe gut zurechtfinden. Entwickler des Kern-Systems tummeln sich in typo3.dev, auch stehen regionalen TYPO3-Anwendergruppen eigene Newsgruppen zur Verfügung.

association.typo3.org
: Homepage der TYPO3-Association.

bugs.typo3.org
: Bugtracking-System, in dem Sie sich über den Status von gemeldeten Fehlern informieren können. Zur Nutzung dieses Systems müssen Sie sich zunächst registrieren.

Die Geschichte von TYPO3

Die Überlegung, ein Content Management-System zu entwickeln, entstand bei Kasper Skårhøj, dem Erfinder, Hauptentwickler und Kopf von TYPO3, bereits im Jahr 1997. Zu dieser Zeit waren Content Management-Systeme nicht sonderlich verbreitet, der Begriff Content Management noch nicht geprägt. Unternehmen wünschten jedoch ein System, mit dem sich umfangreiche Internetpräsentationen auch ohne spezielle Kenntnisse administrieren ließen.

So wurde TYPO3 im Jahr 1998 kommerziell anhand der Bedürfnisse des Markts entwickelt und über die dänische Agentur Superfish.com vertrieben, bei der Kasper Skårhøj zu diesem Zeitpunkt Angestellter war. Auf Grund der Erfahrungen, die mit bereits verkauften Versionen gesammelt werden konnten, wurde TYPO3 Anfang 1999 vollständig neu entwickelt. Die Ziele der Agentur Superfish.com sollten jedoch andere sein. Kasper Skårhøj trennte sich daher Mitte 1999 von seinem Arbeitgeber. Das bereits bestehende kommerzielle TYPO3-System durfte Kasper Skårhøj bei seinem Ausscheiden selbstständig weiterentwickeln und auch sein Eigen nennen, inklusive aller Rechte.

Den Schritt, TYPO3 als Open Source-Projekt unter der GPL-Lizenz zu veröffentlichen, ging Kasper Skårhøj auf Grund seiner Überzeugungen und der bereits bestehenden Konkurrenz an kommerziellen Content Management-Systemen auf dem Markt.

Bis Mitte 2000 entwickelte Kasper Skårhøj selbstständig eine Beta-Version von TYPO3. Nach dieser einjährigen Entwicklungszeit wurde TYPO3 der Öffentlichkeit vorgestellt und von der Open Source-Gemeinde getestet. Als dieser Härtetest bestanden war, wuchs innerhalb der noch kleinen TYPO3-Gemeinschaft das Interesse an weiteren Funktionalitäten.

Obwohl das System noch nicht sonderlich bekannt und verbreitet war, erkannten einige Entwickler das große Potenzial von TYPO3 und entwickelten bisher fehlende Funktionalitäten, die sie, wie bei Open Source üblich, frei zur Verfügung stellten. Diese Module waren insbesondere das News-System, das Shop-System, ein Gästebuch, und viele weitere. Während Kasper Skårhøj mit der Optimierung des Quelltexts beschäftigt war, entwickelte René Fritz diese Erweiterungen, die später in das Grundsystem aufgenommen wurden.

Nur durch das Engagement einer Person und den uneigennützigen Rückfluss von zeitraubenden Entwicklungen aus der Gemeinschaft ist TYPO3 zu dem geworden, was es heute ist: ein zuverlässiges, flexibles Content Management-System mit umfangreichen Funktionalitäten und großer Beliebtheit.

Auch wenn TYPO3 kostenlos zur Verfügung steht, denken Sie bitte immer daran, dass der Mensch sich nicht nur von Luft und Liebe ernähren kann. Kasper Skårhøj betreut das TYPO3-Projekt seit Mitte 1999 in Vollzeit und freut sich über jede Spende, egal in welcher Höhe. Gerade beim Einsatz von TYPO3 in Agenturen, Unternehmen und Konzernen sollten Sie darüber nachdenken, welche Summe Sie im Vergleich zu kommerziellen Systemen eingespart haben, und entweder einen Teil dieser Einsparung an die TYPO3-Assoication zu spenden, sich durch persönlichen Einsatz aktiv an der TYPO3-Gemeinschaft beteiligen oder als *Supporting Member* Mitglied in der TYPO3-Association werden.

Danksagung

Ich möchte den Gutachtern Jan Wischnat, Jochen Weiland und Mathias Schreiber für ihre nützlichen Informationen und Anregungen zur ersten Auflage danken. Mathias Schreiber hat stundenlang meine Fragen und Erläuterungen anhören müssen. Obwohl er im Stau auf der Autobahn stand, scheine ich seine Nerven nicht überstrapaziert zu haben, zumindest hat er sich dies nicht anmerken lassen. Für diese Geduld und die nützlichen Tipps möchte ich ausdrücklich noch einmal meinen Dank bekunden. Das im Praxisbeispiel eingesetzte Bildmaterial wurde freundlicherweise von Jochen Weiland zur Verfügung gestellt.

Wenn ich den ersten Entwurf der ersten Auflage dieses Buchs mit der heutigen Fassung der zweiten Auflage vergleiche, so erkenne ich ihn nicht wieder. Sie werden das eingereichte Manuskript glücklicherweise nicht zu Gesicht bekommen, wofür Sie Alexandra Follenius vom O'Reilly-Verlag danken dürfen, die intensiv am Gesamtkonzept dieses Buchs mitgewirkt hat. Hätte sie mich nicht schon zur ersten Auflage stetig motiviert, wäre dieses Buch voraussichtlich heute noch nicht verfügbar.

Ganz besonders möchte ich mich auch bei meinen Kollegen von mittwaldmedien CM Services bedanken, die mich über einen langen Zeitraum hinweg vertreten, motiviert und mit wertvollem Fachwissen unterstützt haben.

In diesem Kapitel:

- Anforderungen an die Hardware
- Das geeignete Betriebssystem
- Anforderungen an die Software
- Den Quellcode unter Linux bereitstellen
- TYPO3 unter Windows installieren
- Das TYPO3-Installtool

KAPITEL 2

TYPO3 installieren

Dieses Kapitel enthält Informationen zu den benötigten Servervoraussetzungen und erläutert, wie Sie TYPO3 installieren. Wenn Sie TYPO3 bei einem auf TYPO3 spezialisierten Provider mit vorinstallierter Umgebung einsetzen, können Sie dieses Kapitel überspringen. Auf TYPO3 spezialisierte Provider finden Sie beispielsweise sehr einfach durch eine Internetsuche nach dem Begriff *Typo3 Hosting*.

Anforderungen an die Hardware

Ob RAID[1] und/oder Backups – jeder hat seine eigenen Erfahrungen mit der Zuverlässigkeit von Hardware gemacht und wird diese nach seiner eigenen Einschätzung einsetzen. Bleiben wir daher an dieser Stelle bei den Fakten, die wir direkt greifen können: TYPO3 benötigt mehr Server-Ressourcen als statische Webseiten oder auch kleine dynamische PHP-Anwendungen.

Datenbankabfragen und dynamische Grafikberechnungen unterscheiden TYPO3 von klassischen statischen Webseiten. Physikalisch gesprochen, springt der Lesekopf beim Aufruf einer TYPO3-Webseite auf der Festplatte hin und her, dynamisch erzeugte Grafiken belasten CPU und Arbeitsspeicher. Daher sollte der gewählte Server über schnelle, zuverlässige Festplatten und ausreichend CPU sowie Arbeitsspeicher verfügen. Bei der Verwendung von Festplatten liegt die Empfehlung bei schnellen SCSI- oder SATA-Platten im RAID 10-Verbund. Die Anforderungen an Arbeitsspeicher und CPU lassen sich nur schwer abschätzen und sind von Projekt zu Projekt unterschiedlich. Die folgenden Zahlen können Ihnen als Anhaltspunkte dienen:

1 RAID steht für *Redundant Array of Independent Disks*. RAID-Systeme werden zur Steigerung der Leistungsfähigkeit und Zuverlässigkeit eingesetzt und bestehen aus mehreren Festplatten, die zu einem großen logischen Laufwerk zusammengefasst werden.

Bei weniger als 150.000 Seitenaufrufen pro Monat ist ein dedizierter Server voraussichtlich nicht erforderlich. Greifen Sie in diesem Fall am besten auf kostengünstige Angebote von auf TYPO3 spezialisierten Providern zurück. Ab ca. 200.000 Seitenaufrufen im Monat ist ein Single-Prozessor-Server mit 1 GByte Arbeitsspeicher ausreichend. Schon ab 500.000 Aufrufen pro Monat sollte ein Dual-Prozessor-Server mit 2 oder 4 GByte Arbeitsspeicher eingesetzt werden. Ab etwa einer Million Aufrufen im Monat empfiehlt es sich, TYPO3 in einer Cluster- oder Load Balancing-Umgebung zu betreiben.

RAID und/oder Backup

Nun nochmal zurück zu der Frage, ob Sie RAID und/oder Backups verwenden sollten: Ob Sie ein RAID-System einsetzen möchten, ist Ihnen selbst und Ihren Erfahrungen überlassen. In Bezug auf TYPO3 kann sich durch die Wahl der richtigen RAID-Variante ein enormer Geschwindigkeitsvorteil ergeben. Folgende RAID-Varianten sollen daher exemplarisch vorgestellt werden:

- RAID 0: Die Daten werden auf zwei Festplatten verteilt. Beim Einsatz von zwei Festplatten mit jeweils 73 GByte Kapazität stehen somit ca. 146 GByte zur Verfügung. Der Vorteil liegt in der Zugriffsgeschwindigkeit, der Nachteil in der mangelnden Ausfallsicherheit. Fällt eine Festplatte aus, sind sämtliche Daten verloren. In einem RAID 0-Verbund werden immer zwei (oder mehr) Festplatten benötigt. Auf Grund ihrer Anfälligkeit wird diese Form daher umgangssprachlich auch als Kamikaze-RAID bezeichnet.
- RAID 10: In einem RAID 10 (RAID 0+1) werden die Vorteile von RAID 0 genutzt, zusätzlich dazu wird jede eingesetzte Festplatte gespiegelt. Bei vier eingesetzten Festplatten mit jeweils 73 GByte Kapazität stehen somit ebenfalls nur ca. 146 GByte zur Verfügung. Der Nachteil liegt im größeren Bedarf an Festplatten und den damit verbundenen höheren Kosten.
- RAID 50: In einem RAID 50 steht die größte Datensicherheit zur Verfügung, eine sehr gute Zugriffsgeschwindigkeit und die bestmögliche Ausnutzung von Festplattenkapazitäten. In RAID 50 müssen allerdings mindestens sechs Festplatten eingesetzt werden, von denen vier effektiv genutzt werden. Bei sechs eingesetzten Festplatten mit einer Kapazität von jeweils 73 GByte stehen somit ca. 292 GByte zur Verfügung.

Ein RAID allein schützt Ihre Daten allerdings nur vor Festplattenausfällen und einem damit verbundenen Datenverlust, nicht aber vor dem Anwender. Wenn Sie oder einer Ihrer Mitarbeiter versehentlich die für TYPO3 benötigte Datenbank löschen, können essenzielle Daten ebenfalls (fast) unwiderruflich verloren gehen. Aus diesem Grund empfiehlt sich ein zuverlässiges Backup, das täglich automatisch ausgeführt werden sollte. Ein Backup können Sie vom gesamten Server erstellen oder auch nur von Ihrem TYPO3-Projekt. Wie Sie ein Backup von Ihrem TYPO3-Projekt erstellen können, wird in Kapitel 14, *Tipps und Tricks*, erklärt.

Das geeignete Betriebssystem

TYPO3 ist grundsätzlich auf allen gebräuchlichen Betriebssystemen wie Linux, Mac OS und Windows lauffähig. Auch als Webserver kann jede übliche Variante, wie z.B. Apache, IIS etc., eingesetzt werden. TYPO3 wurde jedoch auf einem LAMP-System (Linux, Apache, MySQL, PHP) entwickelt und entfaltet genau in dieser Umgebung sein ganzes Leistungsspektrum.

Einige TYPO3-Funktionalitäten können nur auf Linux-Servern mit Apache als Webserver eingesetzt werden. Funktionen wie z.B. die dynamische PDF-Generierung oder die mächtige indizierte Suche, die PDF- und MS-Word-Dokumente durchsuchen kann, stehen auf Windows-Systemen nicht oder nur beschränkt zur Verfügung. Auch können unter Windows keine *symbolischen Links* gesetzt werden, wodurch der Quellcode mehrfach an unterschiedlichen Stellen vorhanden sein muss. Das Update einer TYPO3-Version unter Windows-Systemen kann dadurch eine nervenaufreibende Angelegenheit werden. Wie Sie unter Linux ein Update auf eine höhere TYPO3-Version durchführen können, erfahren Sie in Kapitel 14, *Tipps und Tricks*.

Zum Testen, Ausprobieren oder Präsentieren steht für Windows-Systeme ein Installationspaket zur Verfügung, nach dessen Installation TYPO3 direkt genutzt werden kann. Diese Windows-Installation benötigt allerdings viel Arbeitsspeicher, von einem Einsatz auf Notebooks mit nur 128 MByte RAM ist daher abzuraten. Außerdem stehen, wie schon oben erwähnt, einige TYPO3-Funktionalitäten nicht zur Verfügung. Für den realen Projekteinsatz ist dieser Windows-Installer gänzlich ungeeignet.

Installationspakete für Linux, Windows und Mac OS zum Herunterladen finden Sie online auf *typo3.org* im Abschnitt *Download/Installer*.

Sofern es bei einem Projekt keine gravierenden Gründe gibt, die gegen Linux und Apache sprechen, sollten Sie auf die Zuverlässigkeit von TYPO3 auf LAMP-Systemen vertrauen.

Anforderungen an die Software

Wenn Sie TYPO3 bei einem Provider einsetzen möchten, der sich nicht auf TYPO3 spezialisiert hat, müssen Sie vorher abklären, ob die unten beschriebenen Softwareversionen installiert sind. Möchten Sie TYPO3 auf einem eigenen Server selbstständig installieren, erhalten Sie hier Informationen zu den benötigten Versionen.

PHP

Um TYPO3 einsetzen zu können, wird zwingend PHP benötigt, da das System in PHP entwickelt wurde. Als PHP-Version wird die Version 4.4.x oder höher empfohlen. TYPO3 ist seit der Version 4.0 grundsätzlich auch PHP5-kompatibel, allerdings für PHP4 optimiert. Einige wenige TYPO3-Erweiterungen setzen PHP5 voraus. Sofern Sie nicht eine dieser Erweiterungen einsetzen möchten, ist es empfehlenswert, TYPO3 zusammen mit PHP4 zu verwenden.

Die PHP-Version sollte mit GDLib-Unterstützung und Freetype kompiliert werden. GDLib und Freetype sind Softwarepakete, die eine Bildbearbeitung in TYPO3 ermöglichen. Ohne diese Pakete ist TYPO3 zwar prinzipiell einsatzfähig, Grafikfunktionalitäten können dann jedoch nicht oder nur eingeschränkt genutzt werden. Als GDLib-Version wird Version 2 empfohlen (auch GDLib 1.8.3 oder höher mit GIF-Unterstützung ist möglich). In der GDLib-Version 1.8.3 steht in der Originalversion auf Grund eines – mittlerweile abgelaufenen – Patents keine GIF-Unterstützung zur Verfügung. Im Netz finden sich aber spezielle *gepatchte* Versionen mit GIF-Unterstützung. Die GDLib-Versionen 2.x enthalten bereits GIF-Unterstützung.

Freetype sollte mit TTF-Unterstützung in der Version 2.x kompiliert werden.

ImageMagick oder GraphicsMagick

Als weitere Softwarepakete werden ImageMagick oder GraphicsMagick benötigt. Beide werden unter anderem für die Erzeugung von Vorschaubildern und skalierten Grafiken verwendet. Steht keines der Pakete zur Verfügung, können diese Grafikfunktionen in TYPO3 nicht genutzt werden.

ImageMagick sollten Sie vorzugsweise in der älteren Version 4.2.9 verwenden; zwar können Sie auch neuere Versionen als diese einsetzen, aus Performance- und Kompatibilitätsgründen ist davon aber abzuraten. Für die von TYPO3 genutzten Funktionalitäten von ImageMagick sind neuere Versionen im Regelfall nur eine Verschlechterung. Wer allerdings exzessiv Bildmanipulation von EPS-Dateien mit TYPO3 betreiben möchte, sollte doch die neuere ImageMagick-Version 6.x einsetzen – dafür muss aber der dann erforderliche eigene Server um eine weitere CPU und um 1 bis 2 GByte Arbeitsspeicher aufgerüstet werden.

Alternativ zu ImageMagick kann seit der TYPO3-Version 3.8.0 auch GraphicsMagick in der Version 1.1.x oder höher eingesetzt werden. GraphicsMagick basiert in seinem Grundaufbau auf ImageMagick, ist aber deutlich schneller.

Datenbank

Des Weiteren wird eine Datenbank benötigt, idealerweise MySQL in der Version 4.0.21 oder höher.

TYPO3 selbst ermöglicht seit Version 3.7.0 prinzipiell die Anbindung von anderen relationalen Datenbanken als MySQL. Für die PostgreSQL-Versionen 7 und 8, Oracle 8 und 9 sowie Firebird in der Version 1.5.2 wurden bereits Grundfunktionalitäten implementiert, viele TYPO3-Erweiterungen können mit diesen Datenbanken jedoch noch nicht genutzt werden. Außerdem liegen für die Arbeit mit diesen Datenbanken keine ausreichenden Erfahrungen vor.

Den Quellcode unter Linux bereitstellen

Nachdem Sie Ihren Server für TYPO3 vorbereitet haben, benötigen Sie nun noch TYPO3 selbst. Den jeweils aktuellen Quellcode erhalten Sie unter *typo3.org* im Bereich *Download/Packages*.

Zur Installation von TYPO3 unter Linux werden gleich zwei Pakete benötigt: *TYPO3 source* enthält den eigentlichen Quellcode von TYPO3, *Dummy package* enthält die benötigten Ordnerstrukturen und Konfigurationsdateien.

Gehen wir von einer Serverumgebung aus, deren DocumentRoot für TYPO3 in */home/www/buch/html* liegt. Durch Aufruf der Domain *http://domainname.tld* würde somit in diesem Ordner nach einer *index.html* bzw. *index.php* gesucht und diese ggf. ausgegeben. Nach der Installation von TYPO3 sollte dies möglichst ein leeres TYPO3-Projekt sein.

Die Installation der TYPO3-Version 4.0 wurde im Vergleich zu Vorgängerversionen etwas geändert. In den folgenden Schritten wird die Installation mit der TYPO3-Version 4.0 erläutert.

Schritt 1: Das Dummy-Paket installieren

Wechseln Sie in den Ordner */home/www/buch/html/*, laden Sie das Paket *Dummy package* herunter und entpacken Sie es:

```
cd /home/www/buch/html
wget http://typo3.net/fileadmin/downloads/dummy-4.0.tar.gz
tar -xzf dummy-4.0.tar.gz
```

> Den Link zum *Dummy package* erhalten Sie unter *typo3.org* im Abschnitt *Download/Packages*. Außerdem finden Sie das *Dummy package* auf der beiliegenden CD im Ordner *Installation/Linux*.

Hier sehen Sie unter */home/www/buch/html/* einen Unterordner *dummy-4.0/*, dessen Inhalt Sie in */home/www/buch/html/* verschieben. Die Datei *dummy-4.0.tar.gz*, die das Paket *Dummy package* in gepackter und komprimierter Form enthält, können Sie getrost wieder löschen.

```
mv dummy-4.0/* /home/www/buch/html
rm dummy-4.0.tar.gz
rm dummy-4.0/ -R
```

Das Dummy-Paket verstehen

Sehen Sie sich den Inhalt des Ordners */home/www/buch/html*, dessen Inhalt nun der Inhalt des Dummy-Pakets sein sollte, einmal genauer an.

```
clear.gif
fileadmin
_.htaccess
index.php -> typo3_src/index.php
INSTALL.txt
README.txt
RELEASE_NOTES.txt
t3lib -> typo3_src/t3lib
typo3 -> typo3_src/typo3
typo3conf
typo3_src -> ../typo3_src-4.0
typo3temp
uploads
```

Sie können erkennen, dass die Datei *index.php*, die beim Aufruf der Domain *http://domainname.tld* über den Webbrowser geladen würde, über einen symbolischen Link auf die Datei *typo3_src/index.php* verweist. Symbolische Links stehen in Linux-Systemen zur Verfügung und verweisen auf eine Datei oder einen Ordner. Der Inhalt der Datei *index.php* stammt somit aus der angegebenen Datei. Der Ordner *typo3_src/*, in dem die Datei *index.php* erwartet wird, ist jedoch wieder ein Verweis auf den Ordner */typo3_src-4.0*.

Diese komplizierte Struktur mit symbolischen Links mag auf den ersten Blick konfus aussehen, hat aber einen entscheidenden Vorteil: Updates können problemlos durch das Setzen eines neuen Verweises von *typo3_src/* auf einen neueren Source-Ordner getätigt werden. Nähere Informationen dazu, was bei Updates berücksichtigt werden muss, erhalten Sie in Kapitel 14, *Tipps und Tricks*.

Schritt 2: Den TYPO3-Quellcode bereitstellen

Wie Sie vielleicht festgestellt haben, ist der Verweis von *typo3_src/* auf den Ordner *../typo3_src-4.0/* ungültig, da der Ordner *../typo3_src-4.0/* zum jetzigen Zeitpunkt noch nicht existiert. Dieser Ordner wird den tatsächlichen Quellcode von TYPO3 enthalten und muss, genau wie das Dummy-Paket auch, zunächst heruntergeladen und entpackt werden:

```
cd /home/www/buch
wget http://typo3.net/fileadmin/downloads/typo3_src-4.0.tar.gz
tar -xzf typo3_src-4.0.tar.gz
rm typo3_src-4.0.tar.gz
```

Schritt 3: Die Rechte anpassen

Grundsätzlich dürfte TYPO3 noch nicht über einen Webbrowser aufrufbar sein, da Sie noch einige Rechte anpassen müssen. Die im Folgenden dargestellte Rechteanpassung sollte auf die jeweilige Umgebung abgestimmt werden. Am sichersten dürfte das Recht 755 (statt 777) in Kombination mit einem *chown* (engl. *change owner*, Eigentümer und Gruppenzugehörigkeit ändern) sein. Es ist aber schwer, dazu eine pauschale Aussage zu machen; das folgende Beispiel soll hier genügen:

```
cd /home/www/buch
chmod 777 typo3_src-4.0/ -R
chown wwwrun:ftponly * -R
cd /home/www/buch/html
chmod 777 * -R
```

Schritt 4: Das Installtool zugänglich machen

In unserem TYPO3-Quellcode wird ein *Installtool* mitgeliefert, das jedoch im Auslieferungszustand deaktiviert ist. Sie können es aktivieren, indem Sie eine Datei *index.php* des Installtools öffnen und die so genannte *die()-Funktion*, die das Ausführen der Datei verhindert, auskommentieren oder löschen.

Die zu modifizierende Datei des Installtools finden Sie unter *typo3/install/index.php*. Öffnen Sie diese Datei mit einem Editor Ihrer Wahl und kommentieren Sie diese Funktion durch Angabe von zwei Schrägstrichen am Anfang der entsprechenden Zeile aus. Mögliche Editoren sind z.B. *joe*, das Sie nach dem Editieren mit *Strg* + *kx* beenden können, oder *vi*, bei dem Sie durch Drücken der Taste *i* in den Editiermodus gelangen und mit *Esc* + *:wq!* die Datei speichern und schließen.

Schritt 5: Die Datenbank ansprechen und vorbereiten

Nun können Sie, sofern alles richtig konfiguriert ist, TYPO3 erstmalig über Ihren Webbrowser aufrufen. Geben Sie dazu als URL die jeweilige Domain ein, z.B. *http://domainname.tld*.

Sind alle Rechte richtig gesetzt und der *die()*-Befehl aus der Datei *typo3/install/index.php* auskommentiert, erhalten Sie beim erstmaligen Aufruf von TYPO3 zunächst eine Sicherheitswarnung (siehe Abbildung 2-1), die Sie mit *OK* bestätigen können.

Sie werden, da die zwingend notwendige Datenbankkonfiguration noch aussteht, in den so genannten *1-2-3-Modus* des TYPO3-Installationsassistenten weitergeleitet. Der TYPO3-Installationsassistent hat hier die Bezeichnung *Installtool* und wird Ihnen auch nach abgeschlossener Installation ein treuer Begleiter sein. Informationen zum Installtool erhalten Sie weiter unten im Abschnitt »Das TYPO3-Installtool«.

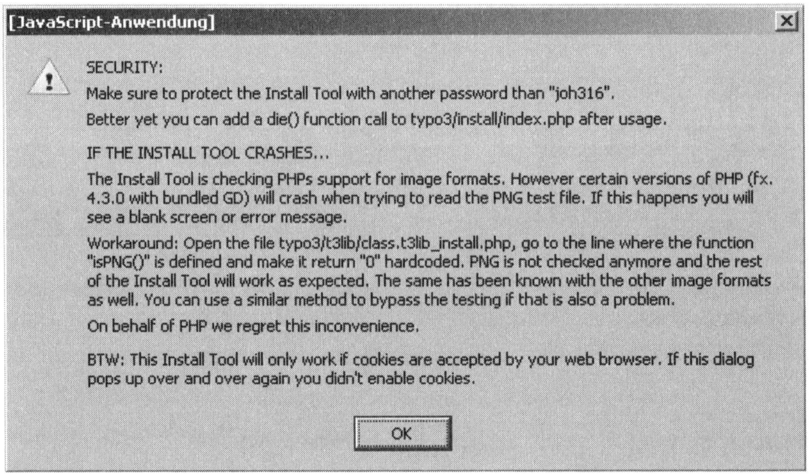

Abbildung 2-1: Sicherheitswarnung des Installtools

Im *1-2-3-Modus* müssen Sie zunächst die Datenbankverbindung angeben. Sie erhalten unter Umständen die Fehlermeldung *Warning: mysql_list_tables ()*, zu sehen in Abbildung 2-2, die Sie zum jetzigen Zeitpunkt getrost vernachlässigen können. Hintergrund dieser Fehlermeldung ist ein fehlgeschlagener Versuch, auf die Datenbank zuzugreifen.

Geben Sie nun in die drei Felder *Username*, *Password* und *Host* die Verbindung zur Datenbank ein und speichern Sie Ihre Angaben, indem Sie auf den Button *Continue* klicken. Sofern die Verbindung zum Datenbankserver erfolgreich war, können Sie auf der folgenden Seite aus einer Liste der Ihnen zur Verfügung stehenden Datenbanken diejenige auswählen, die für das TYPO3-Projekt genutzt werden soll. Beachten Sie, dass diese Datenbank eine leere Datenbank sein sollte, da vorhandene Daten gelöscht bzw. überschrieben werden. Wenn Sie sich unsicher sind, legen Sie am besten eine neue Datenbank an. Bestätigen Sie erneut Ihre Angabe mit dem Button *Continue*.

Im vorerst letzten Arbeitsschritt müssen Sie nun noch die Datenbank für TYPO3 vorbereiten: Durch Auswahl des Eintrags *Create default database tables* aus dem Auswahlfeld und Bestätigen mit Hilfe des Buttons *Import database* werden alle für TYPO3 benötigten Tabellen und Felder angelegt sowie diverse Datensätze importiert.

Damit ist die Installation von TYPO3 abgeschlossen. Durch einen erneuten Aufruf der TYPO3-Installation über die Domain *http://domainname.tld* können Sie sich vergewissern: Sie sollten jetzt die Meldung *No pages are found on the rootlevel* erhalten. In Kapitel 3, *Das Backend kennen lernen*, erhalten Sie zu dieser Meldung nähere Informationen.

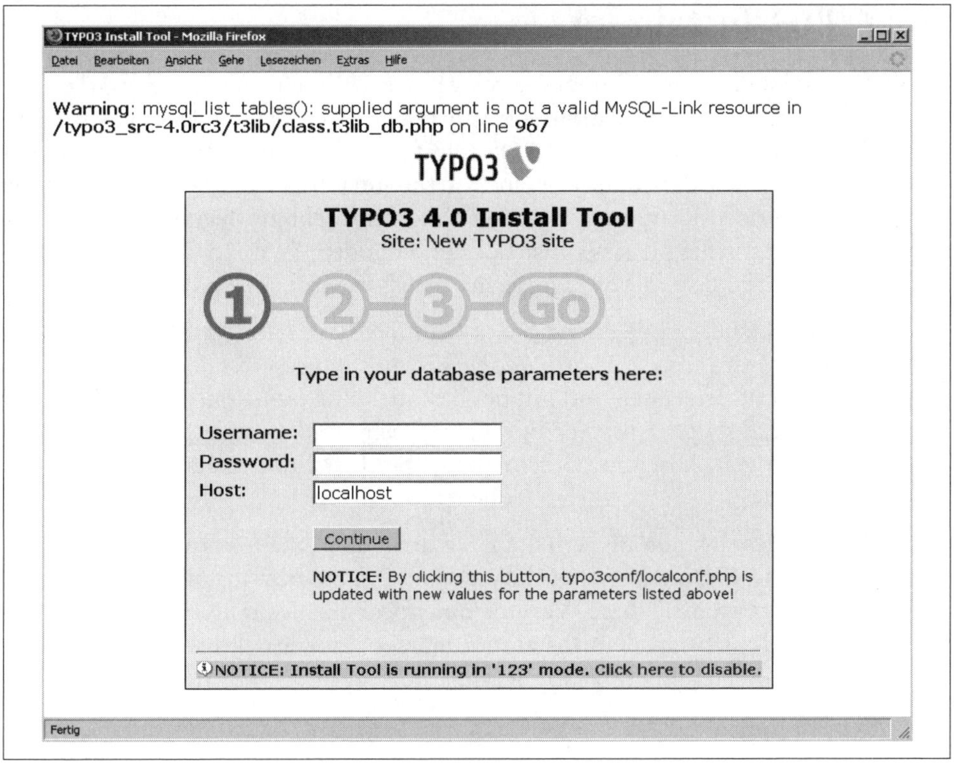

Abbildung 2-2: Der 1-2-3-Modus mit Fehlermeldung

TYPO3 unter Windows installieren

Um TYPO3 zu Test- oder Präsentationszwecken auf Windows-Systemen zu installieren, gibt es, im Gegensatz zur Linux-Installation, ein fertiges Softwarepaket, das Sie herunterladen und installieren können. Sie finden dieses Softwarepaket unter der Bezeichnung *TYPO3WinInstaller* auf der beiliegenden CD sowie online unter *http://typo3winstaller.sourceforge.net*.

Dieser TYPO3-Installer für Windows installiert auf Ihrem System sämtliche erforderlichen Programme, Dienste und Pakete wie z.B. Apache in der Version 2.0.55, PHP 5, MySQL, GraphicsMagick, Ghostscript, phpMyAdmin und natürlich TYPO3. Nach erfolgter Installation, die im Regelfall problemlos ablaufen sollte, steht Ihnen im Windows-Startmenü unterhalb von *Programme* der neue Menüpunkt *TYPO3 Dummy 4.0* zur Verfügung. Sie können anschließend TYPO3 direkt auf Ihrem Windows-PC nutzen. Für den Live- bzw. Serverbetrieb ist dieser Installer jedoch gänzlich ungeeignet.

Das TYPO3-Installtool

Das TYPO3-Installtool unterstützt Sie sowohl vor als auch während der Arbeit bei der Anpassung und Konfiguration von generellen Eigenschaften. Sie haben es im vorherigen Abschnitt, sofern Sie TYPO3 selbstständig installieren mussten, bereits kennen gelernt. Der *1-2-3-Modus* ist eine Kurzfassung des Installtools, die Ihnen die Angst vor mächtigen Konfigurationsmöglichkeiten direkt zu Beginn nimmt. Auch dieser Abschnitt soll Sie nicht verunsichern und mit dem Wust an Einstellungsmöglichkeiten erschlagen, sondern vielmehr auf einige wesentliche Punkte hinweisen.

In das TYPO3-Installtool gelangen Sie, indem Sie den Pfad */typo3/install* zu Ihrer Domain hinzufügen, also z.B. *http://domainname.tld/typo3/install*. Sollte sich das Installtool nicht öffnen lassen und mit der Textmeldung *In the source distribution of TYPO3, the install script is disabled by a die() function call* beendet werden, müssen Sie, wie im vorigen Abschnitt beschrieben, das Installtool zunächst zugänglich machen.

Beim Öffnen des Installtools erhalten Sie eine Sicherheitswarnung (siehe Abbildung 2-1), die Sie auch später bei jedem Öffnen des Installtools angezeigt bekommen. Bestätigen Sie diese Warnmeldung bedenkenlos mit *OK*. Für die Arbeit mit TYPO3 und auch mit dem Installtool müssen Cookies aktiviert sein. Sind sie deaktiviert, erhalten Sie diese Warnmeldung bei jeder neuen Aktion innerhalb des Installtools.

Das Installtool-Passwort ändern

Die mit der Standardinstallation ausgelieferten Benutzernamen und Passwörter für die Arbeit mit TYPO3 sind kein Geheimnis und sollten daher schnellstmöglich geändert werden. Wenn Sie TYPO3 selbstständig installiert haben, lautet das Passwort für den Login *joh316*. Ein Benutzername wird für das Installtool nicht benötigt. Nach erfolgtem Login können und sollten Sie dieses allgemein bekannte Passwort umgehend ändern. Geben Sie dazu in das in Abbildung 2-3 gezeigte Feld *Enter new password* ein neues Passwort ein, wiederholen Sie Ihre Eingabe in dem Feld *Enter again* und bestätigen Sie dieses neue Installtool-Passwort über den Button *Set new password*.

Haben Sie TYPO3 vorinstalliert bei einem auf TYPO3 spezialisierten Provider erhalten, wurde Ihnen das Passwort für das Installtool von Ihrem Provider mitgeteilt.

Einstellungen konfigurieren und überprüfen mit dem Installtool

Das System an sich lässt sich auf viele Arten konfigurieren. In der Standardinstallation wird TYPO3 mit einer Default-Konfiguration ausgeliefert, die im Regelfall nur noch an wenigen Stellen angepasst werden muss. Eine klassische Anpassung, die

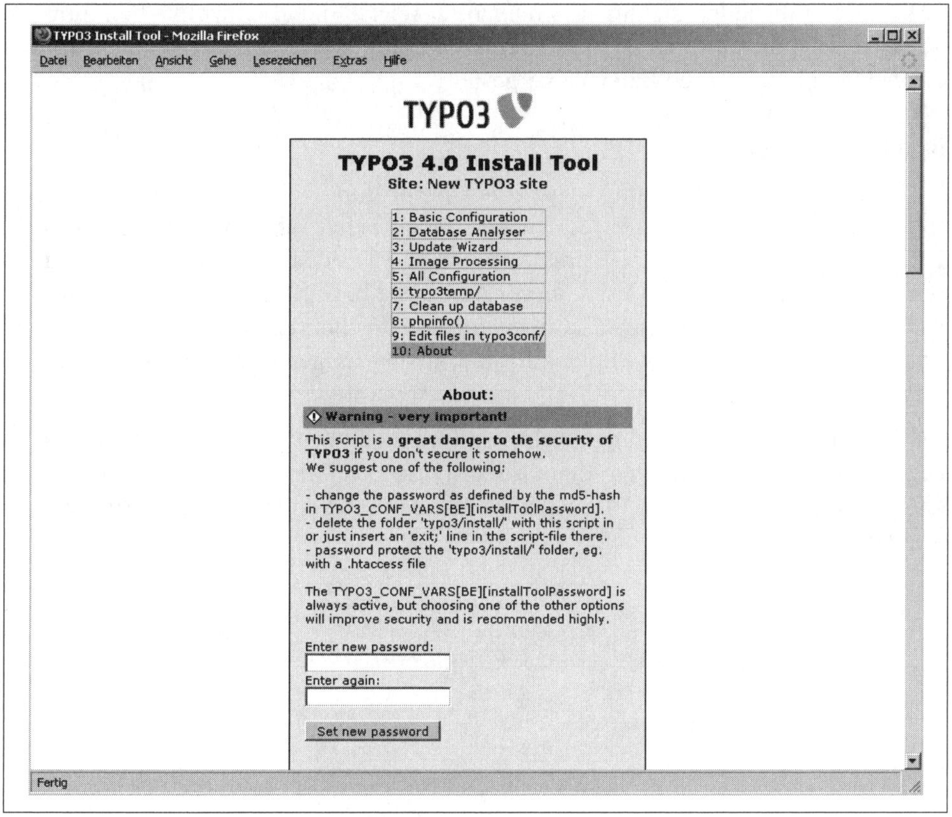

Abbildung 2-3: Das Installtool-Passwort abändern

Sie bereits im vorhergehenden Abschnitt vorgenommen haben, ist die Angabe der Daten für die Verbindung zur Datenbank. Auch das Ändern des Passworts für das Installtool ist eine Konfiguration, da dieses Passwort nicht in der Datenbank gespeichert wird.

Einstellungen, die über das Installtool vorgenommen werden, speichert TYPO3 in der Datei *typo3conf/localconf.php*. Wenn Sie sich sehr gut auskennen, können Sie diese Datei auch manuell bearbeiten, z.B. per FTP. Beachten Sie aber, dass eine fehlerhafte *localconf.php* das Arbeiten mit TYPO3 unmöglich macht. Auch kann das Installtool unter Umständen bei einer fehlerhaften Datei so lange nicht mehr aufgerufen werden, bis alle Fehler beseitigt sind.

TYPO3 hält im Auslieferungszustand sämtliche Grundeinstellungen in der Datei *t3lib/config_default.php* vor. Die Anpassungen werden in der Datei *typo3conf/localconf.php* gespeichert, die über das Installtool komfortabel editiert werden kann und die Basiskonfiguration überschreibt.

Das Installtool gliedert sich in verschiedene Bereiche, die über die in Abbildung 2-3 gezeigten Menüpunkte 1 bis 10 aufgerufen werden können. Im Folgenden werden die vier gebräuchlichsten Bereiche vorgestellt.

Basic Configuration

Im Bereich *Basic Configuration* wird eine Überprüfung von generell wichtigen Einstellungen vorgenommen, die hier aber auch bearbeitet werden können. Überprüft wird, ob die Rechte für Verzeichnisse stimmen, TYPO3 also in diesen Verzeichnissen schreiben darf. Ebenso wird überprüft, ob die PHP-Konfiguration den Ansprüchen von TYPO3 genügt. Sie können an entsprechenden grafischen Hinweisen erkennen, ob der jeweilige Punkt kritische Auswirkungen auf die Ausführung von TYPO3 hat.

Im Bereich *Check Image Magick* (siehe Abbildung 2-4) müssen Sie, sofern TYPO3 keine ImageMagick-Version in den Ordnern */usr/local/bin/* für Unix-Systeme finden kann, angeben, in welchem Ordner sich die ausführbaren Dateien *convert*, *combine* und *identify* befinden.

Abbildung 2-4: Pfad zu den ImageMagick-Programmen angeben

Im unteren Bereich der *Basic Configuration* finden sich zahlreiche Eingabe- und Auswahlfelder. Hier sehen Sie unter anderem erneut die Verbindungen zur Datenbank. Sie können auch angeben, ob TYPO3 bei der dynamischen Erzeugung von Grafiken GIF- oder PNG-Grafiken erstellen soll. Geben Sie hier abhängig von Ihrer verwendeten GDLib-Version (siehe dazu den Abschnitt »Anforderungen an die Software« weiter oben) an, ob GIF-Grafiken erstellt werden können.

Sie können in diesem Bereich auch den so genannten *Site name* abändern. Der *Site name* wird von TYPO3 seit der Version 3.7.0 beim Login für Redakteure und Administratoren angezeigt und findet auch im Backend – dem Ort, an dem Redakteure und Administratoren arbeiten – Anwendung. Der *Site name* ist auch im oberen Abschnitt des Installtools zu erkennen (*Site: New TYPO3 site*). Die Angabe eines *Site name* ist optional und hat keine Auswirkungen auf die Funktionalität von TYPO3.

Database Analyser

Der *Database Analyser* ist eigentlich mehr als nur ein Analysewerkzeug: Sie können hier unter anderem die Datenbank auf die Existenz von benötigten Tabellen und Feldern hin überprüfen (Menüpunkt *Update required tables*, zu sehen in Abbildung 2-5). Falls Unterschiede festgestellt werden, erhalten Sie eine Auflistung davon mit Vorschlägen, welche Tabellen und Felder angelegt oder geändert werden sollten. Für TYPO3 überflüssige Tabellen und Felder werden ebenfalls mit aufgelistet, würden aber lediglich umbenannt und sind für diese Aktion auch nicht vorausgewählt.

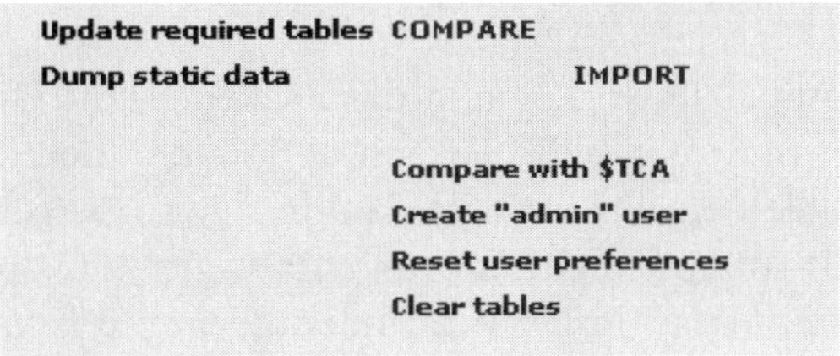

Abbildung 2-5: Menüpunkte des Database Analyser

Der Menüpunkt *Compare* wird bei einem Update von TYPO3 auf eine höhere Version benötigt. Über diesen Menüpunkt stellen Sie sicher, dass alle neuen Tabellen und Felder angelegt bzw. Änderungen an Datenbankfeldern vorgenommen werden. Nähere Informationen, wie Sie ein Update von TYPO3 auf eine höhere Version durchführen, erhalten Sie in Kapitel 14, *Tipps und Tricks*.

Image Processing

Im Bereich *Image Processing* stehen Prüffunktionen zur Verfügung, die feststellen, ob die Konfigurationen von ImageMagick, Freetype und der GDLib mit TYPO3 korrekt zusammenspielen. Weiter unten auf der ersten Seite von *Image Processing* finden Sie fünf Menüpunkte zu verschiedenen Prüffunktionen (siehe Abbildung 2-6). Sollten Sie in diesen Prüffunktionen leichte Unterschiede zu den jeweils mitgelieferten Testbildern feststellen – nicht optischer Art, sondern bei den erzeugten Bildgrößen –, ist das kein Problem. Wichtig ist, dass die Bilder erzeugt werden und Sie keine visuellen Veränderungen feststellen können. Sind Veränderungen sichtbar oder die von TYPO3 verglichenen Dateigrößen dramatisch unterschiedlich, sollten Sie die Installationen der jeweiligen Softwarepakete noch einmal überprüfen.

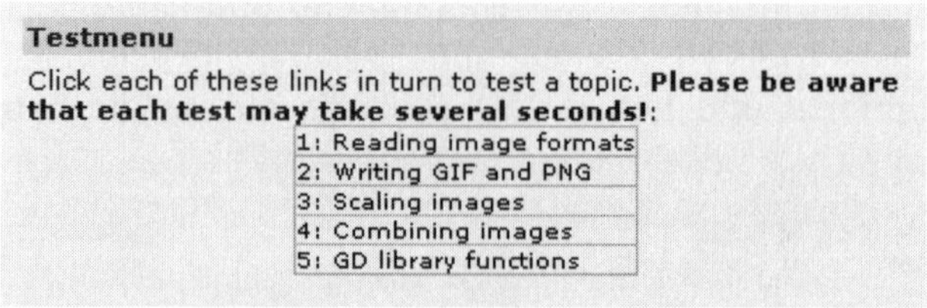

Abbildung 2-6: Menüpunkte der Grafik-Prüffunktionen

All Configuration

Unterhalb von *All Configuration* finden Sie fast alle in TYPO3 realisierbaren Konfigurationsoptionen. Die Liste der Möglichkeiten ist sehr lang, daher wird hier auch nicht auf jeden einzelnen Punkt eingegangen. Im Folgenden werden lediglich die wichtigsten Konfigurationsmöglichkeiten vorgestellt:

doNotCheckReferer

TYPO3 überprüft bei einem Login in das Backend – die Umgebung für Redakteure und Administratoren – den Referer. Als *Referer* bezeichnet man die zuvor geöffnete Seite, die vom Browser im Regelfall mit übergeben wird. Bei einem Login wird nach Absenden der Zugangsdaten geprüft, ob die vorherige Seite auch wirklich die Login-Maske war, um so genannte *Brute Force-Attacken* zu erschweren. Bei Brute Force-Attacken sendet ein von einem Angreifer geschriebenes Programm permanent zufällige Kombinationen von Benutzernamen und Passwörtern, um sich Zugang zum TYPO3-System zu verschaffen.

Einige so genannte *private Firewalls*, die häufig auf privaten PCs eingesetzt werden, verhindern das Mitliefern des Referers. Dadurch kann TYPO3 nicht mehr feststellen, auf welcher Seite der Benutzer seine Zugangsdaten eingegeben hat, und unterbindet ein Login. Daher kann es in einigen Fällen ratsam sein, die Überprüfung des Referers zu unterlassen. Aktivieren Sie dazu einfach die Option *doNotCheckReferer*.

Ebenso kann später auf der Webseite die Überprüfung des Referers Probleme bereiten. Sofern in Ihrem TYPO3-Projekt eine Möglichkeit bestehen soll, dass Besucher der Webseite Daten in eine Datenbank schreiben (z.B. in ein Gästebuch), wird auch hier der Referer überprüft. Der Vorteil liegt klar auf der Hand: Attacken, bei denen ein Angreifer über ein eigenes Skript Unmengen von Datensätzen in Ihr Gästebuch schreibt, werden so abgewehrt. Der klare Nachteil wiederum liegt in der Tatsache, dass einige Internetanwender mit einer (schlecht konfigurierten) privaten Firewall ausgeschlossen werden. Das Gästebuch soll hier nur beispielhaft für alle Funktionalitäten stehen, bei denen Datensätze von den Besuchern einer Webseite in die Datenbank geschrieben werden.

extList

In dieser Variablen werden die installierten Module kommasepariert abgelegt. Auch bei einer leeren TYPO3-Installation sind bereits viele Module installiert, da TYPO3 seit der Version 3.7.0 vollständig modular aufgebaut ist. Die Einstellung wird in der Datei *typo3conf/localconf.php* in der Variablen `$TYPO3_CONF_VARS["EXT"]["extList"]` gespeichert.

Im Regelfall werden Sie in dieser Liste keine Änderungen vornehmen müssen, auch dann nicht, wenn neue Module installiert oder installierte Module deaktiviert werden, da die Liste in solchen Fällen automatisch angepasst wird. In Ausnahmefällen kann ein Eingriff allerdings doch notwendig sein, nämlich genau dann, wenn ein installiertes Modul nicht für die eingesetzte TYPO3-Version bestimmt ist. In solchen Fällen kann es vorkommen, dass die Konfigurationsumgebung, das TYPO3-Backend, nicht mehr lauffähig ist und Sie keine komfortable Umgebung mehr zur Verfügung haben, um das Modul wieder zu deinstallieren.

lockSSL

Wenn Sie das TYPO3-Backend, also die Konfigurationsumgebung, in der Administratoren und Redakteure die Webseite verwalten, mittels einer SSL-Verschlüsselung schützen möchten (https), können Sie hier als mögliche Werte eine 1 oder eine 2 angeben. Eine 0 als angegebener Wert deaktiviert die Verwendung von SSL. Mit dem Wert 1 ist das Backend nur noch über *https://domainname.tld/typo3* erreichbar. Der Wert 2 leitet alle Anfragen, die an *http://domainname.tld/typo3* gerichtet werden, an *https://domainname.tld/typo3* um. Die Einstellung wird in der Datei *typo3conf/localconf.php* in der Variablen `$TYPO3_CONF_VARS["BE"]["lockSSL"]` gespeichert.

installToolPassword

In dieser Variablen wird das Passwort für das Installtool in verschlüsselter Form gespeichert. Hier einen Wert direkt anzugeben ist recht mühselig, da im Installtool das Passwort im Abschnitt *About* komfortabel neu gesetzt werden kann. Sollten Sie jedoch das Passwort für das Installtool einmal vergessen haben, können Sie mittels FTP in der Datei *typo3conf/localconf.php* für die Variable `$TYPO3_CONF_VARS["BE"]["installToolPassword"]` einen neuen MD5-verschlüsselten Wert angeben.

logfile_dir

Wenn TYPO3 Apache-konforme Logfiles schreiben soll, müssen Sie hier den Pfad, in dem die Logdatei gespeichert werden soll, inklusive eines abschließenden Slashs angeben. Den Namen der Logdatei legen Sie an späterer Stelle fest.

Die Einstellung wird in der Datei *typo3conf/localconf.php* in der Variablen `$TYPO3_CONF_VARS["FE"]["logfile_dir"]` gespeichert.

Nähere Informationen zu Logdateien und deren Auswertungsmöglichkeiten erhalten Sie in Kapitel 10, *Bestehende Erweiterungen integrieren*.

In diesem Kapitel:

- Der ideale Browser und Browsereinstellungen
- Begriffe der TYPO3-Welt
- Der erste Frontend-Aufruf
- Login in das Backend
- Die Backend-Module kennen lernen
- Die Backend-Sprache ändern
- Zugangsdaten ändern
- Eine erste Seite anlegen

KAPITEL 3

Das Backend kennen lernen

Nachdem Sie im vorigen Kapitel die Details der TYPO3-Installation kennen gelernt haben, widmet sich dieses Kapitel Ihren ersten TYPO3-Gehversuchen. Sie erfahren, welche Begriffe Ihnen bei TYPO3 begegnen werden und was sich hinter diesen Begriffen verbirgt. Außerdem lernen Sie die Bedienung der TYPO3-Oberfläche kennen und legen eine erste Seite an.

Der ideale Browser und Browsereinstellungen

Für die Backend-Arbeit ist es erforderlich, dass JavaScript ausgeführt werden darf und Cookies für das Backend angelegt werden können. Vom Backend aus wird in manchen Bereichen zur Konfiguration ein neues Fenster geöffnet. Deaktivieren Sie daher einen möglicherweise installierten Pop-up-Blocker bzw. gestatten Sie dem Pop-up-Blocker für Ihr TYPO3-Projekt, neue Fenster zu öffnen.

Wenn Sie TYPO3 in einer Version kleiner als 4.0 nutzen, bietet der Internet Explorer auf Windows-Systemen ab der Version 5.5 entscheidende Vorteile. Redakteure können dann auch mit einer älteren TYPO3-Version komfortabel Inhalte mit einem WYSIWYG-Editor erstellen und bearbeiten. Seit der TYPO3-Version 4.0 wurde ein neuer WYSIWYG-Editor als Standard implementiert, der auf allen gängigen Webbrowsern eingesetzt werden kann.

Begriffe der TYPO3-Welt

Einige Begriffe haben Sie bereits in den vorigen Kapiteln kennen gelernt. So wurde bis zu diesem Abschnitt von einer Konfigurationsoberfläche gesprochen, mit der Administratoren und Redakteure die Webseite erstellen und pflegen können. Diese Konfigurationsoberfläche wird bei Content Management-Systemen, so auch bei TYPO3, als Backend bezeichnet. Im Backend wird die Präsentation administrativ erstellt und aufgebaut sowie redaktionell gepflegt.

Und da, wo es ein Backend gibt, muss es natürlich auch ein Frontend geben. Das Frontend ist dabei die eigentliche Internetpräsentation, also die Umgebung, die normale Besucher der Webseite sehen können. Die Begriffe Frontend und Backend mit ihren Abkürzungen FE sowie BE werden in diesem Buch durchgängig verwendet.

Die englischen Dokumentationen sprechen mehrdeutig von Templates. Templates können sowohl HTML-Designvorlagen als auch TypoScript-Templates sein. Das mag verwirrend klingen; wichtig ist jedoch, dass Designvorlagen aus regulären HTML-Seiten bestehen, während TypoScript-Templates in TypoScript, der eigenen Skriptsprache von TYPO3, geschrieben werden. Um diese Mehrdeutigkeit zu umgehen, werden in diesem Buch die Begriffe Designvorlagen für HTML-Templates sowie Templates für TypoScript-Templates verwendet.

TYPO3 kann seit der Version 4.0 verschiedene Versionen eines TYPO3-Projekts unterscheiden. In älteren TYPO3-Versionen wurden sämtliche Weiterentwicklungen und Aktualisierungen der Webseite direkt in der für alle Webseitenbesucher sichtbaren Version getätigt, in der Live-Umgebung. Seit der TYPO3-Version 4.0 wurden weitere Arbeitsumgebungen eingeführt, die in TYPO3 als *Workspaces* bezeichnet werden. Neben genau einer Live-Umgebung gibt es eine oder mehrere Entwurfsumgebungen, die als *Draft-Workspaces* bezeichnet werden. In Kapitel 14, *Tipps und Tricks* erfahren Sie, wie Sie mit Draft-Workspaces arbeiten können. Bis dahin werden wir bei sämtlichen Beispielen in diesem Buch direkt im Live-Workspace arbeiten.

Der erste Frontend-Aufruf

Wenn Sie TYPO3 korrekt installiert haben, erhalten Sie beim Frontend-Aufruf unter *http://domainname.tld* die in Abbildung 3-1 gezeigte Fehlermeldung.

Diese Meldung ist weder kritisch noch eine wirkliche Fehlermeldung. Sie sagt lediglich aus, dass noch keine Seite angezeigt werden kann. Dies dürfte auch nicht verwunderlich sein, da zurzeit noch keine Seite existiert. Auch wurde noch nicht angegeben, wie eine ggf. existierende Seite überhaupt dargestellt werden soll. Sie werden in diesem Kapitel erfahren, wie im Backend eine erste Seite angelegt wird. Dazu müssen Sie sich aber zunächst in das Backend einloggen.

Login in das Backend

Zum Anlegen neuer Seiten, in diesem Fall unserer ersten Seite, müssen Sie im Backend eingeloggt sein. In das Backend gelangen Sie, indem Sie an die URL im Browser den Ordner */typo3* anhängen, z.B. *http://domainname.tld/typo3*. Sie erhalten eine Login-Seite, wie in Abbildung 3-2 gezeigt.

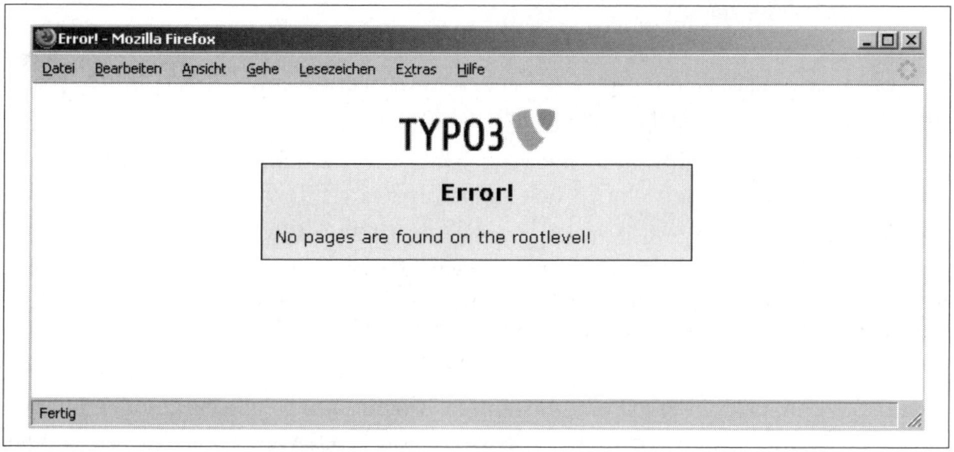

Abbildung 3-1: Es wurden noch keine Seiten angelegt

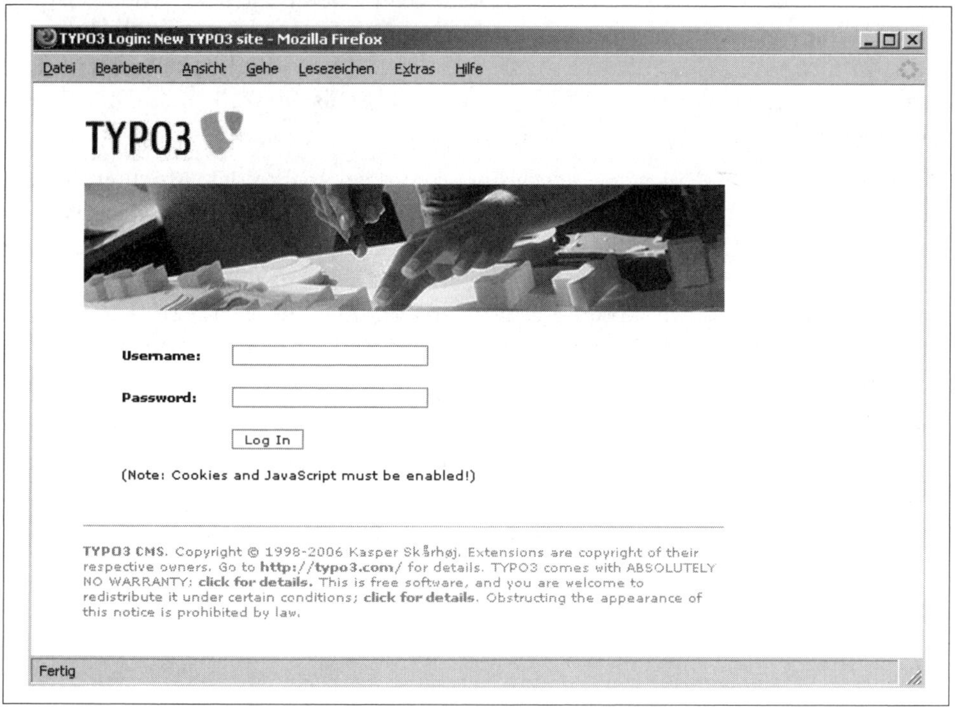

Abbildung 3-2: Login-Maske zum TYPO3-Backend

Wenn Sie TYPO3 von einem auf TYPO3 spezialisierten Provider installiert bekommen haben, sollte dieser Ihnen die Zugangsdaten mitgeteilt haben. Haben Sie TYPO3 selbst installiert, sollten Sie die Zugangsdaten nach erfolgtem Login umgehend ändern, da diese allgemein bekannt sind:

```
Benutzername:  admin
Passwort:      password
```

Wie Sie Ihre Zugangsdaten für das Backend abändern können, wird weiter unten im Abschnitt »Zugangsdaten ändern« erläutert.

Zum erfolgreichen Login in das Backend ist es erforderlich, dass Cookies auf dem jeweiligen Client aktiviert sind. Auch können private Firewalls einen erfolgreichen Login-Vorgang verhindern, da sie, je nach Konfiguration, den *Referer* nicht mit übergeben. Sollten Sie eine Nachricht der Art erhalten, dass Sie im Installtool ein *doNotCheckReferer*-Flag setzen sollen, loggen Sie sich in das Installtool ein. Unter *All Configuration* können Sie dieses *Flag* setzen. Nähere Informationen dazu finden Sie in Kapitel 2, *TYPO3 installieren*, im Abschnitt »Das TYPO3-Installtool«.

Wenn Sie den Ordner */typo3* umbenennen möchten, sei hier erwähnt, dass dies einige Probleme mit sich bringt. Bis zur Version 3.3.0 war es noch durch einige wenige Anpassungen im Quellcode möglich, seit Version 3.5.0 verweisen allerdings sehr viele Module auf diesen Ordner. Eine Umbenennung des Ordners */typo3* macht somit sehr viele Änderungen im Quellcode erforderlich. Neue Module, die nicht ordnungsgemäß (sondern *pragmatisch*) entwickelt wurden, müssten zudem permanent angepasst werden. Die Update-Fähigkeit ist unter keinen Umständen mehr gewährleistet.

Der Ordner */typo3* selbst stellt kein großes Sicherheitsrisiko dar. Möchten Sie die Sicherheit erhöhen, können Sie dies z.B. durch eine *.htaccess*-Datei erreichen oder den Zugriff auf das Backend nur für bestimmte IP-Adressen gestatten. Außerdem ist es möglich, das Backend nur verschlüsselt über HTTPS aufrufen zu lassen. zu können Sie im Installtool im Abschnitt *All Configuration* für `[BE][lockSSL]` als Wert eine `2` angeben, wodurch das Backend nur noch über eine gesicherte Verbindung erreichbar ist.

Die Login-Maske kann problemlos angepasst werden und von obigem Screenshot durchaus abweichen. So kann es durchaus der Fall sein, dass die Login-Maske noch eine dritte Zeile enthält, in der man das so genannte *Interface* auswählen kann (Frontend, Backend).

In früheren Versionen von TYPO3 gab es ein *klassisches* Backend, das eine umfassende JavaScript-Lösung war. Auf Grund langer Ladezeiten und sonstiger technischer Einschränkungen wurde parallel ein *alternatives* Backend entwickelt, das Sie heute nutzen. Seit der TYPO3-Version 3.3.0 hat dieses alternative Backend das klassische vollständig abgelöst und wird daher seit der TYPO3-Version 3.5.0 offiziell nur noch als *Backend* bezeichnet. In der TYPO3-Version 4.0 wurde dieses Backend optisch überarbeitet.

Die Backend-Module kennen lernen

Nach erfolgtem Login als Administrator gelangen Sie in das Backend von TYPO3, das für Administratoren wie in Abbildung 3-3 gezeigt aussieht.

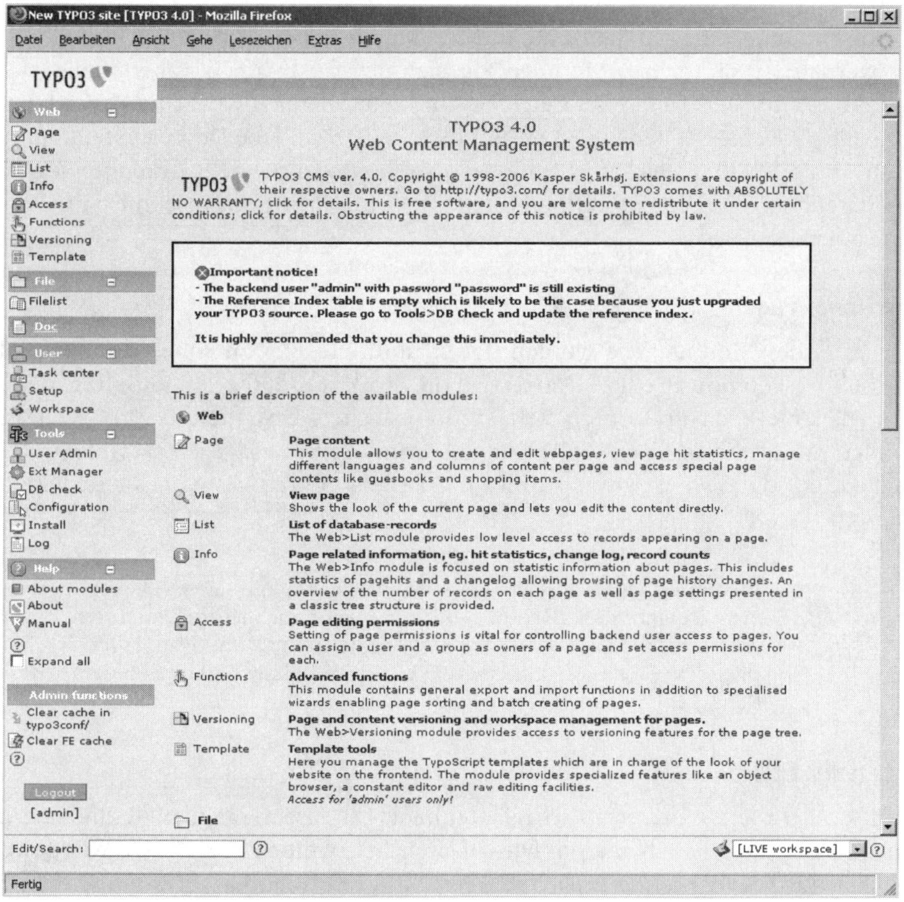

Abbildung 3-3: TYPO3-Backend für Administratoren in englischer Sprache

Möglicherweise erhalten Sie, wie in Abbildung 3-3 zu sehen, eine gelb hinterlegte Warnmeldung. Sie werden im Laufe dieses Kapitels Änderungen vornehmen, die die Ursachen dieser Warnung beheben.

Im linken Bereich sehen Sie eine Auflistung der so genannten *Backend-Module*, die Ihnen bei TYPO3 zur Verfügung stehen. Diese Backend-Module werden zur besseren Übersicht in Abschnitte unterteilt. Im Folgenden werden die einzelnen

Abschnitte und die gängigsten Module beschrieben; auf äußerst selten benötigte Module wird hier nicht näher eingegangen. Die Umstellung des Backends auf die deutsche Sprache nehmen wir dann im nächsten Abschnitt vor.

Web

Im Abschnitt *Web* finden Sie Backend-Module, die zur redaktionellen Arbeit benötigt werden. Zu sämtlichen Modulen, die sich unterhalb von *Web* befinden, öffnen sich auf der rechten Seite zwei Bereiche. Im linken Bereich wird eine Baumdarstellung der angelegten Seiten angezeigt, im rechten Bereich eine Detaildarstellung. Der Baum Ihres TYPO3-Projekts ist noch leer, so dass kein Baum zu erkennen ist. Wie der Seitenbaum zu bedienen ist, erfahren Sie weiter unten im Abschnitt »Eine erste Seite anlegen«.

Seite (engl. Page)

Mit Hilfe des Moduls *Seite* werden der strukturelle Aufbau sowie die Pflege der Internetpräsentation erledigt. Dabei wird die Struktur im Regelfall durch Administratoren vorgegeben und durch Redakteure erweitert bzw. modifiziert. Weiterhin können in diesem Modul Seiteninhalte komfortabel eingegeben werden. Das Backend-Modul *Seite* ist also sowohl für Administratoren als auch für Redakteure wichtig.

Wenn Sie zwei Module namens *Seite* im linken Menü angezeigt bekommen, ist eines dieser Module, optisch gekennzeichnet im Icon durch die Buchstaben »TV«, für *TemplaVoilà* bestimmt. Was TemplaVoilà ist und wie Sie diese Erweiterung einsetzen können, erfahren Sie im Kapitel 13, *Einführung in TemplaVoilà*.

Liste (engl. List)

Im Modul *Liste* werden sämtliche Datenbank-Datensätze angezeigt, die sich auf einer bestimmten Seite befinden. Diese Datensätze werden in einer – etwas gewöhnungsbedürftigen – Listing-Ansicht dargestellt.

Zugriff (engl. Access)

Im Modul *Zugriff* können einzelne Seiten oder ganze Seitenbäume mit Zugriffsrechten versehen werden. Sie können so z.B., wie auch unter Linux üblich, angeben, wer der Besitzer einer Seite ist, welcher Gruppe diese Seite angehört und welche Rechte (lesen, schreiben, löschen) Besitzer, Gruppen oder sonstige Personen bezüglich dieser Seite haben. Diese Rechte beziehen sich in diesem Modul lediglich auf die redaktionelle Arbeit im Backend, also üblicherweise auf Redakteure. Dieses Modul ist insbesondere dann wichtig, wenn Redakteure ohne Administratorrechte arbeiten sollen. Eine ausführliche Erläuterung zur Arbeit mit Redakteuren mit bestimmten Rechten erhalten Sie in Kapitel 12, *Benutzerrechte für Redakteure anlegen*.

Funktionen (engl. Functions)

Unter *Funktionen* finden Sie eine Reihe nützlicher Tools. Unter anderem gibt es hier ein Tool, mit dem Sie beim Erstellen der Seitenstruktur bis zu neun Unterseiten auf einmal anlegen können. Ganze Seitenbäume mit vielen Unterseiten sind so in kürzester Zeit erstellt. Aber seien Sie vorsichtig: Das Anlegen von neun Unterseiten geht schnell, das Löschen hingegen kann lange dauern.

Template

Das wohl wichtigste Modul findet sich im Bereich *Template*. In diesem Modul wird mit TypoScript gearbeitet. Zusätzlich stehen hier einige Analysewerkzeuge zur Verfügung. Was genau TypoScript ist und wofür die Analysewerkzeuge benötigt werden, erfahren Sie in Kapitel 5, *TypoScript in der Praxis*.

Datei (engl. File)

Im Abschnitt *Datei* finden Sie Backend-Module, mit denen Sie (und ggf. auch die Redakteure) sich innerhalb des Verzeichnisses *fileadmin/* bewegen können.

Dateiliste (engl. Filelist)

Im Modul *Dateiliste* finden Sie ein kleines Online-FTP-Programm, mit dem Sie direkt im Backend unkompliziert Dateien hochladen, bearbeiten und löschen können. Auch hier steht Ihnen wieder eine Baumdarstellung zur Verfügung, die in diesem Fall Verzeichnisse enthält, die sich unterhalb des Verzeichnisses *fileadmin/* befinden (bzw. dem im Installtool unterhalb von `$TYPO3_CONF_VARS["BE"]["fileadminDir"]` angegebenen Ordner).

Jedoch kommt es dabei oft zu Problemen mit Dateirechten, da auch die Möglichkeit besteht, Dateien mit *echtem* FTP zu übertragen. Wird zum Beispiel eine Datei per FTP übertragen, gehört sie in der Regel dem FTP-Benutzer. Wird eine Datei jedoch über das Backend hochgeladen, gehört sie dem Benutzer *Apache*. Dadurch können störende Effekte auftreten, die die Arbeit mit Dateien und Ordnern erschweren. Gewöhnen Sie sich deshalb möglichst an, entweder nur mit FTP oder nur mit der Dateiliste zu arbeiten. Bei auf TYPO3 spezialisierten Providern treten diese Probleme nicht auf.

Benutzer (engl. User)

Einstellungen innerhalb der Module in diesem Abschnitt betreffen nur den jeweils aktuell eingeloggten Benutzer.

Einstellungen (engl. Setup)

Im Modul *Einstellungen* kann der Benutzer für sich selbst Einstellungen vornehmen. Dies sind insbesondere persönliche Daten wie Name und E-Mail-Adresse. Einige TYPO3-Erweiterungen, beispielsweise das *News*-Modul, greifen auf diese Daten zurück, um den Autor eines Beitrags ausfindig zu machen und namentlich nennen zu können.

In diesem Bereich wird auch die Backend-Sprache für den eingeloggten Benutzer festgelegt. Der Redakteur kann aus momentan 43 Sprachen wählen. Zur Anpassung des Backends auf andere Darstellungsformen wie z.B. eine niedrige Auflösung gibt es eine Reihe von Konfigurationsmöglichkeiten. Dadurch kann z.B. die gesamte linke Modulleiste auf Icons beschränkt werden, die im oberen Bereich nebeneinander angezeigt werden.

Für einen Sprachwechsel müssen Sie seit der TYPO3-Version 3.8.0 jede verwendete Backend-Sprache mit Ausnahme von Englisch nachträglich über einen Extension-Manager nachinstallieren. Nähere Informationen erhalten Sie weiter unten im Abschnitt »Die Backend-Sprache ändern«.

Durch Aktivieren der Funktionalität des *rekursiven Löschens* können ganze Seitenbäume und deren Inhalte gelöscht werden, was nicht ganz ungefährlich ist. Redakteuren kann durch die Vergabe von entsprechenden Zugriffsrechten das Löschen von nicht selbst erstellten Seiten unmöglich gemacht werden. Das Wiederherstellen von irrtümlich gelöschten Seiten ist nämlich nur durch mühselige Kleinarbeit oder das Einspielen eines Backups möglich. Ihr TYPO3-Provider kann Ihnen in einem solchen Fall sicherlich auch weiterhelfen.

Tools

Im Abschnitt *Tools* befinden sich Module, die nur Sie als Administrator benötigen und die darum nur Ihnen in dieser Funktion zur Verfügung stehen. Sie können hier das Gesamtsystem um Funktionalitäten erweitern, globale Konfigurationen ändern und Einblick in die Datenbank erhalten.

Extension Manager

Über den *Extension-Manager* können Sie die Vorteile des modularen Aufbaus von TYPO3 nutzen. Alle hier vorgestellten Backend-Module, auch der Extension-Manager, lassen sich per Knopfdruck installieren, deinstallieren oder updaten. Sie können somit fast jeden Menüpunkt, den Sie auf der linken Seite im Backend sehen, einzeln anpassen. Aber seien Sie damit besonders vorsichtig, denn auch Ihnen als Administrator stehen diese Module im Fall einer Deinstallation nicht mehr zur Verfügung. Für Nicht-Administratoren, also Redakteure, können Sie anhand von Benutzerrechten jedes einzelne Modul explizit aktivieren.

Install

Im Modul *Install* steht Ihnen das Installtool zur Verfügung. Hier wird lediglich im rechten Bereich der Pfad *typo3/install/* aufgerufen, sofern dieser zugänglich ist. Nähere Informationen zum Installtool erhalten Sie in Kapitel 2, *TYPO3 installieren*, im Abschnitt »Das TYPO3-Installtool«.

Log

Über das Modul *Log* erhalten Sie einen Überblick darüber, welcher Benutzer wann was gemacht hat. Viele Aktivitäten, wie z.B. Änderungen an Seiten oder an Typo-Script-Templates, werden hier mit der Angabe von Datum, Uhrzeit und Benutzer protokolliert.

Admin Funktionen (engl. Admin functions)

TYPO3 ist dynamisch, alle Inhalte werden aus Datenbanken heraus erzeugt. Um die Last des Servers so gering wie möglich zu halten und damit auch die Performance Ihres TYPO3-Projekts zu erhöhen, werden dynamisch generierte Internetseiten in TYPO3 gecached.

Leider können durch das Cachen insbesondere bei der Entwicklung einige unerwünschte Phänomene auftreten. Mit den beiden Modulen *Cache in typo3conf/ löschen* (engl. *Clear cache in typo3conf/*) und *FE Cache löschen* (engl. *Clear FE cache*) kann der Cache manuell geleert werden. Eine detaillierte Beschreibung des Caches an dieser Stelle wäre zu theoretisch, daher wird an den entsprechenden Stellen während der Realisierung des Praxisbeispiels erläutert, warum der Cache manchmal manuell geleert werden sollte.

Die Backend-Sprache ändern

Die erste Aktion, die Sie in der Regel bei einem englischsprachigen Backend starten, ist das Ändern der Sprache in *Deutsch*. Nach erfolgreichem Login wählen Sie dazu auf der linken Seite aus dem Abschnitt *User* das Modul *Setup* aus. Auf der rechten Seite sehen Sie im oberen Bereich das Auswahlfeld *Language*. Ändern Sie hier die Sprache von *English* auf *German* und speichern Sie Ihre Einstellungen, indem Sie ganz unten auf den Button *Save Configuration* klicken. Abbildung 3-4 zeigt die Maske *User Settings*.

Seit der TYPO3-Version 3.8.0 muss jedoch jede Backend-Sprache, die verwendet werden soll, extra installiert werden. In vorherigen TYPO3-Versionen waren alle Sprachen bereits vorhanden. Da die Anzahl der Sprachen jedoch stetig zunahm, was zu Performance- und Ressourcenproblemen führte, ist jetzt nur noch Englisch von Anfang an als Standardsprache vorhanden.

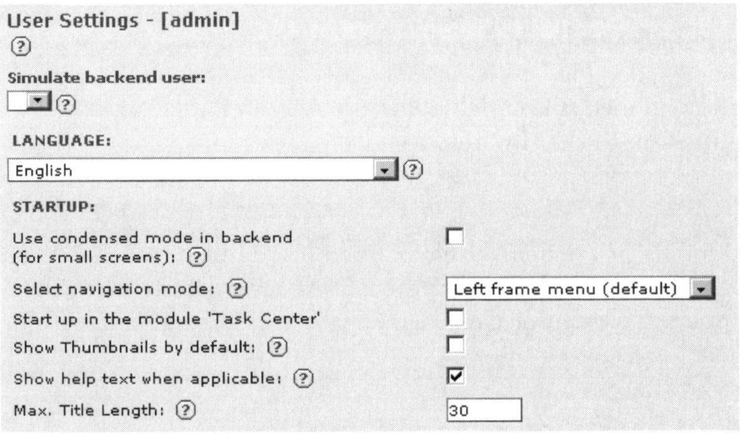

Abbildung 3-4: Die Sprache für das Backend ändern

In dem in Abbildung 3-4 gezeigten Pull-down-Menü können Sie die gewünschte Sprache auswählen. Speichern Sie diese Sprache über den Button *Save Configuration*, den Sie am Ende der Seite finden.

Ob eine Sprache bereits installiert ist oder nicht, können Sie ganz einfach an den Elementen im Auswahlfeld *Language* erkennen (siehe Abbildung 3-4). Wird der Eintrag für die gewünschte Sprache in kursiver, grauer Schrift dargestellt, ist die Sprache noch nicht installiert. Sie können die gewünschte Sprache jedoch trotzdem auswählen und diese Änderung speichern, erhalten dann allerdings die in Abbildung 3-5 gezeigte Fehlermeldung. Im Backend werden anschließend immer noch alle Texte nur auf Englisch angezeigt, bis die ausgewählte Sprache nachträglich installiert ist.

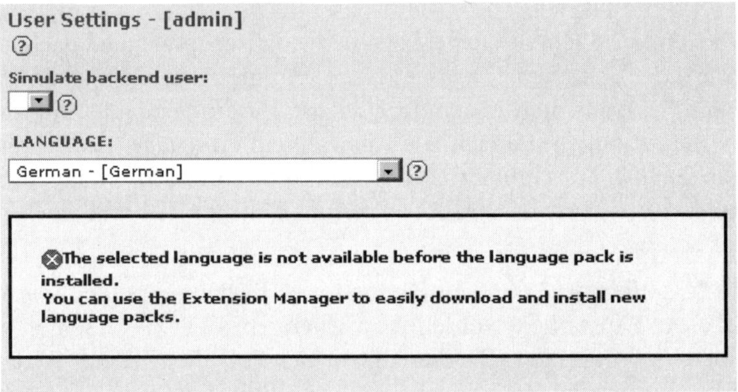

Abbildung 3-5: Die ausgewählte Backend-Sprache muss noch installiert werden

Die im Folgenden verwendeten Begriffe *Extension Manager* bzw. *Erweiterungsmanager* und *Extension Key* werden in den Kapiteln 10 und 11 detailliert vorgestellt.

Die nachträgliche Installation einer Sprache nehmen Sie bei TYPO3-Versionen ab 3.8.0 über den so genannten *Extension-Manager* vor. Wählen Sie, um in den Extension-Manager zu gelangen, aus der linken Menüliste den Eintrag *Ext Manager* aus dem Abschnitt *Tools* aus. Aus einem Auswahlfeld mit der Beschriftung *Menu* im oberen Bereich können Sie den Eintrag *Translation handling* auswählen, wie in Abbildung 3-6 gezeigt.

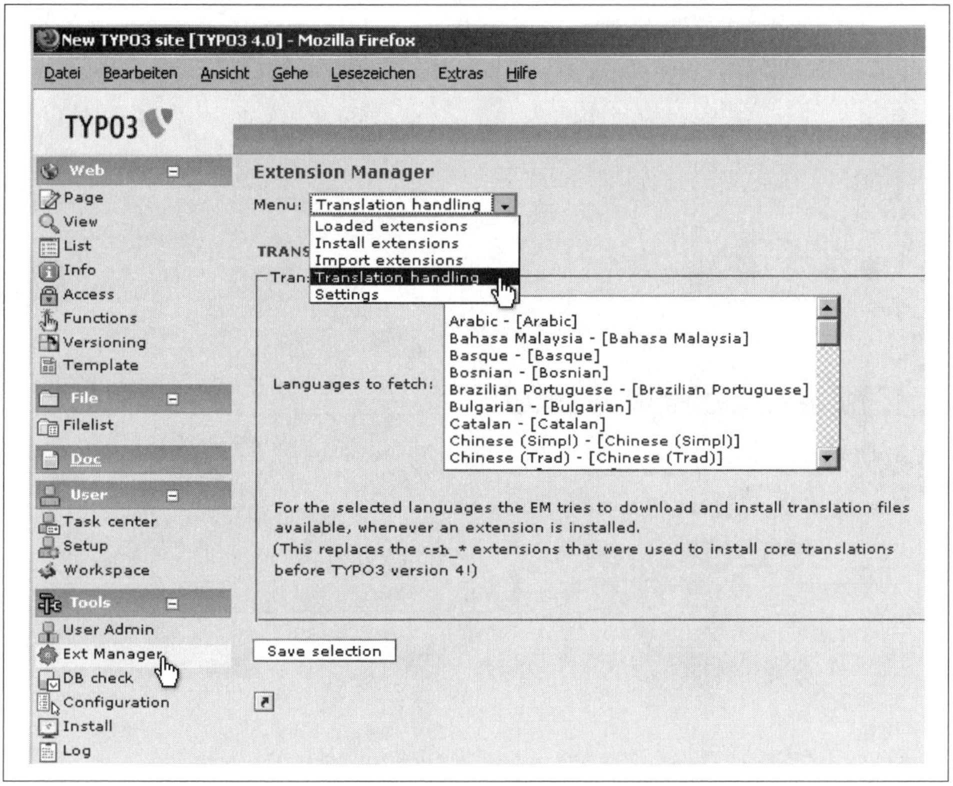

Abbildung 3-6: Eine Erweiterung von einem zentralen Server herunterladen

Markieren Sie in der Auswahlbox *Languages to fetch* die gewünschte Sprache *German*. Wenn Sie mehrere Sprachen zur Verfügung stellen möchten, können Sie durch Drücken der *Strg*-Taste mehrere Einträge markieren. Nachdem Sie die gewünschten Sprachen ausgewählt haben, speichern Sie Ihre Einstellungen über den Button *Save selections*.

Allerdings wurde die Sprache bisher noch nicht installiert. Die entsprechenden Sprachpakete müssen von einem zentralen Server heruntergeladen bzw. abgeglichen werden. Über den Button *Update from repository* können Sie jetzt veranlassen, dass die aktuellste veröffentlichte Version des jeweiligen Sprachpakets in Ihr TYPO3-Projekt übertragen wird (Abbildung 3-7).

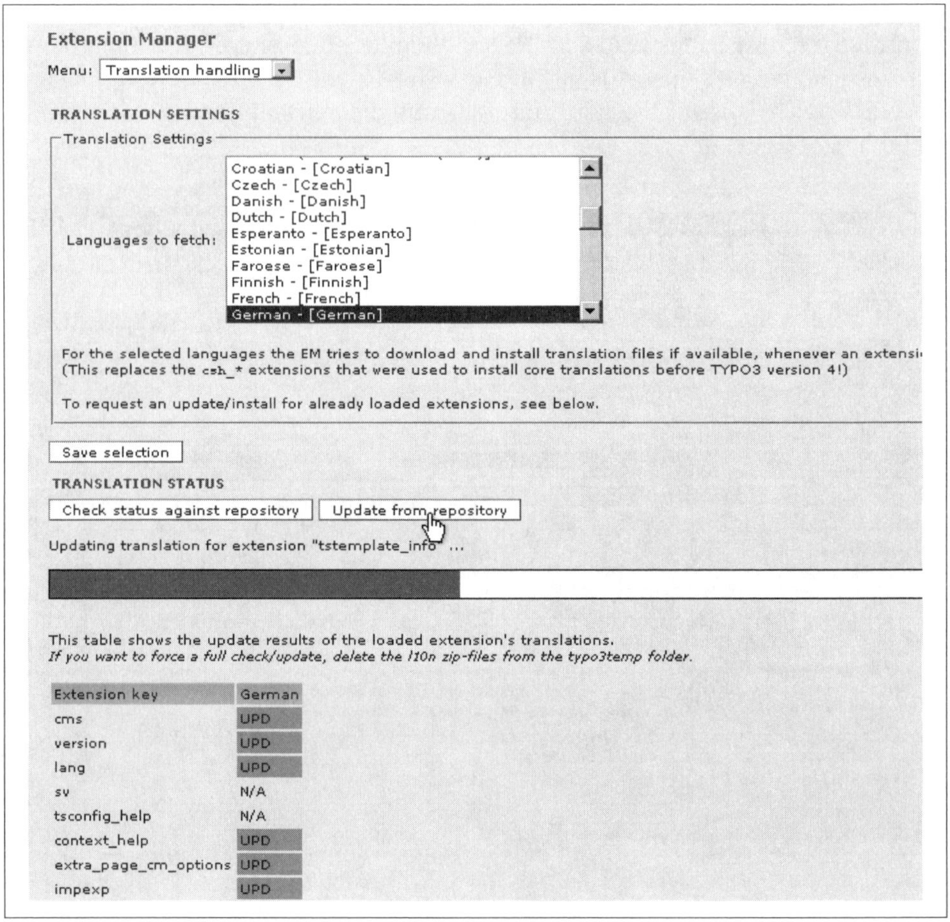

Abbildung 3-7: Die benötigten Sprachpakete werden übertragen

Damit eine Übertragung der Sprachpakete stattfinden kann, ist es erforderlich, dass von Ihrer TYPO3-Installation aus eine Verbindung in das Internet aufgebaut werden kann.

Damit das Backend jetzt auch in der deutschen Sprache angezeigt wird, müssen Sie das gesamte Backend einmal neu laden. Klicken Sie dazu in Ihrem Browser auf das Icon *Aktualisieren* oder loggen Sie sich einmal aus und dann wieder ein.

Zugangsdaten ändern

Wenn Sie TYPO3 selbst installiert haben, sollte der nächste Schritt (nach dem Anpassen der Sprache) das Ändern von Benutzername und Passwort für das Backend sein. Das Passwort `joh316` zum Login in das Installtool haben Sie hoffentlich schon geändert.

In TYPO3 gibt es gleich mehrere Möglichkeiten, die Zugangsdaten zu ändern. (Sie werden bei Ihrer Arbeit mit TYPO3 feststellen, dass das für sehr viele Aktivitäten gilt.) Eine Möglichkeit ist, über das bereits bekannte Backend-Modul *Benutzer →Einstellungen* das Passwort für Sie selbst, also den momentan eingeloggten Benutzer, zu ändern. In diesem Bereich haben Sie sich bereits im vorigen Abschnitt beim Anpassen der Sprache befunden. Da Sie aber Administrator sind und sich auch auf dieser Ebene weiterbewegen möchten, wird hier nun das Ändern von Zugangsdaten für jeden angelegten Benutzer beschrieben, auch wenn es zurzeit nur einen Benutzer gibt.

Gehen Sie zum Ändern der Zugangsdaten zum Backend-Modul *Web→Liste*, das Sie auf der linken Seite im oberen Bereich finden. Es öffnet sich die Baumdarstellung mit den momentan vorhandenen Seiten. Klicken Sie in dieser Baumdarstellung auf den Text *New TYPO3 site* neben der Weltkugel. Auf der rechten Seite öffnet sich eine Detailseite. Da Sie sich im Modul *Liste* bewegen, werden alle Datensätze angezeigt, die sich auf der Seite mit der Weltkugel, der so genannten *Root-Ebene*, befinden. Und hier erkennen Sie unter anderem auch den Backend-Benutzer, als der Sie gerade eingeloggt sind (zu sehen in Abbildung 3-8).

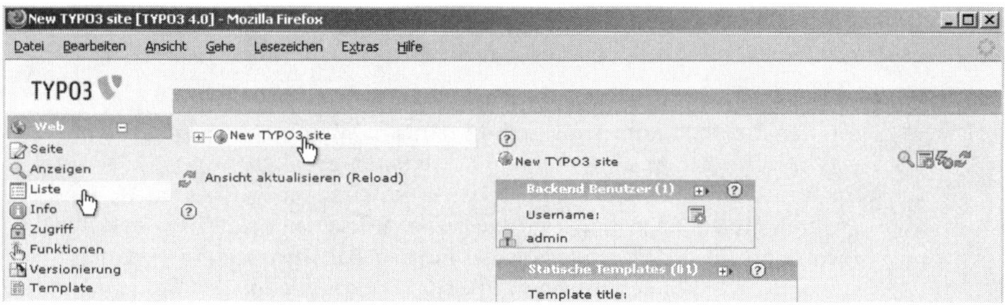

Abbildung 3-8: Der Backend-Benutzer im Modul »Liste«

Um den Benutzer zu ändern, klicken Sie auf das Icon vor dem Benutzernamen. Es öffnet sich ein Pop-up-Fenster, in dem Sie den Eintrag *Bearbeiten* auswählen können. Sie erhalten eine umfassende Maske mit vielen Einstellungsmöglichkeiten, in der Sie im oberen Bereich die beiden Felder *Username* und *Password* sehen (siehe Abbildung 3-9). Sie können hier nun neue Zugangsdaten eingeben und sie mit einem Klick auf das Symbol *Speichern und Schließen* übernehmen.

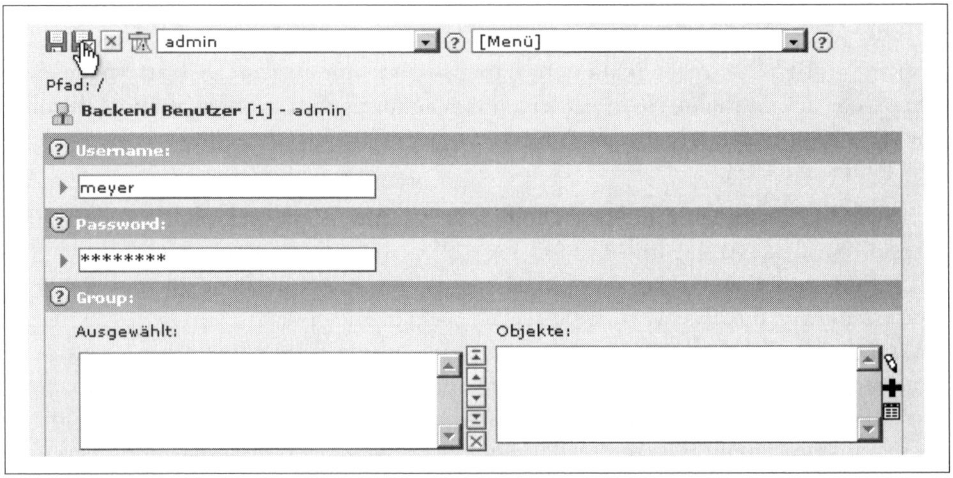

Abbildung 3-9: Zugangsdaten für einen Benutzer ändern

Sicher werden Sie sich wundern, dass englischsprachige Felder und Beschreibungen angezeigt werden, obwohl Sie das Backend doch im vorigen Abschnitt auf *Deutsch* eingestellt haben. Der Grund ist, dass TYPO3 nicht vollständig übersetzt ist; aber alle für Redakteure zugänglichen und häufig genutzten Bereiche sind auf Deutsch verfügbar. Sie als Administrator werden allerdings an einigen Stellen nicht um englischsprachige Begriffe und Beschreibungen herumkommen.

Falls Sie Ihre Zugangsdaten zum Backend vergessen haben und sich nicht mehr einloggen können, finden Sie in Kapitel 14, *Tipps und Tricks*, Informationen dazu, wie Sie sich auch ohne Hack-Versuche wieder Zugang zum Backend verschaffen können.

Sollten Sie noch immer die gelb hinterlegte Warnmeldung *Important notice! The Reference Index table is empty...* erhalten, wenn Sie das gesamte Backend neu laden, müssen Sie einen so genannten *Referenz-Index* erstellen bzw. aktualisieren. Klicken Sie dazu im linken Menü im Abschnitt *Tools* auf den Eintrag *DB Überprüfung*. Auf der rechten Seite können Sie dann über den Textlink *Globalen Referenz-Index prüfen und aktualisieren* (letzter Textlink) die erforderlichen Anpassungen an der Datenbank vornehmen.

Eine erste Seite anlegen

Um eine erste Seite mit TYPO3 anzulegen, klicken Sie im Menü links auf den Menüpunkt *Seite*. In der Mitte öffnet sich der Seitenbaum, der derzeit nur aus der Root-Ebene (das Icon mit der Weltkugel) besteht. Auf der rechten Seite öffnet sich noch ein kleiner Hinweis.

Im Seitenbaum gibt es drei Klickmöglichkeiten: Über + und – lässt sich der Seitenbaum öffnen bzw. schließen, um Unterseiten anzuzeigen. Ein Klick auf das Icon öffnet ein kleines Fenster mit weiteren Aktionsmöglichkeiten. Zum Anzeigen des Inhalts kann auf den Textlink geklickt werden. Um eine neue (erste) Seite anzulegen, klicken Sie auf das Icon der Root-Ebene (Weltkugel) und wählen aus dem Pop-up-Menü *Neu* aus (siehe Abbildung 3-10).

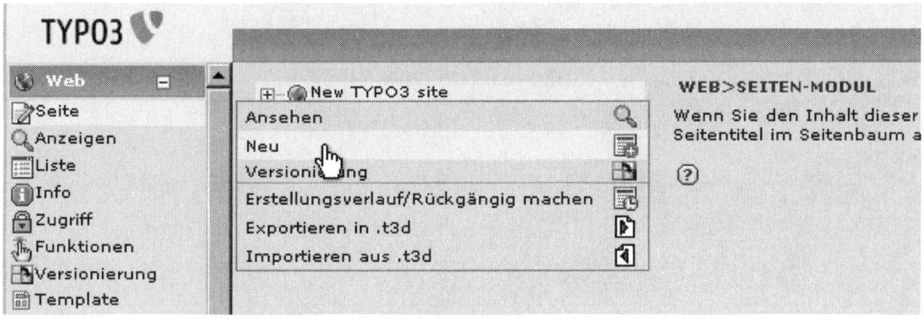

Abbildung 3-10: Das Pop-up-Menü

Auf der rechten Seite sehen Sie nun diverse Möglichkeiten zum Anlegen neuer Datensätze. Um eine neue Seite anzulegen, klicken Sie auf den Textlink *Seite* (Abbildung 3-11).

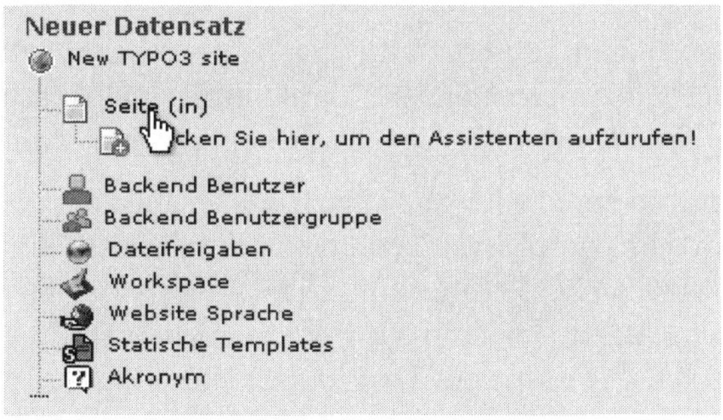

Abbildung 3-11: Eine neue Seite anlegen

In der rechten Maske (Abbildung 3-12) können nun diverse Felder ausgefüllt werden. Pflichtfelder sind mit einem Ausrufezeichen links neben dem Feld gekennzeichnet. Ein solches Pflichtfeld ist hier z.B. der *Seitentitel*. Dieser wird unter anderem als Bezeichner für den Seitenbaum benötigt, aber auch für das HTML-Title-Tag im Frontend, wenn die Seite aufgerufen wird.

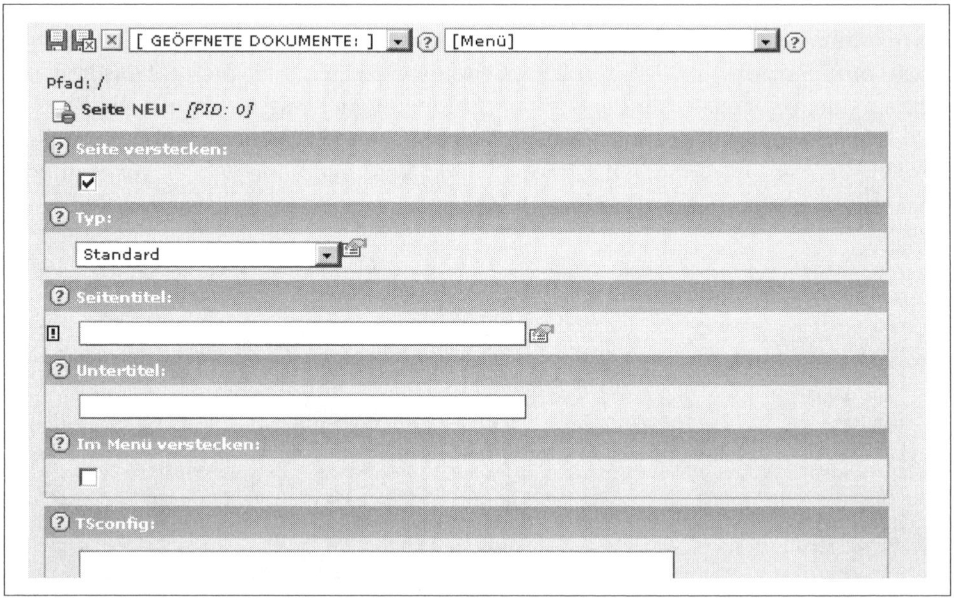

Abbildung 3-12: Die Maske zum Erstellen und Bearbeiten einer Seite

Einige Felder sind allerdings erst im Vordergrund zu sehen, wenn eine zweite Optionspalette aktiviert wird. Diese Einstellung können Sie aktivieren, indem Sie bei dem Eintrag *Zweite Optionspalette anzeigen* (Abbildung 3-13) im unteren Teil der Seite ein Häkchen setzen.

Nennen Sie Ihre erste erzeugte Seite *Test* (Angabe im Feld *Seitentitel*) und entfernen Sie das Häkchen bei *Seite verstecken*. Speichern Sie die Seite anschließend ab, indem Sie auf das Symbol *Speichern und Schließen* klicken (zweites Icon oben links).

Sie haben nun also Ihre erste Seite ohne Seiteninhalt angelegt. Das ist die Mindestvoraussetzung, um ein TypoScript-Template erzeugen zu können. Über TypoScript-Templates wird TYPO3 mitgeteilt, wie und was das System im Frontend, also auf der Webseite, darstellen soll. Die Funktion und den Einsatz von Templates lernen Sie in Kapitel 5, *TypoScript in der Praxis*, näher kennen, doch zuvor bereiten wir unser Praxisbeispiel vor, indem wir das Aussehen und die Funktionalität der Beispiel-Website festlegen, eine Designvorlage erstellen und uns Gedanken zur Navigationsstruktur machen.

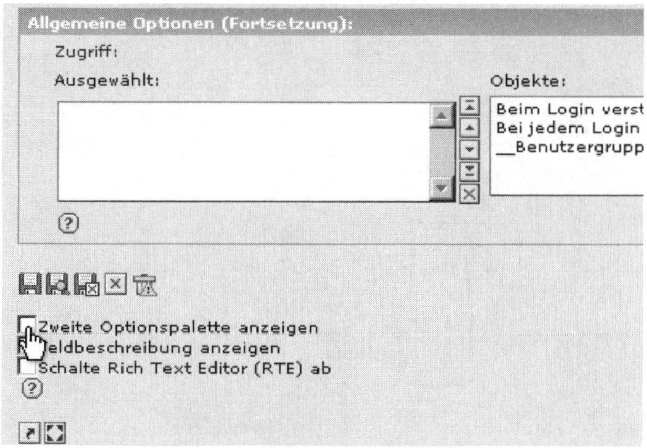

Abbildung 3-13: Zweite Optionspalette aktivieren

In diesem Kapitel:

- Die Anforderungen an das Praxisbeispiel
- Eine Designvorlage erstellen
- Aufbau der Navigationsstruktur

KAPITEL 4

Das Praxisbeispiel vorbereiten

In diesem Kapitel erfahren Sie, welche Überlegungen Sie vor Beginn der Realisierung eines TYPO3-Projekts anstellen und wie Sie dann das Projekt mit TYPO3 angehen sollten. Dazu wurde ein umfassendes Praxisbeispiel gewählt, das in den folgenden Kapiteln Schritt für Schritt umgesetzt wird.

Damit Sie sich in den nächsten Kapiteln ausgiebig mit der eigentlichen Herausforderung bei TYPO3-Projekten – der TYPO3-eigenen Skriptsprache TypoScript – beschäftigen können, werden in diesem Kapitel die Grundlagen dazu gelegt. So werden Sie zunächst die Anforderungen an das Praxisbeispiel kennen lernen, anschließend eine HTML-Designvorlage auf Basis von CSS erstellen und in dieser Vorlage dynamische Bereiche erkennen und durch Platzhalter ersetzen. Eine geeignete Seitenstruktur erstellen Sie am Ende dieses Kapitels.

Die Anforderungen an das Praxisbeispiel

Als Beispiel soll eine Internetpräsentation für die Snowboardschule *Meyer-Müller-Schmidt* erstellt werden. Diese Internetpräsentation soll folgende Features enthalten, die Sie im Laufe dieses Praxisbeispiels umsetzen werden.

Präsentation auf Basis von HTML und CSS
: Die Präsentation wird auf klassischem Weg mit HTML und CSS-Formatierung erstellt. Auf den Einsatz von Frames wird verzichtet.

Menüs
: Es soll zwei Menüs geben, ein grafisches auf der linken Seite und ein Textmenü im oberen Bereich. Das grafische Menü enthält klassische Navigationspunkte wie z.B. *Aktuelles* und *Über uns*. Ein RollOver-Effekt soll eingebunden werden. Das Textmenü im oberen Bereich enthält hingegen eine reine Hilfsnavigation. Hier finden sich Menüpunkte wie z.B. *Sitemap*, *Impressum*, *Kontakt* etc.

Grafischer Trailer

Im oberen Bereich soll ein grafischer Trailer erscheinen. In diesen Trailer wird der Titel der aktuellen Seite ebenfalls grafisch eingebunden. Außerdem soll das im Trailer verwendete Bild ausgetauscht werden können, auch nur für einzelne Seitenbereiche. Diesen Austausch nehmen Redakteure vor, daher sollte die Pflege der Seite so unkompliziert wie möglich sein. Diese Anforderungen an den grafischen Trailer erfordern eine vollständig dynamische Erstellung.

Informationsbereich

In einem rechten Bereich sollen permanent Informationen bereitgestellt werden können. Diese Informationen können sich von Seite zu Seite ändern, andererseits soll es aber auch möglich sein, dass Inhalte im rechten Bereich während der gesamten Präsentation zu sehen sind, ohne dass sie auf jeder Seite neu angelegt werden müssen. Auch sollen hier permanent die letzten drei News-Beiträge angezeigt werden.

News-Beiträge

Es gibt, wie schon oben erwähnt, News-Beiträge. Diese sollen in einem separaten Modul gekapselt werden.

Suchfunktion

Eine umfangreiche Suche in den redaktionelle Themen soll dem Benutzer zur Verfügung gestellt werden. Eine erweiterte Suchfunktion durchsucht auch PDF- und Word-Dokumente.

Sitemap

Neben der Suche soll als Service auch eine Sitemap angeboten werden. Diese Sitemap ist dynamisch und berücksichtigt automatisch neue bzw. gelöschte oder versteckte Seiten.

Kontaktformular

Über ein Kontaktformular kann der Kunde unkompliziert mit dem Unternehmen in Kontakt treten. Dieses Formular soll an eine definierte Adresse per E-Mail versendet werden.

Zweisprachigkeit

Da die Snowboardschule Kunden aus der ganzen Welt hat, soll die gesamte Präsentation zweisprachig sein. Dabei soll der Besucher der Website jeweils von Seite zu Seite zwischen der deutschen und der englischen Version wechseln können; eine Sprachänderung soll ihn dabei nicht automatisch zurück zur Homepage bringen, sondern lediglich auf der angezeigten Seite die Sprache wechseln.

Druckansicht

Mit Hilfe einer speziellen Druckansicht sollen auch optisch ansprechende Ausdrucke möglich werden. Unnötige Elemente wie z.B. die Navigation oder der grafische Trailer werden in der Druckansicht nicht benötigt, dafür aber ein Copyright-Hinweis. Die Druckansicht soll ebenfalls mehrsprachig zur Verfügung stehen und dynamisch erstellt werden. Ein mehrfaches Einpflegen von

Inhalten, außer auf Grund verschiedener Sprachen, soll dabei möglichst vermieden werden.

Klickpfad
In einem Klickpfad soll dem Besucher angezeigt werden, wo in der Internetpräsentation er sich gerade befindet.

Zeitabhängige Begrüßung
Abhängig von der Tageszeit soll der Besucher mit einem *Guten Morgen*, *Guten Tag* oder *Guten Abend* begrüßt und zusätzlich das aktuelle Datum angezeigt werden.

Geschützter Bereich
In einem geschützten Bereich, der nur für Kunden nach einer Authentifizierung durch Benutzername und Passwort zugänglich ist, sollen Benutzer zusätzliche Inhalte wie z.B. Fotos eines bestimmten Snowboardkurses herunterladen können.

Bedienfreundlichkeit für Redakteure
Die Inhalte sollen durch Mitarbeiter der Snowboardschule (Redakteure) ohne spezielle Internetkenntnisse so einfach wie möglich bearbeitet und erweitert werden können. Nicht benötigte Funktionalitäten sollen den Mitarbeitern deshalb auch nicht zur Verfügung stehen.

Sie werden in diesem Praxisbeispiel mit einer einfachen HTML-Datei arbeiten, die Formatierungen werden mittels CSS vorgenommen. Abbildung 4-1 zeigt das gewünschte Ergebnis, das Sie in den nun folgenden Abschnitten und Kapiteln mit Hilfe von TYPO3 erzielen werden.

Eine Designvorlage erstellen

Auch wenn uns TYPO3 das manuelle Erstellen von Webseiten abnimmt, wird trotzdem eine HTML-Vorlage benötigt. Es gibt zwar auch die Möglichkeit, diese Designvorlagen zu umgehen, doch muss dann sämtlicher HTML-Code mit TypoScript beschrieben werden. Das ist nicht nur aufwendig und unübersichtlich – auch das später zu erstellende TypoScript-Template wird dadurch unnötig aufgebläht. Es hat sich in der Vergangenheit bewährt, TYPO3-Projekte mit Designvorlagen zu erstellen.

Für die Arbeit mit Designvorlagen wird im Folgenden die klassische, bewährte Methode vorgestellt. Es existieren aber schon weitere Techniken für die Arbeit mit TYPO3, z.B. *TemplaVoilà,* das in Kapitel 13 vorgestellt wird.

Präzise HTML-Ausarbeitung

Die Designvorlage können Sie in Ihrem HTML-Lieblingseditor so umsetzen, wie Sie es gewohnt sind. Die präzise HTML-Ausarbeitung der Designvorlage legt bereits

Abbildung 4-1: Das gewünschte Aussehen des Praxisbeispiels

den Grundstein für die spätere Umsetzung mit TYPO3. HTML-Fehler sollten Sie vermeiden, denn sie könnten später zu Verwirrungen führen. Problematisch ist, dass das Design an zwei Stellen beschrieben wird: Statischer HTML-Code wird in der Designvorlage abgelegt, dynamische Elemente werden über TypoSript beschrieben. Fehler werden Sie später überwiegend in Ihrem TypoScript-Template suchen, da die Designvorlage bei der praktischen Arbeit in den Hintergrund rückt.

Grafiken und Designvorlagen

Eine erstellte HTML-Designvorlage werden Sie in der Praxis nicht direkt über den Browser aufrufen. Wenn Sie eine TYPO3-Präsentation aufrufen, z.B. über die URL *http://meinedomain.tld*, wird die Datei *index.php* aufgerufen, die bereits Bestandteil des TYPO3-Systems ist. In dieser Datei wird ausgeführt, was Sie in den folgenden Kapiteln konfigurieren und mittels TypoScript beschreiben.

Wenn Sie in Ihrer Designvorlage mit statischen Grafiken arbeiten, sollten Sie schon beim Erstellen dieser Designvorlage auf die spätere Dateistruktur achten. Statische Grafiken innerhalb der Designvorlage sind im Regelfall Grafiken, die sich innerhalb der Präsentation nie ändern. Dies sind z.B. grafische Elemente, die sich über die gesamte Präsentation erstrecken. Ein typisches statisches grafisches Element ist beispielsweise das Logo einer Firma. Im folgenden Praxisbeispiel wird das Logo allerdings dynamisch erstellt, um grafische Funktionalitäten von TYPO3 zu demonstrieren.

Im Praxisbeispiel ändert sich die generelle Tabellenstruktur nicht; somit kann die gesamte Tabellenstruktur statisch in die Designvorlage aufgenommen werden.

Der Aufruf einer TYPO3-Präsentation findet in der Regel über *http://www.domainname.de/index.php* statt. Beim Ausführen dieser *index.php* wird, je nach Konfiguration mittels TypoScript, die HTML-Designvorlage von einem beliebigen lokalen Speicherort eingebunden und verarbeitet. Das zurückgelieferte HTML-Ergebnis fragt dann alle Grafiken oder eingebundenen Dateien relativ zum Verzeichnis der Datei *index.php* an.

Bei TYPO3-Projekten sollten Sie eigene Dateien möglichst unterhalb des Ordners *fileadmin/* ablegen, so z.B. in *fileadmin/images/*. Grafiken aus der Designvorlage werden also in diesem Unterverzeichnis erwartet. Der Ordner *fileadmin/* (bzw. das im Installtool unter `$TYPO3_CONF_VARS["BE"]["fileadminDir"]` angegebene Verzeichnis) wird nativ von TYPO3 unterstützt, aus dem Backend kann z.B. über das Backend-Modul *Dateiliste* darauf zugegriffen werden.

Um diese Situation auf Ihrem Arbeitsplatz bei der Erstellung von Designvorlagen zu simulieren, empfiehlt es sich daher, die Grafiken ausgehend vom Ort Ihrer Designvorlage im Unterordner *fileadmin/images/* abzulegen. Ihre HTML-Designvorlage selbst legen Sie darum zum Beispiel in einen Ordner *C:\Projekte\Snowboardschule*, wohingegen Sie die verwendeten Grafiken in *C:\Projekte\Snowboardschule\fileadmin\images* ablegen.

Der statische HTML-Code des Praxisbeispiels

Wenn Sie ein TYPO3-Projekt beginnen, sollten Sie sich zunächst vorstellen, Sie erstellten die Webseite traditionell, also statisch und ohne jegliche Form von Dynamik. Testen und optimieren Sie diese statische Seite auf den gewünschten Webbrowsern. Die Massenproduktion von Seiten, grafischen Menüpunkten etc. ist nicht notwendig.

Ein Beispiel für eine solche Ausarbeitung finden Sie auf der beliegenden CD unter dem Dateinamen *vorlage_statisch.html*. In dem Beispiel wurde auch ein CSS-Stylesheet verwendet (*style.css*), das Sie ebenfalls auf der CD finden können.

Dynamische Bereiche durch Platzhalter ersetzen

Einige Bereiche der Webseite bleiben statisch, andere sollen dynamisch werden. Folgende Auflistung gibt Ihnen eine Übersicht darüber, welche Bereiche einer Webseite dynamisch und welche statisch sind:

Statische Elemente:

- Die generelle Tabellenstruktur
- Das Logo (normalerweise statisch, soll im Praxisbeispiel aber dynamisch ersetzt werden)

Dynamische Elemente:

- Der grafische Trailer
- Das grafische Menü auf der linken Seite
- Das Textmenü im oberen rechten Bereich
- Der eigentliche Content-Bereich in der Mitte
- Der Content-Bereich auf der rechten Seite
- Der zeitabhängige Begrüßungstext mit Datum
- Der Sprachwechsler (Textlink)
- Der Textlink zur Druckversion
- Der Klickpfad, auf Grund der Mehrsprachigkeit auch inkl. des Einleitungstexts *Sie befinden sich hier*

Sämtliche dynamische Elemente werden im Folgenden aus dem erstellten HTML-Dokument (*vorlage_statisch.html*) entfernt und durch Platzhalter ersetzt. Sie können später über TypoScript diese Platzhalter mit HTML-Code und seinen dynamischen Bestandteilen wieder ersetzen. Redakteure erhalten dadurch die Möglichkeit, schnell und problemlos die Präsentation auch ohne HTML-Kenntnisse zu bearbeiten.

Das Logo kann in vielen Fällen statisch in die Designvorlage integriert werden. Um Grafikfunktionalitäten zu erläutern, wird das Logo in unserem Beispiel in Kapitel 6, *Grafiken mit TypoScript erstellen*, dynamisch eingelesen. Klassische Anwendungsfälle für das dynamische Ersetzen eines Logos sind z.B. unterschiedliche Geschäftsbereiche mit abweichenden Logos.

Platzhalter (bzw. Marker) werden in TYPO3 immer groß geschrieben, in jeweils drei Rautezeichen eingeschlossen und sollten nicht in Kommentaren stehen. Die drei Rautezeichen sind zwingend notwendig, die Großschreibung ist optional und keine zwingende TYPO3-Vorgabe, jedoch wird z.B. in Erweiterungen, die eine Designvorlage mitliefern, Großschreibung verwendet. Außerdem erleichtert es die Fehlersuche ungemein, wenn Sie Ihr Template (aus welchen Gründen auch immer) anderen zur Verfügung stellen. Aber auch sonst macht Ihnen die einheitliche Großschreibung die Arbeit wesentlich leichter, denn Sie müssen sich an späterer Stelle nicht immer fragen, wie die genaue Schreibweise Ihrer Platzhalter ist. Ein typischer Platzhalter, der zum Beispiel den grafischen Trailer kennzeichnet, lautet also z.B. ###TRAILER###.

Stünden Platzhalter in Kommentaren, würden sie durch einen in TypoScript definierten HTML-Code ersetzt. Dieser HTML-Code würde jedoch nicht angezeigt, wenn er von einem Kommentar eingeschlossen ist. Somit kann die Verwendung von Kommentaren mit Platzhaltern zu einer langwierigen Fehlersuche führen, deren Ursache in der Designvorlage liegt. Sie werden dann voraussichtlich lange Zeit damit verbringen, den Fehler in TypoScript auszumachen, und vermutlich doppelt so lange auf TypoScript schimpfen.

Teilbereiche kennzeichnen

Wie schon mehrfach erwähnt, wird die Designvorlage an späterer Stelle mittels TypoScript eingelesen. Die Platzhalter werden durch dynamische Werte ersetzt, und danach wird das Resultat zurückgeliefert. Allerdings erzeugt TYPO3 bei jeder Ausgabe einen Header inklusive `<body>`-Tag. Somit liefert TYPO3 das Ergebnis nicht eins zu eins zurück, sondern umhüllt es mit einem eigenen Kopfbereich. Das von TYPO3 eingelesene Dokument darf also diese Daten nicht enthalten, da ansonsten in dem zurückgelieferten Ergebnis zwei Header-Definitionen und zwei `<body>`-Tags angegeben wären.

Es besteht jedoch die Möglichkeit, dass Sie diese Informationen gar nicht erst mit in die Designvorlage aufnehmen und Ihre Designvorlage nur aus dem HTML-Code besteht, der im `<body>`-Bereich angegeben wurde.

Alternativ können Sie so genannte Teilbereiche (*Subparts*) definieren und mittels TypoScript an späterer Stelle angeben, dass nicht die gesamte Designvorlage eingelesen werden soll, sondern nur ein bestimmter Teilbereich. Teilbereiche werden in der Designvorlage ebenfalls von jeweils drei Rautezeichen eingeschlossen und gleichen optisch Platzhaltern. Dabei wird ein solcher Bezeichner zweimal innerhalb eines Dokuments angegeben – der eingeschlossene Bereich ist der gewünschte Teilbereich.

Um eine optische Trennung von Platzhaltern zu erreichen, ist es bei Teilbereichsbezeichnern möglich, sie in Kommentare zu schreiben. Innerhalb eines Kommentars können Sie zusätzliche Angaben wie z.B. `begin` oder `end` machen. Im folgenden HTML-Code besteht der Teilbereich *TEST* nur aus der Zeile *<b>Dieser Text steht innerhalb des Teilbereichs</b>*.

```
Dieser Text steht außerhalb des Teilbereichs
<!-- ###TEST### begin -->
   <b>Dieser Text steht innerhalb des Teilbereichs</b>
<!-- ###TEST### end -->
Dieser Text steht außerhalb des Teilbereichs
```

Definieren Sie in Ihrer Designvorlage direkt nach dem einleitenden bzw. direkt vor dem schließenden `<body>`-Tag einen Teilbereich mit einem frei wählbaren Bezeichner, z.B. ###DOKUMENT###.

Die fertige Designvorlage

Im folgenden Codebeispiel können Sie den HTML-Quellcode der fertig ersetzten Designvorlage sehen, in Abbildung 4-2 das Resultat, also wie die Designvorlage dann im Browser aussieht. Vom anfänglich erstellten HTML-Dokument ist dabei nicht mehr viel übrig geblieben.

Die fertige Designvorlage finden Sie auf der beiliegenden CD unter dem Dateinamen *vorlage.html*.

```
<html>
  <head>
    <title>Snowboardschule Meyer-Mueller-Schmidt</title>
    <meta http-equiv="Content-Type" content="text/html; charset=iso-8859-1" />
    <meta http-equiv="language" content="de" />
    <link rel="stylesheet" type="text/css" href="fileadmin/style.css" />

  </head>
  <body>

    <!-- ###DOKUMENT### begin -->

    <div id="container">

      <div id="header">
        ###LOGO######TRAILER###
      </div>

      <div id="top">
        ###MENU_OBEN###
      </div>

      <div id="links">
             <div>
                 ###MENU_LINKS###
             </div>
      <div>
         ###SUCHE###
      </div>
      </div>

      <div id="right">
        ###RECHTS###
      </div>

      <div id="center">
      <div id="head">
         ###DATUM### :: ###SPRACHE### :: ###DRUCKVERSION###<br/>
         ###KLICKPFAD###
      </div>
        <div>
          ###INHALT###
        </div>
      </div>

      <div id="footer">
      </div>
```

```
      </div>

      <!-- ###DOKUMENT### end -->

    </body>
  </html>
```

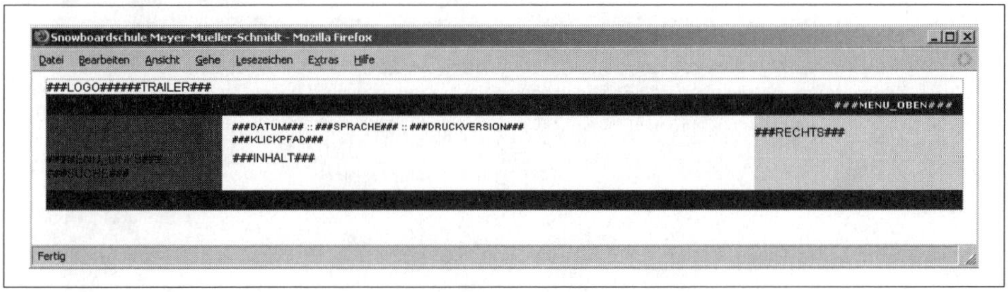

Abbildung 4-2: Die substituierte Designvorlage im Browser

Dateien mit dem Dateimanager zur Verfügung stellen

Damit die soeben erstellte Designvorlage in Ihrer TYPO3-Umgebung zur Verfügung steht, muss sie zunächst auf den Server hochgeladen werden. Das ist prinzipiell mit FTP möglich, hier soll jedoch das Hochladen mit Hilfe des integrierten Dateimanagers gezeigt werden. Wenn Sie die Designvorlage per FTP zur Verfügung stellen möchten, achten Sie darauf, dass Sie die Designvorlage im Ordner *fileadmin/* oder in einem Unterordner davon speichern.

Neben der Designvorlage müssen Sie außerdem noch die verwendeten Grafiken und TTF-Schriften im System zur Verfügung stellen. Die Grafiken sollen im Ordner *fileadmin/images/* abgelegt werden, die TTF-Schriftdateien im Ordner *fileadmin/fonts/*. TTF-Dateien werden für dynamisch erzeugte Grafiken benötigt, in denen Text dargestellt werden soll. Für das Praxisbeispiel verwenden wir die Schrift *Verdana*.

Zunächst werden die beiden Ordner *fileadmin/images/* und *fileadmin/fonts/* im Dateimanager angelegt. Um in den Dateimanager zu gelangen, wählen Sie, wie in Abbildung 4-3 zu sehen, im linken Menü den Menüeintrag *Dateiliste* ❶. Klicken Sie dann in dem sich öffnenden Verzeichnisbaum auf das Icon vor dem Textlink *fileadmin* ❷ und wählen Sie aus dem Pop-up-Menü den Eintrag *Neu* aus ❸. Auf der rechten Seite haben Sie nun die Möglichkeit, entweder einen neuen Ordner oder eine Textdatei anzulegen. Wählen Sie im Auswahlfeld aus, dass Sie zwei Ordner anlegen möchten ❹, und bestätigen Sie die folgende Meldung mit *OK*. Tragen Sie nun in die beiden Felder die gewünschten Unterordner *images* und *fonts* ein ❺ und bestätigen Sie Ihre Angaben mit *Ordner anlegen* ❻.

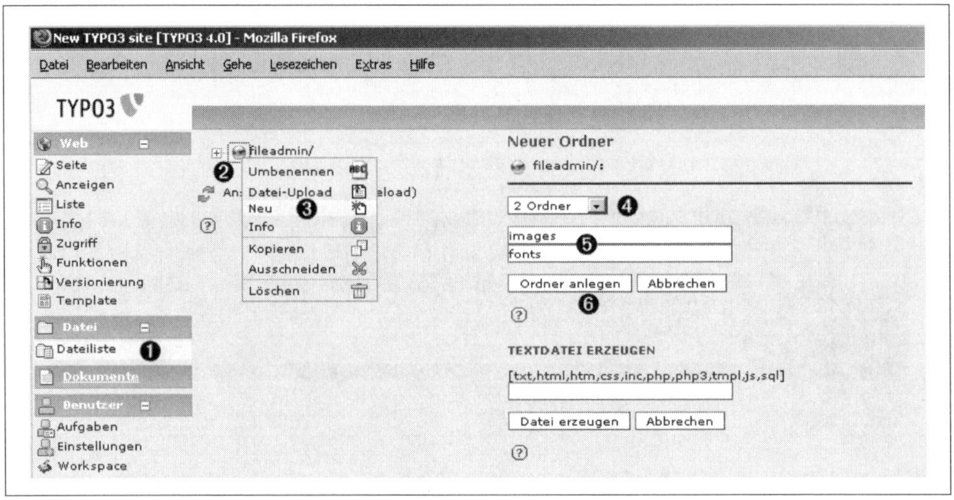

Abbildung 4-3: Einen neuen Ordner erstellen

Die Designvorlage *vorlage.html* wie auch die CSS-Datei *style.css* sollen direkt im Verzeichnis *fileadmin/* zur Verfügung gestellt werden. Klicken Sie dazu erneut im Verzeichnisbaum auf das Icon vor dem Textlink *fileadmin* und wählen Sie aus dem Pop-up-Menü den Eintrag *Datei-Upload* aus. Sie können in der erscheinenden Maske auf der rechten Seite nach dem gleichen Prinzip die Dateien *vorlage.html* sowie *style.css* hochladen.

Damit Sie den aktuellen Inhalt des Ordners *fileadmin/* angezeigt bekommen, klicken Sie im Verzeichnisbaum direkt auf den Textlink des Ordners *fileadmin/*. Um die Unterordner und somit auch die soeben erstellten Ordner *images/* und *fonts/* sehen zu können, müssen Sie den Verzeichnisbaum über das Plussymbol aufklappen.

Neben der Designvorlage und dem Stylesheet sollen nun noch die verwendeten Grafiken und die TTF-Schriftart im System zur Verfügung gestellt werden. Die beiden benötigten Grafiken *logo.jpg* sowie *linie_weiss.gif* legen Sie nach dem gleichen Prinzip im Ordner *fileadmin/images/* ab.

Als Schriftart wird nur die Schrift Verdana als TTF-Datei benötigt. Laden Sie deshalb aus dem Ordner *Windows\Fonts* die Datei *verdana.ttf* in den Ordner *fileadmin/fonts* hoch. In der Regel können über das *Durchsuchen*-Fenster keine TTF-Dateien mittels Doppelklick aus dem Ordner *C:\Windows\Fonts* hochgeladen werden. Unter Windows müssen Sie dazu den Dateinamen der TTF-Datei explizit im *Durchsuchen*-Fenster angeben, also z.B. *C:\Windows\Fonts\verdana.ttf* (achten Sie auf die Backslashs).

In Kapitel 6, *Grafiken mit TypoScript erstellen*, in dem Grafiken dynamisch erstellt werden, greifen Sie ebenfalls auf Grafiken zurück, die Sie bereits jetzt in das System hochladen können. Diese Dateien finden Sie auf der beiliegenden CD unter den Dateinamen *trailerbild.jpg* sowie *mask.jpg*. Laden Sie diese beiden Dateien ebenfalls in den Ordner *fileadmin/images/* hoch.

Aufbau der Navigationsstruktur

Der erste Schritt zur Umsetzung des gelieferten Designs ist das Anlegen einer geeigneten Seitenstruktur, die in TYPO3 abgebildet wird. Dabei sind folgende Überlegungen nötig:

Welche Navigationen gibt es?
: Für das Praxisbeispiel *Snowboardschule* wird es ein linkes Menü (grafisch) und ein Menü im oberen Bereich (Text) geben. Zum Abbilden dieser Struktur werden Hilfsseiten eingeführt werden müssen, die dem Besucher der Webseite nicht zur Verfügung stehen sollen.

Wie viele Ebenen wird die Navigation enthalten?
: Es wurden bei den Anforderungen keine konkreten Angaben darüber gemacht, wie tief bzw. über wie viele Ebenen die Navigation gehen wird. Das linke, grafische Menü soll daher willkürlich für maximal zwei Ebenen beschrieben werden. Das obere Textmenü hingegen wird keine weiteren Unterseiten enthalten. Diese Ebenenanzahl kann auch dem Screenshot für die Anforderungen an das Praxisbeispiel (Abbildung 4-1) entnommen werden.

Wo befindet sich die Homepage?
: Eigentlich sollte der Begriff *Homepage* eindeutig sein. Sie werden später beim Aufbau der Struktur allerdings feststellen, dass der genaue Ort der Homepage nicht unbedingt eindeutig ist.

Überlegungen zur richtigen Struktur

In diesem Abschnitt werden Sie an die geeignete Seitenstruktur herangeführt und lernen so die Hintergründe und Vorteile der in diesem Beispiel verwendeten Struktur kennen.

Navigationsstruktur abbilden

Im Praxisbeispiel werden zwei Navigationen eingesetzt: Im oberen Teil die Hilfsnavigation, die die Menüpunkte *Homepage*, *Sitemap*, *Impressum* und *Kontakt* enthält, und auf der linken Seite die zweite mit Menüpunkten wie *Homepage*, *Aktuelles*, *Geschützter Bereich* usw. Wie Sie bereits erkennen können, gibt es innerhalb der Navigation gleich zweimal die Seite *Homepage*. Welche Seite davon nun die tatsächliche Homepage sein soll, erfahren Sie am Ende dieses Abschnitts.

In TYPO3 wird die Seitenstruktur ähnlich wie ein Baum aufgebaut: Es gibt eine Wurzel, von der aus im Regelfall ein Stamm und diverse Zweige abgehen. An der Wurzel kann im wahrsten Sinne des Wortes nicht gerüttelt werden, denn sie ist tief und fest im System verankert. In TYPO3 wird die Wurzel als *rootlevel* bezeichnet (zu Deutsch: Wurzelebene oder Root-Ebene).

Ausgehend von dieser Root-Ebene können Sie in TYPO3 die Navigationsstruktur abbilden. Dies ähnelt Betriebssystemen, in denen Verzeichnisstrukturen beginnend mit einem Datenträger erstellt werden können. In TYPO3 legen Sie mit der Navigationsstruktur bzw. mit Seiten im Allgemeinen allerdings keine Verzeichnisse an, sondern eine Struktur von Seiten, die lediglich in der Datenbank abgebildet wird.

Beim Aufbau der Navigationsstruktur muss berücksichtigt werden, dass Redakteure das Menü selbstständig erweitern bzw. reduzieren können müssen. Dabei soll von TYPO3 dynamisch all das gemacht werden, was zur Aufnahme eines weiteren Menüpunkts in die Navigation erforderlich ist, ohne dass der Redakteur besondere TYPO3-Kenntnisse haben muss.

Zur Realisierung von Navigationen mit mehreren Bereichen gibt es zwei Möglichkeiten. Die erste besteht darin, dass Sie später mit TypoScript angeben, welche Seiten zu welcher Navigation gehören. Diese statische Verankerung in TypoScript hat den Nachteil, dass neu angelegte Seiten einer ersten Navigationsebene erst mit in das TypoScript-Template aufgenommen werden müssen, bevor die neue Seite im Menü angezeigt wird.

Die zweite, flexiblere Möglichkeit ist, über TypoScript mitzuteilen, dass Seiten, die sich unterhalb einer definierten Seite befinden, ein ganz bestimmtes Menü bilden. Wenn Redakteure nun unterhalb einer solchen Hilfsseite weitere Seiten anlegen, werden diese automatisch mit in das Menü aufgenommen. Da die Vorteile der zweiten Möglichkeit genutzt werden sollen, müssen mindestens zwei solcher so genannten *Hilfsseiten* existieren, eine für das obere Menü und eine für das linke.

Zwischengeschaltete Seite zur Template-Vererbung

Nach diesen Überlegungen gibt es zurzeit ausgehend von der Root-Ebene zwei Hilfsseiten für die beiden Menüs, die die Seiten der jeweiligen Menüs als Unterseiten haben. Allerdings gibt es noch folgendes Problem zu lösen: In Kapitel 5, *TypoScript in der Praxis*, werden Sie erfahren, dass TypoScript-Templates auf einer Seite angelegt werden und sich auf die Unterseiten vererben. Sie möchten in der Regel aber nur ein TypoScript-Template erstellen, das für das gesamte TYPO3-Projekt gültig ist. Auf der Root-Ebene können Sie keine Templates anlegen, da es sich dabei nicht um eine reguläre Seite handelt. Somit könnten Sie zum jetzigen Zeitpunkt nur ein TypoScript-Template auf den Hilfsseiten anlegen, die sich dann auf die Unterseiten auswirken. Ein TypoScript-Template müssten Sie auf der Seite *Menü oben* anlegen und das gleiche Template noch einmal auf der Seite *Menü links*. Sie würden somit das gleiche Template mit identischem TypoScript-Code zweimal vorhalten.

Abhilfe schafft hier eine weitere zwischengeschaltete Hilfsseite, die sich direkt unterhalb der Root-Ebene befindet und die beiden Hilfsseiten für die Menüs als Unterseiten hat. Da diese Seite lediglich dem Zweck dient, das TypoScript-Template aufzunehmen, damit es an nur einer Stelle gepflegt werden muss und sich auf sämtliche Unterseiten vererbt, wird diese Seite ebenfalls als Hilfsseite bezeichnet und soll im Folgenden den Seitentitel *root* tragen.

Wo befindet sich die Homepage?

Die erste Seite, die sich unterhalb der Root-Ebene befindet, wird beim Aufruf der Domain *http://meinedomain.tld* aufgerufen – und das sollte im Regelfall auch die Homepage sein. Jedoch befindet sich zum jetzigen Zeitpunkt unterhalb dieser Root-Ebene die Seite *root*, die lediglich dem Zweck dient, das TypoScript-Template auf die Unterseiten zu vererben. Die Homepage wurde als Seite an zwei Stellen definiert: einmal im oberen Menü und einmal in linken, grafischen Menü.

Es gibt in TYPO3 die Möglichkeit, eine Seite als *Shortcut* zu definieren, was prinzipiell einem *Verweis* gleichkommt. Die Seite zeigt dann auf eine andere Seite, in diesem Fall auf eine der beiden Seiten *Homepage*. Landet ein Webseiten-Besucher auf der Seite *root*, z.B. weil er die Webseite über die Domain *http://meinedomain.tld* aufgerufen hat, wird er auf die Homepage verwiesen.

Allerdings gibt es die Seite *Homepage* zweimal, wobei die eine die tatsächliche Homepage sein soll und die andere wiederum nur ein Verweis auf diese. Theoretisch können Sie sich aussuchen, welche der beiden Seiten nun Ihre tatsächliche Homepage sein soll. Es spricht allerdings einiges dafür, dass sich die Homepage in der linken Navigation befindet: Einer der Vorteile ist z.B., dass Sie hier so genannte *Menüzustände* definieren können. Befindet sich der Webseiten-Besucher auf dieser *Homepage*, kann im grafischen Menü, also in der linken Navigation, der Menüeintrag als aktuelle Seite besonders hervorgehoben werden.

Die fertige Seitenstruktur könnte somit wie in Abbildung 4-4 gezeigt aussehen.

Die gewünschte Struktur anlegen

Die in Abbildung 4-4 gezeigte Navigation soll nun in der TYPO3-Umgebung abgebildet werden. Die Seite *Test*, die Sie in Kapitel 3, *Das Backend kennen lernen*, bereits angelegt haben, soll bestehen bleiben, aber keinen Einfluss auf das Projekt haben.

Legen Sie nun im Bereich Web→Seite ❶ auf der Seite mit der Weltkugel (Root-Ebene) eine neue Seite an, indem Sie, wie in Abbildung 4-5 zu sehen, auf das Icon mit der Weltkugel klicken und aus dem Pop-up-Menü den Eintrag *Neu* auswählen ❷. Im rechten Bereich erscheint der Dialog *Neuer Datensatz*. Hier wählen Sie den Eintrag *Seite* aus ❸.

```
Seitenstruktur

rootlevel                          Root-Ebene (Weltkugel)
|-- root                           Ablage TypoScript-Template (Vererbung)
|   |-- Menü oben                  Hilfsseite für die Navigation
|   |    |---- Homepage            Einzelne Menüelemente
|   |    |---- Sitemap
|   |    |---- Impressum
|   |    \---- Kontakt
|   |-- Menü links                 Hilfsseite für die Navigation
|   |    |---- Homepage            Eigentliche Homepage
|   |    |---- Aktuelles           Einzelne Menüelemente
|   |    |---- Geschützter Bereich
|   |    \---- Informationen über das Snowboardgebiet
|   |    \---- Über uns
|   |    \---- Suche
```

Abbildung 4-4: Überlegungen zur Seitenstruktur

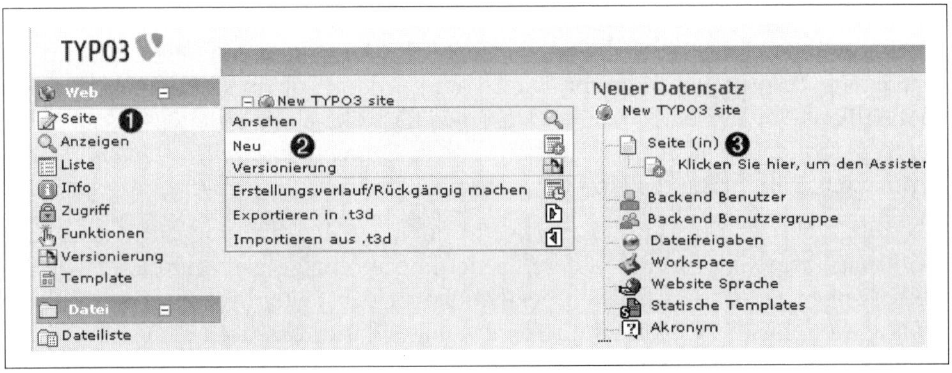

Abbildung 4-5: Eine neue Seite anlegen

Es öffnet sich die Maske für den so genannten *Seitentitel*, in der Sie grundlegende Eigenschaften für eine neue Seite angeben können (Abbildung 4-6). Da die Seite nicht versteckt sein soll, entfernen Sie das Häkchen bei *Seite verstecken* ❶ und geben als Seitentitel *root* an ❷. Über das Icon *Speichern und Schließen* ❸ wird die neue Seite gespeichert und die Maske mit den Seitentitel-Informationen geschlossen.

Sie können jetzt im Seitenbaum die neue Seite *root* direkt unterhalb der Weltkugel sehen, wenn Sie auf das Plussymbol vor der Root-Ebene klicken.

Betrachten Sie nun das leere Projekt, indem Sie auf das Icon vor der Weltkugel klicken und aus dem Pop-up-Menü den Eintrag *Anzeigen* auswählen. Sie erhalten die Fehlermeldung *No template found!* (Abbildung 4-7).

Wird im Frontend keine explizite Seiten-ID aufgerufen, z.B. mit *www.meinedomain.tld* oder *www.meinedomain.tld/index.php?id=0*, wird die nächstmögliche Seite unterhalb der Root-Ebene (Weltkugel) ausgeführt – in unserem Fall also die Seite *root*. Um die in Kapitel 3, *Das Backend kennen lernen*, angelegte Seite *Test* betrachten zu können, kann z.B. diese Seite durch explizite Angabe einer UID (Unique ID) aufgerufen werden (*www.meinedomain.tld/index.php?id=1*). Aber auch auf der Seite *Test* werden Sie die Fehlermeldung *No template found!* erhalten.

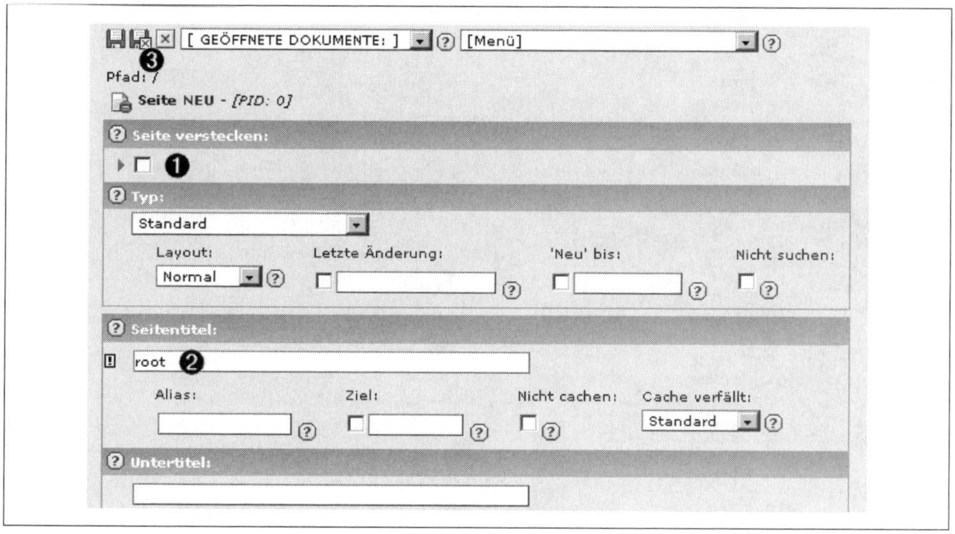

Abbildung 4-6: Die Maske mit den Eigenschaften für eine Seite

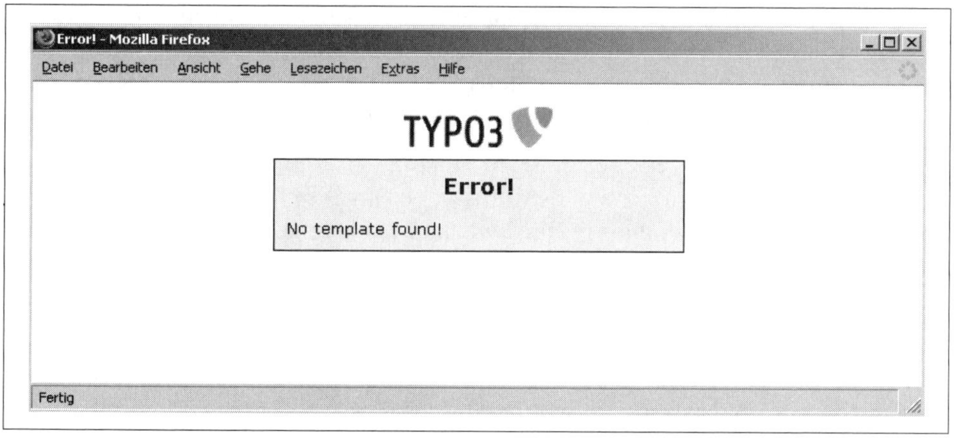

Abbildung 4-7: Für die aufgerufene Seite wurde kein TypoScript-Template gefunden

Ausgehend von der Seite *root* legen Sie nun die bekannten Seiten *Menü oben* und *Menü links* sowie die jeweiligen Unterseiten an. Dazu gehen Sie so vor wie oben beschrieben, jedoch legen Sie diese Seiten nicht unterhalb der Root-Ebene an, sondern unterhalb der Hilfsseite *root*, bei den eigentlichen Webseiten wie *Homepage*, *Suche* etc. ausgehend von der jeweils übergeordneten Hilfsseite. Die von Ihnen fertig erstellte Seitenstruktur sollte in TYPO3 wie in Abbildung 4-8 aussehen.

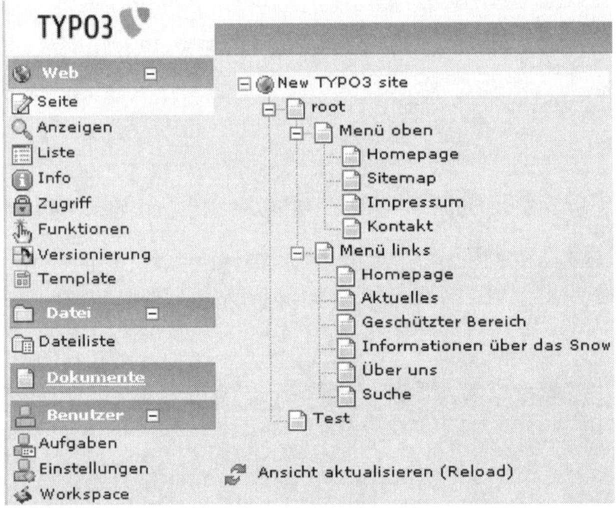

Abbildung 4-8: Die fertige Seitenstruktur im Seitenbaum

Hilfsseiten nicht zugänglich machen

In der Seitenstruktur gibt es einige Seiten, die nicht zur Ablage von Inhalten bestimmt sind. Im Detail sind dies die Seiten *root*, *Menü oben* sowie *Menü links*. Diese Seiten werden in diesem Projekt als Hilfsseiten bezeichnet und dienen lediglich zur Strukturierung sowie zur Template-Vererbung.

Die Besucher der Website sollen keine Möglichkeit bekommen, irgendwie auf diese Seiten zu gelangen. Beim Frontend-Aufruf ohne Angabe einer expliziten Seiten-ID, zum Beispiel über die Domain *meinedomain.tld*, würde der Besucher auf die Seite *root* gelangen, die aber nur existiert, um das Template zu vererben. Sie können diese Seiten aber unzugänglich machen. Trifft ein Besucher auf eine dieser Hilfsseiten, wird er dann z.B. auf die Seite *Homepage* verwiesen.

Stellen Sie diesen Verweis her, indem Sie den Seitentyp von *Standard* auf *Shortcut* setzen. Klicken Sie dazu im Seitenbaum auf das Icon vor der Seite *root* und wählen Sie aus dem Pop-up-Menü den Eintrag *Seiteneigenschaften bearbeiten* ❶ aus. Auf der rechten Seite öffnet sich nun die Seite mit den allgemeinen Seiteneigenschaften.

Wählen Sie hier aus dem Drop-down-Menü *Typ* ❷ den Eintrag *Shortcut* aus (Abbildung 4-9). Bestätigen Sie die folgende Meldung mit *OK*.

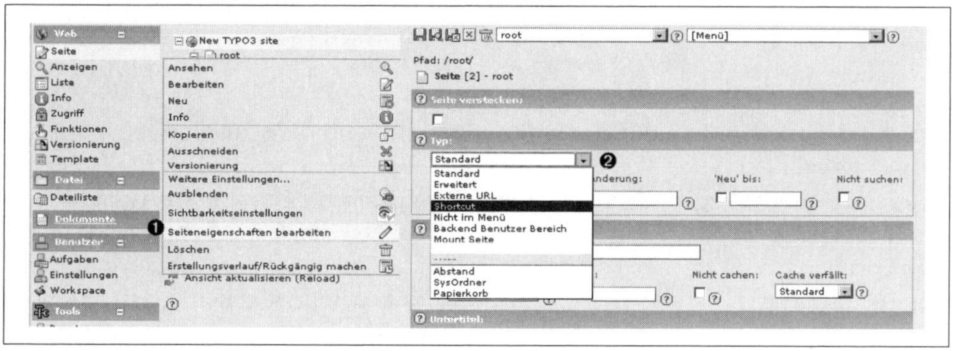

Abbildung 4-9: Den Seitentyp ändern

Die rechte Seite mit den Seiteneigenschaften wird neu geladen, und es erscheint eine andere Maske, in der Sie auswählen können, wohin der Shortcut zeigt (Abbildung 4-10). Klicken Sie hier auf das in der Abbildung mit einer ❶ gekennzeichnete Icon, um eine bestehende Seite auszuwählen, auf die der Shortcut zeigen soll.

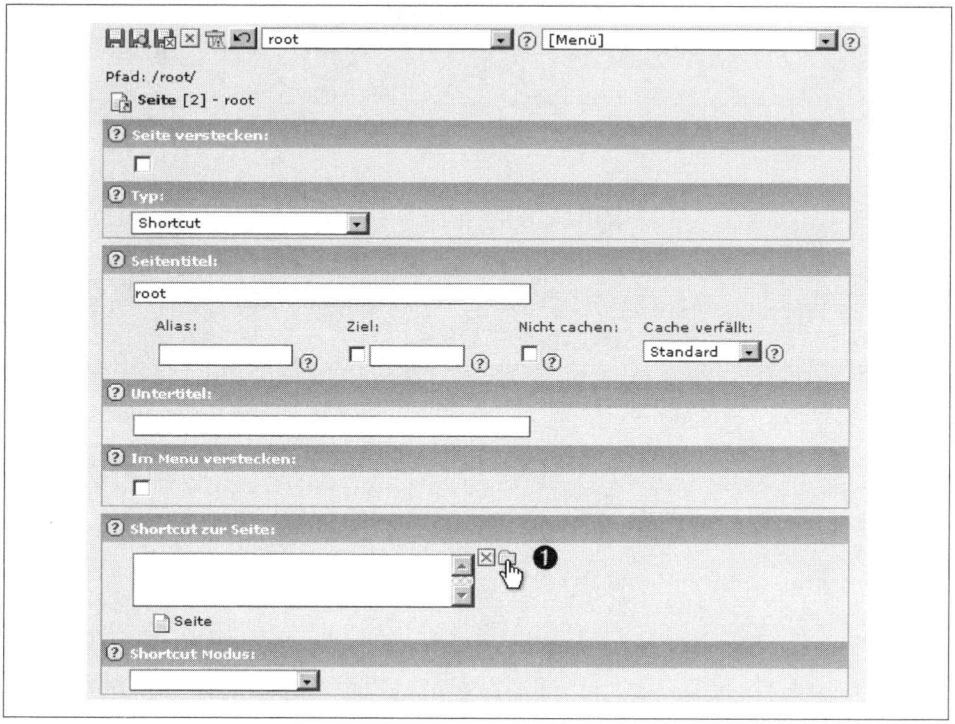

Abbildung 4-10: Einen Shortcut auf eine Seite setzen

Bei der Auswahl der Seite, auf die der Shortcut zeigen soll, öffnet sich ein neues Browserfenster. Beachten Sie, dass Pop-up-Blocker eventuell das Öffnen eines neuen Fensters unterdrücken. Nehmen Sie entsprechende Einstellungen an Ihrem Browser bzw. der Software vor, so dass die TYPO3-Umgebung Fenster öffnen darf.

Wählen Sie aus dem sich öffnenden Datensatz-Browser die Seite *Homepage* aus, die sich unterhalb der Seite *Menü links* befindet. Speichern Sie danach die Seite und betrachten Sie das Ergebnis im Frontend. Zum jetzigen Zeitpunkt müssten Sie eine Fehlermeldung *No template found!* erhalten. Sollte jedoch die Fehlermeldung *No proper connection to the tree root* erscheinen, überprüfen Sie bitte, ob Sie den Shortcut richtig gesetzt haben. Diese Fehlermeldung besagt nämlich, dass Sie einen Shortcut ins Nirwana gesetzt haben, z.B. einen Shortcut auf eine nicht existierende Seite. Sie können diesen Fehler korrigieren, indem Sie im Seitenbaum auf das Icon vor der betroffenen Seite klicken und aus dem Pop-up-Menü den Eintrag *Seiteneigenschaften bearbeiten* auswählen. Setzen Sie nun den Shortcut auf eine reguläre Seite.

Wiederholen Sie diesen Schritt nun sowohl für die Seiten *Menü oben* und *Menü links* als auch für die Seite *Homepage*, die sich im oberen Menü befindet. Die offizielle Homepage soll sich im linken Menü befinden, Sie müssen also für die Seite *Homepage* im oberen Menü einen Shortcut auf die Seite *Homepage* im linken Menü setzen.

In diesem Kapitel:

- Was genau ist TypoScript?
- TypoScript-Templates
- Objekte und Eigenschaften einer Webseite
- Die erstellte Designvorlage integrieren
- TypoScript-Funktionen nutzen
- Das TYPO3-Caching-Konzept

KAPITEL 5

TypoScript in der Praxis

In diesem Kapitel lernen Sie die Arbeitsweise von TypoScript kennen. Sie erfahren, was Objekte und Eigenschaften sind und welche Operatoren in TypoScript zur Verfügung stehen. Damit Sie die Grundlagen gut nachvollziehen können und nicht gleich mit den TYPO3-spezifischen Eigenarten konfrontiert werden, erfolgt die Einführung in die Syntax an dieser Stelle losgelöst von der Erstellung von Internetseiten am Beispiel eines Schiffs.

Später in diesem Kapitel werden Sie TypoScript in der Praxis einsetzen. Sie erfahren, was TypoScript-Templates sind und wozu sie benötigt werden. Sie werden außerdem die in Kapitel 4 angelegte Designvorlage mit Hilfe von TypoScript integrieren und erste konkrete Erfolge im Frontend erzielen.

Was genau ist TypoScript?

TypoScript ist keine Programmiersprache und streng genommen auch keine Skriptsprache. TypoScript lässt sich nicht in eine der Schubladen *Programmiersprache* (wie z.B. C++, Java), *Skriptsprache* (PHP, JavaScript, VBScript) oder *Beschreibungssprache* (HTML, XML) einordnen. PHP ist sowohl eine Skriptsprache als auch eine Programmiersprache und wurde selbst in C++ entwickelt. TYPO3 basiert auf PHP bzw. wurde in PHP programmiert. TypoScript wird von TYPO3 ausgewertet, TYPO3 selbst ist aber lediglich eine Ansammlung von PHP-Funktionen – und PHP ist auch eine Skriptsprache. Programmieren wir in PHP, oder skripten wir in PHP?

Wie Sie sehen können, ist das Schubladendenken sehr problematisch. Obige Erläuterung soll Sie nicht verunsichern, sondern nur das Wirrwarr von Sprachgebrauch und Definitionen demonstrieren. In diesem Buch wird TypoScript wie folgt definiert: TypoScript ist eine Konfigurationssprache, wird aber häufig, auch in diesem Buch, als Skriptsprache bezeichnet. Setzen Sie TypoScript aber nicht mit tatsächlichen Skriptsprachen wie PHP, JavaScript oder VBScript gleich, die wesentlich mächtiger sind.

Objekte und Eigenschaften

In der Syntax von TypoScript würde eine Bauanleitung für ein Schiff in etwa so aussehen:

```
queenMary = SCHIFF
```

Diese Beschreibung liefert bereits einiges an Eckdaten zum Bau eines Schiffs. In obiger Zeile wird TYPO3 mitgeteilt, dass `queenMary` ein Schiff werden soll, `queenMary` ist dabei ein frei gewählter Name. Nach dem Gleichheitszeichen sehen Sie ein Objekt, das vollständig groß geschrieben wird. In diesem Fall soll queenMary also ein Objekt SCHIFF werden.

Wenn Sie einem Kind »Mal mir bitte ein Schiff« sagen, wird Ihnen das Kind im Handumdrehen ein Schiff zeichnen, ohne nähere Informationen zu benötigen. Das Kind bzw. wir alle assoziieren mit einem Objekt gleich bestimmte Eigenschaften, und zwar auf Grund unserer Erfahrungen und unseres Wissens. Ein Ingenieur hingegen wird, bevor er auch nur einen Strich zeichnet, stundenlang nachfragen und versuchen, jede auch nur erdenkliche Eigenschaft sowie Abhängigkeiten von Eigenschaften ausfindig zu machen.

TYPO3 besitzt intern schon eine genaue Bauanleitung dazu, wie ein Objekt auszusehen hat. In unserem Beispiel nehmen wir an, TYPO3 würde die Eigenschaften eines Schiffs kennen. So hat ein Schiff gewöhnlich eine Schraube, einen Dieselmotor, mindestens ein Deck und ist unten immer geschlossen – Räder, ein Antiblockiersystem oder einen Kofferraum werden Sie nicht finden.

Obige einzeilige Definition, die besagt, dass queenMary ein Schiff sein soll, könnte bereits zu einer vollständigen Bauanleitung eines Schiffs führen, die uns TYPO3 zur Verfügung stellt, einschließlich eines Namensschilds vorne links am Bug. Das Schiff wäre 30 Meter lang und 10 Meter breit. Wir haben TYPO3 aber nirgendwo mitgeteilt, dass das Schiff 30 Meter lang sein soll. Wenn wir dem System keine speziellen Angaben über die Eigenschaften machen, nimmt es dafür Standardwerte. Diese mit Standardwerten gefüllten Eigenschaften können aber problemlos überschrieben werden:

```
queenMary = SCHIFF
queenMary.laenge = 10
queenMary.breite = 4
queenMary.maxGeschwindigkeit = 6
```

Damit wird TYPO3 mitgeteilt, dass die queenMary 10 Meter lang und 4 Meter breit sein soll und die Geschwindigkeit bei maximal 6 Knoten liegt.

Auf die richtige Schreibweise achten

Geben wir hier nun Eigenschaften für das Objekt SCHIFF an, die das System nicht kennt, werden diese Eigenschaften einfach nicht beachtet. TYPO3 sucht bei der

Zusammenstellung einer Bauanleitung nach Eigenschaften, die ggf. von den Standardwerten abweichen können. So sucht TYPO3 in der queenMary nach einer Eigenschaft *maxGeschwindigkeit*. Ist diese Eigenschaft nicht vorhanden, wird der Standardwert verwendet, den TYPO3 gespeichert hat. Dabei ist auf die richtige Schreibweise von Eigenschaften und auch Objekten zu achten, denn TYPO3 unterscheidet auch nach Groß- und Kleinschreibung (engl. *case sensitive*). Das folgende Beispiel enthält eine Reihe von falschen Schreibweisen:

```
01  queenMary = Schiff
02  queenMary.Länge = 10
03  queenMary.Breite = 4
04  queenMary.Max_geschwindigkeit = 6
```

Dieses Beispiel würde nichts bewirken. In Zeile 1 steht, dass queenMary ein Schiff sein soll. Jedoch weiß TYPO3 jetzt nicht, was genau gemeint ist, da das Objekt groß geschrieben werden muss. Richtig wäre also in Zeile 1: `queenMary = SCHIFF`. In Zeile 2 gibt es bei der Schreibweise der Eigenschaft gleich zwei Fehler: Zum einen wird die Eigenschaft klein geschrieben, zum anderen mit ae statt mit ä. Richtig ist also: `queenMary.laenge = 10`. In Zeile 3 haben wir nur einen Fehler: Die Eigenschaft für die Breite wird klein geschrieben, also `queenMary.breite = 4`; das muss auch in Zeile 4 beachtet werden.

Regeln für die richtige Schreibweise

In TYPO3 gibt es für Objekte und deren Eigenschaften Regeln zur Schreibweise. Die Regel für Objekte ist einfach: Jedes Objekt wird immer vollständig groß geschrieben, so z.B. SCHIFF statt *Schiff*.

Die Regel für Eigenschaften ist nur geringfügig komplizierter. Code ist wesentlich besser lesbar, wenn er nicht nur aus Kleinbuchstaben besteht. So werden die Anfangsbuchstaben aller in einer Eigenschaft vorkommenden Wörter mit Ausnahme des ersten Worts groß geschrieben, alle anderen Buchstaben klein. Damit bekommen die Eigenschaften »Kamelhöcker« (*Camel Caps*) und sind im Code einfacher zu lesen. Eine Eigenschaft wie z.B. *Name des Schiffs* würde somit in TYPO3 wie folgt geschrieben:

```
nameDesSchiffs
```

Selbstverständlich können tatsächliche TypoScript-Objekte und deren Eigenschaften in der richtigen Schreibweise in diesem Buch und auch in sonstigen TYPO3-Referenzen (z.B. der TSRef = TypoScript-Referenz) nachgeschlagen werden.

Wertzuweisungen

Primärer Operator von TypoScript ist die Wertzuweisung mit dem Gleichheitszeichen. Links neben dem Gleichheitszeichen steht ein Bezeichner oder eine Eigenschaft, dem/der ein Wert zugewiesen wird, der sich rechts neben dem Gleichheitszeichen befindet. Alle folgenden Operatoren könnten theoretisch auf das Gleichheitszeichen reduziert werden, was allerdings zu einer aufwendigen Tipparbeit führen würde.

```
queenMary = SCHIFF
```

Mit dieser Zeile erzeugen wir ein Objekt vom Typ SCHIFF mit dem Namen *queenMary*. Das Gleichheitszeichen wird in Programmiersprachen als *Wertzuweisung* bezeichnet. In unserem Fall weisen wir `queenMary` allerdings keinen Wert zu, sondern wir erzeugen eine *Objektinstanz* eines Schiffs. Im Klartext bedeutet dies, dass es mehrere Schiffe geben kann und queenMary nun eines von vielen möglichen Schiffen ist.

Eine Wertzuweisung mit dem Gleichheitszeichen reicht bei TypoScript (und bei den meisten anderen Sprachen auch) immer nur über eine Zeile. Wie eine Wertzuweisung über mehrere Zeilen ermöglicht wird, sehen Sie im nächsten Abschnitt.

Wertzuweisung über mehrere Zeilen

Angenommen, der Auftraggeber des Schiffs *QueenMary* möchte, dass das Schiff mit einem Label *QueenMary London* versehen wird, *London* dabei aber in der nächsten Zeile steht. Nehmen wir weiter an, es gibt eine Eigenschaft für das SCHIFF-Objekt namens *label*, mit dem vorne links am Bug der angegebene Name auf einem großen Holzschild präsentiert wird. Dies wäre auf folgende Art lösbar:

```
queenMary = SCHIFF
queenMary.label = QueenMary London
```

So würde allerdings der Aufdruck in einer Zeile stehen und nicht, wie vom Kunden gewünscht, in zwei Zeilen. Abhilfe schafft eine Wertzuweisung über mehrere Zeilen, die mit runden Klammern ein- und ausgeleitet wird. Das Gleichheitszeichen als Wertzuweisung über eine Zeile entfällt in diesem Fall.

```
queenMary = SCHIFF
queenMary.label (
   QueenMary
   London
)
```

Damit später keine Missverständnisse auftreten, sei an dieser Stelle ein kurzer Ausblick auf unsere Internetpräsentation gegeben: Sie können mit einer Wertzuweisung über mehrere Zeilen keinen im Webbrowser sichtbaren Zeilenumbruch auslösen. Mehrere Zeilen sind nur in der Ausgabe innerhalb des von TYPO3 ausgelieferten HTML-Quellcodes zu sehen und dienen der Übersichtlichkeit innerhalb des TypoScript-Codes. Gerade wenn Sie komplexe Tabellenverschachtelungen haben, ist es sinnvoll, diese für mehr Übersichtlichkeit auf mehrere Zeilen aufzuteilen. Der Browser zeigt einen Zeilenumbruch aber erst mit einem `<br>` oder vergleichbaren HTML-Tags an.

Kommentare

Kommentare werden in TYPO3 mit einem Rautezeichen eingeleitet. Dabei reicht ein Kommentar mit Raute immer nur über eine Zeile.

```
# Allgemeine Beschreibung der QueenMary
queenMary = SCHIFF
queenMary.laenge = 150
queenMary.breite = 35
```

In diesem Beispiel sehen Sie in der ersten Zeile ein Rautezeichen. In vielen Sprachen ist es möglich, Kommentare auch hinter eine Zeile zu schreiben, in TYPO3 allerdings nicht. Folgendes ist somit ungültig:

```
queenMary = SCHIFF # Dieser Kommentar ist nicht zulässig!
```

Alles was nach einer Wertzuweisung (Gleichheitszeichen) steht, wird als Wert einer Eigenschaft bzw. als Objekt verwendet und macht vor Rautezeichen keinen Halt. Darum würde TYPO3 in diesem Fall nach einem Objekt suchen, das es nicht gibt.

In TYPO3 stehen auch die aus anderen Sprachen bekannten Zeichen für Kommentare zur Verfügung. Äquivalent zum Rautezeichen können auch zwei Schrägstriche // verwendet werden, die ebenfalls einen einzeiligen Kommentar einleiten und am Beginn einer Zeile stehen müssen.

Auch mehrzeilige Kommentare sind in TYPO3 möglich; sie werden mit einem »Strich-Sternchen« /* eingeleitet und mit einem »Sternchen-Strich« */ beendet. In Beispiel 5-1 werden die möglichen Kommentare eingesetzt. In Zeile 5 wird ein mehrzeiliger Kommentar eingeleitet, der in Zeile 8 beendet wird. Die in Zeile 7 angegebene Wertzuweisung steht somit innerhalb des Kommentars und wird nicht ausgeführt. Dadurch beträgt die Länge des Schiffs immer noch die in Zeile 4 angegebene Länge von 150 Einheiten.

Beispiel 5-1: Unterschiedliche Kommentare anwenden

```
01 # Dies ist ein Kommentar
02 queenMary = SCHIFF
03 // Dies ist auch ein Kommentar
04 queenMary.laenge = 150
05 /* Dieser Kommentar geht
06    über mehrere Zeilen
07    queenMary.laenge = 300
08 */
09 queenMary.breite = 35
```

Geschweifte Klammern für Schreibfaule

In TYPO3 kann mit geschweiften Klammern die Schreibweise vereinfacht werden. In unserem Beispiel sehen wir, dass jeder Zeile *queenMary* vorangestellt wird.

Durch Ausklammern mit geschweiften Klammern können Sie sich das monotone Voranstellen sparen.

```
01 # Allgemeine Beschreibung der QueenMary
02 queenMary = SCHIFF
03 queenMary {
04    laenge = 150
05    breite = 35
06 }
```

Nachdem definiert worden ist, dass es sich bei der QueenMary um ein Schiff handelt, wird in Zeile 3 der Bezeichner ausgeklammert. Dieses Ausklammern reicht bis Zeile 6, in der die geschweifte Klammer wieder geschlossen wird. In den Zeilen 4 und 5 können Sie beobachten, wie TYPO3 jeweils das vornanstellt, was vor den geschweiften Klammern steht. Dabei können auch geschweifte Klammern verschachtelt werden.

Ausklammern findet besonders dann Anwendung, wenn es sich um längere TypoScript-Zeilen handelt, was bei TYPO3-Projekten aus unterschiedlichen Gründen der Fall sein kann. Sie werden später in diesem Kapitel und auch in folgenden Kapiteln viele Beispiele dafür finden. Richtiges Ausklammern wird Ihnen so bei der praktischen Arbeit in Fleisch und Blut übergehen. Sie werden das Ausklammern aber nur dann wirklich zu schätzen wissen, wenn Sie all das, was sich in den geschweiften Klammern befindet, auch richtig einrücken. Durch richtiges Einrücken wird der TypoScript-Code übersichtlich und leicht änderbar. Wenn Sie nicht richtig einrücken, werden Sie auf Grund der unübersichtlichen Struktur unter Umständen sehr lange nach Fehlern suchen.

Intern bereitet TYPO3 den TypoScript-Code so auf, dass jede Zeile eine Wertzuweisung enthält. Da wir davon allerdings praktisch nichts mitbekommen, muss es uns auch nicht weiter kümmern.

Kopieren von Objekten und Eigenschaften

In TypoScript lassen sich ganze Objektbäume, also Objekte mit ihren jeweiligen Eigenschaften, kopieren. Dazu erweitern wir unsere Beschreibung des Schiffs um Stockwerke. Das Schiff soll mehrere Etagen erhalten, nämlich ein Autodeck, zwei identische einfache Kabinendecks und ein Luxuskabinendeck.

Beispiel 5-2: Die Beschreibung von verschiedenen Ebenen mit TypoScript

```
01 # Allgemeine Beschreibung der QueenMary
02 queenMary = SCHIFF
03 queenMary.laenge = 150
04 queenMary.breite = 35
05
06 # Beschreibung der ersten Etage: Autodeck
```

Beispiel 5-2: Die Beschreibung von verschiedenen Ebenen mit TypoScript (Fortsetzung)

```
07 queenMary.1 = AUTODECK
08
09 # Beschreibung der zweiten Etage: einfache Kabinen
10 queenMary.2 = KABINEN
11 queenMary.2.anzahl = 250
12 queenMary.2.bettenJeKabine = 3
13
14 # Beschreibung der dritten Etage: einfache Kabinen
15 queenMary.3 = KABINEN
16 queenMary.3.anzahl = 250
17 queenMary.3.bettenJeKabine = 3
18
19 # Beschreibung der vierten Etage: Luxuskabinen
20 queenMary.4 = KABINEN
21 queenMary.4.anzahl = 50
22 queenMary.4.bettenJeKabine = 3
```

In Beispiel 5-2 wird durch Angabe einer Zahl direkt nach dem Bezeichner des Schiffs die jeweilige Etage beschrieben. In Zeile 10 wird angegeben, dass in der zweiten Etage ein Deck mit Kabinen entstehen soll. Dabei sollen in dieser Etage 250 Kabinen mit jeweils 3 Betten zur Verfügung stehen. Die dritte Etage, die in Zeile 15 eingeführt wird, hat dieselben Eigenschaften. Auch die Beschreibung der Etage mit den Luxuskabinen, die in Zeile 20 beginnt, ist bis auf Zeile 21 identisch mit den anderen beiden Etagen.

Durch Kopieren von Objekten und Eigenschaften kann die Pflege des Codes wesentlich erleichtert werden, und es wird eine bessere Übersicht ermöglicht. Wenn auf den Etagen 2 und 3 statt 250 Kabinen nun 260 Kabinen entstehen sollen, ist eine Modifizierung an zwei Stellen notwendig. Wenn statt 3 Betten je Kabine 4 Betten je Kabine vorhanden sein sollen, ist diese Änderung sogar an drei Stellen notwendig.

Das Kopieren von Objekten geschieht mit dem Kleiner-als-Zeichen (<). Dabei kann sowohl absolut als auch relativ kopiert werden. Folgendes Beispiel verwendet die absolute Kopie:

Beispiel 5-3: Nutzen der absoluten Kopie zur Vereinfachung

```
# Allgemeine Beschreibung der QueenMary
queenMary = SCHIFF
queenMary.laenge = 150
queenMary.breite = 35

# Beschreibung der ersten Etage: Autodeck
queenMary.1 = AUTODECK

# Beschreibung der zweiten Etage: einfache Kabinen
queenMary.2 = KABINEN
```

Beispiel 5-3: Nutzen der absoluten Kopie zur Vereinfachung (Fortsetzung)

```
11 queenMary.2.anzahl = 250
12 queenMary.2.bettenJeKabine = 3
13
14 # Beschreibung der dritten Etage: einfache Kabinen
15 queenMary.3 < queenMary.2
16
17 # Beschreibung der vierten Etage: Luxuskabinen
18 queenMary.4 < queenMary.2
19 queenMary.4.anzahl = 50
```

In den Zeilen 10 bis 12 wird die zweite Etage – wie im vorigen Beispiel auch – vollständig beschrieben. Da die dritte und die zweite Etage völlig identisch sind, wird in Zeile 15 in `queenMary.3` der Inhalt von `queenMary.2` kopiert. Damit ist `queenMary.3` eine reine Kopie von `queenMary.2`.

In Zeile 18 wird die Beschreibung der zweiten Etage in die vierte kopiert. In Zeile 19 wird jedoch ein Wert überschrieben, da die Anzahl der Kabinen auf dieser Etage von der auf der zweiten abweicht.

Beispiel 5-3 lässt sich durch Ausklammern mit noch weniger Aufwand gestalten, so wie in Beispiel 5-4 zu sehen.

Beispiel 5-4: Ausklammern vereinfacht das Lesen und Schreiben des Codes

```
# Allgemeine Beschreibung der QueenMary
queenMary = SCHIFF
queenMary {
   laenge = 150
   breite = 35

   # Beschreibung der ersten Etage: Autodeck
   1 = AUTODECK

   # Beschreibung der zweiten Etage: einfache Kabinen
   2 = KABINEN
   2.anzahl = 250
   2.bettenJeKabine = 3

   # Beschreibung der dritten Etage: einfache Kabinen
   3 < queenMary.2

   # Beschreibung der vierten Etage: Luxuskabinen
   4 < queenMary.2
   4.anzahl = 50
}
```

Nach dem Ausklammern steht uns nun auch noch die Möglichkeit zur Verfügung, relativ zu kopieren, was uns erneut ein bisschen Tipparbeit erspart und bei der praktischen Arbeit ebenfalls für eine bessere Übersicht sorgen kann.

Dabei funktioniert das relative Kopieren äquivalent zum absoluten Kopieren. Es muss aber nicht mehr der gesamte Pfad (in unserem Fall noch ein recht kurzer: *queenMary.2* mit zwei Komponenten) angegeben werden. Mit einem vorangestellten Punkt wird beim Kopieren angegeben, dass es sich um eine relative Kopie handelt, nämlich relativ zur zuletzt geöffneten geschweiften Klammer. Das, was sich vor der geschweiften Klammer befindet, muss und darf hier nicht mehr mit angegeben werden. Im folgenden Beispiel sind die absoluten Kopien durch relative ersetzt.

Beispiel 5-5: Relatives Kopieren beim Ausklammern nutzen

```
# Allgemeine Beschreibung der QueenMary
queenMary = SCHIFF
queenMary {
   laenge = 150
   breite = 35

   # Beschreibung der ersten Etage: Autodeck
   1 = AUTODECK

   # Beschreibung der zweiten Etage: einfache Kabinen
   2 = KABINEN
   2.anzahl = 250
   2.bettenJeKabine = 3

   # Beschreibung der dritten Etage: einfache Kabinen
   3 < .2

   # Beschreibung der vierten Etage: Luxuskabinen
   4 < .2
   4.anzahl = 50
}
```

Löschen von Objektinstanzen und Eigenschaften

Analog zum Kopieren von Objektinstanzen und Eigenschaften können diese auch wieder gelöscht werden. Das Löschen geschieht hier mit dem Größer-als-Zeichen (>). Ein Beispiel wäre an dieser Stelle zu abstrakt und wird daher im nächsten Abschnitt folgen.

Ausführungsreihenfolge beim Kopieren und Löschen

Beim Kopieren und Löschen ist die Ausführungsreihenfolge entscheidend. Kopiert wird immer nur das, was bis zur jeweiligen Zeile beschrieben wurde. Folgen weitere Eigenschaftszuweisungen an späterer Stelle, werden diese bei einer vorher eingefügten Kopie nicht berücksichtigt. Folgendes Beispiel verdeutlicht das.

Beispiel 5-6: Kopieren von Werten und anschließendes Überschreiben

```
01 # Allgemeine Beschreibung der QueenMary
02 queenMary = SCHIFF
03 queenMary {
04    laenge = 150
05    breite = 35
06
07    # Beschreibung der ersten Etage: Autodeck
08    1 = AUTODECK
09
10    # Beschreibung der zweiten Etage: einfache Kabinen
11    2 = KABINEN
12    2.anzahl = 250
13    2.bettenJeKabine = 3
14
15    # Beschreibung der dritten Etage: einfache Kabinen
16    3 < .2
17
18    # Beschreibung der vierten Etage: Luxuskabinen
19    4 < .2
20    4.anzahl = 50
21
22    # Ändern der Kabinenanzahl in Etage 2
23    2.anzahl = 300
21 }
```

In Beispiel 5-6 wird in Zeile 23 die Anzahl der Kabinen auf der zweiten Etage mit einem neuen Wert versehen. Jedoch wurde die Anzahl der Kabinen vorher in Zeile 12 schon auf 250 Kabinen gesetzt. Dieser Wert wurde in Zeile 16 mit in die dritte Etage übernommen. Da die Änderung in Zeile 23 erst nach dem Kopieren erfolgt, hat sie keinen Einfluss auf die dritte Etage. Praktisch bedeutet das, dass sich nach der Verarbeitung des TypoScript-Codes auf der zweiten Etage 300 Kabinen befinden, auf der dritten 250 und auf der vierten 50.

Referenzieren statt kopieren

Neben dem Kopieroperator < steht in TYPO3 noch der zusammengesetzte Operator =< zur Verfügung, der nicht kopiert, sondern referenziert. Das Referenzieren unterscheidet sich vom Kopieren dadurch, dass der Kopiervorgang erst ganz am Ende ausgeführt wird, egal an welcher Stelle innerhalb des TypoScript-Codes referenziert wurde.

Wenn Sie referenzieren möchten, müssen Sie einen absoluten Wert für ein Objekt angeben. Relative Angaben zu Objekten mit einem vorangestellten Punkt sind beim Referenzieren nicht möglich. In Tabelle 5-1 werden die Unterschiede zwischen Kopieren und Referenzieren anhand von Beispielen gegenübergestellt.

Tabelle 5-1: Die Unterschiede zwischen Kopieren und Referenzieren

Kopieren		Referenzieren	
TypoScript	**Enthaltener Wert**	**TypoScript**	**Enthaltener Wert**
`1 < .3`	`1 = ?`	`1 < .3`	`1 = ?`
`2 = KABINEN`	`1 = ?`	`2 = KABINEN`	`1 = ?`
`2.anzahl = 250`	`1 = ?` `2.anzahl = 250`	`2.anzahl = 250`	`1 = ?` `2.anzahl = 250`

`3 < .2`	`1 = ?`
	`2.anzahl = 250`
	`3.anzahl = 250`
		`3 =< page.2`	`1.anzahl = ?`
			`2.anzahl = 250`
			`3.anzahl = 250`

`4 < .2`	`1 = ?`
	`2.anzahl = 250`
	`3.anzahl = 250`
	`4.anzahl = 250`
		`4 =< page.2`	`1.anzahl = ?`
			`2.anzahl = 250`
			`3.anzahl = 250`
			`4.anzahl = 250`

`4.anzahl = 50`	`1 = ?`
	`2.anzahl = 250`
	`3.anzahl = 250`
	`4.anzahl = 50`
		`4.anzahl = 50`	`1.anzahl = ?`
			`2.anzahl = 250`
			`3.anzahl = 250`
			`4.anzahl = 50`

`2.anzahl = 300`	`1 = ?`
	`2.anzahl = 300`
	`3.anzahl = 250`
	`4.anzahl = 50`
		`2.anzahl = 300`	`1.anzahl = ?`
			`2.anzahl = 300`
			`3.anzahl = 300`
			`4.anzahl = 50`

In den folgenden Tabellen sind TypoScript-Operatoren und reservierte Symbole noch einmal zusammengefasst.

Tabelle 5-2: TypoScript-Operatoren

Operator	Beschreibung	Beispiel

`=`	Wertzuweisung	`page = PAGE`
		`page.typeNum = 0`
		`page.10 = TEXT`
		`page.10.value = HELLO WORLD`

`>`	Löschoperator; löscht alle Eigenschaften und Wertzuweisungen ab einem gegebenen Punkt.	`page = PAGE` `page >`

`<`	Kopieroperator; kopiert alle Eigenschaften und Wertzuweisungen ab einem gegebenen Punkt.	`page = PAGE`
		`page.typeNum = 0`
		`page.10 = TEXT`
		`page.10.value = HELLO WORLD`
		`page.20 < page.10`

`=<`	Referenzier-Operator; referenziert Objekte.	`page = PAGE`
		`page.typeNum = 0`
		`page.10 = TEXT`
		`page.10.value = HELLO WORLD`
		`page.20 =< page.10`
		`page.10.value = HALLO WELT`
		`# Liefert jetzt auch in page.20 "Hallo Welt"`

Tabelle 5-2: TypoScript-Operatoren (Fortsetzung)

Operator	Beschreibung	Beispiel

{ }	Geschweifte Klammern; dienen der vereinfachten Schreibweise (kein echter Operator).	page = PAGE
		page {
		typeNum = 0
		10 = TEXT
		10.value = HELLO WORLD
		}

( )	Einfache Klammern; dienen der Wertzuweisung über mehrere Zeilen (kein echter Operator).	page = PAGE page.typeNum = 0 page.wrap (<table> <tr> <td> | </td> <tr> </table>)
# // /* */	Kommentar; Kommentare dürfen nicht (!) nach einer Wertzuweisung eingesetzt werden.	Erlaubt: # Das ist ein Kommentar Nicht erlaubt: page = PAGE # Dieser Kommentar ist nicht gestattet

Tabelle 5-3: Sonstige reservierte Symbole

Symbol	Beschreibung	Beispiel
{$var}	Verwendung von Variablen, die unter *Constants* definiert wurden.	page = PAGE page.typeNum = 0 page.10 = TEXT page.10.value = <font face="{$var}">Hallo Welt</font>
[bedingung] [...] [global]	*Condition:* Definition einer Bedingung innerhalb der eckigen Klammern. Nähere Informationen in Kapitel 9, *Erweiterte Darstellung von Inhalten*.	

TypoScript-Templates

Im vorigen Abschnitt haben Sie die grundlegende Syntax von TypoScript kennen gelernt und sich in die Arbeitsweise der Skriptsprache eingedacht. Im nächsten Schritt erfahren Sie jetzt, was *TypoScript-Templates* sind und welche Rolle sie bei der Erstellung unseres Praxisbeispiels spielen.

Ein Template ist eine Vorlage, die wiederverwendet wird. In einem TypoScript-Template beschreiben Sie mit der TYPO3-eigenen Skriptsprache TypoScript unter anderem, wie die spätere Webseite aussehen soll. Diese Beschreibung soll natürlich nicht immer nur für eine Seite gelten, sondern als Vorlage für alle weiteren Seiten dienen, die in TYPO3 angelegt werden.

Templates teilen TYPO3 mit, welcher Inhalt in welcher Form auf der Webseite dargestellt werden soll. Ohne ein Template auf einer Seite oder auf einer übergeordneten Seite weiß TYPO3 nicht, dass es überhaupt etwas im Frontend darstellen soll.

In Kapitel 4, *Das Praxisbeispiel vorbereiten*, haben Sie bereits die benötigte Seitenstruktur angelegt. Ohne eine angelegte Seite erhalten Sie im Frontend die Meldung *Error: No pages are found on the rootlevel.* Wurde bereits eine Seite angelegt, erhalten Sie im Frontend eine andere Fehlermeldung: *No template found.*

Templates werden immer auf einer Seite angelegt und gelten sowohl für diese als auch für alle untergeordneten Seiten. Dies wird in TYPO3 als Template-Vererbung bezeichnet.

Templates – kurz & knapp

- Ein Template ist ein Datensatz, der auf einer Seite liegt.
- Ein Template enthält eine Ansammlung von Informationen, die die spätere Webseite beschreiben. Diese Beschreibung wird mit TypoScript vorgenommen.
- Auf einer Seite können mehrere Templates liegen.
- Sämtliche Template-Einstellungen wie auch der TypoScript-Code selbst werden in der Datenbank in einem Datensatz gespeichert.
- Templates werden immer *nach unten* an untergeordnete Seiten vererbt.

Template-Vererbung

Templates werden immer von einer Seite auf untergeordnete Seiten vererbt. Sämtliche Darstellungs- und Funktionalitätsbeschreibungen, die mit der TYPO3-eigenen Skriptsprache TypoScript getätigt werden, gelten somit für die Seite, auf der das Template angelegt wurde, sowie für alle Unterseiten. Dadurch ersparen Sie sich für jede angelegte neue Seite einen enormen Mehraufwand: Sie beschreiben in einem zentralen Template das Verhalten der Website im Frontend. Diese Beschreibung, die mit TypoScript vorgenommen wird, enthält z.B. Informationen darüber, wie der Inhalt dargestellt werden soll, von wo aus Menüs aufgebaut werden und wie diese aussehen sollen. Ein solches zentrales Template wird im Folgenden als Projekt-Template bezeichnet.

Dieses System ermöglicht die strikte Trennung von Design, Inhalt und Struktur: Das Design wird mit TypoScript in einem Template festgelegt; der Inhalt kann ohne besondere Kenntnisse von Redakteuren eingepflegt werden und beeinflusst normalerweise nicht die Darstellung; die Struktur wird im Backend über den Seitenbaum gepflegt, je nach Benutzerrechten auch von Redakteuren.

Template-Vererbung beeinflussen

Soll dennoch ab einer bestimmten Seite das Design von der Definition im vererbten Template abweichen, steht Ihnen mit den so genannten *Extension Templates* eine mächtige Funktion zur Verfügung: Sie können einzelne Definitionen, die Sie in einem Projekt-Template vorgenommen haben, überschreiben.

Diese Funktion kann unter anderem bei Internetpräsentationen mit Farbkonzepten Anwendung finden: Es ist bei entsprechender Vorbereitung z.B. möglich, durch nur eine einzige Zeile in einem solchen Extension Template ab einer bestimmten Seite als Hintergrundfarbe Grün statt Blau zu verwenden.

Ein Template anlegen

Ein Template kann nur auf einer bestehenden Seite angelegt werden; zum Anlegen gibt es mehrere Möglichkeiten, von denen eine hier dargestellt wird:

Klicken Sie im linken Menü auf das Backend-Modul *Template* ❶ und wählen Sie in der Baumdarstellung die Seite *root* ❷ über den Textlink aus, die Sie in Kapitel 4, *Das Praxisbeispiel vorbereiten*, angelegt haben; sie dient als Hilfsseite der Template-Vererbung. Die Überschrift *no template* im rechten Bereich weist Sie darauf hin, dass auf der aktuellen Seite *root* noch kein Template angelegt worden ist (Abbildung 5-1).

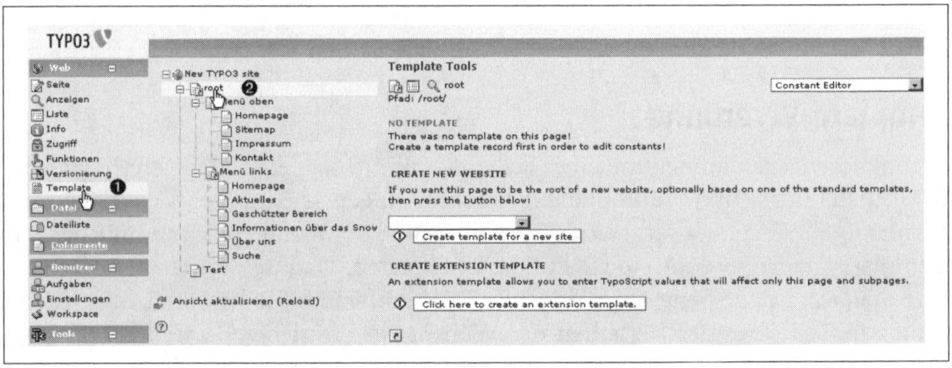

Abbildung 5-1: TYPO3 kann auf der Seite »root« kein Template finden

Zum Anlegen eines neuen Templates haben Sie nun auf der Seite *root* folgende Möglichkeiten:

- Sie können das Auswahlfeld leer lassen und auf den Button *Create template for a new site* klicken. Dadurch wird ein neues, leeres Projekt-Template erzeugt.
- Sie können aus dem Auswahlfeld einen Eintrag auswählen und dann auf den Button *Create template for a new site* klicken. Dadurch wird ein Projekt-Template erzeugt, das auf einem von TYPO3 mitgelieferten Design basiert.

- Über den Textlink *Click here to create an extension template* können Sie ein Extension Template anlegen.

Create template for a new site
: Ein Klick auf den Button *Create template for a new site* legt ein neues Projekt-Template an. Wenn Sie über diesen Button ein neues Template anlegen, wird die Vererbung von einem übergeordneten Template unterbrochen und es kann auf dieser Seite ein neues Projekt begonnen werden (anders als bei Extension Templates). Für die Seite *root* gibt es keine übergeordneten Seiten, die Templates enthalten könnten.

  Aus dem Auswahlfeld können vorgefertigte Templates ausgewählt werden. Dahinter verbergen sich unterschiedliche Designs und TypoScript-Definitionen, die angepasst werden können. Die Anpassung erfolgt mit einem so genannten *Constant Editor* oder direkt über TypoScript. In der Regel sollen Internetprojekte aber ein individuelles Layout erhalten. Mit vordefinierten Templates können Sie zwar schnell eine Präsentation mit Standard-Designs einrichten, es ist aber nicht unbedingt ratsam, auf solche Designs zurückzugreifen. Da für die Snowboardschule ein individuelles Design erstellt werden soll (auch Ihr eigenes TYPO3-Projekt wird voraussichtlich eine Designvorgabe haben), wird auf eine nähere Erläuterung zur Arbeitsweise mit diesen vorgefertigten Designs verzichtet.

  Wenn Sie aus dem Auswahlfeld keinen Eintrag auswählen, wird ein neues, leeres Template erstellt. Ein auf diese Weise erstelltes Template wird auch *Projekt-Template* genannt.

Create an extension template
: Extension Templates bieten die Möglichkeit, vererbte Eigenschaften, Objekte, Variablen etc. zu überschreiben, zu modifizieren und zu erweitern. Ein Template wird immer auf die untergeordneten Seiten vererbt. Mit einem Extension Template wird diese Vererbung nicht unterbrochen, es können jedoch einzelne Ausnahmen definiert werden, die ebenfalls wieder *nach unten hin* vererbt werden.

  Extension Templates sollten dann angewendet werden, wenn ein Projekt-Template existiert, es also eine generelle Definition für die Internetseite gibt, die aber ab einer bestimmten Seite in Teilbereichen anders sein soll.

Damit Sie ein neues Projekt-Template anlegen können, lassen Sie das Auswahlfeld leer und klicken auf den Button *Create template for a new site*. Nachdem Sie den Hinweis *Are you sure you want to do this* bestätigt haben, erscheint im rechten Bereich die in Abbildung 5-2 gezeigte Seite.

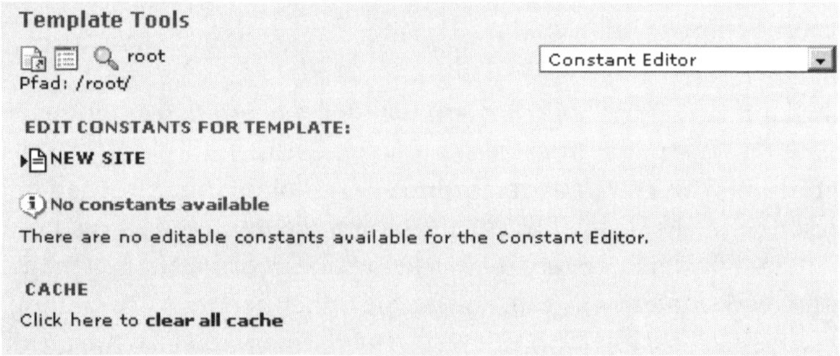

Abbildung 5-2: Diese Seite erscheint, wenn ein neues Template angelegt wurde

Info/Modify

Rechts oben auf dem soeben neu angelegten Projekt-Template sehen Sie ein Auswahlfeld, das mehrere Elemente enthält. Eines dieser Elemente trägt die Bezeichnung *Info/Modify*. Das ist das Element, mit dem Sie überwiegend arbeiten werden. *Info/Modify* bietet unter anderem die Möglichkeit, direkt mit TypoScript die Präsentation zu beschreiben. Wählen Sie aus diesem Auswahlfeld, wie in Abbildung 5-3 gezeigt, nun den Eintrag *Info/Modify* aus ❶.

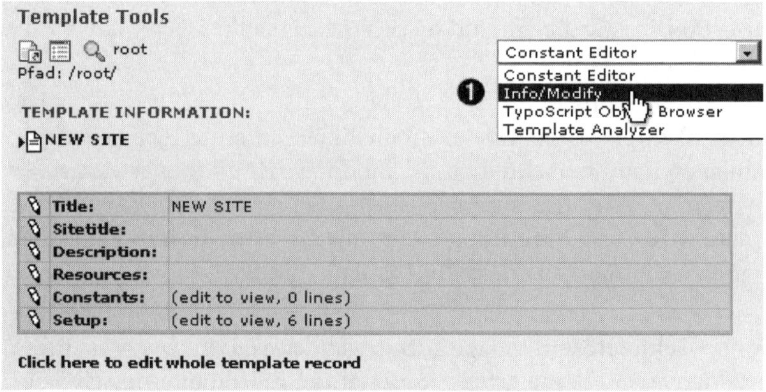

Abbildung 5-3: Die einzelnen Felder des Template-Bereiches »Info/Modify«

Wenn *Info/Modify* ausgewählt wird, stehen mehrere Felder zur Bearbeitung zur Verfügung:

Title

Im Feld *Title* kann ein Titel für das aktuelle Template angegeben werden. Dieser Titel ist lediglich für interne Zwecke bestimmt und hat keinen Einfluss auf das Frontend.

Einen Template-Titel anzugeben ist besonders dann sinnvoll, wenn auf einer Seite mehrere Templates vorhanden sind. Der Vorteil der Verwendung mehrerer Templates auf einer Seite ist, dass Sie ein großes Template in mehrere kleine aufteilen können und in Ihrem zentralen Projekt-Template wieder zusammenfügen können (siehe Abschnitt »whole Template«-Record weiter unten). Statt mit einem großen Template wird mit mehreren kleinen gearbeitet. Im Regelfall enthält jedes Template einen thematischen Abschnitt, wie z.B. die Beschreibung eines Menüs.

Um die Übersicht zu behalten, sollten Sie daher bei der Verwendung von mehreren Templates auf einer Seite jeweils einen Template-Titel angeben.

Sitetitle

Im Feld *Sitetitle* kann das Präfix für einen Seitentitel angegeben werden. Wenn Sie eine Seite im Frontend betrachten, wird in der Regel nur der Titel aus dem Seitenbaum der aktuellen Seite als HTML-Titel-Tag aufgenommen. Soll z.B. der Firmenname immer mit erscheinen, kann dieser im Feld *Sitetitle* angegeben werden. Das erzeugte HTML-Titel-Tag wäre dann der im Template angegebene *Sitetitle*, gefolgt von einem Doppelpunkt und dem Titel der aktuellen Seite, also z.B. *Snowboardschule: Homepage*, sofern *Snowboardschule* der im Template angegebene *Sitetitle* ist und *Homepage* die aktuell betrachtete Seite.

Description

Unter *Description* können Sie eine Beschreibung des Templates ablegen. Dieses Feld ist lediglich zur besseren Übersicht bestimmt und hat keine Auswirkungen auf das Frontend.

Resources

Unter *Resources* können Sie Dateien in das Template einbinden. Möchten Sie z.B. durchgängig mit der Schriftart *verdana.ttf* arbeiten, können Sie, sofern Sie diese Datei unter *Resources* zur Verfügung stellen, direkt mit TypoScript darauf zugreifen, ohne einen Pfad angeben zu müssen, unter dem sich die Datei befindet.

In Kapitel 4, *Das Praxisbeispiel vorbereiten*, haben Sie diese Datei über den Dateimanager in den Ordner *fileadmin/fonts/* hochgeladen. Theoretisch hätten Sie die Schrift sowie die Designvorlage auch über dieses Feld *Resources* hochladen können, dann gäbe es allerdings den Nachteil, dass bei jedem Aufruf von *Info/Modify* eine grafische Voransicht der Schrift *verdana.ttf* erstellt würde, was bei langsamen Internetverbindungen zu einer nervigen Geduldsprobe werden kann. Die in der Designvorlage enthaltenen Grafiken hätten Sie dennoch per FTP oder über den Dateimanager auf den Server laden müssen, da auf diese Dateien nicht über TypoScript, sondern über die Designvorlage zugegriffen wird.

Constants

Unter *Constants* können Variablen definiert werden, die in TypoScript als Konstanten ausgelesen werden. Konstanten sind Variablen, die sich nicht mehr verändern lassen (und somit einen *konstanten* Wert haben).

Die Verwendung der Begriffe »Konstante« und »Variable« in TYPO3 ist nicht unbedingt aus anderen Sprachen übertragbar. In klassischen Programmiersprachen kann einer Konstanten nur genau einmal ein Wert zugewiesen werden, der sich dann nicht mehr verändern lässt. In TYPO3 sind Konstanten praktisch nichts anderes als Variablen. Diese Variablen können im Feld *Constants* beliebig oft mit einem neuen Wert versehen werden. Die jeweils letzte Wertzuweisung ist die entscheidende.

Diese Konstanten bzw. Variablen können in TypoScript ausgelesen werden. Eine Veränderung einer Variablen ist in TypoScript nicht möglich, woraus auch die Bezeichnung Konstante resultiert. Das Feld *Constants* selbst enthält allerdings kein TypoScript. Mit TypoScript arbeiten Sie im nun folgenden Feld *Setup*.

Setup

Der von Ihnen in einem TYPO3-Projekt und auch in diesem Buch am häufigsten verwendete Bereich wird der Bereich *Setup* sein. In *Setup* wird TypoScript-Code verwendet – Sie beschreiben an dieser Stelle die gesamte Internetpräsentation. Sie erhalten hier ein großes klassisches Textfeld (*textarea*), in dem Sie direkt programmieren können.

»whole Template«-Record

Unter *Info/Modify* finden Sie den Textlink *Click here to edit whole template record.* Hier können Sie in das gesamte Template eingreifen und alle Konfigurationsmöglichkeiten auf einen Blick sehen. Es stehen die bereits oben beschriebenen Felder zur Verfügung sowie noch einige weitere, wie z.B. *Include static*, das Sie in Kapitel 8, *Inhalte ausgeben*, kennen lernen werden. Abbildung 5-4 zeigt die Maske, die sich hinter diesem Textlink verbirgt.

Im oberen Abschnitt dieser Maske können Sie das Template wieder löschen, indem Sie auf das Mülleimer-Symbol klicken. Das Template wird dann in der Datenbank mit einem *deleted*-Flag versehen und steht in TYPO3 nicht mehr direkt zur Verfügung.

Ein *Flag* ist eine Kennzeichnung bei einfachen Werten, wie z.B. *an/aus* oder *1/0*. Ein *deleted*-Flag kennzeichnet den Template-Datensatz als gelöscht, indem in der Datenbank zu diesem Datensatz im Datenfeld *deleted* eine *1* abgespeichert wird. Der Template-Datensatz findet somit in TYPO3 keine Anwendung mehr, wird jedoch auch nicht tatsächlich aus der Datenbank gelöscht. Sie werden diese Vorgehensweise genau dann lieben lernen, wenn Sie unbeabsichtigt den *Löschen*-Button betätigt haben. Dieses Prinzip wird in TYPO3 durchgängig verwendet, auch Seiten oder Seiteninhalte werden also nicht tatsächlich gelöscht, sondern lediglich mit einem solchen *deleted*-Flag versehen.

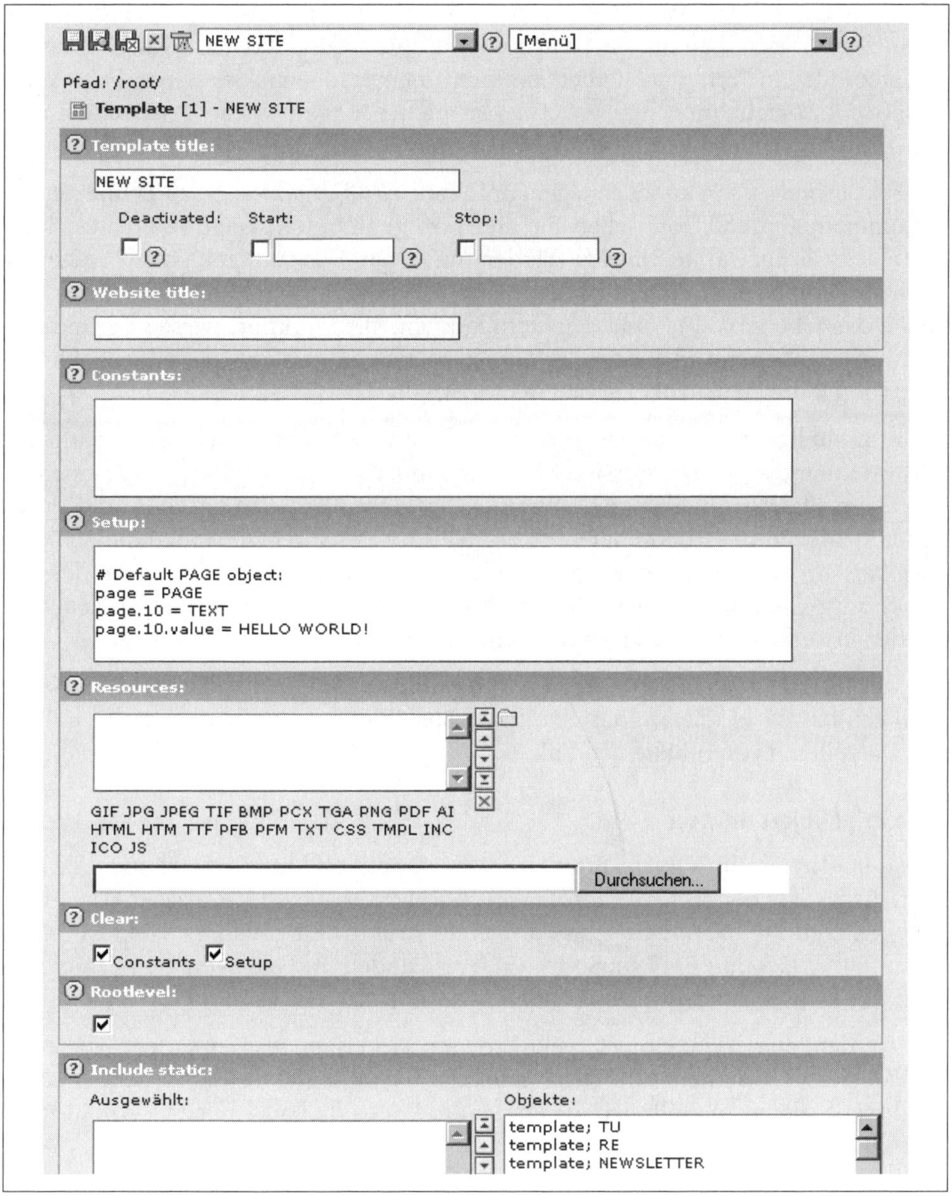

Abbildung 5-4: Die Maske »whole template record«

Soll ein Template nur vorübergehend deaktiviert werden, ist hierfür das Feld *Deactivated* sinnvoll. Das Template wird dann im Frontend nicht mehr berücksichtigt, im Backend hingegen steht es noch zur Verfügung und kann jederzeit wieder aktiviert werden.

Mit den Flags *Clear Constants/Clear Setup* kann die Vererbung von oben unterbrochen bzw. erlaubt werden. Ist *Clear Setup* beispielsweise aktiviert, wird von einem übergeordnetem Template (einer anderen übergeordneten Seite) das Feld *Setup* (TypoScript) nicht mehr vererbt. Das ist auch der wesentliche Unterschied zwischen *Extension Templates* und *Projekt-Templates*.

Im Feld *Include static* können so genannte *statische Templates* in das Template aufgenommen werden. Dort sehen Sie alle verfügbaren statischen Templates. Markierte bzw. ausgewählte Einträge werden mit in das Template inkludiert. Diese statischen Templates enthalten vordefinierten TypoScript-Code und Variablen, die Ihnen die Arbeit mit TYPO3 erleichtern können. Die Funktionsweise ist grundsätzlich vergleichbar mit *include*- oder *use*-Anweisungen von Programmiersprachen – Überschreibungen sind aber problemlos möglich.

Unter Inkludieren wird das Hinzufügen von Code bezeichnet, der an einer anderen Stelle definiert wurde. In klassischen Programmiersprachen geht es dabei normalerweise um Dateien, die einen bestimmten Programmiercode enthalten und durch das Hinzufügen bzw. Inkludieren nicht mehrfach geschrieben werden müssen. Mit *Include static* fügen Sie keine Datei hinzu, sondern ein anderes Template, das z.B. TypoScript-Code und -Konstanten enthält, die Sie in Ihrem aktuellen Template wiederverwenden und anpassen können.

Sie werden an späterer Stelle (Kapitel 8, *Inhalte ausgeben*) ein statisches Template einfügen bzw. inkludieren, das eine funktionsfähige und ausgearbeitete Definition zur Darstellung von Inhalten enthält.

TypoScript Object Browser

Mit dem TypoScript-Objekt-Browser (siehe ❶ in Abbildung 5-5) können Sie sich »durch das TypoScript-Template hangeln«. Der Objekt-Browser zeigt den intern aufbereiteten TypoScript-Code in Form eines strukturierten Baums an. Er ist immer dann hilfreich, wenn im TypoScript-Code, zu finden im Feld *Setup*, ein Fehler vorliegt, der schwer zu identifizieren ist.

Sie werden den TypoScript-Objekt-Browser sicherlich während der Arbeit mit TYPO3 schätzen lernen. Eine tiefer gehende Beschreibung des Objekt-Browsers ist an dieser Stelle wenig hilfreich, da erst in der Praxis die tatsächlichen Vorteile zum Vorschein kommen.

> Wenn Sie die Suchfunktion im TypoScript-Objekt-Browser nutzen möchten, müssen Sie zweimal nach dem gleichen Wort suchen. Hierbei handelt es sich um einen Bug: Sucht man nur einmal nach einem Wort, wird nichts gefunden; klickt man sofort wieder auf den Button, wird ein mögliches Ergebnis angezeigt.

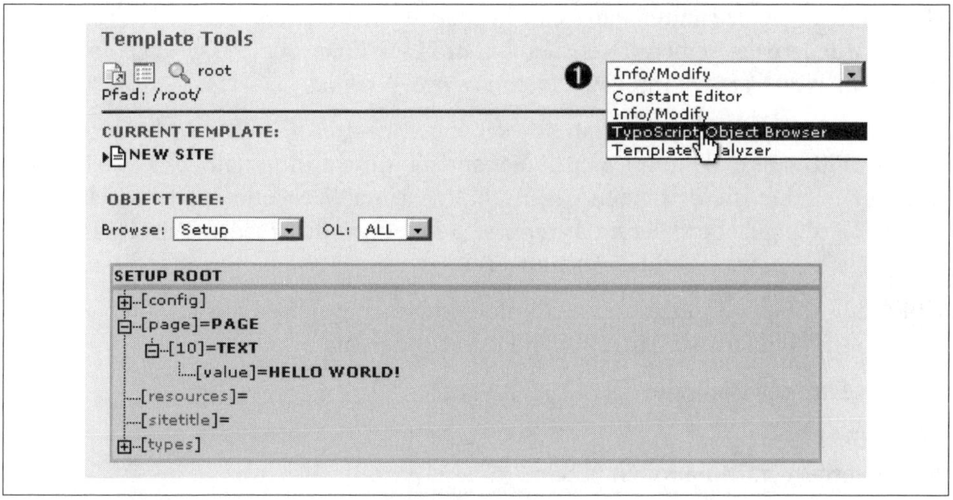

Abbildung 5-5: Der TypoScript Object Browser

Template Analyzer

Mit dem *Template Analyzer* können komplexe Template-Strukturen betrachtet werden. So gibt der Template Analyzer zum Beispiel einen Überblick darüber, in welcher Reihenfolge Templates inkludiert werden, und mit ihm kann der Inhalt eines inkludierten Templates eingesehen werden (auch bei Frontend-Plugins werden häufig Templates inkludiert).

Constant Editor

Mit dem Constant Editor können Anpassungen an Variablen bzw. Konstanten vorgenommen werden. Voraussetzung für eine vernünftige Verwendung des Constant Editor ist es, dass innerhalb der Konstantendefinition zusätzliche Informationen darüber angegeben sind, wie diese Konstanten zu editieren sind (welche Werte möglich sind etc.). Nähere Informationen dazu erhalten Sie in Kapitel 10, *Bestehende Erweiterungen integrieren*, im Abschnitt »Hintergrund: So arbeitet der Constant Editor«.

Mit dem Constant Editor können in TypoScript verwendete Variablen auf komfortable Art und Weise angepasst werden. Von einer exzessiven Nutzung des Constant Editor ist abzuraten, da Sie damit nur in einem begrenzten Umfang Anpassungen durchführen können.

Objekte und Eigenschaften einer Webseite

Selbstverständlich kann TYPO3 keine Bauanleitungen für Schiffe erstellen, auch kennt es kein Objekt SCHIFF. Mit TYPO3 können Sie Webseiten dynamisch generieren lassen. Und derartige Objekte, die mit Webseiten zu tun haben, stehen in TypoScript zur Verfügung.

Doch welche Eigenschaften kann eine Webseite haben? Zum Beispiel hat eine Webseite normalerweise einen Titel, der im Browser links oben angezeigt wird, und dazu eine Hintergrundfarbe, auch wenn es nur Weiß ist.

Sie bemerken vielleicht, dass eine dieser Eigenschaften (Titel) im Header-Bereich einer HTML-Seite definiert wird, die andere direkt innerhalb des `<body>`-Tags (bgcolor). Keine dieser beiden Eigenschaften einer Webseite wird zwischen den `<body>`-Tags angegeben, denn das, was sich zwischen den `<body>`-Tags befindet, ist gewöhnlich das, was vom Browser angezeigt wird.

Überlegen wir doch einfach einmal anders herum, welche Eigenschaften im Header-Bereich definiert werden. Das sind unter anderem

- der Titel der Webseite
- Meta-Tags
- Stylesheet-Informationen (CSS)
- das `<body>`-Tag

Nach der Angabe von Werten für diese Eigenschaften einer Webseite wird normalerweise noch kein sichtbarer Inhalt vom Browser ausgegeben, lediglich der Hintergrund kann durch Angabe einer Farbe innerhalb des Stylesheets oder direkt im `<body>`-Tag eine andere Farbe als Weiß haben.

Die Eigenschaften einer Webseite werden in TYPO3 als Eigenschaften des PAGE-Objekts bezeichnet. Folgende keineswegs vollständige Tabelle enthält einige wichtige und häufig gebrauchte Eigenschaften des PAGE-Objekts. Eine umfangreichere, aber ebenfalls gekürzte Referenz zu den einzelnen Objekten finden Sie im Anhang, *TypoScript-Kurzreferenz*.

bodyTag
: In dieser Eigenschaft können Sie ein beliebiges, klassisches, vollständiges `<body>`-Tag angeben. Ein möglicher Wert ist z.B. `<body bgcolor="#008000" topmargin="0" leftmargin="0">`.

stylesheet
: Hier kann der vollständige Pfad zu einer CSS-Datei angegeben werden. TYPO3 überprüft, ob die angegebene Datei vorhanden ist. Wenn die CSS-Datei existiert, wird sie mit dem HTML-Tag `<link rel="stylesheet" ...>` geladen. Es gibt auch andere Möglichkeiten, CSS-Dateien zu integrieren (Inline-CSS etc.). Die Eigenschaften für mögliche alternative Ansätze sind im Anhang, *TypoScript-Kurzreferenz*, aufgelistet.

meta.[bezeichner]
: Hier können Sie beliebige Meta-Tags angeben, z.B. `meta.AUTHOR`, `meta.DESCRIPTION` etc. Als Bezeichner kann eine beliebige Zeichenkette verwendet werden, auch der angegebene Wert wird direkt übernommen. Beispiel: `meta.AUTHOR = Robert Meyer`.

Angeben von Seiteneigenschaften mit TypoScript

Nachdem Sie das Projekt-Template angelegt haben, können Sie damit beginnen, allgemeine Seiteneigenschaften mit TypoScript festzulegen. TypoScript gibt man im Template ein, wechseln Sie daher in das gleichnamige Backend-Modul ❶. Klicken Sie, wie in Abbildung 5-6 gezeigt, im Seitenbaum auf den Textlink der Seite *root* ❷ und wählen Sie anschließend auf der rechten Seite aus dem Auswahlfeld den Eintrag *Info/Modify* ❸ aus. Wenn Sie nun auf das Bleistift-Symbol vor dem Feld *Setup* klicken ❹, erhalten Sie ein Textfeld, in dem Sie TypoScript-Code ablegen können.

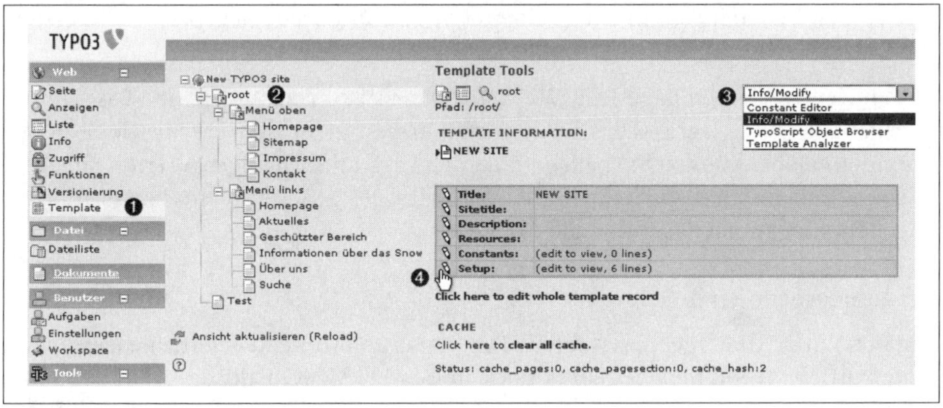

Abbildung 5-6: So gelangen Sie in das TypoScript-Feld »Setup«

Fügen Sie in das Feld *Setup* zunächst die in Beispiel 5-7 angegebenen TypoScript-Zeilen ein und speichern Sie sie, indem Sie auf den *Update*-Button klicken.

Beispiel 5-7: Eigenschaften des PAGE-Objekts setzen

```
01  page = PAGE
02  # Allgemeine Seiteneigenschaften setzen
03  page.bodyTag = <body>
04  page.meta.AUTHOR = Robert Meyer
05  page.meta.DESCRIPTION = Hier steht eine Beschreibung
```

Wenn Sie dieses Beispiel im Frontend aufrufen und die Fehlermeldung *The page is not configured* erhalten, verwenden Sie eine TYPO3-Version kleiner als 3.8.0. Um diesen Fehler zu beheben, müssen Sie Ihren TypoScript-Code noch um `page.typeNum = 0` ergänzen.

In Zeile 1 wird eine Instanz eines PAGE-Objekts gebildet. Der Bezeichner `page` hat ab sofort PAGE-Eigenschaften. `page` ist hier als Bezeichner frei gewählt und könnte auch anders lauten. Wie auch immer der Bezeichner gewählt wird, er muss weitergeführt werden, da dieser Bezeichner jetzt PAGE-Eigenschaften hat.

Lassen Sie sich nicht durch die doppelte Namensgebung irritieren. Statt `page = PAGE` könnte z.B. auch `seite = PAGE` angegeben werden. Das würde im Verlauf der Projektumsetzung allerdings einige Nachteile mit sich bringen, da der Name des Browserfensters identisch mit dem hier angegebenen Bezeichner ist. Dieser Bezeichner kann somit z.B. bei HTML-Targets für das gewünschte Zielfenster angegeben werden.

In Zeile 3 wird der Eigenschaft `.bodyTag` ein einfacher HTML-Tag zugewiesen. Diese Eigenschaft kann optional gesetzt werden. Wenn keine Angabe für die Eigenschaft `bodyTag` erfolgt, verwendet TYPO3 per Default den Wert `<body bgColor="#FFFFFF">`. Auch wenn in dem Projekt eine Designvorlage verwendet wird: Das `<body>`-Tag befindet sich in der in Kapitel 4, *Das Praxisbeispiel vorbereiten*, erstellten Designvorlage außerhalb des angegebenen Teilbereichs.

In den Zeilen 4 und 5 haben Sie Werte für die `<meta>`-Tags `Author` und `Description` angegeben. Diese `<meta>`-Tags werden mit in den erzeugten HTML-Code aufgenommen. Dabei können Sie beliebige `<meta>`-Tags mit beliebigen Werten angeben: Wenn Sie in Ihrem TypoScript-Code `page.meta.BESTESBUCH = Praxiswissen TYPO3` angeben, fließt auch das mit in die Ausgabe ein.

Der ausgegebene HTML-Code

Ein Betrachten des Ergebnisses dieses Templates im Frontend liefert eine leere weiße Seite zurück. Wenn Sie aber einen Blick in den HTML-Quellcode (Abbildung 5-7) werfen, werden Sie bemerken, dass die Zuweisungen bereits Anwendung gefunden haben.

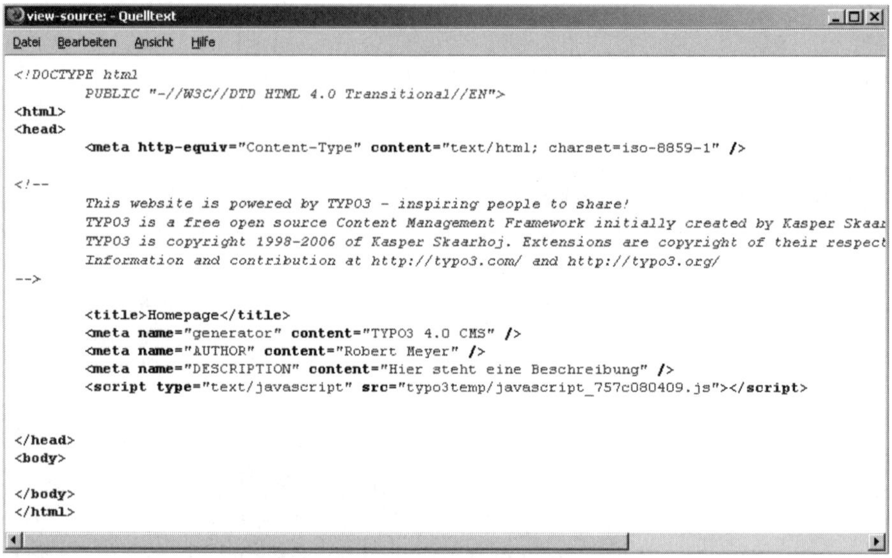


```
<!DOCTYPE html
        PUBLIC "-//W3C//DTD HTML 4.0 Transitional//EN">
<html>
<head>
        <meta http-equiv="Content-Type" content="text/html; charset=iso-8859-1" />

<!--
        This website is powered by TYPO3 - inspiring people to share!
        TYPO3 is a free open source Content Management Framework initially created by Kasper Skaar
        TYPO3 is copyright 1998-2006 of Kasper Skaarhoj. Extensions are copyright of their respect
        Information and contribution at http://typo3.com/ and http://typo3.org/
-->

        <title>Homepage</title>
        <meta name="generator" content="TYPO3 4.0 CMS" />
        <meta name="AUTHOR" content="Robert Meyer" />
        <meta name="DESCRIPTION" content="Hier steht eine Beschreibung" />
        <script type="text/javascript" src="typo3temp/javascript_757c080409.js"></script>


</head>
<body>

</body>
</html>
```

Abbildung 5-7: Der HTML-Quellcode enthält die <meta>-Tags sowie das <body>-Tag

Zu Beginn des HTML-Quellcodes wird innerhalb von Kommentaren ein genereller Hinweis auf TYPO3 gegeben. Sie können diesen Hinweis nicht entfernen, ihn aber um eigene Zeilen ergänzen. Nähere Informationen zum Ergänzen dieses Hinweises finden Sie im Anhang im Abschnitt zu *config*.

Nach dem TYPO3-Kommentar wird das `<title>`-Tag ausgegeben. Obwohl Sie die Seite *root* betrachten, sehen Sie im HTML-Quellcode als Seitentitel *Homepage*. Auf Grund des angelegten Shortcuts auf der Seite *root* wird der Besucher der Webseite direkt auf die Homepage verwiesen. Durch Angabe eines *Sitetitle* in den Template-Feldern kann der Titel um eine statische Komponente erweitert werden (z.B. *Snowboardschule: Homepage*). Näheres zu diesem Präfix finden Sie weiter vorne in diesem Kapitel. Nähere Informationen darüber, wie Sie die Ausgabe des `<title>`-Tags beliebig beeinflussen können, finden Sie im Anhang, *TypoScript-Kurzreferenz*, im Abschnitt zu *config*.

Ausklammern

Wie Sie sicherlich bemerkt haben, führen Sie derzeit zu Beginn einer jeden TypoScript-Zeile den Bezeichner *page* mit. Diesen Bezeichner können Sie durch Ausklammern mit geschweiften Klammern ganz einfach »eliminieren« und so Ihren Code übersichtlicher und einfacher gestalten. Beispiel 5-8 zeigt den TypoScript-Code in der ausklammernden Version.

Beispiel 5-8: Ausklammern zur besseren Übersicht

```
01 page = PAGE
02 page {
03    # Allgemeine Seiteneigenschaften setzen
04    bodyTag = <body>
05    # MetaTags angeben
06    meta.AUTHOR = Robert Meyer
07    meta.DESCRIPTION = Hier steht eine Beschreibung
08 }
```

In Zeile 2 wird `page` ausgeklammert – die Ausklammerung reicht in diesem Beispiel bis Zeile 8. `page` wird somit intern in den Zeilen 3 bis 7 vorangestellt. Somit steht in Zeile 4 statt `bodyTag = <body>` in Wirklichkeit `page.bodyTag = <body>`. Das Ausklammern erleichtert Ihnen die Arbeit und ermöglicht eine Strukturierung – bessere Übersicht ist aber nur dann gegeben, wenn durchgängig eingerückt wird.

Seit der TYPO3-Version 4.0 können Sie Einrückungen auch direkt innerhalb der TypoScript-Textarea mit der Tab-Taste vornehmen. In TYPO3-Versionen 3.8.1 und früher ist das Einrücken nur über die Leertaste möglich.

Die erstellte Designvorlage integrieren

In diesem Abschnitt werden Sie die in Kapitel 4, *Das Praxisbeispiel vorbereiten*, erstellten Dateien, unter anderem auch die Designvorlage, in das TYPO3-Projekt integrieren und ansprechen. Das Integrieren der Designvorlage wird wieder mit TypoScript vorgenommen.

Elemente mit auf die Seite aufnehmen

Damit Sie in Ihrem Browser eine sichtbare Ausgabe erhalten, muss sich im ausgelieferten HTML-Quellcode etwas innerhalb des `<body>`-Tags befinden. Das kann eine beliebige Anzahl an Elementen sein. So wollen Sie vermutlich nicht, dass sich auf Ihrer Internetseite im Inhaltsbereich immer nur genau eine Überschrift mit genau einem folgenden Fließtext befindet, sondern es sollen mehrere hintereinander sein. Und selbst eine Überschrift mit anschließendem Fließtext besteht ja aus zwei Elementen.

Mit TypoScript können Sie eine beliebige Anzahl an Elementen in den Body-Bereich aufnehmen. Diese müssen natürlich auf eine bestimmte Art angeordnet werden. Sie können angeben, welche Elemente in welcher Reihenfolge ausgegeben werden sollen.

Einige TypoScript-Objekte besitzen numerische Listen, die mehrere Elemente aufnehmen können – das PAGE-Objekt zum Beispiel ist ein solches Objekt. Durch Angabe einer Nummer direkt im Anschluss an den Bezeichner der Objekt-Instanz können mehrere Objekte sortiert ausgeführt werden. Auch wenn nur ein einziges Element mit auf die Seite aufgenommen werden soll, kann die Ausgabe nur über eine solche numerische Liste erfolgen. Die beiden folgenden Beispiele sind nicht ausführbar und dienen lediglich der Veranschaulichung.

```
page.1 = OBJEKT
page.1.eigenschaft = wert
page.2 = OBJEKT_2
page.2.eigenschaft = wert_2
```

Durch die Verwendung von direkt aufeinander folgenden Nummern nehmen Sie sich allerdings einiges an Flexibilität. Möchten Sie z.B. zu einem späteren Zeitpunkt zwischen `page.1` und `page.2` ein weiteres Objekt aufnehmen, müssten Sie so nachträglich Änderungen an der Sortierung vornehmen. Daher empfiehlt es sich, die Sortiernummern in Zehnerschritten anzugeben:

```
page.10 = OBJEKT
page.10.eigenschaft = wert
page.20 = OBJEKT_2
page.20.eigenschaft = wert_2
```

In Kapitel 7, *Menüs erstellen*, im Abschnitt »Einen Klickpfad realisieren«, erhalten Sie anhand des Objekts COA weitergehende Informationen zu diesem Prinzip.

Die Designvorlage integrieren

Die in Kapitel 4, *Das Praxisbeispiel vorbereiten*, erstellte und bereits hochgeladene Designvorlage können Sie nun in das Projekt integrieren. Dazu wird zunächst der Inhalt dieser Datei über das Objekt FILE mit der Eigenschaft `.file` importiert (siehe Beispiel 5-9).

Beispiel 5-9: Einlesen der Designvorlage

```
01 page = PAGE
02 page {
03    # Allgemeine Seiteneigenschaften setzen
04    bodyTag = <body>
05    # MetaTags angeben
06    meta.AUTHOR = Robert Meyer
07    meta.DESCRIPTION = Hier steht eine Beschreibung
08
09    # Die Designvorlage integrieren
10    10 = FILE
11    10.file = fileadmin/vorlage.html
12 }
```

Mit dem Objekt FILE, das Sie in Zeile 10 verwendet haben, kann der Inhalt einer Datei direkt zurückgeliefert bzw. hineingeladen werden. Dabei prüft TYPO3, um welchen Dateityp es sich handelt. Ist die Dateierweiterung eine gültige Grafikdatei, erzeugt TYPO3 ein vollständiges `<img>`-Tag, und die einzulesende Grafik wird angezeigt. Handelt es sich um eine Textdatei (mit der Endung *.html*, *.txt*, *.inc* o.Ä.), liefert TYPO3 den Inhalt dieser Datei an der angegebenen Position, in diesem Fall an Position 10, zurück.

Das Objekt FILE hat eine wesentliche Eigenschaft `.file`, mit der Sie festlegen können, welche Datei eingebunden werden soll. Diese Eigenschaft wurde in Beispiel 5-9 in Zeile 11 verwendet, und als Datei wurde die erstellte Designvorlage angegeben.

Das Betrachten des gespeicherten Templates im Frontend zeigt, dass die angegebene Designvorlage geladen wird (Abbildung 5-8).

Bevor Sie sich aber zu früh freuen: Die Designvorlage wurde so angelegt, dass Teilbereiche (Subparts) genutzt werden. In Beispiel 5-9 wird das noch nicht genutzt. Ein Blick in das ausgelieferte HTML-Dokument (Abbildung 5-9) macht diesen Fehler deutlich und zeigt zwei definierte HTML-Header sowie zwei `<body>`-Tags.

Abbildung 5-8: Die Designvorlage wird im Frontend angezeigt

Abbildung 5-9: Doppelte Definitionen für den HTML-Header und für das <body>-Tag

Sie können hier einen HTML-Fehler erkennen, der bei den meisten Browsern nur beim Betrachten des ausgelieferten HTML-Quellcodes auffallen wird. Header und <body>-Tags sind, wie gesagt, doppelt definiert, was zu einer unterschiedlichen

Handhabung durch Browser führt. Bis zum ersten `<body>`-Tag wurde der Quellcode direkt von TYPO3 erzeugt. Danach wurde die Designvorlage eingelesen – inklusive aller dort gespeicherten HTML-Tags, wie z.B. des zweiten `<head>`-Abschnitts und auch eines zweiten `<body>`-Tags.

Nach dem zweiten `<body>`-Tag können Sie in Abbildung 5-9 den Teilbereichskennzeichner sehen. TYPO3 soll als Designvorlage eigentlich nur den Abschnitt einlesen, der sich innerhalb des Teilbereichs DOKUMENT befindet, und nicht, wie geschehen, das gesamte Dokument. Im folgenden Abschnitt wird erläutert, wie Sie dieses HTML-Problem beseitigen.

Mit Teilbereichen arbeiten

Das FILE-Objekt kann Inhalte aus einer Datei zurückliefern, ohne diese jedoch manipulieren zu können. Sie benötigen so z.B. nicht den gesamten Inhalt der Datei, sondern nur einen Teilbereich. Um Manipulationen zu ermöglichen, muss das Objekt TEMPLATE zwischengeschaltet werden.

Das Objekt TEMPLATE ist ideal dafür geeignet, in einer gelieferten Zeichenkette, die z.B. mit dem Objekt FILE eingelesen wurde, Änderungen vorzunehmen. Das wird besonders bei Designvorlagen genutzt, in denen zum Beispiel nur mit einem bestimmten Teilbereich bzw. Subpart einer Datei gearbeitet werden soll.

Dabei wird das Objekt TEMPLATE »zwischengeschaltet«. Es erhält durch das FILE-Objekt eine Zeichenkette, die anschließend manipuliert werden kann. Um einen Teilbereich auslesen zu können, gibt es eine Eigenschaft `.workOnSubpart`, mit der Sie den gewünschten Teilbereich definieren. Für das Praxisbeispiel ist dieses der Teilbereich `DOKUMENT`, der in der Designvorlage den auszulesenden Bereich bestimmt. Vergleichen Sie dazu auch den HTML-Code der Designvorlage im Beispiel 4-1 (Kapitel 4, *Das Praxisbeispiel vorbereiten*).

Ändern Sie nun das TypoScript-Template wie in Beispiel 5-10 angegeben ab, damit nur noch der gewünschte Teilbereich ausgelesen wird.

Beispiel 5-10: Einen Teilbereich (Subpart) einer Designvorlage auslesen

```
page = PAGE
page {
   # Allgemeine Seiteneigenschaften setzen
   bodyTag = <body>
   # MetaTags angeben
   meta.AUTHOR = Robert Meyer
   meta.DESCRIPTION = Hier steht eine Beschreibung

   # Die Designvorlage integrieren
   10 = TEMPLATE
   10.template = FILE
```

Beispiel 5-10: Einen Teilbereich (Subpart) einer Designvorlage auslesen (Fortsetzung)

```
    10.template.file = fileadmin/vorlage.html
    10.workOnSubpart = DOKUMENT
}
```

Wenn Sie das Ergebnis erneut im Frontend betrachten, werden Sie voraussichtlich eine optische Veränderung feststellen können – die CSS-Datei wird nicht mehr mit eingebunden. Ein Blick in den ausgelieferten HTML-Quellcode zeigt, dass nicht mehr die gesamte Designvorlage eingelesen wurde, sondern tatsächlich nur der Bereich, der sich innerhalb des definierten Teilbereichs befindet.

> Das Objekt TEMPLATE erwartet nicht zwingend den »Import« einer Zeichenkette durch das FILE-Objekt. Theoretisch kann auch direkt eine Zeichenkette angegeben werden, z.B. über `page.10.template = ###DOKUMENT### Dies ist ein Text ###DOKUMENT###`. In der Praxis wird diese Variante aber vermutlich nicht häufig Anwendung finden.

Ein Stylesheet einbinden

Das Stylesheet *fileadmin/style.css* wurde in den bisherigen Beispielen zunächst mit eingebunden, da es in der Designvorlage oberhalb des `<body>`-Tags integriert war. Dadurch, dass jetzt nur noch der Teilbereich DOKUMENT der Designvorlage ausgelesen wird, wird das Stylesheet nicht mehr angesprochen.

Aber auf Stylesheets müssen Sie natürlich nicht verzichten. Über die Eigenschaft `.stylesheet` des PAGE-Objekts können Sie angeben, welche Stylesheet-Datei eingebunden werden soll. In Beispiel 5-11 wurde das TypoScript-Template um diese Eigenschaft erweitert.

Beispiel 5-11: Ein Stylesheet einbinden

```
page = PAGE
page {
    # Allgemeine Seiteneigenschaften setzen
    bodyTag = <body>
    stylesheet = fileadmin/style.css
    # MetaTags angeben
    meta.AUTHOR = Robert Meyer
    meta.DESCRIPTION = Hier steht eine Beschreibung

    # Die Designvorlage integrieren
    10 = TEMPLATE
    10.template = FILE
    10.template.file = fileadmin/vorlage.html
    10.workOnSubpart = DOKUMENT
}
```

Die Platzhalter ansprechen

Nachdem nun die Designvorlage eingelesen ist, können auch die verwendeten Platzhalter angesprochen werden. Sie können im Frontend erkennen, dass z.B. an der Stelle, an der später das Datum angezeigt werden soll, der Platzhalter DATUM angezeigt wird. Platzhalter befinden sich derzeit noch überall an den Positionen, an denen später dynamische Ausgaben erfolgen sollen. Diese Platzhalter gilt es nun anzusprechen.

Platzhalter werden in TYPO3 als Marker (engl.: *marks*) bezeichnet und können über die gleichnamige Methode `.marks` angesprochen werden. Dabei handelt es sich tatsächlich um eine Methode (Funktion) des TEMPLATE-Objekts und nicht um eine Eigenschaft. Für Sie hat das praktisch keine Auswirkungen, allerdings kann. `marks` nicht direkt ein Wert zugewiesen, sondern es müssen zwei Parameter angegeben werden. Der erste Parameter gibt an, welcher Platzhalter angesprochen werden soll, der zweite Parameter, welches Objekt auf diesen Platzhalter Anwendung findet. Die Syntax sieht so aus: `marks.[PLATZHALTER] = [OBJEKT]`.

In Beispiel 5-12 wird der Platzhalter DATUM zunächst durch ein statisch angegebenes Datum ersetzt. Erweitern Sie hier Ihr TypoScript-Template um die in Beispiel 5-12 angegebenen zwei Zeilen.

Beispiel 5-12: Den Platzhalter DATUM ansprechen und ersetzen

```
01 page = PAGE
02 page {
03    # Allgemeine Seiteneigenschaften setzen
04    bodyTag = <body>
05    stylesheet = fileadmin/style.css
06    # MetaTags angeben
07    meta.AUTHOR = Robert Meyer
08    meta.DESCRIPTION = Hier steht eine Beschreibung
09
10    # Die Designvorlage integrieren
11    10 = TEMPLATE
12    10.template = FILE
13    10.template.file = fileadmin/vorlage.html
14    10.workOnSubpart = DOKUMENT
15
16    # Den Platzhalter DATUM ansprechen
17    10.marks.DATUM = TEXT
18    10.marks.DATUM.value = 01.01.2010
19 }
```

Betrachten Sie nun das Ergebnis im Frontend, werden Sie feststellen, dass der Platzhalter-Bezeichner durch das angegebene Datum ersetzt wurde (Abbildung 5-10).

In Zeile 17 wird der Platzhalter DATUM angesprochen und durch das TEXT-Objekt ersetzt. Das TEXT-Objekt wird noch in diesem Kapitel weiter unten aus-

Abbildung 5-10: Der Platzhalter DATUM wurde angesprochen und ersetzt

führlich behandelt. Prinzipiell liefert das TEXT-Objekt eine Zeichenkette zurück, die z.B. über die Eigenschaft `.value` angegeben werden kann. In unserem Fall ist im TypoScript-Template an dieser Stelle das Datum hardcodiert, was natürlich nicht so sein sollte. Im Folgenden (im Abschnitt »TypoScript-Funktionen nutzen«) wird diese hardcodierte Ausgabe durch eine dynamische Ausgabe ersetzt.

Die Platzhalter ansprechen: Fehleranalyse

Zur Fehlersuche beim Ansprechen von Markern ist es hilfreich zu wissen, an welcher Stelle innerhalb des TypoScript-Templates zu suchen ist. Im Frontend werden alle noch nicht angesprochenen Marker angezeigt. Diese Marker sollen gewöhnlich Schritt für Schritt ersetzt werden. Das Ersetzen eines Platzhalters geschieht dabei mit der Methode `.marks`, wie bereits im vorigen Abschnitt erläutert.

Fehlersuche Designvorlage und Platzhalter

- Wenn der Bezeichner im Frontend nicht mehr sichtbar ist (z.B. ###DATUM###), wurde der Marker richtig angesprochen. Ein Fehler ist somit nach `marks.DATUM =` und in den folgenden Zeilen zu suchen.
- Ist der Platzhalter im Frontend noch sichtbar, wurde der Marker nicht korrekt angesprochen. Der Fehler ist *vor* der Objektzuweisung zu suchen.
- Wird der Marker im Frontend zwar ersetzt, das gewünschte Ergebnis aber nicht zurückgeliefert, wurde der Marker korrekt angesprochen, während bei der Zuweisung von Werten zu den Objekteigenschaften ein Fehler aufgetreten ist. Prüfen Sie die Eigenschaften auf die korrekte Schreibweise.

Im Frontend können Sie erkennen, dass der Marker angesprochen und auch schon das gewünschte Ergebnis zurückgeliefert wurde. Der folgende (fehlerhafte) TypoScript-Code lässt jedoch den Marker schon verschwinden, ein Datum wird dennoch nicht angezeigt. Grund dafür ist, dass die Eigenschaft `.value` falsch geschrieben ist:

```
page.10.marks.DATUM = TEXT
page.10.marks.DATUM.valuee = 01.01.2010
```

Folgender TypoScript-Code hingegen lässt den Marker weiterhin erscheinen, da der Marker falsch geschrieben ist. Im unten stehenden Beispiel wird statt DATUM ein Platzhalter DATE angegeben. Der mitgeteilte Marker kann natürlich nicht ersetzt werden, wenn er nicht vorhanden ist.

```
page.10.marks.DATE = TEXT
page.10.marks.DATE.value = 01.01.2010
```

TypoScript-Funktionen nutzen

In Ihrer bisherigen Karriere als TYPO3-Entwickler haben Sie bereits Text mit TypoScript an einen Platzhalter DATUM übergeben. Dieser ausgegebene Text ist aber eher statisch als dynamisch. Indem Sie das Datum hardcodiert in Ihrem TypoScript-Template verankern, werden Sie sicherlich für mehr Arbeit sorgen können, aber zur Kundenzufriedenheit dürfte diese Variante nicht beitragen. Um das Datum dynamisch generieren zu lassen, gibt es einen anderen Ansatz, als hardcodiert einen Text auszuliefern.

Das TEXT-Objekt ist gut geeignet, um die Mächtigkeit von TypoScript-Funktionen zu demonstrieren. Das TEXT-Objekt selbst ist recht dumm und liefert nur einen statischen Text zurück, z.B. an einen Platzhalter. Das haben Sie im vorigen Abschnitt am Beispiel des Platzhalters DATUM bereits kennen gelernt.

In den folgenden Abschnitten werden Sie sich langsam an die Funktionen von TypoScript herantasten und am Ende dieses Kapitels das Datum dynamisch ersetzt haben. Zum Kennenlernen der Funktionen, die nichts mit der Datumsausgabe zu tun haben, werden Sie den Platzhalter DATUM allerdings kurzzeitig missbrauchen und an dieser Stelle sonstige dynamische Inhalte ausgeben, z.B. den Seitentitel der gerade angezeigten Seite.

Datenbankinhalte dynamisch auslesen

Mit TypoScript-Funktionen lassen sich Objekte, z.B. das TEXT-Objekt, um mächtige dynamische Funktionalitäten erweitern. Eine TypoScript-Funktion ermöglicht beispielsweise das Auslesen von Datenbankfeldern. Die einfache Eigenschaft `.value` des TEXT-Objekts haben Sie bereits kennen gelernt. Mit dieser Eigenschaft kann ein statischer Inhalt zurückgeliefert werden.

TYPO3 speichert alle Inhalte wie auch Seiten in einer Datenbank. Mit der Installation von TYPO3 (siehe Kapitel 2, *TYPO3 installieren*) haben Sie die benötigten Datenbanktabellen und deren Datenbankfelder angelegt. In Kapitel 4, *Das Praxisbeispiel vorbereiten*, wurde die für das Praxisbeispiel benötigte Seitenstruktur vorbereitet. Mit Anlegen der Struktur haben Sie eine Datenbanktabelle mit dem Namen *pages* mit Datensätzen gefüllt. Auch das Projekt-Template und sogar der von Ihnen angegebene TypoScript-Code werden nur in der Datenbank gespeichert.

Eine einfache TypoScript-Funktion, mit der dynamisch ein Inhalt aus der Datenbank ausgelesen werden kann, ist die Funktion `.field`. Dabei muss als Wert lediglich angegeben werden, welches Datenbankfeld ausgelesen werden soll. Nicht einmal die Angabe einer Tabelle ist notwendig, da TYPO3 selbstständig weiß, um welche Datenbanktabelle es sich handelt. Wenn diese Funktion übergeordnet das PAGE-Objekt findet, wird in der Tabelle *pages* nach einem angegebenen Datenbankfeld gesucht. Die Tabelle *pages* enthält die Datensätze der angelegten Seiten.

Ein interessantes, in diesem Zusammenhang häufig verwendetes Datenbankfeld dieser Tabelle ist das Feld *title*, das den Seitentitel einer jeden Seite enthält, die Sie im Seitenbaum sehen können.

Die TypoScript-Funktion `.field` arbeitet ausschließlich mit dem aktuell betroffenen Datensatz. Wenn also zum Beispiel die Seite *Homepage* geöffnet ist, können mit dieser Funktion nur die Felder dieses Datensatzes in der Tabelle *pages* ausgelesen werden. Dazu baut TYPO3 intern eine SQL-Abfrage auf, die in vereinfachter Form wie folgt aussieht:

```
SELECT * FROM pages WHERE uid = [aktuelle Seite] AND hidden=0 AND deleted = 0
```

Folgendes Beispiel soll die Anwendung der `.field`-Funktion demonstrieren, auch wenn der Platzhalter DATUM in diesem Beispiel zweckentfremdet wird:

Beispiel 5-13: Den Seitentitel der aktuellen Seite ausgeben

```
01  page = PAGE
02  page {
       [...]
16     # Den Platzhalter DATUM ansprechen
17     10.marks.DATUM = TEXT
18     10.marks.DATUM.field = title
19  }
```

In Zeile 18 wird an Stelle der Eigenschaft `.value` die Funktion `.field` aufgerufen, die den Titel der momentan geöffneten Seite anzeigt.

Wenn das Datenbankfeld leer ist

Das Feld *title* sollte unter normalen Umständen keine leere Zeichenkette enthalten, da Redakteure bei der Arbeit mit dem Backend beim Anlegen oder Bearbeiten einer Seite zwingend einen Seitentitel angeben müssen. Allerdings können Sie mit der Funktion `.field` auch andere Datenbankfelder als *title* abfragen.

Nehmen wir an, Sie stehen vor folgender Problematik: Der Seitentitel, der z.B. für die Navigation verwendet wird, soll mit einer anderen Angabe überschreibbar sein. Dafür erhält der Redakteur neben dem Seitentitel noch ein weiteres Feld, in dem er optional eine Angabe machen kann. Wenn in diesem optional auszufüllenden Feld eine Angabe gemacht wird, soll diese Angabe verwendet werden; ohne explizite Angabe soll der Seitentitel verwendet werden.

Eine mehrzeilige Programmierung ist für diesen durchaus häufig auftretenden Anwendungsfall nicht notwendig. TYPO3 bietet eine einfache Möglichkeit, dieses Vorhaben zu realisieren. Zur Demonstration soll das Datenbankfeld *subtitle* (Untertitel) verwendet werden. Bisher haben Sie in Kapitel 4, *Das Praxisbeispiel vorbereiten*, nur die beiden Seitentypen *Normal* und *Shortcut* kennen gelernt.

Wenn in diesem Datenbankfeld ein Inhalt steht, soll dieser an der Stelle des missbrauchten Platzhalters DATUM angezeigt werden, ansonsten der Inhalt des Datenbankfelds *title*. Als Wert kann nun nicht mehr nur das Datenbankfeld *title* abgefragt werden, auch das Feld *subtitle* muss in die Überprüfung mit einbezogen werden.

Die Syntax in TypoScript zur Realisierung solcher Vorhaben ist denkbar einfach. Als Parameter für die TypoScript-Funktion werden gleich mehrere Datenbankfelder angegeben, die jeweils durch zwei Schrägstriche voneinander getrennt sind. Dabei wird eine so angegebene Liste von Datenbankfeldern von links nach rechts verarbeitet. Wenn eine Abfrage auf das erste Datenbankfeld eine leere Zeichenkette zurückliefert, wird das nächste Element in der mit zwei Schrägstrichen separierten Liste verwendet.

Im folgenden Beispiel wird der Inhalt des Datenbankfelds *subtitle* ausgegeben. Wenn dieses Datenbankfeld nichts enthält, wird der Inhalt des Felds *title* zurückgeliefert.

Beispiel 5-14: Den Untertitel ausgeben, sofern er Inhalt hat, ansonsten den Seitentitel

```
page = PAGE
page {
   [...]
   # Den Platzhalter DATUM ansprechen
   10.marks.DATUM = TEXT
   10.marks.DATUM.field = subtitle // title
}
```

HTML-Formatierungen einbinden

Angenommen, die Formatierung des Platzhalters DATUM soll geändert und zum Beispiel mit dem Bold-Tag `<b>` eingeschlossen werden. Das ließe sich zum einen direkt in der Designvorlage ändern, indem wir den Platzhalter DATUM mit einem solchen Bold-Tag versehen. Es lässt sich aber auch in TypoScript realisieren, was nun zunächst anhand von Beispiel 5-12 umgesetzt werden soll. Hier wurde mit der Eigenschaft `.value` ein Inhalt direkt an den Platzhalter gesendet. Natürlich kann in den angegebenen Wert dieser Eigenschaft auch HTML-Code aufgenommen werden:

Beispiel 5-15: In der Eigenschaft .value kann HTML-Formatierung aufgenommen werden

```
page = PAGE
page {
    [...]
    # Den Platzhalter DATUM ansprechen
    10.marks.DATUM = TEXT
    10.marks.DATUM.value = <b>01.01.2010</b>
}
```

Ein solch einfacher Lösungsweg wäre keinen eigenen Abschnitt wert, gäbe es da nicht einen Haken. Mit der Ausgabe von statischen Inhalten durch die Textobjekt-Eigenschaft `.value` ist diese Vorgehensweise auch keine wirkliche Herausforderung. Wenn allerdings die TypoScript-Funktion `.field` verwendet wird, ist ein solches Umhüllen nicht mehr möglich. Auf die Angabe

```
# Folgendes Beispiel ist falsch!!
page.10.marks.DATUM.field = <b>title</b>
```

hin würde TYPO3 nach einem Datenbankfeld mit dem Namen *<b>title</b>* suchen, das natürlich nicht existiert. Im Frontend erhalten Sie beim Aufruf einer solchen falschen Variante keine Fehlermeldung, allerdings wird der Platzhalter DATUM lediglich mit einer leeren Zeichenkette ersetzt.

Es muss also einen anderen Lösungsansatz geben, mit dem zurückgelieferte Werte von TypoScript-Funktionen *umhüllt* werden können. Dafür stellt TYPO3 eine weitere Funktion namens `.wrap` zur Verfügung. Da beim Umhüllen eines Werts mit einem HTML-Tag im Regelfall ein sich öffnendes und ein sich schließendes HTML-Tag benötigt werden, kann dieses Paar direkt als Wert angegeben werden, wobei die Stelle, an der der zurückgelieferte Inhalt, der umhüllt werden soll, von einem Pipe-Symbol | (gerader Strich) ersetzt wird. Folgendes Beispiel der Nutzung der beiden TypoScript-Funktionen `.field` und `.wrap` soll diesen Lösungsansatz demonstrieren:

Beispiel 5-16: Den Titel der Seite mit HTML-Code umhüllen

```
page = PAGE
page {
    [...]
    # Den Platzhalter DATUM ansprechen
    10.marks.DATUM = TEXT
    10.marks.DATUM.field = title
    10.marks.DATUM.wrap = <b>|</b>
}
```

Weitere Werte abfragen

Neben den beiden TypoScript-Funktionen `.field` und `.wrap` existiert noch eine weitere häufig benötigte Funktion: `.data`. Mit dieser Funktion können diverse an unterschiedlichsten Stellen definierte Werte abgefragt werden.

Datenbankinhalte mit .data abfragen

Bei Verwendung der Funktion `.data` werden normalerweise mehrere Werte (Parameter) angegeben, was nun am Beispiel einer Datenbankabfrage demonstriert wird. Hier gibt es gleich zwei Varianten. Die einfachere ist vom Ergebnis her identisch mit der Verwendung der Funktion `.field`, die weiter oben vorgestellt wurde. Mit der Syntax `.data = field:[Feldname]` wird ein bestimmtes Feld eines aktuellen Datensatzes ausgegeben. In Beispiel 5-17 wird der Inhalt des Datenbankfelds *title* ausgegeben, das Resultat ist somit identisch mit dem von Beispiel 5-13.

Beispiel 5-17: Inhalt des Datenbankfelds »title« mit der Funktion .data auslesen

```
page = PAGE
page {
    [...]
    # Den Platzhalter DATUM ansprechen
    10.marks.DATUM = TEXT
    10.marks.DATUM.data = field:title
}
```

Mit einer zweiten Variante kann genau ein Datenbankfeld aus einer angegebenen Datenbanktabelle und einem bestimmten Datensatz abgefragt werden. Die Syntax ist folgende:

```
.data = DB: [Tabelle] : [uid des gewünschten Datensatzes] : [Feld]
```

In folgendem Beispiel wird aus der Tabelle *pages* der Inhalt des Felds *title* ausgegeben, bei dem das Feld *uid* den Wert *1* hat:

Beispiel 5-18: Einen definierten Datenbankinhalt einer beliebigen Datenbanktabelle auslesen

```
page = PAGE
page {
    [...]
    # Den Platzhalter DATUM ansprechen
    10.marks.DATUM = TEXT
    10.marks.DATUM.data = DB:pages:1:title
}
```

GET- und POST-Variablen abfragen

Auch Parameter, die mit Hilfe der Variablen GET oder POST an die Internetseite übergeben wurden, können mit der TypoScript-Funktion `.data` abgefragt werden. GET-Variablen werden direkt in der URL angegeben und können zum Testen dieser `.data`-Funktionalität genutzt werden. Zur Demonstration wird in Beispiel 5-19 die Variable *test* abgefragt. Diese muss beim Betrachten des Ergebnisses im Frontend als Parameter mit in die URL aufgenommen werden. Die URL könnte z.B. wie folgt lauten: *http://meinedomain.tld/index.php?id=0&test=Testtext*.

Beispiel 5-19: Abfrage eines mit GET oder POST übergebenen Werts

```
page = PAGE
page {
    [...]
    # Den Platzhalter DATUM ansprechen
    10.marks.DATUM = TEXT
    10.marks.DATUM.data = GPvar : test
}
```

Dieses Beispiel lässt die Frage aufkommen, ob nicht auch hier der Inhalt eines Datenbankfelds angezeigt werden kann, wenn die Abfrage von GET-/POST-Variablen ein leeres Ergebnis zurückliefert. Das ist ebenfalls durch Angabe einer Liste, die einzelne Abfragen mit zwei Schrägstrichen trennt, möglich. Mit folgender Angabe wird zunächst überprüft, ob der Inhalt der GET-/POST-Variable *test* zurückgeliefert werden kann. Enthält *test* keinen gültigen Wert, wird der Inhalt des Datenbankfelds *title* des momentan angezeigten Datensatzes ausgegeben:

```
page.10.marks.DATUM.data = GPvar : test // field : title
```

Datum mit .data abfragen und formatieren

Zur Realisierung des Praxisbeispiels soll im Marker DATUM selbstverständlich das aktuelle Datum des Servers angezeigt werden. Auch dafür bietet die `.data`-Funktion mit der Syntax `.data = date : [Datums-Formatierung]` eine Lösung, die in Beispiel 5-20 angewendet wird.

Beispiel 5-20: Das aktuelle Datum an Platzhalter DATUM ausgeben

```
page = PAGE
page {
    [...]
    # Den Platzhalter DATUM ansprechen
    10.marks.DATUM = TEXT
    10.marks.DATUM.data = date : d.m.Y
}
```

Die Zeichenkette nach dem Doppelpunkt stellt die gewünschte Formatierung des Serverdatums dar, in diesem Fall *1.1.2010*. Diese Formatierungsangaben sind identisch mit den Angaben der PHP-Funktion `date()`. Die gebräuchlichsten Formatierungszeichen finden Sie in folgender Tabelle:

Tabelle 5-4: Formatierungszeichen für die date-Funktion

Formatierung	Beschreibung	Beispiel
d	Tag des Monats, zweistellig mit führender Null	01 bis 31
j	Tag des Monats ohne führende Null	1 bis 31
m	Monat als Zahl mit führender Null	01 bis 12
n	Monat als Zahl ohne führende Null	1 bis 12

Tabelle 5-4: Formatierungszeichen für die date-Funktion (Fortsetzung)

Formatierung	Beschreibung	Beispiel
Y	Jahreszahl vierstellig	2005
y	Jahreszahl zweistellig	05
H	Stunde im 24-Stunden-Format	00 bis 23
i	Minute mit führender Null	00 bis 59
s	Sekunde mit führender Null	00 bis 59

Das TYPO3-Caching-Konzept

TYPO3 ist dynamisch. Alle Inhalte werden in Datenbanken gehalten und auf Abruf entsprechend erzeugt. Um jedoch die Serverlast zu verringern bzw. die Performance zu erhöhen, werden Seiten und Seiteninhalte in TYPO3 grundsätzlich gecached. Dadurch werden zum Beispiel vom System erzeugte Grafiken statisch gehalten, bis sich Veränderungen ergeben.

Die Datenbankabfragen zum Erzeugen einer Seite sind so komplex, dass bei großen Präsentationen mit viel Traffic eine hohe Serverlast ensteht. In der Praxis sind es immer die gleichen Daten, die die Benutzer bekommen, bis sich am Content eine Veränderung ergeben hat. TYPO3 nutzt dies aus und speichert die Ergebnisse einer Datenbankabfrage in einer Caching-Tabelle – also ebenfalls in der Datenbank. Komplexe Abfragen über mehrere Tabellen sind somit nicht mehr notwendig, da TYPO3 einmal gespeicherte Ergebnisse als fertigen HTML-Code aus einigen wenigen Tabellen holen kann.

Insbesondere bei den erzeugten Grafiken führt dies zu enormen Vorteilen (siehe Kapitel 6, *Grafiken mit TypoScript erstellen*). Müssten für jeden Frontend-Aufruf die benötigten Grafiken erneut erzeugt werden, wäre die Serverlast um ein Vielfaches höher und hätte TYPO3 in die Schublade »langsam« katapultiert. TYPO3 weiß aber, wann sich eine Seite verändert hat, wann neue Grafiken berechnet werden müssen und wann Inhalte bzw. Grafiken aus den vorhandenen Quellen verwendet werden können.

Trotzdem sind nicht alle Aufgaben stets dynamisch durchführbar. TYPO3 bietet sogar die Möglichkeit, das Ergebnis einer Suchanfrage grafisch darzustellen. Bei der (Aus-)Nutzung dieser grafischen Möglichkeiten stellt Caching ein Problem dar, denn normalerweise sieht jede Suchanfrage anders aus. Die vorhandenen Daten aus der Caching-Tabelle sind nicht in jedem Anwendungsfall verwertbar. Caching lässt sich aber, global sowie partiell, deaktivieren. Unterlassen Sie solche Spielereien aber besser zu Gunsten der Geschwindigkeit Ihrer Präsentation.

Anders als beim vorigen Beispiel kann das Caching manchmal auch zu weiteren Problemen führen – nicht in Bezug auf die Geschwindigkeit, sondern vielmehr in Bezug auf die Darstellung innerhalb der Präsentation. TYPO3 bemerkt, wie oben schon erwähnt, wenn sich Inhalte verändert haben – aber leider nur dann, wenn es sich um veränderte Datensätze handelt (z.B. Content oder Templates). Sie können jedoch beispielsweise auch den Inhalt einer Datei in Ihrer Präsentation anzeigen lassen. Das passiert häufig bei der Verwendung von Designvorlagen, die in eine separate HTML-Datei *ausgelagert* werden. Nehmen Sie nun Änderungen an dieser Datei vor, etwa per FTP oder aber auch über das Modul *Dateiliste*, löscht TYPO3 den Cache nicht, auch nicht partiell. Es wird die alte Version aus dem Cache ausgeliefert, bis der Cache geleert wurde.

Aus diesem Grund besteht im Backend die Möglichkeit, den gesamten Cache manuell zu leeren (Abbildung 5-11). Wenn Sie den Cache einer bestimmten Seite leeren möchten, können Sie das ab der TYPO3-Version 3.8.0 auch im Frontend tun. Drücken Sie dazu im Frontend im Browser den *Reload*-Button und gleichzeitig Shift oder Strg. Damit der Cache für eine bestimmte Seite auch tatsächlich geleert wird, müssen Sie aus Sicherheitsgründen ab der TYPO3-Version 3.8.1 als Backend-Benutzer eingeloggt sein.

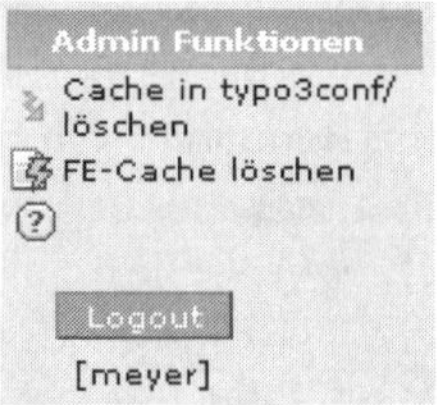

Abbildung 5-11: Den Cache manuell leeren

Sollten Sie mit dem Caching von Grafiken Probleme haben, können Sie den Inhalt des Ordners *typo3temp* löschen. Danach müssen Sie allerdings den gesamten Cache leeren, da TYPO3 ansonsten den fertigen HTML-Quellcode aus der Datenbank nimmt, der noch auf Grafiken verweist, die es nicht mehr gibt. Nach dem Leeren des Caches werden die Grafiken nach Bedarf wieder neu erstellt. Wie man dynamische Grafiken erstellt, erfahren Sie in Kapitel 6, *Grafiken mit TypoScript erstellen*.

Caching-Problemen begegnen

In Beispiel 5-20 werden Sie auf den ersten Blick keine Caching-Probleme feststellen. Erweitern Sie jedoch die Datumsangabe um die Angabe von Stunde, Minute und Sekunde, werden Sie bei permanenten Aktualisierungen im Browser keine Veränderung der Sekunde erreichen.

```
page = PAGE
page {
    [...]
    # Den Platzhalter DATUM ansprechen
```

```
    10.marks.DATUM = TEXT
    10.marks.DATUM.data = date : d.m.Y - H:i:s
}
```

Haben Sie die Änderung in Ihrem TypoScript-Code vorgenommen, wird der TYPO3-Cache geleert. Mit dem Aufruf der Seite im Frontend wird der Cache mit den aktuellen Werten gefüllt, erneute Anfragen an die Seite werden dem Cache entnommen. Eine Aktualisierung der Sekunde werden Sie daher nicht feststellen können.

Der TYPO3-Cache für eine Seite wird standardmäßig nur für 24 Stunden vorgehalten. Die 24 Stunden sind jedoch nicht um 0 Uhr nachts abgelaufen, sondern 24 Stunden, nachdem die Seite in den Cache aufgenommen wurde. Sie können über die übergeordnete Konfigurationseigenschaft `config` angeben, wie lange der Cache generell vorgehalten werden soll und so den Standardwert von 24 Stunden mit einem neuen Wert versehen. Die zugehörige Eigenschaft heißt `config.cache_period` und erwartet als Wert die Sekundenanzahl, die angibt, wie viele Sekunden der Seiten-Cache gültig sein soll. In Beispiel 5-21 wurde dieser Wert auf 10 Sekunden gesetzt. Wenn Sie nun im Frontend die Seite permanent neu laden, werden Sie im Abstand von 10 Sekunden beim Platzhalter DATUM einen neuen Wert erkennen können.

Beispiel 5-21: Den TYPO3-Cache maximal zehn Sekunden vorhalten

```
config.cache_period = 10
page = PAGE
page {
    [...]
    # Den Platzhalter DATUM ansprechen
    10.marks.DATUM = TEXT
    10.marks.DATUM.data = date : d.m.Y - H:i:s
}
```

Tun Sie Ihrem Server und auch sich selbst einen Gefallen und nutzen Sie diese Möglichkeit nicht über Gebühr aus. Normalerweise sollte es reichen, das aktuelle Datum ohne eine Uhrzeit auszugeben. Wenn Sie das ausgereifte Caching-Konzept von TYPO3 umgehen möchten, indem Sie den Cache ausschalten bzw. die Lebensdauer auf einen sehr niedrigen Wert setzen, müssen Sie sich nicht wundern, wenn Sie mit der Performance Ihres TYPO3-Projekts über kurz oder lang nicht glücklich werden.

In den folgenden Kapiteln wird mit aktiviertem Cache weitergearbeitet – die in Beispiel 5-21 angegebene Konfiguration zum Vorhalten des TYPO3-Caches für maximal zehn Sekunden können Sie also getrost wieder aus Ihrem TypoScript-Template herausnehmen. In Kapitel 9, *Erweiterte Darstellung von Inhalten*, werden Sie ein weiteres Objekt namens COA_INT kennen lernen, mit dem Teilbereiche von TypoScript nicht gecached werden.

In diesem Kapitel:

- Das vorhandene Logo einbinden
- Grafiken dynamisch erzeugen
- Den grafischen Trailer erstellen

KAPITEL 6

Grafiken mit TypoScript erstellen

Im vorigen Kapitel haben Sie ein neues Projekt-Template erstellt, die Designvorlage integriert und einen ersten Platzhalter mit einem stets aktuellen Datum ersetzt. In diesem Kapitel lernen Sie, wie Sie mit TypoScript Grafiken logisch beschreiben, so dass sie dynamisch erstellt werden können.

Das vorhandene Logo einbinden

Sie können mit TypoScript existierende Grafiken recht einfach einbinden. Dafür gibt es das Objekt IMAGE mit der wesentlichen Eigenschaft `.file`, mit deren Hilfe die einzubindende Grafik angegeben wird. TYPO3 übernimmt dazu die gesamte HTML-Arbeit und erzeugt ein vollständiges `<img>`-Tag. Dabei werden selbst Informationen wie Breite und Höhe der Grafik ausgelesen und als Parameter in das erzeugte `<img>`-Tag aufgenommen.

Im Folgenden wird an der Position des Platzhalters LOGO das Firmenlogo der Snowboardschule eingebunden. Dieses Firmenlogo haben Sie bereits in Kapitel 4, *Das Praxisbeispiel vorbereiten*, unter dem Dateinamen *logo.jpg* in das TYPO3-System in den Ordner *fileadmin/images/* übertragen.

Auch in diesem Beispiel, das eine Fortsetzung des Beispiels aus dem vorigen Kapitel ist, wird der Bereich `10.marks` ausgeklammert. Das gewährleistet eine bessere Übersicht über die einzelnen Platzhalter, und Ihnen bleibt Schreibarbeit erspart.

Beispiel 6-1: Den Platzhalter »LOGO« ansprechen

```
page = PAGE
page {
   # Allgemeine Seiteneigenschaften setzen
   bodyTag = <body>
   stylesheet = fileadmin/style.css
   # MetaTags angeben
   meta.AUTHOR = Robert Meyer
```

Beispiel 6-1: Den Platzhalter »LOGO« ansprechen (Fortsetzung)

```
08      meta.DESCRIPTION = Hier steht eine Beschreibung
09
10      # Die Designvorlage integrieren
11      10 = TEMPLATE
12      10.template = FILE
13      10.template.file = fileadmin/vorlage.html
14      10.workOnSubpart = DOKUMENT
15
16      10.marks {
17         # Den Platzhalter DATUM ansprechen
18         DATUM = TEXT
19         DATUM.data = date : d.m.Y
20
21         # Das Logo einlesen
22         LOGO = IMAGE
23         LOGO.file = fileadmin/images/logo.jpg
24      }
25   }
```

In Zeile 22 wird der Platzhalter LOGO angesprochen; an dieser Stelle wird eine Instanz des Objekts IMAGE erstellt. Darunter in Zeile 23 gibt die Eigenschaft `.file` des IMAGE-Objekts dann an, welche Grafik eingebunden werden soll.

Im Frontend können Sie nun das Ergebnis Ihrer TypoScript-Arbeit begutachten (Abbildung 6-1). Dabei werden Sie feststellen, dass die eingebundene Grafik für die angegebene Position zu groß ist. Im nächsten Abschnitt erfahren Sie, wie Sie die Größe der Grafik ändern können.

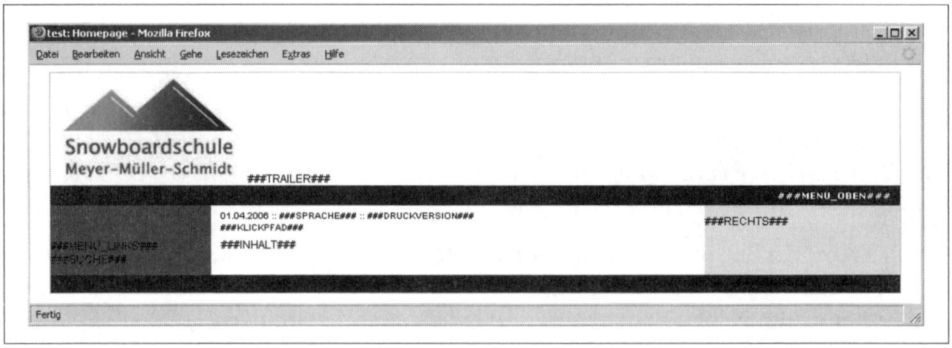

Abbildung 6-1: Statt des Platzhalters »LOGO« wird eine Grafik eingebunden, die zu groß ist

Um Näheres zur eingebundenen Grafik zu erfahren, sollten Sie einen Blick auf ihre Eigenschaften werfen und sich außerdem den Quellcode anzeigen lassen. Die Eigenschaften der Grafik können Sie sich ansehen, indem Sie im Frontend nach einem Rechtsklick auf die Grafik den Menüpunkt *Eigenschaften* aus dem erscheinenden Menü auswählen. Sie können hier sehen, von wo der Browser die Grafik nachgeladen hat. Die angegebene Adresse dürfte Sie nicht verwundern, da es exakt der Pfad zur Grafik ist, den Sie in Zeile 23 im Beispiel 6-1 angegeben haben.

Im angeforderten HTML-Quellcode (Abbildung 6-2) können Sie erkennen, dass ein vollständiges `<img>`-Tag an die Stelle des Platzhalters gesetzt wurde, einschließlich der Angaben zu Breite und Höhe der Grafik.

```
</head>
<body>

   <div id="container">

     <div id="header">
      <img src="fileadmin/images/logo.jpg" width="220" height="122" border="0" alt="" title="" />###TRAILER###
     </div>

     <div id="top">
       ###MENU_OBEN###
     </div>
```

Abbildung 6-2: Der ausgelieferte HTML-Quellcode mit einem vollständigen <img>-Tag

Die Größe der Grafik ändern

Die Größe der Grafik kann geändert und auf die gewünschte Breite verkleinert werden, so dass das Logo in die Tabelle passt. Mit der Eigenschaft `.file.width` des IMAGE-Objekts wird die Breite der Grafik neu angepasst. Dabei wird die Grafik serverseitig physikalisch neu erstellt. Während die ursprüngliche Grafik im Original erhalten bleibt, wird die geänderte Version mit den neuen Abmessungen im separaten Verzeichnis *typo3temp/pics/* unter einem kryptischen Namen abgelegt. Beispiel 6-2 zeigt, wie die Größe des Logos auf die Größe der Tabellenzelle, die 178 Pixel breit ist, skaliert wird.

Beispiel 6-2: Die Breite des Logos an die Tabellenzelle anpassen

```
[...]
21  # Das Logo einlesen
22  LOGO = IMAGE
23  LOGO.file = fileadmin/images/logo.jpg
24  LOGO.file.width = 178
[...]
```

Ein Blick auf die Eigenschaften der Grafik im neu geladenen Frontend zeigt, dass die angezeigte Grafik vom Browser nicht mehr von dem in Zeile 23 angegebenen Pfad nachgeladen wird: Sie sehen stattdessen eine Datei mit kryptischer Namensgebung aus dem Ordner *typo3temp/pics/*.

Grafiken dynamisch erzeugen

TYPO3 kann aber noch mehr, als Grafiken nur serverseitig zu skalieren: Mit TypoScript können Grafiken auch vollständig logisch beschrieben und serverseitig erstellt werden. Dafür gibt es das Objekt GIFBUILDER, dessen Rückgabewert der Pfad zur erzeugten Grafik ist. Sie können dieses Objekt somit bei der Eigenschaft `.file` des IMAGE-Objekts angeben.

Dateien im Ordner typo3temp/pics

Im obigen Beispiel wurde eine geänderte Version der Originalgrafik im Ordner *typo3temp/pics/* zwischengespeichert. Wenn Sie nun beispielsweise in Ihrem TypoScript-Code statt einer Breite von 178 Pixeln 177 Pixel angeben, muss die Grafik neu erstellt werden. Mit jeder Änderung an einer dieser Grafiken wird eine neue, geänderte Version im Ordner *typo3temp/pics/* abgelegt, aber die alten Grafiken werden nicht gelöscht.

Das kann zu Unmengen an nicht mehr benötigten Grafiken in diesem Ordner führen, und die veralteten Daten nehmen mehr und mehr Webspace in Anspruch. Sie können die Dateien in den Ordner *typo3temp/pics/*, *typo3temp/GB/* etc. aber getrost löschen, z.B. per FTP oder über das Installtool im Bereich *typo3temp*.

Nach dem Löschen dieser Dateien müssen Sie den Seiten-Cache ebenfalls löschen, da sich im Cache noch immer Verweise auf die nicht mehr existenten Grafiken befinden. Das Löschen des Seiten-Cache erledigen Sie im Backend durch Anklicken des Textlinks *Alle Caches löschen*, den Sie auf der linken Seite oberhalb des Buttons *Logout* finden.

Nach dem Löschen der Grafiken aus dem Ordner *typo3temp/pics/* und dem Leeren des Seiten-Caches wird der Server intensiver beansprucht, da für alle aufgerufenen Seiten einmalig die fehlenden Daten, beispielsweise auch die Grafiken, neu erstellt werden müssen. In Live-Umgebungen sollten Sie daher möglichst keine solche Arbeiten tätigen, wenn die Webseite gerade stark in Anspruch genommen wird. Die beste Zeit für solche Aufräumarbeiten ist immer dann, wenn Sie die Entwicklung der TYPO3-Präsentation abgeschlossen oder nachträglich Änderungen an entsprechenden Stellen in Ihrem TypoScript-Template vorgenommen haben.

Wenn Sie eine Grafik mit einem der üblichen Grafikprogramme manuell erstellen, geben Sie normalerweise die gewünschten Maße sowie eine Hintergrundfarbe an. Auch diese Werte können Sie beim GIFBUILDER-Objekt angeben, die entsprechenden Eigenschaften heißen `.XY` für die Abmessungen der Grafik und `.backColor` für die Hintergrundfarbe.

Im Folgenden wird eine blaue Grafik mit einer Größe von 759 x 99 Pixeln erstellt und an der Position des Platzhalters TRAILER in der Designvorlage angezeigt.

Beispiel 6-3: Eine vollflächige Grafik dynamisch erstellen

```
[...]
# Das Logo einlesen
LOGO = IMAGE
```

Beispiel 6-3: Eine vollflächige Grafik dynamisch erstellen (Fortsetzung)

```
23  LOGO.file = fileadmin/images/logo.jpg
24  LOGO.file.width = 178
25
26  # Den Trailer dynamisch ansprechen
27  TRAILER = IMAGE
28  TRAILER.file = GIFBUILDER
29  TRAILER.file.XY = 759, 99
30  TRAILER.file.backColor = #697DEE
[...]
```

In Zeile 27 wird ein IMAGE-Objekt angelegt. Die dazugehörige Grafikdatei ist jedoch noch nicht vorhanden, sondern soll dynamisch erstellt werden. Dazu wird in Zeile 28 der Eigenschaft `.file` des IMAGE-Objekts das neue Objekt GIFBUILDER zugewiesen, das Grafiken erzeugen kann und den Dateinamen der erzeugten Grafik zurückliefert.

Für die zu erstellende Grafik werden zwei Eigenschaften festgelegt: Die Eigenschaft `.XY` setzt in Zeile 29 die Größe der Grafik auf eine Breite von 759 Pixeln und eine Höhe von 99 Pixeln. In Zeile 30 wird über die Eigenschaft `.backColor` des GIFBUILDER-Objekts eine Hintergrundfarbe für die zu erstellende Grafik angegeben. Das Ergebnis können Sie sich in Abbildung 6-3 ansehen.

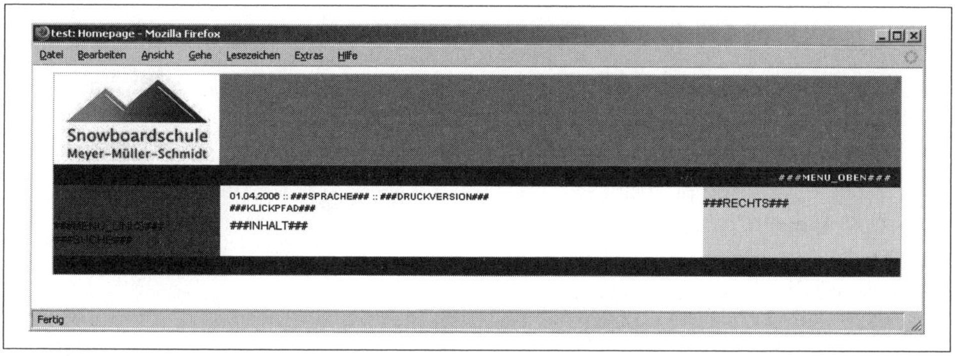

Abbildung 6-3: Für den Platzhalter »TRAILER« wird eine dynamisch erzeugte Grafik angezeigt

Mit Ebenen arbeiten

Wie übliche Grafikprogramme kann das GIFBUILDER-Objekt mit Ebenen umgehen, die, ähnlich wie beim PAGE-Objekt, mit Nummern beschrieben werden. Arbeiten mit Grafikebenen bedeutet, dass eine Grafik auf einer anderen Grafik liegen kann und somit die darunter liegende Grafik teilweise oder auch vollständig überdeckt. Neben Grafiken können Ebenen auch Text enthalten, der z.B. auf einer Grafik liegt.

Ebenen können beliebige Nummern haben, die definieren, welche auf welcher liegt, z.B. eine Ebene 2 auf einer Ebene 1. Um sich die Möglichkeit zu bewahren, nachträglich zwischen zwei Ebenen noch weitere Ebenen einzufügen, sollten Sie in der Praxis Ebenennummern nicht in Einerschritten (1, 2, 3 etc.), sondern in Zehnerschritten (10, 20, 30 etc.) vergeben.

In Beispiel 6-4 wird auf einer Ebene 10 des Trailers das Logo über das IMAGE-Objekt eingelesen. Im Rahmen des Praxisbeispiels ist nicht vorgesehen, das Logo auch in den grafischen Trailer einzubinden. Die Möglichkeiten von GIFBUILDER und die Verwendung von Ebenen sollen aber vorübergehend anhand der bereits vorhandenen Grafik *logo.jpg* verdeutlicht werden.

Beispiel 6-4: Auf einer grafischen Ebene eine weitere Grafik einbinden

```
[...]
21        # Das Logo einlesen
22        LOGO = IMAGE
23        LOGO.file = fileadmin/images/logo.jpg
24        LOGO.file.width = 178
25
26        # Den Trailer dynamisch ansprechen
27        TRAILER = IMAGE
28        TRAILER.file = GIFBUILDER
29        TRAILER.file.XY = 759, 99
30        TRAILER.file.backColor = #697DEE
31        # Das Logo auf Ebene 10 einbinden
32        TRAILER.file.10 = IMAGE
33        TRAILER.file.10.file = fileadmin/images/logo.jpg
[...]
```

Sie können im Frontend erkennen, dass das Logo, das in Beispiel 6-4 in den Zeilen 32 und 33 eingelesen wird, die blaue Hintergrundfarbe überdeckt.

Ausklammern zur besseren Übersicht

Im letzten Beispiel wurde in den Zeilen 27 bis 33 immer `TRAILER.file` vorangestellt. Es kann wieder ausgeklammert werden, wie Sie in Beispiel 6-5 sehen können.

Beispiel 6-5: Der ausgeklammerte TypoScript-Code

```
page = PAGE
page {
   [...]
   10.marks {
      [...]
      # Den Trailer dynamisch ansprechen
      TRAILER = IMAGE
      TRAILER.file = GIFBUILDER
      TRAILER.file {
         XY = 759, 99
```

Beispiel 6-5: Der ausgeklammerte TypoScript-Code (Fortsetzung)

```
            backColor = #697DEE

            # Das Logo auf Ebene 10 einbinden
            10 = IMAGE
            10.file = fileadmin/images/logo.jpg
        }
    }
}
```

Positionieren von Ebenen

Das Logo wird jetzt noch in Originalgröße am linken Rand angezeigt. Angenommen, das Logo soll stattdessen rechts oben platziert werden und wesentlich kleiner sein – in diesem Fall muss die entsprechende Ebene eine andere Position haben.

Mit der Eigenschaft `.offset` kann jede Ebene verschoben werden. `.offset` ist eine Eigenschaft der jeweiligen Ebene, nicht des Objekts GIFBUILDER. Die entsprechenden Werte geben die Verschiebung in Pixeln nach rechts und nach unten an, wobei negative Werte für eine Verschiebung nach links bzw. nach oben erlaubt sind. In Beispiel 6-6 werden die beiden Eigenschaften `.file.width` und `.offset` verwendet. Die Verschiebung der Ebene 10 um 659 Pixel nach rechts sowie 0 Pixel nach unten wird in Zeile 37 angegeben. Das Frontend-Ergebnis können Sie in Abbildung 6-4 sehen.

Beispiel 6-6: Das Logo wird auf dem Trailer verschoben und verkleinert.

```
[...]
26 # Den Trailer dynamisch ansprechen
27 TRAILER = IMAGE
28 TRAILER.file = GIFBUILDER
29 TRAILER.file {
30     XY = 759, 99
31     backColor = #697DEE
32
33     # Das Logo auf Ebene 10 einbinden
34     10 = IMAGE
35     10.file = fileadmin/images/logo.jpg
36     10.file.width = 100
37     10.offset = 659, 0
36 }
[...]
```

Grafischer Text

Selbstverständlich sind die Funktionen von GIFBUILDER mächtiger, als die bisherigen Beispiele gezeigt haben. So kann z.B. ein Text auf eine Grafik gelegt werden. Das dafür eingesetzte TEXT-Objekt ist jedoch nicht zu verwechseln mit dem bereits

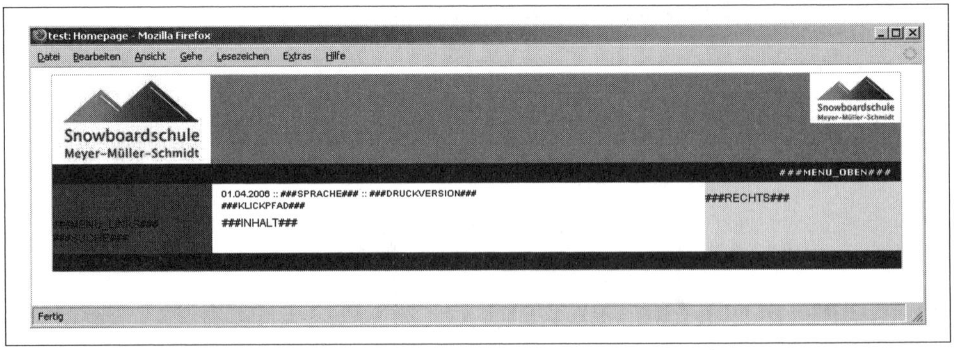

Abbildung 6-4: Die Logo-Ebene wird auf dem Trailer verschoben

bekannten TEXT-Objekt, das in Kapitel 5, *TypoScript in der Praxis*, vorgestellt wurde. Sie befinden sich mit dem GIFBUILDER in der logischen Beschreibung von Grafiken – HTML-Code hat an dieser Stelle nichts zu suchen.

In Beispiel 6-7 wird auf Ebene 20 der Text *HALLO WELT* gerendert. Da Ebene 20 über Ebene 10 liegt, würde der grafisch generierte Text ab einer bestimmten Länge das Logo in Teilen überdecken. In Abbildung 6-5 sehen Sie, wo der Text im Frontend erscheint.

Das grafische TEXT-Objekt benötigt Eigenschaften wie Schriftgröße in Punkt, die zu verwendende TrueType-Schriftdatei (TTF), die Schriftfarbe und natürlich den anzuzeigenden Text. Der Text wird in einer gleichnamigen Eigenschaft `.text` angegeben, die TTF-Datei in der Eigenschaft `.fontFile`, die Schriftgröße in der Eigenschaft `.fontSize` und die Schriftfarbe in `.fontColor`. Mit der Eigenschaft `.niceText` kann ein Kantenglätter aktiviert werden.

Beispiel 6-7: Einen grafischen Text in den Trailer einbinden

```
[...]
# Den Trailer dynamisch ansprechen
TRAILER = IMAGE
TRAILER.file = GIFBUILDER
TRAILER.file {
   XY = 759, 99
   backColor = #697DEE

   # Das Logo auf Ebene 10 einbinden
   10 = IMAGE
   10.file = fileadmin/images/logo.jpg
   10.file.width = 100
   10.offset = 659, 0

   # Grafischen Text auf Ebene 20 rendern
   20 = TEXT
   20.text = HALLO WELT
   20.fontFile = fileadmin/fonts/verdana.ttf
```

Beispiel 6-7: Einen grafischen Text in den Trailer einbinden (Fortsetzung)

```
43      20.fontSize = 20
44      20.fontColor = white
45      20.niceText = 1
46      20.offset = 10, 30
47  }
[...]
```

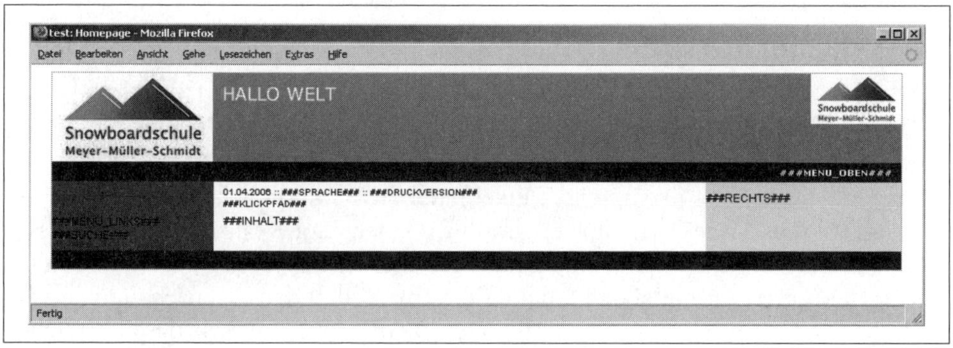

Abbildung 6-5: Grafischen Text in den Trailer einbinden

> Sollte der gewünschte Text nicht angezeigt werden, liegen mit großer Wahrscheinlichkeit serverseitige Probleme mit ImageMagick vor, z.B. eine falsche ImageMagick-Version. Ändern Sie, um das Problem zu lösen, in Zeile 45 die Angabe von `niceText=1` in `niceText=0` oder kommentieren Sie diese Zeile aus. Ein Kantenglätter für Text steht Ihnen dann nicht mehr zur Verfügung.

In Zeile 40 wird der Ebene 20 ein grafisches TEXT-Objekt zugewiesen, außerdem sehen Sie in der Eigenschaft `.text` in Zeile 41 den statischen Inhalt *HALLO WELT*. Bei dem grafischen TEXT-Objekt heißt die Eigenschaft zur Ausgabe von Inhalten `.text`, beim *normalen* TEXT-Objekt wird Inhalt (auch HTML-Code) mit der Eigenschaft `.value` angegeben.

Die Eigenschaften `.fontFile`, `.fontSize` sowie `.fontColor` beschreiben das Aussehen des Texts. Die in `.fontFile` angegebene TTF-Datei muss auf dem Server vorhanden sein und wurde im Rahmen von Kapitel 4, *Das Praxisbeispiel vorbereiten*, bereits zur Verfügung gestellt. Ist die angegebene TTF-Datei nicht unter dem dafür vorgesehenen Ort vorhanden, verwendet TYPO3 eine Arial-ähnliche Schrift als Standard.

In Zeile 45 wird durch die Eigenschaft `.niceText` ein Kantenglätter aktiviert, der für weiche Kanten beim Erzeugen des grafischen Texts sorgt. Wenn der Server nicht richtig für TYPO3 vorbereitet ist bzw. die ImageMagick-Version von der empfohlenen Version abweicht (siehe Kapitel 2, *TYPO3 installieren*), kann es sein, dass Ihnen diese Eigenschaft nicht zur Verfügung steht. Sie werden dann voraussichtlich so lange keinen Text im grafischen Trailer angezeigt bekommen, bis Sie den Kantenglätter mittels `.niceText = 0` wieder deaktiviert haben.

Die Position des Texts wird in Zeile 46 mit der Eigenschaft `.offset` festgelegt. Beim Positionieren wird allerdings die linke untere Kante des Texts angegeben. Diese untere Kante wird im Beispiel um 10 Pixel nach rechts und 30 Pixel nach unten verschoben.

Ein einfacher Schatten

Sie können mit Ihrem bis jetzt erworbenen Wissen ohne große Umstände bereits einen einfachen Schatten realisieren. Dazu wird das obige Beispiel als Grundlage genommen und um einige Zeilen erweitert. Ebene 15 soll prinzipiell identisch mit Ebene 20 sein, jedoch um jeweils 2 Pixel nach rechts und nach unten verschoben werden. Als Textfarbe soll Schwarz gewählt werden. Zur Realisierung wird in Beispiel 6-8 der Kopieroperator eingesetzt, der die Eigenschaften aus Ebene 20 in Ebene 15 kopiert. Anschließend erhalten die abzuändernden Eigenschaften `.offset` und `.fontColor` neue Werte. In Abbildung 6-6 sehen Sie, was wir damit erreichen werden.

Abbildung 6-6: Die kopierte und verschobene Ebene 15 wird als Schatten dargestellt

Beispiel 6-8: Einen Schatten erstellen durch Kopieren der Ebene 20

```
[...]
39  # Grafischen Text auf Ebene 20 rendern
40  20 = TEXT
41  20.text = HALLO WELT
42  20.fontFile = fileadmin/fonts/verdana.ttf
43  20.fontSize = 20
44  20.fontColor = white
45  20.niceText = 1
46  20.offset = 10, 30
47
48  # Einen Schatten als Kopie der Ebene 20 realisieren
49  15 < .20
```

Beispiel 6-8: Einen Schatten erstellen durch Kopieren der Ebene 20 (Fortsetzung)

```
50  15.offset = 12, 32
51  15.fontColor = #000000
[...]
```

In Zeile 49 wird Ebene 20 in eine neue Ebene 15 kopiert. Damit ist Ebene 15 mit Ebene 20 absolut identisch und liegt unterhalb von Ebene 20. In den Zeilen 50 und 51 nehmen Sie Modifikationen vor, damit Ebene 15 nicht identisch mit Ebene 20 bleibt und so ein Schatteneffekt erzeugt werden kann. Dazu wird der Text schwarz eingefärbt und jeweils 2 Pixel nach unten und nach rechts verschoben.

Durch das Kopieren erreichen Sie, dass sämtliche nicht überschriebene Eigenschaften nur noch an einer einzigen Stelle angegeben werden müssen. Sollte der Text z.B. nicht mehr *HALLO WELT*, sondern *Hello World* lauten, müssten Sie diese Änderung nur in Zeile 41 vornehmen. Der modifizierte Text würde dann durch die Kopie in Zeile 49 direkt mit in die Ebene 15 übernommen.

Mehr Dynamik

Die bisher erstellten Grafiken werden zwar dynamisch erstellt, die tatsächliche Dynamik fehlt jedoch. Bis zum jetzigen Zeitpunkt hätte jede Grafik auch problemlos manuell erstellt und an das System übertragen werden können. Das dynamische Erstellen von Grafiken bietet sich insbesondere dann an, wenn Redakteure auch Einfluss auf diese Grafiken haben sollen bzw. die Massenproduktion von Grafiken von TYPO3 übernommen werden soll. In unserem Beispiel soll der Text *HALLO WELT* später durch einen Redakteur veränderbar sein, ohne dass dieser Kenntnisse über Grafikbearbeitungsprogramme und die Konvertierung von Grafiken in ein für das Internet brauchbares und optimiertes Format haben muss.

Im Beispiel 6-9 wird gezeigt, wie der Text mit der Funktion `.field` dynamisch aus der Datenbanktabelle *pages* gelesen wird. Angezeigt werden soll der in dem Datenbankfeld *title* gespeicherte Wert, der von Redakteuren bearbeitet werden kann.

> Nähere Informationen zum Anlegen von Redakteuren in TYPO3 und zum Einschränken der Rechte für Redakteure erhalten Sie in Kapitel 12, *Benutzerrechte für Redakteure anlegen*.

Beispiel 6-9: Den Text dynamisch aus der Datenbank auslesen

```
[...]
39   # Grafischen Text auf Ebene 20 rendern
40   20 = TEXT
41   20.text.field = title
42   20.fontFile = fileadmin/fonts/verdana.ttf
43   20.fontSize = 20
44   20.fontColor = white
```

Beispiel 6-9: Den Text dynamisch aus der Datenbank auslesen (Fortsetzung)

```
20.niceText = 1
20.offset = 10, 30
[...]
```

Den grafischen Trailer erstellen

Im vorigen Abschnitt haben Sie am Beispiel des Platzhalters TRAILER die Einbindung von bestehenden Grafiken und das Erzeugen von dynamisch generierten Grafiken kennen gelernt. In diesem Abschnitt werden Sie nun den Trailer so erstellen, wie er für das Praxisbeispiel benötigt wird.

Der Trailer soll eine Grafik sein und abhängig von der aktuell aufgerufenen Seite angezeigt werden. Dazu könnten Sie für jede Seite statisch auf herkömmlichem Wege eine Grafik erzeugen und diese dann einbinden. Redakteure haben jedoch auch die Möglichkeit, neue Seiten anzulegen. Dafür müsste dann jedes Mal eine neue Grafik erzeugt werden. TYPO3 bietet jedoch die Möglichkeit, Grafiken dynamisch zu erstellen. Diese Funktionalität soll jetzt beim Erzeugen des Trailers genutzt werden.

Ziel der Erstellung des grafischen Trailers ist es, dem Redakteur möglichst viel Arbeit abzunehmen. Beim Anlegen einer neuen Seite soll er mit dem Trailer keine Arbeit haben und lediglich einen Seitentitel angeben müssen. Außerdem soll der Redakteur die Möglichkeit erhalten, ein beliebiges Bild hochzuladen, wobei eventuell fehlende Bilder automatisch aus einer übergeordneten Seite übernommen werden. Im grafischen Trailer wird weiterhin ein Verlauf benötigt, der von TYPO3 erzeugt werden soll. Auch das kann mit TypoScript logisch beschrieben werden.

Den grafischen Trailer vorbereiten

Zwar haben Sie im vorigen Abschnitt bereits zu Übungszwecken mit dem Platzhalter TRAILER gearbeitet, um die Grafikfunktionen von TYPO3 kennen zu lernen, doch werden Sie jetzt Ihre bisherige TypoScript-Beschreibung des Trailers noch einmal neu erstellen, um den Trailer an die Gegebenheiten des Praxisbeispiels anzupassen.

Zunächst legen Sie, wie bereits angesprochen, den Platzhalter TRAILER sowie eine Grafik mit den gewünschten Maßen an. Die Hintergrundfarbe soll jetzt aber nicht mehr Blau, sondern Weiß sein. Schauen Sie sich das Beispiel 6-10 im Frontend an: Es kann durchaus der Eindruck entstehen, dass keine Grafik erzeugt wurde, da eine weiße Grafik auf weißem Grund nicht heraussticht. Prüfen Sie daher z.B. durch Markieren der Seite oder durch einen Rechtsklick mit der Maus in die entsprechenden Fläche, ob eine Grafik an der Position des Platzhalters angezeigt wird.

Beispiel 6-10: Den Platzhalter »TRAILER« ansprechen und eine dynamische Grafik erzeugen

```
[...]
10.marks {
   # Den Platzhalter DATUM ansprechen
   DATUM = TEXT
   DATUM.data = date : d.m.Y

   # Das Logo einlesen
   LOGO = IMAGE
   LOGO.file = fileadmin/images/logo.jpg
   LOGO.file.width = 178

   # Den Trailer dynamisch ansprechen
   TRAILER = IMAGE
   TRAILER.file = GIFBUILDER
   TRAILER.file {
      XY = 759, 99
      backColor = #FFFFFF
   }
[...]
```

Eine statische Grafik in den Trailer einbeziehen

In den Trailer soll eine vollflächige Grafik aufgenommen werden. Diese Grafik wird in einem späteren Abschnitt nachträglich mit einem Verlauf versehen. Des Weiteren soll die angegebene Grafik später variieren und vom Redakteur selbstständig gepflegt werden können. Auch das werden Sie in einem späteren Abschnitt kennen lernen. Zunächst soll in Beispiel 6-11 eine statische Grafik eingebunden werden, die Sie in Kapitel 4, *Das Praxisbeispiel vorbereiten*, bereits unter *fileadmin/images/trailerbild.jpg* auf den Server hochgeladen haben.

Beispiel 6-11: Eine statische Grafik auf Ebene 10 hinzufügen

```
[...]
# Den Trailer dynamisch ansprechen
TRAILER = IMAGE
TRAILER.file = GIFBUILDER
TRAILER.file {
   XY = 759, 99
   backColor = #FFFFFF

   # Das Hintergrundbild einlesen
   10 = IMAGE
   10.file = fileadmin/images/trailerbild.jpg
}
[...]
```

Wenn Sie sich nun das Ergebnis im Frontend ansehen, werden Sie bemerken, dass der gewählte Ausschnitt nicht sonderlich günstig ist. Zum einen stimmt die Breite der Grafik nicht (das Originalbild hat eine Breite von 960 Pixeln) und sollte auf die benötigten 759 Pixel skaliert werden. Zum anderen muss das Bild noch verschoben werden, damit nicht mehr nur Wolken sichtbar sind, sondern natürlich auch Berge. Folgendes Beispiel mit den Eigenschaften `.file.width` und `.offset` nimmt diese Veränderungen vor. Verschoben wird die Grafik durch Einstellen der Werte `0, -150` für die Eigenschaft `.offset` um 0 Pixel nach rechts und 150 Pixel nach oben. Zur Erinnerung: Der Offset verschiebt eine Grafik mit den angegebenen Werten um x Pixel nach rechts und y Pixel nach unten. Mit negativen Werten kann eine Verschiebung nach links bzw. nach oben erreicht werden.

Beispiel 6-12: Die Größe der eingebundenen Grafik anpassen

```
[...]
# Den Trailer dynamisch ansprechen
TRAILER = IMAGE
TRAILER.file = GIFBUILDER
TRAILER.file {
   XY = 759, 99
   backColor = #FFFFFF

   # Das Hintergrundbild einlesen
   10 = IMAGE
   10.file = fileadmin/images/trailerbild.jpg
   10.file.width = 759
   10.offset = 0, -150
}
[...]
```

Das Ergebnis im Frontend, das Sie in Abbildung 6-7 sehen können, dürfte Sie bereits zufrieden stellen, auch wenn der Verlauf noch nicht eingearbeitet ist – genau das werden Sie im folgenden Abschnitt nachholen.

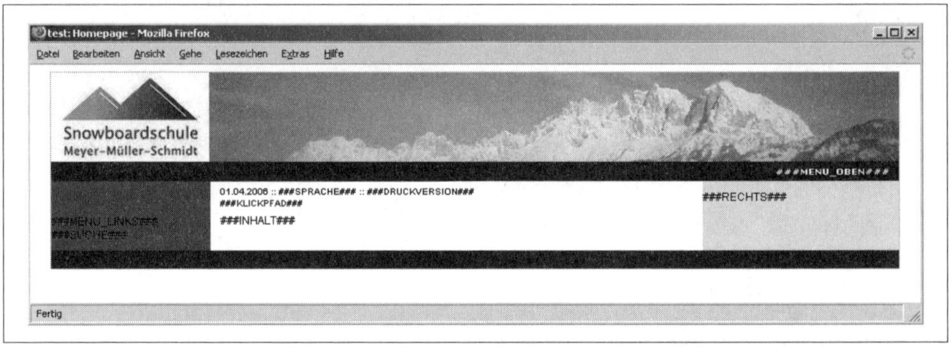

Abbildung 6-7: Für den Platzhalter »TRAILER« wird ein Bild angezeigt

Verläufe in die Grafik einarbeiten

Die Grafik soll nun noch mit einem Verlauf versehen werden. Dazu erstellen Sie eine so genannte *Maske*, die einen gewünschten Verlauf enthält. Diese *Maske* ist prinzipiell nichts anderes als eine Grafikdatei, die durch Graustufen kennzeichnet, wie der Verlauf aussehen soll. Schwarze Stellen werden dabei vollständig transparent gemacht, weiße Stellen hingegen bleiben erhalten. Durch entsprechende Grautöne kann eine Halbtransparenz erreicht werden.

> Leider sind verschiedene ImageMagick-Versionen recht unterschiedlich. Die Versionen nach 5.4 handhaben Masken in umgekehrter Reihenfolge: Weiße Flächen werden transparent gemacht, schwarze Flächen bleiben unberührt. Und auch andere Funktionalitäten weisen bei verschiedenen ImageMagick-Versionen solche Uneinheitlichkeiten auf. Das ist nur einer der Gründe, warum Sie die ImageMagick-Version 4.2.9 einsetzen sollten.

Die im Folgenden verwendete Maske mit dem Dateinamen *mask.jpg* sehen Sie in Abbildung 6-8.

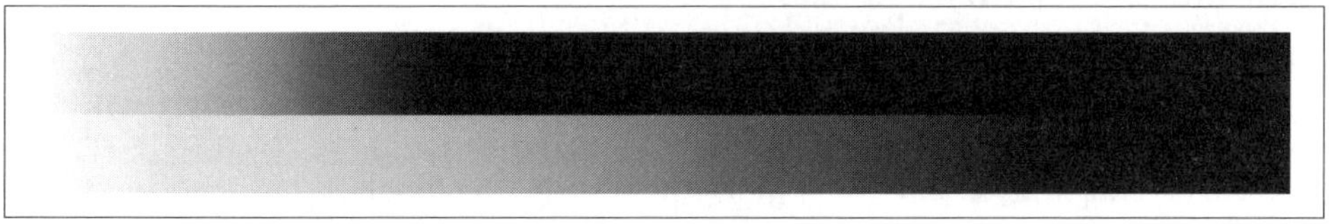

Abbildung 6-8: Der Verlauf als Graustufenbild mask.jpg

Über die Eigenschaft `.mask` des IMAGE-Objekts kann dieser Verlauf nun auf die Grafik angewendet werden. Dafür wird in Beispiel 6-13 in Ebene 20 zunächst eine weiße Fläche erzeugt, auf die die Maske angewendet wird. Die schwarzen Stellen in der Maske (Abbildung 6-8) sorgen nun bei der weißen Hintergrundfarbe für Transparenz, wodurch Ebene 10 durchscheint. Die weißen Stellen in der Maske erhalten die weiße Farbe von Ebene 20. Das Frontend-Ergebnis sollte wie in Abbildung 6-9 aussehen.

Beispiel 6-13: Auf Ebene 20 wird der Verlauf durch eine Maske realisiert

```
[...]
# Das Hintergrundbild einlesen
10 = IMAGE
10.file = fileadmin/images/trailerbild.jpg
10.file.width = 759
10.offset = 0, -150

# Den Verlauf einarbeiten
20 = IMAGE
20.file = GIFBUILDER
```

Beispiel 6-13: Auf Ebene 20 wird der Verlauf durch eine Maske realisiert (Fortsetzung)

```
20.file.backColor = #FFFFFF
20.file.XY = 759,99
20.mask = fileadmin/images/mask.jpg
[...]
```

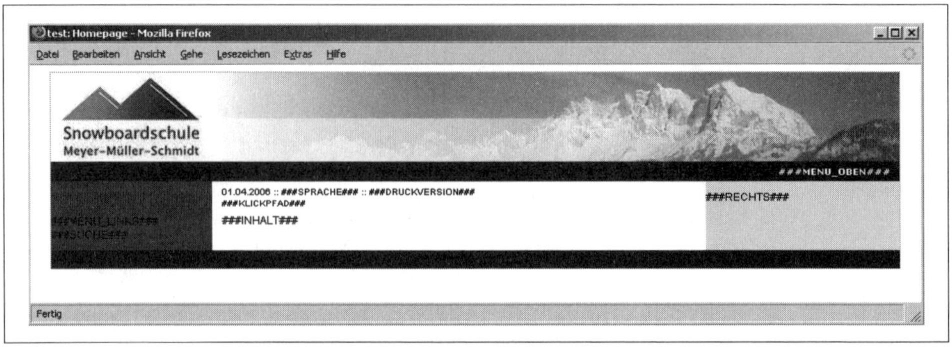

Abbildung 6-9: Die Maske kommt auf dem in Ebene 10 angegebenen Bild zur Anwendung

Text auf den Trailer rendern

Der oben erstellte Trailer (Abbildung 6-9) enthält bereits den gewünschten Verlauf, auf der weißen Fläche soll nun der aktuelle Seitentitel erscheinen. Dafür wird der Trailer in Beispiel 6-14 um die grafische Textebene 30 erweitert, der darzustellende Text wird dynamisch mit der Funktion `.field` aus der Datenbank ausgelesen. Zusätzlich soll die Möglichkeit geboten werden, dass der Redakteur über das Feld *Untertitel* einen alternativen Text angeben kann. Auf der Seite *Homepage* ist es z.B. sinnvoll, dass im Trailer nicht *Homepage* steht, sondern *Herzlich Willkommen*. Wurde kein Untertitel angegeben, soll der Titel der Seite verwendet werden, so wie er auch im Backend im Seitenbaum angezeigt wird.

Beispiel 6-14: Den Titel oder den Untertitel der Seite als grafischen Text darstellen

```
[...]
        # Den Verlauf einarbeiten
        20 = IMAGE
        20.file = GIFBUILDER
        20.file.backColor = #FFFFFF
        20.file.XY = 759,99
        20.mask = fileadmin/images/mask.jpg

        # Text auf den Trailer rendern
        30 = TEXT
        30.text.field = subtitle // title
        30.fontFile = fileadmin/fonts/verdana.ttf
        30.fontSize = 24
        30.fontColor = #364497
```

Beispiel 6-14: Den Titel oder den Untertitel der Seite als grafischen Text darstellen (Fortsetzung)

```
52          30.niceText = 1
53          30.offset = 10, 85
[...]
```

In Zeile 47 wird auf Ebene 30 eine grafische TEXT-Ebene erzeugt. Diese Ebene liegt somit auf Ebene 10 mit dem Hintergrundbild und Ebene 20 mit dem Verlauf.

Über die Eigenschaft `.text.field` wird in Zeile 48 das Datenbankfeld *subtitle* der angezeigten Seite aus der Datenbanktabelle *pages* ausgelesen. Enthält dieses Datenbankfeld eine leere Zeichenkette, wird der Inhalt des Datenbankfelds *title* verwendet. Die Formatierung des Texts wird in den folgenden Eigenschaften angegeben: In den Zeilen 49 bis 51 wird den Eigenschaften `.fontFile`, `.fontSize` und `.fontColor` jeweils ein Wert zugewiesen, in Zeile 52 aktiviert die Eigenschaft `.niceText` den Kantenglätter.

> Sollte auf dem Trailer kein Text angezeigt werden, kann das daran liegen, dass Sie eine ImageMagick-Version benutzen, die keinen Kantenglätter unterstützt. Deaktivieren Sie in diesem Fall die in Zeile 52 gesetzte Eigenschaft `niceText=1`, indem Sie ihr den Wert 0 zuweisen oder diese Zeile auskommentieren.

In Zeile 53 werden die Koordinaten angegeben, an denen die Textebene dargestellt werden soll. Die Angabe erfolgt in Pixeln ausgehend von der linken oberen Ecke der Grafik und beschreibt die Position des Texts an der linken unteren Kante.

Testen der Ausgabe des Untertitels

Wenn Sie sich nun das Ergebnis vom Beispiel 6-14 im Frontend ansehen, werden Sie bemerken, dass für die Homepage im grafischen Trailer der Text *Homepage* ausgegeben wird. Wie bereits erwähnt, soll auf der Homepage allerdings *Herzlich Willkommen* stehen, wofür im Beispiel in Zeile 48 bereits das Datenbankfeld *subtitle* abgefragt worden ist, das ausgegeben werden soll. Enthält *subtitle* keinen Wert, wird der Inhalt des Datenbankfelds *title* verwendet.

Um diese Funktionalität zu testen und einen Untertitel der Seite *Homepage* anzugeben, müssen Sie die Seite bearbeiten. Klicken Sie dazu, wie in Abbildung 6-10 gezeigt, im Seitenbaum auf das Icon der Seite *Homepage* ❶, die sich unterhalb der Seite *Menü links* befindet, und wählen Sie aus dem sich öffnenden Pop-up-Menü den Eintrag *Seiteneigenschaften bearbeiten* ❷. Geben Sie anschließend in der Maske auf der rechten Seite in das Feld *Untertitel* (engl. *Subtitle*) den Text *Herzlich Willkommen* ein ❸ und speichern Sie die Seite über das *Speichern und Schließen*-Symbol ❹. Im Frontend sollten Sie nun das in Abbildung 6-11 gezeigte Ergebnis sehen können.

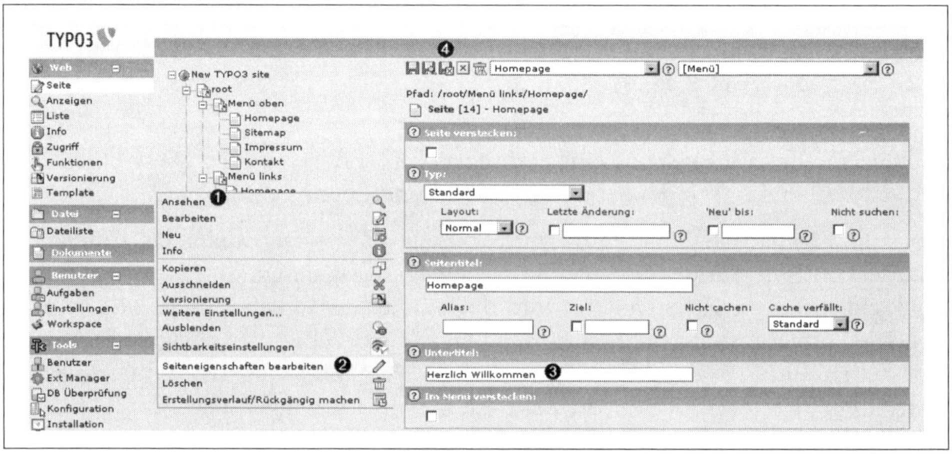

Abbildung 6-10: Einen Untertitel für die Seite »Homepage« angeben

Beachten Sie, dass Sie die Seite *Homepage* zweimal haben. Wenn Sie die oben geschilderte Funktionalität testen möchten, müssen Sie die tatsächliche Homepage bearbeiten, die im Seitenbaum kein Verweis-Icon haben darf.

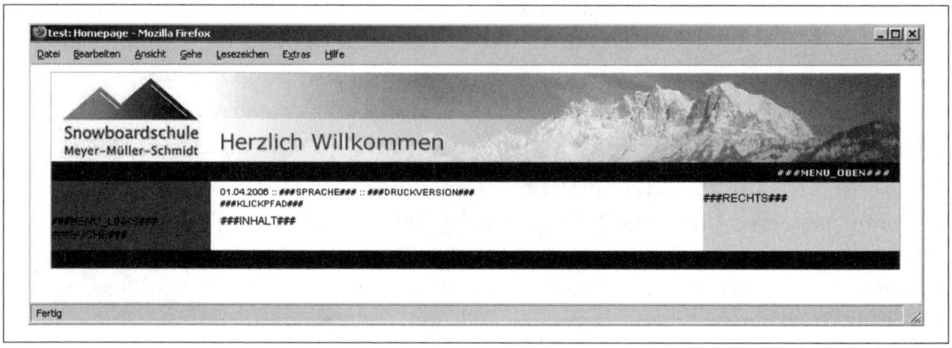

Abbildung 6-11: Auf der Seite »Homepage« wird jetzt der Untertitel im Trailer angezeigt

Eine Grafik in die aktuelle Seite einbinden

Bisher wurde der Trailer mit einer statischen Grafik im Hintergrund erzeugt. Der Redakteur soll allerdings die Möglichkeit erhalten, die Trailer-Grafik selbstständig zu ändern. Dabei soll z.B. für die Seite *Informationen über das Snowboardgebiet* eine andere Grafik verwendet werden. TYPO3 kann Ihnen dabei die Fleißarbeit abnehmen und die vom Redakteur angegebene Grafik automatisch in das richtige Format konvertieren. Dazu wird auch der Verlauf auf die Grafik gelegt und der Titel bzw. Untertitel der aktuellen Seite auf den Trailer gerendert.

In TYPO3 besteht die Möglichkeit, für jede Seite mehrere Dateien zu hinterlegen. Zur Realisierung des grafischen Trailers wird hier allerdings nur eine Grafikdatei in einem beliebigen unterstützten Grafikformat benötigt.

Dateien zu einer Seite hinterlegen

Damit Sie zu einer Seite eine Datei hinterlegen können, müssen Sie wieder einmal den Seiten-Header bearbeiten. Klicken Sie, wie in Abbildung 6-12 zu sehen, im Seitenbaum auf das Icon der Seite *Informationen über das Snowboardgebiet* ❶ und wählen Sie anschließend aus dem sich öffnenden Pop-up-Menü den Eintrag *Seiteneigenschaften bearbeiten* ❷.

Sie können im oberen Bereich ein Auswahlfeld mit der Beschriftung *Typ* ❸ erkennen , in der zunächst der Eintrag *Standard* ausgewählt ist. Ändern Sie hier den Eintrag auf *Erweitert* und bestätigen Sie den folgenden Hinweis mit *OK*. Sie können erkennen, dass Sie jetzt einige weitere Felder zur Auswahl haben, unter anderem auch eines namens *Dateien*. Hier können Sie nun eine gewünschte Grafik hochladen, wie z.B. die Datei *trailerimages/informationen_snowboardgebiet.jpg*, die Sie auf der mitgelieferten CD finden. Wählen Sie über den Button *Durchsuchen* die gewünschte Datei aus und speichern Sie die Seite anschließend über das *Speichern und Schließen*-Symbol.

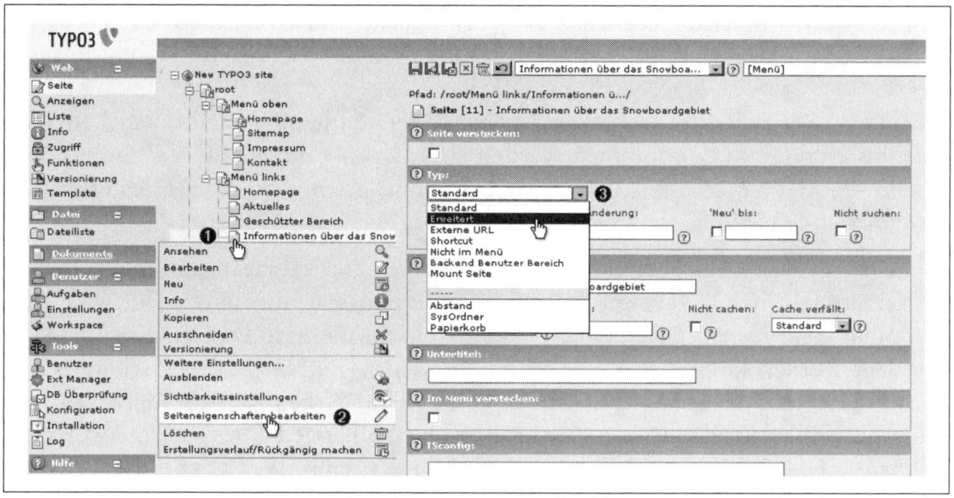

Abbildung 6-12: Den Seitentyp auf »Erweitert« ändern, um eine Datei anfügen zu können

Die ausgewählte Grafik wird an den Server übertragen und steht für diese Seite über einen Datenbankverweis zur Verfügung. Die Datei wird physikalisch im Ordner *uploads/media/* abgelegt, der Verweis findet in der Datenbank in der Tabelle *pages* im Feld *media* statt, in dem lediglich der Dateiname abgespeichert wird. Da zu einer Seite auch mehr als eine Datei übertragen werden kann, werden die einzelnen Verweise im Datenbankfeld *media* in einer kommaseparierten Liste abgelegt.

Grafikdatei aus der Datenbank auslesen

Anders als in den vorangegangenen Beispielen soll nun nicht mehr eine statische Grafik eingebunden werden, sondern eine Grafik, die dynamisch aus der Datenbank ausgelesen wird. Dazu wird in Beispiel 6-15 eine `.file.import`-Funktion genutzt, die als Wert lediglich das Verzeichnis erwartet, in dem sich die Grafik befindet. Über die Funktion `.field.import.field` geben Sie an, in welchem Datenbankfeld der Tabelle *pages* der Dateiname gespeichert ist. Ändern Sie Ihr bestehendes TypoScript-Template wie in Beispiel 6-15 angegeben ab.

Beispiel 6-15: Die Hintergrundgrafik dynamisch aus der Datenbank auslesen

```
[...]
33          # Das Hintergrundbild einlesen
34          10 = IMAGE
35          10.file.import = uploads/media/
36          10.file.import.field = media
37          10.file.import.listNum = 0
38          10.file.width = 759
39          10.offset = 0, -150
[...]
```

> Für die Homepage wird im Frontend derzeit keine Grafik mehr angezeigt, sondern nur für die Seite, auf der Sie das Bild der Seite hinzugefügt haben.

In Zeile 35 wird die Eigenschaft `.file.import` verwendet, die angibt, welchem Verzeichnis eine Grafik entnommen werden soll. Das für diesen Fall zuständige Verzeichnis ist das Verzeichnis *uploads/media/*, wobei Sie in der Angabe des Pfads den abschließenden Schrägstrich nicht vergessen dürfen.

In Zeile 36 geben Sie über die Eigenschaft `.file.import.field` an, aus welchem Datenbankfeld der Dateiname genommen werden soll, in diesem Fall ist es das Datenbankfeld *media*. Da in einem Datenbankfeld mehrere Dateien zu einer Seite abgelegt werden können, sollte optional in Zeile 37 über die Eigenschaft `.file.import.listNum` angegeben werden, welches Element aus der kommaseparierten Liste verwendet werden soll (`0` = erstes Element). Solange in diesem Datenbankfeld höchstens eine Datei zu finden ist, kann die Angabe eines Werts für die Eigenschaft `.file.import.listNum` auch entfallen. Verlassen Sie sich aber nicht auf die Arbeit der Redakteure, denn wenn zu einem späteren Zeitpunkt einer Seite zwei Dateien hinzugefügt worden sind, wird keine Grafik mehr angezeigt, und die folgende Fehlersuche kann langatmig werden.

Sehen Sie sich nun das Ergebnis im Frontend an, werden Sie feststellen, dass auf der Seite *Homepage* keine Grafik mehr angezeigt wird. Wenn Sie aber die Seite *Informationen über das Snowboardgebiet* betrachten, indem Sie z.B. im Seitenbaum auf das

Icon dieser Seite klicken und aus dem Pop-up-Menü den Eintrag *Ansehen* auswählen, sollten Sie nun das hochgeladene Bild zu dieser Seite als Hintergrundbild sehen können.

Grafikdatei rekursiv abfragen

Diese Vorgehensweise hat leider den Haken, dass jetzt auf jeder Seite separat ein Bild angelegt werden muss. Redakteure müssten somit jede Seite als Typ *Erweitert* anlegen und jeder Seite ein Bild hinzufügen, auch wenn es dasselbe wie das einer übergeordneten Seite ist. Vergisst der Redakteur dies, ist im Trailer auf dieser Seite kein Hintergrundbild zu sehen.

In TYPO3 gibt es die Möglichkeit, das Datenbankfeld *media* rekursiv zu durchlaufen, bis eine Seite gefunden wird, die ein Bild vorhält. In Beispiel 6-16 kommt wieder einmal die Funktion `.data` zum Einsatz, die bereits im vorigen Kapitel vorgestellt wurde. Die Funktion `.field` entfällt stattdessen.

Um im folgenden Beispiel einen Effekt sehen zu können, ist es sinnvoll, die Seite *root* ebenfalls auf den Typ *Erweitert* zu ändern und die anfangs verwendete Grafik *fileadmin/images/trailerbild.jpg* im Feld *Dateien* zur Verfügung zu stellen. Dafür müssen Sie die Grafik nicht von der CD ins System hochladen: Es genügt, über das Ordnersymbol mit dem Alt-Tag *Durch Datensätze browsen* die Grafik im Ordner *fileadmin/images/* auszuwählen. Im Ordner *uploads/media/* wird vom System eine Kopie dieser Datei abgelegt.

Allerdings ändern Sie, wie ja auch gefordert, den Seitentyp der Seite *root* von *Shortcut* auf *Erweitert*. Für die Seite *root* wird als Seitentyp jedoch *Shortcut* benötigt, da mit Aufrufen der Domain *http://meinedomain.tld* immer die erste Seite unterhalb der Root-Ebene (Seite mit der Weltkugel) geöffnet wird. Sie können TYPO3 jedoch austricksen: Ändern Sie den Seitentyp der Seite *root* auf *Erweitert* und fügen Sie anschließend die gewünschte Datei dieser Seite hinzu. Nachdem Sie diese Änderungen gespeichert haben, können Sie den Seitentyp der Seite *root* wieder auf *Shortcut* setzen. Die Datei bleibt im Datenbankfeld *media* gespeichert – und schon wird auf jeder Seite eine Grafik angezeigt.

Beispiel 6-16: Den Seitenbaum rekursiv durchlaufen, bis eine Seite mit Bild gefunden wurde

```
[...]
# Das Hintergrundbild einlesen
10 = IMAGE
10.file.import = uploads/media/
10.file.import.data = levelmedia:-1, slide
10.file.import.listNum = 0
10.file.width = 759
10.offset = 0, -150
[...]
```

In diesem Kapitel:

- Einführung in die Erstellung dynamischer Menüs
- Das obere Textmenü erstellen
- Das grafische Menü erstellen
- Einen Klickpfad realisieren

KAPITEL 7

Menüs erstellen

Im vorigen Kapitel haben Sie die Grundlagen der dynamischen Bilderzeugung und Bildmanipulation kennen gelernt und Ihre allgemeinen TypoScript-Kenntnisse vertieft. In diesem Kapitel erfahren Sie, wie Sie dynamische Menüs erstellen bzw. beschreiben können. Dabei werden Sie die Erfahrungen aus den vorigen Kapiteln anwenden und neue Objekte, Eigenschaften und Funktionen kennen lernen.

Einführung in die Erstellung dynamischer Menüs

TYPO3 liefert eine automatische Grafikerzeugung mit (siehe Kapitel 6, *Grafiken mit TypoScript erstellen*). Dieses Feature kann man gerade bei den grafischen Menüs gut nutzen, da hier nur eine grafische Vorlage erstellt werden muss. Die »Massenproduktion« von Grafiken mit MouseOver-Effekten etc. übernimmt TYPO3 mehr oder weniger automatisch.

Warum aber *mehr oder weniger* automatisch? Da TYPO3 ein sehr mächtiges Content Management System ist, steht Ihnen auch und gerade bei den Menüs eine Vielzahl von Möglichkeiten zur Verfügung. Um diese nutzen zu können, wird zur Beschreibung von Menüs ebenfalls TypoScript verwendet, womit sich beliebige Menüs erstellen lassen, die das Verhalten und Aussehen haben, das Sie bevorzugen.

Unterschiedliche Arten von Menüs

Es gibt vier grundsätzlich unterschiedliche technische Arten von Menüs: Textmenüs, grafische Menüs, Layer-Menüs und JavaScript-Menüs. Die wohl einfachsten sind Textmenüs, da dabei keine Grafiken erzeugt werden müssen. Die anderen drei Menüarten sind etwas anspruchsvoller, aber keineswegs schwer zu erstellen. Mit diesen vier Menüarten lassen sich herkömmliche Menüs, aber auch Klickpfade und Sitemaps herstellen.

Die folgende Auflistung von Menüobjekten soll Ihnen einen Überblick darüber geben, welche häufig verwendeten Arten von Menüs in TYPO3 zur Verfügung stehen. Diese Menüobjekte können jedoch nicht direkt aufgerufen werden, sondern nur indirekt über ein übergeordnetes Objekt HMENU (= »hierarchisches Menü«), das im Abschnitt über die Erstellung des Textmenüs vorgestellt wird.

TMENU
: Mit dieser Menüart können textbasierte Menüs erstellt werden. Diese einfachsten Menüs bieten in Kombination mit Stylesheets (CSS) viele Designmöglichkeiten. Häufig wird TMENU auch zur Erstellung von menüähnlichen Bereichen eingesetzt, wie z.B. für Klickpfade oder Sitemaps.

GMENU
: Das grafische Menü bietet bessere Gestaltungsmöglichkeiten als das textbasierte. Hier wird aus jedem Menüelement eine Grafik erstellt, die mit TypoScript beschrieben wird.

JSMENU
: Mit einem JavaScript-Menü lässt sich ein Auswahlfeld erstellen, aus dem der Webseitenbesucher eine Seite auswählen kann, zu der er wechseln möchte. Ein häufiger Anwendungsfall ist dabei die Erstellung eines (nicht dynamischen) Menüs mit den am häufigsten besuchten Seiten.

TMENU_LAYERS
: Mit dieser Menüart wird ein textbasiertes Menü auf Basis von Layern erstellt. Damit lassen sich aufklappbare Menüs realisieren, die bei einem MouseOver über eine erste Menüebene automatisch Menüelemente einer zweiten Ebene öffnen.

GMENU_LAYERS
: Ähnelt TMENU_LAYERS, arbeitet jedoch auf Grundlage des grafischen Menüs.

Mögliche Zustände von Menüelementen

Einzelne Menüelemente können unterschiedliche Zustände erhalten. Ein Menüelement bzw. Menü-Item ist ein einzelner Eintrag aus der Navigation, wie z.B. ein Textlink *Homepage*. Ein klassischer und direkt nachvollziehbarer Zustand eines Menüelements ist beispielsweise der MouseOver-Effekt, der in TYPO3 als RollOver-Effekt bezeichnet wird. Bei einem grafischen Menü kann z.B. angegeben werden, dass eine andere Grafik für den Zustand geladen werden soll, wenn die Maus über ein Menüelement bewegt wird.

TYPO3 bietet aber noch mehr Zustände als nur den RollOver-Effekt. Dabei sind fast alle diese Zustände in den oben genannten Menüarten vorhanden, eine Ausnahme bildet das JavaScript-Menü, bei dem z.B. kein RollOver-Zustand möglich ist. Folgende Auflistung zeigt, welche Zustände für Menüelemente zur Verfügung stehen:

NO
: Mit dem Zustand NO wird der *normale* Zustand eines Menüelements beschrieben. Die Angabe einer Beschreibung für diesen elementaren Zustand ist zwingend notwendig.

RO
: RollOver bzw. MouseOver. Änderungen z.B. an der Schrift bzw. an der Grafik bei einem Darüberfahren mit der Maus können hier beschrieben werden. Der RO-Zustand findet insbesondere bei der Menüart *GMENU* bzw. *GMENU_LAYER* Anwendung.

CUR
: Der Menüpunkt mit der aktuell geöffneten Seite erhält den Zustand CUR. Dadurch kann dem Menüpunkt der geöffneten Seite ein anderes Aussehen gegeben werden, z.B. durch Hervorhebung.

ACT
: Alle Menüpunkte, die die momentan geöffnete Seite als Unterseite haben, können mit dem Zustand ACT anders beschrieben werden. Auch die momentan geöffnete Seite gehört mit zu diesem Zustand, kann über CUR aber explizit angesprochen werden.

IFSUB
: Wenn ein Menüeintrag mindestens eine Unterseite hat, sich also weitere Menüeinträge unterhalb eines Menüeintrags befinden, kann die Darstellung über den Zustand IFSUB anders beschrieben werden.

SPC
: Mit SPC (engl. *space*, Platz) lässt sich das Aussehen eines Abstands beschreiben. Seiten können in der Navigation vom Seitentyp *Abstand* angelegt werden, um zwischen zwei Menüelementen einen bestimmten Freiraum zu erreichen. Ist eine Seite von diesem Typ, greift der Zustand SPC.

USR
: Wenn für eine Seite eine Beschränkung auf Frontend-User festgelegt ist, greift der Zustand USR. Dieser Zustand kann nicht mit anderen Zuständen kombiniert werden und ist somit ein exklusiver Zustand.

IFSUBRO/CURRO/ACTRO
: Die einzelnen Zustände können teilweise auch miteinander kombiniert werden. So können Sie z.B. für ACT und RO jeweils eigene Beschreibungen vornehmen. Treffen auf einen Menüeintrag aber beide Zustände zu, hat also in diesem Beispiel die momentan geöffnete Seite Unterseiten, können Sie hier eine gesonderte Beschreibung für das Auftreten beider Zustände vornehmen.

Das obere Textmenü erstellen

Ist der Trailer fertig gestellt, können Sie sich nun dem ersten Menü im oberen Bereich unseres Praxisbeispiels widmen. Dieses Menü soll ein reines Textmenü werden, die einzelnen Menüelemente werden dynamisch der Seitenstruktur entnommen. Bevor allerdings die Beschreibung der Menüelemente losgeht und somit auch Überlegungen stattfinden, ob es sich um ein Text- oder um ein grafisches Menü handeln soll, muss zunächst angegeben werden, woher das Menü überhaupt aufgebaut werden soll. Dafür gibt es ein Objekt HMENU (hierarchisches Menü), in dem diese Eigenschaften gesetzt werden können.

Sprechen Sie, wie in Beispiel 7-1 zu sehen, zunächst per TypoScript den Marker *MENU_OBEN* an.

Beispiel 7-1: Den Platzhalter »MENU_OBEN« ansprechen

```
01  page = PAGE
02  page {
       [...]
16     10.marks {
          [...]
29        TRAILER.file {
             [...]
56        }
57
58        # Das Textmenü oben erstellen
59        MENU_OBEN = HMENU
60     }
61  }
```

In Zeile 59 wird auf dem Platzhalter MENU_OBEN eine Instanz des HMENU-Objekts gebildet. Ein Blick in das Frontend zeigt, dass der Marker bereits angesprochen ist, allerdings noch kein Menü dargestellt wird.

Startpunkt des Menüs angeben

Sie müssen jetzt dem System noch mitteilen, von wo das Menü dargestellt werden soll. Dafür gibt es die Eigenschaft `.special` des HMENU-Objekts. Um diese Eigenschaft zu nutzen, muss zunächst genau bekannt sein, von welcher Seite aus das Menü dargestellt wird. Sie wissen zwar, dass es die Hilfsseite *Menü oben* ist – für TypoScript wird aber eine eindeutige ID (unique-ID = uid) des Seiten-Datensatzes benötigt.

Wenn Sie in der Baumdarstellung mit der Maus über das Icon der Seite *Menü oben* fahren, wird Ihnen als `<Alt>`-Tag die entsprechende Seiten-ID angezeigt: Die in Abbildung 7-1 angezeigte Seiten-ID lautet somit *uid=4*. Die ausgelesene Seiten-ID kann nun, wie in Beispiel 7-2 zu sehen, in einer `.special.value`-Eigenschaft angewendet werden.

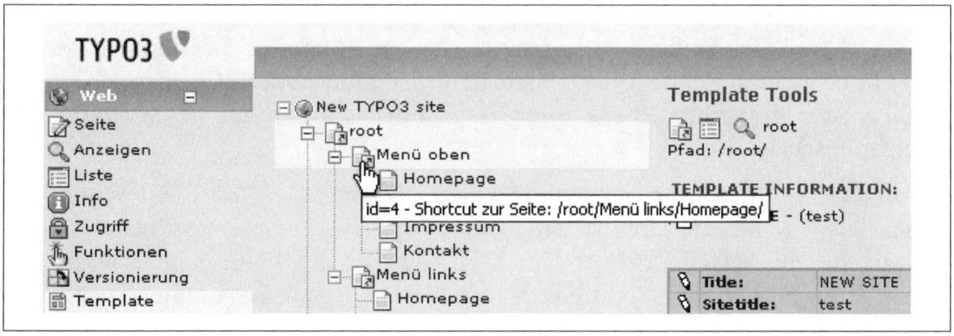

Abbildung 7-1: Seiten-ID auslesen

Die Seiten-ID wird in Ihrem Projekt mit großer Wahrscheinlichkeit vom hier gezeigten Beispiel abweichen. Wenn Sie die Seiten auf eine andere Art und Weise erstellt haben oder z.B. zwischendurch eine Seite angelegt und wieder gelöscht haben, wird die ID für die Seite *Menü oben* vermutlich anders lauten.

Beispiel 7-2: Angeben, von welcher Hilfsseite aus das Menü dargestellt werden soll

```
[...]
58   # Das Textmenü oben erstellen
59   MENU_OBEN = HMENU
60   MENU_OBEN {
61      special = directory
62      special.value = 4
63   }
[...]
```

In Zeile 61 geben Sie über die Eigenschaft `.special` an, dass es sich beim erzeugten Menü um ein `directory`-Menü handeln soll, also um ein klassisches Menü. Weitere Werte für Menümöglichkeiten, die mit `.special` realisiert werden können, erhalten Sie weiter unten in diesem Kapitel und in der TypoScript-Referenz im Anhang.

In Zeile 62 wird für das `special=directory`-Menü über die Eigenschaft `.special.value` ein Wert angegeben, der bestimmt, von wo aus das Menü dargestellt werden soll. Hier sehen Sie den Wert 4, da die Hilfsseite *Menü oben* in diesem Beispielprojekt die eindeutige Seite-ID 4 hat. Die Seiten-ID der Hilfsseite kann in Ihrem Projekt abweichen.

Die Anzeige im Frontend wird noch kein Resultat liefern – der Marker sollte zwar nicht mehr angezeigt werden, ein Menü wird aber auch noch nicht dargestellt.

Das Textmenü darstellen

Um das Menü nun im Frontend sichtbar zu machen, muss TYPO3 zumindest mitgeteilt werden, wie der normale Zustand der ersten Menüebene aussehen soll. Die einzelnen Navigationsebenen werden wieder mit Nummern beschrieben, dieses Mal jedoch nicht in Zehnerschritten zur Kennzeichnung einer Reihenfolge bzw. zur Angabe einer grafischen Ebene, sondern in Einerschritten zur Beschreibung der Navigationsebene.

Zur Erzeugung des oberen Textmenüs wird auch nur eine Ebene 1 benötigt, da für diese Navigation keine Unterseiten vorgesehen sind. Diese erste Ebene soll ein Textmenü sein, das in TYPO3 durch das Objekt TMENU erstellt wird. Die Beschreibung des Textmenüs erfolgt, wie in Beispiel 7-3 zu sehen, unter Angabe des Kennzeichners `NO` für den normalen Zustand.

Beispiel 7-3: Das Textmenü erzeugen

```
[...]
58  # Das Textmenü oben erstellen
59  MENU_OBEN = HMENU
60  MENU_OBEN {
61     special = directory
62     special.value = 4
63     1 = TMENU
64     1.NO = 1
65     1.NO.linkWrap = |
66  }
[...]
```

In Zeile 63 wird angegeben, dass auf der ersten Menüebene ein Textmenü (TMENU) angewendet werden soll. Somit stehen auf der ersten Ebene alle Eigenschaften von TMENU zur Verfügung. In Zeile 64 wird für die erste Menüebene der normale Zustand aktiviert.

Zustände müssen im Regelfall explizit mit `[Zustand] = 1` aktiviert werden. Eine Ausnahme bildet der Zustand `NO`, der nicht ausdrücklich aktiviert werden muss; Sie sollten es aber trotzdem tun, das wird Ihnen an späterer Stelle die Arbeit vereinfachen. Zur Durchführung des folgenden Beispiels allerdings *muss* der Zustand `NO` aktiviert werden, da die Ausführung sonst auf Grund einer fehlenden Beschreibung für den normalen Zustand verhindert würde. Die Zeile 65 wird im späteren Absatz näher erläutert.

Im Frontend sollten Sie nun das in Abbildung 7-2 gezeigte Menü sehen.

Stylesheets verwenden

Das Stylesheet greift bereits durch die Art und Weise, wie die Designvorlage angelegt wurde. Wenn Sie dennoch nachträglich eine CSS-Definition für die Menüele-

Abbildung 7-2: Das Menü wird für den angegebenen Platzhalter angezeigt

mente angeben möchten, können Sie in das `<A>`-Tag eingreifen und einen zusätzlichen Parameter aufnehmen. Da die Links von TYPO3 automatisch erstellt werden, stellt das TMENU-Objekt die Eigenschaft `.ATagParams` zur Verfügung, mit der Sie das `<A>`-Tag durch zusätzliche Angaben erweitern können:

```
page.10.MENU_OBEN.1.NO.ATagParams = class="links_weiss"
```

Menüeinträge voneinander trennen

Die Menüeinträge *kleben* zurzeit noch aneinander. Mit der Eigenschaft `.linkWrap` des TMENU-Objekts kann jeder einzelne Menüeintrag mit HTML-Code umhüllt werden, um so ein Leerzeichen vor jedem Menüeintrag mit Hilfe des HTML-Codes ` ` zu erzwingen. Das bereits bekannte Wrap-Symbol |, das in Kapitel 5, *TypoScript in der Praxis*, vorgestellt wurde, bestimmt auch hier wieder die Position, an der ein Inhalt einfließen soll. Im folgenden Beispiel wird an der Stelle des Wrap- bzw. Pipe-Symbols jeweils der Link eines Menüeintrags gesetzt.

Beispiel 7-4: Ein Leerzeichen zwischen jeweils zwei Menüelemente setzen

```
[...]
# Das Textmenü oben erstellen
MENU_OBEN = HMENU
MENU_OBEN {
   special = directory
   special.value = 4
   1 = TMENU
   1.NO = 1
   1.NO.linkWrap =  |
}
[...]
```

Striche zwischen den einzelnen Menüeinträgen einfügen

Das Ergebnis wird Sie vielleicht schon zufrieden stellen; die Vorgabe des Grafikers, die Sie in Abbildung 4-1 im Kapitel 4, *Das Praxisbeispiel vorbereiten*, sehen können, ist allerdings eine andere: Zwischen jedem Menüeintrag soll ein Strich erscheinen.

Um das zu erreichen, kann der Strich | mit in die `linkWrap`-Eigenschaft aufgenommen werden. Jedoch ist dieser Strich, im Folgenden als Pipe-Symbol bezeichnet, bereits für den Wrap belegt und kennzeichnet die Position, die *umhüllt* werden soll. Es bleibt nichts anderes übrig, als den ASCII-Code dieses Pipe-Symbols zu verwenden: `|`. Nun wird die Eigenschaft `.linkWrap` um diesen zusätzlichen Strich erweitert:

```
1.NO.linkWrap =  | &#124;
```

Beim linkWrap wird nun zunächst ein Leerzeichen ausgegeben, dann folgt der Menüeintrag inklusive <A>-Tag, erneut ein Leerzeichen und zum Schluss das Pipe-Symbol. Dieser linkWrap wird für jeden einzelnen Menüeintrag wiederholt, was dazu führt, dass am Ende des Menüs, wie in Abbildung 7-3 zu sehen, immer genau ein Pipe-Symbol zu viel angezeigt wird.

Abbildung 7-3: Ein Pipe-Symbol am Ende des Menüs ist überflüssig

OptionSplit für Textmenüs mit Pipe-Symbol

Dieses Problem lässt sich nur mit einer so genannten *OptionSplit*-Möglichkeit lösen. Damit können diverse Eigenschaften und sogar Objekte, die in einer Schleife ausgeführt werden, aufgeteilt werden. Die Möglichkeiten der Aufteilung sind zwar beschränkt, für den praktischen Einsatz in der Regel jedoch ausreichend.

Bei der Gestaltung eines Textmenüs sollen beispielsweise folgende Punkte berücksichtigt werden: Der erste und der letzte Menüeintrag sollen sich von denen in der Mitte unterscheiden, dabei soll die Unterscheidung durch einen anderen Wrap vorgenommen werden. Die Textfarbe des ersten und letzten Elements soll rot sein, die der Menüelemente in der Mitte grün.

Ein solches Vorhaben wird mit OptionSplits realisiert. Diese teilen eine Wertzuweisung durch die Eingabe der Zeichenkombination `|*|` in Anfang, Mitte und Ende auf. Die folgenden Beispiele dienen dem besseren Verständnis, sind aber nicht direkt ausführbar.

```
textfarbe = [Erstes Element] |*| [mitte] |*| [Letztes Element]
textfarbe = red |*| green |*| red
```

Die Unterteilung ist noch weiter möglich: Jeder Teilbereich in sich kann wieder aus einem ersten, zweiten etc. Element bestehen. Diese Unterteilung wird durch das Symbol || (zwei aufeinanderfolgende Pipe-Symbole) erreicht.

```
textfarbe = [Erstes Element]||[Zweites Element] |*| [mitte] |*| [Letztes Element]
textfarbe = red || blue |*| green |*| red
```

Dieser Code würde das erste Element mit einer roten Textfarbe, das zweite Element mit einer blauen, alle mittleren Elemente mit einer grünen und das letzte Element wieder mit einer roten Textfarbe erscheinen lassen.

Für die Realisierung des Praxisbeispiels muss somit Folgendes beachtet werden:

- Für den ersten Menüeintrag gilt als linkWrap: ` | |`
- Für alle Einträge in der Mitte gilt ebenfalls: ` | |`
- Für das letzte Element werden das Pipe-Symbol sowie das letzte Leerzeichen nicht mehr benötigt: ` |`

Zusammengesetzt ergibt sich daraus die folgende Kombination: am Anfang und in der Mitte jeweils ` | |`, am Ende nur ein ` |`. Daraus folgt der (durchaus umfangreiche) linkWrap:

```
linkWrap =  | &#124; |*|  | &#124; |*|  |
```

In Beispiel 7-5 wird dieser linkWrap in das TypoScript-Template eingebunden. Das Ergebnis im Frontend sollte so wie in Abbildung 7-4 aussehen.

Beispiel 7-5: Pipe-Symbole im Menü mit optionSplit darstellen

```
[...]
# Das Textmenü oben erstellen
MENU_OBEN = HMENU
MENU_OBEN {
   special = directory
   special.value = 4
   1 = TMENU
   1.NO = 1
   1.NO.linkWrap =  | &#124; |*|  | &#124; |*|  |
}
[...]
```

Abbildung 7-4: Die Pipe-Symbole werden jetzt nur noch zwischen den Menüelementen angezeigt

Das grafische Menü erstellen

Auf der linken Seite soll nun ein grafisches Menü erscheinen, das nach der Umsetzung wie in Abbildung 7-5 aussehen soll. Die Menüeinträge sollen jeweils durch eine weiße Linie voneinander getrennt werden. Bei einem MouseOver wie auch bei aktiven Seiten soll sich zudem die Hintergrundfarbe ändern.

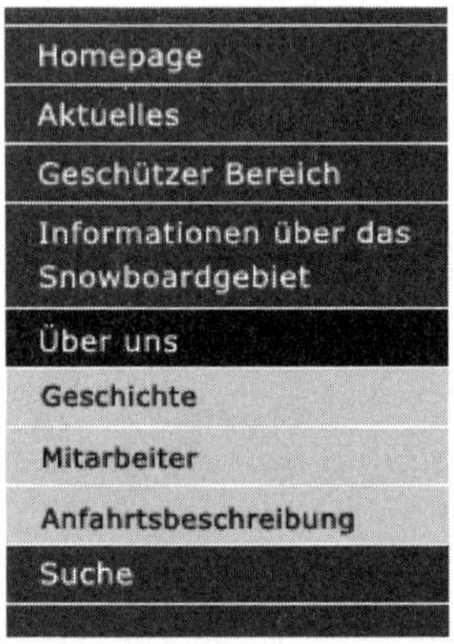

Abbildung 7-5: Die Vorgabe zum grafischen Menü

Zunächst wird der Marker MENU_LINKS mit dem Objekt HMENU angesprochen. Ähnlich wie bei TMENU müssen Sie wieder der `.special`-Eigenschaft den Wert `directory` zuweisen, um anzugeben, dass ein *normales* Menü ausgehend von einer bestimmten Seite erstellt werden soll. Für die Eigenschaft `.special.value` müssen Sie die Seiten-ID der Seite *Menü links* angeben. In Beispiel 7-6 wird dafür die Seiten-ID 3 angenommen, in Ihrem TYPO3-Projekt werden Sie voraussichtlich eine andere Seiten-ID für die Hilfsseite *Menü links* sehen. Beim Betrachten der Seite im Frontend werden Sie noch kein Menü erkennen können – der Marker selbst sollte aber auch nicht mehr dargestellt werden.

Beispiel 7-6: Den Platzhalter MENU_LINKS ansprechen

```
page = PAGE
page {
   [...]
   10.marks {
      [...]
      # Das Textmenü oben erstellen
      MENU_OBEN = HMENU
      MENU_OBEN {
         special = directory
         special.value = 4
         1 = TMENU
         1.NO = 1
```

Beispiel 7-6: Den Platzhalter MENU_LINKS ansprechen (Fortsetzung)

```
            1.NO.linkWrap =  | &#124;|*| | &#124;|*| |
        }

        # Das grafische Menü erstellen
        MENU_LINKS = HMENU
        MENU_LINKS {
           special = directory
           special.value = 3
        }
    }
}
```

Grafische Menüeinträge erzeugen lassen

Das Objekt GMENU arbeitet ähnlich wie TMENU, hat die Eigenschaften zur Beschreibung von Zuständen allerdings vom GIFBUILDER-Objekt geerbt, das Sie bereits im vorigen Kapitel kennen gelernt haben.

Jeder Menüeintrag wird nun mit einer blauen Hintergrundfarbe versehen. Die erste Menüebene soll eine grafische Ebene sein. Für den normalen Zustand wird eine Grafik erzeugt, die eine Breite von 178 Pixeln und eine Höhe von 24 Pixeln hat. Die Hintergrundfarbe eines Menüelements soll im normalen Zustand blau sein. Zur Realisierung wird das TypoScript-Template um entsprechende Angaben erweitert, wie Sie in Beispiel 7-7 sehen.

Beispiel 7-7: Breite, Höhe und Hintergrundfarbe von Elementen der ersten Menüebene

```
[...]
# Das grafische Menü erstellen
MENU_LINKS = HMENU
MENU_LINKS {
   special = directory
   special.value = 3
   1 = GMENU
   1.NO = 1
   1.NO {
      XY = 178, 24
      backColor = #364497
   }
}
[...]
```

Beim Betrachten des Ergebnisses im Frontend können Sie erkennen, dass sich bereits etwas getan hat: Zwar sind die einzelnen Menüpunkte nicht sichtbar, wenn Sie mit der Maus allerdings über die Fläche fahren, an der sich der Platzhalter für das linke Menü befand, so werden Sie einen `<Alt>`-Tag mit dem Titel einer Seite aus dem Menü erhalten. Um es kurz zu machen: Die Menüeinträge sind bereits vorhanden, allerdings nicht direkt sichtbar. Die Hintergrundfarbe der Menüelemente unterscheidet sich noch nicht von der Hintergrundfarbe der Tabelle, außerdem befindet sich noch kein Text auf den einzelnen Menüelementen.

Im folgenden Beispiel soll nun eine grafische Textebene auf den blauen Hintergrund gerendert werden. Dazu wird das im vorigen Kapitel Erlernte auch beim grafischen Menü angewendet. In Beispiel 7-8 wird Ebene 10 als grafische Textebene angelegt. Auf dieser grafischen Textebene wird dynamisch der Seitentitel der jeweiligen Seite gerendert.

Beispiel 7-8: Text auf die einzelnen Menüpunkte rendern

```
[...]
68  # Das grafische Menü erstellen
69  MENU_LINKS = HMENU
70  MENU_LINKS {
71     special = directory
72     special.value = 3
73     1 = GMENU
74     1.NO = 1
75     1.NO {
76        XY = 178, 24
77        backColor = #364497
78
79        # Text auf den Menüpunkt rendern
80        10 = TEXT
81        10.text.field = title
82        10.fontColor = #FFFFFF
83        10.fontFile = fileadmin/fonts/verdana.ttf
84        10.fontSize = 12
85        10.niceText = 1
86        10.offset = 14, 16
87     }
88  }
[...]
```

Im Frontend werden die Menüeinträge bereits richtig angezeigt, wie in Abbildung 7-6 zu sehen ist. Der Menüpunkt *Informationen über das Snowboardgebiet* wird im Moment noch nicht vollständig angezeigt, da der verwendete Text für eine grafische Zeile zu lang ist. In einem späteren Abschnitt dieses Kapitels werden Sie erfahren, wie Sie einen mehrzeiligen grafischen Text realisieren können.

Sollte auf den Menüpunkten kein Text angezeigt werden, kann das daran liegen, dass Sie eine ImageMagick-Version benutzen, die keinen Kantenglätter unterstützt. Deaktivieren Sie in diesem Fall die in Zeile 85 gesetzte Eigenschaft `.niceText`, indem Sie den Wert `0` zuweisen oder diese Zeile auskommentieren.

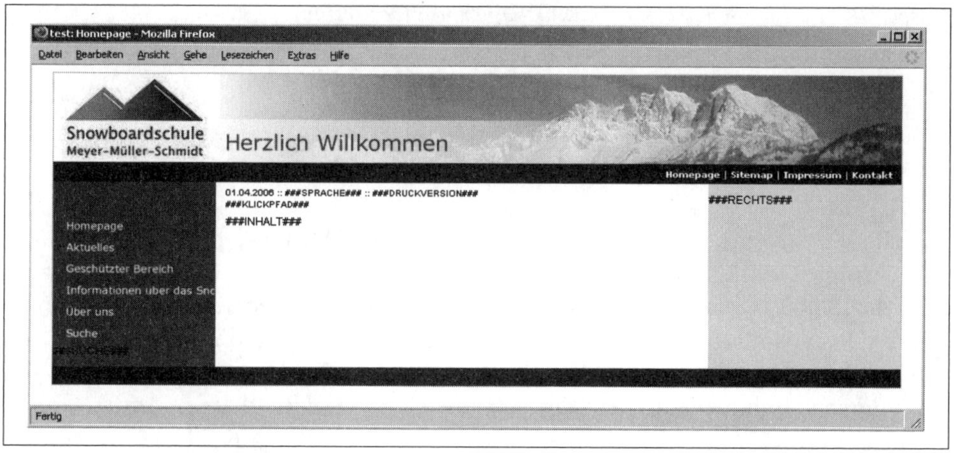

Abbildung 7-6: Die Menüpunkte auf der linken Seite werden mit grafischem Text dargestellt

Eine weiße Linie erzeugen

In der vom Grafiker gelieferten Vorlage werden die Menüelemente durch eine weiße Linie voneinander getrennt. Zur Realisierung gibt es gleich zwei Möglichkeiten.

- Mit einem Wrap: Nach jedem Menüelement wird eine weiße Linie mit Hilfe von HTML-Code *eingewrappt*. In TypoScript könnte dieses zum Beispiel so lauten:

```
wrap = |<br><img src="fileadmin/linie.gif" width="178" height="1">
```

- Die Linie wird direkt mit in die Grafik aufgenommen.

Anhand der zweiten Möglichkeit soll nun die weiße Linie mit in die Grafik eingearbeitet werden. Dazu kann beispielsweise auf Ebene 20 eine vorhandene weiße Linie mit Hilfe des IMAGE-Objekts hineingeladen werden. Eine solche Linie ist aber nicht vorhanden, daher wird Sie in Beispiel 7-9 mit dem GIFBUILDER-Objekt dynamisch erstellt.

Beispiel 7-9: Eine weiße Linie in die Grafik aufnehmen

```
[...]
# Text auf den Menüpunkt rendern
10 = TEXT
10.text.field = title
10.fontColor = #FFFFFF
10.fontFile = fileadmin/fonts/verdana.ttf
10.fontSize = 12
10.niceText = 1
10.offset = 14, 16

# Eine weisse Linie erzeugen
20 = IMAGE
20.file = GIFBUILDER
```

Beispiel 7-9: Eine weiße Linie in die Grafik aufnehmen (Fortsetzung)

```
91   20.file {
92      XY = 178,1
93      backColor = #FFFFFF
94   }
95   20.offset = 0, 23
[...]
```

In Zeile 89 wird eine weitere Ebene 20 als Instanz des IMAGE-Objekts angelegt. Die hier erzeugte Grafik liegt somit oberhalb der Ebene 10 (Textebene). Zeile 90 gibt an, dass die Grafik dynamisch mit GIFBUILDER erzeugt werden soll, mit einer Breite von 178 Pixeln und einer Höhe von einem Pixel. Die Hintergrundfarbe soll Weiß sein. Ebene 20 mit der erzeugten Linie wird in Zeile 95 um 0 Pixel nach rechts und 29 Pixel nach unten verschoben und befindet sich nun am unteren Rand der gesamten Grafik.

Eine zusätzliche Linie mittels wrap aufnehmen

Beim Betrachten des Ergebnisses im Frontend werden Sie bemerken, dass die Linien zwar am unteren Rand angezeigt werden, die weiße Linie oberhalb des ersten Menüpunkts jedoch fehlt, die in der Vorgabe (Abbildung 7-5) zu sehen ist. Sie haben nun die Möglichkeit, diese obere weiße Linie statisch mit in die Designvorlage aufzunehmen oder das gesamte Menü mit einer solchen weißen Linie zu *umhüllen*.

Letztere Variante wird in Beispiel 7-10 vorgestellt. Dazu wird der Platzhalter MENU_LINKS, der eine Instanz des HMENU-Objekts ist, um eine `wrap`-Funktion erweitert, in der die weiße Linie statisch aufgenommen wird. Eine Grafik mit der Bezeichnung *linie_weiss.gif* haben Sie in Kapitel 4, *Das Praxisbeispiel vorbereiten*, bereits im Ordner *fileadmin/images/* abgelegt. Das Ergebnis im Frontend sollte so wie in Abbildung 7-7 aussehen.

Beispiel 7-10: Eine zusätzliche weiße Linie mittels wrap-Funktion aufnehmen

```
[...]
# Das grafische Menü erstellen
MENU_LINKS = HMENU
MENU_LINKS {
   wrap = <img src="fileadmin/images/linie_weiss.gif" width="178"
   height="1"><br>|
   special = directory
   special.value = 3
   1 = GMENU
   1.NO = 1
   1.NO {
         [...]
   }
}
[...]
```

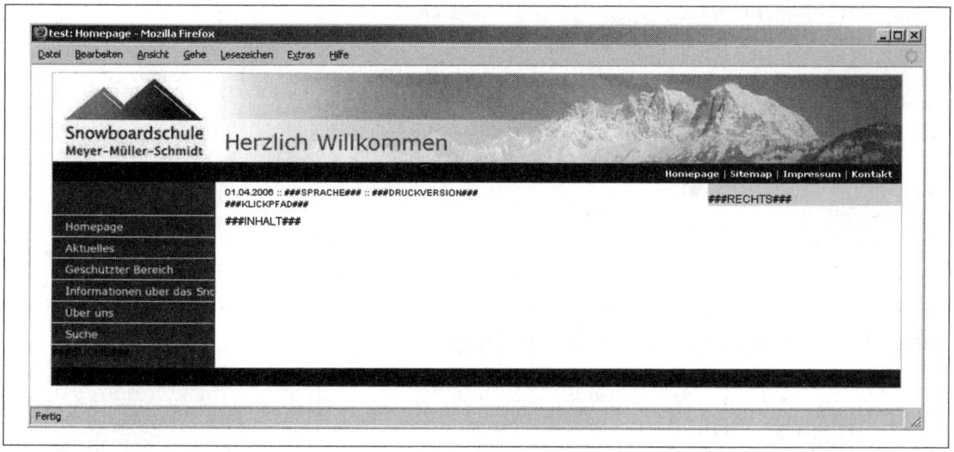

Abbildung 7-7: Das grafische Menü mit weißen Trennlinien

Unterschiedliche Menüzustände integrieren

Ebenfalls vom Grafiker vorgegeben ist das Layout eines Menüpunkts beim Eintreten eines RollOver-Zustands. Die grafische Beschreibung der unterschiedlichen Menüzustände beim RollOver weicht im Regelfall nur minimal vom normalen Zustand ab. Häufig zeigen sich nur dezente Veränderungen wie z.B. eine andere Hintergrundfarbe.

Um nicht den RO-Zustand über 20 Zeilen TypoScript-Code neu beschreiben zu müssen, kann die Beschreibung des normalen Zustands in den RO-Zustand kopiert und anschließend durch Überschreibung von Eigenschaften abgeändert werden. Ein Wert wie z.B. die Hintergrundfarbe muss abgeändert werden, da sonst kein Effekt zu Stande kommt.

In Beispiel 7-11 wird in Zeile 100 durch eine relative Kopie der Zustand NO in den Zustand RO kopiert. Bei diesem Kopiervorgang werden sämtliche Eigenschaften mit kopiert und stehen als Kopie in RO zur Verfügung. Da in Zeile 75 der Zustand NO bereits aktiviert wurde, wird durch den Kopiervorgang nun der Zustand RO ebenfalls aktiviert. Erst durch das Überschreiben der Eigenschaft `.backColor` in Zeile 101 wird ein RO-Zustand optisch sichtbar.

Beispiel 7-11: Einen RollOver-Zustand aktivieren und beschreiben

```
[...]
68        # Das grafische Menü erstellen
69        MENU_LINKS = HMENU
70        MENU_LINKS {
             [...]
74           1 = GMENU
75           1.NO = 1
```

Beispiel 7-11: Einen RollOver-Zustand aktivieren und beschreiben (Fortsetzung)

```
        1.NO {
          [...]
        }

        # Einen RollOver-Zustand beschreiben
        1.RO < .1.NO
        1.RO.backColor = #061467
    }
[...]
```

Eine zweite Navigationsebene hinzufügen

In der Vorgabe des Praxisbeispiels ist für das linke Menü auch eine zweite Navigationsebene vorgesehen. Wenn es zu einer Seite Unterseiten gibt, sollen diese als Untermenü eine andere Darstellung erhalten. Die Hintergrundfarbe für diese zweite Navigationsebene soll heller sein und der Text in einem Dunkelblau erscheinen. Außerdem soll der grafische Text der zweiten Ebene einen Punkt kleiner sein.

Unterseiten anlegen

Bevor Sie die zweite Navigationsebene mit TypoScript beschreiben, ist es sinnvoll, zunächst im Seitenbaum Unterseiten anzulegen. Der jetzt vorgestellte Weg ist eine Alternative zu dem in Kapitel 4, *Das Praxisbeispiel vorbereiten*, angewendeten und eignet sich besonders dann, wenn Sie mehrere Seiten gleichzeitig anlegen möchten.

Wählen Sie im Backend, wie in Abbildung 7-8 zu sehen, aus dem linken Menü das Backend-Modul *Funktionen* aus ❶. Für das Praxisbeispiel sollen für die Seite *Informationen über das Snowboardgebiet* Unterseiten angelegt werden. Wählen Sie daher aus dem Seitenbaum diese Seite aus ❷, indem Sie auf den Textlink der Seite klicken. Auf der rechten Seite erscheint nun eine Maske ❸, in der Sie bis zu neun Unterseiten auf einen Schlag anlegen können. Geben Sie hier die drei gewünschten Unterseiten *Geschichte*, *Mitarbeiter* und *Anfahrtsbeschreibung* an ❹. Bestätigen Sie anschließend das Anlegen der Seiten mit dem Button *Seiten anlegen* ❺.

Achten Sie darauf, dass Sie die Unterseiten auch auf der richtigen Seite anlegen. Das Anlegen mehrerer Seiten geht über die Funktion *Erzeuge mehrere Seiten* schnell, das Löschen von Seiten hingegen muss manuell über den Seitenbaum erfolgen.

Die zweite Navigationsebene beschreiben

In den bisherigen Beispielen haben Sie die erste Menüebene mittels `.1 = GMENU`, `.1.NO = 1` etc. beschrieben. Die `.1` steht dabei für die erste Navigationsebene, es liegt also auf der Hand, das ein `.2` die zweite Navigationsebene beschreibt.

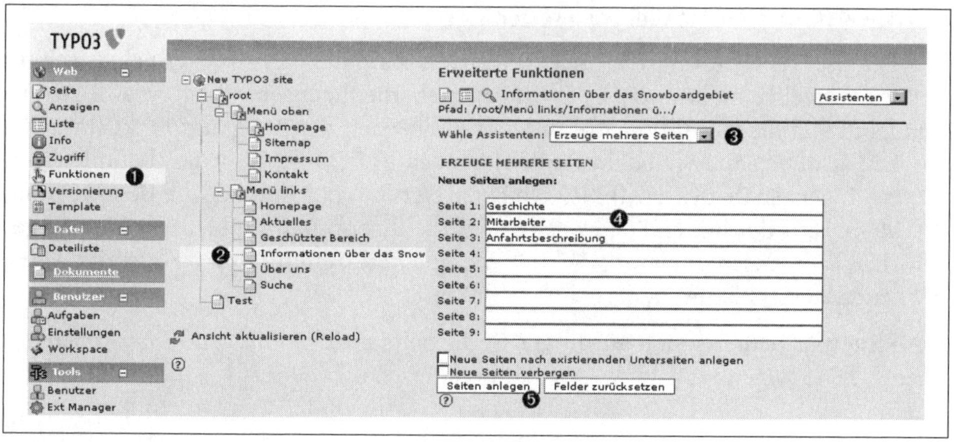

Abbildung 7-8: Mehrere Seiten mit einem Assistenten anlegen

Im folgenden Beispiel wird in Zeile 104 die Beschreibung der ersten Ebene auf die zweite Ebene kopiert. Die Nummern *1, 2, ...* geben dabei die Navigations- bzw. Menüebenen an. In die zweite Ebene wird lediglich die TypoScript-Beschreibung der ersten Menüebene kopiert, nicht der Inhalt der Menüeinträge. Somit ist die Beschreibung der zweiten Menüebene identisch mit der der ersten.

Beispiel 7-12: Die zweite Ebene als Kopie der ersten Ebene anlegen

```
[...]
68     # Das grafische Menü erstellen
69     MENU_LINKS = HMENU
70     MENU_LINKS {
          [...]
76        1.NO {
             [...]
97        }
98
99        # Einen RollOver-Zustand beschreiben
100       1.RO < .1.NO
101       1.RO.backColor = #061467
102
103       # Die zweite Ebene als Kopie der ersten Ebene beschreiben
104       2 < .1
105    }
[...]
```

Ein Blick in das Frontend zeigt, dass bisher noch keine zweite Menüebene auftaucht (die zum Beispiel erscheinen müsste, wenn die Seite *Informationen über das Snowboardgebiet* aufgerufen wird), obwohl im TypoScript-Template so weit alles in Ordnung scheint. Sichtbar wird die zweite Ebene erst, wenn Sie die im Folgenden beschriebene Eigenschaft `.entryLevel` gesetzt haben.

entryLevel für weitere Menüebenen setzen

Um bei der Verwendung der `.special`-Eigenschaft des HMENU-Objekts weitere Ebenen darstellen zu können, ist es erforderlich, die Eigenschaft `.entryLevel` zu verwenden. `.entryLevel` gibt an, auf welcher Ebene sich der Ausgangspunkt (in unserem Fall also die Seite *Menü links*) innerhalb des TYPO3-Seitenbaums befindet, und ist eine Eigenschaft des HMENU-Objekts. Der Ausgangspunkt zur Beschreibung des Menüs auf der linken Seite wurde über die Eigenschaft `.special.value` angegeben. Diese Eigenschaft hat als Wert die eindeutige Seiten-ID der Hilfsseite *Menü links* zugewiesen bekommen.

Die Seite *root* befindet sich auf Ebene 0, die Seiten *Menü links* und *Menü oben* auf Ebene 1. Die folgende Abbildung soll das veranschaulichen.

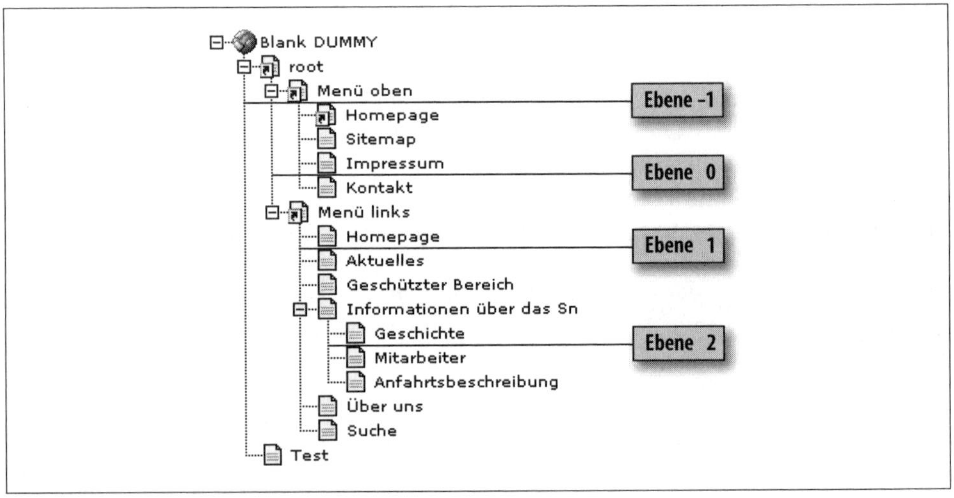

Abbildung 7-9: Die Ebenen für entryLevel im Seitenbaum

In TypoScript haben Sie durch `.special.value = 3` angegeben, dass das Menü von der Seite mit der eindeutigen ID 3 (*Menü links*) aufgebaut werden soll. Wie in Abbildung 7-9 zu sehen, befindet sich diese Seite *Menü links* in der Baumdarstellung auf Ebene 1. Diese Ebene muss bei der HMENU-Eigenschaft `.entryLevel` nun angegeben werden, wie in Beispiel 7-13 in Zeile 74 zu sehen.

Beispiel 7-13: entryLevel setzen, damit die zweite Menüebene erscheint

```
[...]
68    # Das grafische Menü erstellen
69    MENU_LINKS = HMENU
70    MENU_LINKS {
71       wrap = <img src="fileadmin/images/linie_weiss.gif" width="178"
                  height="1"><br>|
72       special = directory
```

Beispiel 7-13: entryLevel setzen, damit die zweite Menüebene erscheint (Fortsetzung)

```
        special.value = 3
        entryLevel = 1
        1 = GMENU
        1.NO = 1
        1.NO {
           [...]
        }
        [...]
    }
[...]
```

Ein erneutes Betrachten der Seite im Frontend sollte Sie zufrieden stimmen, für die Seite *Informationen über das Snowboardgebiet* wird nun die zweite Menüebene dargestellt. Diese zweite Menüebene soll nun aber einige andere Eigenschaften bekommen. Wie bereits erwähnt, soll die Hintergrundfarbe heller dargestellt werden und der Text in einem Dunkelblau sowie einen Punkt kleiner erscheinen. Nehmen Sie dazu die in Beispiel 7-14 beschriebenen Erweiterungen vor, mit denen Sie die kopierten Eigenschaften den Vorgaben anpassen. Als Ergebnis sollten Sie im Frontend das in Abbildung 7-10 gezeigte Resultat erhalten.

Beispiel 7-14: Die zweite Menüebene beschreiben

```
[...]
104   # Die zweite Ebene als Kopie der ersten Ebene beschreiben
105   2 < .1
106   2.NO {
107      backColor = #D3E2F9
108      10.fontColor = #061467
109      10.fontSize = 11
110   }
111   2.RO < .2.NO
112   2.RO.backColor = #C1D5F4
[...]
```

In Zeile 105 wird die Eigenschaften der ersten Ebene in die zweite kopiert. Die zweite Ebene ist damit, sofern die Eigenschaft `.entryLevel` richtig gesetzt ist, funktionsfähig. In den folgenden drei Zeilen werden die kopierten Eigenschaften mit neuen Werten versehen, in diesem Fall die Hintergrundfarbe der Grafik in Zeile 107, die Schriftfarbe in Zeile 108 und die Schriftgröße in Zeile 109.

In Zeile 111 werden die Eigenschaften des normalen Zustands der zweiten Menüebene in den RollOver-Zustand für die zweite Ebene kopiert. Da der RollOver-Zustand jedoch schon existiert (er wurde in Zeile 105 mitkopiert), findet durch das Kopieren nur ein Überschreiben der Eigenschaften statt. In Zeile 112 wird dann die Hintergrundfarbe für den RO-Zustand auf einen leichten Blauton gesetzt.

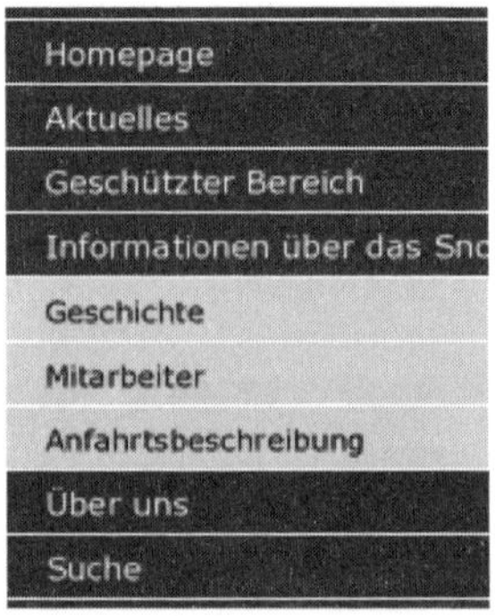

Abbildung 7-10: Das Menü mit einer abgeänderten zweiten Navigationsebene

Zeilenumbruch innerhalb des grafischen Texts

Ist der Text eines Menüpunkts zu lang, wie z.B. der Seitentitel *Informationen über das Snowboardgebiet*, wird dieser im Moment noch zwangsweise abgeschnitten bzw. fließt aus der Grafik heraus und ist somit nicht mehr sichtbar. Es muss also ein Weg gefunden werden, um einen Zeilenumbruch zu erzwingen und die Grafik entsprechend zu vergrößern.

Leider kann TYPO3 bei grafischem Text nicht von allein erkennen, dass ein Zeilenumbruch erfolgen soll. Der Redakteur muss explizit angeben, an welcher Stelle eine neue Zeile beginnen soll. Das erfolgt über ein spezielles Zeichen, das Sie frei definieren können; in der Praxis hat sich dafür der Unterstrich _ bewährt.

> Bei der Realisierung des Klickpfads werden Sie feststellen, dass bei manchen TYPO3-Funktionen nicht jedes Zeichen unterstützt wird.

Um nun einen Zeilenumbruch für die Seite *Informationen über das Snowboardgebiet* zu ermöglichen, muss der Seitentitel um den Unterstrich erweitert werden.

Zum Bearbeiten einer Seite klicken Sie in der Seitenstruktur auf das Icon vor dem Textlink und wählen aus dem sich öffnenden Pop-up-Menü den Eintrag *Bearbeite Seiten-Header* aus. Sie können nun den Titel der Seite auf *Informationen über das_ Snowboardgebiet* ändern, indem Sie den Unterstrich zwischen den beiden Wörtern *das* und *Snowboardgebiet* einfügen. Achten Sie auch darauf, dass sich vor und nach dem Unterstrich keine Leerzeichen befinden. Leerzeichen im Seitentitel stellen zwar für TYPO3 kein Problem dar, aber in diesem Fall würde die zweite Zeile mit einem Leerzeichen beginnen.

Wenn Sie sich das Ergebnis im Frontend ansehen, werden Sie erkennen, dass der Unterstrich nun direkt im Text steht, dieser aber noch immer nicht vollständig angezeigt wird. Der erwünschte Zeilenumbruch ist bisher nicht sichtbar und muss mit TypoScript zunächst beschrieben werden.

Die Eigenschaft `.listNum` haben Sie schon im Kapitel 6, *Grafiken mit TypoScript erstellen*, kennen gelernt, als Sie die Datei für den Trailer dynamisch aus einem Datenbankfeld *media* ausgelesen haben. Mit dieser Eigenschaft haben Sie angegeben, dass nur die erste hochgeladene Datei zu einer Seite ausgelesen werden soll, also das erste Element in einer Liste.

Mit der Eigenschaft `.listNum.splitChar` können Sie eine gelieferte Zeichenkette in eine so genannte Liste aufteilen. Welches Zeichen zur Aufteilung verwendet werden soll, geben Sie bei dieser Eigenschaft als Wert an. Die Eigenschaft `.listNum` erwartet als Wert die gewünschte Nummer des Listenelements. In Abbildung 7-11 finden Sie eine Übersicht, die zeigt, wie eine Zeichenkette, z.B. der Titel einer Seite, in einzelne Elemente aufgeteilt wird.

Bitte beachten Sie, dass in Programmiersprachen und auch in TypoScript die Kennzeichnung eines Listenelements häufig nicht mit der Eins, sondern mit einer Null beginnt.

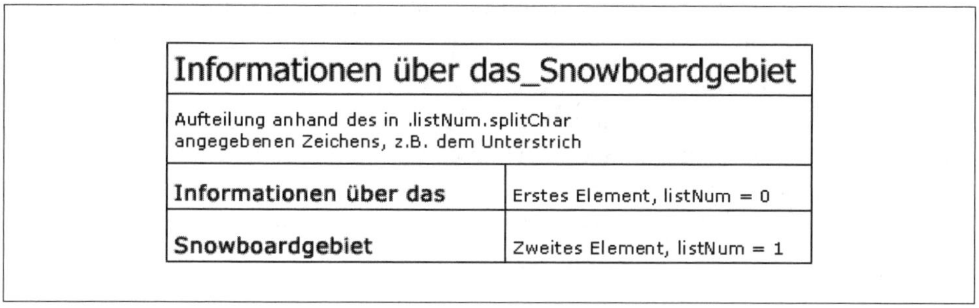

Abbildung 7-11: Aufbau einer Liste mit .listNum.splitChar

Diese Funktionalität soll nun auch im Praxisbeispiel Anwendung finden. In Beispiel 7-15 wurde in Zeile 84 über die Eigenschaft `.listNum` angegeben, dass aus einer Liste von Elementen das erste Element verwendet werden soll. In Zeile 85 wird in der Eigenschaft `.listNum.splitChar` angegeben, durch welches Zeichen der Text getrennt und die Liste aufgebaut werden soll. Folglich befindet sich im ersten Element der Liste (gekennzeichnet durch die Null) der Text *Informationen über das*, und auch nur dieser Text wird zunächst in der Grafik verarbeitet.

Beispiel 7-15: Den Titel in eine Liste aufteilen und nur das erste Listenelement ausgeben

```
[...]
70   MENU_LINKS {
        [...]
```

Beispiel 7-15: Den Titel in eine Liste aufteilen und nur das erste Listenelement ausgeben (Fortsetzung)

```
    1.NO {
      [...]
      # Text auf den Menüpunkt rendern
      10 = TEXT
      10.text.field = title
      10.text.listNum = 0
      10.text.listNum.splitChar = _
      10.fontColor = #FFFFFF
      10.fontFile = fileadmin/fonts/verdana.ttf
      10.fontSize = 12
      10.niceText = 1
      10.offset = 14, 16
      [...]
```

Das Realisieren eines zweizeiligen Menüs könnte theoretisch sehr einfach sein, gäbe es da nicht ein paar Kleinigkeiten, die berücksichtigt werden müssten. Aber sehen Sie sich diese Problempunkte zunächst selbst an. Zum Realisieren einer zweiten Zeile könnte jetzt recht einfach eine Ebene 15 implementiert werden, die den Text des zweiten Listeneintrags ausgibt. Diese Ebene 15 würde einen anderen Offset erhalten, damit Ebene 15 Ebene 10 nicht überdeckt, sondern beide Ebenen untereinander stehen.

Die Grafik muss allerdings so hoch sein, dass dieser Text noch Platz hat. Mit dem bisher erworbenen Wissen könnten Sie an der Eigenschaft XY Änderungen vornehmen, so dass jeder Menüpunkt eine ausreichende Höhe hat. Diese Angabe muss aber nicht statisch mit einer absoluten Pixelzahl sein, Sie können auch berechnen lassen, wie hoch ein jeweiliger Menüpunkt sein muss, damit eine ggf. vorhandene zweite Zeile genug Platz hat. Dazu ist folgende Syntax notwendig:

```
XY = [Ebene.w]+Z, [Ebene.h+Z]
```

Die Angabe `XY = 178, 24+[15.h]` gibt an, dass das Menüelement 178 Pixel breit sein soll; die Höhe wird dynamisch berechnet – in diesem Fall also 24 Pixel plus der Höhe von Ebene 15. Wenn Ebene 15 keinen Text enthält, führt das zu einer Addition von 24 + 0. Enthält Ebene 15 einen Text, weil es ein zweites Listenelement gibt, wird die Höhe des Texts der Ebene 15 zu den 24 Pixeln hinzuaddiert.

In Beispiel 7-16 wird die Höhe der Grafik dynamisch berechnet, abhängig davon, wie hoch der Text der zweiten Ebene tatsächlich ist. Dazu wird in Zeile 93 eine Ebene 15 eingeführt, die identisch mit Ebene 10 ist und die Eigenschaften `.listNum` und `.offset` überschreibt.

Theoretisch reicht eine Ebene 15 zum Berechnen der Höhe aus, jedoch gibt es ein Problem bei dieser Berechnung: Der Buchstabe *g* hat eine andere Höhe hat als der Buchstabe *a*. Sie können nicht wissen, welchen Text der Redakteur für den Titel wählt. Mit etwas Unglück lautet der Text für die zweite Zeile zum Beispiel *so war emma*, der eine andere Höhe einnimmt als der Text *es gibt Emma*. Durch eine Konvertierung des Texts in Großbuchstaben wird erreicht, dass die gleiche Höhe für beliebigen Text erreicht wird.

Um dieses Problem zu umgehen, wird in Zeile 98 eine zusätzliche Ebene 16 eingeführt, die ebenfalls eine identische Beschreibung der Ebene 10 enthält, praktisch nicht sichtbar ist und nur für die Berechnung der Höhe der Grafik benötigt wird. Das *Unsichtbarmachen* dieser Ebene wird durch einen Offset erreicht, der garantiert nicht mehr im Bereich der Grafik liegt. Durch einen Offset von jeweils 1.000 Pixeln nach rechts und nach unten (Zeile 102) wird der Textbereich somit außerhalb der Grafik liegen. In Zeile 99 lässt die Eigenschaft `.text.case` den Text nur in Großbuchstaben erscheinen. Die Schriftgröße wird in Zeile 101 auf einen höheren Wert gesetzt, damit die Grafik bei der Höhe auch einen Abstand zwischen den beiden Texten berücksichtigt.

In Zeile 78 wird die Berechnung der Höhe eines Menüpunkts dynamisch angegeben. Als Wert für die Höhe werden hier 24 Pixel zur Höhe der Ebene 16 hinzuaddiert. Beachten Sie aber, dass der tatsächliche Inhalt aus Ebene 15 kommt und nicht aus Ebene 16, die mit einem unmöglichen Offset außerhalb der Grafik liegt.

> Die Berechnung der Höhe ist abhängig von der verwendeten TTF-Schriftart. Bei einigen exotischen Schriften führt der Trick mit der Umwandlung in Großbuchstaben ggf. nicht zum Erfolg, da in der verwendeten Schriftart auch dann noch Unterschiede bei der Höhe des Texts auftreten. Ändern Sie die Schriftart für die unsichtbare Ebene dann einfach in eine *normale* Schriftart, bei der solche Effekte nicht eintreten.

Nun muss auch bei der weißen Linie dieser berechnete Offset mit eingearbeitet werden, damit sich die Grafik immer am unteren Rand befindet. Die entsprechende Berechnung wurde mit in das folgende Beispiel in Zeile 111 eingearbeitet. Das Ergebnis können Sie in Abbildung 7-12 sehen.

Beispiel 7-16: Das Menü mit einem zweizeiligen Text darstellen

```
68      # Das grafische Menü erstellen
69      MENU_LINKS = HMENU
70      MENU_LINKS {
          [...]
77        1.NO {
78          XY = 178, 24+[16.h]
79          backColor = #364497
80
81          # Text auf den Menüpunkt rendern
82          10 = TEXT
83          10.text.field = title
84          10.text.listNum = 0
85          10.text.listNum.splitChar = _
```

Beispiel 7-16: Das Menü mit einem zweizeiligen Text darstellen (Fortsetzung)

```
        10.fontColor = #FFFFFF
        10.fontFile = fileadmin/fonts/verdana.ttf
        10.fontSize = 12
        10.niceText = 1
        10.offset = 14, 16

        # Eine ggf. vorhandene zweite Textzeile anzeigen lassen
        15 < .10
        15.text.listNum = 1
        15.offset = 14, 32

        # Hilfsebene zur Berechnung der Höhe von Menüpunkten
        16 < .10
        16.text.case = upper
        16.text.listNum = 1
        16.fontSize = 22
        16.offset = 1000,1000

        # Eine weisse Linie erzeugen
        20 = IMAGE
        20.file = GIFBUILDER
        20.file {
           XY = 178, 1
           backColor = #FFFFFF
        }
        20.offset = 0, 23+[16.h]
    }
```

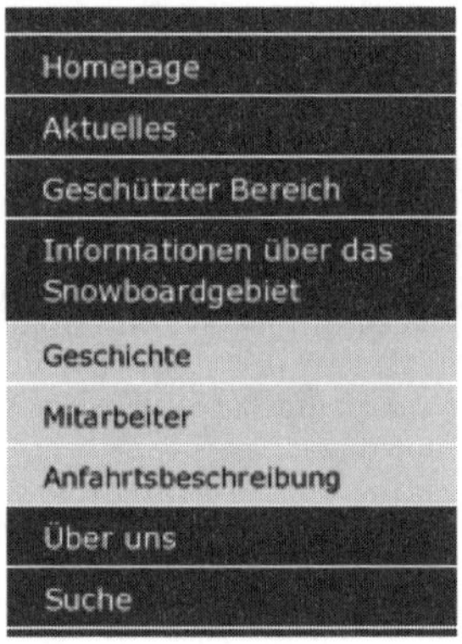

Abbildung 7-12: Das zweizeilige Menü wird angezeigt

Fehlerhafte Anzeige im Trailer

Nachdem Sie den Seitentitel der Seite *Informationen über das Snowboardgebiet* bearbeitet und zum Titel das Pipe-Symbol hinzugefügt haben, wird im Trailer ebenfalls ein Pipe-Symbol angezeigt. Sie haben zur Behebung dieses Problems zwei Möglichkeiten. Zum einen könnten Sie den Seitentitel nochmals im Feld *Untertitel* angeben – ohne Pipe-Symbol. Der Redakteur muss beim Anlegen oder Bearbeiten einer Seite, die im Menü einen Zeilenumbruch erhalten soll, darauf achten, einen Untertitel ohne dieses Pipe-Symbol anzulegen.

Eine zweite theoretische Möglichkeit ist, dass über die so genannte `.parseFunc.short`-Funktion jedes Vorkommen eines Zeichens bzw. einer Zeichenkette durch einen anderen Wert ersetzt wird. Im aktuellen Fall sollte also der Unterstrich durch ein Leerzeichen ersetzt werden. Ein Leerzeichen findet bei einer Wertzuweisung auf Grund eines so genannten *trimms*, bei dem alle Leerzeichen vor und hinter einer Wertzuweisung entfernt werden, keine Anwendung. Die Zuweisung des Werts ` ` als Leerzeichen hätte die Auswirkung, dass nicht ein Leerzeichen im grafischen Trailer an Stelle des Unterstrichs dargestellt wird, sondern der angegebene Wert . Die `.parseFunc.short`-Funktion wird aber weiter unten bei der Realisierung des Klickpfads Anwendung finden.

Ein weitere Möglichkeit ist, dass der grafische Trailer ebenfalls in eine Liste aufgeteilt und die einzelnen Elemente dynamisch wieder zusammengesetzt werden. Diese Vorgehensweise in die sicherste und unempfindlichere Möglichkeit. Dabei wird das oben erworbene Wissen über Listen auch auf den Trailer angewendet.

Im folgenden Beispiel 7-17 wird diese dritte Möglichkeit der erneuten Aufsplittung der Listenelemente realisiert. Dabei wird die Ebene 30 in den Zeilen 50 und 51 auf das erste Listenelement reduziert. In Ebene 35 (Zeile 60) wird das zweite Listenelement ausgelesen.

Die Berechnung der Position der Darstellung innerhalb der Grafik erfolgt in Zeile 62. Hier werden die 10 Pixel Abstand zur linken Kante von Ebene 30 als Grundlage genommen, anschließend wird dynamisch die Breite der Ebene 30 hinzuaddiert. Eine Verschiebung um weitere 12 Pixel nach rechts soll als Leerzeichenersatz genügen.

Beispiel 7-17: Den grafischen Trailer erweitern

```
26  # Den Trailer dynamisch ansprechen
27  TRAILER = IMAGE
28  TRAILER.file = GIFBUILDER
29  TRAILER.file {
30     XY = 759, 99
31     backColor = #FFFFFF
32
33     # Das Hintergrundbild einlesen
[...]
41     # Den Verlauf einarbeiten
[...]
48     # Text auf den Trailer rendern
49     30 = TEXT
50     30.text.listNum = 0
51     30.text.listNum.splitChar = _
52     30.text.field = subtitle // title
```

Beispiel 7-17: Den grafischen Trailer erweitern (Fortsetzung)

```
        30.fontFile = fileadmin/fonts/verdana.ttf
        30.fontSize = 24
        30.fontColor = #364497
        30.niceText = 1
        30.offset = 10, 85

        # Ein ggf. vorhandenes zweites Textelement anzeigen lassen
        35 < .30
        35.text.listNum = 1
        35.offset = 10+[30.w]+12, 85
    }

    # Das Textmenü oben erstellen
[...]
```

Fehlender HTML-Zeilenumbruch

Sie könnten fast zufrieden sein, gäbe es da nicht noch einen kleinen Haken: Warum wird das Menü überhaupt untereinander dargestellt? Wie würde man denn ein Menü realisieren, das nebeneinander stehen soll? Ein Blick in den HTML-Quellcode (Abbildung 7-13) verrät Ihnen, dass die Grafiken tatsächlich ohne Zeilenumbruch dargestellt werden:

```
      <div id="links">
                  <div>
                          <img src="fileadmin/images/linie_weiss.gif" width="178" height="1"><br><a
href="index.php?id=14" onfocus="blurLink(this);" onmouseover="over('img14_ce7f_0');"
onmouseout="out('img14_ce7f_0');"><img src="typo3temp/menu/5ecd7b74bc.gif" width="178" height="24" border="0"
alt="Homepage" name="img14_ce7f_0" /></a><a href="index.php?id=13" onfocus="blurLink(this);"
onmouseover="over('img13_ce7f_1');" onmouseout="out('img13_ce7f_1');"><img src="typo3temp/menu/039930f204.gif"
width="178" height="24" border="0" alt="Aktuelles" name="img13_ce7f_1" /></a><a href="index.php?id=12"
onfocus="blurLink(this);" onmouseover="over('img12_ce7f_2');" onmouseout="out('img12_ce7f_2');"><img
src="typo3temp/menu/4c3ab3c63b.gif" width="178" height="24" border="0" alt="Geschützter Bereich" name="img12_ce7f_2"
/></a><a href="index.php?id=11" onfocus="blurLink(this);" onmouseover="over('img11_ce7f_3');"
onmouseout="out('img11_ce7f_3');"><img src="typo3temp/menu/14091bdf5c.gif" width="178" height="41" border="0"
alt="Informationen über das_Snowboardgebiet" name="img11_ce7f_3" /></a><a href="index.php?id=17"
onfocus="blurLink(this);" onmouseover="over('img17_d159_0');" onmouseout="out('img17_d159_0');"><img
src="typo3temp/menu/4d86f219d3.gif" width="178" height="24" border="0" alt="Geschichte" name="img17_d159_0" /></a><a
href="index.php?id=16" onfocus="blurLink(this);" onmouseover="over('img16_d159_1');"
onmouseout="out('img16_d159_1');"><img src="typo3temp/menu/8a79c809c4.gif" width="178" height="24" border="0"
alt="Mitarbeiter" name="img16_d159_1" /></a><a href="index.php?id=15" onfocus="blurLink(this);"
onmouseover="over('img15_d159_2');" onmouseout="out('img15_d159_2');"><img src="typo3temp/menu/1aabc6d9da.gif"
width="178" height="24" border="0" alt="Anfahrtsbeschreibung" name="img15_d159_2" /></a><a href="index.php?id=10"
onfocus="blurLink(this);" onmouseover="over('img10_ce7f_4');" onmouseout="out('img10_ce7f_4');"><img
src="typo3temp/menu/eb08397704.gif" width="178" height="24" border="0" alt="Über uns" name="img10_ce7f_4" /></a><a
href="index.php?id=9" onfocus="blurLink(this);" onmouseover="over('img9_ce7f_5');"
onmouseout="out('img9_ce7f_5');"><img src="typo3temp/menu/4814084535.gif" width="178" height="24" border="0"
alt="Suche" name="img9_ce7f_5" /></a>
                  </div>
        <div>
                ###SUCHE###
        </div>
      </div>
```

*Abbildung 7-13: Der HTML-Quellcode der Menüelemente enthält keinen
-Tag*

Der Zeilenumbruch wird (freundlicherweise) vom Browser eigenmächtig vorgenommen, bedingt durch die Tabellenzelle, der eine Breite von 178 Pixeln in der Designvorlage zugewiesen wurde. Um den Zeilenumbruch dennoch *sauber* zu erstellen, muss nach jedem Menüeintrag ein `<br>`-Tag eingefügt werden. Dies wird in Beispiel 7-18 wieder über die `.wrap`-Funktion gelöst.

Beispiel 7-18: Ein Zeilenumbruch nach jedem Menüeintrag

```
[...]
# Das grafische Menü erstellen
MENU_LINKS = HMENU
MENU_LINKS {
   [...]
   1 = GMENU
   1.NO = 1
   1.NO {
      wrap = |<br>
      XY = 178, 24+[16.h]
      backColor = #364497
      [...]
```

Einen Klickpfad realisieren

Für die Bezeichnung *Klickpfad* werden häufig auch andere Bezeichnungen, wie z.B. *Brotkrumenpfad* oder das englische Wort *breadcrumb (trail)* verwendet, alle bezeichnen aber das Gleiche: ein *Sie befinden sich hier*-Menü, wie Sie es in Abbildung 7-14 sehen können. Ein Platzhalter KLICKPFAD wurde bereits in der Designvorlage definiert und soll zur Umsetzung dieses Menüs verwendet werden.

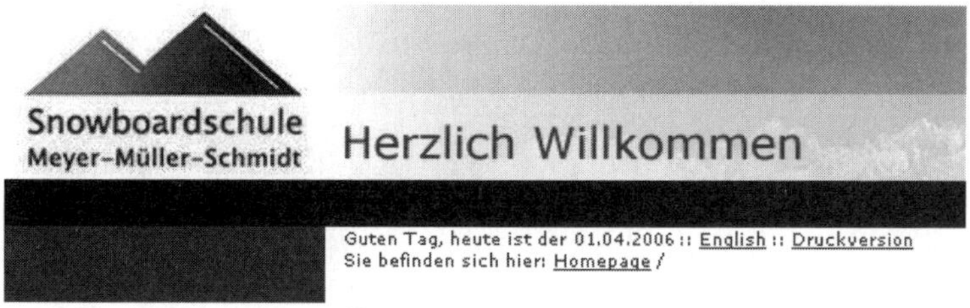

Abbildung 7-14: Der Klickpfad auf unserer Website

Auch bei der Realisierung des Klickpfads handelt es sich wieder um ein HMENU-Objekt. Allerdings wird für die Eigenschaft `.special` dieses mal nicht als Wert *directory* angegeben, der ein normales Menü kennzeichnet, sondern der Wert *rootline*, mit dem sich ein Klickpfad realisieren lässt.

Auch bei der Erstellung eines Klickpfads muss eine Ebene definiert werden. Allerdings reicht es hier aus, eine Ebene 1 für den Zustand NO zu beschreiben, so wie in Beispiel 7-19 geschehen. Alle folgenden Ebenen werden identisch verarbeitet und müssen nicht explizit angegeben werden.

Beispiel 7-19: Einen Klickpfad erstellen

```
01  page = PAGE
02  page {
[...]
16     10.marks {
[...]
76        MENU_LINKS = HMENU
77        MENU_LINKS {
[...]
135       }
136
137        # Einen Klickpfad erstellen
138        KLICKPFAD = HMENU
139        KLICKPFAD {
140           special = rootline
141           1 = TMENU
142           1.NO = 1
143        }
144    }
145 }
```

Beim Betrachten des Ergebnisses im Frontend werden Sie feststellen, dass der Klickpfad bereits angezeigt wird. Allerdings stimmen derzeit weder die Formatierung noch der Startpunkt, an dem der Klickpfad beginnt. Die Formatierung des Klickpfads lässt sich wieder mit der TMENU-Objekt-Eigenschaft `.linkWrap` realisieren. Im folgenden Beispiel 7-20 werden nach jedem Menüeintrag ein Leerzeichen, ein Schrägstrich und abschließend noch ein Leerzeichen ausgegeben.

Beispiel 7-20: Die einzelnen »breadcrumbs« formatieren

```
[...]
137  # Einen Klickpfad erstellen
138  KLICKPFAD = HMENU
139  KLICKPFAD {
140     special = rootline
141     1 = TMENU
142     1.NO = 1
143     1.NO.linkWrap = | / 
144  }
[...]
```

Den Startpunkt des Klickpfads setzen

Im Backend können Sie erkennen, dass die Hilfsseiten Bestandteil des Klickpfads sind. Diese Hilfsseiten sollen im Klickpfad allerdings nicht erscheinen und werden in Beispiel 7-21 über die Eigenschaft `.special.range` des HMENU-Objekts aus dem entsprechenden Bereich genommen.

Dazu wurde in Beispiel 7-21 in Zeile 141 der Eigenschaft `.special.range` der Wert `2|-1` zugewiesen. Dieser Wert gibt an, dass der Klickpfad erst an der zweiten Ebene der Root-Ebene beginnen und nie enden (-1) soll. Die zweite Ebene ist eine öffentliche, sichtbare Seite, da die Seite *root* sich auf Ebene 0 befindet und die Hilfsseiten *Menü links* und *Menü oben* auf Ebene 1 (siehe auch Abbildung 7-9).

Beispiel 7-21: Den Start- und Endpunkt mit .special.range angeben

```
[...]
# Einen Klickpfad erstellen
KLICKPFAD = HMENU
KLICKPFAD {
   special = rootline
   special.range = 2|-1
   1 = TMENU
   1.NO = 1
   1.NO.linkWrap = | / 
}
[...]
```

Einen Text vorschalten

Der Klickpfad wird bereits vollständig angezeigt, jedoch soll der Text *Sie befinden sich hier* vorgeschaltet werden. Dazu gibt es gleich mehrere Möglichkeiten, die im Folgenden beschrieben werden. Eine Variante, die ein neues Objekt einführt und größtmögliche Flexibilität bietet, wird anschließend in die Praxis umgesetzt.

Integration in die Designvorlage

Die erste Möglichkeit sieht vor, den scheinbar statischen Text *Sie befinden sich hier* mit in die Designvorlage aufzunehmen und vor den Platzhalter KLICKPFAD zu stellen. Diese Möglichkeit klingt einfach, hat aber einen großen Nachteil: Bei mehrsprachigen Präsentationen kann nicht mehr mit nur einer Designvorlage gearbeitet werden, es muss für jede Sprache auf Grund dieses einen Satzes eine separate Datei vorhanden sein. Daher ist diese Methode lediglich geeignet für Internetpräsentationen, die in nur einer Sprache zur Verfügung stehen sollen. Eine Lösung mit TypoScript ist hier besser geeignet, da sich über TypoScript mit so genannten *Conditions* die jeweils verwendete Sprache separat beschreiben lässt. Nähere Informationen zu Conditions erhalten Sie in Kapitel 9, *Erweiterte Darstellung von Inhalten*.

Vorschaltung mittels wrap

Die zweite Möglichkeit ist, den Text mit der `.wrap`-Funktion voranzustellen. Diese Vorgehensweise, die ausschließlich über TypoScript gelöst wird, ist für kleine zusätzliche Angaben sicherlich praktikabel, für umfangreichere Vorhaben allerdings nicht übersichtlich genug. Theoretisch reicht diese Funktion aus, um das recht einfache Vorhaben umzusetzen.

```
KLICKPFAD = HMENU
KLICKPFAD {
   wrap = Sie befinden sich hier: |
   special = rootline
   [...]
}
```

An einem Platzhalter mehrere Objekte ausführen

Die dritte Möglichkeit, die hier ausführlich vorgestellt wird, erlaubt es, an einem Platzhalter gleich mehrere Objekte in einer angegebenen Reihenfolge auszuführen. In der Praxis ist es allerdings nicht möglich, einem Platzhalter mehrere Objekte zuzuweisen, weshalb ein neues Objekt COA eingeführt wird. Das Objekt COA kann mehrere Objekte mit ihren jeweiligen Definitionen in einer numerischen Liste aufnehmen. Diese numerische Liste wird wieder mit den Zahlen *10, 20, 30, ...* beschrieben, wobei jedes einzelne Listenelement genau einem Objekt zugewiesen werden kann. Die Reihenfolge der Ausführung wird mit der Zahl bestimmt. Die Zahlen der numerischen Liste müssen zwar nicht in Zehnerschritten angegeben werden, dieser Zahlenabstand hat sich aber als praktisch erwiesen, um nachträglich Korrekturen vornehmen zu können.

Es kann nun erreicht werden, dass vor der Ausführung des HMENU-Objekts zunächst ein TEXT-Objekt ausgeführt wird, das den Text *Sie befinden sich hier* ausgibt. Im folgenden Beispiel 7-22 wird in Zeile 140 bem Platzhalter KLICKPFAD eine COA-Instanz erzeugt. Der vorgeschaltete Text wird an Position 10 mit dem TEXT-Objekt und der Eigenschaft `.value` ausgegeben. An Position 20 folgt die Ausgabe des eigentlichen Klickpfads.

Beispiel 7-22: Das Objekt COA anwenden

```
[...]
137      # Einen Klickpfad erstellen
138      # Objekt COA wird zwischengeschaltet, um einen zusätzlichen
139      # Text angeben zu können.
140      KLICKPFAD = COA
141      KLICKPFAD {
142         # Der vorgeschaltete Text
143         10 = TEXT
144         10.value = Sie befinden sich hier: 
145
146         # Den Klickpfad an Position 20 darstellen
147         20 = HMENU
148         20 {
149            special = rootline
150            special.range = 2|-1
151            1 = TMENU
152            1.NO = 1
153            1.NO.linkWrap = | / 
154         }
```

Beispiel 7-22: Das Objekt COA anwenden (Fortsetzung)

```
        }
    }
}
```

Ungewünschte Hilfszeichen entfernen

Wie auch beim Trailer werden Sie auf der Seite *Informationen über das Snowboardgebiet* einen unschönen Effekt feststellen: Im Klickpfad befindet sich derzeit auch der Unterstrich, das in einem vorigen Abschnitt als Trennsymbol für verschiedene Listenelemente eingeführt wurde. Dieses Symbol soll nicht Bestandteil des Klickpfads sein und wird, wie auch schon beim Trailer, durch ein Leerzeichen ersetzt.

Bei der Realisierung des grafischen Trailers wurde die Ausgabe des Texts erneut in zwei Elemente zerlegt, die anschließend dynamisch hintereinander platziert wurden. Bei der Realisierung des Klickpfads nutzen wir eine andere Herangehensweise: die Funktion `.parseFunc.short`. Mit ihr können Sie ein angegebenes Zeichen oder eine Zeichenkette durch einen bestimmten Wert ersetzen. Im Beispiel 7-23 wird in Zeile 154 der Unterstrich durch ein Leerzeichen ersetzt, das als ` ` angegeben ist.

Beispiel 7-23: Den Unterstrich durch ein Leerzeichen ersetzen

```
[...]
146         # Den Klickpfad an Position 20 darstellen
147         20 = HMENU
148         20 {
149            special = rootline
150            special.range = 2|-1
151            1 = TMENU
152            1.NO = 1
153            1.NO.linkWrap = | / 
154            1.NO.stdWrap.parseFunc.short._ =  
155         }
[...]
```

In diesem Kapitel:

- Neue Seiteninhalte anlegen
- Vorhandene Seiteninhalte ausgeben
- Vordefinierte Beschreibungen verwenden
- Die Darstellung den eigenen Wünschen anpassen
- Inhalte in anderen Bereichen ausgeben
- Inhalte am rechten Rand ausgeben
- Übersicht über Seiteninhaltstypen

KAPITEL 8

Inhalte ausgeben

Dieses Kapitel zeigt Ihnen, wie Sie Seiteninhalte, die von Redakteuren eingepflegt werden, integrieren und mit gestalterischen Vorgaben versehen können. Sie werden bereits bekannte TypoScript-Objekte verwenden und neue Objekte und Eigenschaften kennen lernen. Wenn Sie dieses Kapitel Schritt für Schritt nachvollzogen haben, werden Sie Seiteninhalte in verschiedenen gestalterischen Varianten mit TypoScript beschreiben können. Eine tabellarische Übersicht über die verschiedenen Seiteninhaltstypen finden Sie am Ende des Kapitels.

Neue Seiteninhalte anlegen

Bevor überhaupt Inhalte ausgeben werden können, müssen erst einmal Seiteninhalte angelegt werden. Dafür müssen Sie kurzzeitig den Redakteursposten einnehmen, wozu Sie die TypoScript-Template-Umgebung verlassen. Zunächst soll auf der Seite *Homepage* ein einfacher Text mit Überschrift angelegt werden. Der neue Seiteninhalt wird in der Datenbanktabelle *tt_content* gespeichert.

Klicken Sie zum Anlegen eines Seiteninhalts in der linken Modulliste auf *Seite* und wählen Sie im Seitenbaum durch Anklicken des Textlinks die Seite *Homepage* aus. Beachten Sie aber, dass es die Seite *Homepage* gleich zweimal gibt. Eine der beiden *Homepage*-Seiten ist lediglich ein Verweis auf die tatsächliche Homepage, die sich im linken grafischen Menü befindet und somit eine Unterseite von *Menü links* ist.

Nach Anklicken des Textlinks *Homepage* im Seitenbaum können Sie jetzt im rechten Bereich einen Seiteninhalt anlegen, indem Sie auf den Button *Seiteninhalt anlegen* klicken, wie in Abbildung 8-1 zu sehen ist.

In dem erscheinenden Wizard (Abbildung 8-2) für neue Inhaltselemente bzw. Seiteninhalte können Sie verschiedene vordefinierte Inhaltstypen auswählen. Dies sind prinzipiell nur unterschiedliche Masken, die Redakteuren zur Verfügung gestellt werden. Sie können mit TypoScript abfragen, um welchen Inhaltstyp es sich gerade

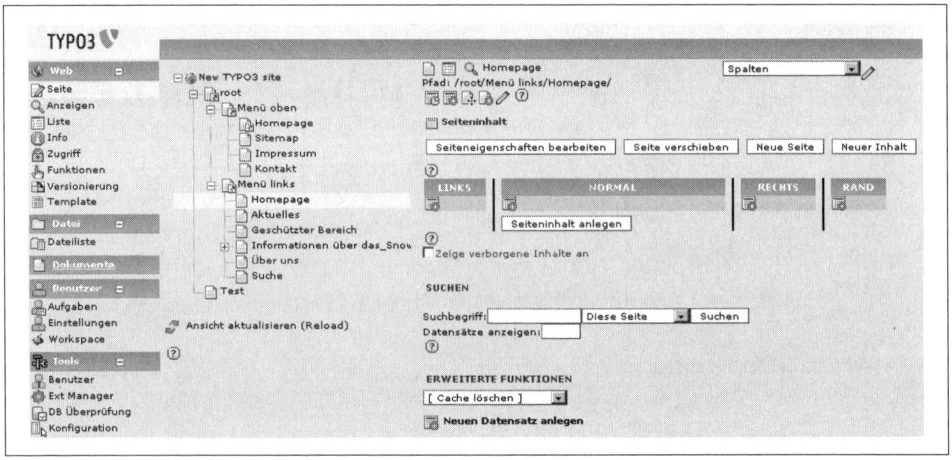

Abbildung 8-1: Übersicht über Seiteninhalte auf einer Seite

handelt und wie dieser dargestellt werden soll. Im nächsten Abschnitt wird das ausführlich erläutert.

Diese vordefinierten Inhaltstypen sind z.B. *Normaler Text*, *Text mit Bild* etc. Über den Inhaltstyp *Normaler Text* kann der Redakteur Inhaltsüberschriften sowie Fließtext angeben. Beim Inhaltstyp *Text mit Bild* gibt es zusätzliche Felder, über die Bilder hochgeladen bzw. eingebunden werden können und mit denen man die Position der eingebundenen Bilder bestimmen kann. In Kapitel 12, *Benutzerrechte für Redakteure anlegen*, erfahren Sie, wie Sie für Redakteure nur die Felder zur Verfügung stellen, die Sie per TypoScript beschrieben haben und die auch tatsächlich benötigt werden.

Für den ersten Seiteninhalt wählen Sie aus dem Wizard den ersten Eintrag *Normaler Text* aus. Es erscheint die in Abbildung 8-3 gezeigte Maske für einen Seiteninhalt des Typs *Normaler Text*. Füllen Sie hier das Feld *Überschrift* mit dem Inhalt *Das ist die Überschrift* und das Feld *Text* mit dem Inhalt *Dies ist der Bodytext*. Speichern Sie den Seiteninhalt, indem Sie auf das Symbol *Speichern und Schließen* klicken.

Wenn die bei Ihnen angezeigte Maske nicht so umfangreich ist wie die in Abbildung 8-3, liegt es vermutlich daran, dass Sie die zweite Optionspalette nicht aktiviert haben. Das können Sie in dieser Maske im unteren Abschnitt tun.

Einen weiteren Seiteninhalt anlegen

Legen Sie nun auf der gleichen Seite *Homepage* einen weiteren Seiteninhalt vom Typ *Normaler Text* an. Sie werden bemerken, dass der Button *Seiteninhalt anlegen* nicht mehr zur Verfügung steht. Im Folgenden werden mehrere Möglichkeiten

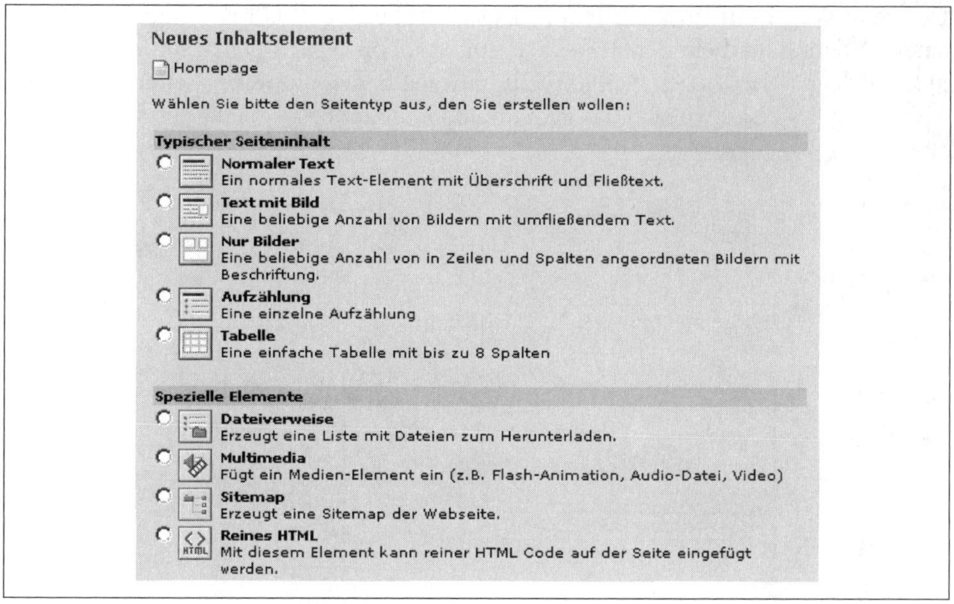

Abbildung 8-2: Der Wizard für neue Seiteninhalte

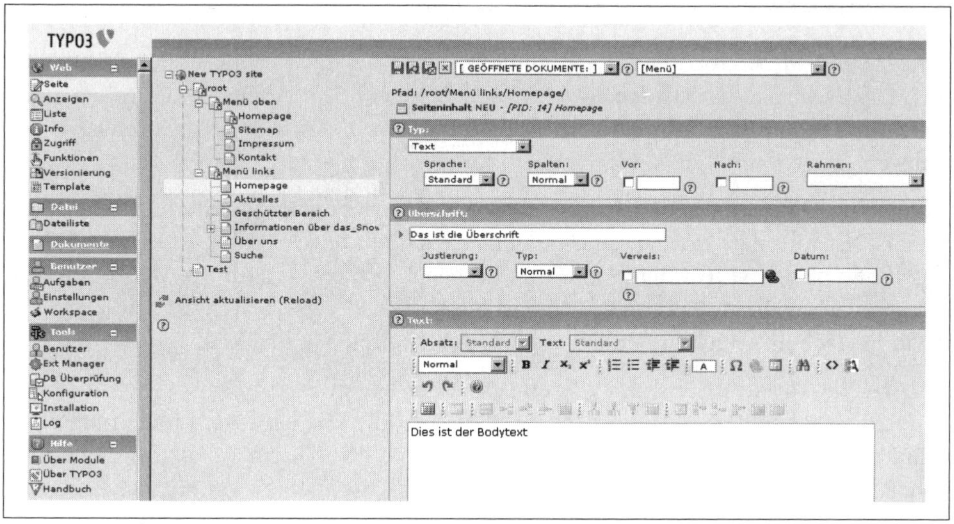

Abbildung 8-3: Backend-Maske für einen Seiteninhalt vom Typ »Text« mit aktivierter zweiter Optionspalette

gezeigt, wie Sie einen weiteren Seiteninhalt anlegen können. Dabei ist es Ihnen selbst überlassen, welche Variante Sie wählen und welche Sie langfristig bevorzugen, da Sie mit jeder Möglichkeit gleichermaßen zum Ziel kommen.

Der erste Weg führt über ein Icon, das sich in der Übersicht der Seite im Bereich eines Seiteninhalts befindet. Ein Klick auf das Icon *Neuen Datensatz nach diesem anfügen* legt einen neuen Seiteninhalt unterhalb des aktuellen Seiteninhalts an. Abbildung 8-4 zeigt, wo sich das genannte Icon befindet.

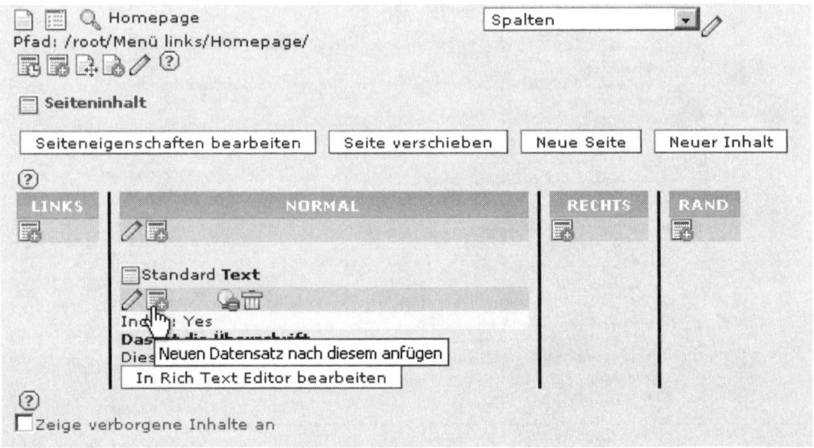

Abbildung 8-4: Einen weiteren neuen Seiteninhalt anlegen

Eine zweite Möglichkeit ist die Erzeugung eines weiteren Seiteninhalts über den Textlink *Neuen Datensatz anlegen*. Diesen Textlink finden Sie auf der Übersichtsseite der Seiteninhalte ganz unten. Sie können von hier aus diverse Datensätze neu anlegen, wie z.B. eine neue Unterseite oder eben auch einen neuen Seiteninhalt.

Eine dritte Möglichkeit, die fast identisch mit der soeben vorgestellten zweiten Variante ist, erlaubt das Anlegen eines Datensatzes über den Seitenbaum, indem Sie auf das Icon vor der Seite klicken und aus dem sich öffnenden Pop-up-Menü den Eintrag *Neu* auswählen. Auch hier können Sie wieder diverse Datensätze anlegen; Sie befinden sich im gleichen Bereich wie bei der zweiten Möglichkeit.

Für welche Variante Sie sich auch entscheiden: Legen Sie zunächst einen weiteren Seiteninhalt vom Typ *Normaler Text* an. Verwenden Sie bei Ihrem neuen Seiteninhalt in den Feldern *Überschrift* sowie *Text* einen von dem oben abweichenden Inhalt, wie z.B. *Dies ist die zweite Überschrift*, um direkt einen Unterschied festzulegen.

Es existiert ein weiteres Feld mit der Bezeichnung *Typ*, aus dem Sie ein Layout auswählen können. Wählen Sie hier statt des Eintrags *Normal* den Eintrag *Layout 2* aus und speichern Sie den neuen Seiteninhalt ab. Abbildung 8-5 zeigt, wo sich das Feld zur Auswahl des Layouts befindet.

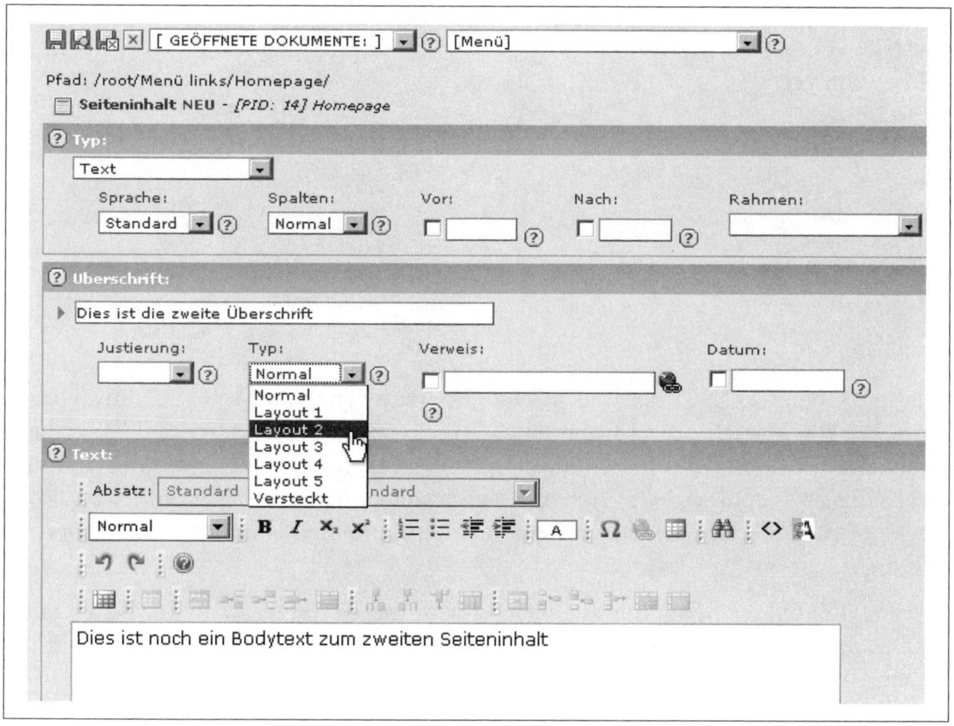

Abbildung 8-5: Im Feld »Typ« ein Layout auswählen

Vorhandene Seiteninhalte ausgeben

Nachdem Sie nun zwei Seiteninhalte auf der Seite *Homepage* angelegt haben, werden Sie vielleicht enttäuscht sein, dass diese im Frontend noch nicht angezeigt werden. Auf der anderen Seite wäre das allerdings überraschend, da Sie TYPO3 noch nicht mitgeteilt haben, dass überhaupt Inhalt angezeigt werden soll.

Damit Sie nun Inhalte an der Stelle des Platzhalters INHALT zu sehen bekommen, müssen Sie diesen ansprechen und ihm das neue Objekt CONTENT zuweisen. Auch muss TYPO3 mitgeteilt werden, aus welcher Datenbanktabelle die Inhalte kommen sollen. Seiteninhalte werden per Default in der Tabelle *tt_content* abgelegt. Das Objekt CONTENT verfügt über eine Eigenschaft `.table`, in der Sie die gewünschte Datenbanktabelle *tt_content* angeben müssen.

Beispiel 8-1: Inhalte aus der Tabelle tt_content ausgeben

```
page = PAGE
page {
   [...]
   10.marks {
      [...]
```

Beispiel 8-1: Inhalte aus der Tabelle tt_content ausgeben (Fortsetzung)

```
140       KLICKPFAD = COA
141       KLICKPFAD {
             [...]
156       }
157
158       # Inhalt ausgeben
159       INHALT = CONTENT
160       INHALT {
161          table = tt_content
162       }
163    }
164 }
```

Mit dem Objekt CONTENT, das in Zeile 159 dem Platzhalter INHALT zugewiesen wird, können Datensätze in Form einer Schleife ausgegeben werden. TYPO3 baut dafür intern eine SQL-Abfrage auf. Das Resultat dieser Datenbankabfrage sind im Regelfall alle Datensätze, die sich auf der aktuellen Seite befinden und weder versteckt noch gelöscht wurden und die mit den aktuellen Zugriffsrechten übereinstimmen.

Wird in TYPO3 ein Seiteninhalt angelegt, wird dieser Datensatz in der Datenbanktabelle *tt_content* gespeichert. Jeder Datensatz verfügt über einen Eintrag *pid* (Parent-ID = Elternobjekt) und gibt an, auf welcher Seite dieser Inhalt liegt. Das Feld *pid* enthält somit einen Verweis auf das Datenbankfeld *uid* (Unique ID = eindeutige Nummer) der Datenbanktabelle *pages*. Sie müssen beim Objekt CONTENT zwingend angeben, aus welcher Tabelle die Inhalte genommen werden sollen. In Zeile 161 geschieht das über die Eigenschaft `.table`.

Wenn Sie das Ergebnis im Frontend ansehen möchten, werden Sie auch jetzt noch keinen Erfolg haben – der Platzhalter bleibt leer. Obwohl Inhalte angelegt wurden, werden sie im Frontend immer noch nicht dargestellt. Der Grund dafür ist, dass TYPO3 bisher nicht weiß, wie Inhalte überhaupt dargestellt werden sollen. Die Beschreibung dazu muss explizit über TypoScript erfolgen.

Seiteninhalt mit TypoScript beschreiben

Bei der praktischen Arbeit mit TYPO3 werden so genannte *statische Templates* inkludiert. Die folgenden Erläuterungen dienen dem Grundverständnis von Seiteninhalten und deren Verarbeitung mit TypoScript.

Bisher haben Sie beim dynamischen Auslesen von Datenbankfeldern nur die Felder der Tabelle *pages* angesprochen. Jetzt müssen Sie TYPO3 beibringen, wie Datensätze der Tabelle *tt_content* dargestellt werden sollen. Das geschieht auf der höchsten Ebene in TypoScript, also auf der Ebene, in der auch das PAGE-Objekt angewendet wurde. Durch die Zuweisung `page = PAGE` konnten Sie den Bezeichner *page* frei wählen; für die Verarbeitung von Datenbankschleifen mit dem CON-

TENT-Objekt ist der Name aber vorgegeben und identisch mit der jeweils abzufragenden Tabelle, in diesem Fall also (wie in Beispiel 8-2 zu sehen) *tt_content*.

> Theoretisch lassen sich auch andere Tabellen abfragen. Das ist aber nicht unbedingt praxisnah und wird daher an dieser Stelle auch nicht näher erläutert.

Beispiel 8-2: Die Beschreibung der Darstellung eines Datensatzes aus tt_content

```
01  page = PAGE
02  page {
       [...]
16     10.marks {
          [...]
158       # Inhalt ausgeben
159       INHALT = CONTENT
160       INHALT {
161          table = tt_content
162       }
163    }
164 }
165
166 # Seiteninhalte beschreiben, wird später wieder gelöscht
167 tt_content = TEXT
168 tt_content {
169    field = header
170    wrap = |<br>
171 }
```

In Zeile 161 wird die Selektierfunktion auf die Tabelle *tt_content* definiert. Die Definition ist hier noch sehr knapp und arbeitet derzeit nur mit per Default gesetzten Werten; beispielsweise sollen nur Datensätze gefunden werden, die sich auf der momentan aktuellen Seite befinden. Wie Sie die intern erzeugte SQL-Anweisung beeinflussen können, erfahren Sie später in diesem Kapitel.

Für jeden gefundenen Datensatz aus der definierten Suchfunktion – im Augenblick alle Datensätze der Tabelle *tt_content*, die sich auf der gerade angezeigten Seite befinden und nicht gelöscht sind – wird nach einer Beschreibung gesucht. Die Beschreibung für die Darstellung eines Datensatzes aus der Tabelle *tt_content* folgt in den Zeilen 167 bis 171. Hier wird einfach ein TEXT-Objekt ausgeführt, das den Inhalt des Datenbankfelds *header* der Tabelle *tt_content* ausgibt. Das Datenbankfeld *header* enthält die jeweilige Überschrift, die zuletzt noch mit einem `<br>`-Tag umhüllt wird.

Wenn Sie sich das Ergebnis im Frontend ansehen möchten, achten Sie darauf, dass Sie auch die Seite aufrufen, auf der sich Seiteninhalte befinden, so z.B. die Seite *Homepage*. Das Frontend-Ergebnis sollte wie in Abbildung 8-6 aussehen.

Die Ausgabe einer Überschrift wird im Regelfall allerdings nicht genügen. Zur Darstellung von weiteren Überschriften und eigentlichem Text muss daher wieder das Objekt COA verwendet werden, das im vorherigen Kapitel vorgestellt wurde und mehrere Objekte in einer geordneten Liste aufnehmen kann. In Beispiel 8-3 wird durch die Verwendung des Objekts COA neben der Überschrift auch der eigentliche Seiteninhalt ausgegeben, der im Datenbankfeld *bodytext* der Tabelle *tt_content* gespeichert ist.

Beispiel 8-3: Mit COA können Überschrift und Bodytext ausgegeben werden

```
[...]
166 # Seiteninhalte beschreiben, wird später wieder gelöscht
167 tt_content = COA
168 tt_content {
169    # Überschrift ausgeben
170    10 = TEXT
171    10 {
172       field = header
173       wrap = <h1>|</h1>
174    }
175    # Bodytext ausgeben
176    20 = TEXT
177    20 {
178       field = bodytext
179       wrap = <p>|</p>
180    }
181 }
```

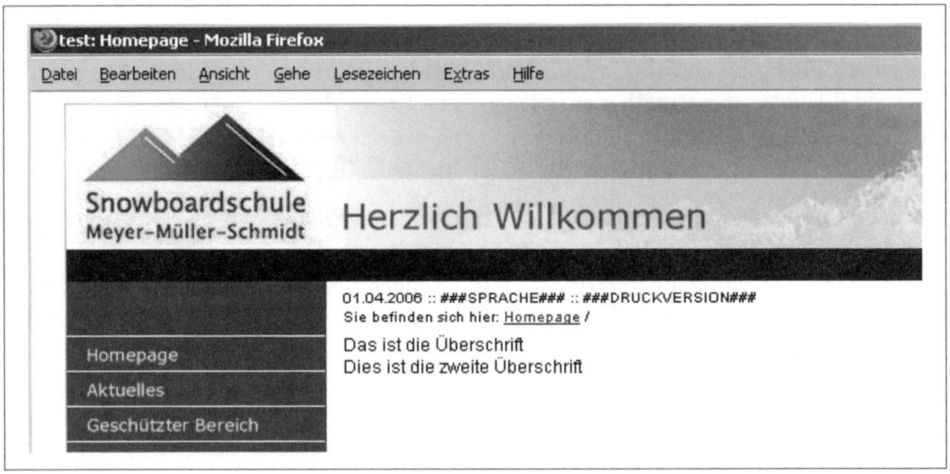

Abbildung 8-6: Ein erster Inhalt wird ausgegeben

Durch das eingesetzte Objekt COA in Zeile 167 besteht nun die Möglichkeit, einem gefundenen Datensatz aus der Tabelle *tt_content* mehrere Objekte zuzuweisen. An Position 10, eingeleitet in Zeile 170, wird die Überschrift ausgegeben und mit einem

<h1>-Tag sowie einem Return umhüllt. Die grafische Beschreibung des <h1>-Tags ist in der eingebundenen CSS-Datei angegeben. An Position 20 wird der Bodytext ausgegeben. Abbildung 8-7 zeigt das Resultat im Frontend.

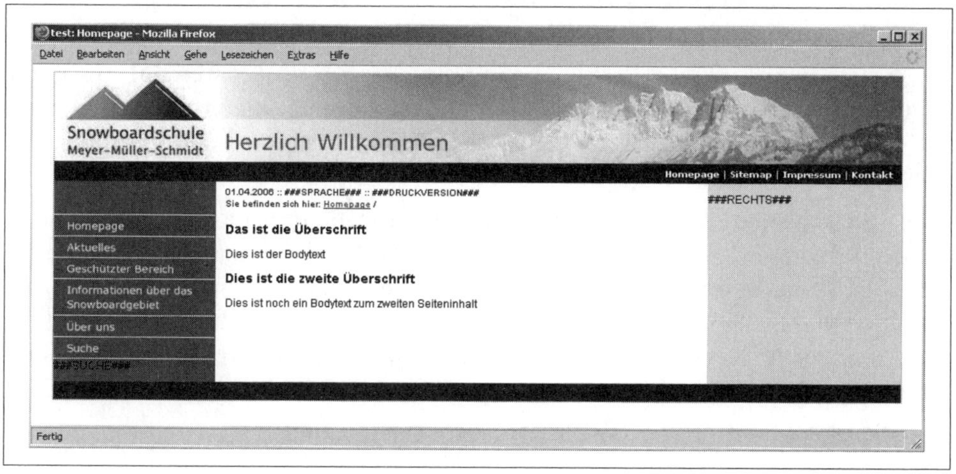

Abbildung 8-7: Überschrift und Inhalt werden CSS-formatiert ausgegeben

Bitte messen Sie der Formatierung im Frontend noch keine Bedeutung zu. In einem späteren Abschnitt in diesem Kapitel werden Sie die Formatierung des Texts entsprechend Ihren Wünschen bzw. den Vorgaben des Beispiels umsetzen.

Unterschiedliche Darstellungen differenzieren

Beim Anlegen der Seiteninhalte haben Sie für den zweiten Seiteninhalt das *Layout 2* ausgewählt. Es soll nun ausgewertet werden, welches Layout für den jeweiligen Seiteninhalt angegeben wurde, und dementsprechend auch eine andere Darstellung beschrieben werden.

Mit den bereits bekannten Objekten lässt sich eine Unterscheidung nicht realisieren. Dafür wird ein neues Objekt CASE eingeführt, mit dem Datenbankfelder auf gespeicherte Werte hin überprüft werden können. Je nach gespeichertem Wert wird eine andere TypoScript-Beschreibung ausgeführt.

Der Wert des Felds *Layout* (bzw. *Typ*) wird in einem Datenbankfeld *header_layout* in der Tabelle *tt_content* gespeichert. Für den ersten Seiteninhalt haben Sie aus dem Drop-down-Menü keinen besonderen Wert ausgewählt, sondern *Normal* stehen lassen. In der Datenbank im Feld *header_layout* wurde dazu der Wert *0* gespeichert. Für den zweiten Seiteninhalt haben Sie den Eintrag *Layout 2* ausgewählt, in der Datenbank im Feld *header_layout* wird also der Wert *2* gespeichert.

Genau dieses Unterscheidungsmerkmal können Sie nun ausnutzen und eine unterschiedliche Beschreibung der Seiteninhalte realisieren. Mit dem CASE-Objekt kann eine *Wenn/Dann*-Abfrage erstellt werden, die vergleichbar ist mit einer CASE-Abfrage in einer Programmiersprache.

Mit der Eigenschaft `.key` des CASE-Objekts wird der Wert angegeben, auf den hin überprüft werden soll. Bei `.key` können Funktionen verwendet werden, so z.B. die Funktion `.key.field`, die in der Praxis sehr häufig eingesetzt wird und aus der Datenbank dynamisch einen Wert ausliest. Aber auch andere Funktionen wie z.B. `.key.data = DB:pages:1:title` sind anwendbar.

Der zurückgelieferte Wert wird anschließend mit Definitionen verglichen. Existiert für den in `.key` vorhandenen Wert eine TypoScript-Beschreibung, wird diese ausgeführt. Ist keine Beschreibung für den Wert vorhanden, wird nach einer Default-Beschreibung gesucht, die in einem gleichnamigen Schlüsselwort abgelegt wird. Ist auch eine solche Default-Beschreibung nicht vorhanden, liefert die CASE-Abfrage ein leeres Ergebnis zurück.

In Beispiel 8-4 wird geprüft, welcher Wert im Datenbankfeld *header_layout* zu dem jeweiligen Datensatz gespeichert wurde. Abhängig von diesem Wert werden unterschiedliche TypoScript-Beschreibungen zur Formatierung des Seiteninhalts ausgeführt.

Beispiel 8-4: Unterscheidungen mit dem CASE-Objekt

```
[...]
# Seiteninhalte beschreiben, wird später wieder gelöscht
tt_content = CASE
tt_content {
   key.field = header_layout
   default = COA
   default {
      10 = TEXT
      10.field = header
      10.wrap = <h1>|</h1>
      20 = TEXT
      20.field = bodytext
      20.wrap = <p>|</p>
   }
   2 = COA
   2 {
      10 = TEXT
      10.field = header
      10.wrap = <h1><font color="red">|</font></h1>
      20 = TEXT
      20.field = bodytext
      20.wrap = <p>|</p><hr size="1">
   }
}
```

In Beispiel 8-4 wird für beide gefundenen Seiteninhalte auf der Seite *Homepage* das CASE-Objekt ausgeführt. Mit der Abfrage `.key.field` in Zeile 169 wird beim ersten Datensatz, für den das Layout *Normal* im Auswahlfeld *Typ* belassen wurde, der Wert *0* zurückgeliefert, da dieser Wert für diesen Datensatz in der Tabelle *tt_content* im Feld *header_layout* gespeichert ist. Direkt unterhalb des CASE-Objekts befindet sich allerdings keine Beschreibung für diesen zurückgelieferten Wert, daher wird nach dem Schlüsselwort `.default` gesucht und ausgeführt, was in den Zeilen 170 bis 178 definiert ist.

Für den zweiten Datensatz mit gespeichertem *Layout 2* wurde in der Datenbanktabelle *tt_content* im Feld *header_layout* die Zahl 2 abgespeichert. Direkt unterhalb des CASE-Objekts wird also nach dem Schlüsselwort *2* gesucht und die hier stehende Beschreibung ausgeführt.

Oft wird das CASE-Objekt in Verbindung mit Auswahlfeldern verwendet, die im Backend durch Redakteure bedient werden. In einem solchen Auswahlfeld, z.B. *Layout* mit den Elementen *Layout 1*, *Layout 2* etc., werden die ausgewählten Daten in der Regel als numerische Werte in der Datenbank abgelegt. Diese sind in der späteren Verarbeitung unkompliziert. In der Praxis werden Sie daher selten auf Zeichenketten hin überprüfen, da diese nicht besonders gut zur Überprüfung geeignet sind. So können z.B. Konflikte mit internen Bezeichnern auftreten, oder die Groß- und Kleinschreibung kann Verwirrung stiften.

In die SQL-Anweisung eingreifen

TYPO3 erstellt bei der Verwendung des Objekts CONTENT selbstständig und automatisch eine SQL-Abfrage. Diese Datenbankabfrage fragt aus der in der Eigenschaft `.table` angegebenen Datenbanktabelle alle Datensätze ab, die sich auf der aktuell angezeigten Seite befinden und nicht gelöscht sind. In einem Datenbankfeld *pid* (Parent-ID) befindet sich die eindeutige Seiten-ID der Seite, auf der sich der Seiteninhalt befindet. In einem Datenbankfeld *deleted* wird über die Werte *1* und *0* angegeben, ob der Seiteninhalt gelöscht wurde. (Wenn Sie oder Redakteure über das Backend einen Seiteninhalt löschen, wird dieser nicht tatsächlich aus der Datenbanktabelle gelöscht, sondern im Feld *deleted* wird eine *1* gespeichert.)

Eine durch das CONTENT-Objekt erzeugte SQL-Abfrage sieht stark vereinfacht wie folgt aus:

```
SELECT * FROM [.table] WHERE pid = [aktuelleSeitenId] AND deleted = '0'
```

Tatsächlich ist diese SQL-Abfrage wesentlich umfangreicher, da in TYPO3 die Möglichkeit besteht, Seiteninhalte zeitgesteuert anzeigen zu lassen; außerdem können sie vor Zugriff geschützt werden. Allerdings berücksichtigt diese automatisch erstellte SQL-Abfrage nicht alle Funktionalitäten, die Sie sich möglicherweise wünschen. So wird zum jetzigen Zeitpunkt zum Beispiel keine individuelle Sortierung unterstützt – die Seiteninhalte werden im Frontend noch in der Reihenfolge angezeigt, in der sie erstellt wurden.

Sie können mit TypoScript in diese automatisch erzeugte SQL-Anweisung eingreifen. Hier soll nicht intensiv auf die Syntax und die grundlegende Arbeitsweise von SQL eingegangen werden, da das kein Hauptproblem von TYPO3 ist und dazu viele Bücher existieren, z.B. *MySQL: Einsatz und Programmierung* von George Reese, Randy Jay Yarger & Tim King (O'Reilly Verlag). Aber auch ohne SQL-Kenntnisse können Sie dank TypoScript Abfragen beeinflussen.

Inhalte sortiert ausgeben

Oberflächlich betrachtet, scheint im Frontend alles in Ordnung zu sein, und Sie können durchaus zufrieden sein. Der Redakteur wird bei der praktischen Arbeit aber schnell feststellen, dass die im Backend zur Verfügung gestellte Sortierfunktion zwar im Backend funktioniert, auf das Frontend jedoch keine Auswirkung hat. Veränderungen der Datensatzreihenfolge im Backend sind im Frontend nicht erkennbar. Grund dafür ist, dass TYPO3 noch nicht mitgeteilt wurde, wie die Datensätze überhaupt sortiert werden sollen. In Abbildung 8-8 können Sie erkennen, wo im Backend die Sortierfunktion zur Verfügung steht.

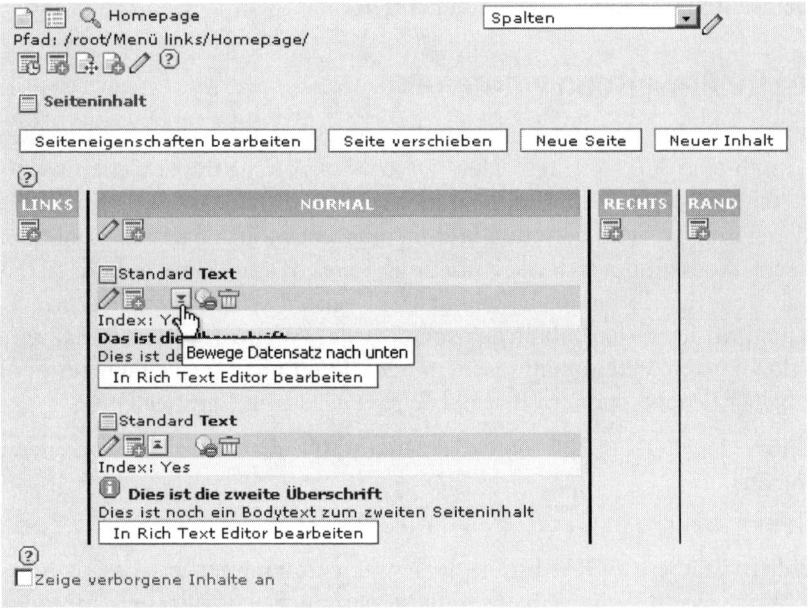

Abbildung 8-8: Sortierung im Backend

Um Seiteninhalte sortiert auszugeben, kann mit der Eigenschaft `.select.orderBy` angegeben werden, nach welchem Datenbankfeld sortiert werden soll. Der hier angegebene Wert wird in die SQL-Anweisung integriert und verhält sich somit wie von SQL her gewohnt. Ein üblicher Wert ist die Angabe des Datenbankfelds *sorting*, in dem sich ein numerischer Wert zur Kennzeichnung der Reihenfolge befindet. In Beispiel 8-5 wird diese Eigenschaft in Zeile 162 verwendet, wodurch sich eine manuelle Sortierung von Seiteninhalten im Backend auch auf das Frontend auswirkt.

Beispiel 8-5: Seiteninhalte sortiert ausgeben

```
[...]
158   # Inhalt ausgeben
159   INHALT = CONTENT
160   INHALT {
161      table = tt_content
162      select.orderBy = sorting
163   }
[...]
```

Spalten auswählen

Wer ein Design verwenden möchte, das mit unterschiedlichen Spalten arbeitet, z.B. einem normalen Inhaltsbereich und einer rechten Spalte, wird im Backend schnell fündig: Hier kann problemlos angegeben werden, dass ein Seiteninhalt in einer linken, normalen oder rechten Spalte stehen soll oder aber am Rand. Abbildung 8-9 zeigt, wo Sie beim Anlegen oder Bearbeiten eines Seiteninhalts angeben können, in welcher Spalte sich der Seiteninhalt befinden soll.

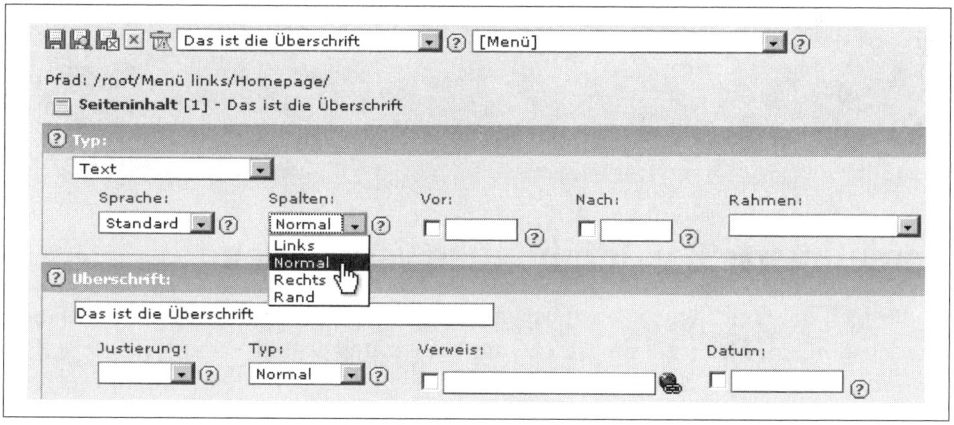

Abbildung 8-9: Auswahl der Spalte, in der sich ein Seiteninhalt befinden soll

Das Backend speichert die ausgewählte Spalte als numerischen Wert in der Datenbank im Datenbankfeld *colPos*. Folgende Werte werden für die jeweiligen Spalten in diesem Datenbankfeld gespeichert:

Tabelle 8-1: Spalten mit ihren gespeicherten Werten

Wert	Spalte
0	Normal
1	Links
2	Rechts
3	Rand

Um nur Datensätze der Spalte *Normal* angezeigt zu bekommen, muss das Template erneut um eine weitere CONTENT-Eigenschaft `.select.where` erweitert werden. Mit dem unter dieser Eigenschaft angegebenen Wert erweitern Sie die so genannte `where`-Klausel der SQL-Abfrage, mit der Sie eine Auswahl weiter einschränken können. Der benötigte Wert hat immer die Syntax `[Tabellenfeld]=[Wert]` für numerische Werte und `[Tabellenfeld]="[Wert]"` oder `[Tabellenfeld] LIKE "[Wert]"`, wenn der abzufragende Wert aus einer Zeichenkette besteht.

Im Praxisbeispiel sollen für den Marker INHALT nur Seiteninhalte dargestellt werden, die sich in der Spalte *Normal* befinden. Dazu wird in Beispiel 8-6 die SQL-Anweisung um eine Abfrage auf das Datenbankfeld *colPos* erweitert.

Beispiel 8-6: Seiteninhalte aus der Spalte »Normal« ausgeben

```
[...]
# Inhalt ausgeben
INHALT = CONTENT
INHALT {
   table = tt_content
   select.orderBy = sorting
   select.where = colPos = 0
}
[...]
```

Vordefinierte Beschreibungen verwenden

Im vorigen Abschnitt wurde das Prinzip gezeigt, nach dem Seiteninhalte formatiert werden können. Dazu haben Sie für die beiden angelegten Datensätze vom Typ *Normaler Text* bereits unterschiedliche Überschriften mit anschließendem Bodytext formatiert ausgegeben. Der hier vorgestellte Weg ist sehr mühsam, da auf jede kleine Eigenschaft eingegangen werden muss, die der Redakteur im Backend einstellen kann. So wurde oben z.B. nur eine Beschreibung für den Seiteninhaltstyp *Normaler Text* angegeben, weitere Inhaltstypen wie z.B. *Text mit Bild*, *Formular* etc. müssten jeweils noch definiert werden.

TYPO3 hält fertige TypoScript-Codesammlungen mit einigen tausend Zeilen TypoScript bereit, die Grundkonfigurationen enthalten, mit denen Sie arbeiten können. Diese fertigen TypoScript-Templates werden in TYPO3 als *statische Templates* bezeichnet und können in einem vorhandenen TypoScript-Template verwendet werden. Diese Vorgehensweise wird in Programmiersprachen häufig als *Inkludieren* bezeichnet.

Statische Templates inkludieren

Als Erweiterung existiert ein statisches Template mit der Bezeichnung *CSS styled content*, das eine vollständige Beschreibung bzw. eine CSS-basierte Formatierung für Seiteninhalte enthält. Dieses statische Template soll im Folgenden als Erweiterung installiert und in Ihr TypoScript-Template eingebunden werden, damit Sie auf eine fertige TypoScript-Beschreibung für die Seiteninhalte zurückgreifen und diese an Ihre Bedürfnisse anpassen können.

Neben *CSS styled content*, das Seiteninhalte mit CSS formatiert, ist das statische Template mit der Bezeichnung *content (default)* weit verbreitet. In ihm werden Inhalte mit Tabellen und `<font>`-Tags formatiert. Das statische Template *content (default)* muss nicht als Erweiterung installiert werden, sondern steht direkt zur Verfügung. Um es zu nutzen, muss es lediglich inkludiert werden.

Die Erweiterung CSS styled content installieren und verwenden

Um das statische Template *CSS styled content* einsetzen zu können, muss dieses zunächst als Erweiterung installiert werden. Wählen Sie zur Installation daher, wie in Abbildung 8-10 zu sehen, im linken Menü den Menüpunkt *Extension-Manager* aus ❶. Wenn Sie nun im rechten Bereich aus der oberen Auswahlbox den Eintrag *Install extensions* wählen ❷, können Sie in der Übersicht der zur Verfügung stehenden Erweiterungen *CSS styled content* installieren, indem Sie auf das Plussymbol vor der Erweiterung klicken ❸. In der darauf folgenden Maske bestätigen Sie über den Button *Update* die benötigten Änderungen an der Datenbank.

Wenn Sie statt des Plussymbols ein grünes Minussymbol sehen, ist die Erweiterung *CSS styled content* bereits installiert. Nähere Informationen zum Erweiterungsmanager erhalten Sie in Kapitel 10, *Bestehende Erweiterungen integrieren*.

Nachdem die Erweiterung *CSS styled content* installiert wurde, muss als Nächstes das statische Template inkludiert werden. Wechseln Sie dazu wieder in das Template-Modul und klicken Sie in Ihrem TypoScript-Template ganz unten auf den Textlink *Click here to edit whole template record*. Abbildung 8-11 zeigt, wo sich dieser Textlink befindet.

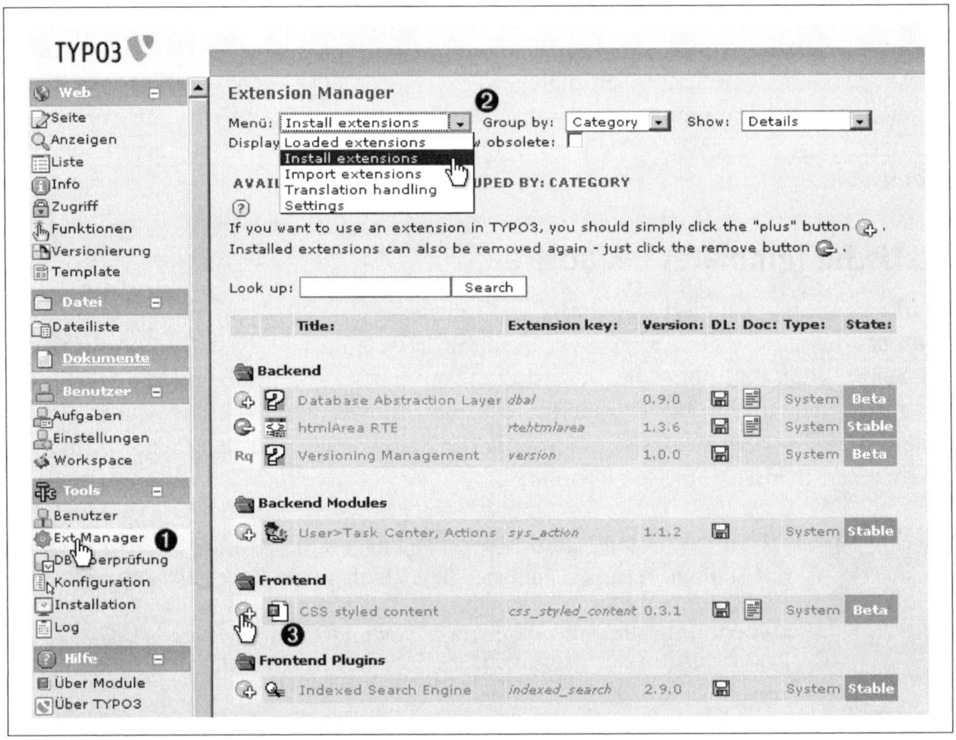

Abbildung 8-10: Die Erweiterung »CSS styled content« installieren

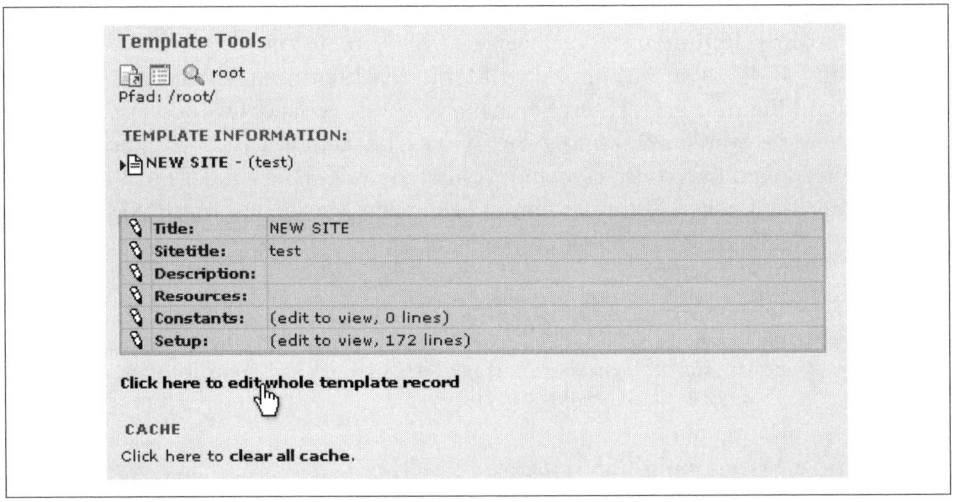

Abbildung 8-11: Der Textlink zur Maske, mit der das gesamte Template bearbeitet werden kann

Es öffnet sich eine umfangreiche Template-Maske, die bereits in Kapitel 5, *TypoScript in der Praxis*, näher vorgestellt wurde. Fügen Sie im Abschnitt *Include static (from extensions)* auf der rechten Seite den vermutlich einzigen Eintrag *CSS Styled Content* zu Ihrem Template hinzu (Abbildung 8-12), indem Sie einfach auf diesen Eintrag klicken, und speichern Sie das Template ab. Löschen Sie anschließend manuell den Cache über den Textlink *FE-Cache löschen*, der sich auf der linken Seite oberhalb des Logout-Buttons befindet.

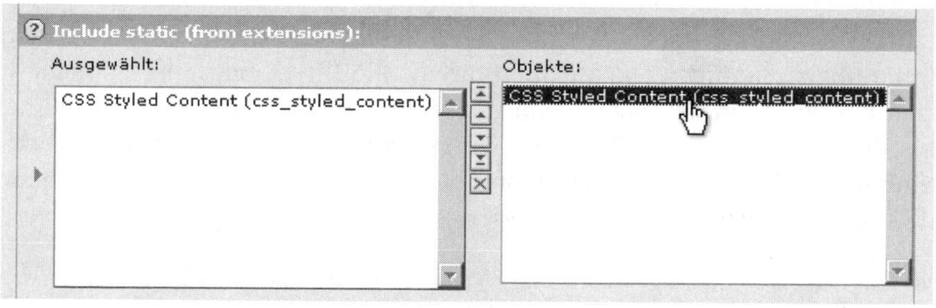

Abbildung 8-12: Das statische Template inkludieren

Wenn Sie nun im Frontend erneut Ihre Seite *Homepage* betrachten, werden Sie feststellen, dass zusätzlich eine gelb hinterlegte Fehlermeldung *Error: ...* in dem Bereich angezeigt wird, der eigentlich nur den von Ihnen angegebenen Seiteninhalt enthalten sollte. Woraus diese Fehlermeldung resultiert und wie Sie sie wieder entfernen können, erfahren Sie in diesem und den folgenden Abschnitten.

Mit dem Inkludieren des statischen Templates *CSS styled content* wurde TypoScript-Code inkludiert, der Ihrem eigenen Template vorangestellt wird. Praktisch besteht Ihr Template jetzt nicht mehr aus 190 Zeilen, sondern aus 1.637 Zeilen, da *CSS styled content* insgesamt 1.447 Zeilen TypoScript-Code enthält, auch wenn Sie diese Zeilen (noch) nicht sehen können.

Im statischen Template *CSS styled content* gibt es nun eine vollständige Beschreibung der einzelnen Seiteninhaltstypen und Überschriften; es findet sich z.B. folgender Code (stark vereinfacht):

```
tt_content = CASE
tt_content {
  # Das Datenbankfeld "CType" abfragen
  key.field = CType
  # Wenn in CType "text" steht, dann Objekt COA ausführen
  text = COA
  # Für den Inhaltstyp "Normaler Text" zunächst die Überschrift ausgegeben, ...
  text.10 = TEXT
  text.10.field = header
  text.10.wrap = <h1 class="csc-firstHeader">|</h1>
  # ... dann den Bodytext ausgeben
  text.20 = TEXT
  text.20.field = bodytext
  text.20.wrap = <p class="bodytext">|</p>
```

```
        # Wenn für "CType" kein Wert gefunden werden konnte,
        # soll der .default-Bereich ausgeführt werden.
        default = TEXT
        default.field = CType
        default.wrap=<p style="background-color: yellow;"><b>ERROR:</b>
               Content Element type "|" has no rendering definition!</p>

    }
```

Mit Ihrem Template haben Sie nun die Möglichkeit, diese fertige TypoScript-Beschreibung zu modifizieren. Sie überschreiben in Ihrem eigenen Template, wie in Beispiel 8-4 zu sehen, *tt_content* nun mit Ihren Angaben, so dass sich die beiden Definitionen mischen (siehe Tabelle 8-2). Da in Beispiel 8-4 noch keine Rücksicht auf eine fertige Beschreibung genommen werden musste, ist der nun entstandene TypoScript-Code ziemlich durcheinander.

Tabelle 8-2: Das statische Template wird durch das eigene Template in Teilen überschrieben

Inhalt aus dem statischen Template ...	... wird überschrieben durch das eigene Template
`tt_content = CASE`	`tt_content = CASE`
`tt_content.key.field = Ctype`	`tt_content.key.field = header_layout`
`tt_content.default = TEXT`	`tt_content.default = COA`
`tt_content.default.field = CType`	
`tt_content.default.wrap=<p style="background-color: yellow;"><b>ERROR:</b> Content Element type "|" has no rendering definition!</p>`	
	`tt_content.default.10 = TEXT`
	`tt_content.default.10.field = header`
	`tt_content.default.10.wrap = <h1>|</h1>`
	`tt_content.default.20 = TEXT`
	`tt_content.default.20.field = bodytext`
	`tt_content.default.20.wrap = <p>|</p>`

Das vermischte und überschriebene Gesamtergebnis sieht nun folgendermaßen aus:

```
tt_content = CASE
tt_content.key.field = header_layout
tt_content.default = COA
tt_content.default.field = CType
tt_content.default.wrap=<p style="background-color: yellow;"><b>ERROR:</b> Content
Element type "|" has no rendering definition!</p>

tt_content.default.10 = TEXT
tt_content.default.10.field = header
tt_content.default.10.wrap = <h1>|</h1>
tt_content.default.20 = TEXT
tt_content.defauld.20.field = bodytext
tt_content.default.20.wrap = <p>|</p>
```

Im Folgenden soll nun die Formatierung des Inhalts auf Grundlage des inkludierten Templates *content (default)* aufgebaut werden. Ihre bisherige eigene Beschreibung von *tt_content* können Sie getrost wieder entfernen, indem Sie die entsprechenden Zeilen (Beispiel 8-4) einfach auskommentieren oder direkt löschen.

> Sie können diese Zeilen entweder auskommentieren oder direkt aus dem TypoScript-Code löschen. Die Anwendung des Löschoperators am Ende des TypoScript-Codes `tt_content >` hätte den Effekt, dass auch die inkludierte Beschreibung mitgelöscht würde. Den Löschoperator dürfen Sie deshalb hier nicht anwenden.

Nachdem Sie Ihre eigene TypoScript-Definition für *tt_content* aus dem Template entfernt haben, können Sie sich das Ergebnis erneut im Webbrowser ansehen. Sie werden feststellen, dass die gelb hinterlegte Fehlermeldung nicht mehr erscheint. Ein Blick in den Quellcode, insbesondere auf den Bereich, der durch den Marker ###INHALT### ersetzt wurde, liefert den in Abbildung 8-13 gezeigten HTML-Code. Im folgenden Abschnitt werden Sie erfahren, wie sich dieser HTML-Code zusammensetzt und wie Sie sowohl die Ausgabe des Quellcodes als auch die dargestellte Formatierung Ihren Wünschen anpassen können.

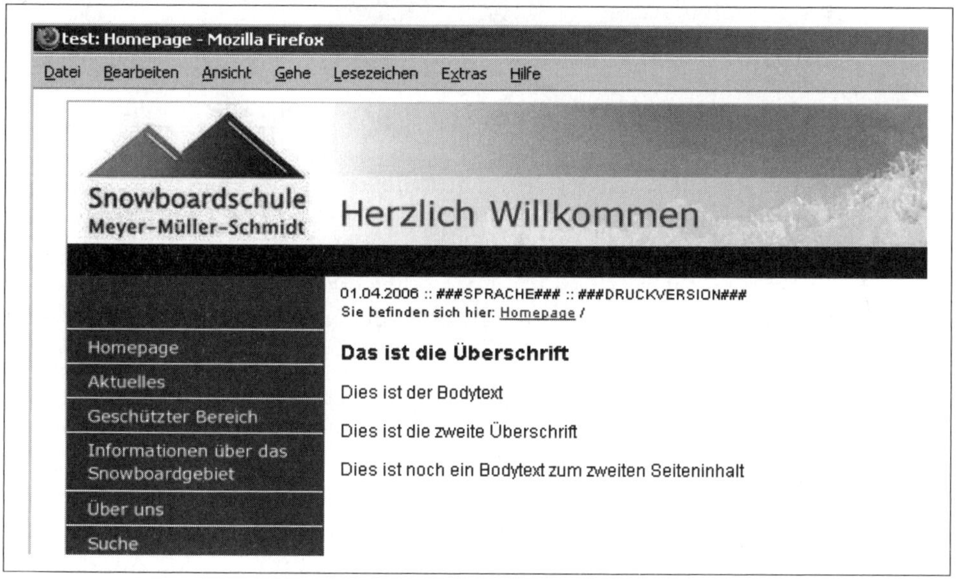

Abbildung 8-13: Inhalte werden CSS-formatiert ausgegeben

Das statische Template »CSS styled content« unter die Lupe genommen

Um zu erfahren, was Sie überhaupt inkludiert haben und welche Auswirkungen dies auf das gesamte TypoScript-Template hat, verwenden Sie den *TypoScript Object Browser*. Wählen Sie dazu auf Ihrer Template-Seite rechts oben den Menüpunkt *TypoScript Object Browser* aus, wie in Abbildung 8-14 zu sehen ist. Die eigene Beschreibung von *tt_content*, die Sie in Beispiel 8-4 erstellt haben, muss zum Nachvollziehen der folgenden Abschnitte entfernt sein.

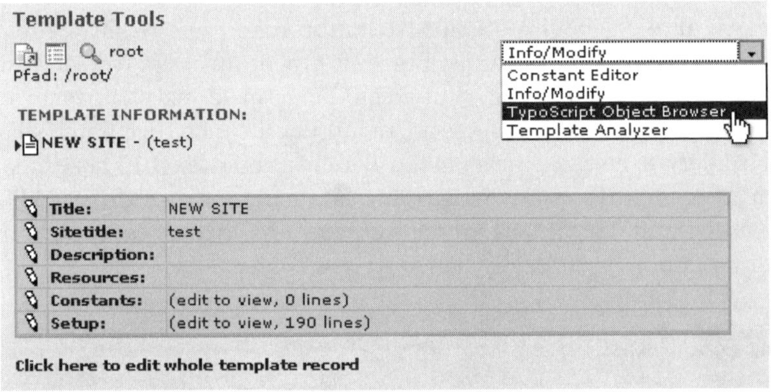

Abbildung 8-14: Den »TypoScript Object Browser« öffnen

Der TypoScript-Objekt-Browser enthält den TypoScript-Code in Form einer Baumdarstellung (Abbildung 8-15). In dieser hierarchischen Darstellung werden die einzelnen Objektinstanzen, Bezeichner und Eigenschaften übersichtlich präsentiert und können auch erweitert, gelöscht und modifiziert werden. Ebenso lassen sich Fehler schnell erkennen, die z.B. durch fehlende geschlossene Klammern oder durch falsches Kopieren verursacht wurden.

Um zu sehen, was der Objekt-Browser alles enthält, gehen Sie in den Abschnitt *page* sowie auf dessen Unterseiten, indem Sie vor dem jeweiligen Bezeichner auf das Pluszeichen klicken. Sie werden feststellen, dass hier Ihr TypoScript-Code vollständig abgebildet wird. Sie können auch im Objekt-Browser editieren, indem Sie direkt auf einen Bezeichner klicken. Das Resultat wird in Ihrem TypoScript-Template im Feld *Setup* ganz am Ende abgelegt. Für eine richtige Einordnung und Ausklammerung kann der Objekt-Browser nicht sorgen, dafür sind Sie nach wie vor selbst zuständig.

Sollten Sie eine Fehlermeldung in Form des roten Texts *Errors and Warnings: The script is short of X end brace(s)* erhalten, fehlt in Ihrem TypoScript-Template an einer Stelle eine sich schließende geschweifte Klammer. Die Meldung *An end brace is in excess* gibt an, dass eine geschweifte Klammer zu viel geschlossen wurde.

> Bei TYPO3-Versionen vor 3.6.0 müssen Sie, damit Sie im Objekt-Browser editieren können, weiter unten die Option *Enable object links* aktivieren.

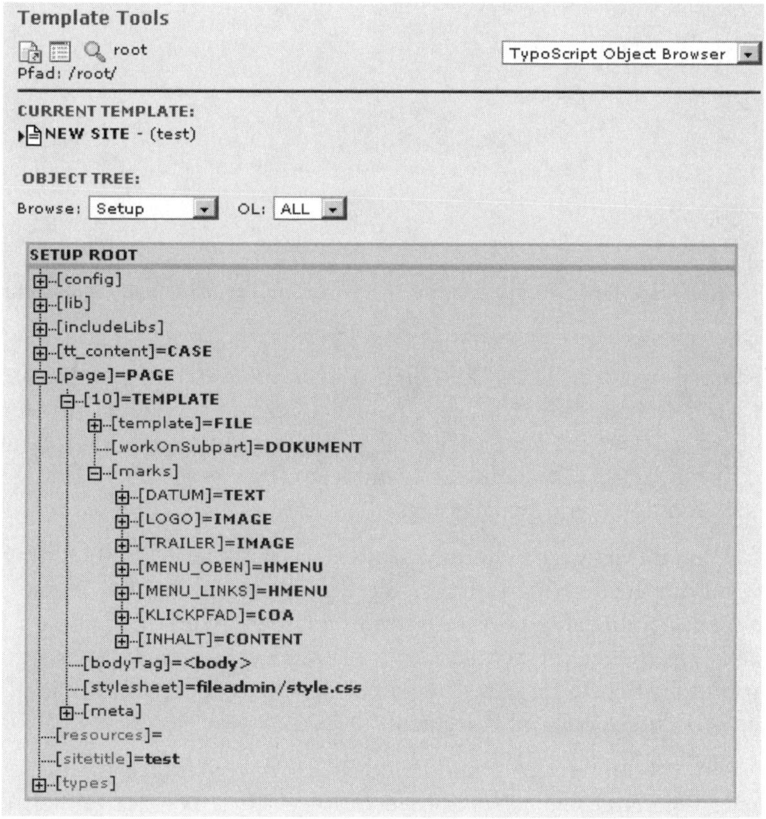

Abbildung 8-15: Der TypoScript-Objekt-Browser

Abschnitt »tt_content«

Wir möchten uns hier aber nicht mit der PAGE-Objektinstanz *page* beschäftigen, sondern vielmehr mit dem Abschnitt *tt_content*. Wie Sie im Objekt-Browser sowie in Abbildung 8-16 sehen können, ist *tt_content* eine Instanz des CASE-Objekts. Die CASE-Abfrage wird auf dem Datenbankfeld *CType* ausgeführt, wie Sie im Objekt-Browser über den Pfad `tt_content.key.field` erkennen.

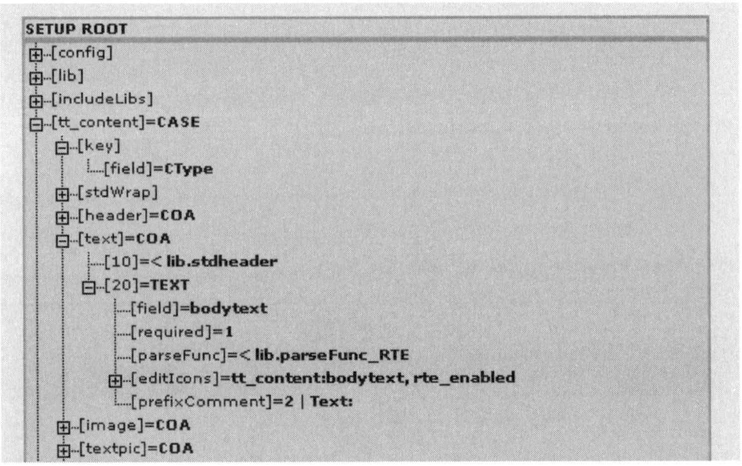

Abbildung 8-16: Objekt-Browser mit geöffnetem »tt_content.key.field« und »tt_content.text«

CType steht hier für *Content-Typ* und enthält einen Wert, der angibt, um welchen Seiteninhaltstyp, wie z.B. *Text*, *Text mit Bild*, *Formular* etc., es sich bei diesem Seiteninhalt handeln soll. Hinter jedem dieser Content-Typen steht ein Wert, der in der Tabelle *tt_content* im Feld *CType* abgespeichert wird. Für den Content-Typ *Text* wird so zum Beispiel *text* im Datenbankfeld *CType* gespeichert, für den Inhaltstyp *Text mit Bild* der Wert *textpic* etc.

Anhand der in *CType* gespeicherten Werte wird also eine CASE-Abfrage ausgeführt. Da Sie für beide Seiteninhalte, die Sie in diesem Kapitel bereits angelegt haben, als Seiteninhaltstyp *Text* ausgewählt haben, wird in beiden Fällen der Bereich *text* verarbeitet. `tt_content.text` ist wiederum eine Instanz des Objekts COA (Abbildung 8-16), das es Ihnen ermöglicht, auf einem Objekt mehrere Objekte in geordneter Folge abzulegen.

Sie können in Abbildung 8-16 erkennen, dass bei `tt_content.text.10` eine absolute Kopie (bzw. Referenz) von `lib.stdheader` erfolgt. `lib.stdheader` enthält dabei die Überschrift des Seiteninhalts. Nähere Informationen dazu finden Sie im nächsten Abschnitt.

Wenn Sie im Objekt-Browser einen Kopieroperator erkennen können, der nicht direkt mit ausgeführten Werten angezeigt wird, liegt das an der Verwendung des kombinierten Operators `=<`. Mit diesem wird nicht tatsächlich kopiert, sondern vielmehr referenziert. Das bedeutet in der Praxis, dass Sie bis ans Ende Ihres TypoScript-Codes im Feld *Setup* Änderungen durchführen können, die bei Referenzierungen an beliebiger Stelle mitverarbeitet werden.

Obwohl der Abschnitt `lib.stdheader` vor Ihrem eigenen TypoScript-Code durch das statische Template beschrieben wurde und später in `tt_content.text.10` referenziert wird, können Sie in Ihrem eigenen TypoScript-Template noch Änderungen vornehmen. Das wäre beim normalen Kopieren mit dem Kopieroperator < nicht möglich.

An Position 20 wird eine Instanz des TEXT-Objekts erzeugt. Durch die Funktion `.field = bodytext` wird der im Datenbankfeld *bodytext* enthaltene Inhalt ausgegeben. Die Funktion `.parseFunc` ermöglicht eine Manipulation und Überprüfung des im Datenbankfeld *bodytext* gespeicherten Inhalts. Eine praxisnahe Erläuterung dieser Funktionen und Eigenschaften erfolgt später in diesem Kapitel.

Abschnitt »lib.stdheader«

Wie oben erwähnt, wurde in `tt_content.text.10` der Inhalt von `lib.stdheader` kopiert.

```
tt_content.text = COA
tt_content.text.10 =< lib.stdheader
tt_content.text.20 = TEXT
```

Um zu erfahren, was `lib.stdheader` enthält, können Sie im Objekt-Browser diesen Bereich einschließlich einiger untergeordneter Instanzen öffnen, wie in Abbildung 8-17 zu sehen ist.

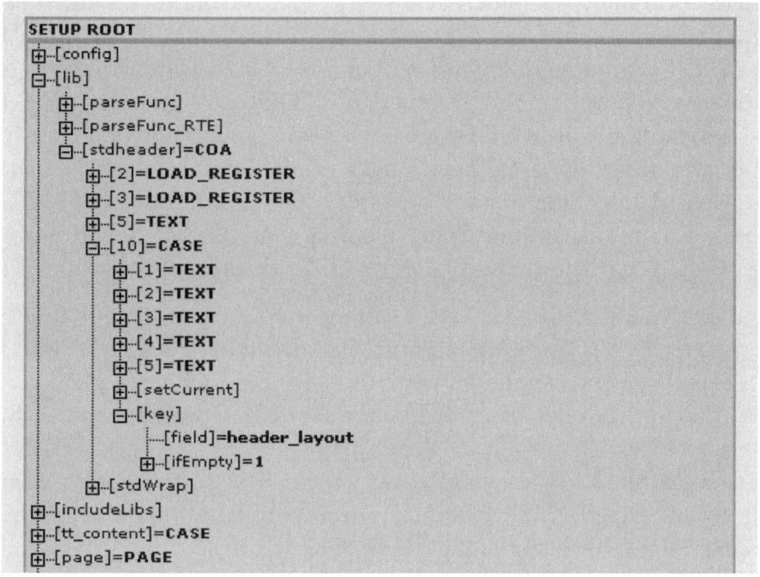

Abbildung 8-17: Der Objekt-Browser mit geöffnetem »lib.stdheader«

Ausgeschrieben in TypoScript kann Folgendes gelesen werden:

```
lib.stdheader = COA
lib.stdheader.2 = LOAD_REGISTER
lib.stdheader.3 = LOAD_REGISTER
lib.stdheader.5 = TEXT
[...]
lib.stdheader.10 = CASE
lib.stdheader.10.key.field = header_layout
lib.stdheader.10.1 = TEXT
lib.stdheader.10.2 = TEXT
lib.stdheader.10.3 = TEXT
lib.stdheader.10.4 = TEXT
lib.stdheader.10.5 = IMAGE
[...]
```

In `tt_content.text.10` wird der gesamte Bereich, der in `lib.stdheader` beschrieben ist, referenziert. `tt_content.text.10` enthält somit folgenden TypoScript-Code:

```
tt_content.text.10 = COA
[...]
tt_content.text.10.10 = CASE
tt_content.text.10.10.key.field = header_layout
tt_content.text.10.10.1 = TEXT
[...]
```

In `lib.stdheader.10` und jetzt auch in `tt_content.text.10.10` wird mit einem CASE-Objekt mit der Eigenschaft `.key.field = header_layout` eine Abfrage auf das Datenbankfeld *header_layout* vorgenommen. Für die in der Datenbank gespeicherten Werte *1* bis *4* wird jeweils eine Instanz des TEXT-Objekts gebildet, für den Wert *5* jedoch eine Instanz des IMAGE-Objekts. Ist also zu einem Seiteninhalt im Datenbankfeld *header_layout* eine *1* gespeichert, wird die Beschreibung für den Abfragewert *1* verwendet und eine Instanz des TEXT-Objekts mit seiner jeweils angegebenen Beschreibung ausgeführt. Wird allerdings im Datenbankfeld *header_layout* eine *5* gespeichert, wird eine Instanz des IMAGE-Objekts gebildet.

Die fertige Beschreibung für `lib.stdheader` ist vom Ansatz des inkludierten statischen Templates *CSS styled content* dafür geeignet, dass Überschrift und Bodytext bei jedem Seiteninhalt voneinander getrennt sind und nicht zwingend eine Einheit bilden. Bei der Anlage oder beim Bearbeiten eines Seiteninhalts kann z.B. angegeben werden, welches Layout für die Überschrift verwendet werden soll, das entsprechende Datenbankfeld heißt sogar *header_layout*. Dieses Layout findet bei jedem Inhaltstyp Anwendung und betrifft in der Grundkonfiguration des statischen Templates in keiner Weise die Darstellung des Bodytexts.

Den ausgelieferten Quellcode verstehen

In diesem Abschnitt werden anhand des Quellcodes Schritt für Schritt die Verarbeitung von Inhalten und die daraus resultierenden Ergebnisse beschrieben, um Ihnen zu zeigen, wie sich die Ausgabe zusammensetzt und wie die Quellcode-Generierung später beeinflusst werden kann. Sie werden erfahren, wie sich die CSS-Klassen und *div*-Container zusammensetzen und woher die Kommentare im Quellcode kommen.

Um die folgenden Beschreibungen gut nachvollziehen zu können, ist der *TypoScript-Objekt-Browser* erneut hilfreich.

Ein Seiteninhalt soll ausgegeben werden

Wenn TYPO3 die im TypoScript-Objekt CONTENT angegebenen Eigenschaften verarbeitet (siehe Beispiel 8-6), wird das in *tt_content* angegebenen Objekt mit seinen Eigenschaften ausgeführt. Die Definition für den Inhalt von *tt_content* wurde durch das statische Template *CSS styled content* inkludiert. Bei der Verarbeitung des Inhalts findet TYPO3 zur Zeit zwei Datensätze in der Datenbanktabelle *tt_content*, die auf der Homepage liegen.

Für den ersten Seiteninhalt führt TYPO3 das in *tt_content* angegebene Objekt CASE aus, das eine Abfrage auf das Datenbankfeld *CType* vornimmt (siehe Abbildung 8-16). Beim ersten Seiteninhalt handelt es sich um einen normalen Text. Im Datenbankfeld *CType* wurde der Wert *text* gespeichert, somit wird der Abschnitt `tt_content.text` verarbeitet. `tt_content.text` ist eine Instanz des Objekts COA; an Position 10 wird der Abschnitt `lib.stdheader` referenziert, um die Überschrift auszugeben.

Die Überschrift wird verarbeitet

`lib.stdheader` selbst ist auch wieder eine Instanz von COA. An Position 2 wird ein Objekt LOAD_REGISTER ausgeführt (siehe Abbildung 8-18). Mit diesem Objekt kann ein Wert als Variable gespeichert werden, um an einer anderen Stelle Anwendung zu finden. In `lib.stdheader.2` wird eine Variable `register:headerStyle` definiert. Diese Variable enthält als Wert den Inhalt aus dem Datenbankfeld `header_position` und wird durch die Eigenschaft `.noTrimWrap` mit dem Wert `style="text-align:|;"` umhüllt. Durch die Eigenschaft `.required` wird angegeben, dass die Variable `register:headerStyle` nur dann definiert werden soll, wenn im Datenbankfeld *header_position* auch ein Wert angegeben wurde.

In `lib.stdheader.3` wird erneut eine Variable definiert, die jetzt den Bezeichner `register:headerClass` trägt und der bereits der Wert `css_firstHeader` zugewiesen wurde. Über die Eigenschaft `.noTrimWrap` wird die Variable mit dem Wert mit class="|" umhüllt. Über die `if`-Funktion wird jedoch auch hier eine Bedingung ausgeführt: Die Variable `register:headerClass` soll nur dann definiert werden, wenn der angezeigte Seiteninhalt der erste Inhalt auf der Seite ist. In der Praxis wird dadurch schon in der Grundkonfiguration ermöglicht, dass über eine entsprechende CSS-Beschreibung die Überschrift des ersten Seiteninhalts anders formatiert

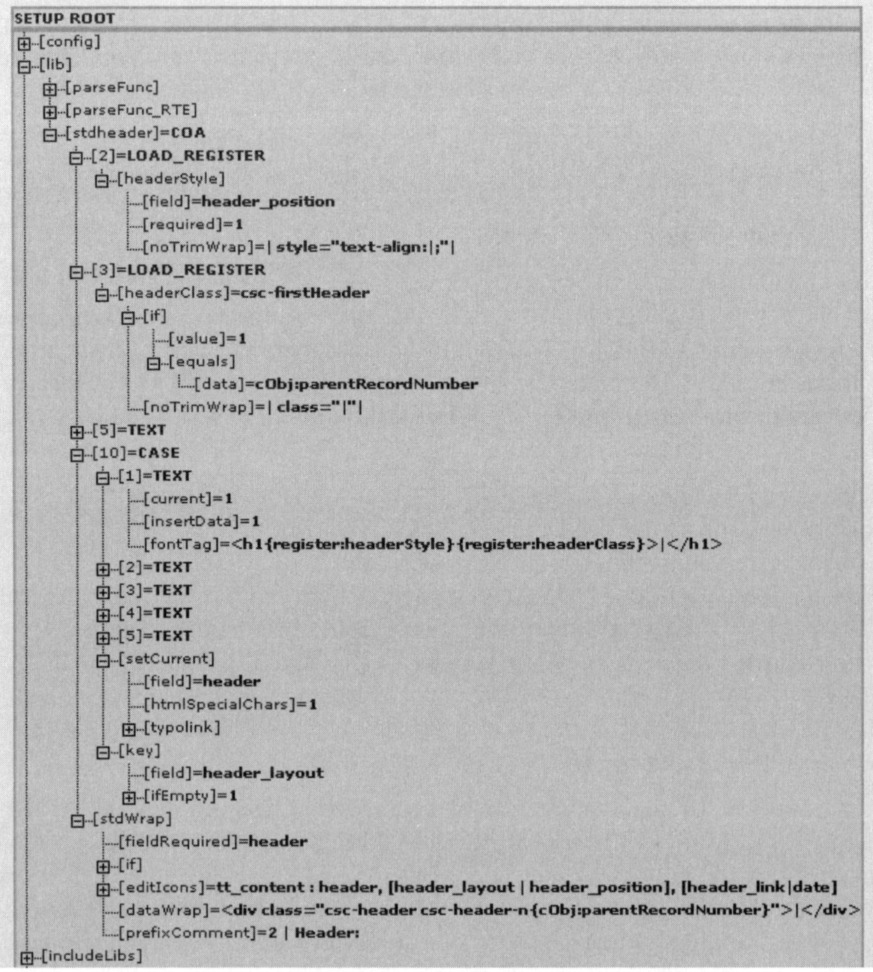

Abbildung 8-18: Die Generierung der Überschrift im Objekt-Browser

werden kann als Überschriften mit dem gleichen Layout, die jedoch nicht an erster Stelle stehen.

Die beiden Variablen `register:headerStyle` und `register:headerClass` können somit einen Wert enthalten, sofern die Bedingungen, unter denen die jeweilige Variable gesetzt wurde, zutreffen. Beim ersten Seiteninalt enthält so die Variable `register:headerClass` den Wert `class="csc-firstHeader"`. Die Variable `register:headerStyle` wird nicht gesetzt sein, da wir beim Anlegen des Seiteninhalts keine Position für die Überschrift angegeben haben. Die definierten Variablen können im Folgenden weiterverarbeitet werden.

Im Abschnitt lib.stdheader.5 wird nur dann Inhalt ausgegeben, wenn in einem Datenbankfeld *date* ein Wert gespeichert wurde. Da das beim vorliegenden Seiteninhalt nicht der Fall ist, liefert lib.stdheader.5 keinen Inhalt zurück.

In lib.stdheader.10 wird als nächstes das Objekt CASE auf dem Datenbankfeld *header_layout* ausgeführt. Im Datenbankfeld *header_layout* steht für den ersten Datensatz der Wert 0. Durch die Funktion .key.ifEmpty = 1 wird dieser Wert 0 zur weiteren Verarbeitung auf 1 gesetzt. Für den aktuellen Datensatz greift somit das in lib.stdheader.10.1 angegebene TEXT-Objekt.

In lib.stdheader.10.1 erfolgt jetzt die tatsächliche Ausgabe der Überschrift. In lib.stdheader.10.setCurrent wurde angegeben, dass bei Verwendung einer Eigenschaft .current der Inhalt aus dem Datenbankfeld *header* stammen soll. In lib.stdheader.10.1.current wird somit der Inhalt aus dem Datenbankfeld *header* ausgegeben. In der Eigenschaft .fontTag erfolgt jetzt die Formatierung bzw. Umhüllung der Überschrift. Durch den hier gesetzten Wert <h1{register:headerStyle}{register:headerClass}>|</h1> wird die Überschrift mit einem <h1>-Tag umhüllt. Zusätzlich werden die beiden in lib.stdheader.2 und lib.stdheader.3 definierten Variablen integriert. Die bisherige Ausgabe der Überschrift lautet also

```
<h1 class="csc-firstHeader">Dies ist die Überschrift</h1>
```

Abschließend wird die Überschrift noch durch den in lib.stdheader.stdWrap.dataWrap angegebenen Wert <div class="csc-header csc-header-n{cObj:parentRecordNumber}">|</div> umhüllt. Der in cObj:parentRecordNumber gespeicherte Wert ist die jeweilige Nummer des Seiteninhalts innerhalb der Seite, beginnt also auf jeder Seite mit einer Eins. Durch die weitere Umhüllung ergibt sich die folgende Ausgabe:

```
<div class="csc-header csc-header-n1"><h1 class="csc-firstHeader">Dies ist die
Überschrift</h1></div>
```

Eine weitere Umhüllung erfolgt durch die Funktion lib.stdheader.stdWrap.prefixComment. In dieser Funktion werden zwei Werte angegeben, die durch das Pipe-Symbol voneinander getrennt werden. Der erste Wert gibt an, wie weit der Kommentar eingerückt werden soll (Anzahl der Tabulatoren), als zweiter Wert kann ein beliebiger Text angegeben werden. Durch die Verwendung der Funktion .prefixComment bekommt man als Gesamtergebnis der Überschrift folgende Ausgabe:

```
<!-- Header: [begin] -->
<h1class="csc-firstHeader">Dies ist die Überschrift</h1>
<!-- Header: [end] -->
```

Der Bodytext wird verarbeitet

Bisher wurde lediglich die Verarbeitung der Überschrift ausgeführt und an tt_content.text.10 zurückgeliefert. Als Nächstes folgt nun noch die Verarbeitung des Bodytexts in tt_content.text.20, die nicht so komplex ist wie die der Überschrift. (In Abbildung 8-16 können Sie sich die Details noch einmal im Objekt-Browser ansehen.)

Durch die Funktion `tt_content.text.10.field=bodytext` wird der im Datenbankfeld *bodytext* gespeicherte Wert ausgegeben. Durch die Funktion `.parseFunc` kann der im Datenbankfeld *bodytext* gespeicherte Inhalt vor der Ausgabe noch manipuliert werden. `.parseFunc` selbst ist wieder eine Referenz auf `lib.parseFunc_RTE`. Als eine für die Ausgabe wichtige Eigenschaft sei noch die versteckte Eigenschaft

```
lib.parseFunc_RTE.nonTypoTagStdWrap.encapsLines.addAttributes.P.class = bodytext
```

genannt, durch die jeder `<p>`-Tag, der innerhalb des Datenbankfelds *bodytext* vorkommt, um den Parameter `class=bodytext` ergänzt wird (sofern noch keine Klasse angegeben wurde).

Durch die Funktion `tt_content.text.20.prefixComment` wird auch der Bodytext mit einem Kommentar umhüllt. Das in `tt_content.text.20` zurückgelieferte Ergebnis lautet somit wie folgt:

```
<!--  Text: [begin] -->
<p class="bodytext">Dies ist der Bodytext</p>
<!--  Text: [end] -->
```

Abschließender Kommentar wird hinzugefügt

Abschließend wird der gesamte durch `tt_content` erzeugte Seiteninhalt durch die Eigenschaft

```
tt_content.stdWrap.prefixComment = 1 | CONTENT ELEMENT, uid:{field:uid}/{field:
CType}
```

mit einem weiteren Kommentar umhüllt. Die Variable `field:uid` enthält den Inhalt des Datenbankfelds *uid* des Seiteninhalts, also die eindeutige Nummer des Datensatzes. Die Variable `field:CType` enthält den Inhalt des Datenbankfelds *CType*, der beim ersten Seiteninhalt *text* lautet (siehe Abbildung 8-19).

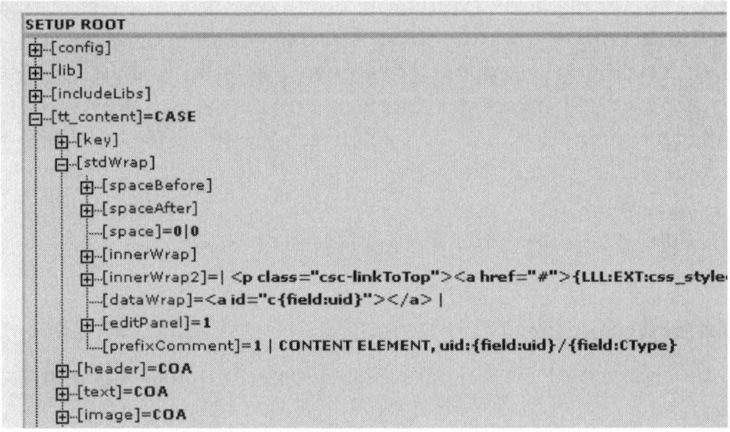

Abbildung 8-19: Der Inhalt wird mit einem Kommentar umhüllt

Durch die Verarbeitung des gesamten Inhalts inklusive Überschrift und der jeweiligen Kommentare ergibt sich somit folgende Ausgabe:

```
<!--  CONTENT ELEMENT, uid:1/text [begin] -->
   <a id="c1"></a>
   <!--  Header: [begin] -->
      <div class="csc-header csc-header-n1"><h1 class="csc-
      firstHeader">Dies ist die Überschrift</h1></div>
   <!--  Header: [end] -->
   <!--  Text: [begin] -->
      <p class="bodytext">Dies ist der Bodytext</p>
   <!--  Text: [end] -->
<!--  CONTENT ELEMENT, uid:1/text [end] -->
```

Die Darstellung den eigenen Wünschen anpassen

Nach dem Inkludieren des statischen Templates *CSS styled content* steht eine vollständige Beschreibung aller Seiteninhaltstypen zur Verfügung, die Sie mit einer TYPO3-Installation erhalten. In diesem Abschnitt soll die zur Verfügung gestellte Beschreibung für Seiteninhalte an das Praxisbeispiel angepasst werden. Die im vorigen Abschnitt ausführlich vorgestellte Beschreibung z.B. der Überschriften wird neu erstellt.

Überschriften neu formatieren

Das Praxisbeispiel sieht vor, dass es zwei unterschiedliche Arten der Darstellung geben soll: In der erste Variante soll die Überschrift in einer normalen, aber hervorgehobenen Textvariante erscheinen, in der zweiten Variante soll die Überschrift als Grafik dargestellt werden. In Abbildung 4-1 im Kapitel 4, *Das Praxisbeispiel vorbereiten*, wurden diese beiden Darstellungsformen der Überschrift gezeigt.

Zur Unterscheidung, welche Darstellung des Seiteninhalts angezeigt werden soll, kann das Auswahlfeld *Typ* mit den Einträgen *Normal, Layout 1, Layout 2, ...* verwendet werden. Der ausgewählte Wert wird numerisch im Datenbankfeld *header_layout* der Tabelle *tt_content* abgelegt. Je nach ausgewähltem Layout soll die jeweilige TypoScript-Beschreibung verwendet werden. Da im Auswahlfeld *Typ* noch einige weitere Elemente aufgelistet sind (Abbildung 8-20), die nicht benötigt werden, können die Beschreibungen für andere, nicht explizit definierte Layouts entfernt und durch eine Default-TypoScript-Beschreibung angesprochen werden.

In Kapitel 12, *Benutzerrechte für Redakteure anlegen*, erfahren Sie, wie dieses Auswahlfeld nur aus unterstützten Elementen bestehen kann und wie Sie die Bezeichnung der Elemente anpassen können.

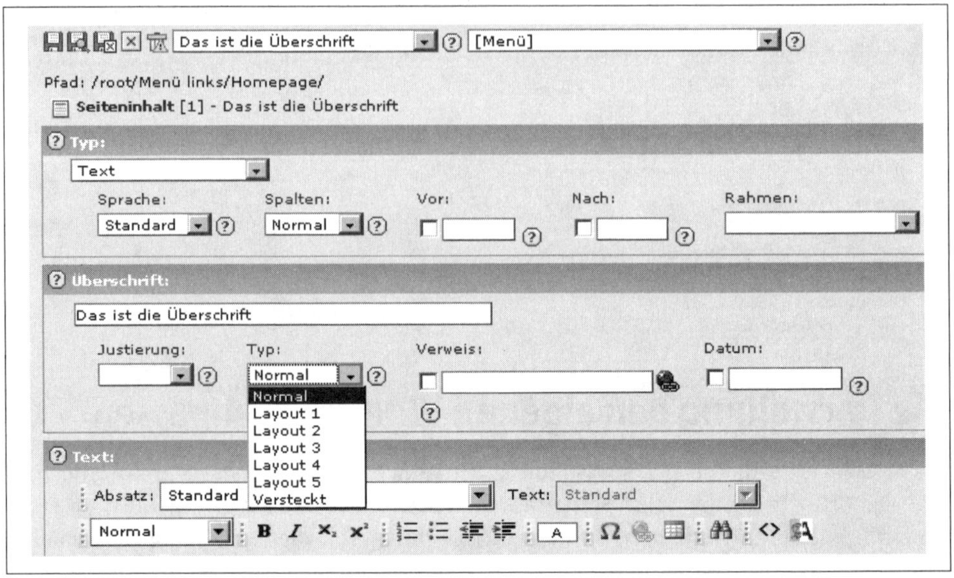

Abbildung 8-20: Elemente des Auswahlfelds für die Überschrift

Das Objekt CASE eignet sich zur Abfrage des Datenbankfelds *header_layout* und anschließender Unterscheidung nach dem in diesem Feld gespeicherten Wert. Die bestehenden Beschreibungen für die Überschriften, die sich in `lib.stdheader` befinden und über das statische Template *CSS styled content* eingebunden wurden, können gelöscht werden. Beschreiben Sie sie anschließend nach Ihren eigenen Wünschen.

Im folgenden Beispiel wird die Beschreibung für die Überschrift in `lib.stdheader` neu umgesetzt. Hier soll es eine textbasierte und eine grafische Überschrift geben. Da die eigene Beschreibung für `tt_content` gelöscht wurde, findet nun der Originalabschnitt `tt_content` aus dem inkludierten statischen Template *content (default)* Anwendung. In diesem wird beschrieben, dass für Seiteninhalte zunächst die Überschrift aus `lib.stdheader` referenziert und anschließend der Bodytext ausgegeben werden soll. Das Ergebnis sollte wie das in Abbildung 8-21 gezeigte aussehen.

Wenn Sie zu einem späteren Zeitpunkt auf die Originalfassung des statischen Templates *CSS styled content* zugreifen möchten (z.B. um im TypoScript-Objekt-Browser nachzusehen, wie etwas realisiert wurde), können Sie vor der ersten Modifikation, die Sie an Elementen von *CSS styled content* vornehmen, eine Kopie anlegen. Eine solche Kopie können Sie z.B. unterhalb eines frei gewählten Bezeichners *temp.CSC* über folgende Syntax vornehmen:

```
temp.CSC.tt_content < tt_content sowie temp.CSC.lib < lib
vornehmen.
```

Beispiel 8-7: Die Überschrift neu formatieren

```
01   page = PAGE
02   page {
[...]
16      10.marks {
[...]
158        # Inhalt ausgeben
159        INHALT = CONTENT
160        INHALT {
161           table = tt_content
162           select.orderBy = sorting
163           select.where = colPos = 0
164        }
165     }
166  }
167
168  # Die Überschrift neu formatieren
169  lib.stdheader >
170  lib.stdheader = CASE
171  lib.stdheader {
172     key.field = header_layout
173     default = TEXT
174     default.field = header
175     default.wrap = <h1>|</h1>
176
177     2 = IMAGE
178     2.file = GIFBUILDER
179     2.file {
180        XY = [10.w]+10, 20
181        backColor = #FFFFFF
182        10 = TEXT
183        10.text.field = header
184        10.fontFile = fileadmin/fonts/verdana.ttf
185        10.fontColor = #061467
186        10.fontSize = 15
187        10.niceText = 1
188        10.offset = 1, 18
189     }
190     wrap = |<br>
191  }
```

Damit eine grafische Überschrift ausgegeben wird, muss mindestens einer der Seiteninhalte vom Layout-Typ *Layout 2* sein.

In Zeile 169 wird die Beschreibung für die Überschriften, die im statischen Template *CSS styled content* beschrieben wurden, gelöscht. Alles, was sich unterhalb von `lib.stdheader` befindet, wird nicht allein aufgerufen, im Gegensatz zur Beschreibung der gefundenen Datensätze aus der Tabelle *tt_content*. Der Inhalt von `lib.stdheader` wird allerdings von der Beschreibung für Datensätze der Tabelle *tt_*

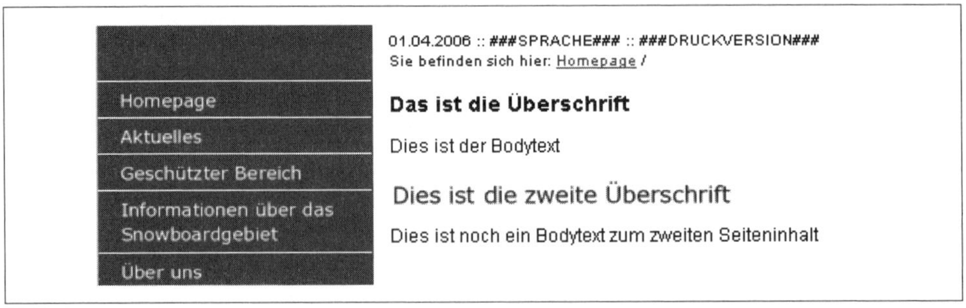

Abbildung 8-21: Eine textbasierte und eine grafische Überschrift

content für die unterschiedlichsten Seiteninhaltstypen wie *Text*, *Text mit Bild* etc. an entsprechenden Stellen kopiert bzw. referenziert. Dies ermöglicht das Wiederverwenden der Beschreibung für die Überschrift und zentrales Ändern.

In den Zeilen 170 und 172 wird das CASE-Objekt angewendet und der Inhalt des Datenbankfelds *header_layout* ausgelesen. Dieses Datenbankfeld enthält einen numerischen Wert, der die gewünschte Darstellung der Überschrift kennzeichnet und vom Redakteur über das Auswahlfeld *Typ* angesprochen werden kann (Abbildung 8-20).

In den Zeilen 173 bis 175 wird eine Default-Beschreibung vorgenommen, die dann angewendet wird, wenn für einen Wert, der im Datenbankfeld *header_layout* gespeichert ist, keine explizite Beschreibung gefunden wurde. In diesem Fall wird das TEXT-Objekt mit seinen Eigenschaften verwendet.

In den Zeilen 177 bis 190 wird die explizite Beschreibung für den gespeicherten Wert 2 vorgenommen, die dann benutzt wird, wenn der Redakteur in der Auswahl *Typ* den Eintrag *Layout* 2 ausgewählt hat. Diese Beschreibung erzeugt dynamisch eine Grafik mit variabler Breite in Abhängigkeit von der Länge des Texts (Zeile 180). In Zeile 190 wird abschließend ein Zeilenumbruch erzwungen, damit der folgende Text, der durch die inkludierte Beschreibung für die Datensätze der Tabelle *tt_content* ausgegeben wird, auch in einer neuen Zeile beginnt.

Normale Seiteninhalte mit Text formatieren und anpassen

Der wohl am häufigsten verwendete Seiteninhaltstyp ist *Text*. Die Formatierung des Fließtexts findet per CSS statt und wurde bereits für den entsprechenden `<p>`-Tag bzw. der Klasse *bodytag* in der hochgeladenen CSS-Datei vorgenommen. Anpassungen der Formatierung müssen Sie bei Ihren Projekten somit im Regelfall nur noch an der eingebundenen CSS-Datei durchführen.

Für den Inhaltstyp *Text* soll nun die Formatierung vorgenommen werden. Um zu sehen, welche Formatierung bereits durch das inkludierte Template *CSS styled content* vorhanden ist, hilft ein Blick in den Objekt-Browser. Wählen Sie dazu im

Modul *Template* rechts oben aus dem Auswahlfeld den Eintrag *TypoScript Object Browser* aus und wechseln Sie dann in den Bereich `tt_content.text.20`, wie in Abbildung 8-20 zu sehen ist.

Seiteninhalte vom Typ »Bild« sowie »Text mit Bild«

Für den Seiteninhaltstyp *Bild* wird in der Datenbanktabelle *tt_content* im Feld *CType* der Wert *image* gespeichert. Die Abfrage `tt_content = CASE`, die im Objekt-Browser ersichtlich ist und den Wert des Datenbankfelds *CType* abfragt (`tt_content.key.field = CType`), lässt somit den Bereich `tt_content.image` ausführen. An Position 10 wird wieder die Überschrift geladen, Position 20 ist eine Instanz des TypoScript-Objekts IMGTEXT. Dieses Objekt haben Sie bisher noch nicht kennen gelernt, und wir gehen hier auf Grund seiner Praxisferne auch nicht intensiv auf dieses Objekt ein. Im Folgenden werden die wichtigsten Eigenschaften, die im Allgemeinen für eine individuelle Formatierung von Grafiken bzw. Bildern ausreichen, vorgestellt.

Mit der Eigenschaft `.maxW` legen Sie fest, wie groß ein Bild innerhalb des Content-Bereichs maximal sein darf. Im Regelfall sollte dieser Wert so gewählt werden, dass das Design der Seite, gerade bei der Verwendung von statischen Breiten, nicht gestört wird. Der Redakteur kann mit entsprechenden Rechten im Backend angeben, welche Maße ein verwendetes Bild haben soll. Mit der Eigenschaft `.maxW` geben Sie eine maximale Breite an, die auch der Redakteur nicht überschreiten kann.

Mit den Eigenschaften `.borderCol` und `.borderThick` legen Sie fest, welche Farbe die Zelle bzw. der Zellenrand haben soll und wie breit diese Zelle ist. Mit `.colSpace`, `.rowSpace` und `.textMargin` bestimmen Sie die aus HTML bekannten Parameter für Abstände bei Tabellen und Zellen.

Die Formatierung von Seiteninhalten des Typs *Text mit Bild* wird durch die beiden Inhaltstypen *Text* und *Bild* bestimmt: Durch Referenzieren wirken sich Änderungen an einem der beiden Inhaltstypen in der Grundkonfiguration auch gleich auf den Typ *Text mit Bild* aus.

Komplexere Formatierungen mit Designvorlagen

Auch wenn es für das Praxisbeispiel nicht relevant ist, soll hier dennoch kurz vorgestellt werden, wie Sie komplexe und eigenwillige Formatierungen vornehmen können. Im Folgenden soll der Seiteninhaltstyp *Text* so umgesetzt werden, dass je Seiteninhalt vom Typ *Text* sowohl die Überschrift als auch der Bodytext über eine eigene Designvorlage formatiert werden. Das lässt sich mit der bestehenden Struktur des TypoScript-Templates nicht realisieren, da Überschrift und Bodytext voneinander getrennt sind.

Da das folgende Beispiel 8-8 nicht Bestandteil des Praxisbeispiels ist, beginnt die Zeilennummerierung mit 1. Probieren Sie dieses Beispiel nicht im Praxisbeispiel aus, sondern folgen Sie lediglich dem Ansatz, der dargestellt wird.

Beispiel 8-8: Seiteninhaltstyp »Text« über eine Designvorlage formatieren

```
01  tmp < tt_content.text
02  tt_content.text >
03  tt_content.text = TEMPLATE
04  tt_content.text {
05     template = FILE
06     template.file = fileadmin/designvorlage.html
07     workOnSubpart = TEXT_NORMAL
08     marks.UEBERSCHRIFT =< lib.stdheader
09     marks.TEXT =< tmp.20
10  }
11  tt_content.textpic.20.text.20 >
12  tt_content.textpic.20.text.20 =< tt_content.text.marks.TEXT
```

In Zeile 1 wird die bestehende Formatierung für den Seiteninhaltstyp *Text* in einer frei wählbaren Variablen *tmp* gespeichert, um eine Kopie der Beschreibung zu erhalten. In Zeile 2 wird die bestehende Beschreibung für *tt_content.text* entfernt und in Zeile 3 durch eine Instanz des TEMPLATE-Objekts ersetzt. In den Zeilen 5 bis 7 wird eine Designvorlage eingebunden und ein Teilbereich *TEXT_NORMAL* ausgelesen. An Stelle eines Platzhalters UEBERSCHRIFT wird in Zeile 8 die fertige Beschreibung der Überschrift kopiert, in Zeile 9 wird in den Platzhalter TEXT die fertige Beschreibung des Texts kopiert, die in der Variablen *tmp* (Zeile 1) zwischengespeichert wurde.

Da der Seiteninhalt *Text mit Bild* aber keine eigene Beschreibung für den Text hat, sondern dies eine Referenz der Beschreibung für den Text ist, die an der angegebenen Stelle *tt_content.text.20* nicht mehr vorhanden ist, muss diese Referenz neu gesetzt werden. Dies geschieht durch Löschen der alten Referenz (Zeile 11) und Setzen einer neuen auf den aktuellen Wert (Zeile 12).

Eine Sitemap integrieren

Auch eine Sitemap ist ein Seiteninhalt, der von Redakteuren mit entsprechenden Rechten angelegt werden kann. Um eine Sitemap anzulegen, wechseln Sie daher in der linken Modulliste in den Bereich *Seite* und wählen dann aus dem Seitenbaum die Seite *Sitemap* aus, indem Sie auf den Textlink klicken.

Durch Anklicken des Buttons *Seiteninhalt anlegen* erscheint der bereits bekannte Wizard, mit dem Sie auswählen können, welcher Seiteninhaltstyp angelegt werden soll. Prinzipiell können Sie hier einen beliebigen Inhaltstyp auswählen, da Sie später immer noch die Möglichkeit haben, den Typ des Seiteninhalts von z.B. *Text* auf

Menü/Sitemap zu ändern. Um den Wizard zu verwenden, wählen Sie den Eintrag *Sitemap* aus, der sich im Abschnitt *Spezielle Elemente* befindet.

Sie können nun, wie in Abbildung 8-22 zu sehen, die Maske für den Inhaltstyp *Menü/Sitemap* nach Ihren Wünschen füllen. Mögliche Angaben sind z.B. Infos zur Überschrift, um was für ein Menü es sich handeln soll (*Menü Typ*) und ein Ausgangspunkt. Das Feld *Überschrift* dürfte selbsterklärend sein und wird wie schon bei den vorgestellten Inhaltstypen *Text* und *Text mit Bild* angewendet. Besonders hervorzuheben sind die Felder *Menü Typ* und *Ausgangspunkt*.

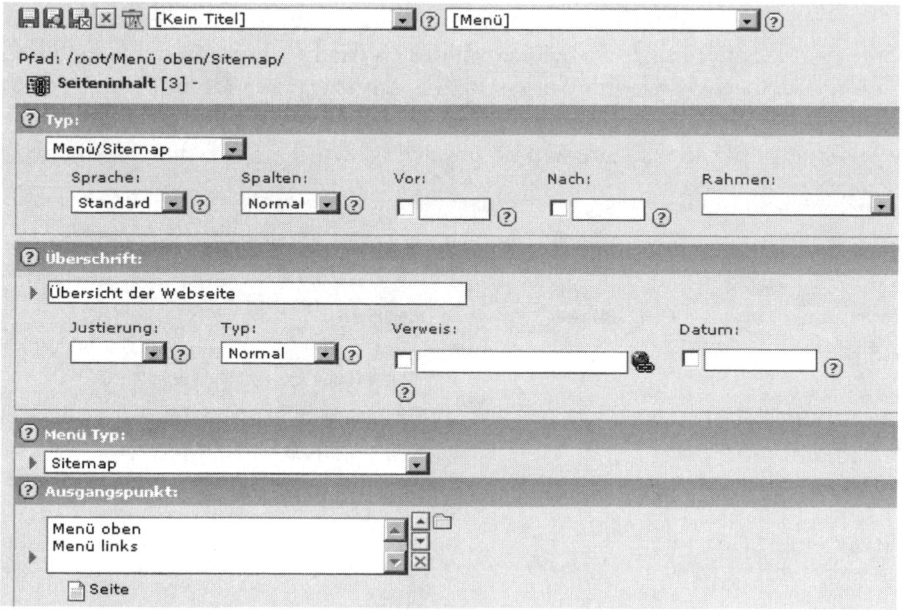

Abbildung 8-22: Seiteninhaltstyp »Sitemap«

Bei *Menü Typ* können Sie bestimmen, um was für ein Menü es sich handeln soll. Wie schon beim Feld zur Auswahl des Layouts für die Überschrift wird je nach Auswahl eines Elements aus dem Auswahlfeld ein Wert in das Feld *menu_type* der Tabelle *tt_content* geschrieben. Für das ausgewählte Element *Sitemap* wird der Wert 2 gespeichert. Der Tabelle 8-3 können Sie entnehmen, für welchen Eintrag des Auswahlfelds welcher Wert im Datenbankfeld *menu_type* gespeichert wird und wofür der jeweils ausgewählte Menütyp steht.

Mit der Auswahl *Ausgangspunkt*, die bei einigen weiteren Seiteninhalten ebenfalls zur Verfügung steht, können Sie angeben, von wo aus die Sitemap dargestellt werden soll. Im Regelfall werden Sie nicht wünschen, dass die Sitemap von der obersten Ebene mit allen Hilfsseiten direkt angezeigt wird, sondern nur die Unterseiten der Hilfsseiten *Menü links* und *Menü oben*. Sie können diese beiden Seiten in die Auswahl aufnehmen, indem Sie rechts daneben auf das Ordnersymbol klicken. Es öffnet sich ein neues Fenster, in dem Sie durch den Seitenbaum navigieren und die gewünschte Seite auswählen können. Wiederholen Sie den Vorgang, um neben der Hilfsseite *Menü links* auch die Hilfsseite *Menü oben* hinzuzufügen.

Wenn Sie oder die Redakteure einen Pop-up-Blocker eingerichtet haben, wird sich das gewünschte Fenster evtl. nicht öffnen. Deaktivieren Sie ihn daher oder fügen Sie Ihre Seite einer Liste von vertrauenswürdigen Seiten hinzu.

Wenn Sie den Seiteninhalt abspeichern und sich das Ergebnis auf der Seite *Sitemap* im Frontend ansehen, werden Sie feststellen, dass zwar bereits eine Sitemap angezeigt wird, jedoch von der gesamten Präsentation, ohne dass die festgelegten Seiten als Ausgangspunkt für die Sitemap berücksichtigt wurden. Wie dieser Fehler behoben wird, erfahren Sie weiter unten.

Tabelle 8-3: Elemente des Auswahlfelds »Menü Typ« mit den jeweils gespeicherten Werten

Element der Auswahlbox Menü Typ	Gespeicherter Wert im Feld menu_type	Beschreibung
Menü dieser Seite	0	Listet ein Menü mit den unter *Ausgangspunkt* angegebenen Seiten auf. Im Objekt-Browser unter *default* zu finden.
Menü der Unterseiten	1	Menü von Unterseiten der aktuellen Seite.
Menü der Unterseiten (mit Inhaltsangabe)	4	Wie *Menü der Unterseiten*, jedoch werden zusätzlich noch die Datenbankfelder *Stichworte*, *Beschreibung* und *Subtitle* ausgegeben (keine Inhalte aus *tt_content*!).
Menü der Unterseiten (mit Seiteninhalt)	7	Wie *Menü der Unterseiten*, jedoch werden zusätzlich noch die Überschriften der einzelnen Seiteninhalte der jeweiligen Seite ausgegeben.
Sitemap	2	Sitemap mit bis zu vier Ebenen. Um einen Ausgangspunkt angeben zu können, damit die Hilfsseiten nicht angezeigt werden, muss die Sitemap noch modifiziert werden (s.u.).
Abschnittsübersicht (mit Seiteninhalt)	3	Gibt von der aktuellen Seite bzw. der im Feld *Ausgangspunkt* angegebenen Seite eine Übersicht der auf dieser Seite angelegten Seiteninhalte. Dabei werden nur Inhalte angezeigt, die für die momentan aktive Sprache gelten und in der Spalte *Normal* angelegt wurden. Ausgegeben wird nur die Überschrift.
Geänderte Seiten	5	Gibt alle Seiten aus, die innerhalb der letzten sieben Tagen geändert wurden.
Verwandte Seiten (nach Stichwörtern)	6	Gibt Seiten aus, bei denen die Angaben im Feld *Stichworte* übereinstimmen.

Die TypoScript-Beschreibung des Inhaltstyps »Menü/Sitemap«

Um zu verstehen, was genau bei diesem Seiteninhaltstyp passiert, und um hier Anpassungen vorzunehmen bzw. Fehler zu korrigieren, ist es wieder erforderlich, dass Sie sich im Objekt-Browser ansehen, was durch das statische Template *CSS styled content* für diesen Inhaltstyp beschrieben wurde.

Für einen Seiteninhalt vom Typ *Menü/Sitemap* wird in der Datenbanktabelle *tt_content* im Feld *CType* der Wert *menu* gespeichert. Die CASE-Abfrage in `tt_content = CASE` weist somit in den Bereich `tt_content.menu`. Öffnen Sie daher diesen Abschnitt im Objekt-Browser, wie in Abbildung 8-23 gezeigt.

Die folgende Analyse ist nur für TYPO3-Versionen ab 4.0 gültig. Aktivieren Sie, wie in Abbildung 8-23 zu sehen, im unteren Abschnitt das Häkchen vor dem Eintrag *compatVersion=3.9.0* und bestätigen Sie Ihre Eingabe über den Button *Set conditions*. Was Bedingungen bzw. Conditions sind, erfahren Sie im nächsten Kapitel.

> Mit der TYPO3-Version 4.0 wurde die neue Bedingung *compatVersion* eingeführt, mit der *CSS styled content* teilweise anders verarbeitet wird als mit der TYPO3-Version 3.8.1. Damit Sie die Verarbeitung mit der TYPO3-Version 4.0 im Objekt-Browser nachvollziehen können, muss der Flag *compatVersion=3.9.0* gesetzt werden.
>
> Wenn Sie ein Update von einer früheren TYPO3-Version auf die Version 4.0 vorgenommen haben, müssen Sie im Installtool ebenfalls über den Update-Wizard den Kompatibilitätsmodus auf die Version 3.9.0 oder höher gesetzt haben.

Sie können im Objekt-Browser erkennen, dass `tt_content.menu` wieder eine Instanz des COA-Objekts ist, mit dem mehrere Objekte in geordneter Folge ausgeführt werden können. An Position 10 wird wieder die Überschrift hineingeladen (referenziert), so wie es bei den bereits vorgestellten Seiteninhaltstypen ebenfalls definiert war.

Position 20 ist eine CASE-Abfrage auf das Datenbankfeld *menu_type*, erkennbar an der Wertzuweisung `tt_content.menu.20.key.field = menu_type`. Je nachdem, welcher Wert sich in diesem Feld befindet, wird eine entsprechende Beschreibung ausgeführt. Bei dem von Ihnen angelegten Seiteninhalt vom Typ *Menü/Sitemap* haben Sie als *Menü Typ* aus der Auswahl den Eintrag *Sitemap* gewählt (bzw. dieser Eintrag wurde durch den Wizard bereits vorausgewählt). Wie Sie Tabelle 8-3 entnehmen können, wird für diesen Eintrag der Wert 2 im Feld *menu_type* gespeichert. Für diesen Wert wird eine Instanz des HMENU-Objekts erzeugt. Es folgt eine Definition der Menüebenen 1 bis 7, jeweils als TMENU. Die für jede Menüebene angegebene Eigenschaft `.expAll = 1` sorgt dafür, dass das Menü immer geöffnet bleibt und somit eine Sitemap erzeugt wird.

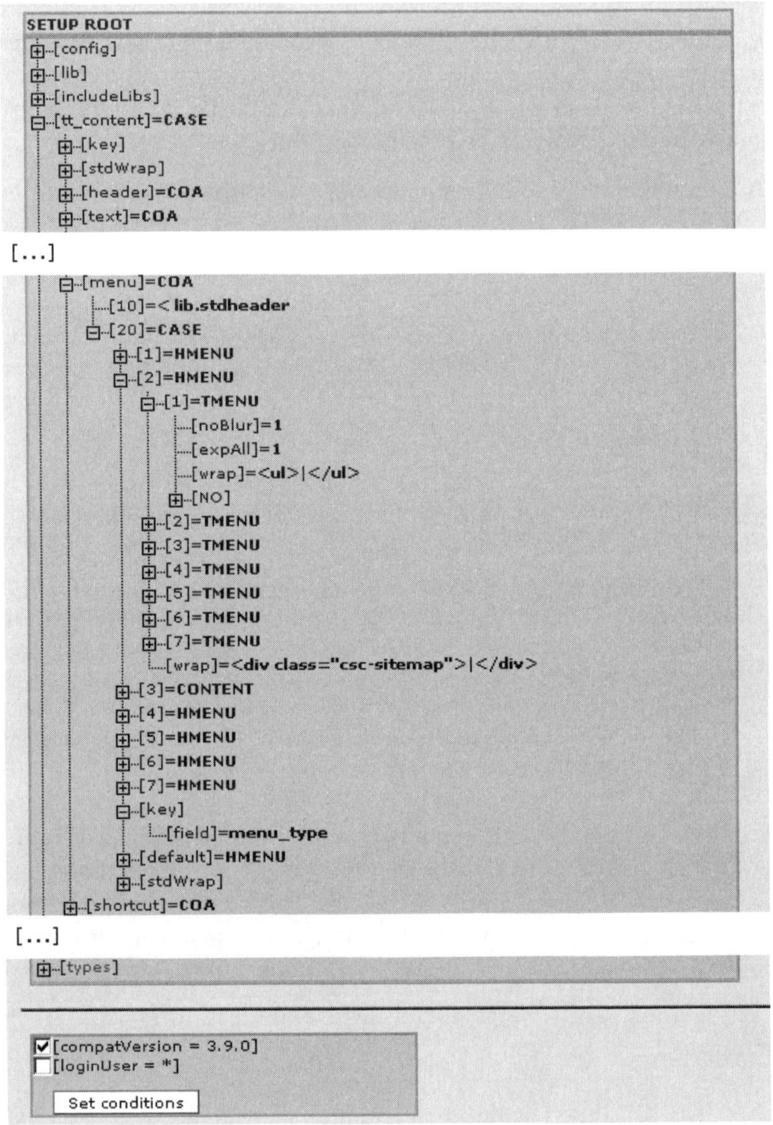

Abbildung 8-23: Objekt-Browser mit geöffneter Beschreibung für die Sitemap-Arten

Die Formatierung der Sitemap wird in *CSS styled content* seit der TYPO3-Version 4.0 über die Standard-HTML-Elemente `<ul>` sowie `<li>` gelöst. Die Sitemap wird zusätzlich mit dem Container `<div class="csc-sitemap">` umhüllt. Dadurch kann die Formatierung problemlos per CSS angepasst werden.

Eine Suchfunktion integrieren

In TYPO3 stehen zwei Suchfunktionen zur Verfügung. Eine einfache, aber oftmals ausreichende Suchfunktion wird bereits mit der TYPO3-Basisversion ausgeliefert, eine zweite wesentlich mächtigere kann als Modul hinzugefügt werden. In diesem Abschnitt werden Sie die normale Suchfunktion integrieren; auf das Modul *Indexed Search* wird in Kapitel 10, *Bestehende Erweiterungen integrieren*, eingegangen.

Da die einfache Suchfunktion ein Teil des Content-Bereichs ist, finden Sie sie auch in der Liste der zur Verfügung stehenden Seiteninhaltstypen. Legen Sie zunächst auf der Seite *Suche* einen neuen Inhalt vom Typ *Suchen* an, so wie im vorigen Abschnitt am Beispiel der Sitemap beschrieben. Sie erhalten die in Abbildung 8-24 gezeigte Maske.

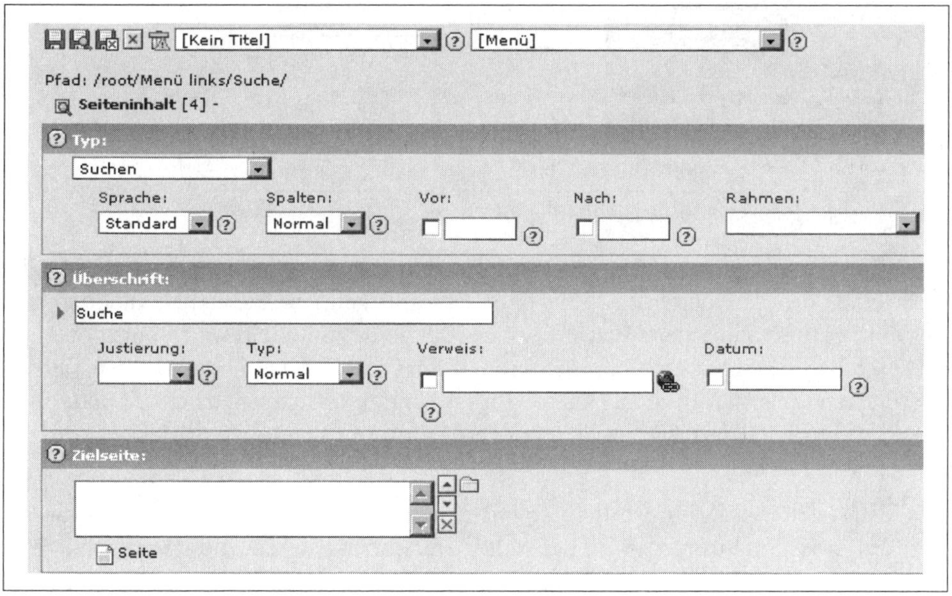

Abbildung 8-24: Die Maske für den Seiteninhaltstyp »Suche« im Backend

Nach dem Speichern des Seiteninhalts können Sie sich im Frontend das Ergebnis ansehen: Sie werden überrascht sein, wie schnell und einfach eine Suchfunktion in TYPO3 implementiert ist. Ihr Ergebnis sollte mit dem in Abbildung 8-25 gezeigten übereinstimmen.

Wenn Sie jetzt allerdings das neue Suchformular ausprobieren wollen und nach einer Zeichenkette wie beispielsweise *Bodytext* suchen, werden Sie feststellen, dass sich zwar ein neues Fenster mit der Suchergebnisseite öffnet, aber keine Seite mit der gewünschten Suchanfrage gefunden wurde. Dass sich ein neues Fenster öffnet, ist auf einen offensichtlich falschen Target zurückzuführen. Dass jedoch kein Suchergebnis

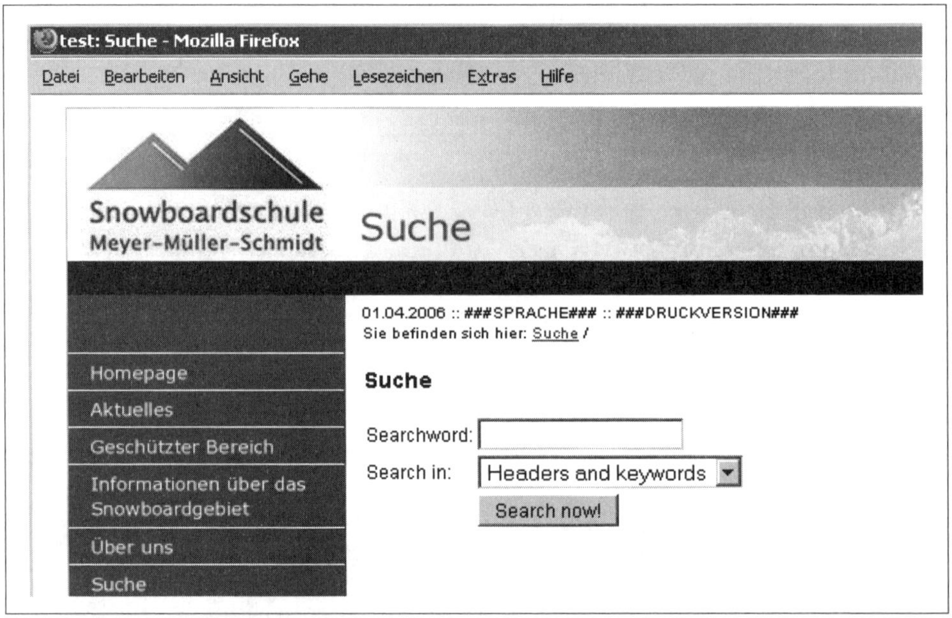

Abbildung 8-25: Das Suchformular wird auf der Seite »Suche« angezeigt

erzielt wurde, obwohl Sie nach einem definitiv vorhandenen Text gesucht haben, ist der Fehler des Anwenders. Ja, Sie haben richtig gelesen: Sie haben nicht richtig gesucht! Hätten Sie in der Auswahlliste unterhalb des Suchfelds auch angegeben, in welchen Bereichen Sie suchen möchten, z.B. im Bereich *Pagecontent*, hätten Sie vermutlich ein Ergebnis erhalten. Das soll Ihnen nur demonstrieren, dass die Suche zwar prinzipiell funktioniert, aber noch nicht »großmuttertauglich« ist, da sie dem Anwender zu viel abverlangt.

Mit Hilfe von TypoScript werden Sie im folgenden Abschnitt angeben, dass sämtliche Texte des Suchformulars in deutscher Sprache existieren und dass das Suchergebnis im selben Fenster angezeigt wird. Außerdem werden Sie das Auswahlfeld entfernen und angeben, dass in *allen* relevanten Feldern gesucht werden soll.

Die TypoScript-Beschreibung des Inhaltstyps »Menü/Sitemap«

Bei einem Seiteninhalt vom Typ *Suche* wird im Datenbankfeld *CType* der Wert *search* abgespeichert. Die CASE-Abfrage beim Ausführen von Seiteninhalten in `tt_content = CASE` führt somit in den Bereich `tt_content.search = COA`. Abbildung 8-26 zeigt die TypoScript-Definition aus dem statischen Template *CSS styled content* im Objekt-Browser.

An Position 10 wird, wie schon bekannt, die Überschrift hineingeladen. Sie sehen an den Positionen 20 und 30 zwei Objekte SEARCHRESULT und FORM, die Sie bisher noch nicht kennen gelernt haben. Das Objekt SEARCHRESULT wird im All-

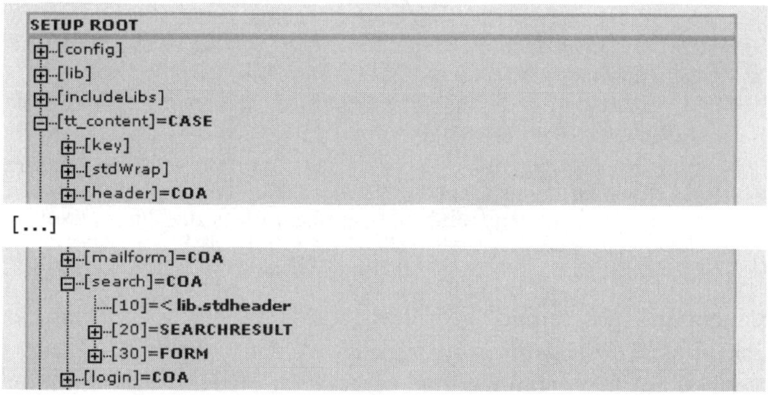

Abbildung 8-26: Die TypoScript-Beschreibung des Seiteninhalts vom Typ »Suche«

gemeinen nur bei der Suche verwendet, während das Objekt FORM auch in anderen Formularen eingesetzt werden kann. Betrachten wir zunächst das Objekt FORM.

Das Objekt FORM hat sehr viele Eigenschaften, von denen hier nun die wesentlichen vorgestellt werden. Die Eigenschaft `.layout` beschreibt, wie ein Feld dargestellt werden soll. Dabei arbeitet diese Eigenschaft nicht wie sonst üblich mit einem Wrap, sondern nach dem gleichen Prinzip wie eine Designvorlage. In der Beschreibung können zwei Platzhalter angegeben werden, LABEL und FIELD. Der Platzhalter LABEL ist für einen beschreibenden Text bestimmt, der z.B. neben oder oberhalb des Formularfelds angezeigt werden soll. Der Platzhalter FIELD nimmt das eigentliche Formularfeld auf.

Sie werden erkennen, dass der in `.label` angegebene Wert keine vollständige Tabellendefinition enthält, da das sich öffnende und wieder schließende `<table>`-Tag fehlt. Dadurch wird erreicht, dass diese Beschreibung tatsächlich nur für jedes einzelne Formularfeld verwendet werden kann. Das sich öffnende und wieder schließende `<table>`-Tag wird in der Eigenschaft `.stdWrap.wrap` angegeben und umhüllt somit das gesamte Formulargebilde.

Mit den Eigenschaften `.labelWrap`, `.commentWrap` und `.radioWrap` können Sie für jeden Teilbereich eigene Formatierungen angeben. Die hier angegebenen Formatierungen werden gemeinsam mit dem eigentlichen Wert durch den in `.label` angegebenen Platzhalter ersetzt. Dadurch wird die Eigenschaft `.labelWrap` im Grunde überflüssig.

In der Eigenschaft `.target` geben Sie an, wie das Zielfenster heißen soll. Das hier angegebene Zielfenster *page* können Sie z.B. durch einen Wert `.target = _self` überschreiben.

Sie können im Bereich *Constants* die Variable `styles.content.searchresult.target` auch global auf den Wert *_self* setzen. Dadurch entfällt die manuelle Änderung des Target an vielen Stellen. Nähere Informationen zu *Konstanten* erhalten Sie in Kapitel 10, *Bestehende Erweiterungen integrieren*.

Um Konstanten bzw. Variablen im TypoScript-Objekt-Browser erkennen zu können, sollten Sie im unteren Abschnitt des Objekt-Browsers in der Auswahlbox *Constants display* den Eintrag *Substituted constants in green* auswählen.

Die Eigenschaften `.badMess` und `.goodMess` sind Meldungen, die mit JavaScript über einen Klick auf den *Absende*-Button angezeigt werden können. Für `.badMess` wurde bereits hardcodiert im System ein englischer Wert als Hinweistext hinterlegt, der angezeigt wird, wenn vom Webseitenbesucher nicht alle als *required* (benötigt) gekennzeichneten Formularfelder ausgefüllt wurden. Diese JavaScript-Meldung wird dann durch eine Liste mit den als benötigt gekennzeichneten Feldern ergänzt. Den *Einleitungstext* können Sie durch Setzen der Eigenschaft `.badMess` z.B. mit einem *Bitte füllen Sie alle erforderlichen Felder aus:* überschreiben. Bei der Suche wird zum jetzigen Zeitpunkt noch keine Meldung ausgegeben, da das Suchfeld nicht als *required* gekennzeichnet ist.

Wenn Sie für die Eigenschaft `.goodMess` einen Wert angeben, wird dieser ebenfalls in einer JavaScript-Meldung ausgegeben, jedoch nur dann, wenn alle als *required* gekennzeichneten Felder ausgefüllt wurden. Geben Sie dafür möglichst keinen Wert an, da dies den Besucher der Webseite nur unnötig irritieren würde.

Im folgenden Beispiel wird der Target für die Zielseite auf `_self` gesetzt (Zeile 199). Hat der Benutzer nicht alle erforderlichen Felder – also bei der Suche das Suchfeld – ausgefüllt, wird eine deutsche Fehlermeldung ausgegeben (Zeile 200). Das Löschen des Auswahlfelds nehmen wir später vor.

Beispiel 8-9: Zielseite und Fehlermeldung der Suchmaske anpassen

```
168  # Die Überschrift neu formatieren
[...]
193  # Das Suchformular anpassen
194  tt_content.search.30 {
195     target = _self
196     badMess = Bitte füllen Sie alle erforderlichen Felder aus:
197  }
```

Das Formular mit TypoScript beschreiben

Eine der wichtigsten Aufgaben des FORM-Objekts ist die Beschreibung des eigentlichen Formulars anhand von Konfigurationslisten. Diese Formularbeschreibung nehmen Sie im Bereich `.dataArray` vor. Abbildung 8-27 zeigt den geöffneten Bereich im Objekt-Browser.

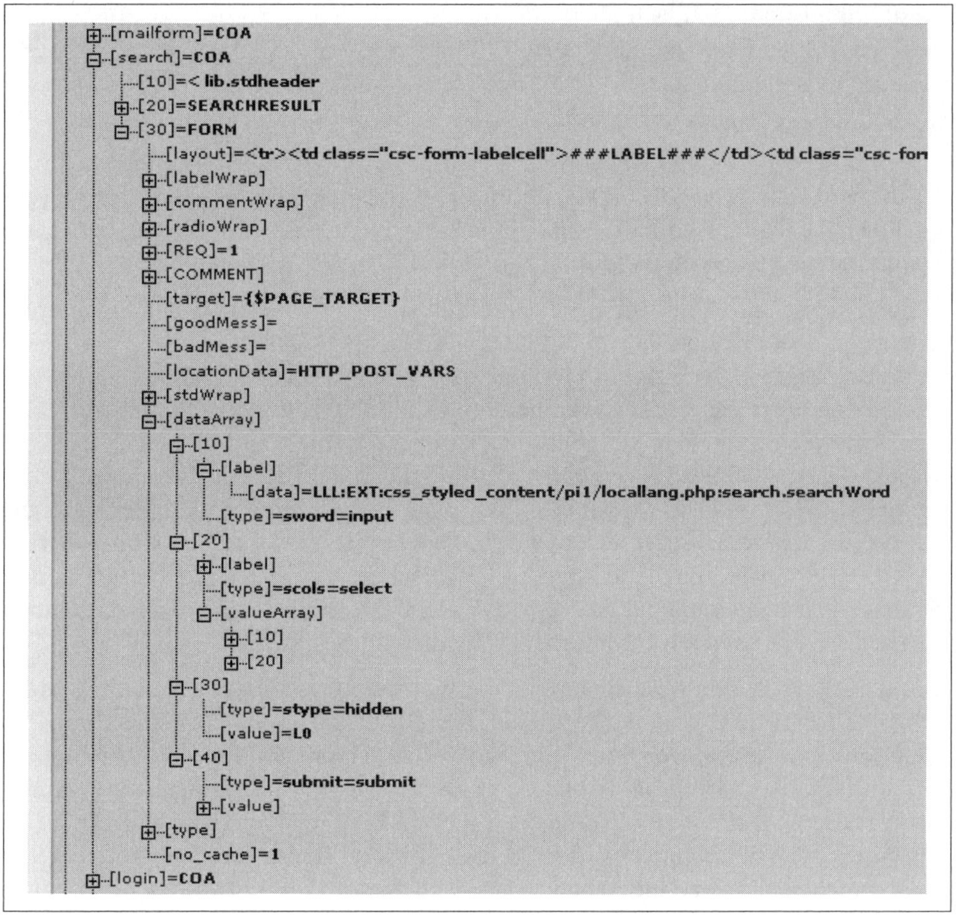

Abbildung 8-27: Die Beschreibung des Suchformulars mit TypoScript

Die logische Beschreibung von Formularen in TypoScript sieht deshalb so komplex aus, weil Formulare an sich ein sehr komplexes Thema sind. Die folgenden Überlegungen werden das verdeutlichen.

Wenn Sie sich selbst mit HTML ein Formular erzeugen möchten, leiten Sie es mit einem `<FORM>`-Tag ein und auch wieder aus. Innerhalb dieses Bereichs können Sie nun diverse Formularfelder verwenden, schlichte Eingabefelder sind dabei die wohl einfachste Art. Es gibt aber auch noch weitere Feldtypen: versteckte Felder zum Weiterreichen von Werten, Auswahlfelder mit mehreren Elementen und einem eigenen Wert für jedes Element, Radio-Buttons, Kontrollkästchen etc. Jeder Feldtyp hat dabei einen eindeutigen Namen und leitet einen Wert an eine im `<FORM>`-Tag angegebene Seite als Wertepaar weiter. Gleichzeitig werden diese Formularfelder nicht in willkürlicher, sondern in einer geordneten Reihenfolge angezeigt. Und auch die einzelnen Elemente eines Auswahlfelds werden in einer geordneten Folge präsentiert.

Diese Komplexität lässt sich nicht auf ein in drei Zeilen konfigurierbares Formular reduzieren, hier wird viel Spielraum für Individualität und Flexibilität benötigt. Genauso müssen auch in TypoScript diese Formularelemente beschrieben werden.

Mit der in Abbildung 8-27 aufgeführten Eigenschaft `.dataArray` wird angegeben, dass nun eine geordnete Liste von mehreren Feldern folgt. Die Ordnung wird wieder durch die Nummern 10, 20 etc. erreicht, von denen jede eine Beschreibung für ein Formularelement enthält. Sie können erkennen, dass in `.dataArray.10` zwei Eigenschaften angegeben werden.

In der Eigenschaft `.label` steht der beschreibende Text, der laut der Eigenschaft `.layout` links neben dem Formularfeld angezeigt wird. Jedoch wurde `.label` nicht selbst ein Wert zugewiesen, sondern einer Untereigenschaft `.label.data`. Der hier angegebene Wert legt fest, dass der beschreibende Text aus einer Sprachdatei stammen soll. Wenn Sie sich die Webseite ansehen, werden Sie erkennen, dass die beschreibenden Texte der Formularfelder und die Inhalte der Auswahlbox auf Englisch sind. Wenn Sie Ihr TypoScript-Template direkt in der ersten Zeile um die Eigenschaft `config.language=de` erweitern, können Sie die deutschen vordefinierten Begriffe verwenden. Ein Ändern dieser deutschen Begriffe in der ausgelagerten Datei ist aber nicht sinnvoll, da Sie Änderungen am Originalquellcode vornehmen müssten, die bei späteren Updates zu Problemen führen würden.

Damit Sie jedoch Ihre eigenen Begriffe verwenden können, gibt es mehrere Möglichkeiten. Eine davon ist z.B., parallel zur `.label.data`-Funktion eine Override-Funktion `.label.data.override = Suchbegriff` zu verwenden. Eine zweite Möglichkeit ist, dass die `.label.data`-Funktion gelöscht und der `.label`-Eigenschaft direkt ein Wert zugewiesen wird. Es gibt noch weitere Möglichkeiten, die Sprache anzupassen. Im nächsten Kapitel werden Sie die optimale Lösung zur Unterstützung von Mehrsprachigkeit kennen lernen. Im Beispiel 8-10 wird die Anpassung der Sprache mit Hilfe der Override-Funktion vorgenommen.

> Die Webseite soll generell Mehrsprachigkeit unterstützen, aber an dieser Stelle gehen wir zunächst davon aus, dass sie nur einsprachig sein wird. Im nächsten Kapitel müssen aufgrund der Unterstützung von Mehrsprachigkeit einige der jetzt vorgenommenen Änderungen rückgängig gemacht bzw. angepasst werden.

In der Eigenschaft `.type` werden gleich die zwei Werte `=sword=input` angegeben. Diese Eigenschaft gibt an, wie das Formularfeld heißen soll und um was für einen Feldtyp es sich dabei handelt. Mit `.type=sword=input` wird angegeben, dass ein Eingabefeld mit dem Bezeichner *sword* angelegt werden soll.

Die Liste kann aber noch um weitere Parameter ergänzt werden. So gibt ein Sternchen vor dem Bezeichner an, dass dieses Feld *required* sein soll und die Eingabe eines Werts vom Benutzer erwartet wird. Gibt der Webseitenbesucher keinen Wert an, wird eine JavaScript-Meldung ausgegeben (z.B. mit dem unter `.badMess` angegebenen Hinweistext). Dazu kann nach der Angabe des Feldtyps nach einem Komma angegeben werden, wie groß dieses Feld sein soll. Die Größe lässt sich allerdings nicht durch Pixel oder Zentimeter beschreiben, sondern wird als *size*-Parameter mit in das `<input>`-Tag aufgenommen und von jedem Browser unterschiedlich verarbeitet. Weiterhin kann ein zusätzlicher Wert über ein weiteres Komma angegeben werden, der festlegt, wie viele Zeichen maximal in das Input-Feld aufgenommen werden dürfen. Die Angabe

```
.type = *sword = input, 15, 30
```

erzeugt also ein Eingabefeld mit dem Bezeichner *sword*, für das ein Wert vom Benutzer angegeben werden muss, das eine Breite von 15 Einheiten hat und das maximal 30 Zeichen aufnimmt.

Funktionalitäten wie z.B. die Überprüfung, ob ein Feld einen Wert enthält, und die Festlegung, dass ein Eingabefeld nur eine bestimmte Anzahl von Zeichen aufnehmen darf, werden nicht von jedem Browser unterstützt und können auch leicht durch entsprechende Browsereinstellungen umgangen werden. Zudem wird durch Kennzeichnung eines Felds als *required* nur überprüft, ob mindestens ein Zeichen für dieses Feld angegeben wurde, auch wenn es sich bei diesem Zeichen nur um ein Leerzeichen handelt. Verlassen Sie sich also nicht auf diese Art der Verifizierung von Daten, die durch Webseitenbenutzer eingegeben werden. Sie bietet lediglich Schutz vor einfachen Fehlern, jedoch keinen vor Missbrauch.

Der Bezeichner *sword*, der als eindeutiger Identifier als Wert für den Parameter *name* innerhalb des erzeugten `<input>`-Tags verwendet wird, darf für die Suche nicht abgeändert werden, da die Seite zum Anzeigen des Suchergebnisses bzw. das Objekt SEARCHRESULT in diesem Bezeichner die für die Suche erforderliche Zeichenkette erwartet.

Als weitere Eigenschaft könnte z.B. noch `.value` angegeben werden, in der ein vordefinierter Wert für das Eingabefeld stehen kann. Im Frontend wäre durch Setzen dieser Eigenschaft dann das Eingabefeld mit einem vorbelegten Text, z.B. *Suchwort*, sichtbar.

In Beispiel 8-10 wird für das Suchfeld, beschrieben in `.dataArray.10`, die Sprache angepasst und das Input-Formular auf eine Breite von 15 Einheiten gesetzt. Außerdem dürfen in das Eingabefeld maximal 30 Zeichen eingegeben werden. Die Angabe eines Werts, also mindestens eines Zeichens, ist erforderlich.

Beispiel 8-10: Das Suchformular anpassen

```
# Das Suchformular anpassen
tt_content.search.30 {
   target = _self
```

Beispiel 8-10: Das Suchformular anpassen (Fortsetzung)

```
   badMess = Bitte füllen Sie alle erforderlichen Felder aus:
   dataArray.10 {
      label.override = Ihre Suche:
      type = *sword = input, 15, 30
   }
}
```

Das Auswahlfeld löschen

In Abbildung 8-27 können Sie erkennen, dass an Position 20 ein Auswahlfeld durch die Angabe von `.type=scols=select` erzeugt wird. Es hat somit den Bezeichner *scols*, der wie auch der Bezeichner *sword* nicht verändert werden sollte. Ein Auswahlfeld zeichnet sich bekanntlich dadurch aus, dass der Benutzer eine Auswahl aus mehreren Elementen treffen kann. In diesem Fall kann der Benutzer auswählen, in welchen Datenbankfeldern er suchen möchte. Diese Auswahlmöglichkeit wird in einer geordneten Liste `.valueArray` angegeben, die Ordnung wird wieder durch die Nummern 10, 20 etc. erreicht. Jedes dieser in den Nummern beschriebenen Elemente hat die Eigenschaften `.label` und `.value`.

In `.label` wird angegeben, welchen Text der Webseitenbesucher im Auswahlfeld für das gewählte Element sieht. Auch hier stammt der Wert wieder aus der angegebenen Sprachdatei. In `.value` wird für das jeweilige Element der Wert angegeben, der an die Ergebnisseite bzw. das Objekt SEARCHRESULT als Wert für den Bezeichner *scols* übergeben wird.

Damit nun kein Auswahlfeld mehr zur Verfügung steht, aber trotzdem ein Wert übergeben wird, darf es sich bei diesem Feld nicht mehr um eines mit Auswahlmöglichkeiten handeln, sondern um ein Feld vom Typ *hidden*. Der Benutzer hat dann aber auch keine Möglichkeit mehr, einen Eintrag auszuwählen, so dass eine Liste von möglichen Einträgen sinnlos wäre. Es sollte daher die Eigenschaft `.value` statt der Eigenschaft `.valueArray` verwendet werden, die den gewünschten Wert enthält. Im Beispiel 8-11 werden diese Änderungen vorgenommen.

Beispiel 8-11: Die Auswahlbox löschen

```
# Das Suchformular anpassen
tt_content.search.30 {
   target = _self
   badMess = Bitte füllen Sie alle erforderlichen Felder aus:
   dataArray.10 {
      label.override = Ihre Suche:
      type = *sword = input, 15, 30
   }
   dataArray.20 {
      valueArray >
      type = scols = hidden
```

Beispiel 8-11: Die Auswahlbox löschen (Fortsetzung)

```
        value = pages.title-subtitle-keywords-description:tt_content.header-
                bodytext-imagecaption
    }
}
```

Einen grafischen Absende-Button erstellen

In Abbildung 8-27 können Sie außerdem erkennen, dass an Position 40 der Absende-Button durch die Zuweisung `.type=submit=submit` definiert wird. Die Eigenschaft `.value` enthält den Wert, der auf dem Button angezeigt wird. Um die Sprache anzupassen, genügt es, diesen Wert wie folgt zu überschreiben:

```
.dataArray.40.value.override = SUCHE
```

Die Vorgabe des Grafikers lautet aber, dass der Absende-Button eine Grafik sein soll. Eine Eigenschaft `.type=submit=image` gibt es allerdings nicht. Dass es sich um einen grafischen Absende-Button zum Absenden des Formulars handeln soll, wird auch nicht an Position 40 der `.dataArray`-Liste angegeben, sondern direkt unterhalb des FORM-Objekts. Die Position, an der der grafische Absende-Button steht, wird allerdings immer noch über die `.dataArray`-Liste angegeben. Also muss an Position 40 (oder an der gewünschte Position) ein Feldtyp `.type=submit=submit` stehen.

Damit der Absende-Button nun ein grafischer Button wird, muss der Eigenschaft `.image` eine gültige Grafik zugewiesen werden. Diese Zuweisung geschieht mit dem IMAGE-Objekt. Mit dem GIFBUILDER kann zusätzlich erreicht werden, dass eine Grafik dynamisch zur Laufzeit erzeugt wird.

> Sollte beim folgenden Beispiel im Browser kein Text angezeigt werden, liegen vermutlich serverseitige Probleme mit der Grafikgenerierung vor. Das Problem können Sie ggf. umgehen, indem Sie in Zeile 216 den Kantenglätter deaktivieren.

Beispiel 8-12: Einen grafischen Absende-Button realisieren

```
193 # Das Suchformular anpassen
194 tt_content.search.30 {
195    target = _self
196    badMess = Bitte füllen Sie alle erforderlichen Felder aus:
197    dataArray.10 {
198       label.override = Ihre Suche:
199       type = *sword = input, 15, 30
200    }
201    dataArray.20 {
202       valueArray >
203       type = scols = hidden
204       value = pages.title-subtitle-keywords-description:tt_content.header-
                 bodytext-imagecaption
205    }
```

Beispiel 8-12: Einen grafischen Absende-Button realisieren (Fortsetzung)

```
      image = IMAGE
      image.file = GIFBUILDER
      image.file {
         XY = 50,20
         backColor = silver
         10 = TEXT
         10.text = SUCHE
         10.fontFile = fileadmin/fonts/verdana.ttf
         10.fontColor = black
         10.fontSite = 11
         10.niceText = 1
         10.offset = 2, 15
      }
   }
```

Das Suchergebnis

Das Suchergebnis wird über das Objekt SEARCHRESULT beschrieben, das nur für Suchergebnisse bestimmt ist. Über dieses Objekt wird in einer Eigenschaft `.allowedCols` angegeben, in welchen Tabellen und Feldern das Suchen gestattet ist. Im FORM-Objekt haben Sie über das jetzt versteckte Formularfeld *scols* angegeben, in welchen Tabellen und Feldern gesucht werden soll. Zur Erhöhung der Sicherheit wird in der Eigenschaft `.allowedCols` des SEARCHRESULT-Objekts überprüft, ob in den übermittelten Tabellen und Feldern überhaupt gesucht werden darf.

Da die Beschreibung des Objekts SEARCHRESULT im Allgemeinen nicht weiter verwendet wird und nur für Suchergebnisse bestimmt ist und zudem auch ein sehr komplexes Thema ist, werden hier nur die notwendigen Anpassungen vorgestellt. Im folgenden Beispiel wird das Suchergebnis auf die deutsche Sprache umgestellt; außerdem wird verhindert, dass sich nach dem Anklicken eines Textlinks ein neues Fenster öffnet.

Beispiel 8-13: Anpassungen am Suchergebnis vornehmen

```
# Das Suchformular anpassen
[...]
# Das Suchergebnis anpassen
tt_content.search.20 {
   layout.10.override = Ergebnisse auf dieser Seite: ###RANGELOW### bis
                        ###RANGEHIGH### von ###TOTAL###
   renderObj.10.typolink.target = _self
   renderObj.20.stdWrap.crop = 200 | […]
   noResultObj.10.override = Kein Ergebniss gefunden!
   next.override = Weiter
   prev.override = Zurück
   target = _self
   range = 10
}
```

In Zeile 223 wird die Beschreibung der Zusammenfassung bzw. des Kopfbereichs vorgenommen. Es stehen Platzhalter zur Verfügung, die Informationen über das gesamte Suchergebnis liefern und problemlos verwendet werden können.

Im Bereich `.renderObj` werden die tatsächlichen Suchergebnisse ausgegeben. Dieser Bereich ist eine Instanz des COA-Objekts, das mehrere Elemente in geordneter Folge aufnehmen kann. Hier wird das COA-Objekt dafür verwendet, sowohl die Überschrift der Seite als auch einen Auszug aus der Fundstelle auszugeben.

In Zeile 224 wird für die Überschrift eines Suchergebnisses der Link-Target beschrieben bzw. überschrieben. Der nach der Überschrift folgende Auszug aus dem gefundenen Seiteninhalt wird in Zeile 225 auf eine Länge von 200 Zeichen begrenzt. Das wird mit Hilfe der Eigenschaft `.crop` gelöst (Zeile 245), mit der durch zwei Parameter angegeben wird, nach wie vielen Zeichen der Text abgeschnitten (erster Parameter) und mit welcher Zeichenkette diese Kürzung abgeschlossen werden soll (zweiter Parameter).

Wenn mehr als die in der Eigenschaft `.range` (Zeile 230) angegebenen Suchergebnisse gefunden werden, werden diese auf mehrere Seiten aufgeteilt. Mit den in den Zeilen 227 und 228 angegebenen Begriffen werden die Vor- und Zurück-Buttons beschrieben. Auch hier erfolgt das Überschreiben des in der ausgelagerten Sprachdatei angegebenen Werts über die Eigenschaft `.override`.

Inhalte in anderen Bereichen ausgeben

Bis jetzt haben Sie Inhalte lediglich am dafür vorgesehenen Platzhalter CONTENT ausgegeben. Im Praxisbeispiel soll allerdings auf jeder Seite im linken Bereich unterhalb des Menüs noch ein einzeiliges Suchfeld stehen. Dazu soll im rechten Bereich an der Stelle des Platzhalters CONTENT_RECHTS jeweils der Text stehen, der für die entsprechende Seite vom Redakteur in der Spalte *Rechts* vorgesehen ist. Zusätzlich soll auf diesem Platzhalter noch der Inhalt ausgegeben werden, der sich auf der Seite *Statisch rechts* befindet.

Die Suche im linken Bereich darstellen

Die Suche, die im linken Bereich unterhalb des Menüs durch den Platzhalter SUCHE dargestellt wird, ist quasi identisch mit der Suche, die bereits für den gleichnamigen Seiteninhaltstyp im vorigen Abschnitt beschrieben wurde. Das Suchergebnis selbst soll natürlich auf der speziell dafür vorgesehenen Seite *Suche* erscheinen, nicht im linken Bereich.

Zur Realisierung könnte man auf jeder Seite einen Seiteninhalt in der linken Spalte vom Typ *Suche* anlegen. Das wäre allerdings sehr aufwendig und würde vom Redakteur nach dem Anlegen neuer Seiten schnell vergessen. Diesen Ansatz sollten Sie also auf Grund der Fehleranfälligkeit schnell zu den Akten legen. Es gibt eine viel einfachere Möglichkeit, insbesondere ein Suchformular statisch in einem Bereich zu platzieren – natürlich wird diese Herangehensweise wieder mit TypoScript beschrieben.

Im vorigen Abschnitt haben Sie erfahren, wie der Seiteninhaltstyp *Suche* mit TypoScript beschrieben wird und dass sich das Suchformular bereits durch das inkludierte statische Template *CSS styled content* in `tt_content.search.30` befindet. Durch einfaches Hineinkopieren dieser fertigen Beschreibung in den Platzhalter können Sie bereits auf die fertige Beschreibung zugreifen und diese verwenden, so wie in Beispiel 8-14 gezeigt wird.

Beispiel 8-14: Das Suchformular in den Platzhalter »SUCHE« laden

```
01   page = PAGE
02   page {
[...]
16       10.marks {
[...]
158          # Inhalt ausgeben
159          INHALT = CONTENT
160          INHALT {
                [...]
164          }
165
166          # Suchformular im Platzhalter anzeigen
167          SUCHE < tt_content.search.30
168      }
169  }
170
171  # Die Überschrift neu formatieren
```

In Zeile 167 befindet sich am Platzhalter SUCHE der Inhalt der Beschreibung für das Suchformular, das in `tt_content.search.30` definiert ist. Zur Erinnerung sei hier noch einmal erwähnt, dass sich in `tt_content.search.20` das Suchergebnis befindet und dies nicht mitkopiert werden sollte. Eine Kopie von `tt_content.search` in den Platzhalter SUCHE würde zwar auf den ersten Blick ein identisches Resultat liefern; wird allerdings eine Suchabfrage gestartet, wird das Suchergebnis ebenfalls im linken Bereich dargestellt, was wohl nur in den seltensten Fällen gewünscht ist.

Wenn Sie sich das Ergebnis im Frontend ansehen, bemerken Sie sicherlich, dass die Gestaltung nicht identisch ist mit der Gestaltung bzw. Beschreibung, die Sie schon für den Seiteninhaltstyp *Suche* im vorigen Abschnitt ausgeführt haben. Auch werden nach Auslösen einer Suchanfrage noch keine Ergebnisse angezeigt, und es öffnet sich wieder ein neues Fenster. Doch erst einmal soll das Problem angegangen werden, dass die Gestaltung nicht mit der bereits angefertigten Beschreibung identisch ist.

In Beispiel 8-14 kopieren Sie in Zeile 167 die Beschreibung für `tt_content.search.30` in den Platzhalter SUCHE, beschreiben aber erst viel später, wie `tt_content.search.30` dargestellt werden soll. Bei einer normalen Kopie, wie sie in Zeile 167 verwendet wird, wird nur das kopiert, was bis zu diesem Zeitpunkt bereits beschrieben wurde. Abhilfe kann hier ein Referenzieren schaffen (Operator `=<`).

```
SUCHE =< tt_content.search.30
```

Allerdings ist die Beschreibung dann tatsächlich identisch mit der Beschreibung für den Seiteninhaltstyp. Sie können in der Beschreibung nicht mehr zwischen diesen beiden Inhaltstypen unterscheiden, was allerdings notwendig ist, da im linken Bereich der beschreibende Text *Ihre Suche* oberhalb des Felds stehen soll und nicht links daneben. Dazu ist das Suchfeld für die linke Spalte zu lang. Daher bleibt Ihnen nichts anderes übrig, als die Beschreibung tatsächlich neu zu definieren, so wie Sie es in Beispiel 8-15 sehen können.

> Zur Erinnerung: Beim Referenzieren können, im Gegensatz zum Kopieren, nur Objekte referenziert werden. Einzelne Eigenschaften oder Listen können nicht referenziert werden.

Beispiel 8-15: Das Suchformular am Platzhalter formatieren

```
01   page = PAGE
02   page {
        [...]
16      10.marks {
           [...]
166        # Suchformular im Platzhalter anzeigen
167        SUCHE < tt_content.search.30
168        SUCHE {
169           layout = ###FIELD###<br>
170           stdWrap.wrap >
171
172           target = _self
173           badMess = Bitte füllen Sie alle erforderlichen Felder aus:
174           dataArray.10 {
175              label.override = Ihre Suche:
176              type = *sword = input, 10, 30
177           }
178           dataArray.20 {
179              valueArray >
180              type = scols = hidden
181              value = pages.title-subtitle-keywords-description:tt_content.
                 header-bodytext-imagecaption
182           }
183           image = IMAGE
184           image.file = GIFBUILDER
185           image.file {
186              XY = 20,15
187              backColor = silver
```

Beispiel 8-15: Das Suchformular am Platzhalter formatieren (Fortsetzung)

```
188                10 = TEXT
189                10.text = GO
190                10.fontFile = fileadmin/fonts/verdana.ttf
191                10.fontColor = black
192                10.fontSize = 11
193                10.niceText = 1
194                10.offset = 2, 13
195            }
196        }
197    }
198 }
199
200 # Die Überschrift neu formatieren
    [...]
```

In den Zeilen 168 bis 196 wird das angewendet, was Sie bereits im vorigen Abschnitt umgesetzt haben. In Zeile 169 wird für die Eigenschaft .layout nur der Platzhalter für das Formularfeld angegeben, der mit einem
-Tag abgeschlossen wird. Der Zeilenumbruch ist notwendig, weil das Eingabefeld und der grafische Absende-Button nicht in der gleichen Zeile stehen sollen. Da die Eigenschaft .layout in der inkludierten Version von *CSS styled content* <tr>- und <td>-Tags enthält, muss es auch eine Eigenschaft oder Funktion geben, die ein <table>-Tag enthält. Dieses <table>-Tag wurde in der inkludierten Version in der Funktion .stdWrap.wrap angegeben und in Zeile 170 gelöscht, da es nicht mehr benötigt wird.

In Zeile 176 wird die Länge des Eingabefelds auf zehn Einheiten gesetzt, damit es auch in die linke Spalte passt. Der grafische Absende-Button, beschrieben in den Zeilen 183 bis 195, wird im Vergleich zur Version des vorigen Abschnitts verkleinert.

Das Betrachten des Ergebnisses im Frontend sollte Sie glücklich stimmen; auch eine unterschiedliche Beschreibung der Suchformulare ist erkennbar, wenn Sie sich die Seite *Suche* ansehen. Abbildung 8-28 zeigt, wie die Seite *Suche* mit jetzt zwei unterschiedlichen Suchfeldern aussehen sollte.

Wenn Sie sich auf der Seite *Suche* befinden und in der Suchmaske der linken Spalte eine Suchanfrage auslösen, werden Sie feststellen, dass tatsächlich Suchergebnisse angezeigt werden bzw. ein Hinweis erscheint, dass keine Ergebnisse gefunden wurden. Befinden Sie sich aber auf einer anderen Seite als *Suche*, erhalten Sie keine Suchergebnisse und auch keinen Hinweis auf nicht gefundene Seiten.

Der Grund dafür ist, dass das Suchformular nach dem Absenden immer die gleiche Seite aufruft. Wenn Sie möchten, dass nach dem Auslösen der Suche die Suchanfrage auf einer ganz bestimmten Seite ausgeführt wird, müssen Sie das mit der Eigenschaft .redirect des FORM-Objekts explizit angeben. In der Eigenschaft .redirect geben Sie die eindeutige Seiten-ID (uid) der Seite an, auf der sich ein Seiteninhalt vom Typ *Suche* befindet bzw. in dem das Objekt *SEARCHRESULT* ausgeführt wird.

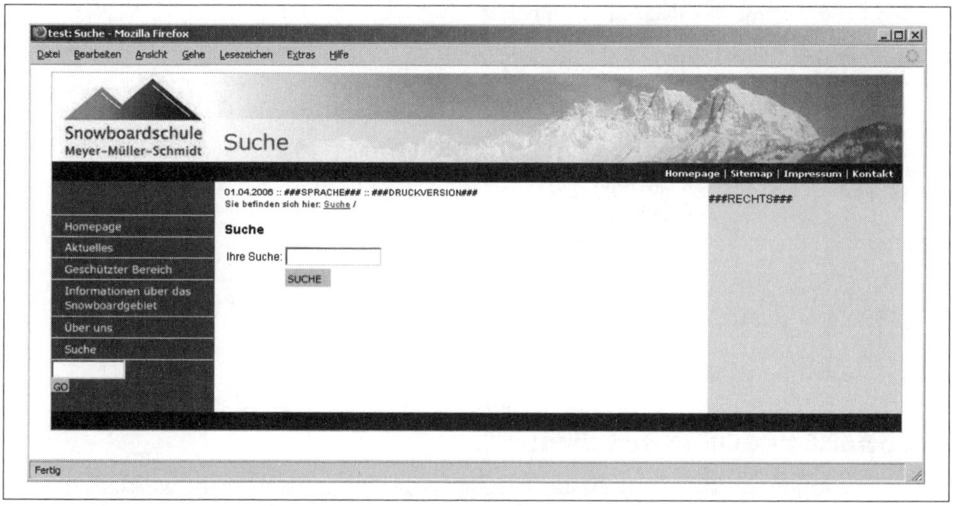

Abbildung 8-28: Zwei unterschiedlich formatierte Suchfelder auf einer Seite

Im folgenden Beispiel wird davon ausgegangen, dass die Seite *Suche* die eindeutige Seiten-ID 9 hat; in Ihrem Projekt ist die Seiten-ID sicherlich eine andere. Jetzt können Sie von jeder beliebigen Seite aus eine Suchanfrage starten, für die dann auf der Seite *Suche* die Ergebnisse präsentiert werden.

Beispiel 8-16: Suchergebnisse auf einer bestimmten Seite anzeigen lassen

```
# Suchformular im Platzhalter anzeigen
SUCHE < tt_content.search.30
SUCHE {
   layout = ###FIELD###<br>
   stdWrap.wrap >

   target = _self
   redirect = 9
   badMess = Bitte füllen Sie alle erforderlichen Felder aus:
   dataArray.10 {
      [...]
```

Inhalte am rechten Rand ausgeben

Im rechten Bereich soll an der Stelle des Platzhalters CONTENT_RECHTS jeweils der Text stehen, der für die entsprechende Seite vom Redakteur in der Spalte *Rechts* angegeben wird. Zusätzlich soll für diesen Platzhalter noch der Inhalt ausgegeben werden, der sich auf der Seite *Statisch rechts* befindet. Um das zu erreichen, müssen Sie zunächst dem Marker RECHTS das Objekt COA zuweisen (Beispiel 8-17), da Sie nun zwei Bereiche unterscheiden müssen. Der Marker RECHTS sollte nach dem Ansprechen im Frontend nicht mehr angezeigt werden.

Beispiel 8-17: Den Marker RECHTS ansprechen

```
[...]
# Inhalt ausgeben
INHALT = CONTENT
INHALT {
   table = tt_content
   select.orderBy = sorting
   select.where = colPos = 0
}

# Inhalte auf der rechten Spalte ausgeben
RECHTS = COA

# Suchformular im Platzhalter anzeigen
```

Die Spalte »Rechts« auslesen

Zunächst sollen auf dem Platzhalter RECHTS die Inhalte angezeigt werden, die der Redakteur auf der aktuellen Seite für die Spalte *Rechts* angelegt hat. Um die zu erstellende Funktion testen zu können, müssen Sie vorab einen Seiteninhalt auf der rechten Spalte anlegen. Abbildung 8-29 zeigt einen Seiteninhalt vom Typ *Text*, der auf der Seite *Homepage* auf der rechten Spalte angelegt wurde. In welcher Spalte sich ein Seiteninhalt befindet, wird mit einem numerischen Wert in der Datenbanktabelle *tt_content* im Feld *CType* gespeichert. Für die rechte Spalte ist dies der Wert 2.

Die Inhalte, die sich auf den einzelnen Seiten der rechten Spalte befinden, sollen nun im Platzhalter RECHTS auf Position 10 dargestellt werden. Die Anwendung des Objekts CONTENT unterscheidet sich dabei lediglich in einem Parameter, der bei der Eigenschaft `.select.where` angegeben wird.

Beispiel 8-18: Inhalte von einer angegebenen Seite »statisch« auslesen

```
[...]
# Inhalt ausgeben
INHALT = CONTENT
INHALT {
   table = tt_content
   select.orderBy = sorting
   select.where = colPos = 0
}

# Inhalte auf der rechten Spalte ausgeben
RECHTS = COA
RECHTS.10 = CONTENT
RECHTS.10 {
   table = tt_content
   select.where = colPos = 2
   select.orderBy = sorting
}

# Suchformular im Platzhalter anzeigen
[...]
```

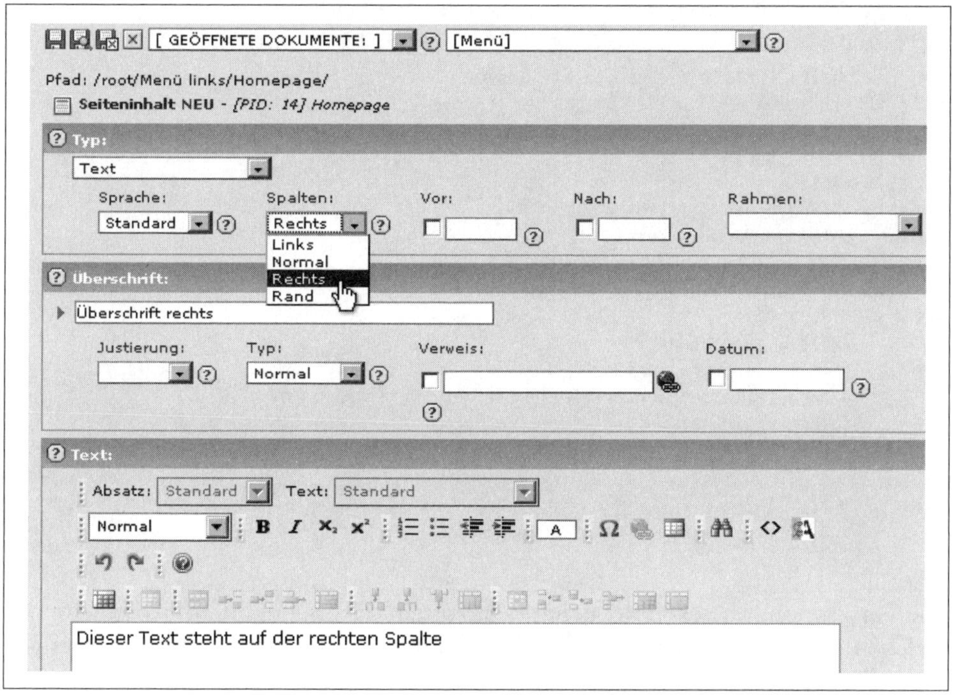

Abbildung 8-29: Die Spalte auswählen, auf der ein Seiteninhalt dargestellt werden soll

Seiteninhalte von einer anderen Seite einlesen

Im Praxisbeispiel ist gefordert, dass auf der rechten Seite neben Inhalten, die auf der jeweils aktuell angezeigten Seite liegen, auch Inhalte dargestellt werden können, die sich auf einer anderen Seite befinden. Erstellen Sie dazu eine Hilfsseite *Statisch rechts* als Unterseite von *root*. Diese neue Seite soll vom Seitentyp *Shortcut* sein und einen Verweis auf die eigentliche *Homepage* erhalten. Dadurch wird die Seite bei versehentlichem Aufrufen nicht zugänglich gemacht. Legen Sie anschließend auf der neu angelegten Seite einen Seiteninhalt auf der Spalte *Rechts* an.

Um nun die Inhalte, die sich auf dieser Seite befinden, zusätzlich für den Marker RECHTS darzustellen, wird an Position 20 wieder eine Instanz des CONTENT-Objekts erstellt. Bisher wurden bei der Verwendung des PAGE-Objekts lediglich Inhalte ausgegeben, die sich auf der aktuellen Seite befanden. Durch die Eigenschaft `.select.pidInList` kann diese Selektierung jedoch neu gesetzt werden. Als Wert erwartet die Eigenschaft `.select.pidInList` eine kommaseparierte Liste von Seiten-IDs, von deren Seite der jeweilige Inhalt aufgenommen werden soll. Im folgenden Beispiel wird als eindeutige Seiten-ID für die Seite *Statisch rechts* die ID 18 angenommen; in Ihrem Projekt wird es voraussichtlich eine andere Seiten-ID sein.

Beispiel 8-19: Inhalte von einer angegebenen Seite »statisch« auslesen

```
[...]
166  # Inhalte auf der rechten Spalte ausgeben
167  RECHTS = COA
168  RECHTS.10 = CONTENT
169  RECHTS.10 {
170     table = tt_content
171     select.where = colPos = 2
172     select.orderBy = sorting
173  }
174  RECHTS.20 = CONTENT
175  RECHTS.20 {
176     table = tt_content
177     select.orderBy = sorting
178     # Inhalte werden von der Seite mit der ID 18 genommen.
179     select.pidInList = 18
180  }
181
182
183  # Suchformular im Platzhalter anzeigen
     [...]
```

Die Verwendung dieses Objekts hat den Vorteil, dass Sie nicht auf jeder Seite den gleichen Inhalt in die rechte Spalte einfügen müssen und Änderungen zentral von einer Stelle aus durchführen können. Dennoch gibt es einen Schönheitsfehler: Wenn Sie den Seiteninhalt ändern, werden Sie auf keiner Seite, die Sie bereits mit diesem Seiteninhalt aufgerufen haben, irgendeine Änderung bemerken. Das liegt an der TYPO3-Caching-Funktion.

Damit sich nachträgliche Änderungen auf alle Seiten übertragen, müssen Sie im Backend manuell den gesamten Cache löschen. Das bewirkt, dass der Cache jeder Seite Ihres Projekts erst wieder gefüllt werden muss, was die Performance Ihres TYPO3-Projekts kurzzeitig beeinträchtigt. Abhilfe schafft das Objekt COA_INT, das Sie in Beispiel 8-19 in Zeile 167 verwenden können.

Übersicht über Seiteninhaltstypen

Die folgende Tabelle gibt einen Überblick über die verschiedenen Seiteninhaltstypen mit den jeweils gespeicherten Werten im Datenbankfeld *CType* und beschreibt die Verwendung dieser Typen.

Tabelle 8-4: Seiteninhaltstypen und deren Werte im Datenbankfeld CType

Seiteninhaltstyp	CType	Beschreibung
Überschrift	header	Dieser Seiteninhaltstyp stellt lediglich eine Überschrift zur Verfügung. Verwendet wird nur die TypoScript-Beschreibung, die in `lib.stdheader` angegeben bzw. inkludiert wurde. Dieser Seiteninhaltstyp wird selten Anwendung finden, da in allen folgenden Seiteninhaltstypen jeweils ein Feld *Überschrift* vorhanden ist.
Text	text	Mit diesem Seiteninhaltstyp kann ein Textbereich mitsamt Überschrift angegeben werden. Er ist der vermutlich am häufigsten gebrauchte Inhaltstyp.
Text mit Bild	textpic	Dieser Seiteninhaltstyp ermöglicht es, Texte mit Bildern zu kombinieren. Dabei können Sie angeben, an welcher Stelle des Texts ein Bild angezeigt werden soll. Dazu stehen Möglichkeiten zur Verfügung, das Bild serverseitig zu verkleinern und durch einen Klick auf das Bild eine größere Version zu erhalten.
Bild	image	Mit diesem Seiteninhaltstyp können Sie einzelne Bilder, auch nebeneinander, darstellen.
Punktliste	bullets	Dieser Seiteninhaltstyp ermöglicht es, eine Liste zu erstellen. Für jede vom Redakteur angegebene Zeile wird ein separater Bereich gekennzeichnet, der z.B. mit vorgestellten Symbolen versehen werden kann.
Tabelle	table	Mit diesem Inhaltstyp können Tabellen beschrieben werden. Er hat keine große Praxisrelevanz, da sich individuelle Tabellen einfacher und besser mit dem Inhaltstyp *HTML* beschreiben lassen.
Dateilinks	uploads	Wenn Sie Dateien zum Download anbieten möchten, eignet sich dieser Seiteninhaltstyp.
Multimedia	multimedia	Mit dem Seiteninhaltstyp *Multimedia* können Sie zum Beispiel Flash-Animationen oder Quicktime-Movies in eine Seite integrieren.
Formular	mailform	Mit diesem Seiteninhaltstyp können Sie über einen Wizard komfortabel ein Formular erstellen lassen, das z.B. per E-Mail übermittelt wird.
Suchen	search	Mit dem Seiteninhaltstyp *Suchen* erstellen Sie auf einer Seite ein Suchformular. Dieser Seiteninhaltstyp wurde in diesem Kapitel vorgestellt.
Login	login	Mit dem Seiteninhaltstyp *Login* können Sie einen Login-Button für zugriffsbeschränkte Seiten anzeigen lassen. Wie Sie Webseiten vor Zugriff schützen und Frontend-Benutzer anlegen, erfahren Sie in Kapitel 9, *Erweiterte Darstellung von Inhalten*.
Menü / Sitemap	menu	Erstellt eine Sitemap, eine Inhaltsübersicht oder eine Übersicht der folgenden Seiten. Dieser Seiteninhaltstyp wurde in diesem Kapitel intensiv vorgestellt.
Datensatz einfügen	shortcut	Mit diesem Seiteninhaltstyp können Sie bereits angelegte Seiteninhalte wiederverwenden. Dabei wird der Seiteninhalt von einer anderen Seite genommen. Änderungen an einem Seiteninhalt müssen nur noch im Original-Inhalt vorgenommen werden und übertragen sich automatisch auf eingefügte Seiteninhalte.
Plugin einfügen	list	Mit *Plugin einfügen* können Frontend-Plugins auf einer Seite ausgeführt werden.
HTML	html	Mit diesem Seiteninhaltstyp können Sie HTML-Code angeben, der an der entsprechenden Stelle direkt ausgegeben wird. Der Typ eignet sich besonders bei der Verwendung von komplexen und individuellen Tabellen als Seiteninhalt.

In diesem Kapitel:

- Einen zeitabhängigen Begrüßungstext realisieren
- Mehrsprachige Webseiten
- Zugriffsbeschränkte Seiten und Seiteninhalte
- Spezielle Druckansicht
- E-Mail-Adressen vor Spam schützen

KAPITEL 9

Erweiterte Darstellung von Inhalten

In diesem Kapitel erfahren Sie, wie Sie mit einigen interessanten Funktionen, z.B. mit Bedingungen, häufig anfallende Aufgabenstellungen erledigen. Erläutert wird, wie Ausnahmen in TYPO3 behandelt werden, wie mehrsprachige Internetseiten umgesetzt werden, wie Sie einen geschützten Kundenbereich einrichten können und wie eine Druckansicht erzeugt wird.

Einen zeitabhängigen Begrüßungstext realisieren

Im Praxisbeispiel soll auf jeder Seite beim Marker DATUM zusätzlich zur eigentlichen Ausgabe des Datums noch der Begrüßungstext *Guten Morgen*, *Guten Tag* bzw. *Guten Abend* vorangestellt werden. Um das zu realisieren, ist eine Unterscheidung der Darstellung nach Tageszeit notwendig. Da TYPO3 auf PHP basiert und PHP-Skripten immer auf dem Server ausgeführt werden, ist die hier vorgestellte Lösung abhängig von der Serverzeit.

So genannte *Conditions* (Bedingungen) können dazu verwendet werden, Eigenschaften unter gewissen Umständen neu zu setzen. Wenn ein bestimmter Zustand eintritt, dann soll eine Eigenschaft `xyz` statt eines Werts `abc` einen anderen Wert `def` erhalten. Eine Übersicht über die Möglichkeiten von Conditions finden Sie im Anhang, *TypoScript-Kurzreferenz*.

Eine Condition ist prinzipiell nichts anderes als ein *Wenn/Dann*-Bereich. In der Programmiersprache PHP würde das Vorhaben, einen zeitabhängigen Begrüßungstext auszugeben, z.B. wie folgt gelöst werden:

```
$hour = date("H");
$text = "Guten Morgen";
if ($hour > 10) $text = "Guten Tag";
if ($hour > 18) $text = "Guten Abend";
echo $text;
```

In diesem PHP-Beispiel würde zunächst die aktuelle Stunde im 24-Stunden-Format in einer Variablen `$hour` gepeichert. `$text` wird *Guten Morgen* zugewiesen. Wenn der Wert der Stunde größer als 10 ist (es also 11 Uhr oder später ist), wird die Variable `$text` mit *Guten Tag* überschrieben; ist es 19 Uhr oder später, wird die Variable `$text` mit dem Wert *Guten Abend* überschrieben. Zuletzt wird der Inhalt von `$text` ausgegeben.

Sicherlich kann dieses PHP-Beispiel verfeinert werden, allerdings soll es hier nicht um PHP gehen, sondern um TypoScript. Auch TypoScript stellt die oben beschriebenen Funktionalitäten mit Conditions zur Verfügung. In Beispiel 9-1 wird abhängig von der aktuellen Serverzeit der Begrüßungstext mit einem neuen Wert überschrieben.

Der Marker DATUM wird in Beispiel 9-1 vollständig neu beschrieben und ist jetzt eine Instanz des Objekts COA_INT. Dieses Objekt kann, genau wie COA auch, mehrere Objekte in einer geordneten Folge aufnehmen. Das ist notwendig, da jetzt zwei Inhalte ausgegeben werden sollen: der Begrüßungstext und das aktuelle Datum. Der Unterschied zwischen COA und COA_INT liegt in der Behandlung des Caches: Der unterhalb von COA_INT angegebene TypoScript-Code wird nicht gecached, sodass permanent eine Zeitabfrage durchgeführt wird. Ein globales Deaktivieren des Caches bzw. das Setzen einer Cache-Periode mit der Eigenschaft `config.cache_period` wird dadurch vermieden.

Conditions befinden sich immer in eckigen Klammern und dürfen sich *nicht* innerhalb von geschweiften Klammern befinden! Sie müssen also sicherstellen, dass vor der Anwendung von Conditions alle geschweiften Klammern geschlossen werden. Conditions werden immer mit einem abschließenden `[global]` beendet. Anschließend wird TypoScript wieder ohne Berücksichtigung besonderer Gegebenheiten ausgeführt.

Beispiel 9-1: Zeitabhängiger Begrüßungstext mit Conditions

```
page = PAGE
page {
   [...]
   10.marks {
      # Den Platzhalter DATUM ansprechen
      DATUM = COA_INT
      DATUM {
         # Den Begrüßungstext realisieren
         10 = TEXT
         10 {
            value = Guten Morgen
            wrap = |, heute ist der 
         }
         # Das aktuelle Datum ausgeben
         20 = TEXT
         20 {
```

Beispiel 9-1: Zeitabhängiger Begrüßungstext mit Conditions (Fortsetzung)

```
29              data = date:d.m.Y
30            }
31          }
32
33          # Das Logo einlesen
            [...]
226     }
227 }
228
229 # Die Überschrift neu formatieren
    [...]
254 # Das Suchformular anpassen
255 tt_content.search.30 {
      [...]
280 }
281
282 # Das Suchergebnis anpassen
283 tt_content.search.20 {
      [...]
292 }
293
294 #### BEDINGUNGEN ###
295
296 # Zeitabhängiger Begrüßungstext
297 [hour = >10]
298   page.10.marks.DATUM.10.value = Guten Tag
299 [hour = >18]
300   page.10.marks.DATUM.10.value = Guten Abend
301 [global]
```

In Zeile 18 wird das Objekt COA_INT verwendet, das mehrere Objekte in einer geordneten Liste aufnehmen kann und den Cache für diesen TypoScript-Abschnitt deaktiviert. Zunächst wird in Zeile 23 auf Position 10 der Text *Guten Morgen* ausgegeben. In Zeile 24 folgt gleich eine `.wrap`-Funktion, die nach der Ausgabe des in Zeile 23 angegebenen Texts ein Komma gefolgt von einem Text und einem Leerzeichen ausgibt. Prinzipiell hätte der in der `.wrap`-Funktion angegebene Wert mit in die Eigenschaft `.value` aufgenommen werden können. Allerdings wird durch die separate `.wrap`-Funktion das folgende Überschreiben der in Zeile 23 angegebenen Ausgabe *Guten Morgen* an späterer Stelle vereinfacht, weil nicht jedes Mal der in Zeile 24 definierte Wert mit angegeben werden muss.

In den Zeilen 26 bis 30 erfolgt, wie bereits bekannt, die Ausgabe des aktuellen Datums mit Hilfe einer `.data`-Funktion.

Erst ganz am Ende Ihres TypoScript-Templates, wenn keine geschweiften Klammern mehr offen sind, folgt die Abfrage, ob eine Eigenschaft oder Funktion ggf. überschrieben werden soll. Nochmals zur Erinnerung: Conditions dürfen nicht innerhalb von geschweiften Klammern stehen! In Zeile 297 wird in eckigen Klammern abgefragt, ob der Wert der Stunde größer als 10 ist. (Wenn es 10:50 Uhr ist, ist die Stunde nicht größer als 10!) Ist das der Fall, wird die Eigenschaft `page.10.marks.DATUM.10.value`, der bereits in Zeile 23 der Wert *Guten Morgen* zugewiesen wurde, in Zeile 298 mit einem neuen Wert *Guten Tag* überschrieben.

In Zeile 299 wird die vorherige Abfrage durch eine neue ersetzt. Wenn der Wert der Stunde größer als 18 ist, wird in Zeile 300 die Eigenschaft `page.10.marks.DATUM.10.value` wiederum mit einem neuen Wert überschrieben. Da keine weitere Abfrage mehr folgt, wird in Zeile 301 die Abfrage aus den Zeilen 297 und 299 mit `[global]` beendet. Alle nun folgenden Zeilen unterliegen somit keiner Bedingung mehr.

Wenn Sie nun das Ergebnis im Frontend betrachten, sollten Sie für die jeweils aktuelle Serverzeit die entsprechende Ausgabe beim Platzhalter DATUM erkennen können. Spielen Sie ein wenig mit den Uhrzeiten herum, um zu sicherzugehen, dass die Bedingungen auch tatsächlich greifen.

Werden Sie trotz der Zeitänderung nach wie vor mit dem in Zeile 23 angegebenen Inhalt *Guten Morgen* begrüßt, sollten Sie im Objekt-Browser überprüfen, ob Sie die Warnmeldung *The script was short of 1 end brace(s)* erhalten. Diese Meldung gibt an, dass noch mindestens eine geschweifte Klammer geöffnet ist. Überprüfen Sie Ihr TypoScript-Template auf sämtliche sich öffnende und schließende Klammern und korrigieren Sie diese so lange, bis Sie im Objekt-Browser die oben genannte Fehlermeldung nicht mehr erhalten.

Conditions und der TypoScript-Objekt-Browser

Wenn Sie sich im TypoScript-Objekt-Browser den Inhalt der Eigenschaft `page.10.marks.DATUM.10.value` ansehen (siehe Abbildung 9-1), werden Sie bemerken, dass hier *Guten Morgen* steht und nicht *Guten Tag* oder *Guten Abend*, obwohl alle drei Varianten abhängig von der Serverzeit denkbar wären. Im unteren Bereich sehen Sie jedoch ein Feld mit mehreren Kontrollkästchen und einem Absende-Button *Set conditions*, mit dem Sie eine bestimmte Bedingung simulieren und das Ergebnis im Objekt-Browser betrachten können. Die beiden bereits bestehenden, Ihnen vermutlich unbekannten Conditions wurden im statischen Template *CSS styled content* angegeben.

Mehrsprachige Webseiten

Mehrsprachige Internetpräsentationen werden von TYPO3 nativ unterstützt. Es gibt zwei Möglichkeiten, wie Internetpräsentationen mehrsprachig erstellt werden können: Zum einen lässt sich die Mehrsprachigkeit einer Webseite durch zwei (oder mehrere) unterschiedliche Seitenbäume realisieren, zum anderen durch einen einzigen Seitenbaum.

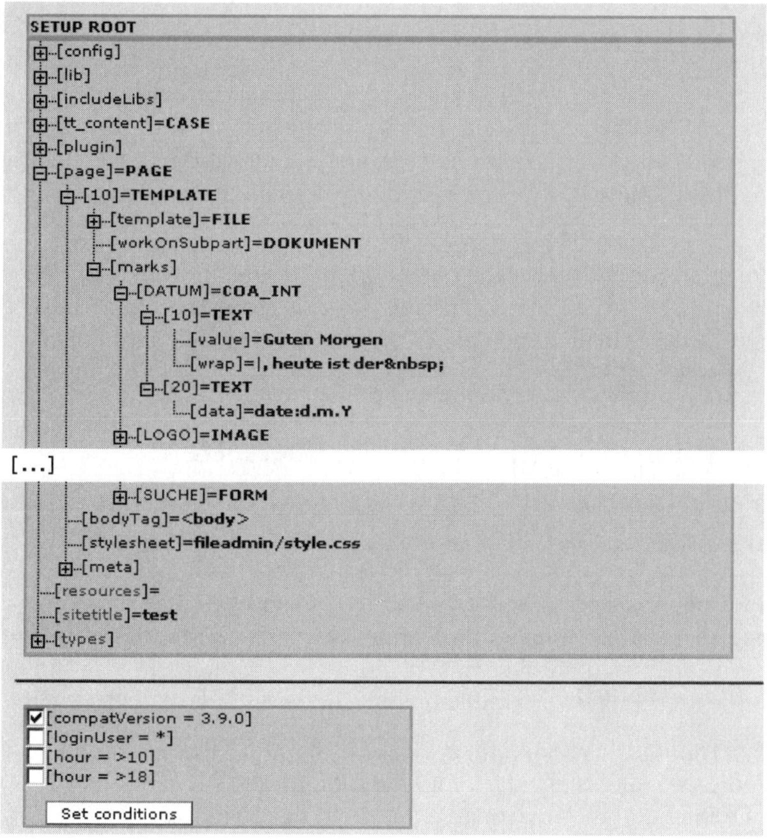

Abbildung 9-1: Simulieren von Bedingungen im Objekt-Browser

Eine TYPO3-Webseite, die zur Umsetzung von Mehrsprachigkeit mit mehreren Seitenbäumen arbeitet, benötigt prinzipiell ein übergeordnetes Projekt-Template, in dem die generelle Darstellung der Webseite abgelegt wird. Da jedoch einige sprachrelevante Meldungen und Ausgaben, z.B. für das Suchformular oder auch die im vorigen Abschnitt statisch gesetzten Ausgaben, in TypoScript angegeben werden, ist für jede Sprache ein Extension-Template erforderlich. Extension-Templates bilden eine Ausnahme zu übergeordneten Templates und können einzelne TypoScript-Eigenschaften und -Funktionen überschreiben. Nähere Informationen zu Extension-Templates erhalten Sie in Kapitel 10, *Bestehende Erweiterungen integrieren*.

Der Vorteil bei der Realisierung von Mehrsprachigkeit mit mehreren Seitenbäumen liegt in der Flexibilität der Gestaltung. Jede Sprachversion kann so ein eigenes Design erhalten, was dann angebracht ist, wenn die gesamte Navigationsstruktur, angebotene Funktionalitäten etc. von Sprache zu Sprache unterschiedlich sein sollen.

Eine mehrsprachige Webseite mit nur einem Seitenbaum zu realisieren hat den Vorteil, dass Änderungen an der Internetpräsentation schneller in anderen Sprachen verfügbar sind. Eine neu angelegte Seite in einer Default-Sprache kann schnell und einfach übersetzt werden. Auch ist ein Sprachwechsel innerhalb einer Seite möglich, ohne dass der Besucher zurück auf die Homepage geführt wird. Zudem muss nicht jede Seite übersetzt werden: Einzelne Seiten oder auch ganze Teilbereiche einer Präsentation, die beispielsweise überwiegend technische Informationen enthalten, können auch in nur einer Sprache zur Verfügung stehen.

Da die Integration von Mehrsprachigkeit mit nur einem Seitenbaum anscheinend zwar aufwendiger ist, aber wesentliche Vorteile gegenüber der Realisierung mit unterschiedlichen Seitenbäumen bietet, soll diese Möglichkeit im Folgenden vorgestellt werden.

Neue Sprachen anlegen und Inhalte übersetzen

Seit der Version 3.7.0 hat sich in Bezug auf mehrsprachige Internetseiten oberflächlich einiges geändert, der Ablauf ist aber prinzipiell gleich geblieben. So steht seit Version 3.7.0 eine Funktionalität zur Verfügung, mit der Sie die Inhalte einer Sprache in eine andere kopieren können. Auf den ersten Blick mag diese Funktionalität überflüssig sein, da die Inhalte ja ohnehin übersetzt werden müssen, aber gerade Übersetzer werden sich darüber freuen. Zusätzlich können Sie beim Anlegen einer Sprache eine Sprachflagge auswählen (eine nähere Erläuterung folgt weiter unten).

Um Mehrsprachigkeit zu erreichen, müssen Sie in TYPO3 zunächst eine weitere Sprache anlegen. Klicken Sie dazu im linken Menü auf das Modul *Liste*, wählen Sie als aktuelle Seite die Root-Ebene aus (die Weltkugel, nicht die Seite *root*) und legen Sie auf dieser Seite einen neuen Datensatz vom Typ *Website Sprache* an (siehe Abbildung 9-2).

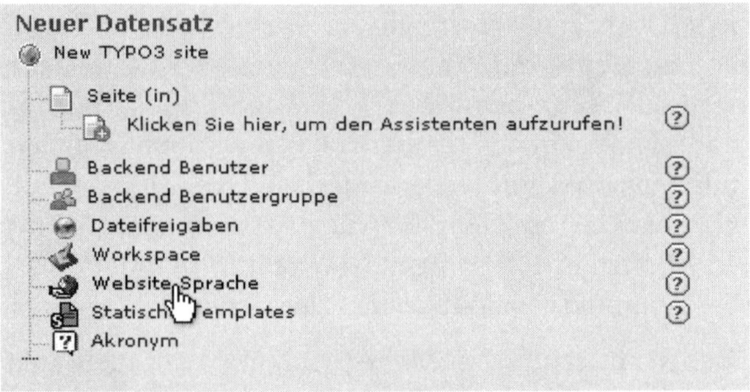

Abbildung 9-2: Eine neue Sprache anlegen

Sie erhalten eine einfache Maske (siehe Abbildung 9-3), in der Sie den Titel einer neuen Sprache anlegen und seit Version 3.7.0 auch eine Sprachflagge auswählen können. Geben Sie hier als Sprache z.B. *Englisch* an und speichern Sie Ihren neuen Datensatz ab, indem Sie auf das Icon *Speichern und Schließen* klicken.

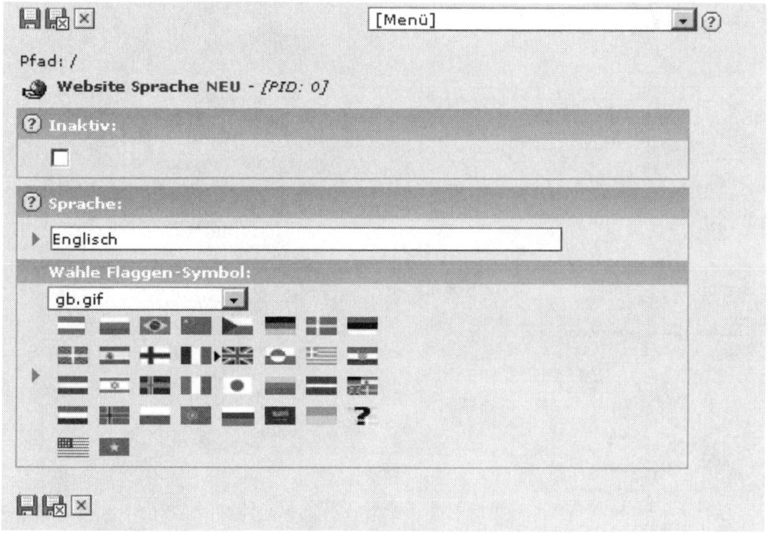

Abbildung 9-3: Die Backend-Maske für Website-Sprachen

Nach dem Anlegen der neuen Website-Sprache können Sie nun für Ihre bestehenden Seiten und deren Inhalte Übersetzungen anlegen. Gehen Sie dazu in das Backend-Modul *Seite* und wählen Sie beispielsweise Ihre Seite *Homepage* aus, auf der sich bereits Inhalte befinden. Im oberen rechten Bereich können Sie aus der Auswahl den Menüeintrag *Sprachen* auswählen. Es erscheint die in Abbildung 9-4 angegebene Backend-Seite.

Das Element *Sprachen* steht nur dann zur Verfügung, wenn auch eine zusätzliche Website-Sprache angelegt wurde!

Sie können nun von Ihrer aktuellen Seite eine Übersetzung anlegen, indem Sie im Auswahlfeld *Neue Übersetzung dieser Seite anlegen* die gewünschte Sprache auswählen. Geben Sie in der dann erscheinenden Maske zu Demonstrationszwecken als Übersetzung für die Seite *Homepage* den Titel *Homepage Englisch* an. Achten Sie darauf, dass die übersetzte Version nicht als *Versteckt* gekennzeichnet ist, und speichern Sie Ihre Übersetzung der Seite ab. Das Backend-Modul *Seite* nimmt nun für Seiten mit einer Übersetzung eine neue Gestalt an, wie in Abbildung 9-5 zu sehen ist.

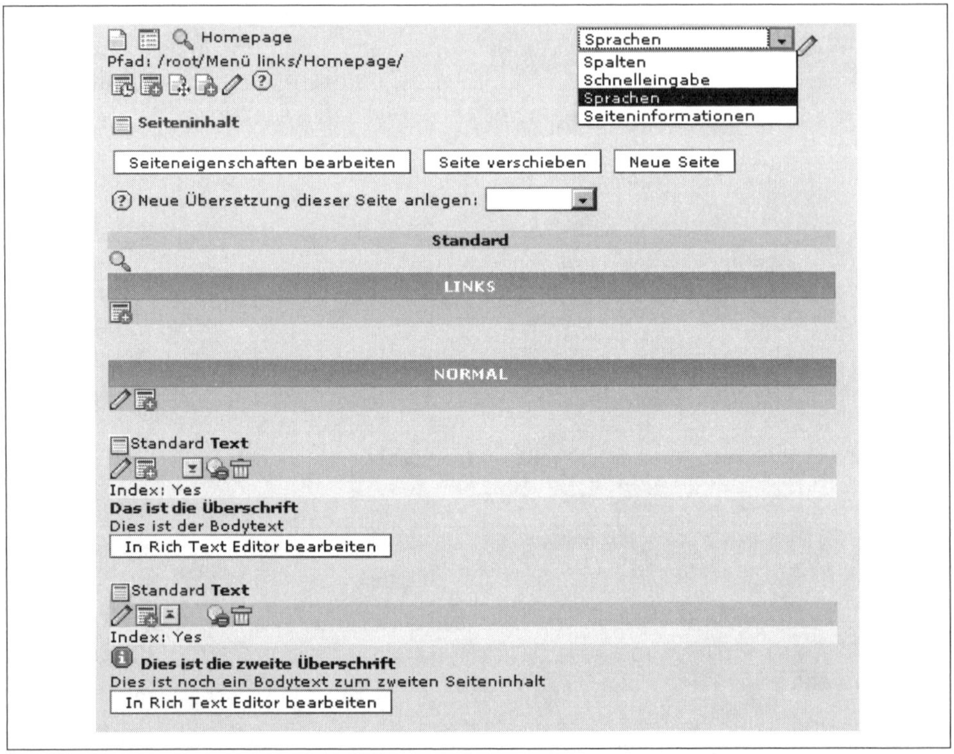

Abbildung 9-4: Das Backend-Modul »Seite« im Sprachen-Modus ohne Übersetzung

Ab der TYPO3-Version 3.7.0 können Sie über den Button *Standard-Inhalte kopieren* die Inhalte der linken Spalte mit in die rechte Spalte aufnehmen. Dabei wird jeweils der Text *Translate to Englisch* vorangestellt, um kenntlich zu machen, dass dieser Inhalt noch nicht übersetzt wurde. Bei TYPO3-Versionen vor 3.7.0 steht Ihnen dieser Button nicht zur Verfügung. Legen Sie dann in der Spalte *Englisch* einfach manuell einen neuen Seiteninhalt an und machen Sie darin, z.B. durch Wahl des Titels *Homepage Englisch* kenntlich, dass es sich hier um einen englischsprachigen Inhalt handelt.

TypoScript und Mehrsprachigkeit

Wenn Sie Ihre übersetzte Seite im Frontend betrachten, werden Sie feststellen, dass auf dieser Seite sowohl der englische als auch der deutsche Seiteninhalt ausgelesen wird. Das dürfte wahrscheinlich nur in den seltensten Fällen so gewünscht sein und sicherlich nicht Ihren Vorstellungen entsprechen. In diesem Praxisbeispiel (und vermutlich auch in Ihrem aktuellen Projekt) soll der Seiteninhalt in nur der gerade ausgewählten Sprache angezeigt werden.

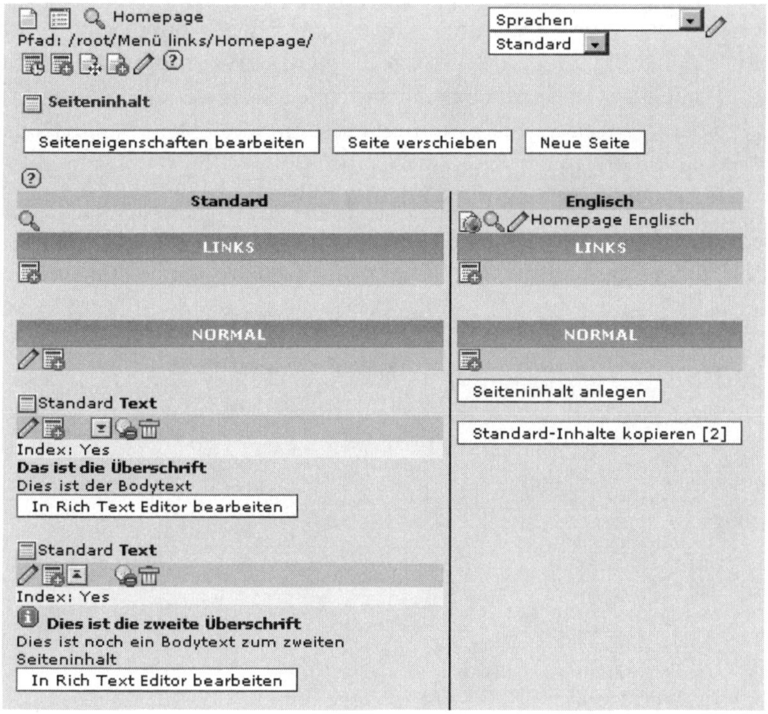

Abbildung 9-5: Das Modul »Seite« im Sprachen-Modus mit einer übersetzten Seite ohne Inhalt

Dass der Seiteninhalt doppelt ausgegeben wird, liegt daran, dass in der Datenbanktabelle *tt_content* nun auch zusätzlich die jeweils übersetzte Version gespeichert wurde, die sich nur durch das Datenbankfeld *sys_language_uid* logisch unterscheidet. Das Feld *sys_language_uid* enthält die eindeutige ID der Webseitensprache, die Sie im vorigen Abschnitt angelegt haben. Für die englische Sprache ist dieses z.B. die ID *1*, für die Default-Sprache wird der Wert *0* gespeichert.

Wenn Sie im vorigen Abschnitt mehrere Webseitensprachen angelegt haben, kann es durchaus sein, dass die ID von dem hier angegebenen Wert *1* abweicht. Im Backend-Modul *Liste* können Sie auf der Root-Ebene (Seite mit der Weltkugel) in der Listenansicht erkennen, welche ID Ihre Sprache hat. Fahren Sie dazu einfach mit der Maus über das Icon vor dem Sprachbezeichner.

Damit nur die Seiteninhalte der deutschsprachigen Version dargestellt werden, können Sie in TypoScript Ihre Konfiguration für den Marker CONTENT ausbauen und die Select-Anweisung erweitern:

```
seite.10.marks.CONTENT.select.where = colPos = 0 AND sys_language_uid = 0
```

Auf den ersten Blick scheint diese Herangehensweise zu funktionieren, wenn man davon absieht, dass eine Sprachumschaltung zurzeit nur durch eine Änderung in TypoScript möglich ist. Der Schein trügt allerdings: Wenn Sie einen Blick auf die erzeugten Menüelemente werfen bzw. sich den Titel der aktuellen Seite im Browser ansehen, werden Sie feststellen, dass hier keine Sprachumschaltung erfolgt. Dieser Ansatz ist zwar theoretisch richtig, wird aber von TYPO3 so nicht durchgängig unterstützt. Es muss also eine andere Lösung geben.

In TypoScript steht für `.select` eine Eigenschaft `.languageField` zur Verfügung, die von TYPO3 direkt unterstützt wird. Diese Eigenschaft wird im folgenden Beispiel verwendet.

Beispiel 9-2: Mehrsprachigkeit über integrierte Funktionen nutzen

```
page = PAGE
page {
   [...]
   10.marks {
      [...]
      # Inhalt ausgeben
      INHALT = CONTENT
      INHALT {
         table = tt_content
         select.orderBy = sorting
         select.where = colPos = 0
         select.languageField = sys_language_uid
      }
[...]
```

Wenn Sie erneut die Webseite im Frontend ansehen, bemerken Sie, dass jetzt nur noch der deutsche Inhalt (als Standardsprache) dargestellt wird. Jetzt muss nur noch ermöglicht werden, dass auch der englische Inhalt ausgegeben werden kann, ohne dass zum Wechseln der Sprache ein Eingriff in TypoScript notwendig wäre. Dafür wird ein URL-Parameter *&L=* eingeführt, der mit in der URL übergeben wird und angibt, welche Sprache angezeigt werden soll.

Damit ein Sprachwechsel auch auf die Folgeseiten Einfluss hat, muss der Parameter *&L=* weitergereicht werden. In TypoScript steht zum Weiterreichen von Parametern die Funktion `config.linkVars` zur Verfügung, die Links, die von TYPO3 erzeugt werden, um den hier angegebenen Parameter ergänzt.

Erweitern Sie das Projekt-Template um die in Beispiel 9-3 angegebenen Zeilen, die direkt im oberen Abschnitt über `page = PAGE` sowie im unteren Abschnitt `BEDINGUNGEN` hinzugefügt werden.

Beispiel 9-3: Mehrsprachigkeit über einen URL-Parameter realisieren

```
# Allgemeine TypoScript-Konfigurationen
config.linkVars = L
config.sys_language_uid = 0
```

Beispiel 9-3: Mehrsprachigkeit über einen URL-Parameter realisieren (Fortsetzung)

```
04   config.language = de
05
06   # Die Webseite darstellen
07   page = PAGE
[...]

301  #### BEDINGUNGEN ###
302
303  # Zeitabhängiger Begrüßungstext
304  [hour = >10]
305     page.10.marks.DATUM.10.value = Guten Tag
306  [hour = >18]
307     page.10.marks.DATUM.10.value = Guten Abend
308  [global]
309
310  # MEHRSPRACHIGKEIT
311  [globalVar = GP:L=1]
312     config.sys_language_uid = 1
313     config.language = en
314  [global]
```

In Zeile 2 wird über `config.linkVars` angegeben, dass ein Parameter *L* mit jedem von TYPO3 aus erzeugten Link weitergegeben wird. In den Zeilen 3 und 4 wird die ID der Sprache auf *0* (Default-Sprache) und das Language-Label auf *de* gesetzt.

In Zeile 311 folgt eine Condition (Bedingung): Die Zeilen 312 und 313 werden nur dann ausgeführt und die unter `config` angegebenen Eigenschaften mit einem neuen Wert überschrieben, wenn der übergebene Parameter *L* gleich *1* ist. In Zeile 314 wird der Condition-Bereich über die Angabe `[global]` wieder verlassen.

Sehen Sie sich die Seite im Frontend erneut an und erweitern Sie die URL nun um den Parameter *&L=0*, also z.B. auf *index.php?id=0&L=0*. Sie werden die Seite wieder in der Default-Sprache *Deutsch* betrachten können. Wenn Sie den Parameter allerdings auf *&L=1* abändern, wird die Seite in der übersetzten englischen Version erscheinen, inklusive des englischen Seitentitels. Dazu werden sämtliche Links, wie z.B. die automatisch generierten Links in den Menüs, jeweils mit dem aktuellen Parameter *&L=* versehen, wofür die in Beispiel 9-3 in Zeile 2 angegebene Konfiguration `config.linkVars = L` verantwortlich ist.

Theoretisch können Sie statt L auch jeden anderen Parameter, beispielsweise *&sprache=* verwenden, den Sie dann mit in `config.linkVars` übergeben und auch in der Condition abfragen. Es gibt allerdings Frontend-Module, die Mehrsprachigkeit nur in Kombination mit dem Parameter *&L=* ermöglichen, der sich hier als Standard durchgesetzt hat. Um mögliche Probleme zu vermeiden, gewöhnen Sie sich am besten diesen Parameter für die Realisierung von Mehrsprachigkeit an.

Einen Sprachwechsler realisieren

Damit ein komfortabler Sprachwechsel möglich ist, der den Benutzer nicht erst wieder auf die Homepage verweist oder zum manuellen Abändern der URL zwingt, muss ein Link auf die aktuelle Seite gesetzt und dabei dem Parameter *&L=* der Wert der gewünschten Sprache zugewiesen werden.

Für einen komfortablen Sprachwechsel müssen Sie den Parameter *&L=* abändern können. In Beispiel 9-4 wird dieser Sprachwechsel mit dem Marker SPRACHE realisiert. Dafür wird dieser mit dem TEXT-Objekt angesprochen, und ein Link auf die aktuelle Seite wird über die beiden Funktion `.wrap` und `.field` dynamisch erzeugt.

Beispiel 9-4: Einen textbasierten Sprachwechsler realisieren

```
01   # Allgemeine TypoScript-Konfigurationen
02   config.linkVars = L
03   config.sys_language_uid = 0
04   config.language = de
05
06   # Die Webseite darstellen
07   page = PAGE
08   page {
       [...]
22     10.marks {
         [...]
201      # Suchformular im Platzhalter anzeigen
202      SUCHE < tt_content.search.30
203      SUCHE {
           [...]
232      }
233
234      # Den Sprachwechsel als Textlink erzeugen
235      SPRACHE = TEXT
236      SPRACHE {
237        field = uid
238        wrap = <a href="index.php?id=|&L=1">English</a>
239      }
240    }
241  }
[...]
317  # MEHRSPRACHIGKEIT
318  [globalVar = GP:L=1]
319    config.sys_language_uid = 1
320    config.language = en
321    page.10.marks.SPRACHE.wrap = <a href="index.php?id=|&L=0">Deutsch</a>
322  [global]
```

Auf dem Marker SPRACHE wird in Zeile 237 als Inhalt lediglich die ID der aktuellen Seite ausgegeben. Da diese Ausgabe noch keinen Link erzeugt, die ID aber innerhalb eines Links zur Rückführung auf die aktuelle Seite benötigt wird, wird dieser ausgegebene Wert in Zeile 238 mit einer `.wrap`-Funktion umhüllt. Die gesamte erzeugte Ausgabe ist somit ein Link mit dem Text *Englisch*, der auf die eigene Seite zeigt, jedoch mit einem Parameter *&L=1*.

In Zeile 321 wird die bereits bestehende Condition, die einen *GetPost*-Parameter (GP) überprüft, um eine Zeile erweitert. Sollte ein Parameter *L* einen Wert *1* enthalten, wird die Bedingung ausgeführt und die `.wrap`-Funktion aus Zeile 238 in Zeile 321 mit einem neuen Parameter *&L=0* sowie dem Text *Deutsch* versehen.

Vordefinierte Übersetzungen verwenden und anpassen

Für viele Standard-Seiteninhalte existieren bereits vordefinierte Übersetzungen, die in einer separaten Sprachdatei ausgelagert sind. In Kapitel 8 haben Sie z.B. im Objekt-Browser gesehen, dass für Begriffe, die in der Suchfunktion verwendet werden, auf eine Sprachdatei verwiesen wurde:

```
tt_content.search.30.dataArray.10.label = LLL:EXT:css_styled_content/pi1/locallang.
php:search.searchWord
```

Über die Angabe `tt_content.search.30.dataArray.10.label.override = Ihre Suche` haben Sie in Kapitel 8 im Beispiel 8-10 den englischen Begriff ins Deutsche übersetzt. Die verwendete Sprachdatei *css_styled_content/pi1/locallang.php* enthält aber auch Übersetzungen für die deutsche Sprache, die verwendet und angepasst werden können.

Um der Sprachdatei mitzuteilen, welche Sprache ausgelesen werden soll, können Sie über die Eigenschaft `config.language` die gewünschte Sprache angeben. Im Beispiel 9-3 haben Sie diese Eigenschaft bereits in Zeile 4 gesetzt; wenn die englische Fassung der Webseite angezeigt werden soll, wird in Zeile 320 die Eigenschaft `config.language=en` gesetzt. Dadurch wird der Sprachdatei mitgeteilt, welche Sprache jeweils verwendet werden soll.

Wenn Ihnen eine Übersetzung nicht gefällt, sollten Sie keine Änderungen an der Sprachdatei vornehmen, da das zu Problemen bei zukünftigen Updates führen wird. TypoScript stellt dafür eine spezielle Funktion `.lang.[SPRACHE]` zur Verfügung, mit der Sie Übersetzungen für eine bestimmte Sprache überschreiben können.

Die in Kapitel 8 durchgeführten Anpassungen an der Suche unterstützen keine Mehrsprachigkeit. Sie haben aber die Möglichkeit, über Bedingungen die jeweiligen Eigenschaften mit einem neuen Wert zu überschreiben oder auf die bereits vorhandenen Übersetzungen zurückzugreifen. Im folgenden Beispiel werden die in Kapitel 8 durchgeführten Anpassungen teilweise rückgängig gemacht bzw. um die Funktion `.lang.[SPRACHE]` erweitert, so dass Mehrsprachigkeit direkt unterstützt wird, womit der Pflege- und Übersetzungsaufwand geringer wird.

Beispiel 9-5: Unterstützung der Mehrsprachigkeit für die Suchfunktion integrieren

```
[...]
# Die Webseite darstellen
page = PAGE
page {
   [...]
   10.marks {
      [...]
      # Suchformular im Platzhalter anzeigen
      SUCHE < tt_content.search.30
      SUCHE {
         [...]
         dataArray.10 {
            label.override.lang.de = Ihre Suche:
            type = *sword = input, 10, 30
         }
         [...]
      }
      [...]
   }
}
   [...]
# Das Suchformular anpassen
tt_content.search.30 {
   target = _self
   badMess = Bitte füllen Sie alle erforderlichen Felder aus:
   dataArray.10 {
      label.override.lang.de = Ihre Suche:
      type = *sword = input, 15, 30
   }
   [...]
}

# Das Suchergebnis anpassen
tt_content.search.20 {
   layout.10.override.lang.de = Ergebnisse auf dieser Seite: ###RANGELOW### bis
                                ###RANGEHIGH### von ###TOTAL###
   renderObj.10.typolink.target = _self
   renderObj.20.stdWrap.crop = 200 | [...]
   noResultObj.10.override.lang.de = Kein Ergebniss gefunden!
   next.override.lang.de = Weiter
   prev.override.lang.de = Zurück
   target = _self
   range = 10
}
[...]
```

Wie Sie Beispiel 9-5 entnehmen können, ist das Anwenden der `.lang.[SPRACHE]`-Funktion nicht auf jede Eigenschaft anwendbar. Die Eigenschaft `.badMess` unterstützt diese Funktionalität z.B. nicht, ebenso wenig die Funktion `.wrap`. Hier bleibt Ihnen nichts anderes übrig, als eigenständige Übersetzungen anzulegen, die sich im Condition-Bereich für die englische Sprache befinden (Beispiel 9-6).

Beispiel 9-6: Überschreiben von Eigenschaften für die englische Sprache

```
[...]
308 #### BEDINGUNGEN ###
309
310 # Zeitabhängiger Begrüßungstext
311 [hour = >10]
312    page.10.marks.DATUM.10.value = Guten Tag
313 [hour = >18]
314    page.10.marks.DATUM.10.value = Guten Abend
315 [global]
316
317 # MEHRSPRACHIGKEIT
318 [globalVar = GP:L=1]
319    config.sys_language_uid = 1
320    config.language = en
321    page.10.marks.SPRACHE.wrap = <a href="index.php?id=|&L=0">Deutsch</a>
322    page.10.marks.SUCHE.badMess = Please fill in the follwing fields:
323    page.10.marks.DATUM.10.wrap = |, today we have  
324    page.10.marks.DATUM.10.value = Good morning
325    tt_content.search.30.badMess = Please fill in the follwing fields:
326 [global]
327
328 # MEHRSPRACHIGKEIT UND DATUM
329
330 [globalVar = GP:L=1]&&[hour = >10]
331    page.10.marks.DATUM.10.value = Good afternoon
332 [globalVar = GP:L=1]&&[hour = >18]
333    page.10.marks.DATUM.10.value = Good evening
334 [global]
```

In diesem Beispiel werden in den Zeilen 322 bis 325 die zusätzlichen Übersetzungen für die Suche sowie der Platzhalter DATUM angelegt. Die Zeilen 328 bis 334 stellen einen weiteren Sonderfall dar: Mehrsprachigkeit und Datum. Hier muss sowohl auf die Sprache als auch auf die Zeit hin überprüft werden. In Zeile 330 wird z.B. beschrieben, dass, wenn die Sprache Englisch und der Wert der Stunde größer als 10 ist, die Eigenschaft `page.10.marks.DATUM.10.value` den Wert `Good afternoon` erhalten soll.

Das Kombinieren von zwei Conditions mit einem UND-Parameter steht erst seit der TYPO3-Version 4.0 zur Verfügung. Für ältere TYPO3-Versionen muss dafür die Erweiterung *Extended TS Conditions* installiert werden.

Zugriffsbeschränkte Seiten und Seiteninhalte

Häufig ist es unerwünscht, dass Webseitenbesucher *alle* Seiten oder Seiteninhalte sehen dürfen. Im Praxisbeispiel soll z.B. unterhalb der Seite *Geschützter Bereich* eine weitere Navigation erscheinen, die nur dann zu sehen sein soll, wenn sich der

Besucher erfolgreich mit einem Benutzernamen und einem dazugehörigen Passwort authentifiziert hat.

TYPO3 selbst bietet die Unterstützung von geschützten Bereichen an. So können Sie z.B. bestimmen, dass Seiten, ganze Seitenbäume und auch Seiteninhalte nur für bestimmte Benutzergruppen zugänglich sein sollen. Doch bevor Sie eine Seite nur für bestimmte Benutzergruppen zugänglich machen können, muss auch mindestens eine solche Benutzergruppe vorhanden sein.

Webseiten-Benutzer anlegen

Webseiten-Benutzer, häufig auch als Frontend-User oder FE-User bezeichnet, sowie Benutzergruppen für Webseiten-Benutzer müssen auf einer separaten Seite angelegt werden. An einer späteren Stelle teilen Sie TYPO3 mit, auf welcher Seite sich die Benutzer befinden.

Legen Sie unterhalb der Weltkugel eine neue Seite vom Typ *SysOrdner* an. Klicken Sie dazu auf die Weltkugel und wählen Sie aus dem Pop-up-Fenster den Eintrag *Neu* aus. Im rechten Bereich können Sie nun angeben, dass Sie eine neue Seite anlegen möchten. Wählen Sie aus der Auswahlliste *Typ* den Eintrag *SysOrdner* aus (siehe Abbildung 9-6) und bestätigen Sie diese Änderung in der sich öffnenden Mitteilung mit *OK*.

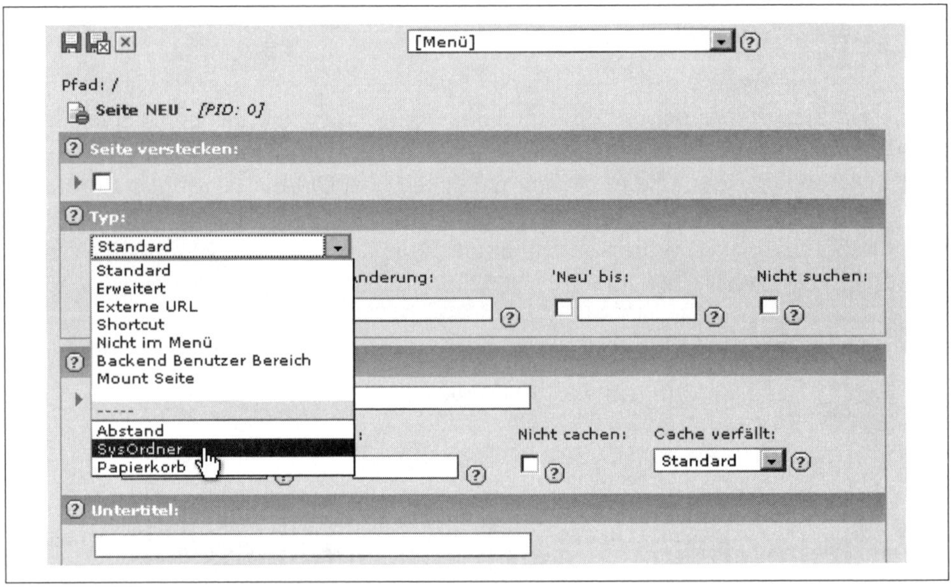

Abbildung 9-6: Eine Seite vom Typ »SysOrdner« anlegen

Eine neue Maske öffnet sich, in der Sie nun als Titel *Benutzer* angeben können. Weiter unten erscheint eine weitere Auswahlliste *Enthält Erweiterung* (siehe Abbildung 9-7), aus der Sie den Eintrag *Website Benutzer* auswählen. Stellen Sie sicher, dass die Seite nicht versteckt ist, und speichern Sie Ihre Angaben.

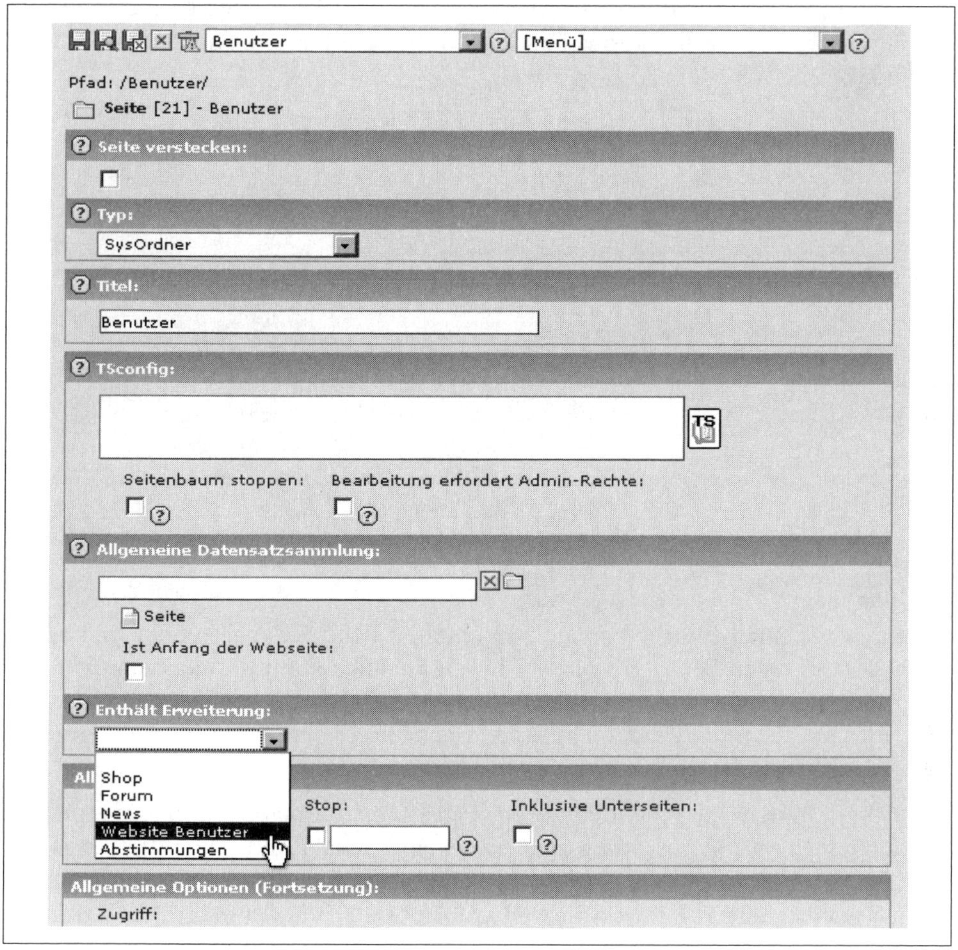

Abbildung 9-7: Der Systemordner soll Webseiten-Benutzer aufnehmen können

Im Seitenbaum sehen Sie nun eine neue Seite, die ein anderes Icon hat. Eine solche Seite wird als *Systemordner* bezeichnet und ist eine besondere Seite, die nicht mit in die Menüs aufgenommen wird und ganz bestimmte Datensätze (z.B. Webseiten-Benutzer) enthalten kann. Diese sowie Webseiten-Benutzergruppen lassen sich nur auf einer Seite vom Typ *SysOrdner* anlegen.

Bevor Sie allerdings einen Webseiten-Benutzer anlegen können, muss zunächst eine Benutzergruppe vorhanden sein. Um diese zu erstellen, klicken Sie auf das Systemordner-Icon der Seite *Benutzer* und wählen aus dem Pop-up-Menü den Eintrag *Neu* aus. In der Liste der Datensätze, die neu angelegt werden können, stehen jetzt auch zwei weitere Datensätze *Website Benutzer* und *Website Benutzergruppe* zur Verfügung. Wählen Sie hier den Eintrag *Website Benutzergruppe* aus.

Es erscheint die in Abbildung 9-8 gezeigte Maske, in der die Angabe eines Titels für die Benutzergruppe völlig ausreichend ist. Geben Sie hier als Titel *Snowboardkurs* an und speichern Sie Ihre Angabe ab.

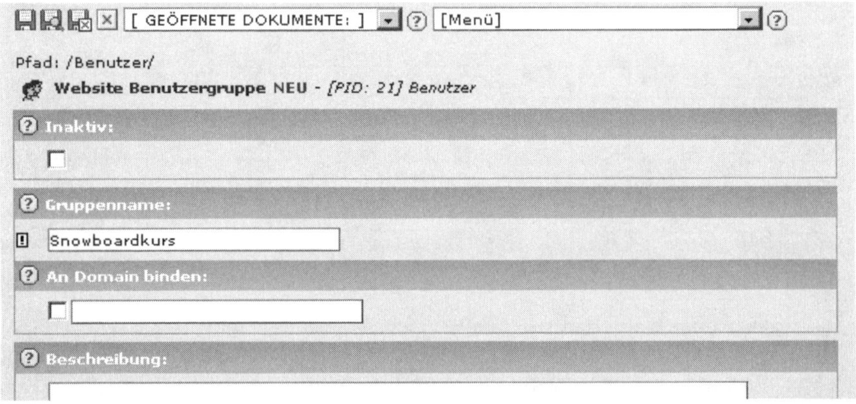

Abbildung 9-8: Die Backend-Maske für Website-Benutzergruppen

Nachdem Sie eine Benutzergruppe für Webseiten-Benutzer angelegt haben, können Sie nun auch einen Benutzer anlegen. Legen Sie auch dafür auf der Seite *Benutzer* einen neuen Datensatz an und wählen Sie aus der Liste der möglichen Datensätze den Eintrag *Website Benutzer* aus. Es erscheint die in Abbildung 9-9 gezeigte umfangreiche Maske.

Sie müssen in den drei Pflichtfeldern *Benutzername*, *Passwort* und *Benutzergruppe*, die durch kleine gelbe Ausrufungszeichen gekennzeichnet sind, einen Wert angeben. Alle anderen Felder sind optional. Geben Sie als Benutzernamen beispielsweise *test* an und wählen Sie ein Passwort Ihrer Wahl. Aus dem Feld der möglichen Benutzergruppen auf der rechten Seite wählen Sie den Eintrag *Snowboardkurs* aus. Speichern Sie danach den angelegten Benutzer ab.

In der Grundkonfiguration werden Passwörter für Frontend-Benutzer in der Datenbank unverschlüsselt gespeichert.

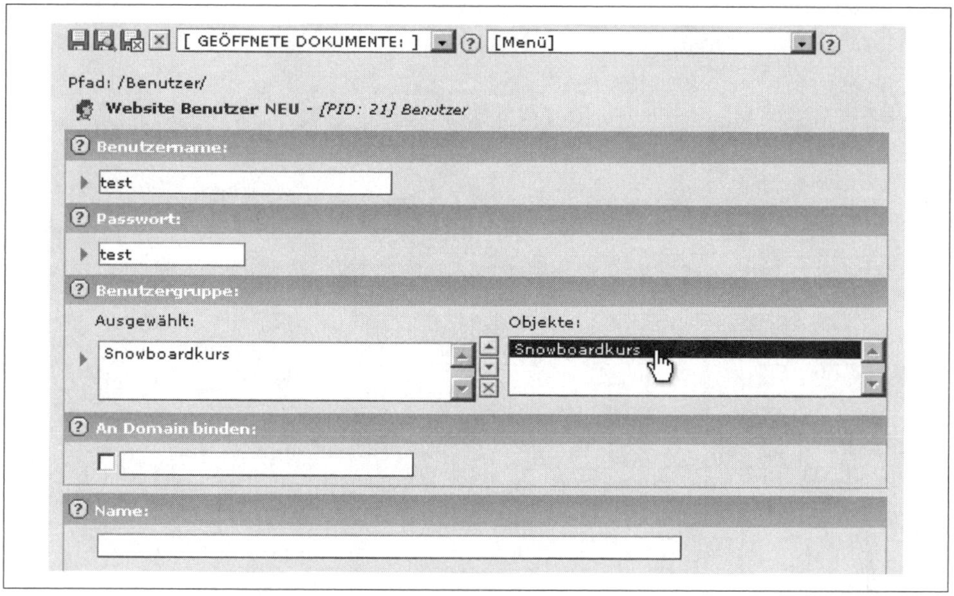

Abbildung 9-9: Die Backend-Maske für Website-Benutzer

Ein Login-Formular anlegen

Ein Login-Formular, auf dem sich Webseitenbesucher anmelden können, steht bereits als vordefinierter Seiteninhaltstyp zur Verfügung. Legen Sie nun auf der Seite *Geschützter Bereich* einen neuen Seiteninhalt vom Typ *Login* an. Es erscheint die in Abbildung 9-10 gezeigte Maske. Geben Sie als Titel *Login in den geschützten Bereich* an und speichern Sie diesen Seiteninhalt ab.

> Die Darstellung des Moduls *Seite* befindet sich derzeit evtl. noch im *Sprache*-Modus. Wenn Sie möchten, können Sie rechts oben in einer Auswahlbox die Darstellung von *Sprache* auf *Spalten* ändern.

Beim Betrachten dieser Seite im Frontend und dem Versuch, sich mit dem angelegten Benutzer einzuloggen, werden Sie feststellen, dass keine Veränderung eintritt, wobei sich die Frage auftut, welche Veränderungen überhaupt sichtbar sein sollten. In dem statischen Template *CSS styled content* wurde angegeben, dass sich nach einem erfolgreichen Login der Login-Button in einen Logout-Button verwandelt. Ein Logout-Button ist im Frontend aber auch nicht erkennbar, was den Rückschluss zulässt, dass das Login trotz richtiger Angabe von Benutzernamen und Passwort nicht funktioniert hat.

Die Ursache dafür ist, dass Sie TYPO3 über TypoScript noch mitteilen müssen, auf welcher Seite sich die Webseiten-Benutzer und -Benutzergruppen befinden. Ziem-

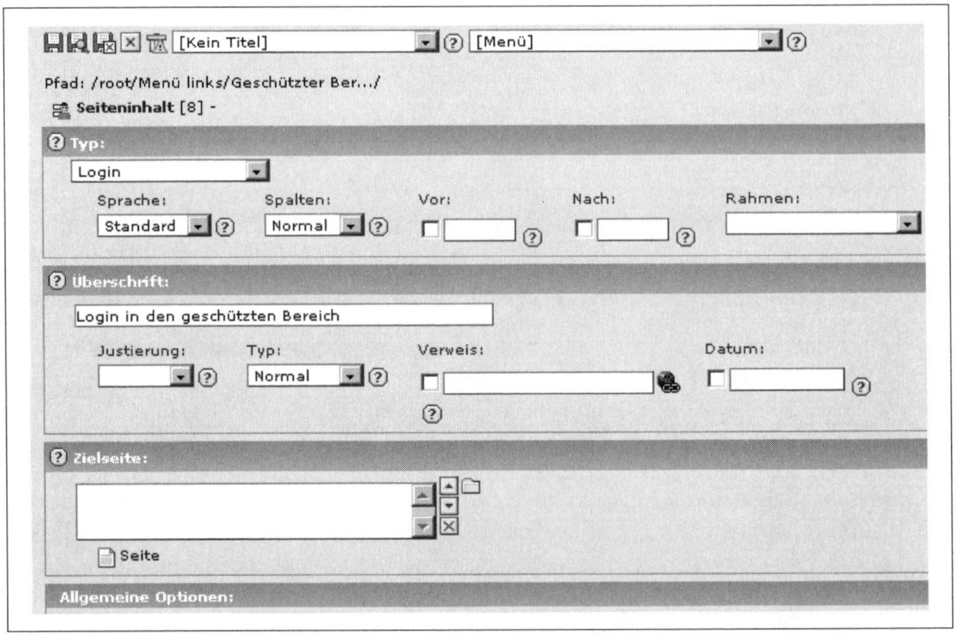

Abbildung 9-10: Einen Seiteninhalt vom Typ »Login« anlegen

lich versteckt im Objekt-Browser und auch nicht an der Beschreibung der Eigenschaft erkennbar gibt es eine Eigenschaft `tt_content.login.20.hiddenFields.pid.value`, für die Sie als Wert die ID der Seite angeben, auf der Ihre Webseiten-Benutzer und -Benutzergruppen abgelegt sind. Erweitern Sie Ihr TypoScript-Template um diese zusätzliche Konfiguration. Die in Beispiel 9-7 angegebene Seiten-ID für die Systemordner-Seite *Benutzer* wird in Ihrem Beispiel wahrscheinlich anders lauten.

Beispiel 9-7: Angeben, auf welcher Seite die Website-Benutzer angelegt wurden

```
[...]
# Die Webseite darstellen
page = PAGE
page {
   [...]
}

# Die Überschrift neu formatieren
[...]
# Das Suchformular anpassen
[...]
# Das Suchergebnis anpassen
[...]
# Login-Formular für Webseiten-Benutzer
tt_content.login.20 {
   hiddenFields.pid.value = 19
}
```

Beispiel 9-7: Angeben, auf welcher Seite die Website-Benutzer angelegt wurden (Fortsetzung)

```

#### BEDINGUNGEN ###
[...]
```

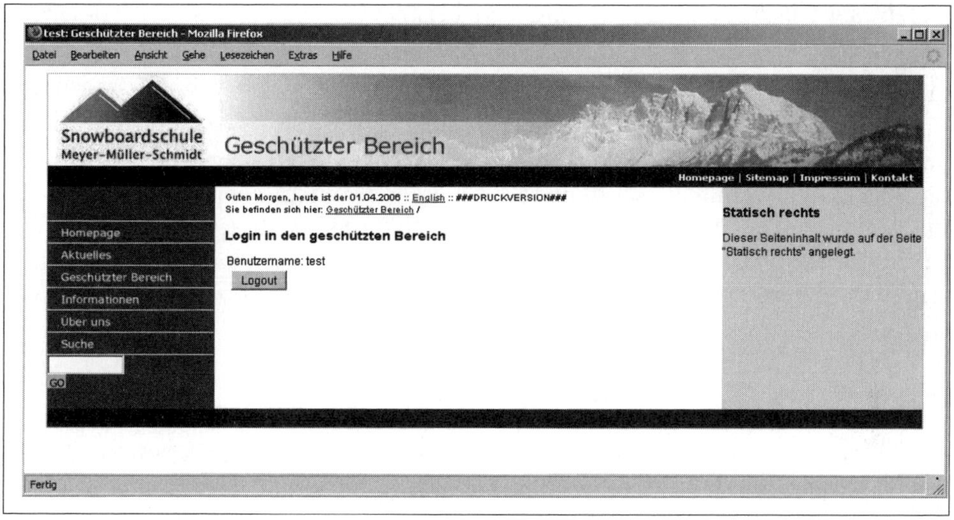

Abbildung 9-11: Erfolgreiches Login in den geschützten Bereich

Wenn Sie nun die Seite zum Übernehmen der Änderungen einmal aktualisieren und dann das Login-Formular erneut absenden, sollte das Login funktionieren und Ihnen das in Abbildung 9-11 gezeigte Resultat liefern. Loggen Sie sich über den Button *Logout* wieder aus, um die im folgenden Abschnitt durchgeführte TypoScript-Beschreibung für die Darstellung des Login-Formulars zu erstellen.

> Sie werden feststellen, dass auch die Übersetzung der Login-Maske bereits funktioniert. Grund dafür ist wieder die Verwendung einer Sprachdatei, die über die Konfiguration `config.language` die Begriffe in der jeweiligen Sprache zurückliefert.

Login-Meldungen ausgeben

In TYPO3 können Sie Seiten und Seiteninhalte geschlossenen Benutzergruppen zugänglich machen. Die Steuerung von Zugriffsrechten ist nur auf Gruppenebene möglich, nicht auf Benutzerebene. Auf der Seite *Geschützter Bereich* soll nun zusätzlich zum Login-Formular noch ein Seiteninhalt *Herzlichen Glückwunsch* angelegt werden, der nur dann angezeigt wird, wenn der Benutzer sich erfolgreich angemeldet hat, unabhängig von der Benutzergruppe.

Seiteninhalte vor Zugriff schützen

Gehen Sie zum Anlegen eines solchen Inhalts über das Backend-Modul *Seite* auf die Seite *Geschützter Bereich* und legen Sie über den Link *Neuen Datensatz anlegen* einen neuen Seiteninhalt vom Typ *Normaler Text* an. Geben Sie als Überschrift *Herzlichen Glückwunsch* an und als Text beispielsweise *Sie haben sich erfolgreich eingeloggt!*

Der Seiteninhalt würde nun aber immer angezeigt, unabhängig davon, ob sich ein Benutzer erfolgreich authentifiziert hat oder nicht. Um diesen Seiteninhalt nur dann anzeigen zu lassen, wenn sich ein Benutzer tatsächlich auch eingeloggt hat, können Sie über das Auswahlfeld *Zugriff* im rechten unteren Bereich (siehe Abbildung 9-12) die gewünschten Zugriffsrechte vergeben. Wählen Sie in dieser Auswahlliste das Recht *Bei jedem Login anzeigen* aus und speichern Sie den Seiteninhalt ab. Im Frontend wird Ihnen nun je nach Einlogg-Zustand der Seiteninhalt ein- oder ausgeblendet.

Seit der TYPO3 Version 4.0 kann mehreren Benutzergruppen das Recht gegeben werden, eine Seite oder auch einen Seiteninhalt zu sehen. In vorherigen TYPO3-Versionen konnte zu einer Seite oder einem Seiteninhalt immer nur genau eine Benutzergruppe angegeben werden.

Die Tabelle 9-1 bietet einen Überblick darüber, in welchen Fällen Sie die jeweiligen Rechte aus dem Auswahlfeld *Zugriff* vergeben sollten.

Tabelle 9-1: Die Rechte des Auswahlfelds »Zugriff«

Zugriffsrecht	Beschreibung
Beim Login verstecken	Der Seiteninhalt wird nicht mehr angezeigt, wenn sich der Benutzer erfolgreich angemeldet hat. Dabei spielt es keine Rolle, welcher/welchen Benutzergruppe(n) der eingeloggte Benutzer zugeordnet ist. Dieses Recht eignet sich z.B. für einen Seiteninhalt mit dem Text *Login fehlgeschlagen*.
Bei jedem Login anzeigen	Dieses Zugriffsrecht tritt immer dann ein, wenn ein Benutzer eingeloggt ist, unabhängig von zugeordneten Benutzergruppen. Dieses Recht eignet sich für den Text *Login erfolgreich*.
Benutzergruppen:	Sie können einem Benutzer mehrere Benutzergruppen zuordnen. Ist der eingeloggte Benutzer Mitglied einer dieser Gruppen, wird der Seiteninhalt angezeigt.

Komfortablere Login-Meldungen

Möchten Sie nun auch noch einen Hinweis ausgeben lassen, wenn das Login fehlgeschlagen ist, haben Sie mit diesem Ansatz ein Problem. Zwar könnten Sie auf der Seite *Geschützter Bereich* einen zusätzlichen Seiteninhalt *Login nicht erfolgreich* anlegen, der immer dann angezeigt würde, wenn kein Benutzer eingeloggt ist (Zugriffsrecht: *Beim Login verstecken*); allerdings würde dieser Seiteninhalt auch dann angezeigt,

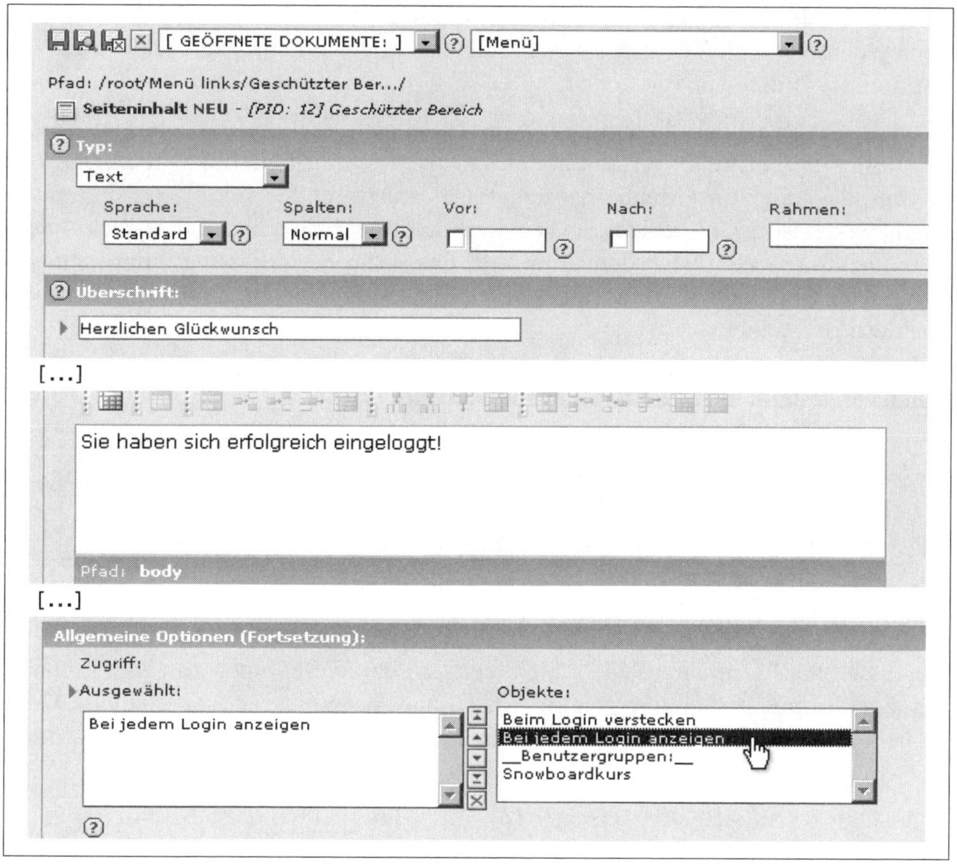

Abbildung 9-12: Zugriffsrechte für Seiteninhalte setzen

wenn gar kein Versuch unternommen wurde, sich einzuloggen: Wollte sich ein Benutzer einloggen, würde er sofort die Meldung *Login nicht erfolgreich* erhalten.

Im folgenden Beispiel soll eine komfortablere Login-Meldung ausgegeben werden, so dass der Benutzer erst nach dem Absenden des Login-Formulars eine Meldung darüber erhält, ob das Login erfolgreich war oder nicht. Legen Sie dafür unterhalb der Seite *Geschützter Bereich* eine weitere Seite mit dem Titel *Loginstatus* an. Damit diese neue Seite nicht im Menü sowie in der Sitemap dargestellt wird, sollte noch die Option *Im Menü verstecken* aktiviert werden.

Auf dieser neu angelegten Seite legen Sie nun zwei Seiteninhalte vom Typ *Text* an. Ein Seiteninhalt erhält den Text *Login erfolgreich* und das Zugriffsrecht *Bei jedem Login anzeigen*, ein zweiter erhält den Text *Login fehlgeschlagen* und das Zugriffsrecht *Beim Login verstecken*. Sie können auch noch einen dritten Seiteninhalt vom Typ *Login* anlegen, ebenfalls mit dem Zugriffsrecht *Beim Login verstecken*. Wenn ein Benutzer nach einem fehlgeschlagenen Login-Versuch auf dieser Seite landet, wird die Meldung *Login fehlgeschlagen* angezeigt, und der Benutzer kann gleich noch einen weiteren Versuch starten. War das Login erfolgreich, erhält er zurzeit nur die Meldung *Login erfolgreich*.

Es stellt sich jetzt noch die Frage, wie der Besucher der Website nach dem Absenden des Login-Formulars auf der Seite *Geschützter Bereich* auf die Seite *Loginstatus* gelangt, die ja nicht im Menü angezeigt wird. Bearbeiten Sie dafür den Seiteninhalt *Login* auf der Seite *Geschützter Bereich* und fügen Sie in die Elementbox *Zielseite* die Seite *Loginstatus* ein. Nach dem Absenden des Login-Formulars wird der Benutzer nun auf die Seite *Loginstatus* weitergeleitet, unabhängig davon, ob das Login erfolgreich war oder nicht.

Seiten nur bestimmten Benutzergruppen zugänglich machen

Wenn Sie jetzt innerhalb Ihrer Navigation Seiten anlegen und diese auf die Benutzergruppe *Snowboardkurs* beschränken, werden die betroffenen Seiten nur dann in der Navigation, der Sitemap sowie in der Suche als Suchergebnis angezeigt, wenn der eingeloggte Frontend-Benutzer auch das Recht zum Betrachten dieser Seite hat.

Das Login-Formular anpassen

Die Arbeit mit Formularen haben Sie bereits in Kapitel 8, *Inhalte ausgeben*, anhand des Suchformulars kennen gelernt. Das Login-Formular ist auf gleiche Weise anpassbar, da es ebenfalls mit dem bereits bekannten FORM-Objekt erzeugt wird.

Im Objekt-Browser können Sie erkennen, dass `tt_content.login` eine Instanz des COA-Objekts ist (siehe Abbildung 9-13). An Position 10 wird die Beschreibung der Überschrift referenziert, Position 20 ist eine Instanz des FORM-Objekts. Auch hier finden Sie wieder die schon vorgestellten Eigenschaften wie `.layout`, `.dataArray` etc.

Logout-Zustand definieren

Nachdem Sie sich erfolgreich eingeloggt haben, erscheint kein Login-Formular mehr, sondern ein Logout-Button. Im TypoScript-Objekt-Browser werden Sie auf den ersten Blick keine Beschreibung dazu finden, weil dies über das statische Template *CSS styled content* mit Conditions gelöst wird. Sie können sich aber im Objekt-Browser anzeigen lassen, wie die Wertzuweisungen sind, wenn ein Benutzer eingeloggt ist. Setzen Sie dazu im Objekt-Browser den in Abbildung 9-14 gezeigten Flag bei `[loginUser = *]`.

Es kann jedoch ziemlich mühselig sein herauszufinden, was alles in der inkludierten Condition angegeben wurde, da Sie im Objekt-Browser quasi jede einzelne Wertzuweisung daraufhin überprüfen müssten, ob sich der Wert ggf. geändert hat. Das ist bei über 1.000 Zuweisungen praktisch nicht machbar. Zwar lässt sich im Objekt-Browser erkennen, wie der Bereich `tt_content.login.20` bei einem eingeloggten

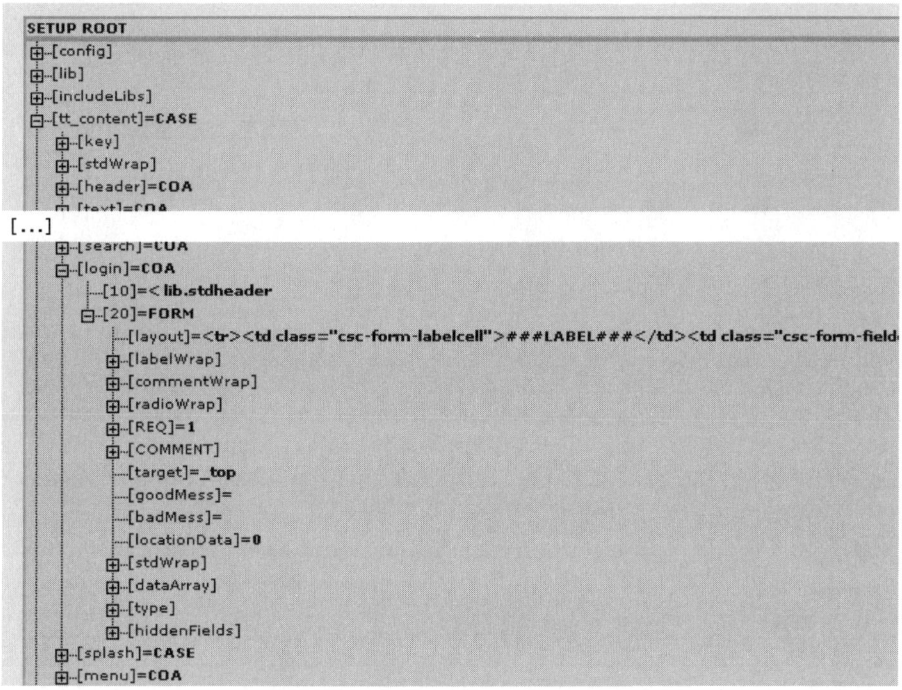

Abbildung 9-13: Das Login-Formular im Objekt-Browser

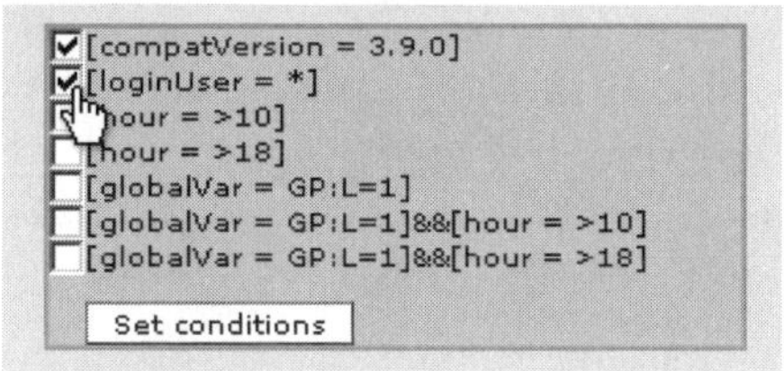

Abbildung 9-14: Im Objekt-Browser simulieren, dass ein Webseiten-Benutzer eingeloggt ist

User angezeigt wird, jedoch könnten auch in anderen Bereichen Änderungen vorgenommen worden sein.

Sie können sich das inkludierte Template über den *Template Analyzer* aber auch direkt ansehen und so Einblick in den inkludierten TypoScript-Code erhalten. Sie erreichen den *Template Analyzer* über das Backend-Modul *Templates* in der rechten oberen Auswahlliste (siehe Abbildung 9-15).

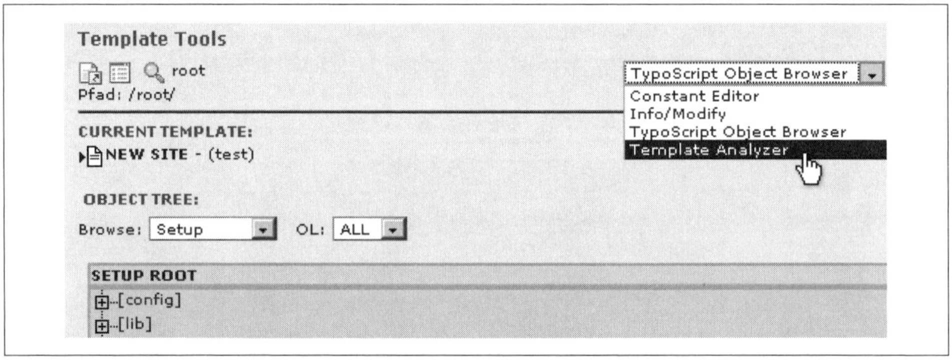

Abbildung 9-15: In den Bereich »Template Analyzer« wechseln

In Abbildung 9-16 sehen Sie, dass das statische Template *CSS styled content* inkludiert wird. Ganz unten sehen Sie Ihr TypoScript-Projekt-Template mit der Bezeichnung *NEW SITE*, das als Allerletztes ausgeführt wird und dadurch alle übergeordneten Konfigurationen überschreiben kann.

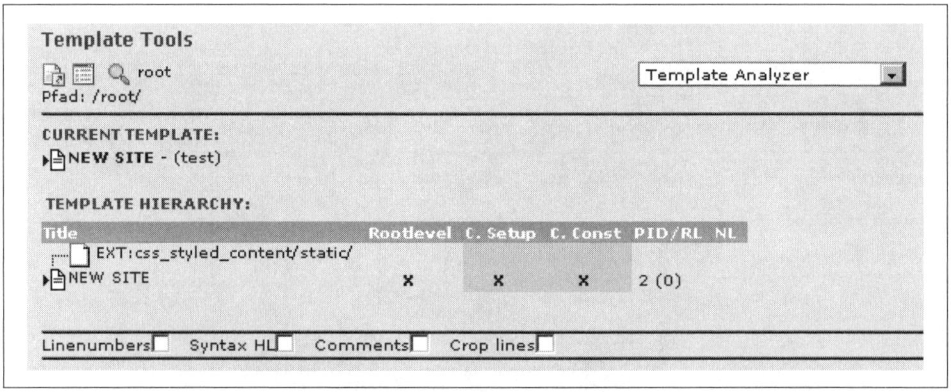

Abbildung 9-16: Der Template Analyzer

Wenn Sie nun auf den Textlink *EXT:css_styled_content/static/* klicken, erhalten Sie die in diesem statischen Template angegebenen Variablen (Constants) und auch den TypoScript-Code. Sie können im Bereich *Setup* ab Zeile 765 erkennen (siehe Abbildung 9-17), dass hier die Beschreibung für den Seiteninhaltstyp *login* erfolgt. In den Zeilen 800 bis 812 können Sie auch die Condition erkennen, die dann greift, wenn ein Benutzer eingeloggt ist. Sie erhalten so den bestmöglichen Überblick darüber, welche Eigenschaften und Funktionen überschrieben werden, wenn dieser Zustand eintritt.

Im folgenden Beispiel werden nun die notwendigen Änderungen vorgenommen, um den Logout-Button beispielsweise in einen grafischen Button umzuwandeln.

```
761:
765: tt_content.login < tt_content.mailform
766: tt_content.login.10 = < lib.stdheader
767: tt_content.login.20 {
768: goodMess = {$styles.content.loginform.goodMess}
769: redirect >
770: recipient >
771: data >
772: dataArray {
773: 10.label.data = LLL:EXT:css_styled_content/pi1/locallang.php:login.username
774: 10.type = *user=input
[...]
799: }
800: [loginUser = *]
801: tt_content.login.20 {
802: dataArray >
803: dataArray {
804: 10.label.data = LLL:EXT:css_styled_content/pi1/locallang.php:login.username
805: 10.label.wrap = | <!--###USERNAME###-->
806: 30.type = logintype=hidden
807: 30.value = logout
808: 40.type = submit=submit
809: 40.value.data = LLL:EXT:css_styled_content/pi1/locallang.php:login.logout
810: }
811: }
812: [global]
813:
```

Abbildung 9-17: Login-Formular in »CSS styled content«

Beispiel 9-8: Anpassungen für den Logout-Button

```
[...]
#### BEDINGUNGEN ###
   [...]
# MEHRSPRACHIGKEIT UND DATUM
   [...]
# Eingeloggter Benutzer
[loginUser = *]
   tt_content.login.20 {
      image = IMAGE
      image.file = GIFBUILDER
      image.file {
         XY = 100, 20
         backColor = red
         10 = TEXT
         10.text = Logout
         10.fontSize = 15
         10.fontColor = white
         10.fontFile = fileadmin/fonts/verdanab.ttf
         10.niceText = 1
         10.offset = 1, 16
      }
   }
[global]
```

Login auf einen Platzhalter setzen

Wie auch beim Suchformular können Sie das Login-Formular an beliebigen Stellen einsetzen. Dafür reicht es aus, die TypoScript-Beschreibung für das Login-Formular in einen Platzhalter zu kopieren und anschließend diese Kopie anzupassen.

```
page.10.marks.LOGIN < tt_content.login.20
```

Eigenschaften, die häufig angepasst werden müssen, sind z.B. `.layout` in Kombination mit `.stdWrap.wrap`, womit Sie die Gestaltung des Formulars angeben, und die bereits weiter oben genannten Felder unterhalb von `.headerData`. Generelle FORM-Eigenschaften wie z.B. `.redirect` für eine statisch angegebene Zielseite können natürlich auch verwendet werden, ebenso wie die Eigenschaft `.image`, mit der Sie einen grafischen Submit-Button beschreiben können.

Spezielle Druckansicht

Häufiger Anwendungsfall bei Internetpräsentationen ist eine spezielle Druckversion, die im Regelfall den gleichen Inhalt hat wie die »normale« Präsentation, jedoch eine andere Gestaltung. Spezielle Druckansichten lassen sich grundsätzlich auch direkt per CSS-Formatierung vornehmen, in diesem Abschnitt soll jedoch gezeigt werden, wie auch mit TypoScript Anpassungen möglich sind.

Ein weiteres PAGE-Objekt verwenden

Für die Erstellung einer Druckansicht ist die bisher integrierte Designvorlage nicht mehr notwendig, da z.B. sämtliche in dieser Designvorlage definierten Platzhalter nicht benötigt werden, mit Ausnahme des Platzhalters CONTENT. Daher soll an dieser Stelle ein weiteres PAGE-Objekt mit der Bezeichnung *druckversion* eingeführt werden:

```
druckversion = PAGE
```

Im aktuellen TypoScript-Template befinden sich jetzt jedoch zwei PAGE-Objekte. TYPO3 weiss im Moment nicht, welches der beiden überhaupt für die Darstellung im Frontend zuständig sein soll. Deshalb nimmt TYPO3 zur Darstellung einfach die Beschreibung des ersten PAGE-Objekts, das es im Template findet.

Die Eigenschaft .typeNum

Um aber mehrere PAGE-Objekte gezielt einzusetzen und anzusprechen, kann jedes von ihnen mit einer eindeutigen Nummer versehen werden. Die entsprechende Eigenschaft für das PAGE-Objekt heißt `.typeNum`. Wurde bei einem PAGE-Objekt die Eigenschaft `.typeNum` nicht angegeben, so erhält es automatisch die interne Nummer 0. Die Druckversion könnte die Nummer 1 erhalten:

```
druckversion = PAGE
druckversion.typeNum = 1
```

Bis einschließlich der TYPO3-Version 3.7.0 musste für jedes PAGE-Objekt eine eindeutige *typeNum* angegeben werden. Auch für das erste PAGE-Objekt `page=PAGE` war die zusätzliche Angabe `page.typeNum = 0` zwingend erforderlich.

Üblicherweise wird die Webseite im Frontend über eine URL der Art *http://meine-domain.tld/index.php?id=123* aufgerufen. Hier wird angegeben, dass die Seite mit der eindeutigen ID 123 (Datenbanktabelle *pages*, Feld *uid*) angezeigt werden soll. Das zu verwendende PAGE-Objekt kann über die URL mit dem Parameter *&type=* explizit angegeben werden. Die URL *index.php?id=123&type=0* führt zu einem identischen Ergebnis wie der Aufruf über die URL *index.php?id=123*. Wird allerdings die URL mit einem Parameter *&type=1* aufgerufen, erhalten Sie zum jetzigen Zeitpunkt noch die Fehlermeldung *The page ist not configured [type=1]*, da die Druckversion, für die *type = 1* gelten soll, noch nicht in Ihrem Template definiert und beschrieben wurde.

Sollten die durch die Menüs erzeugten Links nicht der Form *index.php?id=123* sondern *123.0.html* entsprechen, wurden Ihre Serverumgebung und Ihre TYPO3-Installation bereits für das TYPO3-Feature namens *simulateStaticDocuments* vorbereitet. Die *123* in der URL gibt dann die ID der Seite an, und mit der *0* wird die `typeNum` angegeben. Nähere Informationen zu *simulateStaticDocuments* erhalten Sie in Kapitel 14, *Tipps und Tricks*.

Die Druckansicht mit TypoScript beschreiben

Erweitern Sie Ihr TypoScript-Template außerhalb von geschweiften Klammern nun um eine spezielle Druckansicht, die lediglich den Inhalt der aktuellen Seite ausgibt:

Beispiel 9-9: Ausgabe von Inhalt für eine Druckansicht

```
[...]
# Die Webseite darstellen
page = PAGE
page {
   [...]
}

# Druckansicht
druckversion = PAGE
druckversion {
   typeNum = 1
   10 = CONTENT
   10.table = tt_content
   10.select.orderBy = sorting
   10.select.colPos = 0
   10.select.languageField = sys_language_uid
}

# Die Überschrift neu formatieren
[...]
```

Neben `page = PAGE` haben Sie nun noch eine zweite Darstellung `druckversion = PAGE` definiert, die eine völlig andere Beschreibung erhalten kann und nur für einen explizit angegebenen Parameter *&type=1* (Zeile 237) zur Verfügung steht. Nach dem Aufruf der Webseite im Frontend müssen Sie die URL noch um diesen Parameter erweitern:

index.php?id=0&type=1

So sollten Sie das in Abbildung 9-18 gezeigte Ergebnis erhalten.

Abbildung 9-18: Die Darstellung der Druckversion im Frontend

Falls das in Abbildung 9-18 gezeigte Ergebnis nicht eintritt, obwohl Sie den Parameter *&type=1* in der URL angegeben haben, überprüfen Sie am besten zunächst im Objekt-Browser, ob tatsächlich alle Klammern wieder geschlossen wurden. Sollten Sie dort den Hinweis *The script was short of 1 end brace(s)* erhalten, bedeutet das, dass nicht alle sich öffnenden Klammern auch wieder geschlossen werden.

Selbstverständlich können für die Druckversion auch ein Stylesheet und eine Designvorlage verwendet werden (kein ausführbares Beispiel):

```
[...]
druckversion.stylesheet = fileadmin/style.css
druckversion.10 = TEMPLATE
druckversion.10 {
   template = FILE
   template.file = fileadmin/druckversion.html
   marks.INHALT = CONTENT
   [...]
}
```

Da eine Designvorlage allerdings zunächst angelegt werden muss und die Integration äquivalent zu den Beispielen in Kapitel 5, *TypoScript in der Praxis*, erfolgt, soll hier nicht näher auf die Verwendung einer Designvorlage für die Druckversion eingegangen werden.

Ein Link zur Druckversion

Es wäre allerdings eine Zumutung, dem Benutzer einer Webseite mitzuteilen, dass manuell ein Parameter *&type=1* eingefügt werden muss, um eine Druckansicht der aktuellen Seite zu erhalten. Das lässt sich, wie schon bei der Sprachauswahl, eleganter lösen. Dafür steht der Marker DRUCKVERSION zur Verfügung, auf dem ein Link zur speziellen Druckansicht erscheinen soll.

Beispiel 9-10: Einen Link zur Druckansicht mit Sprachunterstützung erstellen

```
[...]
# Die Webseite darstellen
page = PAGE
page {
   [...]
   10.marks {
      [...]
      # Den Sprachwechsel als Textlink erzeugen
      [...]
      # Link zur Druckversion erzeugen
      DRUCKVERSION = TEXT
      DRUCKVERSION {
         field = uid
         wrap = <a href="index.php?id=|&L=0&type=1" target="_new">Druckversion</a>
      }
   }
}

# Druckansicht
[...]
#### BEDINGUNGEN ###
[...]
# MEHRSPRACHIGKEIT
[globalVar = GP:L=1]
   config.sys_language_uid = 1
   config.language = en
   page.10.marks.SPRACHE.wrap = <a href="index.php?id=|&L=0">Deutsch</a>
   page.10.marks.SUCHE.badMess = Please fill in the follwing fields:
   page.10.marks.DATUM.10.wrap = |, today we have  
   page.10.marks.DATUM.10.value = Good morning
   page.10.marks.DRUCKVERSION.wrap = <a href="index.php?id=|&L=1&type=1" target="_
   new">Print</a>
   tt_content.search.30.badMess = Please fill in the follwing fields:
[global]
```

Beispiel 9-10: Einen Link zur Druckansicht mit Sprachunterstützung erstellen (Fortsetzung)

```
351
352  # MEHRSPRACHIGKEIT UND DATUM
[...]
```

Die hier gezeigte Arbeitsweise ist prinzipiell identisch mit der Realisierung des Sprachwechslers. Zunächst wird in Zeile 244 die ID der aktuellen Seite ausgegeben; diese Ausgabe wird durch die in Zeile 245 angegebene `.wrap`-Funktion in einen Link auf die aktuelle Seite mit einem Parameter *&L=0&type=1* umgewandelt. In Zeile 348 wird der Link neu erstellt, da ein anderer Parameter *&L=1* für die englische Sprache übergeben werden muss.

Besondere Darstellung von Inhalten in der Druckversion

Nun kann es immer wieder vorkommen, dass die TypoScript-Beschreibung der Seiteninhalte (aus der Tabelle *tt_content*) für die Druckversion nicht besonders gut geeignet ist. Die TypoScript-Beschreibung für Datensätze der Tabelle *tt_content* ist jedoch global gültig, also sowohl für die Beschreibung der normalen Ansicht in `page = PAGE` als auch für die Druckversion in `druckversion = PAGE`. Um eine unterschiedliche Beschreibung der Darstellung von Seiteninhalten zu erreichen, sind deshalb zwei Konfigurationen für die TypoScript-Beschreibung unterhalb von *tt_content* notwendig: eine für die *normale* Darstellung und eine für die Druckversion.

Auch das kann durch Conditions erreicht werden. Erweitern Sie zu Demonstrationszwecken die Beschreibung für die Überschrift, die Sie in Kapitel 8, *Inhalte ausgeben*, vorgenommen haben. Nur wenn es sich bei der aktuellen Darstellung um die Druckversion (*&type=1*) handelt, soll es keine grafischen Überschriften für das ausgewählte Layout *Layout 1* geben, sondern lediglich die Default-Beschreibung. Dafür wird in folgendem Beispiel für die Druckversion die Beschreibung für Überschriften vom Typ *Layout 1* einfach gelöscht, wodurch die Default-Beschreibung greift.

Beispiel 9-11: Andere Handhabung der grafischen Überschrift in der Druckversion

```
[...]
# Die Überschrift neu formatieren
lib.stdheader >
lib.stdheader = CASE
lib.stdheader {
   key.field = header_layout
   default = TEXT
   [...]
   2 = IMAGE
   [...]
}
[...]
#### BEDINGUNGEN ###
```

Beispiel 9-11: Andere Handhabung der grafischen Überschrift in der Druckversion (Fortsetzung)

```
[...]
# Eingeloggter Benutzer
[...]
# In Druckansicht keine grafische Überschrift
[globalVar = GP:type=1]
   lib.stdheader.2 >
[global]
```

E-Mail-Adressen vor Spam schützen

All diejenigen, die ihre E-Mail-Adresse auf einer Webseite veröffentlichen, sind häufig Opfer von so genanntem *Spam*. Als Spam werden unerwünschte Werbe-E-Mails bezeichnet, die häufig an hunderttausende gesammelter E-Mail-Adressen versendet werden. Dabei durchsuchen spezielle Roboter systematisch das Internet und Newsgroups nach potenziellen Adressen.

Die Herkunft des Begriffs Spam ist interessant: Eigentlich ist er ein Markenname der amerikanischen Firma Hormel Foods Inc., wird in den USA umgangssprachlich für Dosenfleisch verwendet und steht ursprünglich für »spiced ham«. Zum Synonym für unerwünschte Werbung wurde er erst durch einen Sketch (Wikingercircus) in der Fernsehserie *Monty Python's Flying Circus*. Dort wünscht ein Gast ein Gericht ohne Dosenfleisch, aber die Kellnerin bietet ihm in einer langen Aufzählung immer wieder nur Spam-Gerichte an.

Neben Spam-Filtern zum automatischen Aussortieren unerwünschter Werbe-E-Mails gibt es aber auch vorbeugende Maßnahmen, um erst gar keine E-Mails dieser Art zu erhalten. Dabei besteht die Prophylaxe darin, E-Mail-Adressen entweder gar nicht oder nur in verschlüsselter Form zu veröffentlichen. Roboter suchen beim Durchforsten des Internets häufig nach @-Zeichen; darum wird, um Mail-Adressen für Roboter unkenntlich zu machen, z.B. das @-Zeichen durch die Zeichenkombination *at* oder Ähnliches ersetzt.

Häufig ist es gewünscht, zusätzlich zur Nennung der E-Mail-Adresse auf einer Webseite auch einen Link auf diese E-Mail-Adresse zu setzen, um möglichst komfortabel eine E-Mail an diesen Empfänger verschicken zu können. Die E-Mail-Adresse steht dann allerdings erneut im Quellcode und würde von Robotern gefunden. Die in dem Link angegebene E-Mail-Adresse muss also ebenfalls verschlüsselt werden, jedoch auf eine spezielle Art, damit E-Mail-Programme mit diesen verschlüsselten E-Mail-Adressen umgehen können.

In TYPO3 steht eine Funktion zur Verfügung, mit der E-Mail-Adressen verschlüsselt werden können: `config.spamProtectEmailAddresses`. Im folgenden Beispiel wird diese Funktion im oberen Bereich des TypoScript-Templates eingefügt:

Beispiel 9-12: Den SPAM-Schutz für E-Mail-Adressen aktivieren

```
01  # Allgemeine TypoScript-Konfigurationen
02  config.linkVars = L
03  config.sys_language_uid = 0
04  config.language = de
05  config.spamProtectEmailAddresses = 1
06
07  # Die Webseite darstellen
[...]
```

In Zeile 1 wird der Spam-Schutz aktiviert. Jeder Link der Art

```
<a href="mailto:abc@def.de">abc@def.de</a>
```

wird von TYPO3 in eine verschlüsselte Form umgewandelt:

```
<a href="javascript:linkTo_UnCryptMailto('nbjmup;bcdAefg/ef');">abc(at)def.de</a>
```

Für Roboter ist es damit nicht mehr bzw. nur noch schwer möglich, E-Mail-Adressen ausfindig zu machen.

In diesem Kapitel:

- Einführung
- Der TYPO3-Extension-Manager
- Das News-Plugin integrieren und anpassen
- Erweiterte Suche
- Mit Statistiken arbeiten

KAPITEL 10

Bestehende Erweiterungen integrieren

In diesem Kapitel erfahren Sie, wie Sie vorhandene Erweiterungen in TYPO3 integrieren und diese an Ihre eigenen Bedürfnisse anpassen.

Einführung

TYPO3 ist seit der Version 3.5.x vollständig modular aufgebaut. Vorherige Versionen enthielten TYPO3 als *Ganzes*: News- und Shopsystem waren bereits integriert – neue Erweiterungen konnten nur mit sehr gutem Wissen entwickelt und integriert werden. Seit der Version 3.5 ist TYPO3 mit komfortablen Erweiterungsfunktionalitäten ausgestattet, die dem CMS einen großen Schub nach vorne gegeben haben. Eigene Entwicklungen lassen sich nun bequem durch einen Klick (oder durchaus auch mal mehrere) installieren.

In einer so genannten *Extension Repository* können Erweiterungen auf einem zentralen Server abgelegt und so der Öffentlichkeit und damit auch Ihnen zur weiteren Verwendung zur Verfügung gestellt werden. Dieses Prinzip hat zu einer sehr großen Ansammlung von Erweiterungen geführt, die jedoch mit Gefahren verbunden sind: Nicht alle Erweiterungen sind für den produktiven Einsatz bestimmt, und einige befinden sich noch im Entwicklungsstadium. Mit der TYPO3-Version 4.0 werden Erweiterungen zwar auf ihre Sicherheit hin überprüft – eine Garantie, dass die zur Verfügung gestellten Erweiterungen keine Fehler enthalten, gibt es allerdings nicht.

Ebenso kann es seit der Version 3.6.x zu Kompatibilitätsproblemen kommen: Einzelne Erweiterungen setzen eine ganz bestimmte TYPO3-Version voraus. Steht diese TYPO3-Version nicht zur Verfügung, kann es bei der einen oder anderen Erweiterung zu Fehlermeldungen kommen, oder die gesamte Webseite lässt sich nicht mehr ohne Fehlermeldungen anzeigen. Im schlimmsten Fall ist selbst ein Login in das Backend auf Grund von Fehlermeldungen nicht mehr möglich. Durch manuelles Deinstallieren der Erweiterung kann der Zugriff auf das Backend wieder ermöglicht werden – jedoch ist dieses immer mit Ärger und Stress verbunden. Wie

Sie manuell eine Erweiterung wieder deinstallieren können, erfahren Sie ebenfalls in diesem Kapitel.

Diese Einführung soll Sie nicht davor zurückschrecken lassen, Erweiterungen zu verwenden. Jedoch sollten Sie unbekannte Erweiterungen nicht in einer Live-Umgebung testen, da dies unangenehme Folgen haben kann. Testen Sie Erweiterungen daher möglichst in einer separaten Testumgebung auf Fehler oder vergewissern Sie sich vorab durch Recherche in Foren, ob Probleme mit Ihrer jeweiligen TYPO3-Version bekannt sind.

Im Sprachgebrauch werden Sie auf verschiedene Begriffe treffen, die prinzipiell alle eines gemeinsam haben. Ob Erweiterung, Extension, Modul oder Plugin: Jeder dieser Begriffe erweitert TYPO3 um bestimmte Funktionalitäten. *Erweiterung* und *Extension* sind Oberbegriffe für die Begriffe Modul und Plugin.

Unter einem *Modul* wird in TYPO3 eine Backend-Erweiterung verstanden, also eine Erweiterung, die nicht auf der Webseite direkt eingesetzt wird. Ein klassisches Backend-Modul ist z.B. *phpMyAdmin*, das gesamte Backend selbst ist vollständig modular aufgebaut.

Unter einem *Plugin* wird in TYPO3 eine Frontend-Erweiterung verstanden. Frontend-Plugins können direkt auf der Webseite eingesetzt werden und stehen im Regelfall im Seiteninhaltstyp *Plugin einfügen* in einer Auswahl zur Verfügung. Klassische Frontend-Plugins sind z.B. das News-Plugin, das Shop-Plugin etc. Sie werden aber häufig auf den falsch angewandten Begriff Frontend-Modul treffen, nicht unbedingt in diesem Buch, aber z.B. in Foren schon öfter. Prinzipiell ist damit immer eine Erweiterung gemeint.

Wie bereits oben erwähnt, können Frontend-Plugins direkt auf der Website integriert bzw. angezeigt werden. Dabei arbeiten fast alle Frontend-Plugins nach den gleichen Prinzipien. Diese Grundlagen werden ausführlich am Beispiel des News-Plugins erläutert, bei den anderen vorgestellten Erweiterungen wird überwiegend auf die jeweiligen Eigenarten eingegangen. Auch wenn Sie für Ihr aktuelles Projekt das News-Plugin nicht benötigen sollten, empfiehlt es sich dennoch, den Abschnitt »Das News-Plugin integrieren und anpassen« in diesem Kapitel für das Grundlagenverständnis durchzuarbeiten.

Der TYPO3-Extension-Manager

Mit der TYPO3-Version 4.0 wurde der Extension-Manager vollständig überarbeitet, insoweit funktioniert der in diesem Abschnitt vorgestellte Extension-Manager nur für TYPO3 ab Version 4.0. Bei den TYPO3-Versionen 3.8.1 und früher weichen allerdings, sehr oberflächlich betrachtet, nur einzelne Menüpunkte ab.

Den Extension-Manager finden Sie im linken Menü im Abschnitt *Tools*. Sie können in diesem Bereich vorhandene Erweiterungen installieren und deinstallieren und verfügbare Erweiterungen von einer so genannten *Extension Repository*, dem zentralen Ablageort für Erweiterungen, herunterladen. Ein Klick auf das Backend-Modul *Ext Manager* öffnet im rechten Bereich den TYPO3-Extension-Manager.

Versteckte Erweiterungen

Wenn Sie den Extension-Manager aufrufen, sehen Sie zunächst eine Übersicht über die *geladenen* bzw. installierten Erweiterungen (*Loaded extensions*). Wie in Abbildung 10-1 zu sehen, scheinen nur wenige Erweiterung installiert zu sein – der Schein trügt allerdings. Bereits in der Einleitung zu diesem Kapitel haben Sie erfahren, dass TYPO3 selbst fast vollständig modular aufgebaut ist. Dieser modulare Aufbau ist jedoch nicht das, was Sie als klassische Erweiterungen erwarten würden.

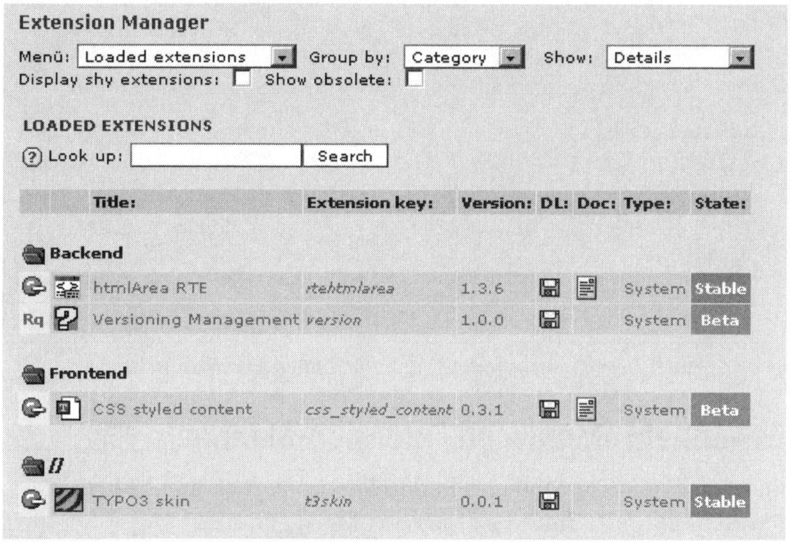

Abbildung 10-1: Installierte Erweiterungen (ohne »shy extensions«)

Für uns sind z.B. das Shop- oder das News-Plugin klassische Erweiterungen. Dass jedoch z.B. die Menüpunkte *Log* oder *Template* ebenfalls Erweiterungen sind, die in der Grundinstallation bereits enthalten sind, kann man hier nicht unmittelbar erkennen. Damit Sie diese *versteckten* Erweiterungen angezeigt bekommen, die als *shy extensions* (engl. = *scheue Erweiterungen*) bezeichnet werden, können Sie sich diese durch Setzen des Häkchens im Feld *Display shy extensions* anzeigen lassen. Wie Sie in Abbildung 10-2 sehen können, gibt es eine umfangreiche Liste von Erweiterungen, die bereits installiert sind.

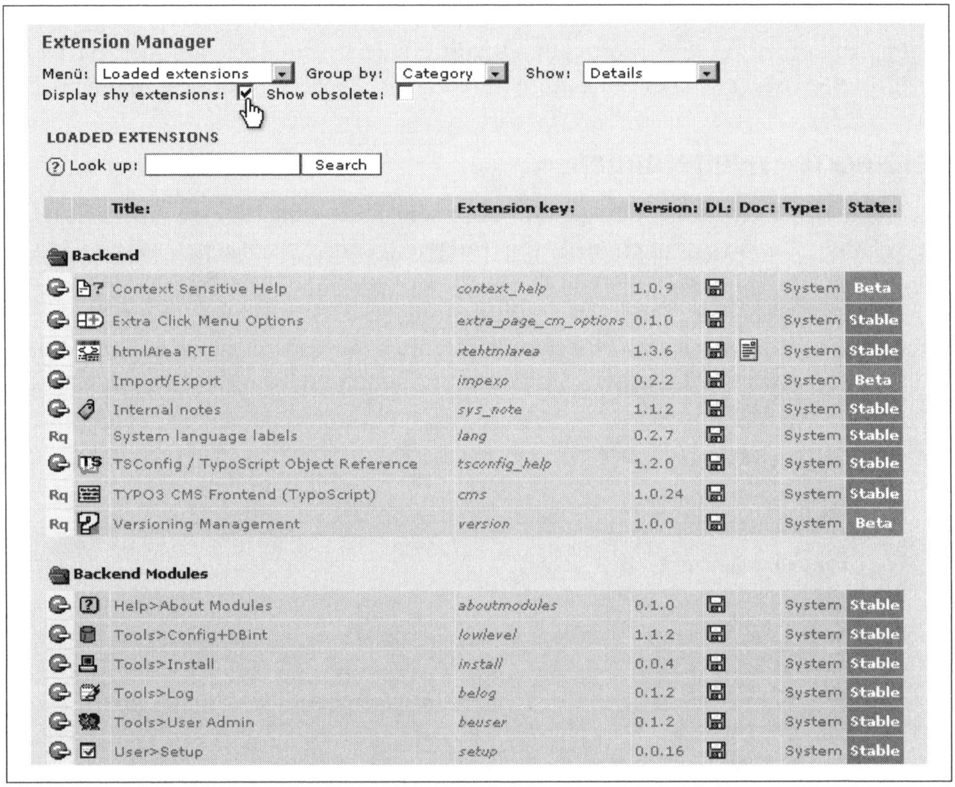

Abbildung 10-2: Auch viele bereits genutzte Funktionalitäten sind Erweiterungen

Das Auswahlfeld »Menü« im Extension-Manager

Links oben im Extension-Manager finden Sie das Auswahlfeld *Menü*. Darin sehen Sie, wie in Abbildung 10-3 gezeigt, folgende Menüpunkte:

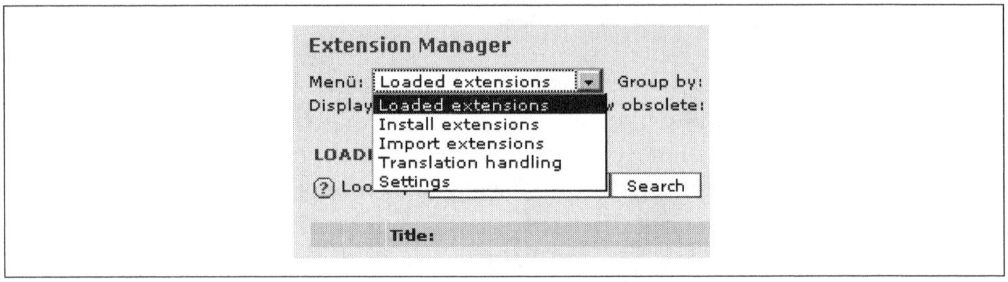

Abbildung 10-3: Auswahl mit verschiedenen Programmbereichen

Loaded extensions

Unter *Load extensions* finden Sie alle Erweiterungen, die bereits installiert sind.

Install extensions

Das sind alle Erweiterungen, die in Ihrer TYPO3-Installation zur Verfügung stehen und mit einem Klick installiert werden können. Wenn eine Erweiterung zur Verfügung steht, bedeutet dies, dass sich die Erweiterungsdateien in einem Unterordner von *typo3/ext/*, *typo3/sysext/* oder von *typo3conf/ext/* befinden.

Import extensions

Steht eine Erweiterung in Ihrer TYPO3-Installation nicht zur Verfügung, können Sie sich diese Erweiterung von einem Server herunterladen, der TYPO3-Erweiterungen zur Verfügung stellt. Dieser zentrale Sammelpunkt aller veröffentlichten Erweiterungen wird als *Extension Repository* bezeichnet.

Translation handling

Der Menüpunkt *Translation handling* ist für die Installation von Backend-Sprachpaketen bestimmt. Das TYPO3-Backend enthält im Auslieferungszustand nur Sprachdateien für die englische Sprache, derzeit können aber 43 Backend-Sprachen nachträglich installiert werden. In Kapitel 3 haben Sie über diesen Menüpunkt bereits das deutsche Sprachpaket installiert.

Settings

Bis zur TYPO3-Version 3.8.1 war der Menüpunkt *Settings* nur dann interessant, wenn Sie selbst eigene Erweiterungen veröffentlichen wollten.

Seit TYPO3-Version 4.0 können Sie auch angeben, von welchem Mirror Erweiterungen heruntergeladen werden sollen. Unter einem Mirror versteht man einen Server, der sich die erforderlichen Daten von einem zentralen Server herunterlädt und diese selbst zur Verfügung stellt. Hierdurch wird die Last des zentralen Servers, der die zur Verfügung stehenden Erweiterungen bereitstellt, minimiert, da dieser zentrale Server seine Informationen nur noch an die Mirror verteilt und nicht mehr von sämtlichen TYPO3-Installationen in Anspruch genommen wird.

Die Spalten im Extension-Manager

In den Erweiterungslisten im Extension-Manager (siehe Abbildung 10-2) sind insgesamt neun Spalten erkennbar, die im Folgenden näher erläutert werden.

Die erste Spalte enthält entweder ein grünes Symbol mit einem Minuszeichen, ein graues Symbol mit einem Pluszeichen oder aber das Symbol *Rq*. Das grüne Symbol mit dem Minuszeichen gibt an, dass die Erweiterung installiert ist und durch einen Klick auf dieses Symbol deinstalliert werden kann. Das graue Symbol gibt an, dass die Erweiterung in der TYPO3-Installation zur Verfügung steht, aber nicht installiert ist. Durch einen Klick auf dieses graue Symbol mit dem Pluszeichen kann die Erweiterung installiert werden. Das Symbol *Rq* (*Required*) bedeutet, dass die Erweiterung installiert ist und nicht deinstalliert werden kann, da sie zwingend für den

Betrieb von TYPO3 benötigt wird. Dies sind im Regelfall nur zwei Erweiterungen: das Modul *cms* sowie Sprachdateien.

In der zweiten Spalte wird lediglich ein Symbol für die jeweilige Erweiterung angezeigt. Diese Symbole lassen sich nicht anklicken, auch öffnet sich kein Pop-up-Fenster, wie sonst bei Symbolen oder Icons in TYPO3 üblich. Sie dienen lediglich zur Kennzeichnung der Erweiterung.

Die dritte Spalte enthält die Bezeichnung der Erweiterung, damit Sie wissen, welches Modul oder Plugin Sie gerade installieren bzw. deinstallieren möchten.

In der vierten Spalte wird der so genannte *Extension key* angezeigt. Das ist der eindeutige Bezeichner der Erweiterung, er darf nicht noch einmal verwendet werden. Für Entwickler, die ihre selbst entwickelten Erweiterungen veröffentlichen möchten, steht unter *typo3.org* ein Formular zur Verfügung, mit dem man sich einen Extension-Key reservieren lassen kann, damit es in der internationalen Entwicklergemeinde nicht zu Namenskonflikten kommt.

In der fünften Spalte wird die Versionsnummer der Erweiterung angezeigt.

In der sechsten Spalte können Sie sich über das Diskettensymbol die jeweilige Erweiterung auf Ihren Computer herunterladen, z.B. um eine Erweiterung in ein anderes TYPO3-Projekt zu portieren.

In der siebten Spalte wird angezeigt, ob zu der jeweiligen Erweiterung eine Dokumentation zur Verfügung steht. Im Regelfall werden Dokumentationen zu Erweiterungen an dieser Stelle nur in englischer Sprache sowieso im OpenOffice-Format angeboten.

An der achten Spalte *Type* können Sie erkennen, wo die Erweiterung installiert wurde. Dies ist insbesondere für spätere Updates der TYPO3-Installation interessant. Es gibt drei mögliche Einträge: *System*, *Global* und *Lokal*. Bei Erweiterungen, die global installiert sind, kann es bei späteren Updates Probleme geben, sofern Änderungen an der Erweiterung vorgenommen worden sind. Erweiterungen, die lokal installiert wurden, sind Update-resistent. Systemerweiterungen sind Bestandteil des TYPO3-Quellcodes. Nähere Informationen zur Update-Fähigkeit und zum Unterschied *Lokal/Global* erhalten Sie noch in einem späteren Abschnitt dieses Kapitels.

In der neunten Spalte wird der Entwicklungsstand der Erweiterung angegeben. Mögliche Werte sind *Test*, *Experimental*, *Alpha*, *Beta* und *Stable*. Der Status wird jedoch nicht von einem Gremium vergeben, sondern direkt vom Entwickler der Erweiterung selbst. Sogar Erweiterungen mit dem Status *Stable* können also durchaus noch Fehler enthalten, wenn sie z.B. nur für eine bestimmte TYPO3-Umgebung getestet wurden.

Detailinfos zu den Erweiterungen

Durch einen Klick auf den Textlink eines der Erweiterungstitel erhalten Sie nähere Informationen zu der jeweiligen Erweiterung. Es werden, wie in Abbildung 10-4 zu sehen, weitere Informationen zum ausgewählten Eintrag angezeigt, wie z.B. eine Beschreibung, welche Funktion die Erweiterung hat, wer der Autor dieser Erweiterung ist etc.

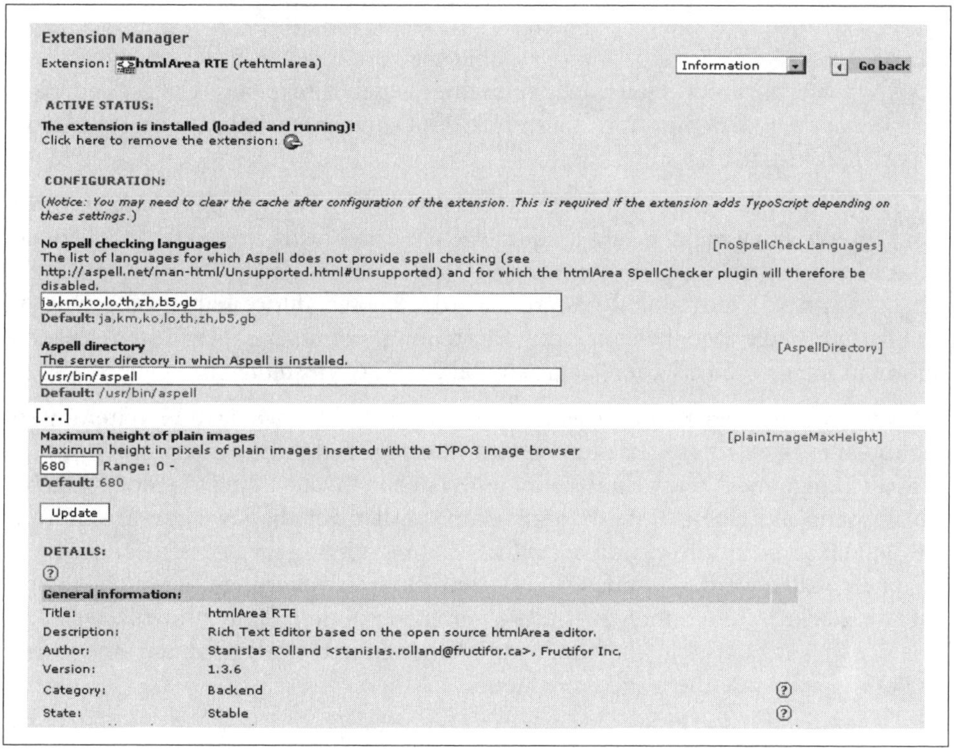

Abbildung 10-4: Nähere Informationen über das Backend-Modul htmlArea RTE

Bei einigen Erweiterungen haben Sie in diesem Bereich auch die Möglichkeit, spezielle Konfigurationen für diese Erweiterung anzugeben.

Manchmal werden Sie im unteren Abschnitt einen Warnhinweis erhalten, der darauf hinweist, dass sich Dateien geändert haben. Lassen Sie sich von diesem Warnhinweis nicht irritieren. Es wird lediglich überprüft, ob so genannte MD5-Werte noch übereinstimmen. Kleine Intoleranzen lassen bereits alle Dateien als angeblich modifiziert erscheinen.

Außerdem erhalten Sie auf dieser Detailseite ein weiteres Auswahlfeld im rechten oberen Bereich (siehe Abbildung 10-5), das die Informationen zu einer Erweiterung in weitere Bereiche aufteilt und zusätzliche Tools zur Verfügung stellt.

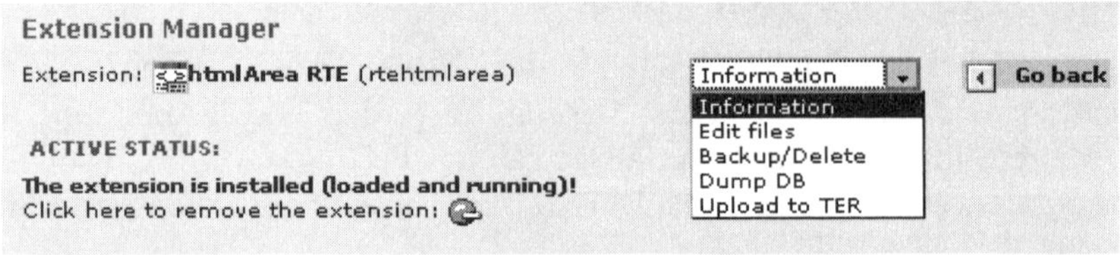

Abbildung 10-5: Nähere Informationen und Tools zu einer Erweiterung

Der Abschnitt *Edit Files* gibt Auskunft über die vorhandenen Erweiterungsdateien. Sie können an dieser Stelle jede einzelne Datei direkt auf Ihren Computer herunterladen, indem Sie auf den Textlink des Dateinamens klicken. Dies ist in der Praxis allerdings häufig unpraktisch.

Bei einigen Dateien (Dateien im Textformat) steht ein Textlink *Edit file* zur Verfügung. Hier können Sie den Inhalt einer solchen Datei bearbeiten. Die Möglichkeit, die Änderungen über den Button *Save file* zu speichern, steht aber nur dann zur Verfügung, wenn dies global gestattet wurde. Im Installtool haben Sie unter *All Configuration* die Möglichkeit, die Einstellung *noEdit* zu bearbeiten. Nähere Informationen hierzu erhalten Sie in Kapitel 2, *TYPO3 installieren*.

Über den Menüpunkt *Backup/Delete* können Sie von der jeweiligen Erweiterung ein Backup anfertigen. Dieses Backup besteht aus zwei Teilen: einem Datei-Backup, in dem die Programmdateien einer Erweiterung in einer Datei zum Download angeboten werden, und einem Datenbank-Backup, in dem für die jeweilige Erweiterung die Datenbankstruktur und die einzelnen Datensätze in einer gemeinsamen Datei heruntergeladen werden können. Ein Backup einer Erweiterung über die hier angebotenen Backup-Funktionen zu erstellen ist insbesondere dann sinnvoll, wenn Sie eine Erweiterung einschließlich der Modifikationen und Datensätze auf eine andere TYPO3-Installation übertragen möchten.

Wenn die Erweiterung nicht installiert ist, haben Sie unter diesem Menüpunkt auch die Möglichkeit, die Erweiterung unwiderruflich zu löschen. Dabei wird lediglich der Erweiterungsordner einschließlich aller vorhandenen Dateien gelöscht, sämtliche Datenbanktabellen samt den einzelnen Datensätzen bleiben erhalten. Diese übrig gebliebenen Datenbanktabellen und Datensätze stören nicht unbedingt. Wenn Sie sie dennoch endgültig löschen möchten, können Sie das manuell über das Tool *phpMyAdmin*, das ebenfalls als Erweiterung zur Verfügung steht, erledigen, oder Sie lassen über das Installtool im Abschnitt *Database Analyser/Compare* überflüssige Tabellenfelder und Tabellen umbenennen bzw. löschen.

Verfügbare Erweiterungen installieren

Verfügbare Erweiterungen, die in Ihrer TYPO3-Installation zur Verfügung stehen, können Sie mit einem Klick (bzw. zwei Klicks) installieren. Um eine Übersicht darüber zu erhalten, welche Erweiterungen überhaupt vorhanden sind, wählen Sie im Extension-Manager aus der *Menü*-Auswahl den Eintrag *Install extensions* aus. Klicken Sie hierzu zunächst in der linken Modulliste auf den Eintrag *Ext Manager*. Abbildung 10-6 zeigt die sich öffnende Liste aller verfügbaren Erweiterungen.

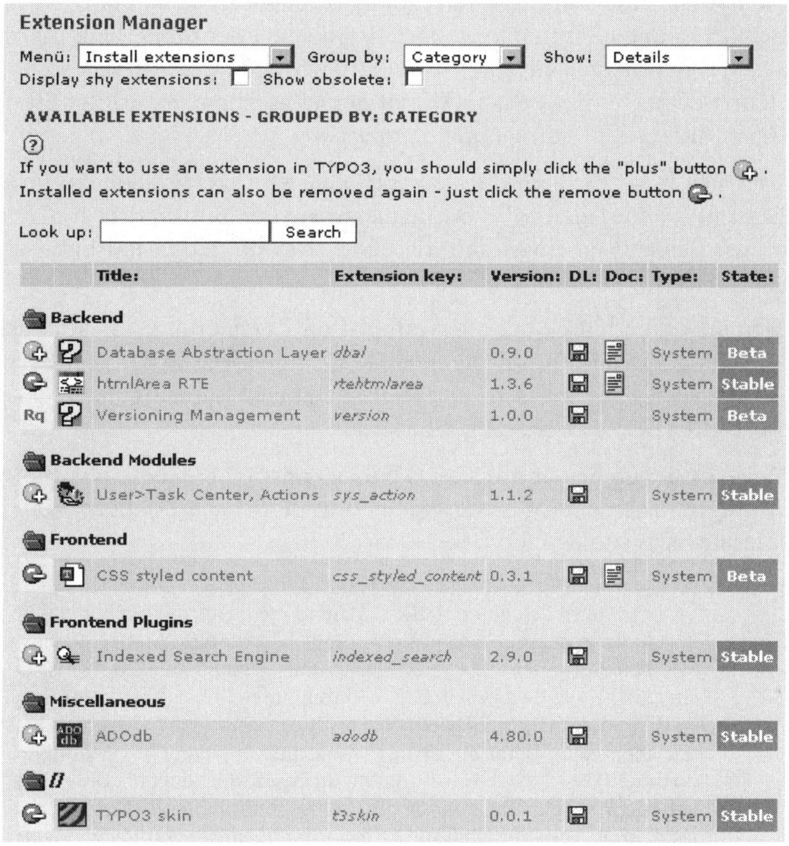

Abbildung 10-6: Verfügbare Erweiterungen innerhalb der TYPO3-Installation

Wenn das Häkchen *Display shy extensions* gesetzt ist, wird Ihre Liste an installierbaren Erweiterungen wesentlich umfangreicher sein, als in Abbildung 10-6 gezeigt.

Sie erhalten eine Übersicht der Erweiterungen, die sich in Ihrer TYPO3-Installation befinden. Um eine Erweiterung zu installieren, klicken Sie auf das graue Symbol mit dem Pluszeichen. Bei einigen Erweiterungen werden Sie auf einer Folgeseite gefragt, ob Datenbanktabellen angelegt werden sollen und der Cache geleert werden soll. Sie können dies getrost mit *Update* bestätigen, um die Erweiterung endgültig zu installieren. Installieren Sie zunächst aber noch keine Erweiterung. Das werden Sie in einem folgenden Abschnitt anhand des News-Plugins nachholen.

Erweiterungen von der Extension Repository herunterladen

Steht eine Erweiterung nicht zur Verfügung, können Sie sie von der so genannten *Extension Repository* herunterladen. Die Extension Repository stellt als zentraler Server alle veröffentlichten Erweiterungen zur Verfügung. Um eine Verbindung zu diesem zentralen Server bzw. einem Mirror-Server aufzubauen, wählen Sie aus dem oberen Auswahlfeld den Eintrag *Import extensions*.

Sie müssen sich zunächst eine Liste an verfügbaren Erweiterungen von einem der Mirror-Server herunterladen. Klicken Sie hierzu auf den Button *Retrieve/Update*. Sie erhalten anschließend eine Meldung darüber, dass die Extension-Liste upgedatet wurde.

Damit Sie einen Überblick über alle verfügbaren Erweiterungen bekommen, können Sie einfach auf den Button *Loop up* klicken, ohne etwas in das vorstehende Eingabefeld eingeben zu müssen. Sie erhalten eine umfangreiche Liste von installierbaren TYPO3-Erweiterungen.

Wenn Sie selbst einen Server aufgesetzt haben, müssen Sie diesem gestatten, dass HTTP-Anfragen nach außen gestellt werden dürfen. Je nach Konfiguration der Firewall ist dies nicht unbedingt gegeben.

> Sie werden vielleicht bemerken, dass diese Liste nicht über 1.000 Erweiterungen enthält, sondern nur eine beschränkte Anzahl. Sämtliche Erweiterungen, die zur Verfügung gestellt werden, müssen zunächst einen Sicherheitscheck durchlaufen. Nur Erweiterungen, die diese manuelle Sicherheitsüberprüfung bestanden haben, werden hier angezeigt. Wenn Sie auch Erweiterungen angezeigt bekommen möchten, die die Überprüfung nicht bestanden haben oder noch nicht geprüft wurden, können Sie im Abschnitt *Settings* (Menüpunkt des oberen Auswahlfelds) die Option *Enable unsupported extensions* aktivieren. Unerfahrenen TYPO3-Nutzern ist dieses allerdings nicht zu empfehlen!

Nach dem Laden der Liste aller verfügbaren Erweiterungen steht Ihnen eine recht umfangreiche Tabelle zur Verfügung, die in unterschiedliche Abschnitte wie z.B. *Backend* und *Frontend* aufgeteilt ist (siehe Abbildung 10-7).

Ein rotes Symbol auf der linken Seite gibt an, dass die Erweiterung in Ihre TYPO3-Installation übertragen werden kann. Wenn Sie mit der Maus über dieses Symbol fahren, erhalten Sie im Alt-Text außerdem die Information darüber, *wohin* die Erweiterung installiert wird: in das lokale Verzeichnis *typo3conf/ext/* (Update-fähig)

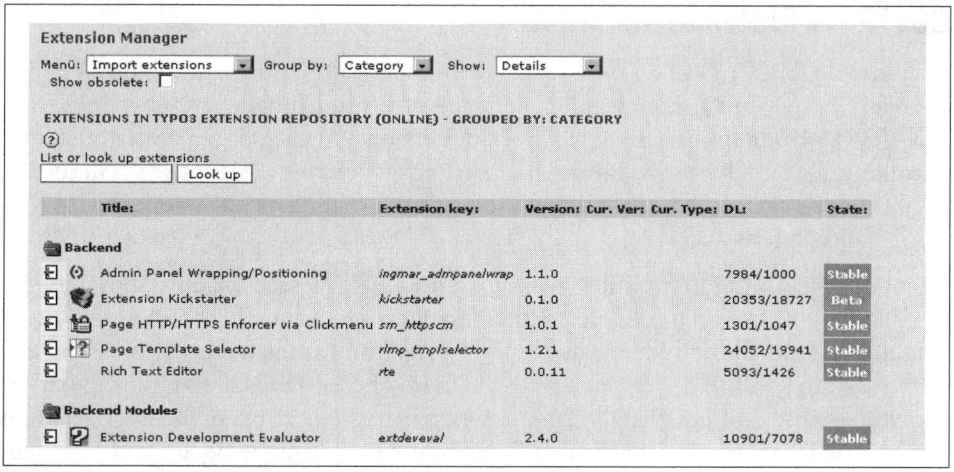

Abbildung 10-7: Verfügbare Erweiterungen in der Extension Repository

oder in das globale Verzeichnis *typo3/ext/*. Installieren Sie Erweiterungen zwecks Update-Fähigkeit immer nur in den Ordner *typo3conf/ext/*.

Das News-Plugin integrieren und anpassen

Mit dem News-Plugin werden aktuelle Mitteilungen erstellt. Das ist prinzipiell auch über Seiteninhaltstypen wie zum Beispiel *Text* oder *Text mit Bild* möglich. Das News-Plugin selbst stellt aber Funktionalitäten zur Verfügung, die diese Seiteninhaltstypen im Regelfall nicht bieten.

Eine typische Funktion ist beispielsweise die Automatisierung eines Teaser-Texts mit anschließendem Link *Weiter* auf einen vollständigen Artikel. Mehrere bestehende News werden so auf einer Übersichtsseite auf eine bestimmte Anzahl von Zeichen gekürzt – um die vollständige Nachricht lesen zu können, kann man einem Link folgen.

Eine weitere Funktionalität ist das Erstellen von News-Archiven. News-Beiträge, die ein bestimmtes Datum überschritten haben, können in ein Archiv aufgenommen und dann beispielsweise kategorisiert nach Jahren, Quartalen oder Monaten aufgelistet werden.

Diese Funktionalitäten lassen sich theoretisch auch über normale Seiteninhalte realisieren. Dies muss jedoch jeweils manuell geschehen. Ein Teaser-Text müsste manuell erstellt werden, Archive wären per Hand zu pflegen etc.

Wenn diese Funktionen jedoch nicht benötigt werden, ist das News-Plugin möglicherweise überflüssig, und Sie sollten die bekannten Seiteninhaltstypen verwenden. Mittels TypoScript ließen sich diese Funktionalitäten zum großen Teil ebenfalls realisieren, jedoch ist dies recht kompliziert und aufwendig.

Das News-Plugin installieren

Bis einschließlich TYPO3-Version 3.8.1 wurde eine alte Fassung des News-Plugins (Version 1.0.4) im Quellcode mitgeliefert. Auf Grund möglicher Schwierigkeiten bei TYPO3-Updates sind seit der TYPO3-Version 4.0 die so genannten globalen Erweiterungen nicht mehr Bestandteil des ausgelieferten Quellcodes. Hierdurch ergibt sich für Sie die Erleichterung, spätere TYPO3-Updates noch einfacher durchführen zu können.

Bevor das News-Plugin installiert werden kann, muss dieses zunächst heruntergeladen werden. Klicken Sie zum Herunterladen der Erweiterung in Ihr TYPO3-System im linken Menü auf den Menüpunkt *Ext Manager* und wählen Sie anschließend aus dem Auswahlfeld mit der Bezeichnung *Menü* im oberen Bereich den Eintrag *Import Extensions* aus. Im Eingabefeld *List or look up extensions* können Sie nun nach dem News-Plugin suchen, indem Sie den Extension-Key *tt_news* angeben und anschließend auf den Button *Look up* klicken.

Sie sollten mindestens ein Suchergebnis erhalten. Über das Symbol mit dem roten Pfeil ganz links neben dem Suchergebnis können Sie jetzt die Erweiterung *News* mit dem Extension-Key *tt_news* in Ihre lokale TYPO3-Installation herunterladen. Hierdurch wird der gesamte Quellcode der Erweiterung in Ihre lokale TYPO3-Installation übertragen und im Ordner *typo3conf/ext/tt_news/* abgelegt.

Nach erfolgreichem Übertragen der Erweiterung in Ihre TYPO3-Umgebung können Sie jetzt die Erweiterung installieren, damit das News-Plugin auch in der Präsentation eingesetzt werden kann. Klicken Sie hierzu erneut im linken Menü auf den Menüpunkt *Ext Manager*. Wählen Sie jetzt aus der Auswahl *Menü* den Eintrag *Install Extensions* aus. Die soeben heruntergeladene Erweiterung *tt_news* finden Sie in der Kategorie *Frontend Plugins*. Um nun das News-Plugin zu installieren, klicken Sie auf das graue Plussymbol vor dem Eintrag *News*.

Sollten Sie die Fehlermeldung *Dependency Error: The running TYPO3 version (4.0) is higher than allowed (3.8.1)* erhalten, können Sie durch Setzen des Häkchens bei *Ignore this version requirement* und anschließender Bestätigung über den Button *Try again* die Erweiterung installieren.

Es folgt eine Seite, in der Sie gefragt werden, ob zusätzliche Datenbanktabellen angelegt werden sollen und ob der Cache geleert werden soll. Sämtliche Häkchen in den Abschnitten *Add Tables*, *Clear Cache* sowie *Create upload folder* sollten aktiviert bleiben, da die vorgeschlagenen Änderungen für ein lauffähiges News-Plugin zwingend erforderlich sind.

Außerdem können Sie bereits jetzt bestimmte Konfigurationen der News-Erweiterung angeben, die inbesondere das Verhalten im Backend betreffen und wie sich die

News-Erweiterung bei einer mehrsprachigen Präsentation verhalten soll. Sie können die Grundkonfiguration getrost so belassen. Wenn gewünscht, besteht die Möglichkeit, diese Konfigurationen auch zu einem späteren Zeitpunkt noch zu ändern.

Bestätigen Sie die Installation des News-Plugins, indem Sie auf den Button *Update* klicken.

> Wenn Sie eine Erweiterung bereits einmal installiert hatten, entfallen ggf. die Abschnitte *Add Tables* sowie *Create upload folder*.

Das News-Plugin wurde nun installiert – eine direkte Veränderung im Backend lässt sich auf den ersten Blick aber nicht erkennen.

Frontend-Plugin: Seiteninhalt/Container anlegen

Das News-Plugin soll nun so auf der Webseite integriert werden, dass News zunächst nur auf der Seite *Aktuelles* angezeigt werden. Später sollen die letzten drei News auch in der rechten Spalte auftauchen.

Sie können nach der Installation des News-Plugins dieses der Seite *Aktuelles* hinzufügen. Dazu wählen Sie im linken Menü den Eintrag *Seite* und im Seitenbaum die Seite *Aktuelles* aus. Durch Anklicken des Buttons *Seiteninhalt anlegen* können Sie nun einen Seiteninhalt anlegen. Es öffnet sich der Wizard für neue Seiteninhalte. Sie können entweder einen ganz normalen Seiteninhalt wie z.B. *Normaler Text* auswählen oder aber im unteren Bereich *Erweiterungen* den Eintrag *Allgemeines Plugin* verwenden. Für welches Element Sie sich auch entscheiden, Sie haben nachträglich immer die Möglichkeit, den Typ des Seiteninhalts zu ändern, z.B. von *Text* auf *Plugin einfügen*.

Nach dem Anlegen eines neuen Seiteninhalts vom Typ *Plugin einfügen* kommen Sie nun in die Maske für Frontend-Plugins. Sie können unter anderem einen Inhaltstitel vergeben sowie das gewünschte Frontend-Plugin aus der Liste der installierten Frontend-Plugins auswählen. In Ihrem aktuellen Projekt sollte die Liste unter *Erweiterung* lediglich den Eintrag *News* enthalten, da Sie derzeit nur dieses Frontend-Plugin installiert haben. Sie erhalten eine Meldung, in der angegeben wird, dass die Maske neu geladen werden muss. Bestätigen Sie die Meldung einfach mit *OK*. Es erscheint die in Abbildung 10-8 gezeigte umfangreiche Maske, in der bereits das News-Plugin konfiguriert werden kann.

> Das News-Plugin stellt eine Besonderheit dar, da es bereits eine Technik mit der Bezeichnung *FlexForms* anwendet, die das Konfigurieren einer Erweiterung über ein Maske ermöglicht. Die hier zur Verfügung gestellten Konfigurationsmöglichkeiten werden in der Datenbanktabelle *tt_content* in nur einem einzigen Datenbankfeld im XML-Format gespeichert.

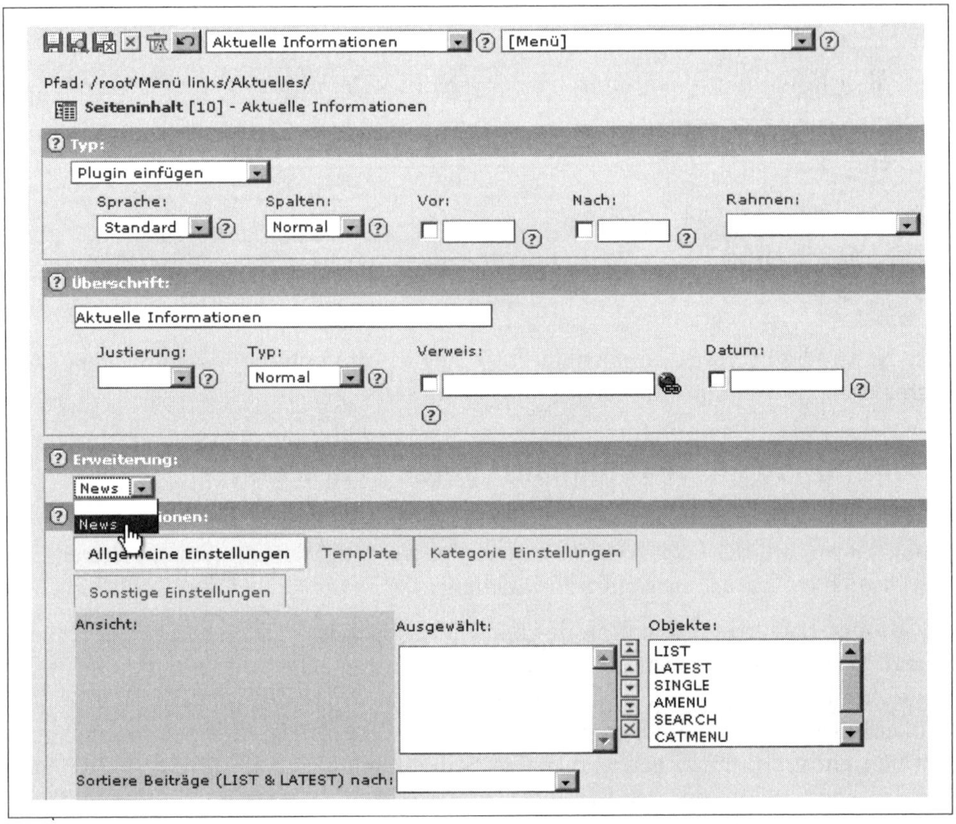

Abbildung 10-8: Das News-Plugin kann über eine Maske konfiguriert werden

Frontend-Plugin: Elemente und Container

Das News-Plugin ist ein klassisches Beispiel für ein Frontend-Plugin, das mehrere News-Elemente aufnehmen kann. Das Einfügen eines Seiteninhalts vom Typ *Plugin→News* stellt einen Container bereit, der, je nach Konfiguration des News-Plugins, mehrere News-Elemente aufnehmen kann. Abbildung 10-9 soll dies veranschaulichen.

Das News-Plugin konfigurieren

Für die ausführliche Konfiguration des News-Plugins stehen umfangreiche Dokumentationen zur Verfügung, die die Einstellungsmöglichkeiten sehr detailliert beschreiben. Daher sollen in diesem Abschnitt nur die am häufigsten verwendeten Konfigurationsmöglichkeiten vorgestellt werden.

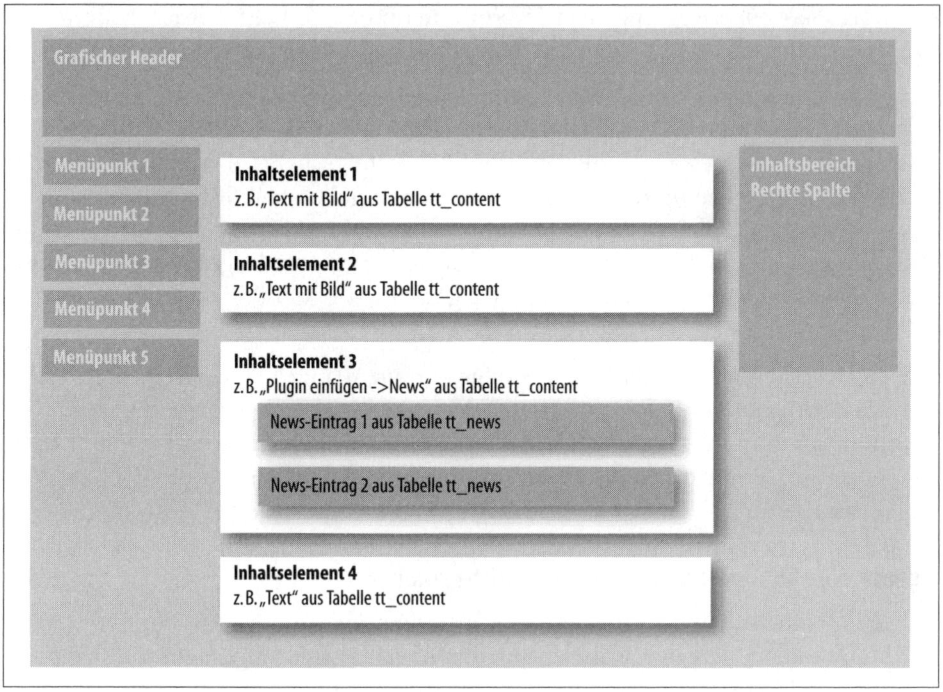

Abbildung 10-9: Ein News-Container, der mehrere News-Elemente aufnehmen kann

Überblick über die wichtigsten Konfigurationsmöglichkeiten

Auf der Registerkarte *Allgemeine Einstellungen* können Sie unter *Ansicht* angeben, was genau das News-Plugin auf der Webseite darstellen soll. Mit *LIST* wird angegeben, dass eine bestimmte Anzahl an News in einer Kurzfassung (Teaser) dargestellt wird. Ein Klick im Frontend auf einen News-Beitrag zeigt dann den ausgewählten Beitrag in seiner Gesamtheit an. Die Anzahl der dargestellten Beiträge kann auf der Registerkarte *Sonstige Einstellungen* unter *Maximale Anzahl von Beiträgen in LIST* angegeben werden.

LATEST ist ähnlich wie *LIST*, jedoch lässt es eine andere Art der Darstellung zu. *SINGLE* gibt an, dass nur ein einziger News-Beitrag angezeigt wird. Um welchen News-Beitrag es sich handeln soll, muss über Parameter in der URL übermittelt werden. Daher eignet sich die Ansicht *SINGLE* insbesondere auf Seiten, auf die ggf. von der *LIST*- bzw. *LATEST*-Ansicht verwiesen wird. Auf welche Seite ein Link von der *LIST*-Ansicht zu einer *SINGLE*-Ansicht verweisen soll, kann auf der Registerkarte *Sonstige Einstellungen* unter *Seite für die Single-Anzeige (Newsdetails)* angegeben werden.

Mit *AMENU* lässt sich ein Menü für archivierte News-Beiträge generieren, das diese in konfigurierbare Zeitabschnitte einordnet. Mit der Ansicht *SEARCH* wird ein

Suchformular angezeigt, mit dem in News-Beiträgen gesucht werden kann. *CAT-MENU* erzeugt ein Menü von gegebenenfalls angegebenen News-Kategorien.

Unter *Ausgangspunkt* können Sie angeben, auf welcher Seite sich die News-Beiträge befinden. Wenn kein Ausgangspunkt angegeben wird, werden News-Beiträge immer auf der momentan aktuellen Frontend-Seite gesucht, also z.B. auf der Seite *Aktuelles*. Mit *Rekursiv* können Sie zusätzlich angeben, ob vom Ausgangspunkt bzw. der momentan aktuellen Seite rekursiv nach News-Beiträgen gesucht werden soll. Wenn Sie den Ausgangspunkt z.B. auf die Seite *root* legen und die Option *Rekursiv* auf *unendlich* setzen, würde das gesamte TYPO3-Projekt nach News-Beiträgen durchsucht.

Auf der Registerkarte *Template* können Sie vor allem angeben, wo sich eine Designvorlage für das News-Plugin befindet. Wenn Sie hier keine Angabe machen, wird automatisch eine mitgelieferte Designvorlage verwendet. Sie werden später diese mitgelieferte Designvorlage kopieren und hier einen Verweis auf die kopierte Version erstellen.

Notwendige Konfigurationen für das Praxisbeispiel

Für das Praxisbeispiel ist es zunächst erforderlich, dass Sie als Ansicht den Eintrag *LIST* auswählen. Fügen Sie daher auf der Registerkarte *Allgemeine Einstellungen* den Eintrag *LIST* der Auswahl der selektierten Elemente hinzu.

Sollte auf der Registerkarte *Allgemeine Einstellungen* für *Archiveinstellungen (für LIST Ansicht)* ein Wert ausgewählt sein, der mit *Aktueller Wert ist nicht erlaubt* beginnt, ändern Sie den Wert im Auswahlfeld auf den Eintrag *Egal* ab. Speichern Sie anschließend die getätigten Konfigurationen über den *Speichern und Schließen*-Button ab.

Einen News-Beitrag erstellen

Damit später überhaupt News-Beiträge angezeigt werden können, muss auch mindestens einer vorhanden sein. Dieser News-Beitrag soll sich ebenfalls auf der Seite *Aktuelles* befinden. Klicken Sie zum Anlegen eines News-Beitrags im Seitenbaum auf das Icon der Seite *Aktuelles* und wählen Sie aus dem sich öffnenden Pop-up-Menü den Eintrag *Neu*.

Im rechten Bereich sehen Sie eine Liste der möglichen Datensätze, die Sie neu anlegen können. Mit der Installation der Erweiterung *News* sind jetzt auch zwei neue Einträge in der Liste der möglichen Datensätze aufgetaucht: *News* und *News Kategorie* (siehe Abbildung 10-10). Wählen Sie zum Anlegen eines News-Beitrags den Eintrag *News* aus.

Es öffnet sich die in Abbildung 10-11 gezeigte Maske für einen News-Beitrag. Diese Maske ist recht umfangreich und enthält viele Felder, die im Regelfall für das jewei-

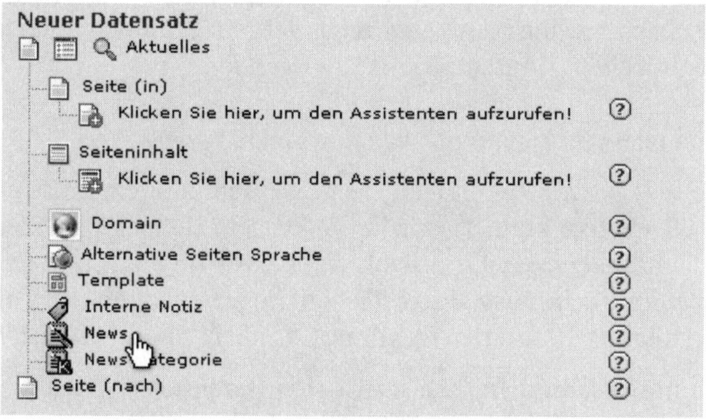

Abbildung 10-10: Einen News-Beitrag anlegen

lige Projekt nicht benötigt werden. Diese nicht benötigten Felder können den Redakteuren mit Benutzerrechten entzogen werden. Nähere Informationen hierzu finden Sie in Kapitel 12, *Benutzerrechte für Redakteure anlegen*.

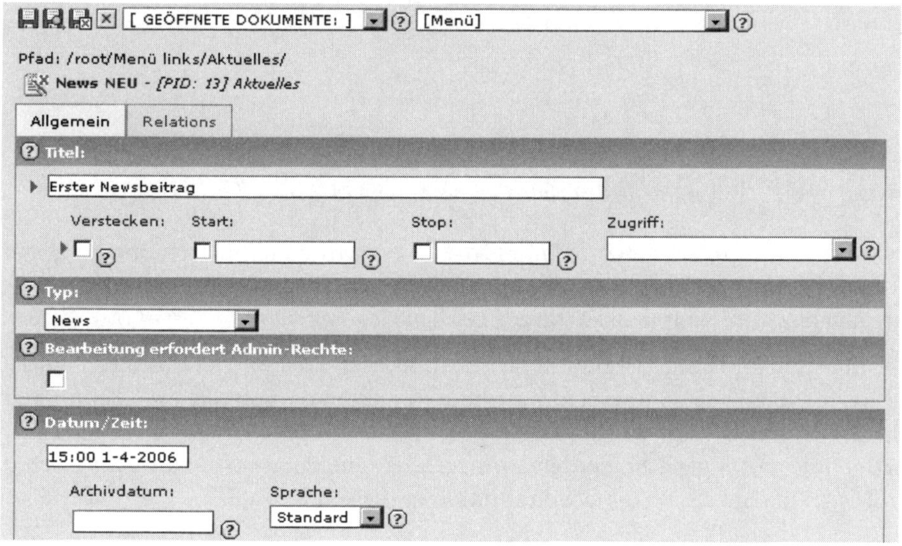

Abbildung 10-11: Die Maske für einen News-Beitrag

Tragen Sie in die Felder *Titel* und *Text* einen beliebigen Inhalt ein. Die Option *Verstecken* sollten Sie deaktivieren, da ansonsten dieser News-Beitrag nicht angezeigt würde. Speichern und schließen Sie Ihren ersten News-Beitrag.

Wenn Sie jetzt im Frontend das Ergebnis der Seite *Aktuelles* betrachten, werden Sie feststellen, dass bisher keine News angezeigt werden. Zum Anzeigen von News-Beiträgen sind noch weitere Konfigurationen notwendig.

Ein statisches Template für die Anzeige von News inkludieren

Damit News-Beiträge im Frontend angezeigt werden können, muss noch ein weiteres statisches Template inkludiert werden. Wechseln Sie hierzu wieder in Ihr Template, indem Sie im linken Menü das Backend-Modul *Template* und anschließend im Seitenbaum die Seite *root* auswählen. Gehen Sie jetzt jedoch nicht in den Bereich *Setup*, sondern klicken Sie auf den Textlink *Click here to edit whole template record.*

Fügen Sie nun im Abschnitt *Include static (from extensions)* das statische Template *CSS-based tmpl (tt_news)* zu den inkludierten Templates hinzu (Abbildung 10-12) und speichern Sie das gesamte Projekt-Template ab.

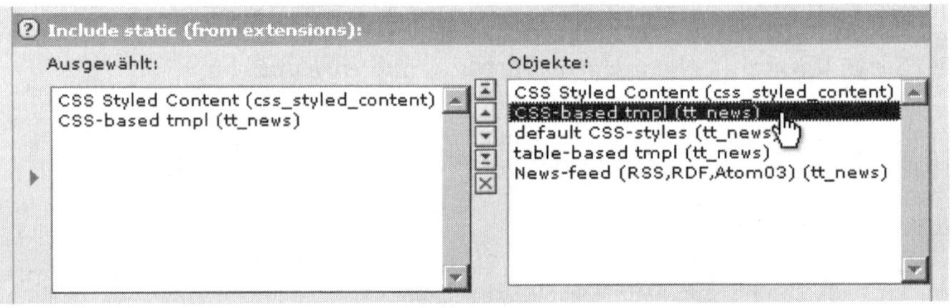

Abbildung 10-12: Das statische Template CSS-based tmpl (tt_news) hinzufügen

Bevor Sie sich nun das Ergebnis im Frontend betrachten können, muss der gesamte Frontend-Cache einmal manuell geleert werden. Klicken Sie hierzu im linken Bereich ganz unten auf den Textlink *FE-Cache löschen.*

Wie Sie jetzt im Frontend und auch in Abbildung 10-13 sehen können, wird der angelegte News-Artikel in einem bestimmten Design dargestellt, das schon in einer Designvorlage definiert wurde. Das News-Plugin bringt bereits eine fertige Designvorlage mit, die angepasst werden kann. Nähere Informationen zum Anpassen dieser Designvorlage erhalten Sie weiter unten in diesem Kapitel.

Die Verlinkung zur SINGLE-Ansicht anpassen

Wenn Sie im Frontend auf der Seite *Aktuelles* nun auf den Link des News-Beitrags klicken, werden Sie feststellen, dass Sie wieder auf der gleichen Seite landen, statt den News-Beitrag in seiner Gesamtheit aufzurufen.

Auf der Seite *Aktuelles* haben Sie im Backend lediglich angegeben, dass auf dieser Seite nur News-Beiträge mit der Ansicht *LIST* angezeigt werden sollen. Für die

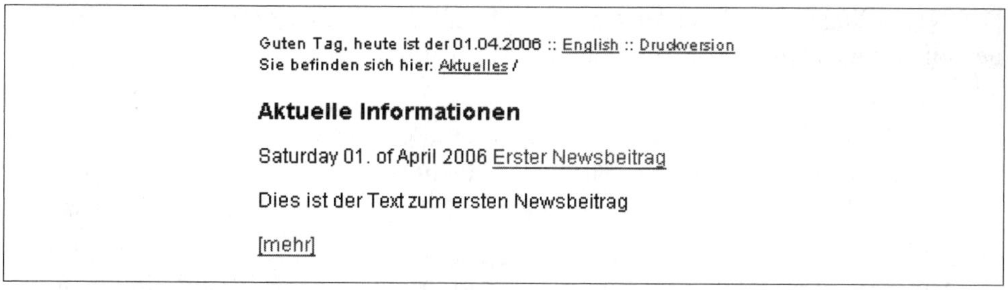

Abbildung 10-13: Im Frontend wird der angelegte News-Beitrag angezeigt

Anzeige von einzelnen Nachrichten ist der Code *SINGLE* erforderlich. Würden Sie jetzt aber auf der Seite *Aktuelles* auch den Code *SINGLE* mit in die Ansicht aufnehmen, erhalten Sie bei der Auswahl der Seite *Aktuelles* des Menüs im Frontend die Fehlermeldung *Keine news_id übergeben.* Zwar wird jetzt bei einem Klick auf den News-Beitrag dieser vollständig angezeigt, die Liste der Beiträge allerdings auch.

Um jetzt bei einem Klick auf den Link eines News-Beitrags den vollständigen Beitrag zu sehen, muss eine neue Seite als Unterseite von *Aktuelles* angelegt werden. Geben Sie dieser neuen Seite z.B. den Titel *News-Beitrag* und aktivieren Sie die Option *Im Menü verstecken*, damit diese Seite weder im Menü noch in der Sitemap angezeigt wird.

Jetzt können Sie auf dieser neuen Seite einen Seiteninhalt vom Typ *Plugin einfügen* anlegen. Wählen Sie aus dem Auswahlfeld *Erweiterung* den Eintrag *News* aus, damit das News-Plugin auf dieser Seite Anwendung findet. In der dann erscheinenden Maske zur Konfiguration des News-Plugins können Sie jetzt als Ansicht den Eintrag *SINGLE* auswählen. Die Angabe einer Überschrift ist nicht notwendig.

Damit nun bei Auswahl eines News-Beitrags auf der Seite *Aktuelles* auch eine Verlinkung zur Seite *News-Beitrag* erfolgt, muss in der Konfiguration des News-Plugins auf der Seite *Aktuelles* eine entsprechende Eigenschaft gesetzt werden. Wählen Sie hierzu im Backend aus dem Seitenbaum die Seite *Aktuelles* aus und klicken Sie auf das Bleistiftsymbol des einzig angelegten Seiteninhalts mit der Überschrift *Aktuelle Informationen.* Wenn Sie jetzt in der erscheinenden Maske im unteren Abschnitt die Registerkarte *Sonstige Einstellungen* auswählen, können Sie für die Eigenschaft *Seite für die Single-Anzeige (Newsdetails)* jetzt die Seite *News-Beitrag* auswählen, indem Sie ganz rechts neben dem Eintrag auf das Icon *Durch Datensätze browsen* klicken.

Das News-Plugin unter die Lupe genommen

Nehmen wir das News-Plugin einmal ein wenig unter die Lupe, um zu erfahren, was genau passiert ist, als Sie es installiert haben, wo die News-Maske definiert ist und warum überhaupt im Inhaltsbereich News angezeigt werden.

Das News-Plugin selbst befindet sich im Ordner *typo3/ext/tt_news/*. In diesem Ordner sind einige Dateien, die in folgender Auflistung kurz vorgestellt werden:

ext_emconf.php
: Hier liegt die generelle Beschreibung des Plugins. Sämtliche Informationen, wie z.B. Autor des Plugins, wie es heißt und was es macht (in Form einer Freitext-Beschreibung), in welcher Version es vorliegt etc., werden hier gespeichert.

ext_tables.php
: Diese Datei erweitert (*extends*) bestehende Konfigurationen und nimmt Implementierungen im System vor, z.B. im Klickmenü oder dass das News-Plugin auch unter *Plugin einfügen→Erweiterungen* zu finden ist etc.

ext_tables.sql
: Diese Datei enthält als SQL-Dump die Beschreibung von Tabellen und Feldern. Bei der Installation des Moduls werden nach dieser Datei die Tabellen und Felder angelegt bzw. erweitert, die das News-Plugin benötigt.

static/ts_new/setup.txt
: In dieser Datei befindet sich Standard-TypoScript-Code, der inkludiert wird. Der Inhalt lässt sich direkt mit dem Template-Analyser einsehen. Dadurch wird ermöglicht, dass es bereits eine Basiskonfiguration gibt und dass das News-Plugin überhaupt als *Inhalt* unterhalb von *tt_content* implementiert ist. Eine weitere Erläuterung folgt weiter unten.

static/ts_new/constants.txt
: Ähnlich wie *static/ts_new/setup.txt*, jedoch enthält diese Datei Variablen (kein TypoScript). Außerdem steht in dieser Datei, wie der Bereich *News* für einen so genannten Constant-Editor auszusehen hat.

tca.php
: Beschreibung, wie die eigentliche News-Maske im Backend aussieht. Hier wird die Reihenfolge beschrieben sowie die Konfiguration jedes einzelnen Felds (Input-Feld/DateTime-Feld, Trim, Label etc.). Durch Änderungen an dieser Datei können z.B. Plugins manuell erweitert werden – eine Update-Fähigkeit ist dann allerdings nicht mehr gegeben!

locallang_*.php
pi/locallang.php
: Diverse Sprachdateien für die Mehrsprachigkeit von Backend-Benutzern.

pi/class.tx_ttnews.php
: Die eigentliche PHP-Klasse des News-Plugins, die die Funktionalität für das Frontend bereitstellt.

pi/tt_news_v2_template.html
: Die mitgelieferte Designvorlage.

Wenn Sie das News-Plugin über den Extension-Manager installieren, läuft intern Folgendes ab:

- Die Datei *ext_tables.sql* wird verarbeitet. Es wird geprüft, ob die Tabellen und Felder vorhanden sind. Alle benötigten Tabellen und Felder werden angelegt.
- In der Datei *typo3conf/localconf.php* wird im Abschnitt `$TYPO3_CONF_VARS['EXT']['extList']` das News-Plugin der Liste der installierten Erweiterungen hinzugefügt (*tt_news*).
- Die temporären Cache-Dateien im Ordner *typo3conf/* werden gelöscht. Diese Dateien enthalten aus allen installierten Modulen die Konfigurationen von *ext_tables.php* in aufbereiteter Form.
- Die Dateien *tca.php* sowie *pi/class.tx_ttnews.php* (und noch weitere Dateien) werden nicht importiert. Sie werden dynamisch zur Laufzeit verarbeitet.

Betrachten wir einmal direkt in der Datenbanktabelle *tt_content*, welche Werte im Datensatz für den angelegten Seiteninhalt vom Typ *Plugin einfügen→Erweiterung: News* auf der Seite *Aktuelles* gespeichert wurden. Tabelle 10-1 zeigt die wichtigsten Felder dieses Datensatzes und deren Werte.

Tabelle 10-1: Ausgewählte Datenbankfelder und deren Werte beim Inhaltstyp »Plugin einfügen«

Feld	Inhalt	Beschreibung
CType	list	Das Feld *CType* bestimmt, um welchen Content-Typ es sich bei diesem Inhalt handelt (z.B. *Text*, *Text mit Bild* etc.). Der Content-Typ *Plugin einfügen* wird als *list* gespeichert.
title	Aktuelle Informationen:	
list_type	9	Im Feld *list_type* wird gespeichert, um welches Modul es sich handelt. Da es sich bei dem News-Plugin um ein Modul handelt, das noch aus früheren TYPO3-Zeiten ohne Extension-Manager stammt, hat dieses Modul eine *eindeutige* Nummer *9*, die in der Datenbank gespeichert wird. Bei neueren Modulen wird hier als Wert der eindeutige Extension-Key gespeichert.
pi_flexform	<?xml version="1.0" encoding="iso-8859-1" standalone="yes" ?> <T3FlexForms> [...]	Enthält die Konfiguration der in den Registerkarten angegebenen Werte im XML-Format.

Was macht TYPO3 nun mit den Daten, wenn versucht wird, den Inhalt darzustellen? In TypoScript haben Sie angegeben, dass bei dem Marker CONTENT Inhalt ausgegeben werden soll. Dazu steht in Ihrem TypoScript-Template:

```
[...] marks.CONTENT = CONTENT
[...] marks.CONTENT.table = tt_content
```

Wie bereits in Kapitel 8, *Inhalte ausgeben*, erläutert, sucht TYPO3 für jeden gefundenen Datensatz aus der Tabelle *tt_content* nach einer entsprechenden Darstellungsbeschreibung in TypoScript. Und auch das News-Plugin bzw. der Container für das News-Plugin (*Plugin einfügen*) muss sich somit unterhalb von *tt_content* befinden.

Durch das Einbinden des statischen Templates für das News-Plugin wird vordefinierter TypoScript-Code geladen. Den eingebundenen TypoScript-Code können Sie sich z.B. im Template-Analyser direkt ansehen, oder Sie betrachten das Verhalten im Objekt-Browser.

Ein Blick in den Objekt-Browser unterhalb von *tt_content* (siehe Abbildung 10-14) gibt Aufschluss darüber, wie sich das News-Plugin in die Darstellung von Inhalten implementiert hat. Zunächst geht TYPO3 bei der Suche nach Beschreibungen für Seiteninhalte in den Abschnitt `tt_content`, um sich die Konfiguration für den aktuellen Datensatz zu suchen. `tt_content` ist mit `CASE` definiert, unter `tt_content.key` wurde angegeben, dass nach einem Wert im Datenbankfeld *CType* unterschieden werden soll. Diese Beschreibung wurde aber nicht durch das installierte News-Plugin vorgenommen, sondern bereits durch das inkludierte statische Template *CSS styled content*. Im Feld *CType* ist bei dem Datensatz für den Seiteninhalt vom Typ *Plugin einfügen* der Wert *list* gespeichert (siehe Tabelle 10-1).

Wie in Abbildung 10-14 erkennbar, wird `tt_content.list` das Objekt `COA` zugewiesen. An Position 10 wird die Überschrift geladen, Position 20 enthält wiederum eine `CASE`-Abfrage auf das Feld *list_type*, angegeben in der Eigenschaft `tt_content.list.20.key`. In Ihrem Datensatz wurde im Feld *list_type* für das News-Plugin der Wert 9 gespeichert (siehe Tabelle 10-1). Die nun unter `tt_content.list.20.9` erneut zugewiesene `CASE`-Abfrage mit einer Abfrage auf das Feld *Layout* wird nur für einen Wert *0* im Datenbankfeld *layout* (nicht *header_layout*) definiert. Und an genau dieser Stelle wird die TypoScript-Beschreibung von `plugin.tt_news` referenziert. Sie müssen nun also an einer anderen Stelle in Ihrem Objekt-Browser fortfahren, um das Verhalten zu untersuchen.

Unter `plugin.tt_news` sehen Sie eine Zuweisung eines neuen Objekts `USER` (siehe Abbildung 10-15). Dieses Objekt erfordert zwingend die Angabe einer PHP-Klasse einschließlich der aufzurufenden Funktion. In `plugin.tt_news.userFunc` können Sie eine Zuweisung `tx_ttnews->main_news` erkennen. Dieser Wert gibt an, dass aus der PHP-Klasse `tx_ttnews` die Funktion `main_news` aufgerufen werden soll.

Welche PHP-Dateien mit den angegebenen Klassen eingebunden werden sollen, wird unterhalb von `includeLibs` angegeben. So können Sie z.B. unter `includeLibs.ts_ttnews` eine Zuweisung `EXT:tt_news/pi/class.tx_ttnews.php` erkennen (siehe Abbildung 10-16). Der in der Zuweisung angegebene Bezeichner *EXT:* gibt an, dass sich die Erweiterung in einem der Extension-Ordner *typo3/sysext/*, *typo3/ext/* oder *typo3conf/ext/* befindet.

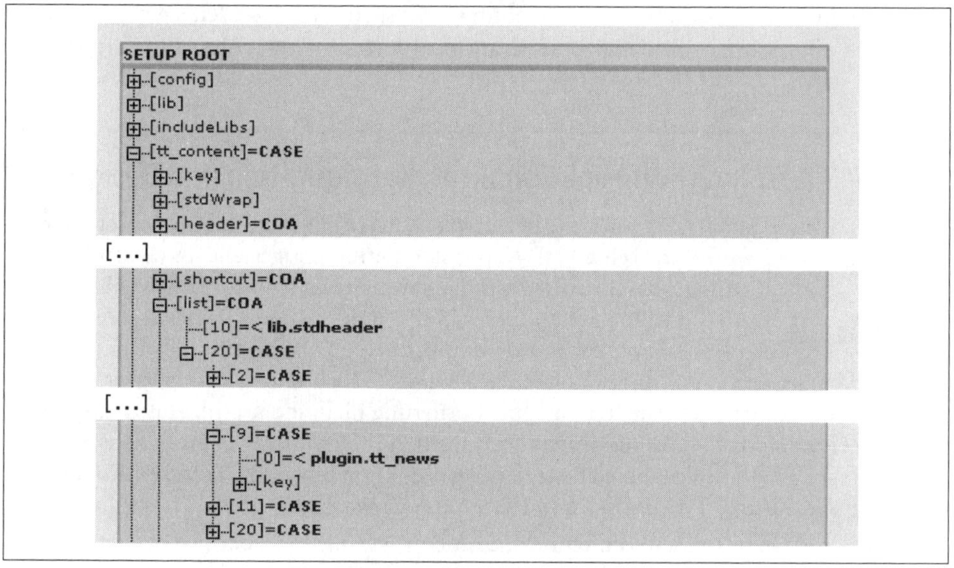

Abbildung 10-14: Seiteninhaltstyp »Plugin einfügen« mit der Erweiterung »News«

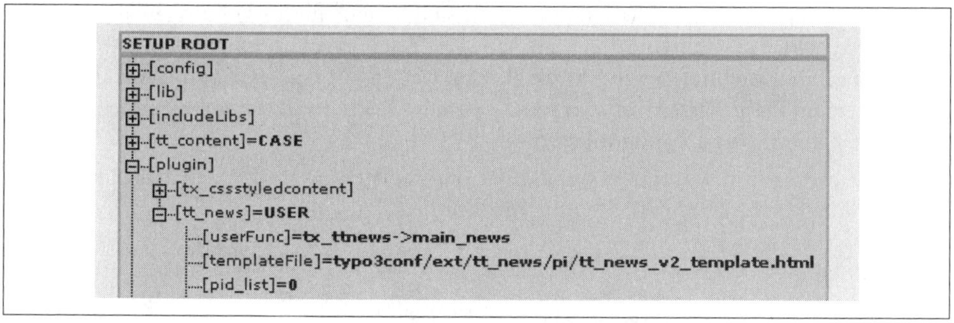

Abbildung 10-15: plugin.tt_news wird in tt_content.list.20.9.0 referenziert

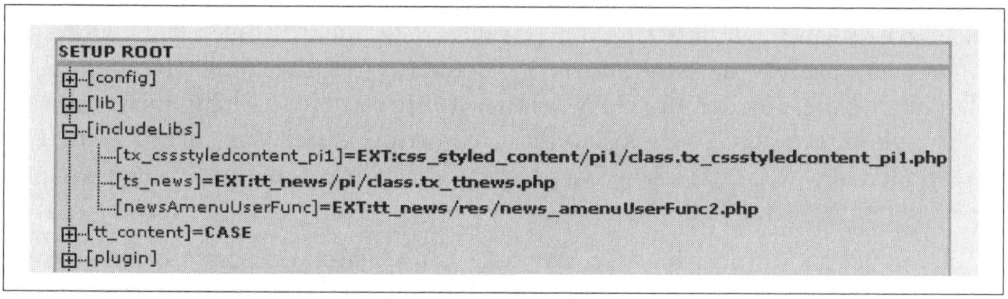

Abbildung 10-16: Angabe der einzubindenden PHP-Datei

Warum `ts_news` statt `tx_ttnews` oder `tt_news`? Dafür gibt es eine einfache Erklärung: Es ist ganz egal, was hier genau angegeben wird. Es könnte auch `includeLibs.1 =`

`EXT...` stehen. Wesentlich ist, dass mehrere Klassen eingebunden werden können und dazu eine weitere eindeutige Separation unterhalb von `includeLibs` ermöglicht wird.

Die Kapselung von Funktionalität, Konfiguration und Design

Die Funktionalität steht bei Erweiterungen im Regelfall im Mittelpunkt und wird durch eine PHP-Klasse zur Verfügung gestellt. In diesen PHP-Klassen wird beschrieben, was die Erweiterung genau machen soll. Theoretisch ist es möglich, in dieser PHP-Klasse auch direkt hardcodiert das Design des Frontends zu verankern oder bestimmte Eigenschaften (Datenbankzugriff etc.) direkt zu setzen. Da dies jedoch häufig nachträglich einen großen Mehraufwand bedeutet und eine Portierung nicht mehr problemlos möglich wäre (Grundgedanke: *Install in one click*), werden Frontend-Erweiterungen wie z.B. das News-Plugin in drei Bereiche unterteilt: Funktionalität (PHP-Klasse), Konfiguration (FlexForms, TypoScript) und Design (Designvorlage).

Funktionalitäten können konfiguriert, also den jeweiligen Bedürfnissen angepasst werden. Beim News-Plugin wurde z.B. im Seiteninhalt vom Typ *Plugin einfügen* ein Ansichtscode angegeben, mit dem Sie dem News-Plugin mitgeteilt haben, was genau es machen soll. Sie haben dort als Ansicht beispielhaft *LIST* ausgewählt. Eine andere mögliche Konfiguration wäre z.B. *LATEST* gewesen. Es werden außerdem weitere Funktionalitäten wie z.B. die Beschränkung auf eine bestimmte Anzahl von angezeigten Datensätzen zur Verfügung gestellt. Auch der Dateiname der gekapselten Designvorlage ist konfigurierbar.

Die Konfiguration wird im Regelfall über die Registerkarten (FlexForms) direkt im Seiteninhalt oder über TypoScript vorgenommen.

Die Designvorlage anpassen

Das Design kann relativ problemlos an die eigenen Bedürfnisse angepasst werden. Wichtig ist allerdings, dass sich die Designvorlage nicht im globalen Extension-Ordner befindet, da sie dort bei einem Update durch die Originalversion überschrieben würde. Seit der TYPO3-Version 4.0 wird das News-Plugin nicht mehr im Quellcode mitgeliefert, so dass sich die Erweiterung durch das nachträgliche Herunterladen aus der Extension Repository im Normalfall im lokalen Ordner *typo3conf/ext/tt_news/* befindet.

Noch einmal zur Erinnerung: Update-fähig heißt, dass angepasste Bereiche nach einem Update nicht erneut angepasst werden müssen. Die Konfiguration mittels TypoScript ist Update-fähig, da sie in der Datenbank gespeichert wird und auch noch nach einem TYPO3-Update verwendet werden kann. Bei einem möglicherweise später angedachten separaten Update des News-Plugins würde der Ordner *typo3conf/ext/tt_news/* jedoch mit einer neuen Version des News-Plugins überschrieben werden. Hierdurch würden auch alle Anpassungen verloren gehen. Und um das Design unseren Wünschen anzupassen, sind Anpassungen an einer Designvorlage ggf. notwendig.

Der Ort der Designvorlage kann separat angegeben werden – zum einen durch die Registerkarten (FlexForms) im Seiteninhalt *Plugin einfügen→News*, aber auch über TypoScript. Sie können somit eine Kopie der Original-Designvorlage in einem für das News-Plugin Update-resistenten Bereich ablegen, z.B. unterhalb des Ordners *fileadmin/*.

Bei einem generellen Update von TYPO3 ist das News-Plugin nicht betroffen, da es sich im lokalen Extension-Ordner *typo3conf/ext/tt_news/* befindet. Das Anlegen einer Kopie der Designvorlage betrifft somit nur den Fall, dass Sie das News-Plugin selbst auf eine neue Version updaten wollen – z.B. weil Sicherheitslücken bekannt geworden sind (eher unwahrscheinlich) oder weil eine neue Version genau das Feature beinhaltet, auf das Sie schon lange gewartet haben. Da die Verknüpfung zur Designvorlage über den Seiteninhalt oder aber über TypoScript angegeben wird, wird diese Verknüpfung in der Datenbank gespeichert, deren Inhalt von einem Update nicht betroffen ist. Sämtliche üblichen Individualisierungen wie Konfiguration und Layoutanpassung bleiben erhalten.

Die Dateierweiterung einer Designvorlage muss nicht *.html* sein. Diese Erweiterung soll lediglich kenntlich machen, dass es sich bei dieser Datei um eine Designvorlage handelt. Möglich sind auch andere Dateierweiterungen wie z.B. *.tmpl* oder *.txt*.

Um nun die Designvorlage Update-resistent zu halten, kopieren Sie sich das Original der Designvorlage am besten per FTP in den Ordner *fileadmin/* oder in einen Unterordner davon. Die Original-Designvorlage finden Sie unter dem Pfad *typo3/ext/tt_news/pi1/tt_news_v2_template.html*.

Für die folgenden Beispiele trägt die Kopie der Originalversion der Designvorlage den Dateinamen *news_vorlage.html* und wurde direkt im Ordner *fileadmin/* abgelegt. Benennen Sie, um die in den nächsten Abschnitten gezeigten Beispiele besser nachvollziehen zu können, die Datei entsprechend um und legen Sie sie auch direkt unterhalb des Ordners *fileadmin/* ab.

Nachdem Sie eine Kopie der Datei im oder unterhalb des Ordners *fileadmin/* abgelegt haben, müssen Sie jeweils auf dem Seiteninhalt *Plugin einfügen→News* auf der Seite *Aktuelles* sowie auf der darunter liegenden Seite *News-Beitrag* über die Registerkarte *Template* eine Verknüpfung zur gerade erstellten Kopie der Designvorlage im Ordner *fileadmin/* angeben.

Bei einigen Providern kann es nachträglich zu Rechteproblemen kommen. Sollten Sie welche bekommen, löschen Sie die Datei wieder auf dem gleichen Weg, wie Sie sie erstellt hatten. Kopieren Sie sich dann den Inhalt der Original-Designvorlage heraus, legen Sie über das Backend-Modul *Dateiliste* im Ordner *fileadmin/* eine Datei mit der Bezeichnung *news_template.tmpl* an und fügen Sie dann den kopierten Inhalt in diese Datei ein. Bei auf TYPO3 spezialisierten Providern sollten Sie solche Rechteprobleme nicht bekommen.

Die Designvorlage im Detail

Der Inhalt einer Designvorlage setzt sich aus vielen verschachtelten Teilbereichen (Subparts) zusammen. Verwenden Sie am besten die Original-Designvorlage als Grundlage und passen Sie sie Ihren Bedürfnissen an. Sie können problemlos Marker entfernen, Teilbereiche sollten aber bestehen bleiben.

Wenn Sie sich den Inhalt der Designvorlage ansehen (Abbildung 10-17), werden Sie erkennen, dass diese nicht mehr aus klassischem HTML-Code besteht. Der erste Abschnitt in der Designvorlage ist eine Anleitung für uns als »Individualisierer« dazu, welche Marker bzw. Platzhalter zur Verfügung stehen.

```
<!-- ###TEMPLATE_LIST### begin
   This is the template for the list of news in the archive or news page or search
-->
<div class="news-list-container">
   <!-- ###CONTENT### begin
         This is the part of the template substituted with the list of news:
   -->

      <!-- ###NEWS### begin
         Template for a single item
      -->
         <div class="news-list-item">
           <h3>
<span class="news-list-date">###NEWS_DATE###</span>
<!--###LINK_ITEM###-->###NEWS_TITLE###<!--###LINK_ITEM###--></h3>
           <!--###LINK_ITEM###-->###NEWS_IMAGE###<!--###LINK_ITEM###-->
          ###NEWS_SUBHEADER###
         ###CATWRAP_B### ###TEXT_CAT### ###NEWS_CATEGORY### ###NEWS_CATEGORY_IMAGE### ###CATWRAP_E###
         <div class="news-list-morelink"><!--###LINK_ITEM###-->###MORE###<!--###LINK_ITEM###--></div>

<hr class="clearer" /></div>
      <!-- ###NEWS### end-->
   <!-- ###CONTENT###  end -->
   <div class="news-list-browse">###BROWSE_LINKS###</div>
</div>
<!-- ###TEMPLATE_LIST### end -->
```

Abbildung 10-17: Auszug aus der Datei news_template.tmpl, die den Code LIST verarbeitet

Außerdem erkennen Sie diverse verschachtelte Teilbereiche. Diese werden im Regelfall immer von `<!-- ###BEREICHSNAME### begin-->` und `<!--###BEREICHSNAME### end-->` eingeschlossen. Innerhalb eines solchen Teilbereichs können Sie wieder Teilbereiche erkennen, und erst ab einer bestimmten Tiefe sehen Sie dann die Platzhalter bzw. Marker.

Sehen Sie sich den ersten Teilbereich an, können Sie dem Bezeichner entnehmen, dass es sich bei diesem Teilbereich um die HTML-Vorlage für die Verarbeitung des

Codes *LATEST* handelt (`TEMPLATE_LATEST`). Weiter unten sehen Sie den Teilbereich für den Code *LIST* (`TEMPLATE_LIST`). Und genau dieser Teilbereich soll nun an die Bedürfnisse des Praxisbeispiels angepasst werden.

Bei der Verarbeitung des News-Plugins überprüft das PHP-Programm, welcher Code ausgeführt werden soll. Anschließend wird aus der Designvorlage der entsprechende Teilbereich zur Darstellung verarbeitet. Für den Code *LIST* wird somit der in Abbildung 10-17 angegebene HTML-Code eingelesen. Zuerst wird hier der `div`-Container angegeben (Abbildung 10-17, Zeilen 4 und 25), und anschließend wird der Teilbereich *CONTENT* (Zeilen 5 bis 23) mit seinem (einzigen) weiteren Teilbereich *NEWS* (Zeilen 9 bis 22) verarbeitet. Die Verarbeitung des Teilbereichs *CONTENT* wird durch das PHP-Programm in einer Schleife ausgeführt: für jedes Vorkommen eines News-Beitrags genau einmal.

Sie können diesen Teilbereich nun an die individuellen Bedürfnisse anpassen. Folgendes Beispiel ist nur exemplarisch und soll zeigen, dass obiger unübersichtlicher und mit Markern übersäter HTML-Code so nicht zwingend erforderlich ist.

Beispiel 10-1: Eine andere Darstellung in der Designvorlage für den Code LIST

```
01 <!-- ###TEMPLATE_LIST### begin -->
02    <!-- ###CONTENT### begin -->
03       <!-- ###NEWS### begin -->
04          <h3><!--###LINK_ITEM###-->###NEWS_TITLE###<!--###LINK_ITEM###--></h3>
05          ###NEWS_SUBHEADER###
06       <!-- ###NEWS### end-->
07    <!-- ###CONTENT###  end -->
08    ###BROWSE_LINKS###
09 <!-- ###TEMPLATE_LIST### end -->
```

Der HTML-Code der Designvorlage für den Code *LIST* wurde somit auf ein relatives Minimum reduziert. In Zeile 1 wird der Teilbereich *LIST* eingeleitet und in Zeile 13 wieder ausgeleitet. Wenn für das News-Plugin als Code *LIST* angegeben wurde, wird aus der gesamten HTML-Datei nur dieser Teilbereich (Zeilen 1 bis 9) genommen und verarbeitet.

In Zeile 2 wird der Teilbereich *CONTENT* eingeleitet, der bis Zeile 7 reicht. Innerhalb dieses Teilbereichs wird jeder einzelne News-Beitrag in einer Schleife verarbeitet. Möchten Sie einen `div`-Container für die News-Darstellung verwenden, sollten Sie zwischen Zeile 1 und 2 das `<div>`-Tag einsetzen, da dieses dann nur einmal (und nicht mehrfach in einer Schleife) ausgeführt wird. Eine Ausleitung des Tags ist dann zwischen den Zeilen 8 und 9 bzw. 7 und 8 notwendig.

Direkt im Anschluss an den *CONTENT*-Teilbereich folgt nun gleich wieder ein neuer Teilbereich *NEWS*, der von Zeile 3 bis Zeile 6 reicht. Dieser weitere Teilbereich für die Darstellung eines einzelnen News-Beitrags (der Teilbereich *CONTENT* war ebenfalls dafür bestimmt) ermöglicht alternierende Darstellungsvarianten. Denn neben dem Teilbereich *NEWS* können Sie zusätzlich noch die Teilbereiche *NEWS_1*, *NEWS_2* etc. verwenden.

In Zeile 4 sehen Sie den Teilbereich *LINK_ITEM*. Dieser Subpart enthält einen Marker *NEWS_TITLE*. Der Teilbereich *LINK_ITEM* wird lediglich verwendet, um der Überschrift einen Link auf die Seite mit der *SINGLE*-Ansicht hinzuzufügen.

Cache-Probleme mit Designvorlagen

- Der im obigen Beispiel verwendete Teilbereich soll nun in die Designvorlage eingearbeitet werden. Hierzu können Sie in Ihrer Datei *fileadmin/news_template.tmpl* beispielsweise den bestehenden Teilbereich *TEMPLATE_LIST* in *TEMPLATE_LIST_ALT* umbenennen, und zwar am einleitenden Teilbereichsbezeichner sowie am ausleitenden. Die alte Designbeschreibung für den Code *LIST* hat damit einen anderen Bezeichner erhalten und wird somit nicht mehr über das News-Plugin angesprochen.
- Fügen Sie nun die eigene Designbeschreibung aus Beispiel 10-4 in Ihre Designvorlage ein, speichern Sie das Ergebnis ab und betrachten Sie es im Frontend. In den meisten Fällen werden Sie keine Veränderungen feststellen können. Bevor Sie sich nun aber eine ganze Nacht auf Spurensuche begeben, um einen möglichen Fehler zu finden und zu beseitigen, reicht es aus, den Cache einmal manuell zu löschen.

Das News-Plugin manuell konfigurieren

Das News-Plugin lässt sich nicht nur über die Registerkarten (FlexForms) konfigurieren, sondern auch über TypoScript. Dabei handelt es sich im Regelfall nicht direkt um das eigentliche TypoScript, vielmehr ist es ein Mischmasch aus von der PHP-Klasse erwarteten bzw. ermöglichten Variablen und tatsächlichem TypoScript-Code, der ebenfalls von der PHP-Klasse verarbeitet wird. Leider ist das nicht direkt erkennbar.

Die über FlexForms angegebenen Konfigurationen überschreiben im Regelfall die in TypoScript angegebenen Eigenschaften. So haben Sie z.B. auf der Registerkarte *Template* anfänglich keine Designvorlage ausgewählt, aber dennoch wurde eine Designvorlage im Frontend verwendet. Nachdem Sie dann auf der Registerkarte *Template* ein Verweis auf Ihre selbst angelegte Kopie im Ordner *fileadmin/* gesetzt haben, wurde die hier angegebene Designvorlage benutzt.

Über das inkludierte statische Template der *tt_news*-Erweiterung werden diese TypoScript-Konfigurationen bereits mit einem Wert versehen, der dann überschrieben werden kann – entweder mittels TypoScript oder aber auch über die Registerkarten (FlexForms). Dies ist allerdings abhängig von der Erweiterung selbst, da die PHP-Klasse das Zusammenspiel von FlexForms und TypoScript unterstützen muss.

Sie haben bereits erfahren, dass die aufzurufende PHP-Funktion in `plugin.tt_news.userFunc` angegeben wird. Die entsprechenden Zeilen im Objekt-Browser lassen sich wie folgt schreiben:

```
plugin.tt_news = USER
plugin.tt_news {
   userFunc = tx_ttnews->main_news
   templateFile = typo3conf/ext/tt_news/pi/tt_news_v2_template.html
   [...]
}
```

Das USER-Objekt erwartet aber nur die Eigenschaft `.userFunc`. Sämtliche zusätzlichen Eigenschaften werden als Variablen in einem großen Array der unter `.userFunc` angegebenen PHP-Klasse übergeben und können von dieser verarbeitet werden.

Die Schreibweise dieser Variablen bestimmt der Autor des Moduls. Es ist wünschenswert, dass sich alle Autoren an die Regeln halten, die vorgeben, wie Eigenschaften in TypoScript geschrieben werden: Das erste Wort wird kleingeschrieben, kommen mehrere Wörter in einer Eigenschaft vor, kennzeichnet man sie jeweils durch einen Großbuchstaben am Wortanfang (so genannte *camel caps*), wodurch eine Eigenschaft besser lesbar wird. Die Eigenschaft bzw. Variable `templateFile` entspricht also dieser Konvention.

Welche TypoScript-Konfigurationen für das News-Plugin zur Verfügung stehen, wird ausführlich in der offiziellen Referenz zum News-Plugin beschrieben. Auf eine Auflistung dieser Konfigurationsmöglichkeiten soll daher an dieser Stelle verzichtet werden.

Darstellung von News auf der rechten Spalte

Im Praxisbeispiel sollen in der rechten Spalte an erster Stelle die News erscheinen. Hierzu haben Sie bereits in Kapitel 8, *Inhalte ausgeben*, auf den Platzhalter *RECHTS* ein Objekt *COA* angelegt. Dieses ermöglicht Ihnen nun, verschiedene weitere Objekte in geordneter Reihenfolge auf diesem Platzhalter anzulegen. Auf Position 10 haben Sie bereits den Seiteninhalt ausgegeben, den der Redakteur individuell für jede Seite angegeben hat. Auf Position 20 befindet sich die Ausgabe des Inhalts, der auf der Seite *Statisch rechts* abgelegt wurde.

Eine ähnliche Herangehensweise ist auch für die neue Position 30 möglich, auf der die letzten drei News dargestellt werden sollen. Ein Seiteninhalt vom Typ *Plugin einfügen→Erweiterung:News* würde auf der Seite *Statisch rechts* oder auf einer anderen zu bestimmenden Seite abgelegt und über die gleiche Funktionalität `.select.pidInList`, die auch schon bei der Position 20 eingesetzt wurde, hineingeladen.

Eine andere, für diesen Zweck alternative Herangehensweise liest nicht sämtliche Seiteninhalte aus, die sich auf einer Seite befinden, sondern nur ganz bestimmte, unabhängig davon, auf welcher Seite sie angelegt wurden. Das geschieht mit der Eigenschaft `.select.uidInList`, die als Wert die kommaseparierte Liste von eindeutigen IDs der gewünschten Seiteninhalte erwartet (nicht die ID der Seite). Die ID eines Seiteninhalts können Sie ebenfalls im Backend auslesen.

```
30 = CONTENT
30.table = tt_content
30.select.uidInList = 1234
```

Diese vorgestellten Herangehensweisen haben allerdings beide einen großen Nachteil. Für die Darstellung des Seiteninhalts in der rechten Spalte wird die gleiche Konfiguration verwendet wie für den normalen Seiteninhalt auch. Sie können somit die Darstellung nur anhand des Codes unterscheiden, nicht jedoch nach dem Verwendungszweck. Um Ihnen eine komfortablere Lösung anzubieten und auch um Ihr Wissen zu erweitern, wird im Folgenden ein Ansatz gewählt, der in dieser Art bereits bei der Integration des Suchfelds in Kapitel 8, *Inhalte ausgeben*, in der linken Spalte angewendet wurde.

Bei diesem Ansatz kopieren Sie die TypoScript-Beschreibung des News-Plugins einfach an die gewünschte Stelle. Damit ist das News-Plugin auf der rechten Spalte prinzipiell lauffähig und muss nur noch konfiguriert und individualisiert werden. In Beispiel 10-2 wird das News-Plugin in die rechte Spalte an die Position 30 des COA-Objekts kopiert.

Beispiel 10-2: Das News-Plugin permanent anzeigen lassen

```
[...]
# Inhalte auf der rechten Spalte ausgeben
RECHTS = COA
RECHTS.10 = CONTENT
RECHTS.10 {
   table = tt_content
   select.where = colPos = 2
   select.orderBy = sorting
}
RECHTS.20 = CONTENT
RECHTS.20 {
   table = tt_content
   select.orderBy = sorting
   # Inhalte werden von der Seite mit der ID 18 genommen.
   select.pidInList = 18
}

RECHTS.30 < plugin.tt_news

# Suchformular im Platzhalter anzeigen
[...]
```

Wenn Sie sich das Ergebnis nun im Frontend ansehen, werden Sie feststellen, dass das Layout der rechten Spalte nicht Ihren Vorstellungen entspricht und Sie eine Fehlermeldung *tt_news configuration error* erhalten, die besagt, dass kein Code bzw. keine Ansicht für das News-Plugin angegeben wurde. Auch wenn Sie vielleicht jetzt etwas irritiert sind, so können Sie dennoch stolz sein, denn das News-Plugin wird bereits angesprochen.

In der kopierten Beschreibung von *plugin.tt_news* wird angegeben, dass der Code dynamisch aus der Datenbank abgefragt werden soll. Sie erinnern sich vielleicht daran, dass in einem vorherigen Abschnitt beim Anlegen eines Seiteninhalts vom Typ *Plugin einfügen→Erweiterung:News* ein Feld *Ansicht* zur Verfügung stand, in dem Sie die gewünschte Ansicht, z.B. `LIST`, angegeben haben. Da es sich allerdings hier um eine Kopie der TypoScript-Beschreibung handelt und ein Datensatz nicht mehr zur Verfügung steht, aus dem die Ansicht entnommen werden könnte, muss die Angabe der Ansicht statisch erfolgen.

Aber nicht nur die Angabe der Ansicht muss angepasst werden, es gibt auch noch andere Dinge, die geändert werden müssen, damit das News-Plugin auf der rechten Seite den Vorgaben des Praxisbeispiels entspricht. So sollen z.B. nur die letzten drei News angezeigt werden. Wenn der Webseiten-Besucher auf einen Titel klickt, um den News-Beitrag in voller Länge lesen zu können, soll dieser News-Beitrag nicht in der rechten Spalte, sondern auf einer ganz bestimmten Seite angezeigt werden. Auch dies hatten Sie bereits in einem vorherigen Abschnitt konfiguriert. Als Designvorlage soll nicht die Original-Designvorlage verwendet werden, sondern die eigene angepasste, die sich unter *fileadmin/news_vorlage.html* befindet.

Mit dem in Beispiel 10-3 angegebenen TypoScript-Code ist es möglich, auf der rechten Seite permanent die News anzuzeigen, die sich auf der Seite *Aktuelles* befinden.

Beispiel 10-3: Die News in der rechten Spalte konfigurieren

```
[...]
186        # Inhalte auf der rechten Spalte ausgeben
           [...]
202        RECHTS.30 < plugin.tt_news
203        RECHTS.30 {
204           templateFile = fileadmin/news_vorlage.html
205           code >
206           code = LIST
207           limit >
208           limit = 3
209           pid_list >
210           pid_list = 13
211           PIDitemDisplay = 13
212        }
213
214        # Suchformular im Platzhalter anzeigen
[...]
```

In Beispiel 10-3 wird in Zeile 204 die Eigenschaft `.templateFile` mit einem neuen Wert überschrieben. Die Default-Zuweisung über das inkludierte statische Template des News-Plugins ist somit nicht mehr gültig, und es wird die Update-fähige Kopie im Ordner *fileadmin/* verwendet.

Unter *Code* wird die zu verwendende Ansicht verstanden. In der inkludierten Beschreibung steht, dass der Wert für die Eigenschaft `.code` dynamisch aus der Datenbank ausgelesen werden soll. Zwar wird diese Datenbankabfrage in der Praxis durch die PHP-Klasse nicht einmal ausgewertet (die Ansicht wird nicht separat in einem Datenbankfeld gespeichert, sondern zusammen mit vielen anderen Daten im XML-Format in einem Datenbankfeld der Tabelle *tt_content*), dennoch existiert in TypoScript die Untereigenschaft `.code.field`. Durch die Angabe `.code >` in Zeile 205 wird auch die Untereigenschaft gelöscht. In Zeile 206 erfolgt dann die Angabe der gewünschten Ansicht über `.code = LIST`.

In den Zeilen 207 und 208 wird angegeben, wie viele News-Beiträge überhaupt in der rechten Spalte angezeigt werden sollen. Auch hier wird in Zeile 207 zunächst die Eigenschaft `.limit` mit seinen möglichen Untereigenschaften gelöscht und anschließend in Zeile 208 mit einem neuen Wert versehen.

In den Zeilen 209 und 210 wird über die Eigenschaft `.pid_list` angegeben, auf welcher Seite sich die News-Beiträge befinden. Im Praxisbeispiel liegen die einzelnen Beiträge auf der Seite *Akuelles*. Sollte die ID der Seite in Ihrem Projekt abweichen, müssen Sie die ID der Seite *Aktuelles* in Beispiel 10-3 an Ihre Gegebenheiten anpassen.

In Zeile 211 wird über die Eigenschaft `.PIDitemDisplay` angegeben, auf welcher Seite ein News-Beitrag in seiner Gesamtheit angezeigt werden und somit auf welche Seite der Link im Titel eines angezeigten News-Beitrags führen soll. Der hier angegebene Wert wird möglicherweise in Ihrem Projekt abweichen und muss ebenfalls an Ihre Gegebenheiten angepasst werden. Geben Sie hier die ID der Seite *News-Beitrag* an.

> Wenn Sie eine vollständig andere Formatierung der News-Beiträge im rechten Bereich wünschen, können Sie dieses z.B. über eine separate Designvorlage oder aber durch Verwendung und Anpassung des Codes *LATEST* erreichen.

Ein Extension-Template erstellen

In obigem Fall ist es gewünscht, dass auf jeder Seite in der rechten Spalte die letzten drei News dargestellt werden. Jedoch werden derzeit auch auf der Seite *Aktuelles* im rechten Bereich die letzten drei News angezeigt, obwohl diese auch im Content-Bereich erscheinen. Auf der Seite *Aktuelles* sollen daher keine News-Beiträge mehr auf der rechten Seite dargestellt werden.

Eine solche Ausnahme lässt sich mit so genannten *Extension-Templates* realisieren. Extension-Templates erben sämtliche TypoScript-Beschreibungen von einem übergeordneten Template und können einzelne Eigenschaften überschreiben. Dadurch ist es nicht mehr notwendig, das TypoScript-Template vollständig neu aufzusetzen. Diese Ausnahme ist dann auch für alle Unterseiten der Seite gültig, auf der das Extension-Template angelegt wurde.

Extension-Templates und Erweiterungen (engl. *Extensions*) haben nichts miteinander zu tun. Ein Extension-Template erweitert ein übergeordnetes Template, Extensions hingegen erweitern TYPO3 im Frontend oder im Backend um zusätzliche Funktionalitäten.

Gehen Sie zum Anlegen eines Extension-Templates in das Backend-Modul *Templates* im rechten Menü und wählen Sie anschließend im Seitenbaum die Seite aus, ab der diese Ausnahme gelten soll. In diesem Praxisbeispiel ist es die Seite *Aktuelles*, für die im rechten Bereich keine News mehr angezeigt werden sollen. Wählen Sie aus der Auswahl rechts oben den Eintrag *Info/Modify* aus. Sie erhalten die bereits bekannte Template-Seite, auf der Sie darauf hingewiesen werden, dass auf dieser Seite noch kein Template vorhanden ist. Da Sie nun kein neues Projekt starten möchten, sondern lediglich eine Ausnahme zum bestehenden TypoScript-Template hinzufügen wollen, können Sie über den Button *Click here to create an extension template* ein solches Ausnahme-Template erstellen.

Falls Sie sich verklickt und z.B. ein Projekt-Template angelegt haben, können Sie anschließend über den Textlink *Click here to edit whole template record* das erzeugte Template wieder löschen, indem Sie in der dann erscheinenden Maske im oberen Bereich auf das Mülleimer-Symbol klicken.

Extension-Templates erhalten nach dem Anlegen den Titel *+ext*, der Ihnen zeigen soll, dass es sich bei diesem Template nicht um ein Projekt-Template handelt, sondern lediglich um ein Ausnahme-Template. Sie können den Titel dieses Extension-Templates nach Belieben verändern, indem Sie auf das Bleistift-Symbol vor dem Feld *Titel* klicken.

Sie werden sich vielleicht noch daran erinnern, dass nach dem Erstellen eines Projekt-Templates das Feld *Setup* bereits mit sieben Zeilen gefüllt war, die im Frontend die Ausgabe *Hello World* erzeugten. In einem Extension-Template werden Sie diese sieben Demozeilen nicht finden, da sie das aktuelle übergeordnete Projekt-Template stören würden.

Um nun eine Ausnahme zu erstellen, wechseln Sie in das noch leere Feld *Setup*. Sie können hier jetzt die TypoScript-Beschreibung für den Marker *RECHTS* an Position 30 verändern. In folgendem Beispiel wird alles das, was sich unterhalb von `RECHTS.30` befindet, gelöscht.

```
page.10.marks.RECHTS.30 >
```

In diesem Beispiel ist es völlig ausreichend, wenn die Position 30 des Platzhalters *RECHTS* gelöscht wird. Möchten Sie allerdings den gesamten Marker *RECHTS* löschen, ist eine weitere Angabe erforderlich, in der Sie diesem Marker *RECHTS nichts* zuweisen. Ansonsten würde der Platzhalter-Bezeichner wieder im Frontend erscheinen.

```
01 page.10.marks.RECHTS.30 >
02 page.10.marks.RECHTS.30 =
```

Das News-Plugin mit dem Constant Editor anpassen

In diesem Abschnitt erfolgt die Anpassung mit dem Constant Editor. Der Constant Editor ist nicht immer hilfreich und lässt uns keinen großen Spielraum, für eine praktische Arbeit ist er daher nur beschränkt brauchbar. Nur der Vollständigkeit halber soll er mit seinen Möglichkeiten hier kurz vorgestellt werden. Sie werden in diesem Abschnitt schnell feststellen, was der Autor von dem Constant Editor hält. Wir werden uns aber im nächsten Abschnitt an die manuelle Konfiguration wagen, die uns wesentlich bessere und individuellere Möglichkeiten bietet.

Den Constant Editor finden Sie ebenfalls im Template-Modul in der Auswahlliste rechts oben, in der sich auch die Einträge *Info/Modify* und *TypoScript Object Browser* befinden (siehe Abbildung 10-18). Damit Sie jetzt aber das richtige TypoScript-Template bearbeiten, sollten Sie aus dem Seitenbaum die Seite *root* auswählen, auf der sich Ihr Projekt-Template befindet.

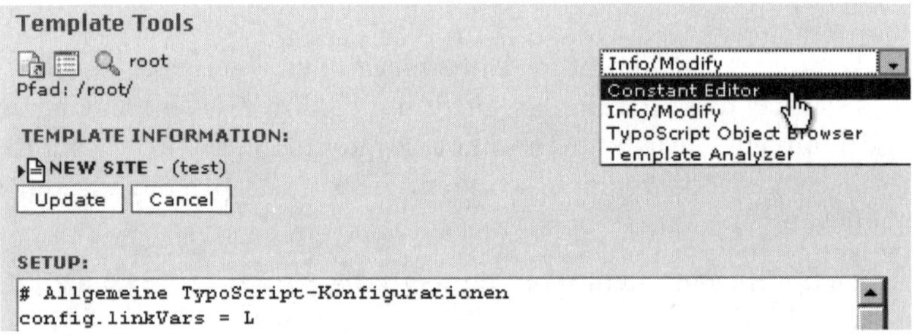

Abbildung 10-18: Den Constant Editor auswählen

Sie sehen das Auswahlfeld *Category* (siehe Abbildung 10-19), in dem sich die Einträge *Content*, *Advanced* sowie *plugin.TT_news* befinden. Hinter jeder Kategorie sehen Sie in Klammern eine Zahl, die Ihnen anzeigt, wie viele Konfigurationsmöglichkeiten sich hinter einer jeden Kategorie befinden.

Im Abschnitt *CONTENT*, der beim ersten Aufruf des Constant Editor als Default-Seite erscheint, sehen Sie z.B. die Konfigurationsmöglichkeit *Target for external links* (siehe Abbildung 10-19). Der Default-Wert ist `_blank`, Sie können ihn aber

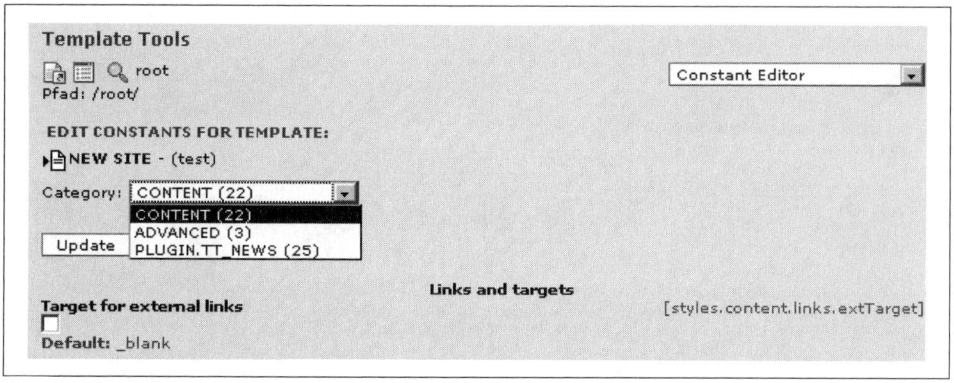

Abbildung 10-19: Der Constant Editor wird in Kategorien unterteilt

auch mit einem neuen Wert überschreiben. Durch Setzen eines Häkchens in das Kontrollkästchen und einen anschließenden Klick auf den Button *Update* können Sie einen eigenen Wert für diese Eigenschaft angeben. Rechts neben jeder Konfigurationsmöglichkeit sehen Sie in grauer Schrift, welche Variable überschrieben werden würde.

Wechseln Sie nun im Constant Editor in die Kategorie *plugin.TT_news*. Sie können im Abschnitt *Files* die Konfigurationsmöglichkeit *Template File* für die Designvorlage finden (siehe Abbildung 10-20). Als Default-Wert sehen Sie einen Verweis auf die Original-Designvorlage. Hatten Sie nicht zuvor eine Kopie der Designvorlage unter *fileadmin/news_vorlage.html* angelegt, mittels TypoScript auf diese neue Designvorlage verwiesen und hier sogar sichtbare Änderungen vorgenommen?

Der Constant Editor arbeitet, wie der Name schon sagt, mit Konstanten bzw. Variablen. Er liest Variablen und deren Werte aus und kann diese Variablen und Werte auch wieder in das Feld *Constants* zurückschreiben. Diese Variablen, deren Optik bzw. Bezeichnungen häufig denen von TypoScript entsprechen, können nun in TypoScript verwendet werden.

Betrachten Sie nun aber mit dem Objekt-Browser die TypoScript-Beschreibung, sehen Sie unter `page.10.marks.RECHTS.30.templateFile` als Wert die weiter oben in Beispiel 10-3 angegebene Designvorlage für das News-Plugin unter *fileadmin/news_vorlage.html*. Doch welche Angabe stimmt jetzt?

Das News-Plugin ist im Auslieferungszustand mit vordefiniertem TypoScript-Code und Variablen ausgestattet. Mit Inkludieren des statischen Templates des News-Plugins ist TypoScript-Code mit eingeschlossen, und zwar der Inhalt der beiden Dateien *static/ts_new/setup.txt* sowie*static/ts_new/constants.txt*.

So wurde als TypoScript-Code in der Datei *static/ts_new/setup.txt* unter anderem definiert:

```
Setup:        plugin.tt_news.templateFile = {$plugin.tt_news.file.templateFile}
```

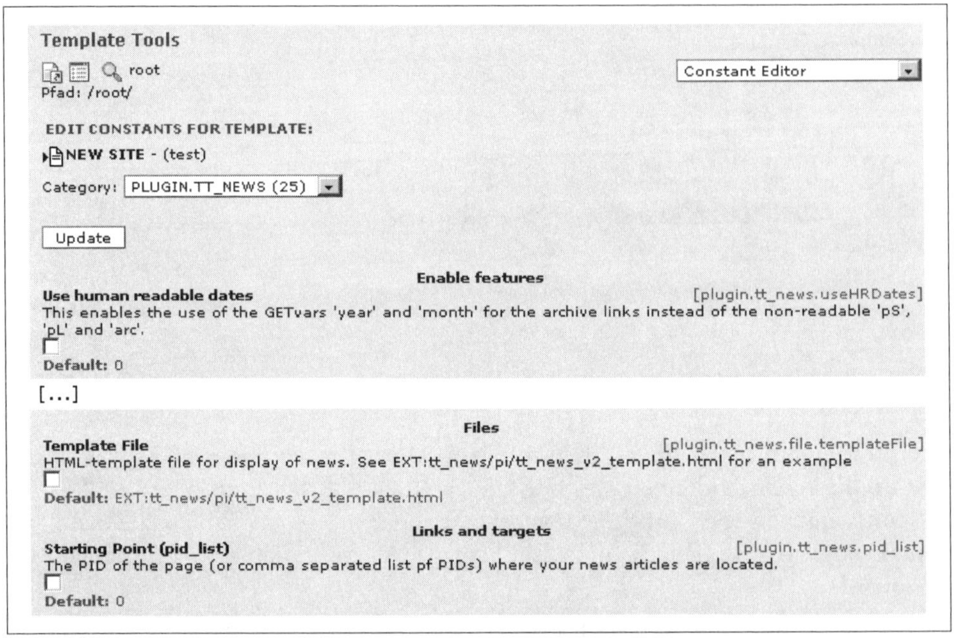

Abbildung 10-20: Den Ort der Designvorlage im Constant Editor angeben

Es muss also eine Variable geben, die den gleichen Namen trägt wie die TypoScript-Eigenschaft. Diese Variable wurde in der hereingeladenen Datei *static/ts_new/constants.txt* wie folgt festgelegt:

```
Constants:    plugin.tt_news.file.templateFile = EXT:tt_news/pi/tt_news_v2_
template.html
```

Sie können die in diesen beiden inkludierten Dateien angegebenen TypoScript-Beschreibungen und Variablenzuweisungen einfach über die beiden Felder *Setup* und *Constants* überschreiben und so an Ihre Bedürfnisse anpassen.

Der Unterschied zwischen TypoScript und Constants wäre vielleicht nicht ganz so verwirrend, wenn andere Bezeichnungen für Variablen gewählt worden wären. Folgende Konfiguration ist daher möglicherweise leichter verständlich:

```
Setup:        plugin.tt_news.templateFile = {$var}
Constants:    var = EXT:tt_news/pi/tt_news_v2_template.html
```

Sie haben allerdings in Beispiel 10-3 in Zeile 204 direkt mit TypoScript eine Designvorlage zugewiesen.

```
Setup:        page.10.marks.RECHTS.30.templateFile = fileadmin/news_vorlage.html
```

Was auch immer jetzt unter *Constants* angegeben wird, ist wirkungslos, da in TypoScript nun die Eigenschaft `.templateFile` nicht mehr mit einer Variablen gesetzt wird. Daher ist auch der Constant Editor für diese Eigenschaft nicht mehr brauchbar. Welcher Wert im Constant Editor auch immer für die Variable `plugin.tt_news.`

`file.templateFile` gesetzt wird – diese Variable wird nicht mehr über TypoScript ausgelesen.

> Auch die Angabe von TypoScript-Eigenschaften ist wirkungslos, wenn über die Registerkarten (FlexForms) Eigenschaften angegeben werden. Für die News auf der rechten Spalte steht Ihnen allerdings kein Seiteninhalt zur Verfügung, mit dem Sie die über TypoScript getätigten Eistellungen überschreiben könnten.

Hintergrund: So arbeitet der Constant Editor

Auch wenn wir an dieser Stelle kurz vom News-Plugin abweichen, die Arbeitsweise des Constant Editor im Hintergrund soll kurz vorgestellt und die Frage beantwortet werden, wie sich ein Plugin wie z.B. das News-Plugin in den Constant Editor integriert.

Wechseln Sie im Backend-Modul *Templates* in der Auswahlliste rechts oben auf den Eintrag *Info Modify* und bearbeiten Sie dann das Feld *Constants*. Sie erhalten voraussichtlich ein leeres Feld. Ob es nun leer ist oder bereits einige Zeilen enthält, soll Sie hier auch nicht weiter stören. Fügen Sie einfach folgende Zeilen hinzu:

```
meineVariable.nachname = Meyer
meineVariable.vorname = Robert
```

In TypoScript (Feld *Setup*) könnten Sie nun diese beiden Variablen verwenden. Folgende Zeilen dienen nur der Anschauung und müssen von Ihnen nicht ausprobiert werden.

```
irgendEtwas = TEXT
irgendEtwas.value = Hallo {$meineVariable.vorname} {$meineVariable.nachname}
```

Wäre es nicht schön, wenn wir auch diese beiden Variablen komfortabel über den Constant Editor konfigurieren könnten? Das geht recht einfach direkt über eine Konfigurationszeile jeweils oberhalb der Variablenzuweisung, die mit einem Rautezeichen eingeleitet wird:

```
#cat=Persoenliche_Einstellungen;type=;label=Ihr Nachname:
meineVariable.nachname = Meyer
#cat= Persoenliche_Einstellungen;type=;label=Ihr Vorname:
meineVariable.vorname = Robert
```

Die Syntax dieser Konfigurationszeile für den Constant Editor lautet wie folgt:

```
#cat=[Kategorie];type=[Input-Typ];label=[Beschreibungstext]
```

Wenn Sie nun das Resultat im Constant Editor betrachten, indem Sie aus der Auswahl im Template-Modul rechts oben den Eintrag *Constant Editor* auswählen, erhalten Sie in der Kategorieliste nun auch eine Kategorie mit der Bezeichnung *Persoenliche_Einstellungen* (siehe Abbildung 10-21).

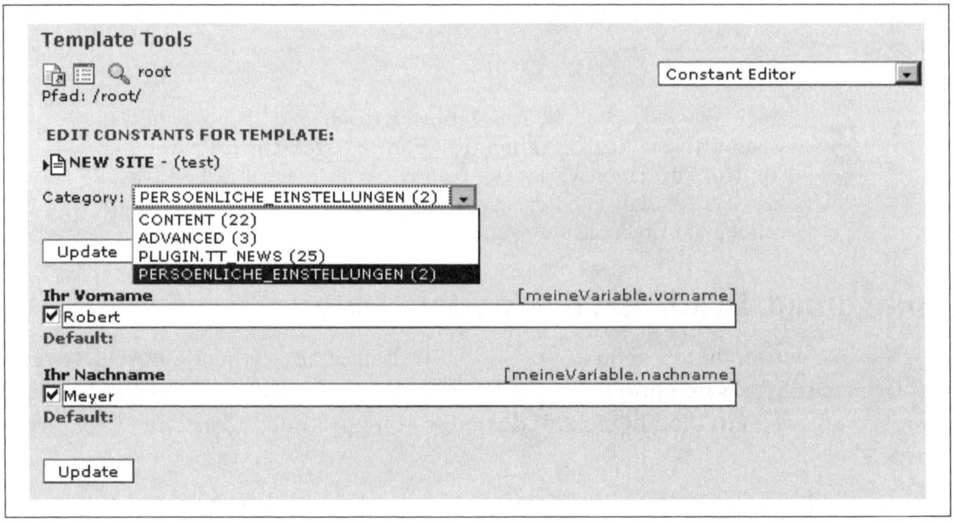

Abbildung 10-21: Der Constant Editor mit einer eigenen Kategorie

Erweiterte Suche

In TYPO3 gibt es neben der normalen Suchfunktion, die Sie in Kapitel 8, *Inhalte ausgeben*, kennen gelernt haben, noch ein Frontend-Plugin mit der Bezeichnung *Indexed Search Engine* (*Indizierte Suche*), die im Vergleich zur normalen Suche einige Vorteile bietet.

Die bereits bekannte Suchfunktion durchsucht lediglich bestimmte Tabellen und Felder nach dem Vorkommen eines Worts. Die erweiterte Suchfunktion erlaubt zusätzlich noch logische Verknüpfungen wie `AND` oder `OR` und kann auch in einigen Dateiformaten wie PDF und Word-Dokumenten, seit der TYPO3-Version 3.8.0 dazu in OpenOffice-, Excel-, RTF- sowie PowerPoint-Dokumenten suchen. Dazu kann diese erweiterte Suchfunktion in News-Beiträgen suchen, zumindest dann, wenn für die News-Beiträge die Indizierung aktiviert wurde.

In diesem Abschnitt soll zu Demonstrationszwecken auf einer neuen Seite *Erweiterte Suche* diese als Extension verfügbare Suche integriert und konfiguriert werden.

Die Indexed Search Engine installieren

Das Frontend-Plugin *Indexed Search Engine* ist bereits Bestandteil Ihrer TYPO3-Installation und kann über den Extension-Manager im Abschnitt *Install extensions* durch einen Klick auf das Plussymbol installiert werden (Abbildung 10-22).

Sie werden auf einer Folgeseite aufgefordert, den erforderlichen Änderungen an der Datenbank zuzustimmen, außerdem sehen Sie auf dieser Backend-Seite weiter

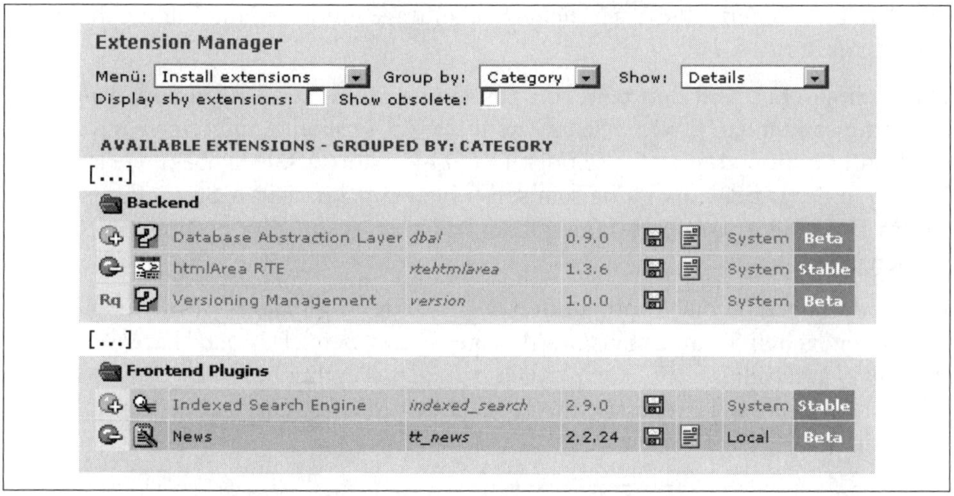

Abbildung 10-22: Die »Indexed Search Engine« installieren

unten einen Konfigurationsabschnitt (Abbildung 10-24), den Sie aber auch nachträglich noch bearbeiten können. Über einen Klick auf den Button *Update* am Ende der Seite können Sie nun die Erweiterung installieren.

Da dieses Frontend-Plugin allerdings auch gleichzeitig ein Backend-Modul ist, müssen Sie das gesamte Backend einmal neu laden, indem Sie den *Refresh*-Button Ihres Browsers in Anspruch nehmen oder sich einmal aus- und wieder einloggen. Sie sollten nach dem Reload des Backends nun ein weiteres Backend-Modul *Indexing* im Abschnitt *Tools* erkennen können (Abbildung 10-23).

Abbildung 10-23: Die Erweiterung steht jetzt unter »Tools« zur Verfügung

Konfigurieren der Indexed Search Engine

Das Durchsuchen von Dokumenten kann eine serverseitige Belastung sein. Allein um ein 200-seitiges PDF-Dokument auf das Vorkommen eines Worts hin zu durchsuchen, würde der Server stark in Mitleidenschaft gezogen werden. Damit nicht jede Suchanfrage erneut sämtliche Dokumente durchsucht, werden die Inhalte von Seiteninhalten und Dokumenten *indiziert* und in einer bzw. mehreren Datenbanktabellen gespeichert. Die eigentliche Suchanfrage findet somit nur noch in der Datenbank statt.

Die Suchmaschine indiziert dabei die Seiten und Dokumente nicht von allein, sondern immer nur dann, wenn Seiten erstmalig im Frontend aufgerufen werden. In der Konfiguration können Sie seit der TYPO3-Version 3.8.0 angeben, wie lange ein Eintrag in der Datenbank gültig sein soll. Eine einmal indizierte Seite oder ein indiziertes Dokument wird erst dann wieder indiziert, wenn eine bestimmte Zeit vergangen ist.

Um Änderungen an der Konfiguration der Erweiterung *Indexed Search Engine* vorzunehmen, gehen Sie im Extension-Manager in den Bereich *Loaded Extensions* oder *Available Extensions*. Mit einem Klick auf den Textlink *Indexed Search Engine* erhalten Sie auf einer Folgeseite die Möglichkeit, die Erweiterung zu konfigurieren (Abbildung 10-24).

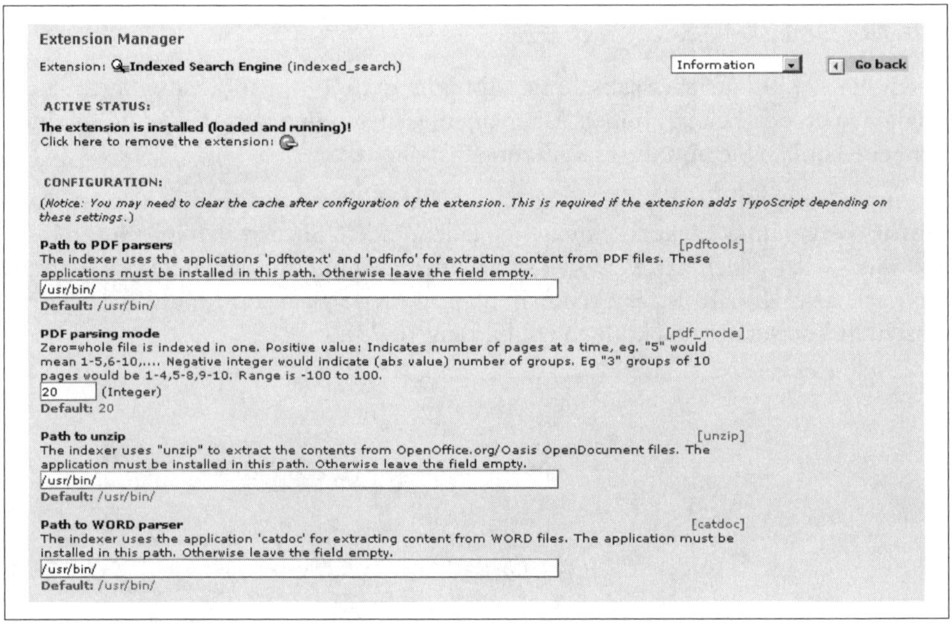

Abbildung 10-24: Die Indexed Search Engine konfigurieren (Version 4.0)

Damit in Dateien gesucht werden kann, müssen bei TYPO3-Versionen ab 3.7.0 die drei Applikationen *catdoc*, *pdftotext* und *pdfinfo* installiert sein, die in Linux-Systemen im Regelfall im Ordner *usr/local/bin/* oder *usr/bin/* abgelegt werden. Diese Tools werden von TYPO3 benötigt, damit der Inhalt von PDF- und Word-Dokumenten ausgelesen werden kann.

Ab TYPO3-Version 3.8.0 können noch weitere Dateiformate durchsucht bzw. indiziert werden. Dazu sind allerdings einige serverseitige Tools notwendig, die ebenfalls auf dem Server zur Verfügung stehen müssen. Diese zusätzlichen Tools sind *catdoc*, *pdftotext*, *pdfinfo*, *xlhtml* für Excel-Dokumente, *ppthtml* für PowerPoint-Dokumente und *unrtf* für RTF-Dokumente. Wenn Sie zusätzlich OpenOffice-Dokumente durchsuchen lassen möchten, gibt es dafür die TYPO3-Erweiterung *libunzipped*, die in der Extension Repository zur Verfügung steht und lediglich das Tool *unzip* voraussetzt. Alternativ können Sie aber auch auf zwei weitere Applikationen, *ooo_extract* und *ruby*, zurückgreifen, die eine ähnliche Arbeit verrichten.

Die Verzeichnispfade sind mit */usr/bin/* bereits vordefiniert. Sollten sich die jeweiligen Anwendungen in einem anderen Verzeichnis befinden, können Sie für jedes Tool separat das Verzeichnis angeben, in dem sich das Tool befindet. Wenn Ihnen eine Anwendung nicht zur Verfügung steht oder Sie eine Funktionalität nicht nutzen möchten, lassen Sie das jeweilige Feld einfach leer. Hierdurch wird die Performance minimal verbessert.

> Auch unter Windows-Systemen stehen einige Tools wie *pdftotext* und *pdfinfo* zur Verfügung. Geben Sie als Verzeichnis den vollständigen Pfad zu diesen Dateien mit Backslashs an, z.B. `c:\apache\t3tools\`.

Einfluss auf die Performance können Sie über die Konfigurationsangaben *PDF parsing mode*, *Disable Indexing in Frontend*, *Min TTL*, *Max TTL* und *Max external files to index* nehmen.

PDF parsing mode

Mit dieser Konfiguration geben Sie an, wie viele Seiten eines PDF-Dokuments auf einmal indiziert werden sollen. Da die Indizierung eines umfangreichen PDF-Dokuments die Serverressourcen stark beansprucht, wird ein Dokument in mehreren Schritten indiziert. Mit positiven Werten geben Sie an, wie viele Seiten eines Dokuments in einem Durchgang indiziert werden sollen. Geben Sie hier z.B. als Wert eine `10` an, werden bei einem 200-seitigen PDF-Dokument 20 Durchgänge benötigt, bei einem 20-seitigen Dokument 2 Durchgänge.

Mit negativen Werten können Sie angeben, in wie vielen Durchgängen das Dokument indiziert werden soll. Der Wert `–10` besagt also, dass bei einem 200-seitigen PDF jeweils 20 Seiten je Durchgang indiziert werden sollen, bei einem 20-seitigen Dokument hingegen nur 2 Seiten je Durchgang.

Der Wert `0` gibt an, dass das gesamte Dokument nicht aufgeteilt, sondern in einem Durchgang indiziert wird.

Disable Indexing in Frontend

Im Normalfall wird der Indizierungsvorgang im Frontend vorgenommen, wenn die jeweiligen Seiten aufgerufen werden. Hier kann die Indizierung im Frontend ausgeschaltet werden, so dass sie nur dann möglich ist, wenn eine Seite aus dem Backend aufgerufen wird.

Min TTL

Hier können Sie angeben, wie viele Stunden eine bereits indizierte Seite mindestens indiziert bleibt, bis sie erneut durchlaufen wird. Dies ist insbesondere dann sinnvoll, wenn Sie im Live-Betrieb häufig Änderungen an Seiten vornehmen. Dann ist es natürlich nicht besonders effektiv, wenn nach jeder kleinen Änderung im Abstand von z.B. fünf Minuten die Seite jedes Mal neu indiziert wird.

Max TTL

Hier geben Sie in Stunden an, wie alt eine indizierte Seite maximal sein darf, bevor sie erneut indiziert wird. Geben Sie hier keinen kleinen Wert an, da Sie damit den Server unnötig belasten. Der Default-Wert beträgt 7 Tage = 168 Stunden.

Max external files to index

Wenn Sie auf einer Seite eine große Anzahl an Dokumenten aufführen, können Sie hier angeben, wie viele davon in einem Durchgang indiziert werden sollen. In Kombination mit der Konfiguration *PDF parsing mode* können somit, zumindest bei PDF-Dokumenten, Performanceprobleme vermieden werden.

Das Suchformular einbinden

Legen Sie eine neue Seite *Erweiterte Suche* an, z.B. als Unterseite der bereits bestehenden Seite *Suche*. Im Regelfall werden Sie in Ihrem TYPO3-Projekt nur eine Form der Suche verwenden, zu Demonstrationszwecken soll daher die *Indexed Search Engine* auf dieser separaten Seite angelegt werden. Das Suchformular integrieren Sie als Seiteninhalt vom Typ *Plugin einfügen*. In der Liste der verfügbaren Erweiterungen wählen Sie nun *Indexed search* aus (Abbildung 10-25).

Wenn Sie nun die Suche im Frontend testen, werden Sie eine Suchmaske mit einem Hinweistext (Abbildung 10-26) und einem Link *Erweiterte Suche* sehen, hinter dem sich eine umfangreichere Suchmaske verbirgt. Sie werden aber auch schnell feststellen, dass die Suche noch nicht funktioniert und keine Ergebnisse zurückgeliefert werden.

> Sollte die angezeigte Sprache im Frontend Englisch sein, haben Sie in Kapitel 9, *Erweiterte Darstellung von Inhalten*, im Abschnitt »TypoScript und Mehrsprachigkeit« vermutlich nicht den Eintrag `config.language = de` gesetzt. Über diese Eigenschaft geben Sie unter anderem die Sprache für diese Erweiterung an. Zusätzlich lässt sich hiermit eine mehrsprachige *Indexed Search Engine* realisieren.

Die indizierte Suche aktivieren und überprüfen

Dass beim Ausführen der Suche im Frontend keine Ergebnisse gefunden werden, liegt daran, dass die indizierte Suche zunächst noch aktiviert werden muss. Das

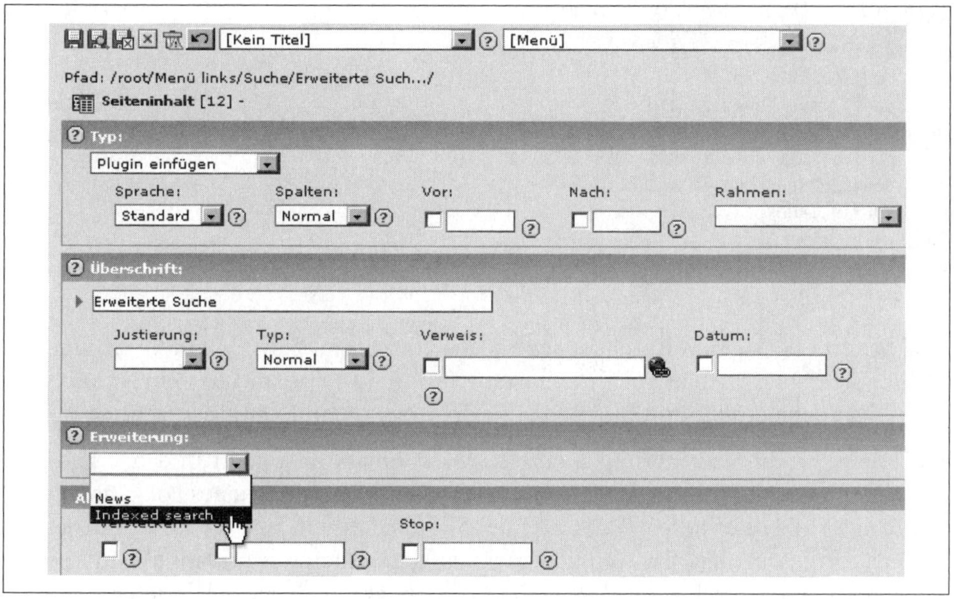

Abbildung 10-25: Die »Indexed Search Engine« auf der Webseite einbinden

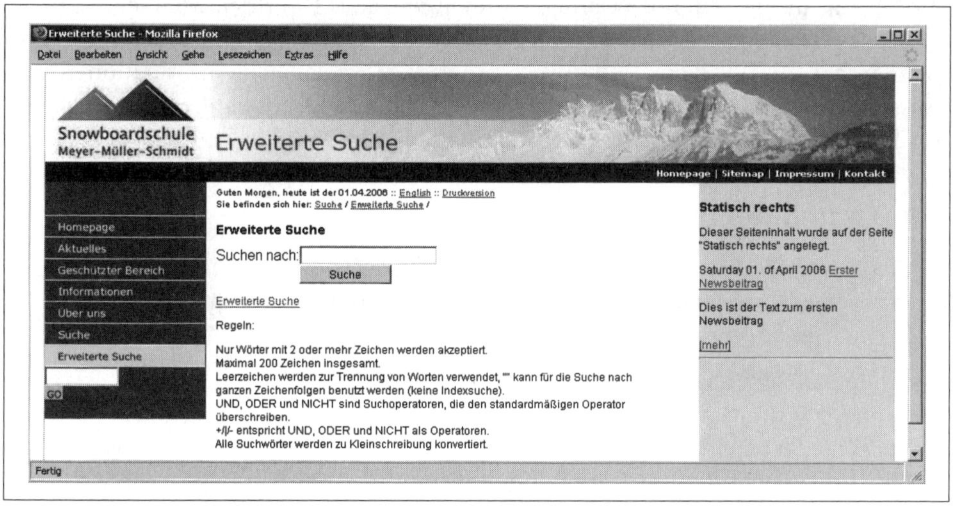

Abbildung 10-26: Die »Indexed Search Engine« im Frontend

geschieht über TypoScript. Fügen Sie in Ihr TypoScript-Template folgende beiden Zeilen ein:

Beispiel 10-4: Die indizierte Suche aktivieren

```
# Allgemeine TypoScript-Konfigurationen
config.linkVars = L
config.sys_language_uid = 0
config.language = de
config.spamProtectEmailAddresses = 1
config.index_enable = 1
config.index_externals = 1

# Die Webseite darstellen
[...]
```

Alle Seiten, die Sie nun durchsuchen möchten, müssen zunächst indiziert werden. Gehen Sie dazu erst mal auf jede einzelne Frontend-Seite und führen Sie anschließend die Suche erneut durch. Jetzt sollte ein Suchergebnis gefunden werden.

Nachdem Sie die Erweiterung *Indexed Search Engine* installiert und das Backend einmal neu geladen haben, finden Sie im Abschnitt *Tools* ein neues Backend-Modul *Indexing*. Mit Hilfe dieses Tools können Sie überprüfen, wie weit die Indizierung bereits fortgeschritten ist. Wählen Sie aus dem oberen Auswahlfeld in diesem Backend-Modul den Eintrag *List: TYPO3 Pages* aus. Auf diese Weise erhalten Sie den besten Überblick darüber, welche Seiten bereits indiziert sind und wie viele Wörter mit in die Datenbank aufgenommen wurden. Über den Menüeintrag *List: External documents* sehen Sie eine Übersicht des Indizierungsfortschritts von Dokumenten. Auch im Backend-Modul *Info* erhalten Sie zusätzliche Informationen zum Fortschritt der Indizierung. Wählen Sie dazu aus dem Auswahlfeld im Backend-Modul *Info* den Eintrag *Indexsuche* aus.

Die Darstellung anpassen

In diesem Abschnitt soll gezeigt werden, welche Eigenschaften und Dateien Sie überschreiben bzw. ändern oder löschen müssen, um das Design der Suche Ihren Wünschen anzupassen.

Auch die *Indexed Search Engine* arbeitet seit der TYPO3-Version 4.0 auf Basis einer Designvorlage und ermöglicht eine problemlose Formatierung mittels CSS. Über die Eigenschaft `plugin.tx_indexedsearch.templateFile` wird angegeben, wo sich die Designvorlage befindet. Im Auslieferungszustand der Erweiterung ist diese Designvorlage unter *typo3/sysext/indexed_search/pi/indexed_search.tmpl* zu finden. Sie können jetzt wieder per FTP eine Kopie dieser Designvorlage im Ordner *fileadmin/* ablegen und mittels TypoScript auf diese kopierte Designvorlage verweisen:

```
plugin.tx_indexedsearch.templateFile = fileadmin/indexedsearch_vorlage.html
```

Die kopierte Designvorlage kann jetzt an Ihre Bedürfnisse angepasst werden. Insbesondere was die Formatierung betrifft, können Sie sämtliche `div`-Container und

CSS-Bezeichner durch eigene Formatierungsangaben ersetzen. Legen Sie Ihre eigenen CSS-Angaben für die indizierte Suche auch in der Datei *fileadmin/style.css* ab.

Damit jetzt nicht mehr der Standard-CSS-Code über eine temporäre CSS-Datei ausgeliefert wird, kann diese Auslieferung unterbunden werden, indem Sie ganz einfach die entsprechende Eigenschaft löschen:

```
plugin.tx_indexedsearch._CSS_DEFAULT_STYLE >
```

Wenn Sie keine Suchregeln angezeigt bekommen möchten, können Sie das über die Eigenschaft `plugin.tx_indexedsearch.show.rules = 0` deaktivieren.

Möchten Sie Begriffe der mitgelieferten Übersetzung anpassen, sollten Sie die Funktion `._LOCAL_LANG` nutzen. Die Syntax dieser Funktion ist die folgende:

```
._LOCAL_LANG.[lang-key].[label-key] = [Neuer Wert]
```

Um nun z.B. den Text *Erweiterte Suche* abändern zu können, ist es erforderlich, dass Sie den so genannten *Label-Key* kennen. Für die Erweiterung *Indexed Search Engine* befindet sich die deutsche Sprachdatei unter *typo3conf/ext/csh_de/indexed_search/pi/de.locallang.xml*. Wenn Sie sich diese Datei ansehen, werden Sie im Quellcode den Label-Key für die Übersetzung *Erweiterte Suche* finden (`link_advancedSearch`). Nachdem der Lang-Key bekannt ist, kann jetzt über TypoScript diese Übersetzung an Ihre Bedürfnisse angepasst werden:

```
plugin.tx_indexedsearch._LOCAL_LANG.de.link_advancedSearch = Zur umfangreicheren
Suche
```

Mit Statistiken arbeiten

Interessant bei Live-Präsentationen ist es natürlich zu wissen, wie häufig die Präsentation bzw. die einzelnen Seiten aufgerufen werden. In der Regel werden Sie dazu auf die vom Webserver erzeugten Logfiles zugreifen. Jedoch stellt sich da ein kleines Problem: Sofern Sie nicht die in Kapitel 14, *Tipps und Tricks*, vorgestellte Funktionalität *simulateStaticDocuments* einsetzen, die gut lesbare URLs erzeugt, oder aber das Modul *RealURL* verwenden, werden Internetseiten von TYPO3 immer mit der URL *index.php?id=* erzeugt. Sie können über eine beliebige Auswertungssoftware zwar Auswertungen über die Anzahl der insgesamt aufgerufenen Seiten oder aber den erzeugten Traffic erstellen lassen, jedoch gibt es nur eine einzige aufgerufene Datei *index.php*. Eine weitere Aufsplittung ist mit entsprechenden Erweiterungen in TYPO3 möglich.

Statistiken mit AWStats

Zur Erstellung von Statistiken kann das Drittherstellertool *AWStats* genutzt werden, das als TYPO3-Erweiterung zur Verfügung steht. Mit *AWStats* erhalten Sie detaillierte Auswertungen über die Herkunft der Webseiten-Besucher, lesbare URLs etc.

Die Erweiterung finden Sie in der Extension Repository mit der Bezeichnung *AWStats* und dem Extension-Key `cc_awstats`. Zum Installieren müssen Sie die Erweiterung zunächst von der Extension Repository auf Ihren Server herunterladen, indem Sie im Extension-Manager aus dem Auswahlfeld den Eintrag *Import extensions* auswählen. Tragen Sie dann in das Eingabefeld *Look up* den Extension-Key `cc_awstats` ein und suchen Sie nach dieser Erweiterung, indem Sie auf den Button mit der Beschriftung *search* klicken. Sie werden gegebenenfalls zwei oder mehr Erweiterungen angezeigt bekommen. Übertragen Sie die Erweiterung mit dem Extension-Key *cc_awstats* in Ihre TYPO3-Umgebung, indem Sie auf das rote Symbol auf der linken Seite klicken, so wie in Abbildung 10-27 gezeigt.

> Sollten Sie die Erweiterung *AWStats* nicht finden, müssen Sie unter *Settings* (Eintrag im oberen Auswahlfeld) die Option *Enable unsupported extensions* aktivieren.

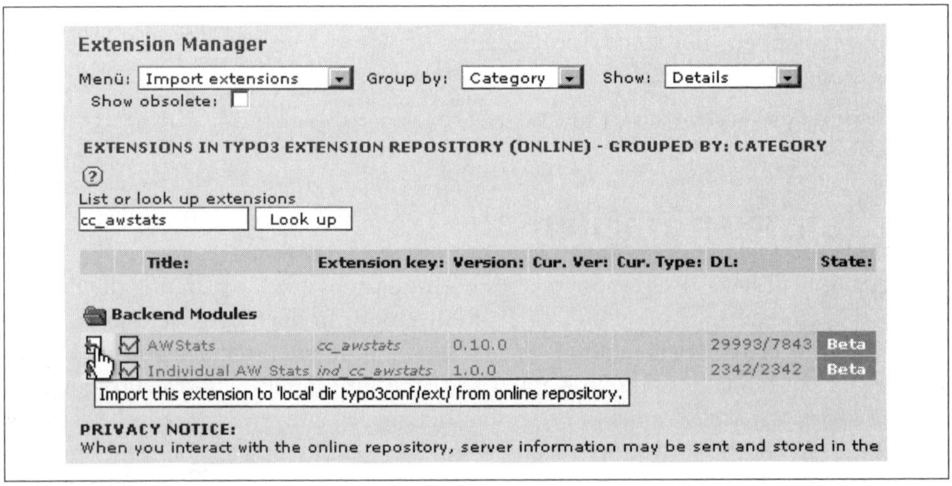

Abbildung 10-27: Die Erweiterung »AWStats« auf den Server laden

Damit steht die Erweiterung *AWStats* unter *Install extensions* zur Verfügung und kann über einen Klick auf das Plussymbol installiert werden. Nach dem Neuladen des gesamten Backends sehen Sie das Backend-Modul *AWStats* im linken Menü im Abschnitt *Tools*.

Wenn Sie nun diesen neuen Eintrag *AWStats* anklicken, werden Sie bei einigen TYPO3-Installationen möglicherweise eine Fehlermeldung erhalten, wie in Abbildung 10-28 gezeigt.

Abbildung 10-28: Fehlermeldung im AWStats-Modul

Zur Arbeit mit *AWStats* ist es erforderlich, dass in einem anzugebenden Ordner eine für den Webserver schreibbare Datei mit der Dateiendung *.log* bzw. **log*.txt* existiert, idealerweise ohne Inhalt. Diese Logfiles werden später von TYPO3 selbstständig geschrieben, also parallel zu den Logfiles des Webservers.

Einen Ordner, in dem sich ein zunächst leeres Logfile mit der oben angegebenen Dateinamenserweiterung befinden kann, können Sie im Installtool im Abschnitt *All Configuration* in der Konfigurationsmöglichkeit `[FE][logfile_dir]` angeben. Wenn Sie nicht explizit einen Ordner über das Installtool angeben, sucht die *AWStats*-Erweiterung im Stammverzeichnis nach einer entsprechenden Datei.

Nach dem manuellen Anlegen einer Datei, z.B. einer Datei namens *logfile.txt* im Ordner *fileadmin/*, können Sie das Backend-Modul *AWStats* erneut aufrufen, indem Sie im linken Menü wieder den Eintrag *AWStat* anklicken. Sofern die Datei das richtige Format hat, für den Webserver schreibbar ist und im richtigen Ordner liegt, erhalten Sie die in Abbildung 10-29 gezeigte Maske, in der Sie die Konfiguration vornehmen können.

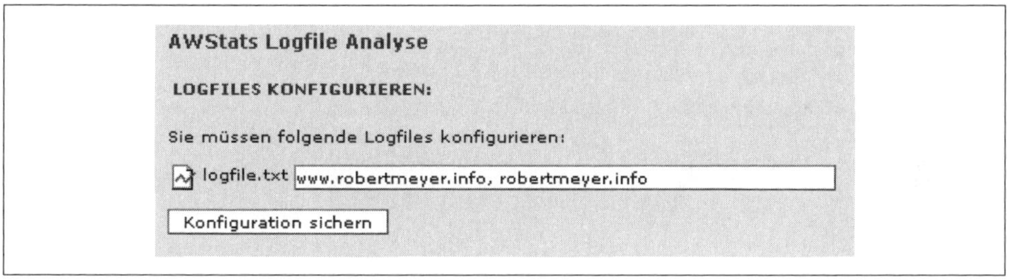

Abbildung 10-29: »AWStats« konfigurieren

Geben Sie in das Eingabefeld kommasepariert die Domains an, für die eine Auswertung erstellt werden soll, also z.B. *www.robertmeyer.info*, und speichern Sie anschließend die Konfiguration ab, indem Sie auf den Button *Konfiguration sichern* klicken. Auf der Folgeseite haben Sie jetzt die Möglichkeit, über den Textlink des Logfile-Namens die Statistik aufzurufen oder über den Button *Konfiguration bearbeiten* die Domain-Einstellungen zu ändern.

Logdaten in das Logfile schreiben

Möchten Sie sich nun die Statistik ansehen, werden Sie feststellen, dass diese noch nie aktualisiert wurde. Wenn Sie im oberen Bereich der Statistik auf den Textlink *Jetzt aktualisieren* klicken, erhalten Sie eine neue Fehlermeldung: *No qualified records found in log*. Dieser Fehler wird dadurch verursacht, dass in dem auszuwertenden Logfile noch keine Einträge stehen, die ausgewertet werden können – das Logfile ist leer. Auch wenn Sie erneut im Frontend einige Seiten aufrufen – es werden zum jetzigen Zeitpunkt noch keine Einträge in die Logdatei geschrieben.

Damit das passiert, müssen Sie dies TypoScript mitteilen. In TypoScript können Sie über eine Konfigurationsmöglichkeit angeben, dass Apache-konforme Logdaten in eine angegebene Datei geschrieben werden sollen.

Mit der in Beispiel 10-5 in Zeile 8 angegebenen Konfiguration `config.stat_apache = 1` aktivieren Sie die TYPO3-Funktionalität, Apache-konforme Logdaten zu schreiben. Unter `config.stat_apache_logfile` geben Sie die Logdatei ohne Pfadangabe an. Ausgehend von dem im Installtool unter `[FE][logfile_dir]` angegebenen Verzeichnis, muss diese Datei mit Schreibrechten für den Webserver vorhanden sein.

Beispiel 10-5: Apache-konforme Statistiken schreiben

```
01   # Allgemeine TypoScript-Konfigurationen
02   config.linkVars = L
03   config.sys_language_uid = 0
04   config.language = de
05   config.spamProtectEmailAddresses = 1
06   config.index_enable = 1
07   config.index_externals = 1
08   config.stat_apache = 1
09   config.stat_apache_logfile = logfile.txt
10
11   # Die Webseite darstellen
[...]
```

Hinweis zur Aussagekraft der geloggten Daten

Die Apache-konformen Logdateien, die von TYPO3 aus erzeugt werden, sind informativ, allerdings gibt es auch einige Abstriche. Sie ersetzen die vom Webserver erzeugten Statistiken in keinster Weise.

Jedes Mal, wenn TYPO3 eine Webseite ausliefert, wird bei aktiviertem `config.stat_apache` ein Eintrag in die angegebene Logdatei geschrieben. Allerdings kann TYPO3 nicht wissen, wie viele KByte tatsächlich ausgeliefert wurden. Zwar weiß TYPO3, wie groß ein ausgeliefertes HTML-Dokument ist, und theoretisch auch, wie groß die zur Verfügung gestellten Grafiken sind. Geloggt wird allerdings nicht jeder einzelne so genannte Hit, sondern wirklich nur der reine Aufruf der Webseite. So kann der in Abbildung 10-30 gezeigten Statistik entnommen werden, dass angeblich 2

Seiten mit insgesamt 17,31 KByte ausgeliefert wurden. Die im Trailer generierte Grafik allein hat allerdings schon eine Größe von über 46 KByte.

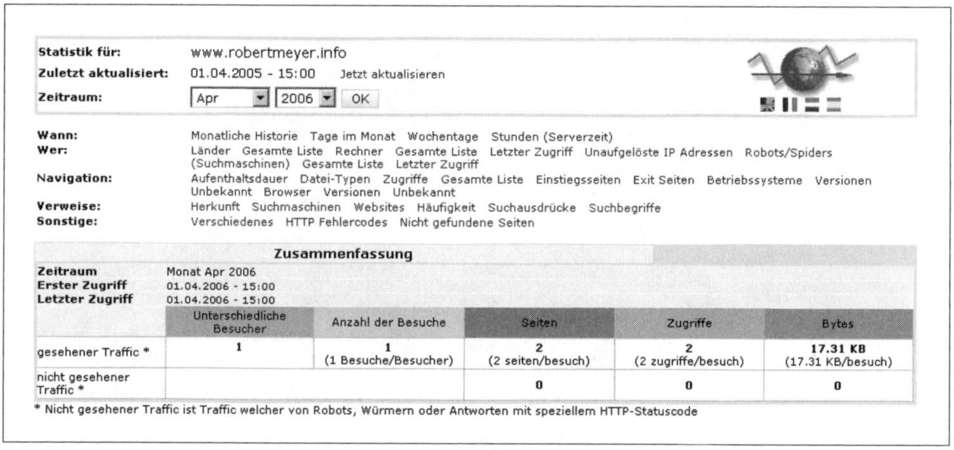

Abbildung 10-30: Statistiken mit dem Backend-Modul »AWStats«

Zur Analyse des tatsächlichen Traffic-Aufkommens und auch zur Auswertung von zum Download angebotenen Dateien, die direkt verlinkt und nicht über die Datei *index.php* von TYPO3 aufgerufen werden, sind die von TYPO3 erstellten Apache-konformen Logfiles nicht geeignet.

Probleme nach der Installation einer Erweiterung

Nun kann es leider immer mal wieder vorkommen, dass die Installation einer Erweiterung fehlschlägt und so der Zugriff auf das Backend nicht mehr möglich ist. Dieses Problem tritt üblicherweise dann auf, wenn eine Erweiterung fehlerhaft oder für eine andere TYPO3-Version bestimmt ist. Hier reicht es meistens aus, folgende Schritte manuell durchzuführen (z.B. mittels FTP):

In der Datei */typo3conf/localconf.php* müssen Sie das Modul manuell aus der kommaseparierten Liste von `$TYPO3_CONF_VARS['EXT']['extList']` entfernen. Das geht per FTP oder über das Installtool im Bereich *Edit files in typo3conf/*. Sie müssen dann noch zwei temporäre Caching-Dateien im Ordner *typo3conf/* löschen, die jeweils mit *temp_** beginnen. Wenn Sie sich dann erneut in das Backend einloggen können, sollten Sie noch einmal manuell den Frontend-Cache leeren.

In diesem Kapitel:

- Ein eigenes Mitarbeiter-Plugin entwickeln
- Funktionalitäten mittels PHP programmieren

KAPITEL 11

Eine eigene Erweiterung schreiben

In diesem Kapitel lernen Sie, wie Sie eine eigene Erweiterung mit und für TYPO3 erstellen. Zum besseren Verständnis dieses Kapitels sind grundlegende PHP-Kenntnisse von Vorteil.

Ein eigenes Mitarbeiter-Plugin entwickeln

TYPO3 ist ein Open Source-System, das der GPL-Lizenz unterliegt. Dadurch wird es Ihnen ermöglicht, Änderungen am PHP-Quellcode von TYPO3 vornehmen zu können. Damit allein ließe sich schon fast jedes Vorhaben realisieren. Sie würden jedoch recht schnell Probleme mit TYPO3-Updates bekommen, da Sie mit jeder neuen TYPO3-Version die Änderungen erneut einspielen müssten.

Damit TYPO3-Updates kein Problem sind, hält TYPO3 eine so genannte API (*Application Program Interface*) bereit. Unter einer API versteht man eine Schnittstelle, auf die man aufsetzen und die man Update-fähig entwickeln kann. Eine einmal entwickelte TYPO3-Erweiterung wird somit, sofern sie im lokalen Ordner *typo3conf/ext/* abgelegt worden ist, auch noch nach einem TYPO3-Update funktionsfähig sein. Ausnahmen kann es natürlich geben, insbesondere dann, wenn Änderungen gerade in den Bereichen vorgenommen werden, die in Ihrer Erweiterung verwendet werden. Testen Sie daher TYPO3-Updates nicht in einer Live-Umgebung, sondern in einer separaten Test-Umgebung.

Um TYPO3-Erweiterungen entwickeln zu können, sind grundlegende PHP-Kenntnisse vorteilhaft. Sie müssen kein PHP-Profi sein, sollten sich aber auch nicht vor der Verwendung von PHP-Code scheuen. Sie werden in diesem Abschnitt keine Einführung in PHP erhalten, da dies ein sehr komplexes Thema ist und bereits viele gute Bücher dazu erschienen sind, wie beispielweise *PHP 5 – Ein praktischer Einstieg* von Ulrich Günther oder *Einführung in PHP 5* von David Sklar (beide aus dem O'Reilly Verlag).

Die Aufgabenstellung

Die Snowboardschule Meyer-Müller-Schmidt aus dem Beispielprojekt möchte eine Auflistung ihrer Snowboardlehrer anlegen, die auf der Seite *Mitarbeiter* dargestellt werden soll. Zu jedem Snowboardlehrer soll auch ein Foto hinterlegt werden können. Eine ähnliche Erweiterung mit der Bezeichnung *tt_adress* ist bereits verfügbar. Da hier allerdings gezeigt werden soll, wie Sie eine eigene Erweiterung mit TYPO3 entwickeln, wird obige Aufgabenstellung als ein neues Frontend-Plugin für TYPO3 entwickelt.

Theoretisch ist auch eine manuelle Pflege der Daten mit den bekannten Seiteninhalten möglich, wobei dann für jeden Snowboardlehrer ein eigener Seiteninhalt angelegt würde. Die Pflege der Daten wäre jedoch umständlich und nicht zentral. Soll die Datenhaltung zentral bleiben und ein Importieren der Daten z.B. aus Excel-Dokumenten ermöglicht werden, ist dafür ein separates Plugin erforderlich.

Der TYPO3-Kickstarter

Mit dem TYPO3-Kickstarter können Sie sich schnell und komfortabel die benötigten Schnittstellen erstellen. Dabei werden Dateien erzeugt, die die Grundkonfiguration beinhalten, die Sie über den Kickstarter angegeben haben. Der TYPO3-Kickstarter steht seit der Version 3.5.0 als Erweiterung zur Verfügung und wird bereits mit dem TYPO3-Quellcode ausgeliefert, muss aber noch nachträglich installiert werden.

Die Erweiterung *Extension Kickstarter* muss zunächst von der Extension Repository heruntergeladen werden (Abbildung 11-1). Durch einen Klick auf das rote Pfeilsymbol, einen anschließenden Klick auf das Plussymbol und das abschließende Bestätigen der durchzuführenden Änderungen können Sie den Kickstarter installieren.

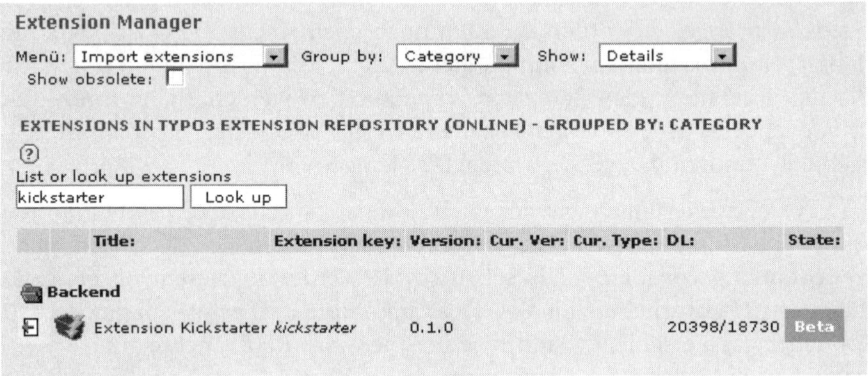

Abbildung 11-1: Der Extension Kickstarter im Extension-Manager

Sie finden nun im Extension-Manager im Auswahlfeld, in dem sich auch der Eintrag *Import extensions* befindet, einen zusätzlichen Eintrag *Neue Extension anlegen* (Abbildung 11-2). Durch Auswahl dieses Menüeintrags gelangen Sie in den TYPO3-Kickstarter, mit dem Sie nun die Grundlagen für Ihr eigenes Snowboardlehrer-Plugin schaffen können.

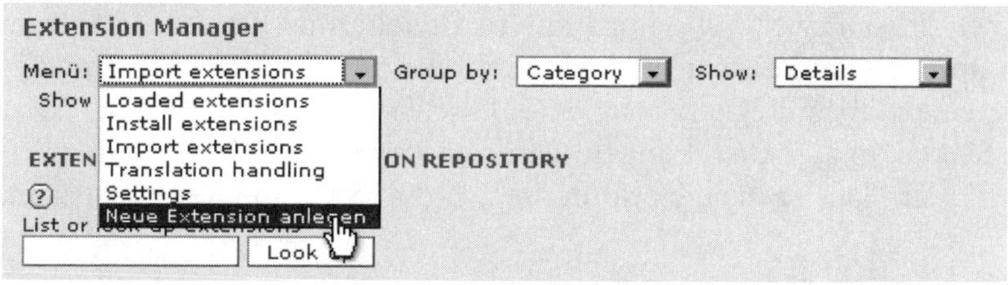

Abbildung 11-2: Neuer Eintrag nach der Installation des Kickstarter

Es öffnet sich im rechten Bereich eine Seite, auf der sich einige grüne Felder mit einem rechts stehendem Plussymbol befinden. Dazu gibt es ein Eingabefeld, in das Sie einen *Extension Key* eintragen können (Abbildung 11-3).

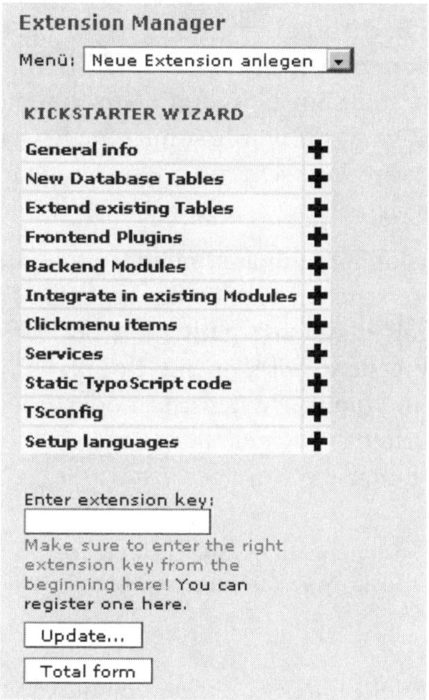

Abbildung 11-3: Der TYPO3-Kickstarter

Extension Key

Ein Extension Key ist ein eindeutiger Bezeichner (Identifier) einer Erweiterung. Sollte in der Extension Repository eine weitere Erweiterung mit dem gleichen Extension Key vorhanden sein, werden Sie über kurz oder lang technische Probleme bekommen. Sie sollten dennoch unterscheiden, ob Sie vorhaben, eine Extension später zu veröffentlichen, also der Allgemeinheit zur Verfügung zu stellen, oder ob es sich bei dieser Erweiterung nur um eine Erweiterung für den Eigenbedarf handelt. Im Regelfall wird es sich bei der Extension-Entwicklung um Letzteres handeln. Dann ist eine globale Registrierung eines Extension Keys nicht zwingend erforderlich, da Sie davon ausgehen können, dass der verwendete Extension Key eindeutig bleibt. In jedem Fall ist es aber erforderlich, einen Extension Key anzugeben.

> Möchten Sie eine Erweiterung veröffentlichen bzw. steht von vornherein die Möglichkeit einer Veröffentlichung im Raum, sollten Sie sich zentral unter der Adresse *http://typo3.org/extensions/register-extension-keys/* einen Extension Key registrieren bzw. vormerken lassen.

Zur Wahl eines guten Extension Key empfiehlt es sich, auf den übermäßigen Gebrauch von Unterstrichen zu verzichten und nur Kleinschreibung zu verwenden. Ein Extension Key wie z.B. `mitarbeiter_robert_meyer_versuch1` sieht zwar auf den ersten Blick praktisch aus, dennoch entfernt TYPO3 (absichtlich) in einigen Teilbereichen Unterstriche und stellt ein `tx_` voran. Aus einem Extension Key wie z.B. `mitarbeiter_robert_meyer_versuch1` würde somit eine Erweiterung mit dem Bezeichner `tx_mitarbeiterrobertmeyerversuch1` und einer zugehörigen Datenbanktabelle namens `tx_mitarbeiterrobertmeyerversuch1_main` werden.

Wie Sie an obigem Extension Key sehen können, sollten Sie nicht nur möglichst auf die Verwendung von Unterstrichen verzichten, auch die Länge sollte aus Gründen der besseren Handhabung möglichst gering bleiben. Ebenso benötigen Sie bei Erweiterungen für die Eigenentwicklung im Regelfall nicht Ihren vollständigen Namen im Bezeichner, ein vorangestelltes `user_` oder/und Ihre Initialen vor einem beschreibenden Wort dürften im Regelfall ausreichen. Für das Mitarbeiter-Plugin empfiehlt sich daher der Extension Key `user_rmmitarbeiter`.

> Erweiterungen mit einem vorangestellten `user_` können nicht in der Extension Repository veröffentlicht werden.

Tragen Sie in das Eingabefeld *Enter extension key* nun `user_rmmitarbeiter` ein und klicken Sie dann auf den Button *Update*.

General info

Allgemeine Informationen zur Erweiterung können Sie unter *General info* angeben. Durch Anklicken des Plussymbols erhalten Sie eine Maske, in der Informationen wie z.B. ein Erweiterungstitel, eine Beschreibung ihrer Funktion etc. angegeben werden können (Abbildung 11-4). Geben Sie hier in das Feld *Title* die Bezeichnung der Erweiterung an: *Snowboardlehrer*. Ebenso können Sie optional im Feld *Description* eine beliebige Angabe machen, die die Erweiterung näher beschreibt.

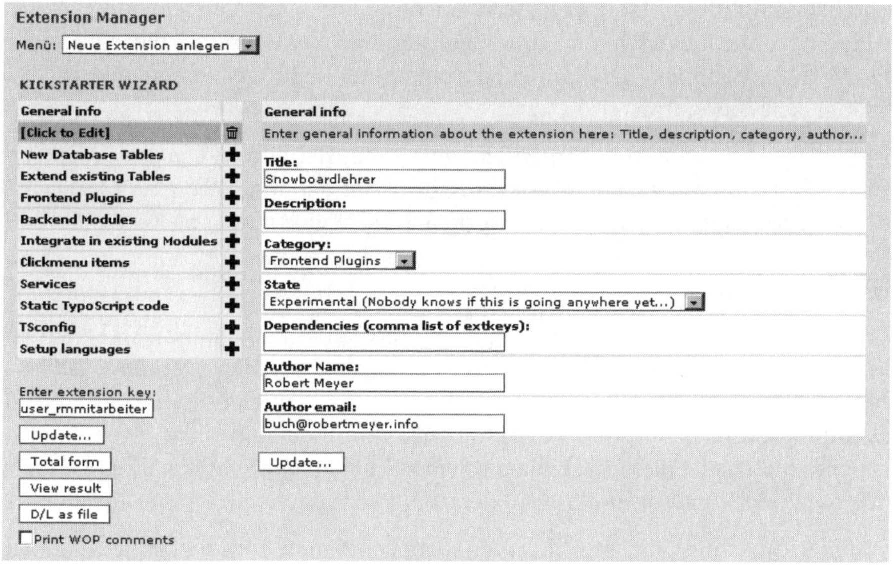

Abbildung 11-4: Angabe von generellen Informationen zu einer Erweiterung

Wenn Sie eine Extension für den Eigenbedarf entwickeln und internationale Programmierer nicht berücksichtigt werden müssen, können Sie hier die Werte jeweils in Ihrer Lieblingssprache angeben. Möchten Sie die Erweiterung jedoch veröffentlichen, sollten Sie nicht annehmen, dass die gesamte TYPO3-Gemeinschaft der deutschen Sprache mächtig ist. Geben Sie in diesem Fall in den jeweiligen Feldern die Bezeichnungen auf Englisch an.

Im Auswahlfeld *Category* können Sie zu Informations- und Einsortierungszwecken eine Erweiterungskategorie auswählen. Bei der zu erstellenden Mitarbeitererweiterung handelt es sich um ein Frontend-Plugin, da diese Extension auf der Website (im Frontend) angezeigt wird.

Sie als Entwickler des Plugins geben die Stabilität Ihrer TYPO3-Erweiterung an – von *Experimental* über *Alpha* bis hin zu *Stable*. Spätestens hieran können Sie erkennen, dass Sie auf die Statusangaben von Modulen und Plugins nicht allzu sehr zählen dürfen. Jeder Entwickler legt für sich fest (und hier sogar noch vor Beginn der eigentlichen Programmiertätigkeit), wie stabil die Erweiterung ist (oder sein wird). Wählen Sie hier fairerweise als Status *Experimental* aus.

Unter *Dependencies* (Abhängigkeiten) können Sie andere Extensions angegeben, die für die Verwendung Ihrer Erweiterung benötigt werden. Besteht eine Abhängigkeit zu einer anderen Extension oder ggf. sogar zu mehreren Extensions, können Sie hier kommasepariert sämtliche Extension Keys der jeweiligen Erweiterungen angeben. Das ist insbesondere dann notwendig, wenn Sie eine bestehende Extension um zusätzliche Funktionalitäten erweitern möchten. Bei dem zu erstellenden Mitarbeiter-Plugin handelt es sich um eine eigenständige Erweiterung, die lediglich das TYPO3-CMS benötigt. Sie können darum dieses Feld frei lassen oder aber als Abhängigkeit *cms* eintragen.

Speichern Sie nun Ihre Angaben ab, indem Sie auf den Button *Update...* klicken. Es öffnet sich wieder die gleiche Maske einschließlich der angegebenen Felder. Lassen Sie sich davon nicht verwirren und widmen Sie sich gleich dem nächsten Punkt.

New Database Tables

Sie müssen für das Mitarbeiter-Plugin noch eine Datenbanktabelle und Datenbankfelder anlegen. Klicken Sie dazu auf das Plussymbol bei *New Database Tables*, zu sehen in Abbildung 11-4. TYPO3 arbeitet hier nicht rein technisch, sondern direkt anwendungsbezogen. Besondere Datenbankkenntnisse sind nicht erforderlich, da Sie hier zum Beispiel nicht nach klassischen Feldtypen wie *varchar*, *integer*, *blob* etc. gefragt werden, sondern direkt nach dem Verwendungszweck.

Im oberen Abschnitt müssen Sie einen Tabellennamen angeben. TYPO3 gibt das Tabellenpräfix `user_rmmitarbeiter_` bereits vor. Diese Vorgabe müssen Sie um eine geeignete Zeichenkette ergänzen. Üblich ist die Verwendung eines Suffix `main`, was in diesem Fall zu einem vollständigen Tabellennamen `user_rmmitarbeiter_main` führt. Geben Sie daher in das Feld *Tablename* das Suffix `main` an, als Tabellentitel können Sie *Snowboardlehrer* wählen.

> Hätten Sie den Extension Key ohne ein vorangestelltes `user_` gewählt, wie z.B. `rmmitarbeiter`, wäre dem Tabellennamen noch ein `tx_` vorangestellt worden.

Im folgenden Abschnitt *Edit Fields* können Sie vordefinierte Datenbankfelder anlegen. Sie sehen direkt am Anfang dieses Abschnitts einige Flags wie z.B. *Add Deleted flag* bis hin zu *Manual ordering of records*. Hier können Sie von TYPO3 unterstützte Datenbankfelder anlegen. Diese Unterstützung richtet sich jedoch nur an das Backend – um die Funktionalitäten auch im Frontend nutzen zu können, müssen Sie diese später mit dem eigenen PHP-Code auch integrieren.

Setzen Sie nun die Flags *Add Deleted flag* und *Add Hidden flag*. Sonstige Flags wie die Zugriffsbeschränkung werden Sie für das Mitarbeiter-Plugin nicht benötigen.

Für Frontend-Plugins, die auf Datensätze zugreifen, ist es erforderlich, das Flag *Allowed on pages* zu setzen. Dieses Flag gibt an, dass Sie im Backend an der Stelle, an der Sie einen neuen Datensatz anlegen können, nun in der Liste der möglichen anlegbaren Datensätze auch *Snowboardlehrer* wiederfinden.

Für die Schnelleingabe von Datensätzen empfiehlt es sich, das Flag *Add 'Save and new' button in forms* zu aktivieren. Sie erhalten dann in einer späteren Maske, in der Sie einen Snowboardlehrer anlegen oder bearbeiten können, neben den üblichen Buttons *Speichern, Speichern und Schließen, Nur Schließen* zusätzlich den Button *Speichern und neu*. Für das Einpflegen großer Datensätze ist diese Funktionalität sehr hilfreich.

Sie gelangen nun zum Abschnitt *New Field*. Bis jetzt haben Sie nur grundlegende Informationen angegeben, Datenbankfelder wie Vorname, Nachname, Alter und Bild fehlen jedoch noch. Diese Felder können Sie in diesem Abschnitt anlegen.

Geben Sie in das erste Feld *Field name* in Kleinbuchstaben das Datenbankfeld *vorname* ein. Dieser Feldname wird später in der Datenbank verwendet. Wenn Sie ein Plugin veröffentlichen möchten, ist es ratsam, hier englische Namen zu verwenden, damit Anwender aus der ganzen Welt diese Feldnamen auch verstehen können.

Einige Feldnamen dürfen nicht verwendet werden, eine Auflistung finden Sie oberhalb des Eingabefelds für den ersten Feldnamen. Diese Liste enthält Felder wie z.B. *uid*, *deleted* etc., die von TYPO3 nativ unterstützt werden. Bei der Verwendung von Feldnamen sollten Sie außerdem darauf achten, keine kryptischen Namen, keine Leer- oder Sonderzeichen und immer Kleinschreibung zu verwenden. Das wird Ihnen an späterer Stelle, wenn Sie mittels PHP auf die Datenbankfelder zugreifen müssen, erheblich die Arbeit erleichtern.

Das Feld *Field title* wird das Label bzw. der beschreibende Text, der in der späteren Backend-Maske angezeigt wird. Dieses Label kann vom Feldnamen abweichen. Für den beschreibenden Text können Sie Leer- und Sonderzeichen verwenden, auch müssen Sie auf Groß- und Kleinschreibung keine Rücksicht nehmen. Daher können Sie ins Feld *Field title* getrost *Vorname* eintragen.

Rechts neben dem Eingabefeld sehen Sie einen Hinweis, der Sie darauf aufmerksam macht, dass die Angabe möglichst in englischer Sprache zu erfolgen hat. Aber nur wenn das Modul später veröffentlicht werden soll, müssen Sie auf eine englische Schreibweise achten. Das angegebene Label wird später in einer Sprachdatei *locallang.php* gehalten und gilt als Default-Sprache. In dieser Sprachdatei können Sie dann, sofern Backend-Benutzer mit unterschiedlichen Sprachen unterstützt werden sollen, Übersetzungen für die jeweilige Sprache anfertigen und auch nachträglich das Label abändern.

Als Feldtyp (*Field type*) geben Sie für das Feld *Vorname* ein einzeiliges Textfeld an. Ein solches Feld wird in TYPO3 als *String input* bezeichnet. Wie Sie in Abbildung 11-5 sehen können, beinhaltet die Liste der möglichen Feldtypen keine klassischen Datenbankfelder, sondern die für TYPO3-Backend-Masken zur Verfügung stehenden Eingabemöglichkeiten. Sie müssen sich an dieser Stelle keine Gedanken darüber machen, ob in der Datenbank nun ein Datenbankfeld vom Typ *varchar* oder *blob* angelegt wird, darum kümmert sich TYPO3 selbstständig.

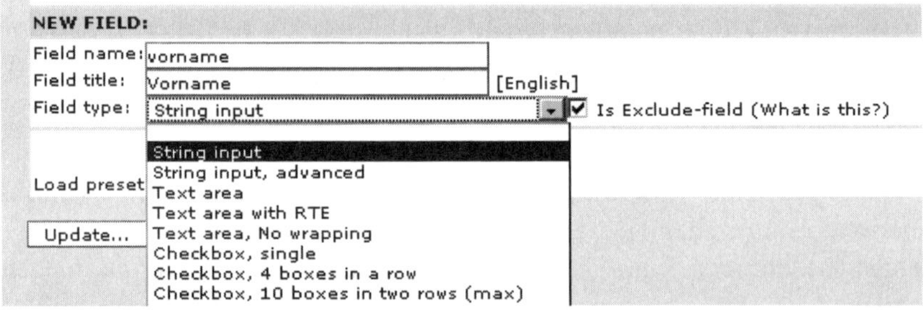

Abbildung 11-5: Angabe des gewünschten Feldtyps für die Backend-Maske

Das Kontrollkästchen *Is Exclude-field* gibt an, dass Backend-Benutzern, die keine Administratoren sind, explizit das Recht gegeben werden muss, dieses Feld zu bearbeiten bzw. dieses Feld überhaupt angezeigt zu bekommen.

Durch nochmaliges Anklicken des Buttons *Update…* werden die Einstellungen gespeichert, und die gleiche Maske wird erneut aufgerufen. Sie können jetzt ein weiteres Feld definieren und auch zu Ihrem bereits angelegten Feld weitere Einstellungen vornehmen (Abbildung 11-6). TYPO3 kennt jetzt den Datenbankfeld-Typ, in diesem Fall beim Feld *Vorname* also *String input*, und stellt zusätzliche Konfigurationsmöglichkeiten zur Verfügung. Für diesen Feldtyp können zusätzliche Angaben wie z.B. Feldbreite (klassische HTML-Form-Einheiten), maximale Anzahl der eingebbaren Zeichen (*Max characters*) und ob eine Eingabe zwingend erforderlich ist (*Required*) gemacht werden.

Geben Sie nun, äquivalent zum Feld *Vorname*, ein weiteres Feld *Nachname* an. Auch hier soll der Feldname klein, das Label mit einem großen Anfangsbuchstaben geschrieben und als Feldtyp *String input* verwendet werden. Gehen Sie zum Anlegen dieses Felds wie beim Feld *Vorname* vor und speichern Sie Ihre Angaben über den Button *Update...* ab.

Für das Feld *Bild*, in dem ein Foto des Snowboardlehrers ausgegeben werden kann, ist als Feldtyp *Files* zu verwenden. Sie haben, nachdem Sie mit *Update…* das neue Feld *Bild* vom Feldtyp *Files* gespeichert haben, die Möglichkeit, weitere Konfigurationen vorzunehmen (Abbildung 11-7). Bei den hochladbaren Dateitypen soll es sich natürlich im Grafiken handeln und nicht um PDF-Dokumente etc. Wählen Sie

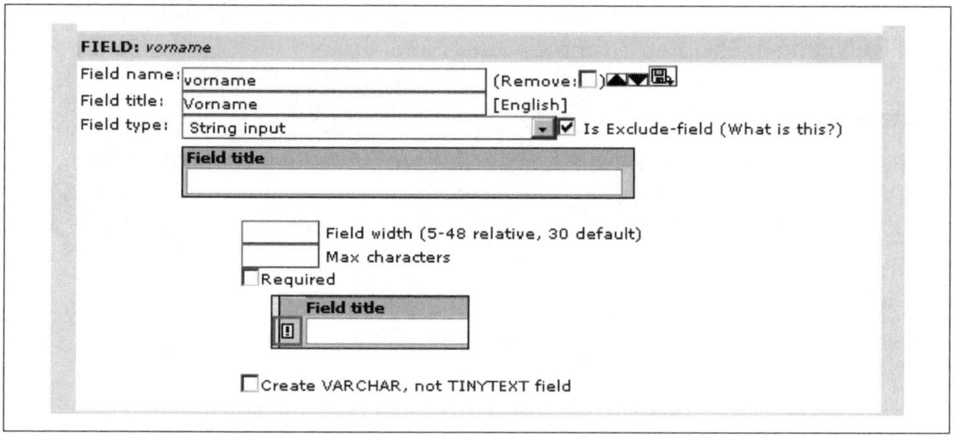

Abbildung 11-6: Weitere Konfigurationsmöglichkeiten für Input-Felder

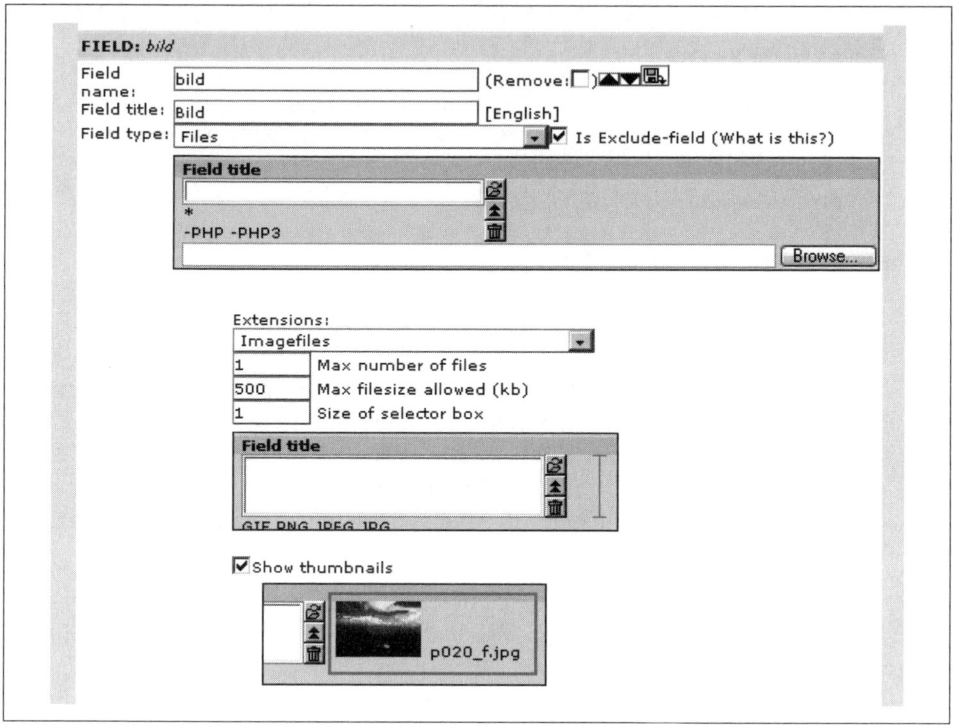

Abbildung 11-7: Konfigurationsmöglichkeiten für hochladbare Dateien, hier Grafiken

daher aus dem Auswahlfeld *Extensions* den Eintrag *Imagefiles* aus. Dazu soll maximal ein Bild zur Verfügung gestellt und ein Thumbnail angezeigt werden können.

Nachdem Sie nun sämtliche Felder angelegt haben, speichern Sie ein letztes Mal die Feld-Definitionen über den Button *Update…* ab.

Frontend-Plugins

Jetzt können Sie sich mit der Integration des Frontend-Plugins in das TYPO3-System beschäftigen und definieren, wo im Backend das Frontend-Plugin zur Verfügung stehen und wo eine Ansteuerung ermöglicht werden soll. Klicken Sie dazu in der grünen Box auf das Plussymbol beim Eintrag *Frontend Plugins*.

Sie müssen erneut einen Titel für das Frontend-Plugin im Feld *Enter a title for the plugin:* angeben (Abbildung 11-8). Dieser Titel soll wieder *Snowboardlehrer* lauten.

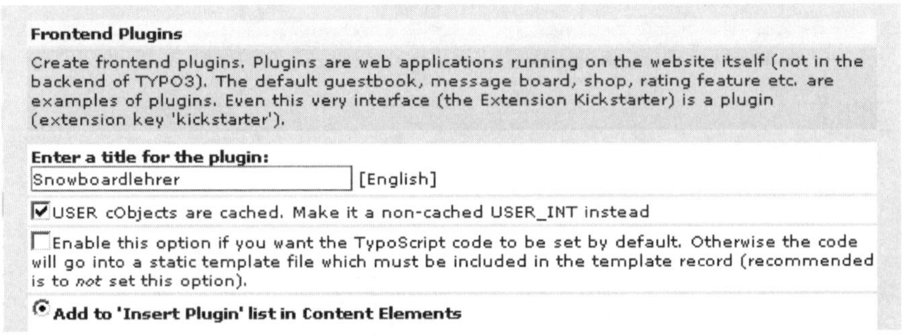

Abbildung 11-8: Einen Titel für das Frontend-Plugin angeben

Als Nächstes sehen Sie zwei Kontrollkästchen. Das erste ermöglicht Ihnen, den Cache zu deaktivieren, mit dem zweiten können Sie sich einen Beispielcode im PHP-Skript generieren lassen. Gerade für Entwicklungszwecke ist die Deaktivierung des Caches sehr sinnvoll. Bestätigen Sie daher über das erste Flag, dass der Cache durch Verwendung des TypoScript-Objekts USER_INT für dieses Plugin nicht verwendet werden soll. Auf den Beispielcode können Sie getrost verzichten: Er ist nicht sonderlich brauchbar, ein einfacherer Beispielcode wird dennoch automatisch generiert (dies werden Sie an späterer Stelle sehen).

Sie müssen auch noch angeben, an welcher Stelle das Modul in das System integriert werden soll. Für die Zwecke des Beispiel-Plugins benötigen Sie einen üblichen Plugin-Container, wie er schon beim News-Plugin verwendet wurde. Damit das neue Plugin auch beim Seiteninhaltstyp *Plugin einfügen* in der Liste der möglichen Plugins aufgeführt wird, müssen Sie *Add to 'Insert Plugin' list in Content Elements* auswählen. Sämtliche sich unterhalb dieses Eintrags befindlichen Punkte, wie z.B. Aktivierung des Wizards, Listings etc., können leer bleiben. Auf dieser Seite können Sie diverse Integrationsmöglichkeiten erkennen. Sehen Sie sich diese Möglichkeiten einmal genauer an, um einen Eindruck davon zu bekommen, wo sich überall ein Frontend-Plugin einnisten kann. Obwohl Sie diese Möglichkeiten für das Mitarbeiter-Plugin nicht benötigen werden, gibt diese Seite einen sehr guten Überblick darüber, was alles machbar ist.

Speichern Sie die Einstellungen über den Button *Update…* ab.

Die Arbeit mit dem Kickstarter abschließen

Sie können nun die gesamte Plugin-Konfiguration abschließen, das Frontend-Plugin zur Liste der verfügbaren Extensions hinzufügen und installieren. Klicken Sie dazu auf den Button *View result*, dessen Name vielleicht etwas anderes erwarten lässt.

Wie in Abbildung 11-9 zu erkennen, zeigt der Kickstarter eine Liste mit diversen Dateien, die das neue Plugin bilden würden. Bei all diesen Dateien ist die angegebene Konfiguration und Nutzung der TYPO3-Schnittstellen bereits mit angelegt.

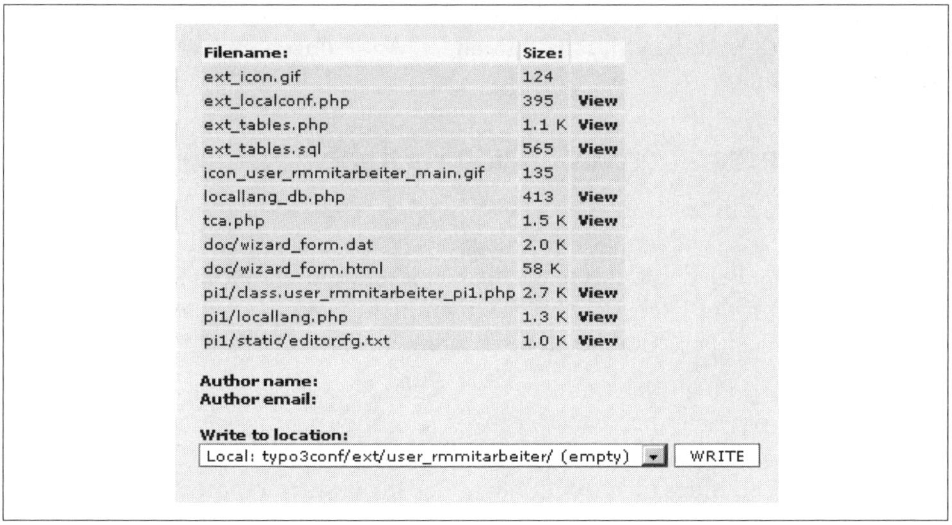

Abbildung 11-9: Vom Kickstarter erzeugte Dateien

Über die Funktion *Write to location* können Sie nun diese Dateien erzeugen lassen. Dabei haben Sie die Wahl, ob die eigene Extension im Ordner *typo3/ext/* (global) oder im Ordner *typo3conf/ext/* (lokal) abgelegt werden soll. Um Update-Fähigkeit zu gewährleisten, sollten Sie Ihr eigenes Plugin im lokalen Ordner unter *typo3conf/ext/* ablegen, da der globale Ordner bei einem Update ausgetauscht wird und Ihre dort gespeicherte Erweiterung danach nicht mehr zur Verfügung stünde.

Über den Button *Write* können Sie nun veranlassen, dass diese Dateien an die ausgewählten Stellen geschrieben werden. Sie erhalten eine Warnmeldung darüber, dass alle bestehenden Extension-Dateien dieses Plugins überschrieben werden, sofern welche vorhanden sind. Bestätigen Sie diese Meldung einfach mit einem *OK*.

Das Frontend-Plugin installieren

Nachdem Sie das Frontend-Plugin nun angelegt haben, lohnt sich ein Blick in die Liste der verfügbaren Erweiterungen. Wählen Sie dazu aus dem oberen Auswahlfeld den Eintrag *Available extensions to install* aus. Sofern Sie im Kickstarter bei der Angabe der zugehörigen Kategorie *Frontend Plugin* ausgewählt haben, werden Sie Ihr Plugin *Snowboardlehrer* jetzt auch im Abschnitt *Frontend Plugins* wiederfinden. Haben Sie keine Kategorie angegeben, wird Ihre Erweiterung vermutlich als letzte Erweiterung in einer Kategorie *[ ]* angezeigt.

Durch einen Klick auf das Plussymbol können Sie nun Ihr Frontend-Plugin installieren. Wie schon vom News-Plugin her bekannt, werden Sie auf einer Folgeseite aufgefordert, notwendige Änderungen zu bestätigen. Diese Änderungen bestehen bei Ihrem Frontend-Plugin aus einer Erweiterung der Datenbank um eine neue Tabelle *user_rmmitarbeiter_main* mit angegebenen Datenbankfeldern, dem Löschen des Caches sowie dem Anlegen eines separaten Upload-Ordners *uploads/tx_userrmmitarbeiter/*. Bestätigen Sie die durchzuführenden Änderungen einfach über den Button *Make updates*.

Die Plugin-Integration testen und verstehen

Nachdem Sie nun Ihr eigenes – wenn auch noch unvollständiges – Frontend-Plugin erstellt und installiert haben, können Sie es auch einsetzen. Jedoch dürfen Sie nicht davon ausgehen, dass der Kickstarter eine Eier legende Wollmilchsau ist – das gelieferte Ergebnis auf der Website wird Sie noch nicht zufrieden stellen; im nächsten Abschnitt wird es deshalb im Detail betrachtet.

Um das Frontend-Plugin jetzt einzusetzen, legen Sie auf der Seite *Mitarbeiter*, die eine Unterseite der Seite *Informationen über das Snowboardgebiet* ist, einen neuen Seiteninhalt vom Typ *Plugin einfügen* an. Wenn die Installation erfolgreich verlaufen ist, können Sie nun auch als Erweiterung Ihr eigenes Frontend-Plugin *Snowboardlehrer* auswählen (Abbildung 11-10).

Betrachten Sie jetzt das Ergebnis im Frontend, werden Sie die in Abbildung 11-11 gezeigte interessante Meldung *This is a few paragraphs* erhalten, deren Herkunft im Folgenden genauer angesehen werden soll. Auch wenn das Frontend-Plugin noch nicht fertig ist, haben Sie dennoch einen großen Schritt gemacht: Sie haben es geschafft, eine eigene Erweiterung zu erstellen und diese Erweiterung in einen Seiteninhalt *Plugin einfügen* einzubinden. Und Sie erhalten nun im Frontend eine Meldung, die offensichtlich von Ihrem erstellten Plugin erzeugt wurde.

Darum reagiert das Frontend-Plugin

Um den folgenden Ablauf nachvollziehen zu können, ist es empfehlenswert, die nächsten Schritte im Objekt-Browser zu verfolgen. Öffnen Sie dazu die in

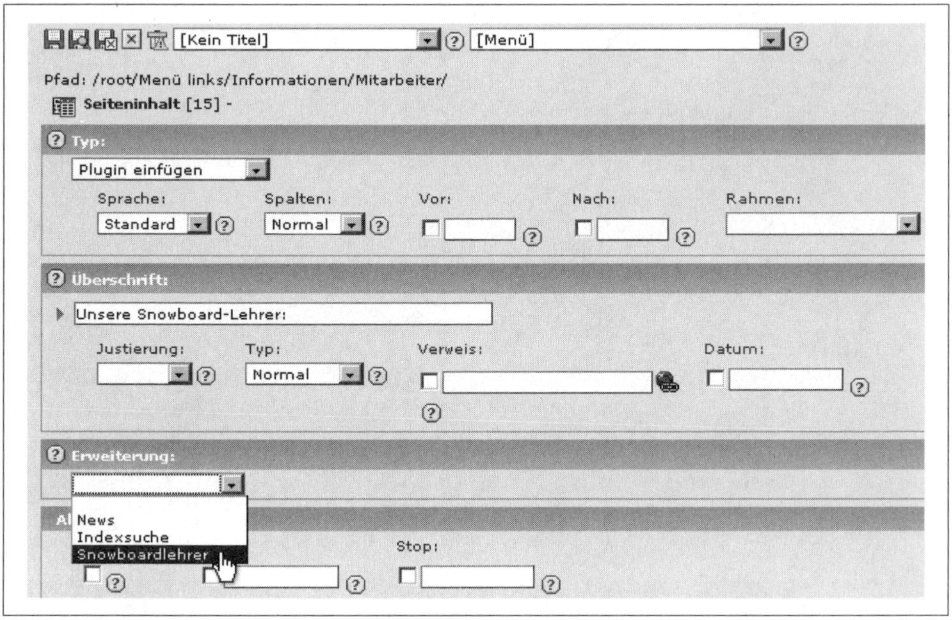

Abbildung 11-10: Die Erweiterung »Snowboardlehrer« wird angezeigt

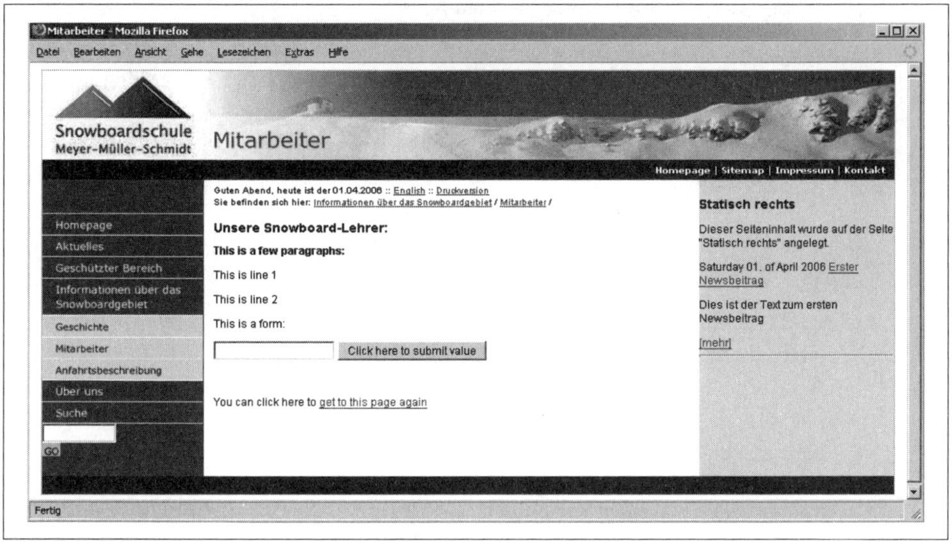

Abbildung 11-11: Im Frontend wird das Plugin mit einem Beispielcode ausgeführt

Abbildung 11-12 gezeigten Abschnitte `plugin.user_rmmitarbeiter_pi1` sowie `tt_content.list.20.user_rmmitarbeiter_pi1`.

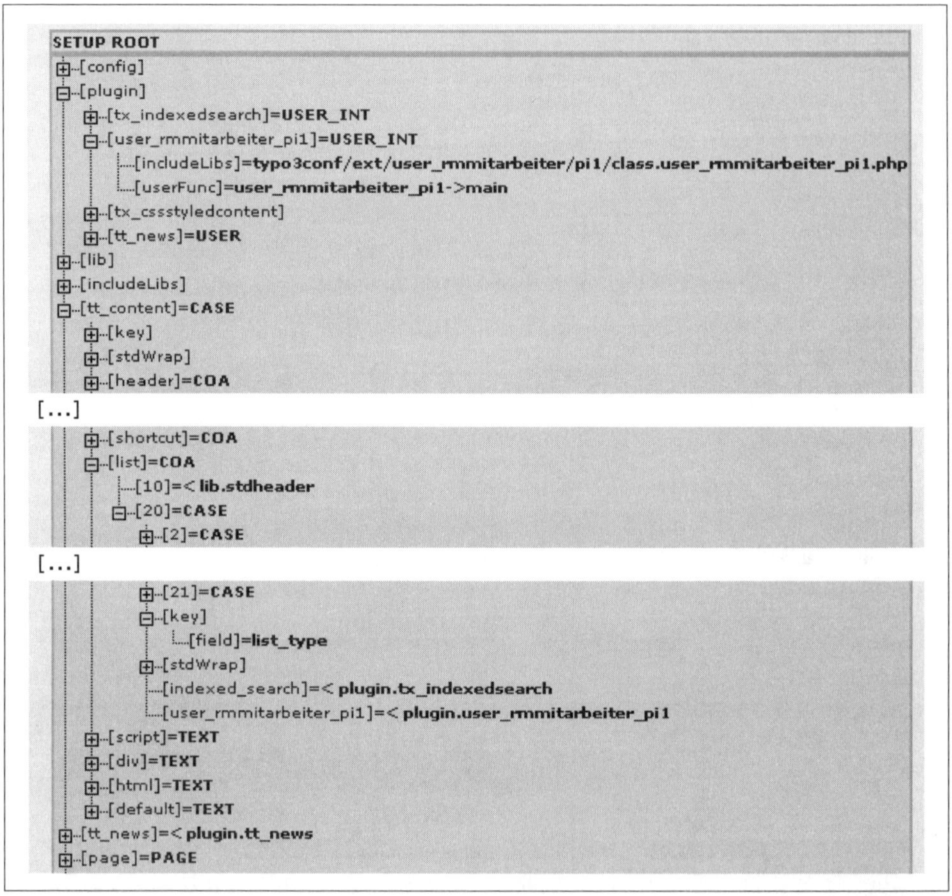

Abbildung 11-12: Das Frontend-Plugin wird über TypoScript hereingeladen

Sie haben als Seiteninhalt den Typ *Plugin einfügen* ausgewählt. Da es sich dabei um einen Seiteninhalt handelt, wird in TypoScript der Abschnitt *tt_content* angesprochen. Der Seiteninhaltstyp *Plugin einfügen* wird im Datenbankfeld *CType* als *list* abgelegt. Die unter *tt_content* befindliche CASE-Abfrage auf das Feld *Ctype* (`tt_content.key.field = CType`) verweist somit in den Abschnitt *list* (*tt_content.list*).

`tt_content.list.10` liefert die Überschrift, `tt_content.list.20` ist eine erneute CASE-Abfrage auf das Datenbankfeld *list_type*. Bei dem angelegten Seiteninhalt *Plugin einfügen* haben Sie als Erweiterung *Snowboardlehrer* angegeben. In der Datenbank wird dann im Feld *list_type* der Bezeichner des Plugins, also `user_rmmitarbeiter_pi1`, gespeichert. Daher greift die TypoScript-Definition für `tt_content.list.20.user_rmmitarbeiter_pi1`, in das wiederum der Inhalt von `plugin.user_rmmitarbeiter_pi1` referenziert wird.

Unter `plugin.user_rmmitarbeiter_pi1` können Sie erkennen, dass hier das Objekt `USER_INT` zugewiesen wurde. Dieses Objekt sagt aus, dass der Cache für diesen Teilbereich deaktiviert werden soll. Sie können zwei Eigenschaften unterhalb von `plugin.user_rmmitarbeiter_pi1` erkennen: `.includeLibs` und `.userFunc`. In `.includeLibs` wird angegeben, wo sich eine zu integrierende PHP-Datei befindet, in `.userFunc` wird angegeben, aus welcher PHP-Klasse heraus welche Funktion aufgerufen werden soll. In dem hier angegebenen Fall muss es also eine Datei namens *typo3conf/ext/user_rmmitarbeiter/pi1/class.user_rmmitarbeiter_pi1.php* mit einer Klasse *user_rmmitarbeiter_pi1* und einer Funktion *main* geben, die für die Darstellung des Texts *This is a few paragraphs* auf der Website verantwortlich ist. Und genau in dieser Datei, Klasse und Funktion können Sie den ausgegebenen Text wiederfinden und hier im Folgenden Ihre eigene Funktionsbeschreibung für Ihr eigenes Frontend-Plugin einfügen.

Funktionalitäten mittels PHP programmieren

Öffnen Sie nun mit einem PHP- und Text-Editor Ihrer Wahl die Datei *class.user_rmmitarbeiter_pi1.php*, die sich im Ordner *typo3conf/ext/user_rmmitarbeiter/pi1/* befindet, und betrachten Sie kurz den Inhalt dieser Datei.

Sie finden im oberen Abschnitt einen größeren Copyright-Hinweis, den Sie auch stehen lassen sollten. Sie können in der Funktion *main* den gesamten Bereich *content* löschen, so dass der Inhalt der Funktion *main* nur noch aus folgenden Zeilen besteht:

```
01  function main($content,$conf)       {
02     $this->conf=$conf;
03     $this->pi_setPiVarDefaults();
04     $this->pi_loadLL();
05     $this->pi_USER_INT_obj=1;
06
07  }
```

Sie können mit Ihrer eigentlichen Plugin-Programmierung mit PHP nun in Zeile 6 beginnen. Geben Sie zu Testzwecken in Zeile 6 folgenden PHP-Code an, speichern Sie die Änderung auf dem Server ab und betrachten Sie das Ergebnis dann im Frontend:

```
06  return "Hallo Welt";
```

Wie Sie im Frontend auf der Seite *Mitarbeiter* sehen können, wird das in der PHP-Funktion zurückgelieferte Ergebnis direkt auf der Webseite im gewünschten Bereich dargestellt.

Wenn Sie keine Änderung im Frontend sehen, löschen Sie im Backend manuell den Cache. Sie haben vermutlich im Kickstarter vergessen anzugeben, dass das Plugin nicht gecached werden soll. Nachträglich können Sie über TypoScript erreichen, dass `plugin.user_rmmitarbeiter_pi1` eine Instanz des Objekts USER_INT ist. Geben Sie dazu in Ihrem Projekt-Template einfach an:

```
plugin.user_rmmitarbeiter_pi1 = USER_INT
```

TypoScript-Parameter übergeben

Mittels TypoScript können Sie an Ihre PHP-Funktion Parameter übergeben, die Sie dann nach Belieben verarbeiten können. Diese Parameter werden direkt unterhalb von `plugin.user_rmmitarbeiter_pi1` angegeben und in Ihrer PHP-Funktion *main* im Array `$conf` zur Verfügung gestellt. Dadurch lassen sich einfache Konfigurationen realisieren, die eine Trennung zwischen Design, Struktur und Inhalt auch bei eigenen Extensions ermöglichen.

Geben Sie nun einen Parameter in Ihrem TypoScript-Projekt-Template an, der in Ihrer PHP-Funktion wieder ausgelesen werden soll. Dazu tragen Sie in Ihrem Template die in Beispiel 11-1 angegebenen Zeilen ein:

Beispiel 11-1: Parameter über TypoScript an das Frontend-Plugin übergeben

```
[...]
# Das News-Plugin konfigurieren
plugin.tt_news {
     [...]
}

# Parameter für das eigene Mitarbeiter-Plugin
plugin.user_rmmitarbeiter_pi1 {
   testParameter = Test
}

#### BEDINGUNGEN ###
[...]
```

In Ihrer PHP-Funktion können Sie nun die bestehende Zeile 6 durch folgende Zeile ersetzen:

```
06   return $conf["testParameter"];
```

Nach dem Speichern der PHP-Funktion auf dem Server werden Sie erkennen können, dass auch genau der Inhalt *Test*, den Sie als Parameter übergeben haben, im Frontend auf der Seite *Mitarbeiter* ausgegeben wird.

Sie können aber auch ganze TypoScript-Konfigurationen übergeben. Dazu soll der in Beispiel 11-1 angegebene TypoScript-Parameter wie folgt abgeändert werden:

```
# Parameter für das eigene Mitarbeiter-Plugin
plugin.user_rmmitarbeiter_pi1 {
   testParameter.test.inhalt = Test123
}
```

In Ihrer PHP-Funktion greifen Sie auf diesen Parameter wie folgt zu, wobei Sie insbesondere auf die Punkte hinter den Abschnitten `testParameter` und `test` achten müssen.

```
return $conf["testParameter."]["test."]["inhalt"];
```

TypoScript-Objekte als Parameter übergeben, ausführen und überschreiben

Sie können aber nicht nur einfache Parameter übermitteln, auch ganze TypoScript-Objekte mit den dazugehörigen Eigenschaften können übergeben und ausgeführt werden. Im folgenden Beispiel soll z.B. dynamisch eine Grafik über den GIFBUILDER erstellt und angezeigt werden. Dazu fügen Sie die in Beispiel 11-2 angegebenen Zeilen in Ihr TypoScript-Template ein. Der in Beispiel 11-1 angegebene Parameter `.testParameter` wird nicht mehr benötigt und kann gelöscht werden.

Beispiel 11-2: Eine Grafik über TypoScript beschreiben

```
[...]
# Parameter für das eigene Mitarbeiter-Plugin
plugin.user_rmmitarbeiter_pi1 {
   testObjekt = IMAGE
   testObjekt.file = GIFBUILDER
   testObjekt.file {
      XY = 100,100
      backColor = red
   }
}
[...]
```

Diesen TypoScript-Code mit dem unter `.testObjekt` definierten IMAGE-Objekt und seinen Eigenschaften können Sie in Ihrer PHP-Funktion mit der TYPO3-internen Funktion `cObjGetSingle()` ausführen lassen. Diese Funktion erwartet zwei Parameter: Die Angabe des Objekts, das ausgeführt werden soll, und die Angabe der entsprechenden Objekt-Eigenschaften, die unterhalb von `testObjekt` angegeben werden.

```
return $this->cObj->cObjGetSingle("IMAGE", $conf["testObjekt."]);
```

In diesem Fall wird das Objekt IMAGE mit den unter `plugin.user_rmmitarbeiter_pi1.testObjekt` angegebenen Eigenschaften ausgeführt. Das Objekt IMAGE selbst ist aber auch direkt in `$conf["testObjekt"]` definiert, eine hardcodierte Objektangabe ist daher nicht zwingend notwendig:

```
return $this->cObj->cObjGetSingle($conf["testObjekt"], $conf["testObjekt."]);
```

Sie können aber auch die als Parameter übergebenen Eigenschaften in Ihrer PHP-Funktion überschreiben. In obigem Beispiel 11-2 wurde als Hintergrundfarbe für die dynamisch erstellte Grafik Rot gewählt. Sie können diese TypoScript-Eigenschaft, die als Parameter an `$conf` übergeben wurde, nun auch modifizieren:

Beispiel 11-3: Einen über TypoScript mitgegebenen Parameter überschreiben

```
function main($content,$conf) {
   $this->conf=$conf;
   $this->pi_setPiVarDefaults();
   $this->pi_loadLL();
   $this->pi_USER_INT_obj=1;

   // Parameter testObjekt.file.backColor mit einem neuen Wert überschreiben
   $conf["testObjekt."]["file."]["backColor"] = "blue";
   // TypoScript-Objekt mit Konfiguration ausführen
   return $this->cObj->cObjGetSingle($conf["testObjekt"],
       $conf["testObjekt."]);
}
```

Datensätze anlegen

Kehren wir nun wieder zu unserer ursprünglichen Aufgabenstellung zurück. Damit Sie an späterer Stelle Snowboardlehrer bzw. Mitarbeiter ausgeben können, müssen diese vorher auch angelegt worden sein. Gehen Sie dazu auf das Backend-Modul *Seite* und legen Sie auf der Seite *Mitarbeiter* einen neuen Datensatz an (keinen neuen Seiteninhalt, sondern einen neuen Datensatz). Sie erhalten nun in der Liste der möglichen Datensätze die Möglichkeit, einen neuen Snowboardlehrer anzulegen (Abbildung 11-13). Das wurde durch die im Kickstarter angegebene Konfiguration *Allowed on pages* im Abschnitt *New Database Tables* erreicht.

Wählen Sie als neuen Datensatz nun *Snowboardlehrer* aus. Sie rufen damit die in Abbildung 11-14 gezeigte neue Maske auf, die die von Ihnen im Abschnitt *New Database Tables* angegebene Konfiguration enthält. Legen Sie möglichst zwei oder mehr Snowboardlehrer an und laden Sie außerdem für jeden Mitarbeiter ein Bild hoch.

Über das Backend-Modul *Liste* erhalten Sie Zugriff auf bereits angelegte Snowboardlehrer-Datensätze.

Die Datenbank ansprechen

Damit Ihre angelegten Snowboardlehrer-Datensätze ausgegeben werden können, müssen die Datenbank angesprochen und die bestehenden Datensätze in einer Schleife ausgegeben werden. Dafür werden die in der PHP-Funktion angegebenen

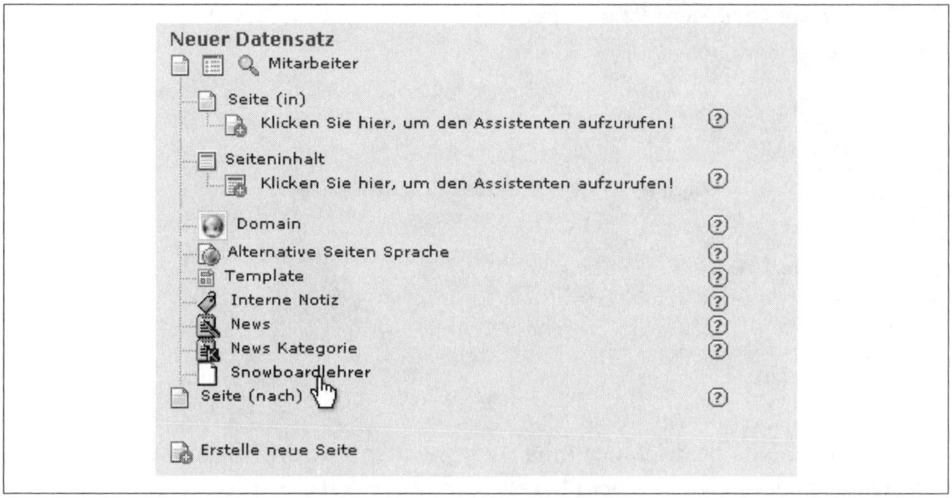

Abbildung 11-13: Auf den Seiten können nun auch Snowboardlehrer angelegt werden

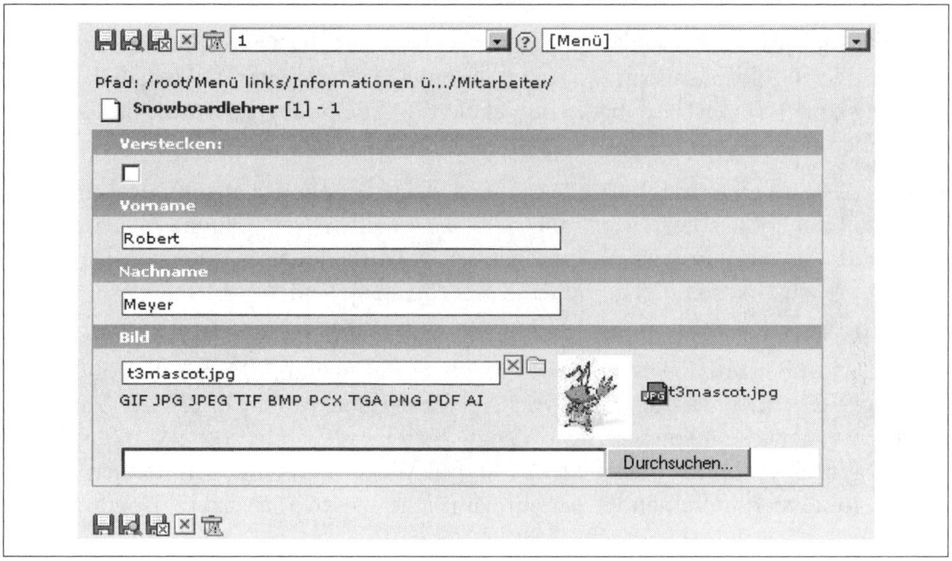

Abbildung 11-14: Die Backend-Maske für Snowboardlehrer-Datensätze

Zeilen 7 bis 11 aus Beispiel 11-3 nicht mehr benötigt und darum durch den in Beispiel 11-4 angegebenen PHP-Code ersetzt:

Beispiel 11-4: Die Snowboardlehrer in einer Schleife ausgeben

```
function main($content,$conf) {
    $this->conf=$conf;
    $this->pi_setPiVarDefaults();
    $this->pi_loadLL();
```

Beispiel 11-4: Die Snowboardlehrer in einer Schleife ausgeben (Fortsetzung)

```
05     $this->pi_USER_INT_obj=1;
06
07     // Variablen setzen
08     $content = "";
09
10     // Die Datenbank ansprechen und in einer Schleife ausgeben
11     $query = "SELECT * FROM user_rmmitarbeiter_main";
12     $res = mysql(TYPO3_db,$query);
13     while($row = mysql_fetch_assoc($res)) {
14        $content .= $row["nachname"];
15     }
16     // Ergebnis ausgeben
17     return $content;
18 }
```

Ein gegebenenfalls bestehender Inhalt von `$content` wird in Zeile 8 auf eine leere Zeichenkette gesetzt. In Zeile 11 wird der Variablen `$query` eine einfache SQL-Anweisung zugewiesen, in der definiert ist, dass alle Datensätze aus der Datenbanktabelle *user_rmmitarbeiter_main* ausgelesen werden sollen.

In Zeile 12 wird der Variablen `$res` das Ergebnis aus der Datenbankabfrage zugewiesen. Der Funktionsaufruf `mysql()` bekommt als Parameter die bestehende Verbindung zur TYPO3-Datenbank mitgeliefert (*TYPO3_db*) sowie die in Zeile 11 angegebene SQL-Anweisung.

In Zeile 13 wird eine `while`-Schleife eröffnet, die jeden einzelnen gefundenen Datensatz im Array `$row` ablegt. Der innerhalb der geschweiften Klammern befindliche PHP-Code, in diesem Beispiel nur Zeile 14, wird für jeden gefundenen Datensatz ausgeführt, bei mehreren gefundenen Datensätzen also auch mehrmals.

Der aktuelle Datensatz befindet sich im Array `$row`, auf die einzelnen Tabellenfelder kann direkt über `$row["datenbankfeld"]` zugegriffen werden. Durch die Anweisung `.=` (*Punkt-Gleich*) wird der Inhalt von `$row["nachname"]` nicht direkt der Variablen `$content` zugewiesen, sondern an den ggf. bestehenden Inhalt von `$content` angefügt. Dadurch enthält `$content` nicht nur den Wert des letzten gefundenen Datensatzes, sondern hintereinander gereiht sämtliche in `$row["nachname"]` befindlichen Werte.

Sehen Sie sich das Ergebnis im Frontend an, und Sie werden sich schon ein wenig freuen. Als Ausgabe sehen Sie zumindest schon mal die bereits angelegten Snowboardlehrer, die Darstellung entspricht jedoch noch nicht unseren Wünschen. Die Anpassung der Darstellung schauen wir uns später an.

Woher sollen die Datensätze kommen?

Wir haben jetzt noch das Problem, dass die Snowboardlehrer-Datensätze sich auf irgendeiner beliebigen Seite befinden können. Außerdem wird ein über das

Backend gelöschter oder versteckter Datensatz im Moment trotzdem angezeigt. Über das Backend gelöschte Datensätze werden nicht tatsächlich in der Datenbank gelöscht, sie erhalten lediglich in der Datenbank im Feld *deleted* den Wert 1.

Erweitern Sie nun Ihre PHP-Programm über folgende zusätzliche Funktionalitäten:

- Gelöschte und versteckte Datensätze sollen nicht mehr angezeigt werden.
- Über TypoScript soll mittels eines Parameters `.mitarbeiterPageId` die Seite angegeben werden, auf der sich die Snowboardlehrer-Datensätze befinden. Enthält `.mitarbeiterPageId` keinen Wert, soll auf der momentan aktuellen Seite nach Datensätzen gesucht werden.

Beispiel 11-5: Die Abfrage einschränken

```
01 function main($content,$conf) {
02    $this->conf=$conf;
03    $this->pi_setPiVarDefaults();
04    $this->pi_loadLL();
05    $this->pi_USER_INT_obj=1;
06
07    // Variablen setzen
08    $content = "";
09
10    // Ggf. einen Parameter auslesen, ansonsten die aktuelle Seite verwenden
11    $mitarbeiterPageId = $conf["mitarbeiterPageId"];
12    if (!intval($mitarbeiterPageId)) $mitarbeiterPageId=$GLOBALS["TSFE"]->id;
13
14    // Die Datenbank ansprechen und in einer Schleife ausgeben
15    $query ="SELECT * FROM user_rmmitarbeiter_main ";
16    $query.=" WHERE deleted = 0 AND hidden = 0 AND
                                   pid ='".$mitarbeiterPageId."'";
17    $res = mysql(TYPO3_db,$query);
18    while($row = mysql_fetch_assoc($res)) {
19       $content .= $row["nachname"];
20    }
21    // Ergebnis ausgeben
22    return $content;
23 }
```

In Zeile 11 lesen Sie den Parameter `.mitarbeiterPageId` aus, der ggf. über TypoScript mitgeliefert wird, und speichern diesen Parameter in einer eigenen Variablen `$mitarbeiterPageId` ab. Sie können nun in Ihrem TypoScript-Template in der Eigenschaft `plugin.user_rmmitarbeiter_pi1.mitarbeiterPageId` als Wert die Seiten-ID angeben, auf der sich die Snowboardlehrer-Datensätze befinden sollen.

In Zeile 12 wird überprüft, ob die Variable `$mitarbeiterPageId` eine gültige Integer-Zahl enthält. Ist das nicht der Fall, z.B. weil dieser Parameter über TypoScript nicht angegeben wurde oder aber statt einer Zahl eine Buchstabenkombination enthält, wird der Variablen `$mitarbeiterPageId` als neuer Wert die ID der gerade aktuellen

Seite zugewiesen. Die aktuelle Seiten-ID kann über `$GLOBALS["TSFE"]->id` ausgelesen werden.

In Zeile 15 erstellen Sie Ihren ersten allgemeinen Teil der SQL-Anweisung. Achten Sie darauf, dass sich am Ende dieser Anweisung innerhalb der Anführungszeichen ein Leerzeichen befindet. In Zeile 16 setzen Sie Ihren zweiten, einschränkenden Teil der SQL-Anweisung fort. Hier werden nur Datensätze gefunden, die weder gelöscht noch versteckt sind und sich auf der Seite mit dem Wert der Variablen `$mitarbeiterPageId` befinden (siehe Zeilen 11 und 12). Auch in Zeile 16 ist besonders auf die Syntax zu achten. `$query` bekommt keinen neuen Wert, sondern mittels `.=` (»Punkt-Gleich«) wird die Wertzuweisung an den bestehenden Inhalt von `$query` (Zeile 15) angehängt. Außerdem ist es sinnvoll, auch hier innerhalb der Anführungszeichen direkt am Anfang und am Ende Leerzeichen zu verwenden.

Datenbankabstraktion unterstützen

Seit TYPO3-Version 3.6.0 wird Datenbankabstraktion unterstützt, wodurch prinzipiell auch andere Datenbanksysteme als MySQL eingesetzt werden können. Wenn Sie nicht mit der MySQL-Datenbank arbeiten oder aber ein Plugin veröffentlichen möchten, sollten Sie sich an bestimmte Regeln halten, die bestimmen, wie eine SQL-Abfrage aufgebaut sein sollte.

Dazu können Sie sich der TYPO3-internen Funktion `exec_SELECTquery()` bedienen. Dieser Funktion können sechs Parameter mit übergeben werden, wobei drei in diesem Fall zwingend benötigt werden:

Über den ersten Parameter müssen Sie angeben, welche Felder eingebunden werden sollen (SELECT-Teil). In Beispiel 11-5 haben Sie in der SQL-Anweisung `SELECT *` angegeben, somit ist der erste Parameter nur das Sternchen. Als zweiter Parameter wird die Tabelle angegeben, auf der die Abfrage ausgeführt werden soll. In der SQL-Anweisung steht `FROM user_rmmitarbeiter_main`, somit ist der hier anzugebende zweite Parameter *user_rmmitarbeiter_main*. Über den dritten Parameter muss eine WHERE-Klausel angegeben werden, also eine Einschränkung, die in Beispiel 11-6 in Zeile 10 getätigt wird. Die Parameter vier bis sechs sind optional und nehmen zusätzliche Angaben wie *groupBy*, *orderBy* und *limit* auf.

Damit würde die SQL-Anweisung mit der TYPO3-internen Funktion `exec_SELECTquery` wie in Beispiel 11-6 gezeigt aussehen.

Beispiel 11-6: Datenbankabfrage mit Datenbankabstraktion

```
01 function main($content,$conf) {
      [...]
10    // Ggf. einen Parameter auslesen, ansonsten die aktuelle Seite verwenden
11    $mitarbeiterPageId = $conf["mitarbeiterPageId"];
12    if (!intval($mitarbeiterPageId)) $mitarbeiterPageId=$GLOBALS["TSFE"]->id;
13
```

Beispiel 11-6: Datenbankabfrage mit Datenbankabstraktion (Fortsetzung)

```
14    // Die Datenbankabfrage inkl. Unterstützung von Datenbankabstraktion
15    $res = $GLOBALS["TYPO3_DB"]->exec_SELECTquery("*",
           "user_rmmitarbeiter_main", "deleted = 0 AND hidden = 0
            AND pid = '".$mitarbeiterPageId."'");
16    while ($row = $GLOBALS["TYPO3_DB"]->sql_fetch_assoc($res)) {
17       $content .= $row["nachname"];
18    }
19    // Ergebnis ausgeben
20    return $content;
21 }
```

In diesem Beispiel haben Sie in Zeile 15 statt der `$query`-Variablen direkt das Abfrageergebnis mittels der TYPO3-eigenen Funktion `exec_SELECTquery()` an `$res` weitergegeben. In Zeile 16 wird die `while`-Abfrage gestartet. Da Sie bei der Veröffentlichung einer Erweiterung nicht wissen können, welches Datenbanksystem zu Grunde liegt, können Sie keine Abfrage mittels `mysql_fetch_assoc($res)` durchführen. Dafür stellt TYPO3 ebenfalls die eigene Funktion `sql_fetch_assoc($res)` zur Verfügung.

Mit Designvorlagen arbeiten

Um auch in Ihrer Erweiterung eine Trennung zwischen Design, Inhalt und Funktionalität zu erreichen, soll das Design nicht hardcodiert im PHP-Programm bestimmt werden, sondern dynamisch über Designvorlagen zur Verfügung stehen. Also wird zunächst das Design mittels HTML beschrieben:

Beispiel 11-7: HTML-Beispielcode, der in eine Designvorlage umgewandelt werden soll

```
01 <table border="1" width="100%">
02    <tr>
03       <td width="50%"><img src="bild_meyer.jpg"></td>
04       <td width="50%" valign="top">Robert Meyer</td>
05    </tr>
06    <tr>
07       <td width="50%"><img src="bild_lisa.jpg"></td>
08       <td width="50%" valign="top">Mona Lisa</td>
09    </tr>
10 </table>
```

Im HTML-Code von Beispiel 11-7 werden in Zeilen 2 bis 5 und 6 bis 9 die Datensätze wiederholt ausgegeben, lediglich bestimmte Werte wie der Name und ein Bild weichen ab. Zeilen 1 und auch 10 werden nur einmal bei der Darstellung des gesamten Bereichs benötigt, eben am Anfang und am Ende, unabhängig davon, wie viele Datensätze ausgegeben werden.

Der obige HTML-Code kann daher in eine Designvorlage umgewandelt und mit mehreren Subparts sowie mit Markern versehen werden, wie in Beispiel 11-8 zu sehen.

Beispiel 11-8: Der HTML-Beispielcode als Designvorlage: fileadmin/mitarbeiter.html

```
01 <!-- ###MITARBEITER### begin -->
02    <table border="1" width="100%">
03       <!-- ###EINTRAG### begin -->
04          <tr>
05             <td width="50%">###BILD###</td>
06             <td width="50%" valign="top">###NAME###</td>
07          </tr>
08       <!-- ###EINTRAG### end -->
09    </table>
10 <!-- ###MITARBEITER### end -->
```

Innerhalb der Zeilen 1 bis 10 wird der Subpart MITARBEITER eingeführt. Später wird im PHP-Programm festgelegt, dass aus dieser Datei nur mit diesem Subpart gearbeitet werden soll. In Zeile 2 wird ein `<table>`-Tag eingeleitet, das in Zeile 9 wieder geschlossen wird. In Zeile 3 wird ein weiterer Subpart EINTRAG eingeleitet, der bis Zeile 8 reicht. Sie können in Ihrem PHP-Programm später angeben, dass TYPO3 mit dem gesamten Subpart MITARBEITER arbeitet, der Subpart EINTRAG aber immer wiederholt werden soll. In Zeilen 5 und 6 werden Platzhalter verwendet, die im PHP-Programm durch den entsprechenden Datenbankinhalt ersetzt werden können.

Stellen Sie nun diese Designvorlage im Ordner *fileadmin/* unter dem Namen *mitarbeiter.html* zur Verfügung. Über das PHP-Programm kann dann darauf zugegriffen werden.

Designvorlagen in PHP ansprechen

Erweitern Sie nun die PHP-Funktion *main* aus Beispiel 11-6 um die Möglichkeit, die Designvorlage aufzunehmen. Zu Testzwecken geben Sie in Beispiel 11-9 über die Funktion `fileResource()` nur den Inhalt dieser Datei aus.

Beispiel 11-9: Den Inhalt der Designvorlage ausgeben

```
function main($content,$conf) {
   $this->conf=$conf;
   $this->pi_setPiVarDefaults();
   $this->pi_loadLL();
   $this->pi_USER_INT_obj=1;

   // Variablen setzen
   $content = "";

   // Die Designvorlage laden
   $tmpl = $this->cObj->fileResource("fileadmin/mitarbeiter.html");
   // Inhalt von $tmpl ausgeben, mit return erfolgt Abbruch
   return $tmpl; // Später wieder zu entfernen!!

   // Ggf. einen Parameter auslesen, ansonsten die aktuelle Seite verwenden
```

Beispiel 11-9: Den Inhalt der Designvorlage ausgeben (Fortsetzung)

```
16    $mitarbeiterPageId = $conf["mitarbeiterPageId"];
17    if (!intval($mitarbeiterPageId)) $mitarbeiterPageId=$GLOBALS["TSFE"]->id;
18
19    // Die Datenbankabfrage inkl. Unterstützung von Datenbankabstraktion
20    $res = $GLOBALS["TYPO3_DB"]->exec_SELECTquery("*","user_rmmitarbeiter_main",
          "deleted = 0 AND hidden = 0 AND pid = '".$mitarbeiterPageId."'");
21    while ($row = $GLOBALS["TYPO3_DB"]->sql_fetch_assoc($res)) {
22       $content .= $row["nachname"];
23    }
24    // Ergebnis ausgeben
25    return $content;
26 }
```

In der neuen Zeile 11 lesen Sie den Inhalt der Designvorlage mittels der TYPO3-internen Funktion `fileResource()` aus und legen diesen Inhalt in `$tmpl` ab. Zeile 12 liefert den Inhalt von `$tmpl` zurück. Die nun folgenden Zeilen werden auf Grund des `return` in Zeile 13 nicht mehr verarbeitet. Ein Überprüfen des Ergebnisses im Frontend sollte bereits die Designvorlage, wie in Abbildung 11-15 zu sehen, im Inhaltsbereich zeigen.

Die hardcodierte Pfadangabe zur Designvorlage ist aber noch recht unflexibel. Über TypoScript können Sie einen Parameter mit angeben, den Sie dann in Ihrer PHP-Funktion wieder auslesen. Fügen Sie in Ihrem TypoScript-Template den in Beispiel 11-10 angegebenen Parameter ein.

Beispiel 11-10: Den Pfad zur Designvorlage als Parameter übergeben

```
[...]
# Parameter für das eigene Mitarbeiter-Plugin
plugin.user_rmmitarbeiter_pi1 {
   testObjekt = IMAGE
   testObjekt.file = GIFBUILDER
   testObjekt.file {
      XY = 100,100
      backColor = red
   }
   # Pfad zur Designvorlage als Parameter angeben
   templateFile = fileadmin/mitarbeiter.html
}
[...]
```

In der PHP-Funktion *main* ändern Sie anschließend die Zeile 11 aus Beispiel 11-9 wie folgt ab:

```
11    $tmpl = $this->cObj->fileResource($conf["templateFile"]);
```

Das Frontend-Ergebnis dürfte sich nach der Umwandlung von einer statischen Angabe des Pfads zur Designvorlage in die dynamische Angabe über einen Parameter nicht geändert haben und dem in Abbildung 11-15 Gezeigten entsprechen.

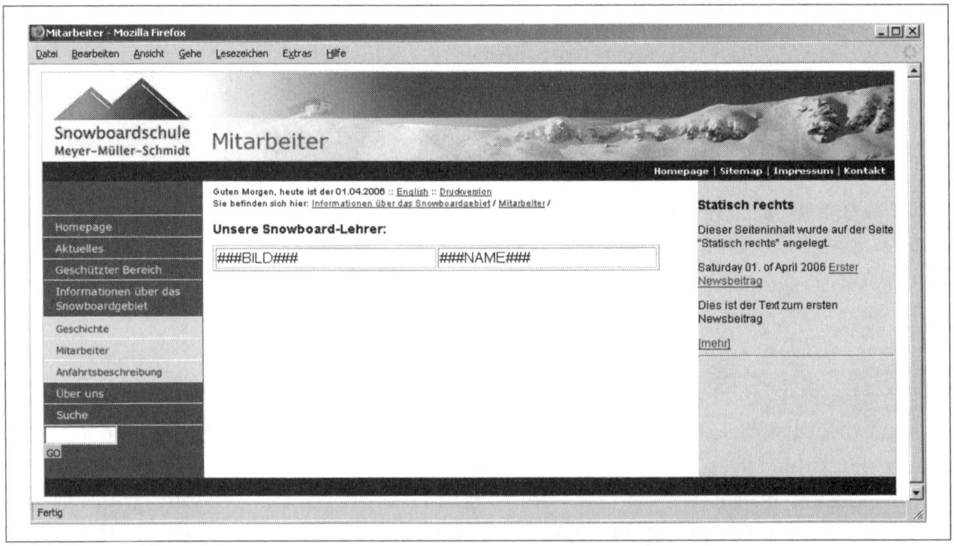

Abbildung 11-15: Die Designvorlage des Frontend-Plugins wird bereits im Frontend angezeigt

Teilbereiche (Subparts) nutzen

Wenn Sie sich das Ergebnis im Frontend ansehen, werden Sie erkennen, dass die Designvorlage bereits integriert ist. Ein näherer Blick auf den ausgelieferten HTML-Quellcode verrät allerdings, dass der Subpart-Bezeichner MITARBEITER Bestandteil des Quellcodes ist – ein Hinweis darauf, dass noch nicht mit Subparts bzw. Teilbereichen gearbeitet wird.

Die Arbeit mit Teilbereichen wird über die TYPO3-interne Funktion `getSubpart()` ermöglicht. Fügen Sie daher die in folgendem Beispiel angegebene Zeile 8 Ihrer PHP-Funktion hinzu:

Beispiel 11-11: Ausgabe eines Teilbereichs der Designvorlage

```
09 [...]
10 // Die Designvorlage laden
11 $tmpl = $this->cObj->fileResource($conf["templateFile"]);
12 // Einen Teilbereich der Designvorlage auslesen
13 $tmpl = $this->cObj->getSubpart($tmpl, "###MITARBEITER###");
14 // Inhalt von $tmpl ausgeben, mit return erfolgt Abbruch
15 return $tmpl; // Später wieder zu entfernen!!
16 [...]
```

In Zeile 13 überschreiben Sie den Inhalt von `$tmpl`. Die TYPO3-interne Funktion `getSubpart()` erwartet zwei Parameter: den HTML-Quellcode der Designvorlage und den Bezeichner des zu verwendenden Teilbereichs, hier also ###MITARBEITER###. Die Funktion `getSubpart()` liefert als Ergebnis den angegebenen Teilbereich eines HTML-Codes zurück. `$tmpl` enthält somit nur noch den Inhalt des Teilbereichs ###MITARBEITER### der Designvorlage.

Ein erneutes Betrachten im Frontend und der anschließende Blick in den ausgelieferten HTML-Quellcode zeigen, dass nicht mehr die gesamte Designvorlage ausgelesen wird, sondern lediglich der angegebene Teilbereich.

Platzhalter ansprechen

Bisher wurde nur die Designvorlage integriert und mittels `return` ausgegeben. Die vorhandenen Platzhalter sollen nun in der bereits bestehenden Schleife verarbeitet werden, und das Ergebnis soll als Gesamtes zurückgeliefert werden. Die Schleife haben Sie bereits weiter oben erstellt.

Ändern Sie nun die PHP-Funktion wie folgt ab. Vergessen Sie dabei nicht, die in Beispiel 11-11 noch vorhandene `return`-Anweisung in Zeile 14 zu entfernen, damit die `while`-Schleife Anwendung findet. Ebenfalls hinzugekommen sind die Zeilen 23 bis 26, die ein Array mit den benötigten Werten füllen und anschließend die Marker in der Designvorlage ersetzen.

Beispiel 11-12: Ansprechen und Ersetzen der Platzhalter in der Designvorlage

```
[...]
07  // Variablen setzen
08  $content = "";
09  $marker = array();
10
11  // Die Designvorlage laden
12  $tmpl = $this->cObj->fileResource($conf["templateFile"]);
13  // Einen Teilbereich der Designvorlage auslesen
14  $tmpl = $this->cObj->getSubpart($tmpl, "###MITARBEITER###");
15
16  // Ggf. einen Parameter auslesen, ansonsten die aktuelle Seite verwenden
17  $mitarbeiterPageId = $conf["mitarbeiterPageId"];
18  if (!intval($mitarbeiterPageId)) $mitarbeiterPageId=$GLOBALS["TSFE"]->id;
19
20  // Die Datenbankabfrage inkl. Unterstützung von Datenbankabstraktion
21  $res = $GLOBALS["TYPO3_DB"]->exec_SELECTquery("*","user_rmmitarbeiter_main",
            "deleted = 0 AND hidden = 0 AND pid = '".$mitarbeiterPageId."'");
22  while ($row = $GLOBALS["TYPO3_DB"]->sql_fetch_assoc($res)) {
23      // Ein Array mit Platzhaltern als Schlüssel mit den Werten füllen
24      $marker["###NAME###"] = $row["vorname"]." ".$row["nachname"];
25      $marker["###BILD###"] = $row["bild"];
26      $content .= $this->cObj->substituteMarkerArrayCached($tmpl, $marker);
27  }
28  // Ergebnis ausgeben
29  return $content;
[...]
```

In Zeile 9 führen Sie ein Array mit dem Bezeichner `$marker` ein. In diesem Array werden für jeden Datensatz die entsprechenden, ggf. manipulierten, Datenbankinhalte abgelegt.

In Zeilen 24 und 25 werden `$marker` jeweils Einträge aus der Datenbank zugewiesen. Der angegebene Schlüssel ist identisch mit dem Platzhalter-Bezeichner aus der Designvorlage einschließlich Groß- und Kleinschreibung und den verwendeten Raute-Zeichen.

In Zeile 26 wird die TYPO3-interne Funktion `substituteMarkerArrayCached()` aufgerufen, die zwei Parameter enthält. Diese Funktion ersetzt in einer Zeichenkette (erster Parameter), hier also ein Teilbereich aus der Designvorlage, sämtliche Marker, die in `$marker` definiert wurden (zweiter Parameter).

Ein Betrachten des Ergebnisses im Frontend zeigt, dass die Darstellung, bis auf die Anzeige des Bilds, den Vorgaben entspricht. Bei einem weiteren Betrachten des Quellcodes werden Sie aber wieder einen kleinen Schönheitsfehler feststellen können. Noch wird jeder einzelne Datensatz von einem vollständigen `<table>`-Tag eingeschlossen. Das muss nicht sein: Es reicht, wenn das `<table>`-Tag sämtliche Datensätze nur einmal einschließt.

Verschachtelte Teilbereiche nutzen

Um genau diesem Überfluss an Tabellen vorzubeugen, wurde in der Designvorlage bereits der Teilbereich ###EINTRAG### eingefügt. Nur dieser Teilbereich soll pro gefundenem Datensatz immer wiederholt werden. Dazu wird eine weitere TYPO3-interne Funktion, nämlich `substituteSubpart()` eingeführt.

Beispiel 11-13: Verschachtelte Teilbereiche nutzen

```
[...]
11  // Die Designvorlage laden
12  $tmpl = $this->cObj->fileResource($conf["templateFile"]);
13  // Einen Teilbereich der Designvorlage auslesen
14  $tmpl = $this->cObj->getSubpart($tmpl, "###MITARBEITER###");
15  // Einen weiteren Teilbereich aus dem Teilbereich auslesen
16  $tmpl_eintrag = $this->cObj->getSubpart($tmpl, "###EINTRAG###");
17
18  // Ggf. einen Parameter auslesen, ansonsten die aktuelle Seite verwenden
19  $mitarbeiterPageId = $conf["mitarbeiterPageId"];
20  if (!intval($mitarbeiterPageId)) $mitarbeiterPageId = $GLOBALS["TSFE"]->id;
21
22  // Die Datenbankabfrage inkl. Unterstützung von Datenbankabstraktion
23  $res =$GLOBALS["TYPO3_DB"]->exec_SELECTquery("*","user_rmmitarbeiter_main",
        "deleted = 0 AND hidden = 0 AND pid = '".$mitarbeiterPageId."'");
24  while ($row = $GLOBALS["TYPO3_DB"]->sql_fetch_assoc($res)) {
25     // Ein Array mit Platzhaltern als Schlüssel mit den Werten füllen
26     $marker["###NAME###"] = $row["nachname"]." ".$row["vorname"];
27     $marker["###BILD###"] = $row["bild"];
```

Beispiel 11-13: Verschachtelte Teilbereiche nutzen (Fortsetzung)

```
28      // Den Teilbereich ###EINTRAG### und das Array miteinander "vereinen"
29      $content.=$this->cObj->substituteMarkerArrayCached($tmpl_eintrag,
               $marker);
30   }
31   // Letztmalig den umhüllenden Teilbereich ersetzen und das Ergebnis ausgeben
32   $content =$this->cObj->substituteSubpart($tmpl, "###EINTRAG###", $content);
33   return $content;
34 }
```

In Zeile 16 wird der Inhalt des Teilbereichs ###EINTRAG### in `$tmpl_eintrag` abgelegt. In Zeile 29 arbeiten Sie nun nicht mehr mit dem gesamten Teilbereich ###MITARBEITER###, der in `$tmpl` abgelegt ist, sondern nur noch mit dem Teilbereich ###EINTRAG###, der in `$tmpl_eintrag` vorhanden ist und in Zeile 16 definiert wird.

Am Ende der `main()`-Funktion in Zeile 32, nachdem die Schleife durchgearbeitet wurde, wird die neue TYPO3-interne Funktion `substituteSubpart()` ausgeführt. Diese Funktion erwartet drei Parameter und ersetzt einen Teilbereich durch eine beliebige Zeichenkette. In diesem Fall wird also der in `$tmpl` abgelegte Teilbereich ###MITARBEITER### genommen und der Teilbereich ###EINTRAG### durch den Inhalt von `$content` ersetzt.

Die Grafik generieren

Das Frontend-Plugin ist noch nicht komplett: Die Darstellung des jeweiligen Bilds muss noch eingerichtet werden. Der Dateiname wird zwar schon ausgegeben, das Bild selbst jedoch noch nicht generiert.

Zur Realisierung eignet sich die TYPO3-interne Funktion `cObjGetSingle()`, die Sie bereits in weiter oben kennen gelernt haben. Geben Sie über TypoScript mit dem GIFBUILDER an, wie die Darstellung der Grafik beschaffen sein soll. Diese Definition wird als Parameter an die PHP-Funktion übergeben, der genaue Dateiname wird dynamisch in der PHP-Funktion überschrieben.

In Beispiel 11-14 werden gleich zwei Grafiken beschrieben. Unter `.bild` soll definiert werden, wie eine Grafik aussieht, wenn zu einem Snowboardlehrer ein Foto vorhanden ist. Wird einem Mitarbeiter kein Foto hinzugefügt, soll das Plugin eine andere Definition für ein Bild verwenden.

Beispiel 11-14: Erweitern des TypoScript-Templates um Definitionen für Grafiken

```
[...]
# Parameter für das eigene Mitarbeiter-Plugin
plugin.user_rmmitarbeiter_pi1 {
   testObjekt = IMAGE
   testObjekt.file = GIFBUILDER
   testObjekt.file {
```

Beispiel 11-14: Erweitern des TypoScript-Templates um Definitionen für Grafiken (Fortsetzung)

```
386         XY = 100,100
387         backColor = red
388      }
389      # Pfad zur Designvorlage als Parameter angeben
390      templateFile = fileadmin/mitarbeiter.html
391
392      # So soll ein Foto eines Mitarbeiters formatiert werden.
393      bild = IMAGE
394      bild.file = GIFBUILDER
395      bild.file {
396         XY = [10.w]+2, [10.h]+2
397         backColor = black
398         10 = IMAGE
399         10.file = unbekannt
400         10.file.width = 150
401         10.offset = 1,1
402      }
403      # Dieses Bild soll angezeigt werden, wenn kein Foto vorhanden ist.
404      bild_default = IMAGE
405      bild_default.file = GIFBUILDER
406      bild_default.file {
407         XY = 152, 50
408         backColor = white
409         10 = TEXT
410         10.text = N/A
411         10.fontFile = fileadmin/fonts/verdana.ttf
412         10.fontSize = 20
413         10.fontColor = black
414         10.niceText = 1
415         10.offset = 30,25
416      }
403 }
[...]
```

Das Layout eines vorhandenen Bilds (Zeilen 393 bis 402 im TypoScript-Beispiel 11-14) wird jeweils mit einem schwarzen Rand versehen. Dieser Rand wird direkt mittels TypoScript erstellt, indem die gesamte Grafik 2 Pixel höher und 2 Pixel breiter ist als die eigentliche Bilddatei, die in Zeile 400 auf 150 Pixel gesetzt wird. Das Bild ist somit immer maximal 152 Pixel breit, das in Ebene 10 eingelesene Bild aber nur 150 Pixel. Über den Offset (Zeile 401) wird das Bild mittig platziert.

In Zeile 399 müssten Sie zur Eigenschaft `.file` normalerweise eine Grafikdatei angeben. Diese Grafikdatei soll aber dynamisch angegeben werden und wird sich von Datensatz zu Datensatz ändern. Die Wertzuweisung *unbekannt* dient somit nur als Platzhalter und wird über die PHP-Funktion mit dem jeweils aktuellen Dateinamen überschrieben.

Passen Sie nun die PHP-Funktion wie in Beispiel 11-15 gezeigt an. Das Resultat Ihres Frontend-Plugins können Sie in Abbildung 11-16 sehen.

Beispiel 11-15: Der vollständige PHP-Code mit dynamischer Generierung eines Bilds

```
01 function main($content,$conf) {
02   $this->conf=$conf;
03   $this->pi_setPiVarDefaults();
04   $this->pi_loadLL();
05   $this->pi_USER_INT_obj=1;
06
07   // Variablen setzen
08   $content = "";
09   $marker = array();
10   $img_pfad = "uploads/tx_userrmmitarbeiter/";
11
12   // Die Designvorlage laden
13   $tmpl = $this->cObj->fileResource($conf["templateFile"]);
14   // Einen Teilbereich der Designvorlage auslesen
15   $tmpl = $this->cObj->getSubpart($tmpl, "###MITARBEITER###");
16   // Einen weiteren Teilbereich aus dem Teilbereich auslesen
17   $tmpl_eintrag = $this->cObj->getSubpart($tmpl, "###EINTRAG###");
18
19   // Ggf. einen Parameter auslesen, ansonsten die aktuelle Seite verwenden
20   $mitarbeiterPageId = $conf["mitarbeiterPageId"];
21   if (!intval($mitarbeiterPageId)) $mitarbeiterPageId = $GLOBALS["TSFE"]->id;
22
23   // Die Datenbankabfrage inkl. Unterstützung von Datenbankabstraktion
24   $res =$GLOBALS["TYPO3_DB"]->exec_SELECTquery("*","user_rmmitarbeiter_main",
         "deleted = 0 AND hidden = 0 AND pid = '".$mitarbeiterPageId."'");
25   while ($row = $GLOBALS["TYPO3_DB"]->sql_fetch_assoc($res)) {
26     // Ein Array mit Platzhaltern als Schlüssel mit den Werten füllen
27     $marker["###NAME###"] = $row["nachname"]." ".$row["vorname"];
28     // Das Bild auslesen und verarbeiten
29     $conf["bild."]["file."]["10."]["file"]= $img_pfad.$row["bild"];
30     if ($this->cObj->fileResource($img_pfad.$row["bild"])) {
31       $marker["###BILD###"] = $this->cObj->cObjGetSingle($conf["bild"],
                               $conf["bild."]);
32     } else {
33       $marker["###BILD###"] = $this->cObj->cObjGetSingle(
                      $conf["bild_default"], $conf["bild_default."]);
34     }
35     // Den Teilbereich ###EINTRAG### und das Array miteinander "vereinen"
36     $content.=$this->cObj->substituteMarkerArrayCached($tmpl_eintrag,
             $marker);
37   }
38   // Letztmalig den umhüllenden Teilbereich ersetzen und Ergebnis ausgeben
39   $content =$this->cObj->substituteSubpart($tmpl, "###EINTRAG###", $content);
40   return $content;
41 }
```

In Zeile 10 wird die neue Variable `$img_pfad` eingeführt. In der Datenbank wird im Feld *bild* der Dateiname ohne Angabe des Pfads gespeichert. Soll der in `plugin.user_rmmitarbeiter_pi1.bild.file.10.file` zugewiesene Wert überschrieben werden, muss eine vollständige Pfadangabe zum Bild vorhanden sein. Als Sie das eigene

Plugin installierten, wurde ein Ordner *uploads/tx_userrmmitarbeiter/* angelegt. In diesem Ordner befinden sich die innerhalb der Erweiterung hochgeladenen Bilder.

In Zeile 29 wird die oben genannte Eigenschaft mit der genauen Pfadangabe zum Bild (Pfad + Dateiname) überschrieben. In Zeile 30 wird überprüft, ob sich unter dieser Pfadangabe überhaupt eine Datei befindet. Es kann z.B. sein, dass zu einem Snowboardlehrer kein Bild hochgeladen wurde. Dies ließe sich mit einer einfachen Abfrage auf den Datensatz herausfinden. Es kann aber auch sein, dass ein Bild manuell (z.B. per FTP) aus dem in `$img_pfad` angegebenen Ordner gelöscht wurde oder aber dieser Ordner nicht existiert (z.B. weil `$img_pfad` einen falschen Wert enthält).

In jedem dieser genannten Fälle schlägt die `if`-Abfrage in Zeile 30 fehl, und der `else`-Bereich in Zeile 33 wird ausgeführt. Ist das Bild aber vorhanden, liefert die `if`-Abfrage einen wahren Wert zurück, und der PHP-Code innerhalb der ersten geschweiften Klammer in Zeile 31 wird ausgeführt.

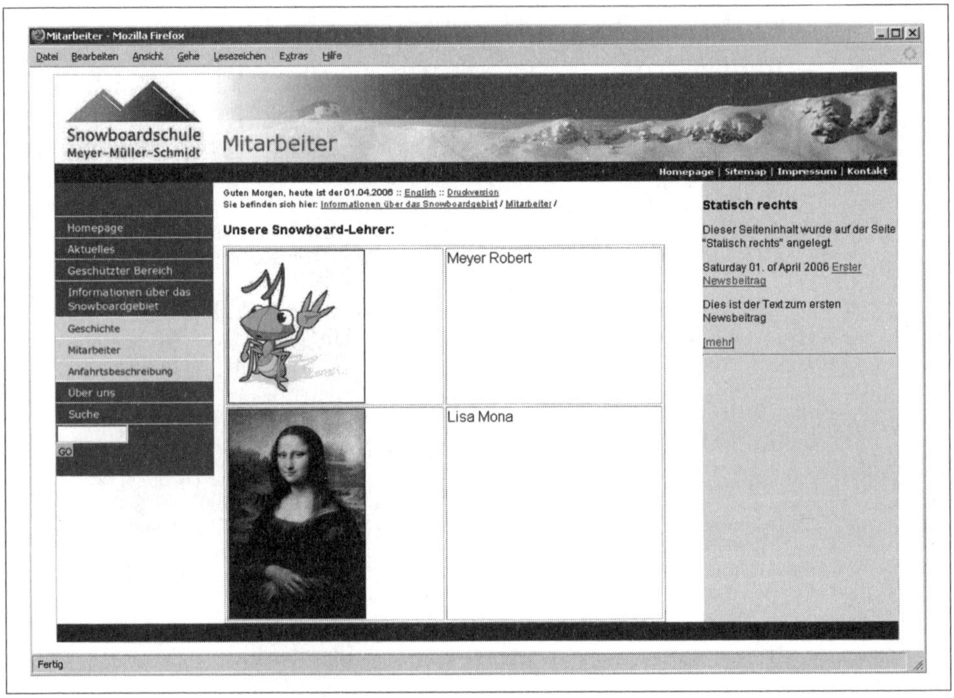

Abbildung 11-16: Das Gesamtergebnis des Plugins im Frontend

In Zeile 31, die nur dann verarbeitet wird, wenn das Bild auch existiert, wird der TypoScript-Code mittels der TYPO3-internen Funktion `cObjGetSingle()` verarbeitet. Das hier zurückgelieferte Ergebnis ist ein vollständiger HTML-Code für das

<img>-Tag. Während des Ausführens dieser Funktion wird bereits dynamisch die Grafik generiert. Die Funktion `cObjGetSingle()` wurde bereits weiter oben erläutert.

Zeile 33 wird nur dann verarbeitet, wenn das angegebene Bild nicht existiert, da sich diese Zeile innerhalb des `else`-Bereichs befindet. Hier wird äquivalent zu Zeile 31 ein TypoScript-Code mit der Funktion `cObjGetSingle()` verarbeitet, jedoch mit der in `plugin.user_rmmitarbeiter_pi1.bild_default` angegebenen Konfiguration.

In diesem Kapitel:

- Benutzer und unterschiedliche TYPO3-Versionen
- Administratoren anlegen
- Redakteure anlegen
- Das Backend noch benutzerfreundlicher gestalten

KAPITEL 12

Benutzerrechte für Redakteure anlegen

In den bisherigen Kapiteln haben Sie überwiegend als Administrator Templates bearbeitet, die gesamte Seitenstruktur angelegt und Inhalte eingepflegt. In diesem Kapitel erstellen Sie weitere Benutzer, die ohne großen Schulungsaufwand selbstständig die Webseite redaktionell pflegen können.

Benutzer und unterschiedliche TYPO3-Versionen

In den letzten TYPO3-Versionen hat sich einiges in Bezug auf Backend-Benutzer geändert. So steht in TYPO3-Version 3.7.0 in der Backend-Maske an Stelle zweier Felder für Benutzergruppen nur noch eine Maske zur Verfügung. Aus dieser Maske können mehrere Einträge durch Drücken der *Strg*-Taste ausgewählt werden, natürlich nur unter der Voraussetzung, dass Backend-Benutzergruppen angelegt wurden. Mit Version 3.8.0 wurde der Schritt wieder rückgängig gemacht, da hier ein unschöner Effekt aufgetreten war: In vorherigen Versionen hatte ein Backend-Benutzer immer neue Datensätze angelegt mit der Gruppe, die in dem Feld ganz oben stand. Durch die Reduzierung auf ein Feld in Version 3.7.0 konnte ein Benutzer zwar immer noch mehreren Benutzergruppen zugeordnet werden, aber eine Auswahl, welche Benutzergruppe ganz oben stehen soll, war nicht mehr möglich.

Ebenso stehen einige hier vorgestellte Features erst seit TYPO3-Version 3.7.0 zur Verfügung. Wenn Sie mit einer TYPO3-Version 3.6.x oder früher arbeiten, werden die in den folgenden Abschnitten vorgestellten Screenshots voraussichtlich abweichen. Lassen Sie sich davon aber nicht beirren, denn die Grundfunktionalitäten stehen auch in älteren Versionen zur Verfügung.

Kontinuierlich ist in den letzten Versionen die Anzahl der unterstützten Sprachen gestiegen – zum Vorteil von TYPO3 und der gesamten Community, zum Nachteil der Performance und der benötigten Ressourcen. TYPO3 hat bis Version 3.7.0 alle Sprachen permanent unterstützt – wenn Sie im Backend auch nur mit einer Sprache gearbeitet haben, so waren jedoch 36 weitere mit im Speicher des Servers. Dadurch wurden die Anforderungen an Serverressourcen immer höher, und Memory-Limits, die in PHP gesetzt werden können, haben den Gebrauch von TYPO3 häufig nur eingeschränkt oder gar verhindert.

Seit TYPO3-Version 3.8.0 werden die Sprachen in separaten Erweiterungen gehalten, die zunächst installiert werden müssen. Wenn Sie sich also die Sprache *Deutsch* auswählen, jedoch im gesamten Backend immer noch die englische Sprache angezeigt wird, sollten Sie überprüfen, ob das entsprechende Sprachpaket installiert ist.

Administratoren anlegen

Bei der Standard-Installation von TYPO3 ist im Normalfall bereits ein Benutzer mit Adminstratorrechten vorhanden. Mit diesem Benutzer haben Sie bisher gearbeitet. Wenn Sie nun anderen Personen Zugriff auf Ihr TYPO3-Projekt mit Administratorrechten gewähren möchten, könnten Sie Ihre Zugangsdaten mitteilen, mit denen Sie sich selbst in das TYPO3-Backend einloggen. Dieses hat den Vorteil, dass Sie keinen weiteren Benutzer anlegen müssen – Sie sparen somit ca. eine Minute Zeit. Die Liste der Nachteile, die auftreten, wenn Sie Ihre persönlichen Zugangsdaten anderen Personen mitteilen, ist sehr lang, und nur einige dieser Nachteile sollen im Folgenden genannt werden.

Zum einen werden Sie Ihr Passwort wahrscheinlich noch an anderen Stellen verwenden. Wenn andere Personen das Passwort kennen, mit dem Sie z.B. auch Ihre E-Mails abrufen oder sich in ein Firmennetzwerk einloggen, birgt das unvorhersehbare Gefahren. Zum anderen können Sie in TYPO3 erkennen, wann sich welcher Benutzer eingeloggt hat und welche Aktionen von diesem Benutzer ausgehen. Gibt es auf der Internetseite irgendwelche Phänomene oder Modifikationen, werden Änderungen immer auf Sie selbst zurückfallen. Sie haben keine Möglichkeit nachzuweisen, dass ein anderer Benutzer versehentlich rekursiv alles gelöscht hat, wenn sich auch andere Personen mit Ihren Zugangsdaten einloggen können.

Um diesen Nachteilen entgegenwirken zu können, nehmen Sie sich vor der Herausgabe von Zugangsdaten eine Minute Zeit, um einen neuen Benutzer anzulegen. Gehen Sie dazu in das Backend-Modul *Liste* und wählen Sie im Seitenbaum als aktive Seite die Root-Ebene (die Seite mit der Weltkugel) aus, indem Sie auf den Textlink rechts neben dem Icon klicken. Auf der rechten Seite können Sie nun im Abschnitt *Backend Benutzer* erkennen, welche Benutzer bereits angelegt worden sind (Abbildung 12-1). Benutzer mit Administratorrechten erhalten als Icon ein blaues Hemd, Benutzer mit eingeschränkten Rechten werden hingegen mit einem grünen Hemd dargestellt.

Um nun einen neuen Benutzer anzulegen, gibt es mal wieder mehrere Möglichkeiten. Eine Möglichkeit ist, im Seitenbaum auf das Icon mit der Weltkugel zu klicken.

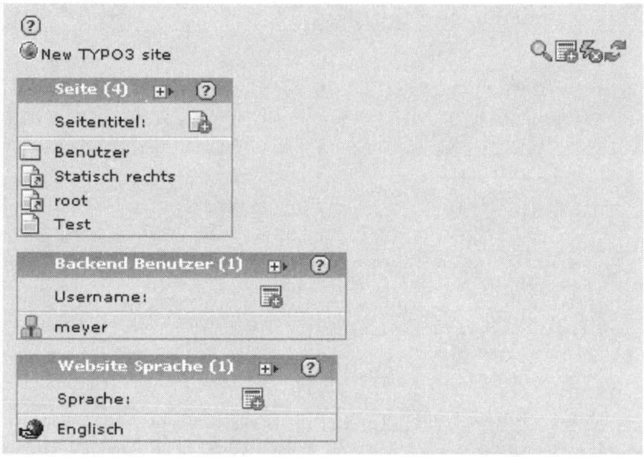

Abbildung 12-1: Im Modul »Liste« können Sie auf der Root-Ebene Backend-Benutzer sehen

Wählen Sie dann aus dem sich öffnenden Pop-up-Menü den Eintrag *Neu* aus. Auf der rechten Seite wählen Sie nun aus, was Sie neu anlegen möchten. Wählen Sie hier den Eintrag *Backend Benutzer* aus, auch wenn dieser an dieser Stelle mit einem grünen Hemd dargestellt wird und somit eigentlich keine Administratorrechte hat.

In der nun erscheinenden Maske (Abbildung 12-2) machen Sie die Angaben zum Benutzer. Die beiden Felder *Username* und *Password* müssen zwingend angegeben werden. Mit diesen Zugangsdaten kann der neue Benutzer sich anschließend in das TYPO3-Backend einloggen. Zu diesem Zeitpunkt darf der neue Benutzer noch nichts (außer sich einloggen). Da Sie einen Benutzer mit Administratorrechten anlegen möchten, aktivieren Sie das Kontrollkästchen *Admin(!)*. Es folgt ein Hinweis, der Sie darüber informiert, dass nach dem Bestätigen dieses Hinweises die Daten gespeichert werden und die Maske mit anderen Feldern neu geladen wird. Bestätigen Sie diesen Hinweis einfach mit *OK*.

Wenn Sie das Kontrollkästchen *Admin(!)* aktivieren, bekommt der angelegte Benutzer Administratorrechte und erhält dadurch Zugriff auf das gesamte System – ohne Einschränkungen!

Optional, aber durchaus sinnvoll, ist die Angabe einer Default-Sprache. Wenn der neue Administrator sich erstmalig in das Backend einloggt, wird die hier angegebene Sprache für das Backend verwendet und gespeichert. Nachträglich können Sie nach einem bereits erfolgten Login des angelegten Benutzers die Sprache nicht mehr über diese Maske ändern. Wählen Sie daher aus dem Auswahlfeld *Default Language* den Eintrag *German* aus.

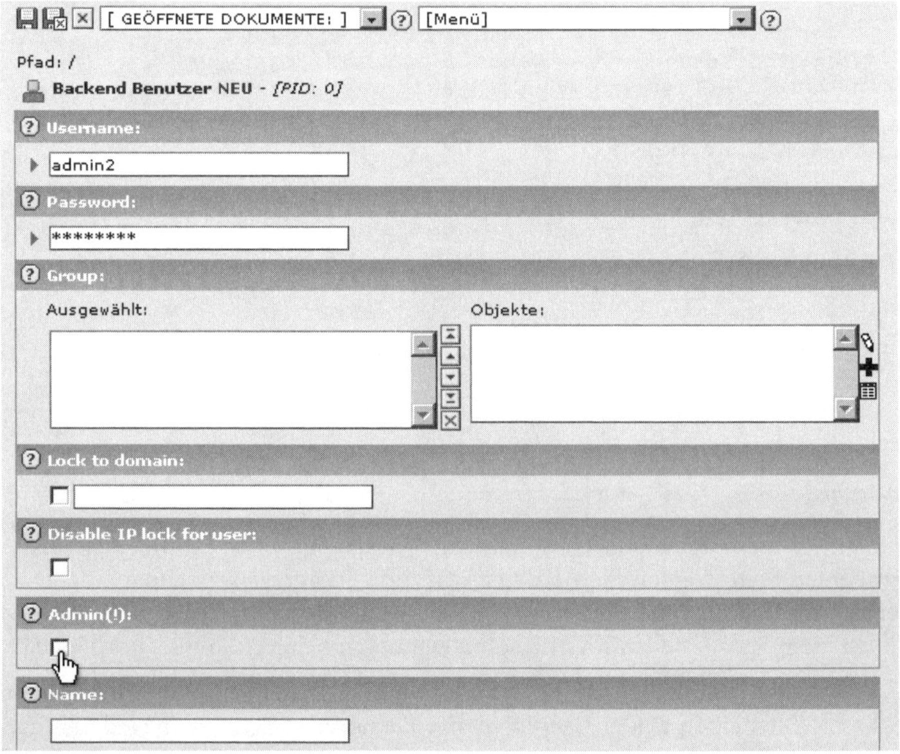

Abbildung 12-2: Die Maske für Backend-Redakteure

Einschränkungen vorzunehmen, wie z.B. dass der Administrator sich nur bis zu einem bestimmtem Datum einloggen darf, macht bei Administratoren keinen Sinn, da diese ihre eigenen Rechte bearbeiten können. Auf die anderen Felder und Möglichkeiten wird im nächsten Abschnitt eingegangen.

Speichern Sie den neu angelegten Administrator über das bekannte *Speichern und Schließen*-Icon. Nachdem Sie nun einen neuen Administrator angelegt haben, können Sie testen, ob sich dieser neue Benutzer auch mit Administratorrechten einloggen kann. Loggen Sie sich aus dem Backend aus und mit den Zugangsdaten des neuen Benutzers wieder ein.

Redakteure anlegen

Häufig werden Sie Benutzer anlegen wollen, die nur auf bestimmte Seiten Zugriff haben und nur bestimmte Aktionen ausführen können sollen, die Sie zuvor erlaubt haben. Nicht jeder Benutzer muss in TYPO3 ein Administrator sein – auch Redakteure mit eingeschränktem Backend-Zugang können angelegt werden.

Im vorigen Abschnitt haben Sie einen Administrator angelegt, der alle Rechte an dem TYPO3-Projekt hat. Ein Benutzer, der kein Administrator ist, hat zunächst gar keine Rechte und darf nicht mehr, als sich ein- und auszuloggen. Über Backend-Benutzergruppen können Sie einzelne Rechte vergeben und später einem Benutzer eine oder auch mehrere Benutzergruppen zuweisen. Die Rechte – also alles, was ein Benutzer darf – werden somit in Benutzergruppen definiert. Daher ist der erste Schritt zum Anlegen eines Redakteurs das Anlegen einer Benutzergruppe für Redakteure, in der die gesetzten Rechte angegeben werden.

Eine Benutzergruppe für Redakteure anlegen

Um eine Backend-Benutzergruppe anzulegen, wechseln Sie wieder in das Modul *Liste* und legen auf der Root-Ebene einen neuen Datensatz vom Typ *Backend Benutzergruppe* an. Sie erhalten im rechten Bereich eine Maske, in der Sie zwingend für die Benutzergruppe einen *Gruppentitel* angeben müssen. Geben Sie hier als Gruppentitel *Redakteure* an.

Die Zugriffsrechte sind hinter dem Kontrollkästchen *Include Access Lists* versteckt. Aktivieren Sie dieses und bestätigen Sie die Hinweismeldung mit *OK*. Die Maske wird neu geladen, und es stehen diverse Konfigurationsmöglichkeiten zur Verfügung (Abbildung 12-3).

> Die Darstellung ist abhängig von der TYPO3-Version. TYPO3-Versionen vor 3.7.0 hatten für jeden Bereich zwei große Felder. Rechts befanden sich die möglichen, links die hinzugefügten Rechte. Seit Version 3.7.0 wurde das Handling verändert und auf ein Feld reduziert. Markierte Einträge zeigen nun, welche Rechte gesetzt sind. Um mehrere Rechte zu vergeben bzw. Änderungen vorzunehmen, müssen Sie die *Strg*-Taste gedrückt halten.

Backend-Module verfügbar machen

Sie sehen eine umfangreiche Liste mit Konfigurationsmöglichkeiten. Unter *Modules* geben Sie an, welche Backend-Module dem Redakteur zur Verfügung stehen sollen. Dies sind die Bereiche, die im linken Menü angezeigt werden.

Sinnvoll für Redakteure ist, wenn sie Seiten und Seiteninhalte bearbeiten können. Dazu ist es erforderlich, dass Backend-Module aus dem Bereich *Web* zur Verfügung gestellt werden. Geben Sie der Benutzergruppe daher das Recht, auf den Bereich *Web* zuzugreifen. Nun können Sie noch angeben, welche Backend-Module aus diesem Bereich zur Verfügung gestellt werden sollen. Mögliche Backend-Module sind *Seite*, *Anzeigen*, *Liste*, *Info*, *Zugriff* und *Funktionen*. Um Redakteure nicht unnötig mit zu vielen Menüpunkten zu belasten, empfiehlt es sich, hier nur das Backend-Modul *Web>Seite* zu aktivieren, da mit diesem einen Backend-Modul fast alles gemacht werden kann, was ein Redakteur können sollte. Es kann auch noch sinn-

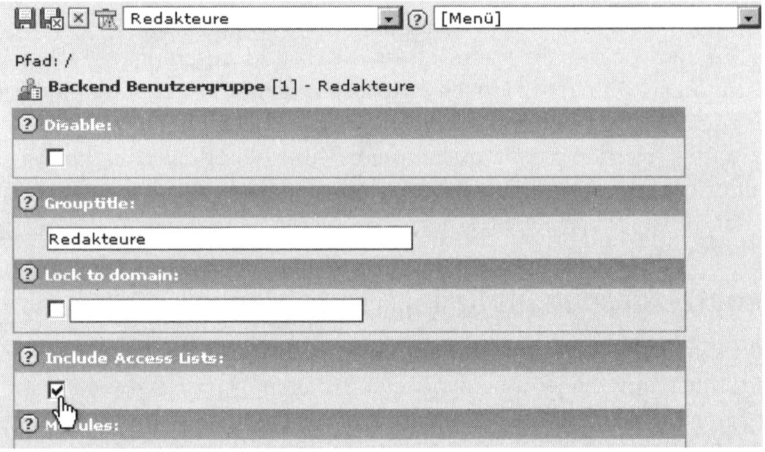

Abbildung 12-3: »Include Access Lists« muss aktiviert sein, um Zugriffsrechte setzen zu können

voll sein, das Backend-Modul *Web>Liste* zu aktivieren, das hängt aber von Ihrem jeweiligen TYPO3-Projekt ab. Einige Datensätze stehen nur in diesem Backend-Modul zur Verfügung, wie z.B. das Bearbeiten von Datensätzen Ihres eigenen Plugins *Snowboardlehrer*.

Im Bereich *Datei* können Sie angeben, ob der Benutzer auch durch Dateien und Verzeichnisse browsen und Dateien anlegen und modifizieren darf. Dazu können Sie eine Dateifreigabe einrichten, die einen speziellen Verzeichnisbereich umfasst. Näheres hierzu erfahren Sie im Abschnitt »Verzeichnisse zuweisen und Dateifreigaben einrichten«. Es ist durchaus sinnvoll, dass ein Redakteur auf eine solche Dateifreigabe Zugriff hat. Aktivieren Sie daher die beiden Rechte *Datei* und *Datei>Dateiliste*. Das Recht *Datei>Bilder* ist im Regelfall überflüssig, da bei der Anzeige der Verzeichnisinhalte lediglich eine Auswahl der Grafikdateien vorgenommen wird.

Wenn Redakteure selbstständig ihr Passwort ändern oder sonstige Einstellungen wie z.B. einen Wechsel der Sprache vornehmen können sollen, empfiehlt es sich, die Rechte *Benutzer* und *Benutzer>Einst.* zu aktivieren. Die fertige Rechtevergabe unter *Modules* könnte nun wie in Abbildung 12-4 gezeigt aussehen.

Zugriff auf Datensätze

Als Nächstes können Sie die Rechte für die Bereiche *Tables (listing)* und *Tables (modify)* vergeben (Abbildung 12-5). In *Tables (listing)* definieren Sie, welche Datensätze der Benutzer sehen darf, in *Tables (modify)* geben Sie an, welche Datensätze der Benutzer ändern und anlegen darf. Im Regelfall reicht es aus, nur Rechte in dem Bereich *Tables (modify)* anzugeben, da es in der Praxis selten vorkommen wird, dass

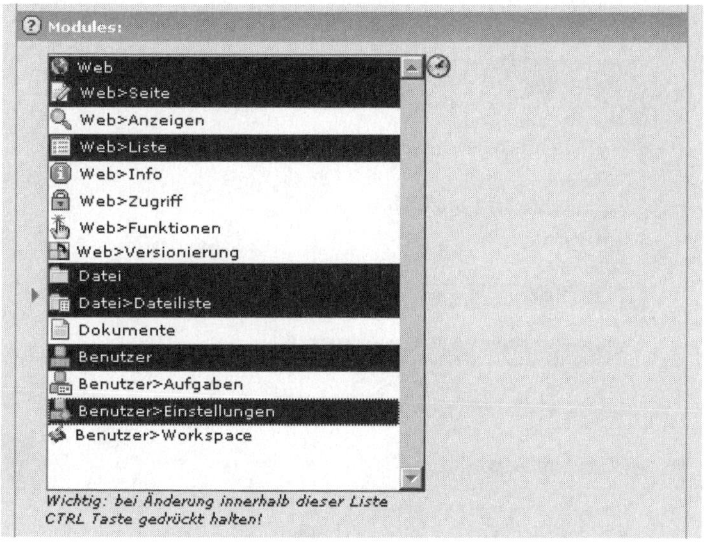

Abbildung 12-4: Eine mögliche Rechtevergabe im Bereich »Modules«

ein Benutzer im Backend Datensätze zwar sehen, aber nicht verändern darf. Wenn ein Benutzer Datensätze verändern darf, darf er diese automatisch auch sehen.

Sie können in der Liste der möglichen Datensätze erkennen, dass auch die installierten Erweiterungen mit aufgenommen wurden. Selbst für das eigene erstellte Plugin können Sie angeben, ob der Benutzer an diesen Datensätzen Änderungen vornehmen bzw. diese sehen darf.

Der Redakteur soll nun das grundsätzliche Recht erhalten, Datensätze aus den Tabellen *Seite*, *Seiteninhalt*, *News* und *Snowboardlehrer* zu sehen, anzulegen, zu editieren und zu löschen. Damit ein Benutzer aber später tatsächlich Inhalte und Seiten verändern bzw. löschen kann, die er z.B. nicht selbst erstellt hat, müssen an einer späteren Stelle noch weitere Rechte vergeben werden. Im Abschnitt »Zugriffsrechte setzen« erfahren Sie dazu mehr. Eine mögliche Einstellung ist z.B. die in Abbildung 12-5 gezeigte.

Seitentypen erlauben

Unter *Page types* (Abbildung 12-6) können Sie angeben, welche Seitentypen ein Benutzer anlegen und bearbeiten darf. In vielen Fällen reicht es aus, wenn der Redakteur das Recht zum Anlegen und Bearbeiten von Seiten vom Typ *Standard*, ggf. auch *Erweitert*, erhält. Es handelt sich hierbei um das Bearbeiten eines Seitendatensatzes, nicht um die Inhalte auf einer Seite.

Bei den weiteren Seitentypen sind tiefer gehende Kenntnisse der Redakteure erforderlich. Darf ein Redakteur z.B. eine Seite vom Typ *Shortcut* anlegen oder bearbei-

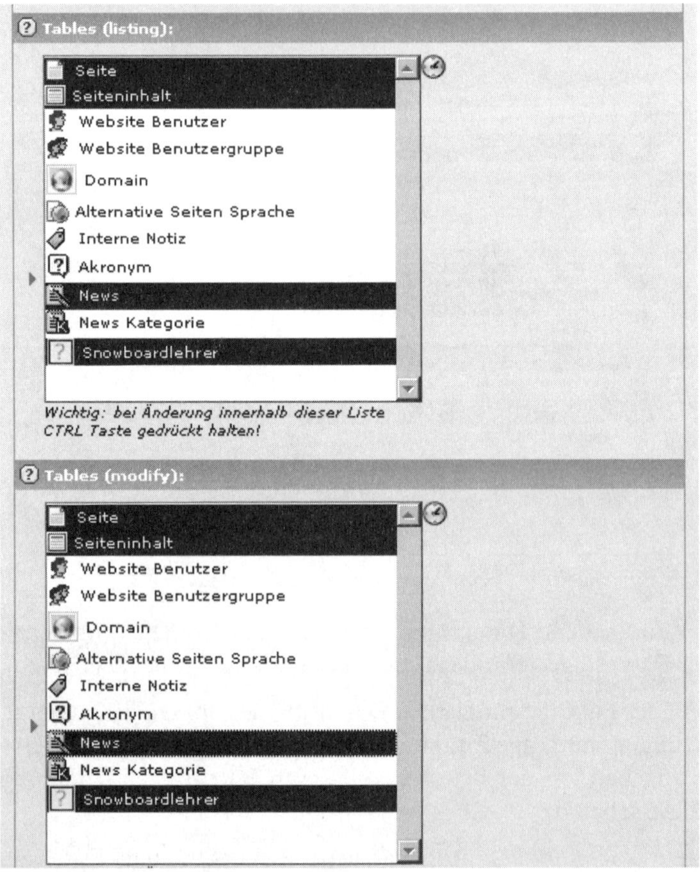

Abbildung 12-5: Diese Datenbanktabellen dürfen gesehen und modifiziert werden

ten, kann er die gesamte Webseite oder auch einen Teilbereich unzugänglich machen, indem er unwissentlich einen Shortcut »ins Nirvana« schickt. Überlegen Sie sich daher, wie intensiv Sie die Redakteure schulen möchten, welchen Support Sie bieten können und ob diese Seitentypen tatsächlich für die Pflege der Webseite benötigt werden. In Abbildung 12-6 sehen Sie eine mögliche Konfiguration der Box *Page types*.

Zugriff auf einzelne Felder explizit gestatten

Es folgt eine umfangreiche Box *Allowed excludefields* mit sehr vielen Einträgen. Hier geben Sie an, welche Felder ein Benutzer sehen und ändern darf. Der erste Eintrag *Seite: Typ* gibt z.B. an, dass ein Benutzer in einem Datensatz vom Typ *Seite* das Feld *Seitentyp* sehen darf. Sie haben bereits in zwei vorherigen Boxen angegeben, ob ein Benutzer Seitendatensätze sehen und bearbeiten darf (*Tables modify*) und welche

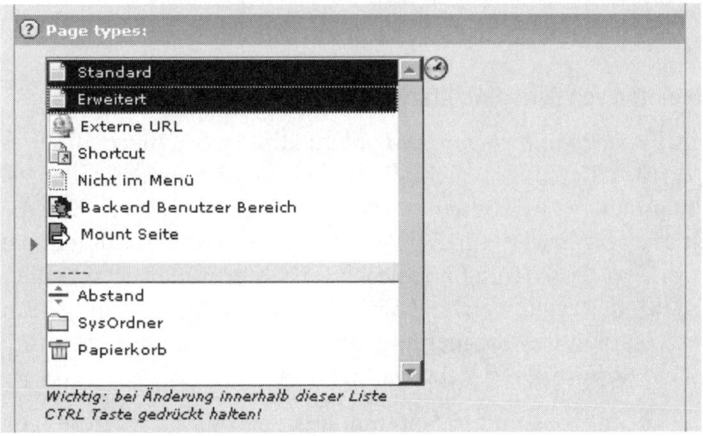

Abbildung 12-6: Diese Seitentypen darf der Redakteur anlegen bzw. auswählen

Seitentypen für den Benutzer zur Verfügung stehen sollen (*Page types*). Hier geben Sie an, ob dieses Feld überhaupt zur Verfügung stehen soll.

Ein Feld *Seite: title* werden Sie in der Auflistung nicht finden, da dieses Feld immer zur Verfügung steht, wenn ein Benutzer Zugriff auf Seitendatensätze hat. So sehen Sie in dieser Liste grundsätzlich nur Felder, die aus Sicht von TYPO3 bzw. seinen Erweiterungen optional sind. Zum normalen Betrieb von TYPO3 und für die Arbeit der Redakteure wäre es theoretisch nicht nötig, einen Eintrag in dieser Liste auszuwählen. Häufig ist es aber sinnvoll, dass bestimmte Felder dem Redakteur zusätzlich zur Verfügung stehen.

Übliche Einstellungen für Datensätze vom Typ *Seite* sind *Typ*, *Seite verstecken*, *Start*, *Stop*, *Zugriff*, *Inklusive Unterseiten* und ggf. *Dateien*. Diese Rechte sind aber abhängig von der Funktionalität der TYPO3-Webseite. *Dateien* werden z.B. für das Beispielprojekt nur dann gebraucht, wenn der Redakteur selbstständig das Recht erhalten soll, den Trailer auszutauschen. Dann ist es aber auch erforderlich, dass der Benutzer Zugriff auf Seiten vom Typ *Erweitert* erhält etc.

Hat ein Benutzer auf das Feld *Seite: Verstecken* keinen Zugriff, werden neu angelegte Seiten dieses Benutzers automatisch als *Versteckt* gekennzeichnet und stehen im Frontend zunächst nicht zur Verfügung. Erst muss ein Benutzer diese Seite freischalten, der hierzu das Recht hat.

Geben Sie der Benutzergruppe hier die Rechte für die Felder, die die Redakteure Ihrer Meinung nach benötigen. Es macht häufig Sinn, die Anzahl der Felder auf ein Minimum zu reduzieren. Einige Felder werden voraussichtlich durch Ihr Template nicht unterstützt, wie z.B. die Felder *Seiteninhalt: Schrift* oder *Seiteninhalt: Größe*. Außerdem haben Sie in Kapitel 10, *Bestehende Erweiterungen integrieren*, aus der Designvorlage für das News-Modul einige Felder entfernt. Es wäre somit unsinnig, diese Felder in den Masken zugänglich zu machen, da sie nicht mehr unterstützt werden.

Explizites Verbieten von Seiteninhaltstypen und Erweiterungen

Im Abschnitt *Explicity allow/deny field values* können Sie angeben, welche Seiteninhaltstypen für den Redakteur nicht (!) zur Verfügung stehen sollen. Nicht unterstützte Seiteninhaltstypen können somit vor den Redakteuren versteckt werden. Gleiches gilt auch für Erweiterungen. Wenn der Redakteur das Recht hat, einen Seiteninhalt vom Typ *Erweiterung* anzulegen, erhält er in der entsprechenden Maske ein Auswahlfeld, das zeigt, welche Erweiterung er einfügen kann. Wie auch bei den Seiteninhaltstypen können Sie hier angeben, welche Erweiterungen für die Benutzergruppe nicht zur Verfügung stehen sollen.

Die Möglichkeit, nur bestimmte Seiteninhaltstypen und Erweiterungen Benutzern zugänglich zu machen sowie einen Benutzer auf bestimmte Sprachen zu beschränken, steht erst seit TYPO3-Version 3.7.0 zur Verfügung.

Einstiegspunkte im Seitenbaum angeben

Unter *DB Mounts* können Sie bestimmen, welche Einstiegspunkte im Seitenbaum für die Benutzer angezeigt werden. Sie müssen hier Seiten angeben, da dem Benutzer sonst im Seitenbaum nichts angezeigt wird und er somit einen leeren Seitenbaum sieht. Geben Sie hier z.B. die einzelnen Bereiche an, in denen der Redakteur arbeiten können darf. Im Beispielprojekt sind das die drei Seiten *Menü oben*, *Menü links* und *Statisch rechts*. Sollen die Benutzer dieser Benutzergruppe auch Frontend-Benutzer editieren dürfen, so sollte der Systemordner *Benutzer* mit aufgenommen werden.

> Es ist nicht möglich, die Root-Ebene (die Seite mit der Weltkugel) als Einstiegspunkt für den Seitenbaum anzugeben.

Verzeichnisse zuweisen und Dateifreigaben einrichten

Unter *File Mounts* können Sie so genannte *Dateifreigaben* zuweisen. Der Benutzer kann dann z.B. im Backend-Modul *Dateiliste*, sofern ihm dieses Modul zur Verfügung steht, innerhalb und unterhalb eines angegebenen Verzeichnisses arbeiten. Dazu wird eine Dateifreigabe für einige Seiteninhaltstypen benötigt, und zwar immer dort, wo Dateien hochgeladen oder eingefügt werden können.

Unter einer Dateifreigabe wird in TYPO3 der Zugriff auf einen Ordner unter einem anderen Namen verstanden. Sie können so z.B. eine Dateifreigabe *Redakteure* einrichten, die auf den bestehenden Ordner *fileadmin/user_upload/* zeigt.

Wenn Sie als Browser einen anderen als den Internet Explorer einsetzen, speichern Sie zunächst die Einstellungen.

Bevor Sie eine Dateifreigabe zuweisen können, muss zunächst eine vorhanden sein. Klicken Sie dazu rechts neben der Box auf das Plussymbol. Je nach Browser öffnet sich entweder ein neues Fenster, oder im rechten Bereich wird eine neue Maske geladen (Abbildung 12-7).

Geben Sie einen beliebigen Bezeichner für die neue Dateifreigabe im Feld *LABEL* an, wie z.B. *Redakteure*. Der Ordner *user_upload/* existiert bereits als Unterordner von *fileadmin/* in jeder üblichen TYPO3-Installation und kann daher im Feld *PATH* mit abschließendem Schrägstrich direkt angegeben werden. Sie können hier auch einen anderen Ordner verwenden, müssen aber sicherstellen, dass der angegebene Ordner auch existiert. Da der Ordner *user_upload/* ein Unterordner von *fileadmin/* ist, geben Sie im letzten Feld an, dass es sich hierbei um eine relative Angabe, ausgehend vom Ordner *fileadmin/*, handelt.

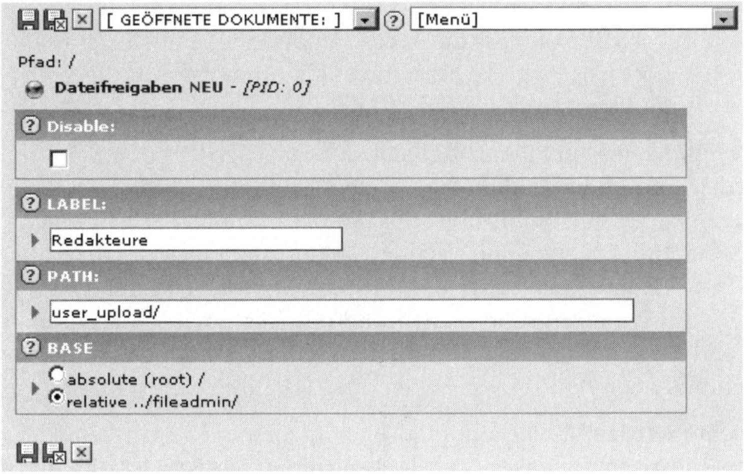

Abbildung 12-7: Eine neue Dateifreigabe einrichten

Sie können nun Ihre Angaben und Einstellungen für die neue Benutzergruppe speichern.

Einen Redakteur als Benutzer anlegen

Nachdem Sie eine Benutzergruppe für Redakteure angelegt haben, können Sie nun auch einen Backend-Benutzer anlegen, der lediglich die soeben konfigurierten

Rechte besitzt. Klicken Sie dazu erneut im Seitenbaum auf das Weltkugel-Icon und wählen Sie aus dem sich öffnenden Pop-up-Menü den Eintrag *Neu* aus. Auf der rechten Seite können Sie nun einen neuen Backend-Benutzer anlegen, indem Sie dem gleichnamigen Textlink folgen.

In der nun bekannten Maske für Backend-Benutzer legen Sie den Benutzer *Redakteur* an, der diesmal kein Administrator sein soll. Damit dieser Benutzer die gewünschten Rechte erhält, weisen Sie ihm die gerade erstellte Benutzergruppe *Redakteure* zu. Vergessen Sie nicht, die Backend-Sprache zu bestimmen, und speichern Sie dann den neuen Benutzer ab.

Der Benutzername wird nach dem Verlassen des Felds immer in Kleinbuchstaben konvertiert und auch so abgespeichert. Das Passwort behält die gewählte Groß- und Kleinschreibung bei.

Zugriffsrechte setzen

Wenn Sie nun versuchen, sich mit diesem neuen Benutzer einzuloggen, werden Sie nach einem erfolgreichen Login bemerken, dass im Seitenbaum nichts angezeigt wird, obwohl Sie in der Benutzergruppe die so genannten *DB Mounts* angelegt haben. Der Grund dafür ist, dass die Rechte an den Seiten noch nicht geändert wurden. Derzeit gehört jede einzelne Seite Ihnen als Administrator, und nur Sie dürfen sie sehen bzw. Änderungen daran durchführen.

Gehen Sie im linken Menü in das Backend-Modul *Zugriff* und aktivieren Sie im Seitenbaum die Root-Ebene, indem Sie auf den Textlink rechts neben der Weltkugel klicken. Wählen Sie nun rechts oben aus dem Auswahlfeld den Eintrag *Rechte* aus. Wie in Abbildung 12-8 zu sehen, erhalten Sie Informationen darüber, wer der Besitzer einer Seite ist und was dieser Besitzer alles darf. Dazu können Sie die Rechte einer möglichen Benutzergruppe sehen und erhalten auch Informationen darüber, was Backend-Benutzer machen dürfen, die weder zu einer bestimmten Benutzergruppe gehören noch Besitzer von Seiten oder Seiteninhalten sind.

Zugriffsrechte werden immer automatisch vergeben, wenn ein Benutzer eine Seite oder einen sonstigen Datensatz anlegt. Besitzer ist im Regelfall immer der eingeloggte Backend-Benutzer. Dieser kann auch wieder einer Benutzergruppe angehören, der ebenfalls Zugriffsrechte eingeräumt werden können. Ist ein anderer Benutzer eingeloggt als der, der einen Datensatz angelegt hat, aber mit zur definierten Benutzergruppe gehört, kann dieser Benutzer bestimmte angegebene Aktionen ausführen.

Um die Zugriffsrechte für die gesamte Seitenstruktur anzuzeigen, können Sie aus dem Auswahlfeld *Tiefe* z.B. den Eintrag *10 Ebenen* auswählen. Ausgehend von der momentan aktuellen Seite – in Abbildung 12-8 ist dieses z.B. die Root-Ebene – werden dann mit der angegebenen Tiefe alle Seiten angezeigt.

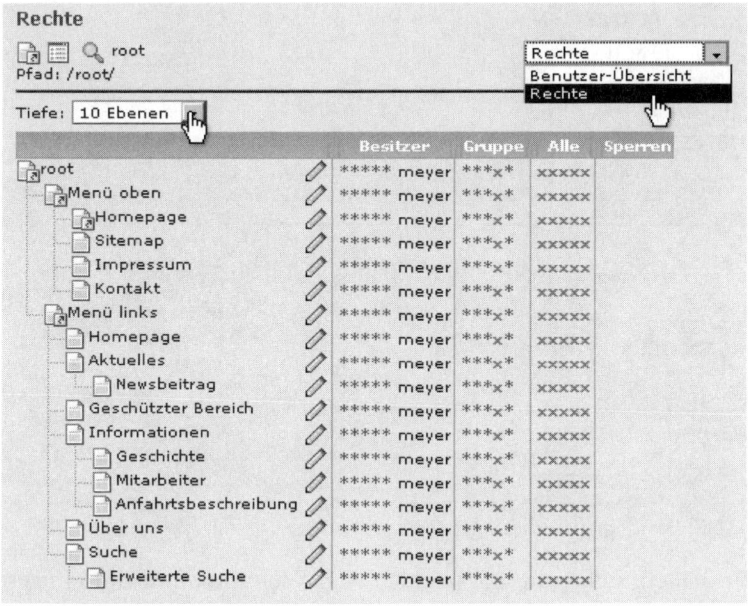

Abbildung 12-8: Übersicht über die Zugriffsrechte von Seiten

Klicken Sie in dieser Übersicht auf das Bleistift-Symbol der Seite *root*. Sie erhalten die in Abbildung 12-9 gezeigte Maske, in der Sie die Rechte editieren können. Sie erkennen, dass der Besitzer dieser Seite der Benutzer *admin* ist (bzw. der Benutzer, mit dem Sie eingeloggt waren, als Sie die Seite angelegt haben) und als Gruppe keine Gruppe angegeben wurde.

Da nun Redakteure die Seiten und Seiteninhalte bearbeiten können sollen, ist es erforderlich, dass Sie die Rechte neu setzen. Dabei können Sie angeben, dass der Besitzer ein anderer sein soll, was nicht immer vorteilhaft ist. Ebenfalls, und dieses ist sinnvoll, können Sie angeben, dass die zugehörige Benutzergruppe jetzt die Benutzergruppe *Redakteure* sein soll. Wählen Sie dazu aus dem Auswahlfeld *Gruppe* den Eintrag *Redakteure* aus.

In der Tabelle *Rechte* erkennen Sie, was der Besitzer machen darf. Im Regelfall kann der Besitzer immer alles, und es ist auch wenig sinnvoll, ihm einzelne Rechte wie z.B. *Lösche Seite* zu verbieten. Angenommen, der Benutzer hat versehentlich eine neue Seite angelegt und möchte diese natürlich direkt wieder löschen: Er hätte dazu kein Recht. Möglicherweise sinnvoll ist allerdings, das Recht *Neue Seiten* zu deaktivieren. Der Besitzer kann dann keine neuen Seiten ausgehend von einer bestehenden Seite anlegen und somit nur bestehende Seiten pflegen. In diesem einen Fall macht es dann auch wieder Sinn, dem Benutzer das Recht *Lösche Seite* zu entziehen.

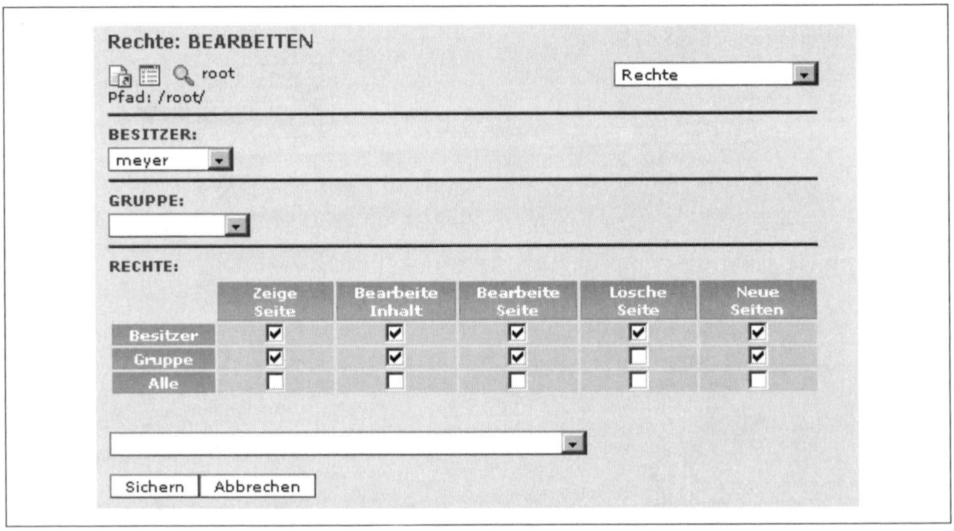

Abbildung 12-9: Die Zugriffsrechte einer Seite bearbeiten

In häufigen Fällen, insbesondere bei kleineren Webseiten mit nur einigen wenigen Benutzern, kann es sinnvoll sein, der Benutzergruppe die gleichen Rechte zu geben wie dem Besitzer. Dann darf die Benutzergruppe auch Seiten löschen, die von einem anderen Benutzer angelegt wurden. Dies führt zu einem wesentlich geringeren Supportaufkommen – Rückfragen, warum sich eine Seite nicht löschen lässt, entfallen. Diese Einstellung ist aber von Projekt zu Projekt neu zu überlegen und abhängig davon, ob Benutzer parallel mit gleichen Rechten arbeiten oder ob es ein ausgeklügeltes Rechtekonzept geben soll.

Die jetzt getätigten Einstellungen sollen für die Seite *root* und auch für die jeweiligen Unterseiten übernommen werden. Wählen Sie aus dem Auswahlfeld unterhalb der Tabelle *Rechte* aus, dass diese Rechte rekursiv auf alle verfügbaren Datensätze angewendet werden sollen, also auf ein Maximum an Ebenen. Durch anschließendes Bestätigen der Rechteänderungen über den Button *Sichern* werden diese neuen Zugriffsrechte gespeichert.

Login mit Redakteurrechten

Der Redakteur wird sich nun erfolgreich in das Backend einloggen können und erhält nur die ihm zugeteilten Backend-Module, den entsprechenden Seitenbaum und die angegebenen Zugriffsrechte auf Seiten und Seiteninhalte. Abbildung 12-10 zeigt, wie für den eingeloggten Redakteur das Backend aussieht, wenn er einen Seiteninhalt auf der Seite *Homepage* bearbeitet.

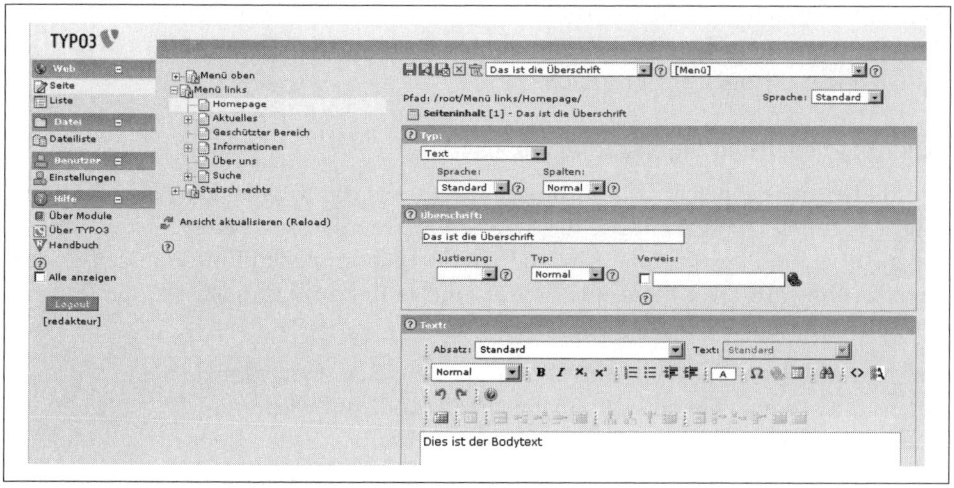

Abbildung 12-10: Der Redakteur arbeitet mit einem eingeschränkten Backend

Arbeiten mit mehreren Benutzern

Wenn Sie als Administrator einen Seiteninhalt anlegen, haben Sie derzeit das Problem, dass Sie keiner Benutzergruppe angehören. Für sämtliche von Ihnen als Administrator angelegten Inhalte sind Sie somit der Besitzer – die Redakteure haben ggf. keine Rechte an den von Ihnen erstellten Daten. Im vorigen Abschnitt haben Sie die Zugriffsrechte rekursiv neu gesetzt. Wenn Sie allerdings bei einem laufenden Projekt für Redakteure Support leisten und als Administrator Seiten anlegen, werden die Redakteure nur dann das Recht zum Löschen dieser Seite haben, wenn bei den Zugriffsrechten auch *Alle* das Recht haben, diese Datensätze zu modifizieren. Sie müssten also manuell über das Backend-Modul *Zugriff* die Rechte jedes Mal neu setzen, wenn Sie Seiten anlegen.

Der Standard in TYPO3 ist, dass der Besitzer einer neu angelegten Seite immer der aktuell eingeloggte Benutzer ist. Dieser Besitzer hat sämtliche Rechte an dieser Seite und kann somit die Seite bearbeiten, löschen und auch Seiteninhalte bearbeiten. Als Benutzergruppe wird immer die Benutzergruppe verwendet, die bei dem jeweiligen Benutzer in dem in Abbildung 12-2 gezeigten Feld *Group* ganz oben steht. Standardmäßig hat die Gruppe alle Rechte an dieser Seite, sie darf die Seite nur nicht löschen. Alle weiteren Benutzer, die weder Besitzer einer Seite sind noch der angegebenen Benutzergruppe angehören, erhalten keine Rechte an der Seite.

In TYPO3-Version 3.7.0 weicht das in Abbildung 12-2 gezeigte Feld ab. Da Sie in dieser Version nicht angeben können, welche Benutzergruppe oben stehen soll, kann es, sofern ein Benutzer mehreren Benutzergruppen angehören soll, unter Umständen sinnvoll sein, ein Update auf eine höhere TYPO3-Version vorzunehmen. Dieses Problem betrifft nur Version 3.7.0, in vorherigen Versionen und ab Version 3.8.0 besteht das Feld *Group* wieder aus zwei Feldern. Mit der folgenden Konfiguration umgehen Sie allerdings diesen Nachteil aus Version 3.7.0, so dass ein Update nicht zwingend erforderlich ist.

Benutzergruppen und Zugriffsrechte vergeben

Um diesen unschönen Effekt zu umgehen, gibt es die Möglichkeit, über das Feld *PAGE TSconfig* anzugeben, wie die Rechte für neu angelegte Seiten gesetzt werden sollen. Wie auch bei Templates werden die vorgenommenen Einstellungen in dem Feld *TSconfig* auf die Unterseiten vererbt und können somit auch ab einer beliebigen Seite überschrieben werden.

Jede neu angelegte Seite soll nun aber immer der Benutzergruppe *Redakteure* angehören, auch wenn Sie als Administrator dieser Benutzergruppe nicht angehören. Außerdem soll die Benutzergruppe das Recht erhalten, Seiten löschen zu dürfen.

Um nun die Rechte für neue Seiten mit einem neuen Wert zu versehen und die Standard-Konfiguration zu überschreiben, bearbeiten Sie die übergeordnete Seite *root*, indem Sie im Seitenbaum auf das Icon vor dem Seitentitel klicken und aus dem sich öffnenden Pop-up-Menü den Eintrag *Seiteneigenschaften bearbeiten* auswählen. Tragen Sie in das in Abbildung 12-11 gezeigte Feld *TSconfig* folgende Zeilen ein:

Beispiel 12-1: TSconfig-Beispiel zum Setzen von Zugriffsrechten für neue Seiten

```
01 TCEMAIN.permissions {
02    groupid = 1
03    user = show,editcontent,edit,delete,new
04    group = show,editcontent,edit,delete,new
05    everybody =
06 }
```

In Beispiel 12-1 geben Sie in Zeile 2 an, dass für neue Seiten die Benutzergruppe mit der eindeutigen ID *1* gespeichert werden soll. Wenn bei Ihnen die Benutzergruppe *Redakteure* eine andere eindeutige Nummer hat, müssen Sie diese hier angeben.

In den Zeilen 3 bis 5 werden die jeweiligen Zugriffsrechte für *Besitzer* (`user`), *Gruppe* (`group`) und *Alle* (`everybody`) definiert. Dabei geben Sie kommasepariert an, welche Rechte der jeweilige Bereich erhalten soll. Sowohl der Besitzer als auch die Gruppe dürfen in obiger Konfiguration alles machen, alle anderen Benutzer dürfen nichts machen. Theoretisch reicht es aus, lediglich die Konfiguration für die Gruppe neu zu definieren, da sich diese Konfiguration von der Standard-Konfiguration nur dahingehend unterscheidet, dass die Gruppe auch Seiten löschen darf.

Legen Sie als Administrator jetzt eine Seite unterhalb der Seite *root* an, sind Sie der Besitzer dieser Seite mit allen Rechten. Die Benutzergruppe ist jetzt *Redakteur* und darf wie der Besitzer alles machen, auch Seiten löschen. Alle anderen Benutzer dür-

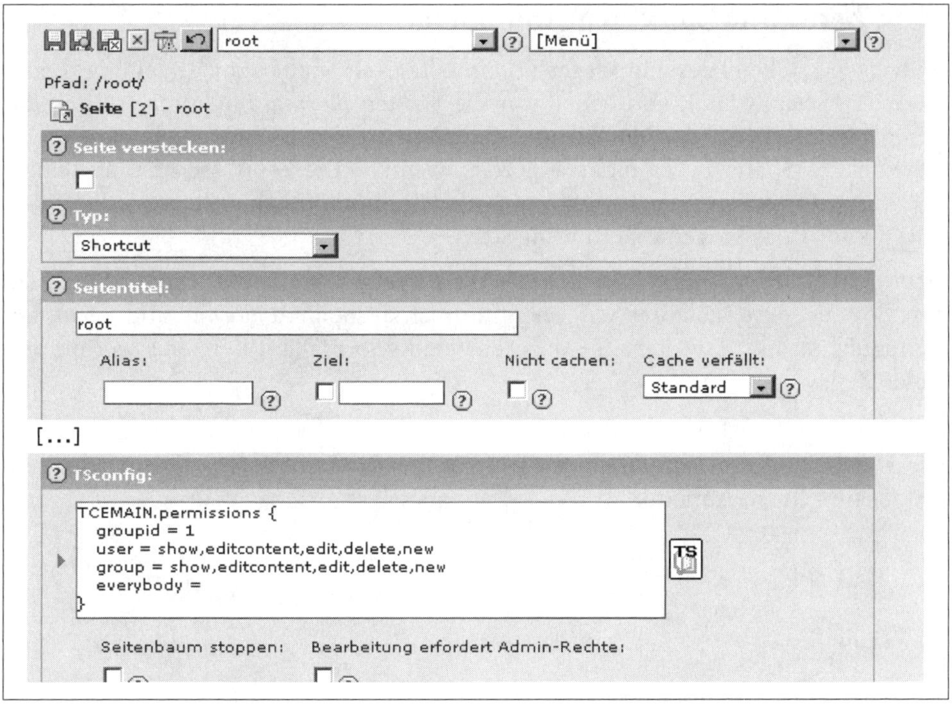

Abbildung 12-11: Zugriffsrechte für neue Seiten im Feld »TSconfig« setzen

fen nichts machen. Legen Sie als Administrator zu Testzwecken unterhalb der Seite *root* eine Seite *test* an und überprüfen Sie, ob anschließend im Backend-Modul *Zugriff* die Rechte wie gewünscht gesetzt werden.

Das Backend noch benutzerfreundlicher gestalten

Sie haben mittels TypoScript in Ihrem Template viele Funktionalitäten beschrieben, die jetzt auch direkt auf der Webseite unterstützt werden. Für Seiteninhalte wie beispielsweise die Spalte oder das Layout für die Überschrift fragen Sie Felder der Datenbank ab. Allerdings werden die Spalten *Links* oder *Rand* sowie diverse Layouts für die Überschrift nicht unterstützt. Außerdem können unglückliche bzw. nicht eindeutige Bezeichnungen, z.B. für das Layout der Überschrift mit den Bezeichnungen *Normal*, *Layout 1* etc. im Backend, den Redakteur verwirren. Dieser Abschnitt soll Ihnen zeigen, wie Sie das Backend an die Bedürfnisse der Redakteure anpassen können.

Nicht benötigte Spalten ausblenden

Im Backend stehen beim Einpflegen von Inhalten vier Spalten zur Verfügung (*Links*, *Normal*, *Rechts*, *Rand*), von denen nur die Spalten *Normal* und *Rechts* durch das Template unterstützt werden. Sie als Administrator wissen, dass angelegte Seiteninhalte in der Spalte *Links* nicht angezeigt werden. Dieses Wissen jedoch einem Benutzer abzuverlangen, der ggf. nur einmal wöchentlich Inhalte redaktionell pflegt, kann durchaus eine Zumutung sein.

Über das Feld *Page TSconfig* können Sie diese Spalten nun auf Ihr Projekt zuschneiden. So sollen unterhalb der Seite *root* nur noch die Spalten *Normal* und *Rechts* zur Verfügung stehen. Erweitern Sie dazu das Feld *TSconfig* auf der Seite *root* um folgende Zeile:

```
mod.SHARED.colPos_list = 0,2
```

Die Darstellung der Seite *Homepage* im Backend-Modul *Seite* sollte im Spalten-Modus nun wie in Abbildung 12-12 gezeigt aussehen.

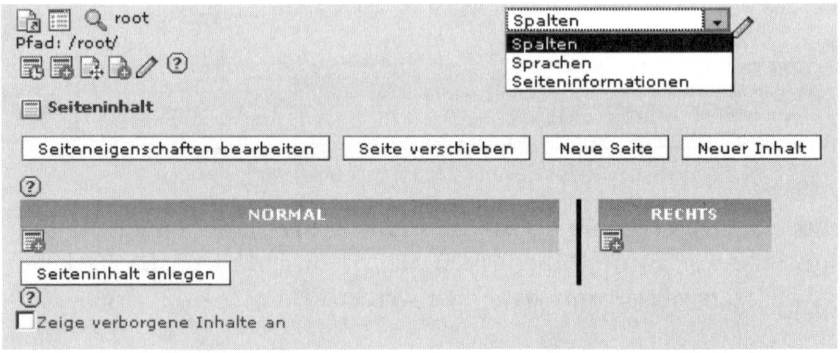

Abbildung 12-12: Im Backend-Modul »Seite« werden nicht mehr alle Spalten angezeigt

Beim Bearbeiten eines Seiteninhalts werden Sie aber feststellen, dass in der Maske zu einem Seiteninhalt die unterschiedlichen Spalten immer noch zur Verfügung stehen (Abbildung 12-13).

Sie müssen nun Zugriff auf die Darstellung der Masken bekommen. Bestehende Konfigurationen können Sie über den Bereich *TCEFORM* modifizieren, die Syntax ist dabei folgende:

```
TCEFORM.[tabelle].[feld].[...] = Wert
```

Um nun die Beschreibung für das Auswahlfeld *colPos* beeinflussen zu können, damit nur noch die Einträge *Normal* und *Rechts* angezeigt werden, können Sie folgende Konfiguration verwenden, in der überflüssige Einträge entfernt werden. Abbildung 12-14 zeigt das Ergebnis.

```
TCEFORM.tt_content.colPos.removeItems = 1,3
```

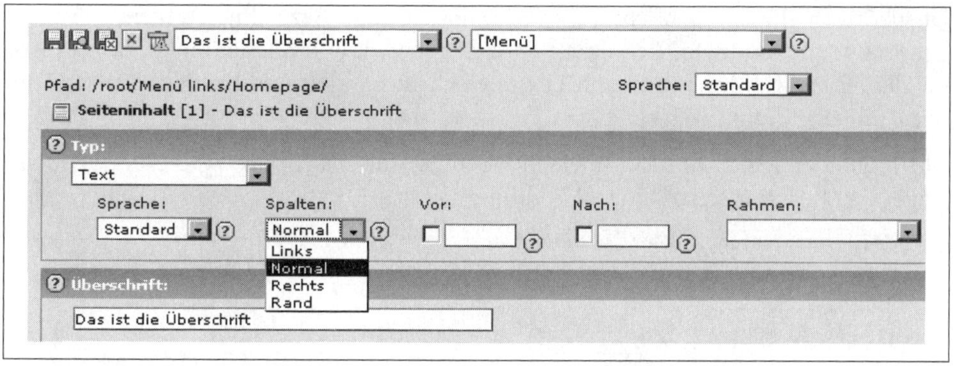

Abbildung 12-13: In der Maske für Seiteninhalte stehen die Spalten noch immer zur Verfügung

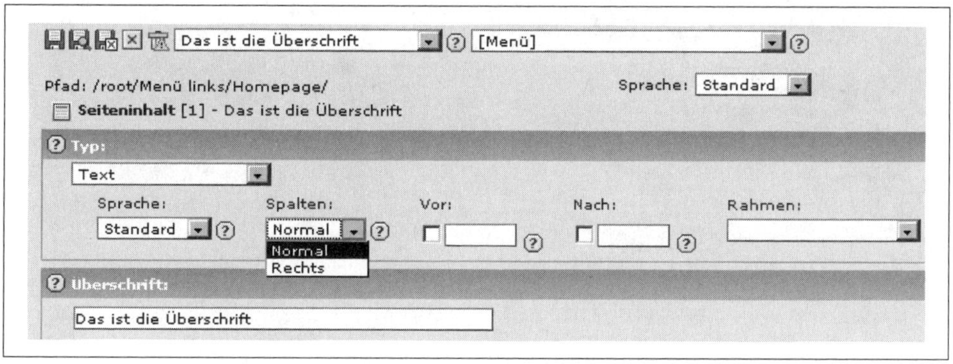

Abbildung 12-14: Es stehen nur noch unterstützte Spalten zur Verfügung

Das Auswahlfeld für die Gestaltung der Überschrift anpassen

Wenn der Redakteur nun Inhalte einpflegt oder modifiziert, steht ihm auch das Auswahlfeld *header_layout* zur Verfügung. Dabei werden von Ihrem TypoScript-Template lediglich die zwei Überschriftstypen *Normal* und *Layout 1* unterstützt. Sonstige Layouts der Überschrift, wie z.B. *Layout 2*, *Layout 3* etc., werden in Ihrem TypoScript-Template wie das Layout *Normal* verarbeitet.

Mit folgender Konfiguration können Sie diese überflüssigen Menüeinträge entfernen. Dabei hat der Eintrag *Versteckt* den internen Wert *100*.

```
TCEFORM.tt_content.header_layout.removeItems = 1,3,4,5,100
```

Wenn Sie nicht wissen, welchen Eintrag ein Wert erhält, können Sie diesen Eintrag verwenden und abspeichern. In der Datenbank können Sie dann den gespeicherten Wert zu diesem Feld sehen.

Unschön ist allerdings noch, dass die Menüeinträge Bezeichner tragen, die nicht ganz eindeutig sind. Der Redakteur wird nur schwer erkennen können, dass es sich bei dem Eintrag *Normal* um eine Textüberschrift handelt und bei dem Eintrag *Layout 1* um eine grafische Überschrift.

Mit folgender Konfiguration überschreiben Sie die Beschreibung dieser Menüeinträge. Das Resultat sehen Sie in Abbildung 12-15.

```
TCEFORM.tt_content.header_layout.altLabels.0 = Überschrift Text
TCEFORM.tt_content.header_layout.altLabels.2 = Überschrift Grafik
```

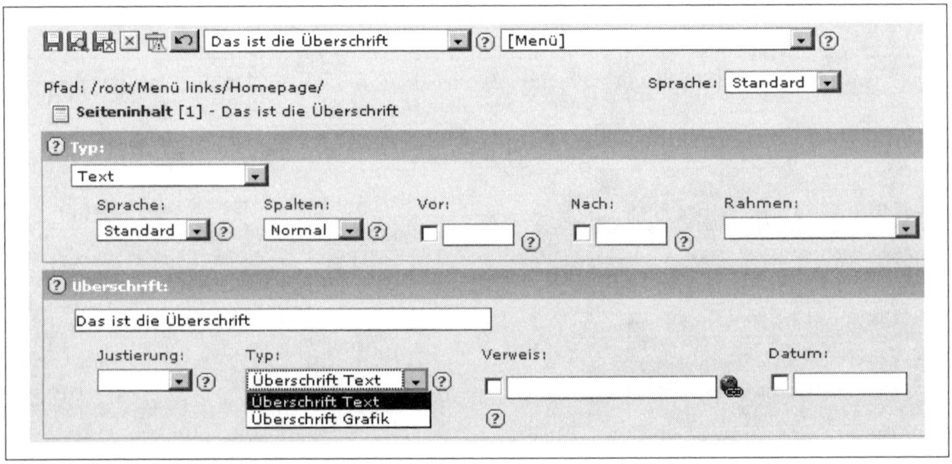

Abbildung 12-15: Die Elemente der Auswahlfelder können auch im Text verändert werden

In diesem Kapitel:

- Was ist TemplaVoilà?
- TemplaVoilà installieren
- Dateien und Seitenstruktur vorbereiten
- TemplaVoilà einsetzen
- Das Projekt-Template erstellen
- Seiteninhalte anlegen
- Das grafische Menü erstellen

KAPITEL 13

Einführung in TemplaVoilà

Vielleicht haben Sie schon einmal etwas von der Erweiterung *TemplaVoilà* gehört? In diesem Kapitel erfahren Sie, was TemplaVoilà ist, wann der Einsatz von TemplaVoilà sinnvoll ist und wie Sie diese Erweiterung anwenden können. Dabei werden Sie die Erstellung eines TYPO3-Projekts auf eine andere Art kennen lernen und so einen Einblick in TemplaVoilà gewinnen. Eine vollständige Webseite wird in diesem Kapitel allerdings nicht umgesetzt, sondern nur gezeigt, wie Sie grundsätzlich mit TemplaVoilà arbeiten können. Die in den vorherigen Kapiteln erstellten Seiten und TypoScript-Definitionen werden Sie hierbei nicht mehr nutzen können.

Was ist TemplaVoilà?

TemplaVoilà ist eine Erweiterung, die Sie herunterladen und installieren können. Wie Sie diese Erweiterung installieren und anwenden, erfahren Sie in den kommenden Abschnitten.

Mit TemplaVoilà lassen sich Webseiten auf eine andere Art erstellen, als Sie es bisher in diesem Buch kennen gelernt haben. Begriffen wie Designvorlage, Template und Inhalt kommt in diesem Zusammenhang eine andere Bedeutung zu, die Einbindung von Inhalten geschieht auf eine andere Weise. Hauptmerkmal von TemplaVoilà ist das visuelle Zusammenfügen einer HTML-Designvorlage mit Inhalten und mittels TypoScript beschreibbaren logischen Abschnitten (z.B. Menüs).

Dieser neue Ansatz zur Erstellung von Webseiten mit TemplaVoilà lässt eine andere Flexibilität zu, als Sie es von der klassischen Methode, die bisher in diesem Buch beschrieben wurde, gewohnt sind. Dabei kann man nicht sagen, dass TemplaVoilà besser oder schlechter ist als die klassische Methode. TemplaVoilà arbeitet anders, da diese Erweiterung aber relativ neu ist, fehlen innerhalb der Community bisher umfangreichere Erfahrungen. Bei Problemen oder Fragestellungen mit dieser Erweiterung werden Sie daher (noch) nicht auf einen so großen Erfahrungsschatz zurückgreifen können, wie es bei der klassischen Methode der Fall ist.

Grenzen der klassischen Methode

Um den Ansatz von TemplaVoilà besser zu verstehen, ist es sinnvoll, sich zunächst die Grenzen und Probleme der klassischen Methode ohne TemplaVoilà vor Augen zu führen. Die Art und Weise, wie TYPO3 mit Inhalten umgeht, bringt gewisse Einschränkungen mit sich. So haben Sie auf dem klassischem Weg die Möglichkeit, Inhalte in vier verschiedenen Spalten abzulegen: *Links*, *Normal*, *Rechts* und *Rand*. Je nachdem, in welcher Spalte Inhalt angelegt wird, wird im Datenbankfeld `colPos` der Tabelle *tt_content* ein Wert gespeichert. Wenn Sie mehr als vier Spalten benötigen oder diese Spalten für Ihr Design nicht anwendbar ist, ist eine Realisierung mit der klassischen Methode nicht mehr oder nur sehr umständlich möglich.

Die Datenbanktabelle *tt_content* besteht zudem aus sehr vielen Feldern, die alle möglichen Einstellungen abdecken, die bei einem Seiteninhalt auftreten können. Im Regelfall werden 90% dieser Felder bei einem Seiteninhalt nicht genutzt oder sind auf den Standardwert 0 eingestellt. Wenn Sie Erweiterungen installieren, die weitere Felder an die Tabelle *tt_content* anhängen, wird diese Tabelle immer größer und umfangreicher. Redakteure haben dennoch immer nur die Möglichkeit, Daten in ganz bestimmten Feldern abzulegen, die anschließend mit einer definierten Logik, z.B. über TypoScript, verarbeitet werden.

Andere Flexibilität mit TemplaVoilà

Mit dem Einsatz von TemplaVoilà werden diese Einschränkungen aufgehoben. TemplaVoilà geht anders mit der Integration von Inhalten auf einer Webseite um, die klassische Einordnung von Seiteninhalten auf die Spalten *Links*, *Normal*, *Rechts* und *Rand* kann entfallen. Zwar werden mit TemplaVoilà erstellte Inhalte auch in der Datenbank gespeichert, jedoch im XML-Format, wodurch eine größere Flexibilität erreicht wird, ohne die Datenbanktabellen unnötig zu belasten.

Bei der Arbeit mit TemplaVoilà sind alle in diesem Buch bereits kennen gelernten Techniken anwendbar und auch Voraussetzung, jedoch findet die Anwendung in anderer Weise statt als bisher beschrieben. Insoweit müssen Sie auch Kenntnisse in TypoScript besitzen, um mit TemplaVoilà arbeiten zu können.

TemplaVoilà installieren

Die Erweiterung TemplaVoilà können Sie über die Extension Repository beziehen. Geben Sie im Erweiterungsmanager im Abschnitt *Import extensions* in das Feld *Look up* den Extension-Key `templavoila` an. Wenn Sie jetzt die Erweiterung in Ihre TYPO3-Installation übertragen und installieren möchten, werden Sie feststellen, dass Sie die Fehlermeldung *Dependency Error* erhalten. Die Erweiterung TemplaVoilà benötigt noch eine weitere Erweiterung mit dem Extension-Key `static_info_tables`. Klicken Sie daher auf den Textlink *Import now*. Es öffnet sich ein neues Fenster, in dem die Erweiterung herunter geladen wird. In diesem neuen Fenster können Sie anschließend auf den Textlink *Close window and recheck dependencies* klicken.

Jetzt muss zunächst die Erweiterung *static_info_tables* über den Textlink *Install now* installiert werden. Wieder öffnet sich ein neues Fenster, in dem Sie sämtliche Angaben so belassen können. Bestätigen Sie einfach die vorgeschlagenen Änderungen über den Button *Make updates*, der sich ganz unten befindet. Erneut gelangen Sie über den Textlink *Close window and recheck dependencies* zurück.

Jetzt steht der Installation von TemplaVoilà nichts mehr im Wege. Auf der nun angezeigten Seite werden die gewünschten Datenbankänderungen für TemplaVoilà dargestellt – bestätigen Sie sie einfach über den Button *Update*.

Nach dem Neuladen des Backends erkennen Sie im linken Menü im Abschnitt *Web* zwei Änderungen (Abbildung 13-1): Das Seitenmodul hat ein neues Icon bekommen (ein *TV* wurde mit in das Icon aufgenommen), außerdem befindet sich am Ende des Abschnitts *Web* ein neues Modul namens *TemplaVoilà*. Das klassische Seitenmodul wird durch die Installation von TemplaVoilà durch ein neues, eigenes Seitenmodul ersetzt, das als *TemplaVoilà-Seitenmodul* bezeichnet wird.

Abbildung 13-1: Die neuen Module »Seite« und »TemplaVoilà«

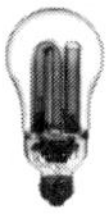

Wenn Sie im linken Menü sowohl das alte, klassische Seitenmodul, als auch das neue TemplaVoilà-Seitenmodul mit dem Schriftzug »TV« im Icon sehen, können Sie das klassische Seitenmodul deaktivieren, indem Sie im Erweiterungsmanager unter *Loaded Extensions* auf den Textlink der Erweiterung *TemplaVoilà* klicken und die Konfiguration *Enable the classic page module* deaktivieren. Im Übrigen lässt sich durch das Setzen dieser Konfigurationseinstellung TemplaVoilà auch im Mischbetrieb mit der klassischen Webseitenerstellung fahren. Dies ist z.B. dann sinnvoll, wenn Sie mehrere Projekte in einer TYPO3-Installation erstellen und nicht alle Projekte mit TemplaVoilà erstellt werden.

Wenn Sie jetzt im linken Menü das TemplaVoilà-Seitenmodul auswählen und im Seitenbaum eine Seite wählen, auf der bereits Inhalt angelegt wurde (z.B. die Seite

Homepage), werden Sie feststellen, dass keine Seiteninhalte angezeigt werden. Auch sieht die Oberfläche im rechten Bereich anders aus, als Sie es bisher kennen gelernt haben. Wenn Sie nun die Registerkarte *Nicht verwendete Elemente* auswählen, werden Sie Ihre bereits angelegten Seiteninhalte wieder finden.

TemplaVoilà speichert Seiteninhalte anders ab, die klassischen Datenbankfelder der Tabelle *tt_content*, wie z.B. *CType*, *header*, *header_lay*out oder *bodytext*, werden in TemplaVoilà nicht mehr zwingend verwendet. Dies ist auch eines der großen Vorteile von TemplaVoilà: Sie können später selbst bestimmen, welche Felder es überhaupt geben soll, wie diese Felder verarbeitet werden und eigene Felder bzw. Seiteninhaltstypen definieren. Unnötiger Datenbankballast wird hierdurch vermieden und ein Höchstmaß an Flexibilität geboten. TemplaVoilà kann allerdings die bereits über die klassische Methode eingepflegten Seiteninhalte nicht verarbeiten, da benötigte Informationen fehlen und diese Seiteninhalte nicht in dem Format vorliegen, das TemplaVoilà benötigt.

Wie Sie Seiteninhalte mit TemplaVoilà anlegen und bearbeiten, erfahren Sie später in diesem Kapitel.

Dateien und Seitenstruktur vorbereiten

Zur Arbeit mit TemplaVoilà werden, wie bei der klassischen Herangehensweise auch, Designvorlagen und mit der Designvorlage verbundene Dateien benötigt. Diese Dateien werden Sie im kommenden Abschnitt in den entsprechenden Ordnern zur Verfügung stellen. Ebenfalls wird, parallel zum bereits erstellten Projekt, ein neues Testprojekt innerhalb unserer TYPO3-Installation angelegt. Hierzu werden wir eine kleine Seitenstruktur erzeugen.

Benötigte Dateien zur Verfügung stellen

In Kapitel 4, *Das Praxisbeispiel vorbereiten*, haben Sie eine Designvorlage erstellt, dynamische Inhalte entfernt und durch Platzhalter (Marker) ersetzt. Für TemplaVoilà ist das Ersetzen von dynamischen Bereichen durch Platzhalter nicht mehr notwendig. Sie können eine vollständig ausgearbeitete Internetseite inkl. Inhalten verwenden und in TemplaVoilà integrieren. Dynamische Bereiche können Sie in TemplaVoilà über eine grafische Oberfläche markieren.

Damit Sie sich später viel Arbeit ersparen, ist es sinnvoll, dass die verwendete Designvorlage auf CSS basiert und ausschließlich Standard-HTML-Tags wie z.B. `div`, `p`, `h1`, `h2`, `h3`, `ul` und `li` beinhaltet. Sie haben in Kapitel 4 bereits eine Designvorlage mit Platzhaltern in den Ordner *fileadmin/* hochgeladen. Um die Möglichkeiten mit TemplaVoilà aufzuzeigen, wird in den folgenden Abschnitten mit einer Vorlage gearbeitet, bei der die dynamischen Bereiche noch nicht ersetzt sind.

Auf der beiliegenden CD finden Sie die Datei *vorlage_templavoila.html.* Diese Vorlage ist von den Funktionalitäten her nicht so umfangreich wie die in Kapitel 4 erstellte Designvorlage, da in diesem Kapitel nur die Ansätze von TemplaVoilà vermittelt werden sollen. Die Vorlagendatei *vorlage_templavoila.html* basiert auf Standard-HTML-Tags. Laden Sie diese Datei über den Dateimanager in den Ordner *fileadmin/templates/* hoch. Als CSS-Datei wird die bereits benutzte Datei *style.css* verwendet, die schon im Ordner *fileadmin/* liegt.

Übertragen Sie auch die Datei *trailer_templavoila.jpg* in den Ordner *fileadmin/images/*, da diese Grafik von der Designvorlage verwendet wird.

> Wenn Sie mit TemplaVoilà arbeiten, müssen sich HTML-Vorlagen in dem Ordner *fileadmin/templates/* befinden, da TemplaVoilà ausschließlich in diesem Ordner nach Vorlagendateien sucht. Wenn Sie in der Designvorlage Dateien einbinden (CSS-Dateien, Grafiken), sollten Sie dort absolute Pfade angeben, da ansonsten unterhalb des Ordners *fileadmin/templates/* nach diesen Dateien gesucht werden würde.

Seitenstruktur anlegen

Zunächst legen wir innerhalb der TYPO3-Installation ein neues Projekt an. Legen Sie hierzu direkt unterhalb der Root-Ebene (Weltkugel) eine neue Seite mit dem Titel *root_templavoila* an. Diese Seite soll nicht versteckt sein.

Wenn Sie sich jetzt das Frontend-Ergebnis Ihrer bestehenden Präsentation ansehen, werden Sie möglicherweise feststellen, dass die Präsentation nicht mehr zur Verfügung steht und Sie die Fehlermeldung *No template found* erhalten. Solange Sie im Frontend noch im Menü navigieren können, tritt der Fehler nicht auf, sobald Sie aber nicht explizit eine Seite aufrufen, sondern z.B. nur den Domainnamen eingeben oder aber die Seite über die URL *index.php?id=0* aufrufen, werden Sie die Fehlermeldung erhalten. Ihre Präsentation ist somit momentan nicht mehr erreichbar. Das liegt daran, dass sich die neue Seite *root_templavoila* direkt unterhalb der Weltkugel befindet und TYPO3 im Frontend immer die erste Seite unterhalb der Weltkugel aufruft, wenn keine Seite explizit angegeben wurde. Um das zu verhindern, können Sie z.B. die neue Seite *root_templavoila* ganz nach unten oder aber die Seite *root* ganz nach oben verschieben (siehe Abbildung 13-2). Wenn Sie die Seite *root_templavoila* ausblenden bzw. verstecken, wird ebenfalls wieder die alte klassische Präsentation angezeigt.

Legen Sie jetzt direkt unterhalb der Seite *root_templavoila* einige Seiten an, die später in der Navigation verwendet werden. Hierzu eignet sich das Backend-Modul *Funktionen*, das Sie im linken Menü finden. Achten Sie darauf, dass im Seitenbaum auch wirklich die Seite *root_templavoila* ausgewählt ist, damit die neuen Seiten als Unterseite dieser neuen *root*-Seite angelegt werden. Legen Sie jetzt z.B. die Seiten

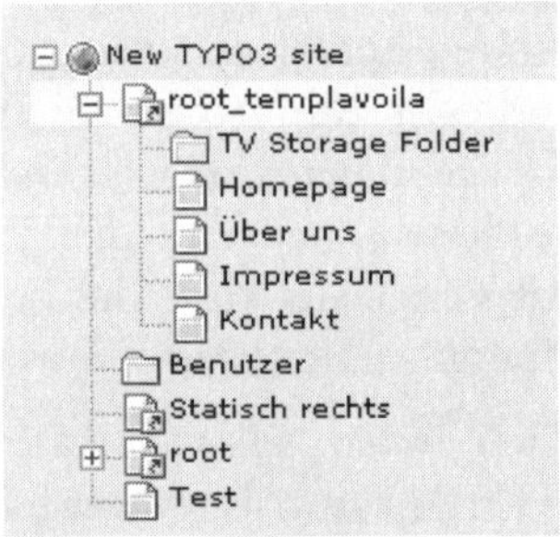

Abbildung 13-2: Die neue Seitenstruktur für die Nutzung von TemplaVoilà

Homepage, *Über uns*, *Impressum* und *Kontakt* an, um eine kleine Navigation zu erhalten.

Für die Nutzung von TemplaVoilà wird außerdem noch ein Systemordner benötigt. In diesem Systemordner werden später Informationen darüber gespeichert, welche Felder es geben soll und wie ein Feld mit der Designvorlage verbunden wird. Legen Sie unterhalb der Seite *root_templavoila* eine weitere Seite an, indem Sie im Seitenbaum auf das Icon der Seite *root_templavoila* klicken und den Eintrag *Neu* auswählen. Die neu angelegte Seite soll vom Typ *SysOrdner* und nicht versteckt sein. Als Name dieses Systemordners geben Sie z.B. *TV Storage Folder* an.

Jetzt müssen Sie noch einmal die Seite *root_templavoila* bearbeiten, denn diese Seite soll ein Shortcut auf die soeben angelegte Seite *Homepage* sein. Außerdem müssen Sie im Feld *Allgemeine Datensatzsammlung* jetzt den Systemordner mit dem Titel *TV Storage Folder* hinzufügen. Die Struktur der neu angelegten Seiten sollte im Seitenbaum jetzt wie in Abbildung 13-2 gezeigt aussehen.

TemplaVoilà einsetzen

Wir werden nun Schritt für Schritt eine Webseite mit TemplaVoilà erstellen und dabei die bereits erzeugte Seitenstruktur und die hochgeladenen Dateien integrieren. Die Umsetzung mit TemplaVoilà erfolgt hier auf »manuellem« Weg. Mit TemplaVoilà wird zwar auch ein Wizard zur Verfügung gestellt, mit dem Sie auf die Schnelle ein ganz einfaches Projekt umsetzen können. Zur Erläuterung der einzelnen Vorgänge ist dieser Wizard jedoch ungeeignet, daher wird hier auf seinen Einsatz verzichtet.

Die Designvorlage integrieren

Im Gegensatz zur klassischen Methode arbeitet TemplaVoilà nicht mit Platzhaltern bzw. Markern. Die Kennzeichnung entsprechender Teilbereiche, die dynamisch ersetzt werden sollen, geschieht bei TemplaVoilà mit dem so genannten *Mapping*. Bei dem Vorgang des Mappings können Sie über eine grafische Oberfläche angeben, welche HTML-Abschnitte ersetzt und verarbeitet werden sollen. Das Mapping erreichen Sie über die Dateiliste. Gehen Sie in den Ordner *fileadmin/templates/* und klicken Sie im rechten Bereich auf das Icon vor der Datei *vorlage_templavoila.html*. Wählen Sie aus dem sich öffnenden Kontextmenü den Eintrag *TemplaVoilà* aus (Abbildung 13-3).

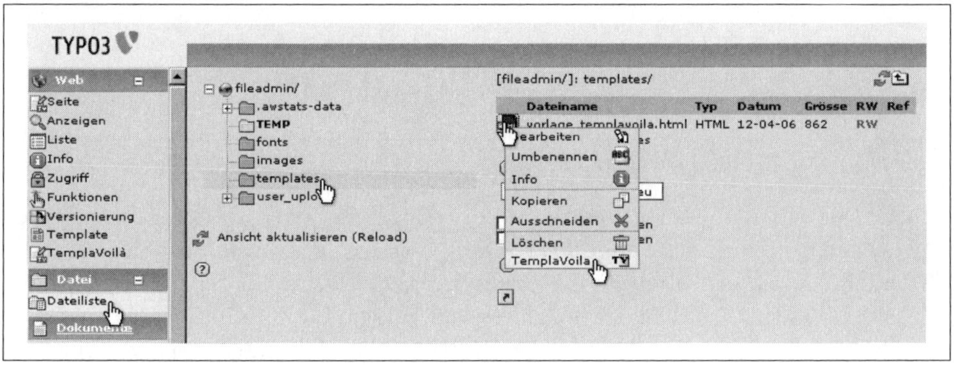

Abbildung 13-3: Das Mapping starten

Es öffnet sich anschließend die in Abbildung 13-4 gezeigte Oberfläche, auf der Sie die Datenstruktur aufbauen bzw. die dynamischen Bereiche kennzeichnen (*mappen*) können. Mit der Datenstruktur (*DS*) wird angegeben, was angezeigt werden soll; mit dem so genannten *Template-Objekt* (*TO*) wird festgelegt, *wo* Elemente angezeigt werden. Im Template-Objekt-Mapping können Sie nun auswählen, welches HTML-Tag in der Designvorlage entweder vollständig ersetzt werden soll (*Outer Mapping*) oder ob nur der Inhalt des HTML-Tags ersetzt wird (*Inner Mapping*).

Klicken Sie zum Anlegen einer Datenstruktur in der in Abbildung 13-4 gezeigten Oberfläche auf den Button *Map*.

> Sollten Sie den Hinweis bekommen: *ERROR: No accessible Storage Folder found – please create one immediately!*, haben Sie auf der Root-Seite *root_templavoila* unter *Allgemeine Datensatzsammlung* noch keine Verknüpfung zum SysOrdner hergestellt.

Sie erhalten anschließend die in Abbildung 13-5 gezeigte Oberfläche, in der die Designvorlage angezeigt wird. Die Designvorlage wurde jedoch um zusätzliche Informationen ergänzt – Sie können in der Oberfläche jeden sich öffnenden HTML-Tag erkennen und auch anklicken. Durch einen Klick auf ein HTML-Tag teilen Sie TemplaVoilà mit, welcher Abschnitt gekennzeichnet werden soll.

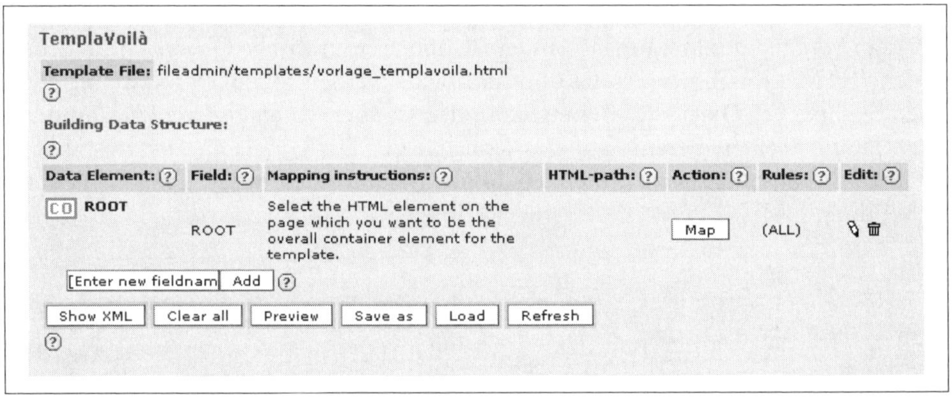

Abbildung 13-4: Eine Datenstruktur aufbauen

Klicken Sie auf das orange unterlegte <div>-Tag links oben in der Ecke, um den gewünschten Teilbereich aus Ihrer Designvorlage auszuwählen. Sie gelangen anschließend in die in Abbildung 13-6 gezeigte Oberfläche, auf der Sie jetzt angeben können, ob es sich bei dem ausgewählten <div>-Tag um ein INNER- oder OUTER-Element handeln soll. Wählen Sie hier *INNER* aus und bestätigen Sie anschließend Ihre Angaben über den Button *Set*, der sich direkt unterhalb des Auswahlfelds befindet.

Der Unterschied zwischen den Auswahlmöglichkeiten *INNER* und *OUTER* kann wie folgt verdeutlicht werden:

INNER (Exclude Tag)
: Wenn Sie für das `body`-Tag *INNER* auswählen (wie gewünscht), bleibt das angegebene HTML-Tag (hier also das `body`-Tag) erhalten, und eine Ersetzung findet nur innerhalb des angegebenen Tags statt.

OUTER (Include Tag)
: Wenn Sie *OUTER* auswählen, würde auch das angegebene HTML-Tag mit ersetzt werden.

Den Content-Bereich kennzeichnen

Nachdem wir die Designvorlage ausgewählt und einen Teilbereich (einen <div>-Container) gekennzeichnet haben, können wir uns nun den anderen dynamischen Bereichen wie dem Inhaltsbereich und dem Menü widmen.

Um zunächst den Inhaltsbereich zu kennzeichnen, klicken Sie auf das in Abbildung 13-4 gezeigte Eingabefeld *Enter new fieldname*. Nachdem Sie mit der Maus in dieses Feld geklickt haben, erscheint das Präfix *field_*, das Sie z.B. um die Angabe *content* zu *field_content* ergänzen können. Wenn Sie Ihre Eingabe über den Button *Add* bestätigen, erhalten Sie die in Abbildung 13-7 zu sehende Maske, in der Sie diverse Angaben machen können.

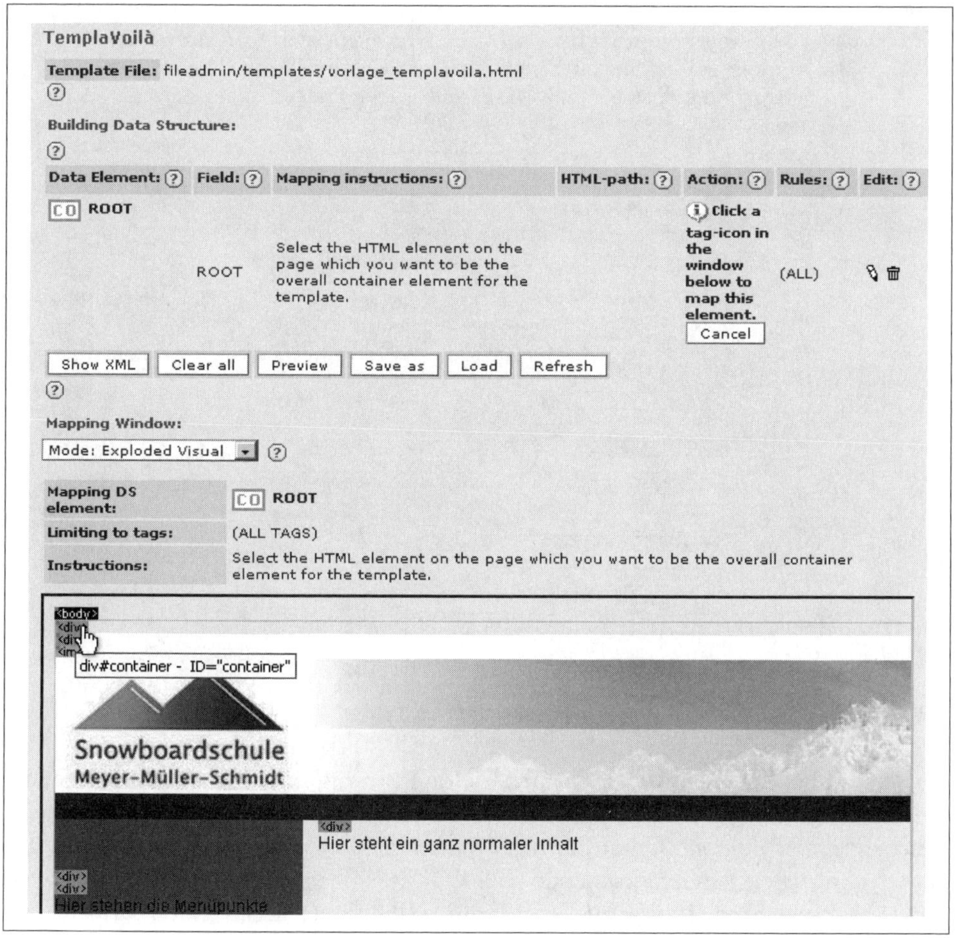

Abbildung 13-5: HTML-Elemente kennzeichnen

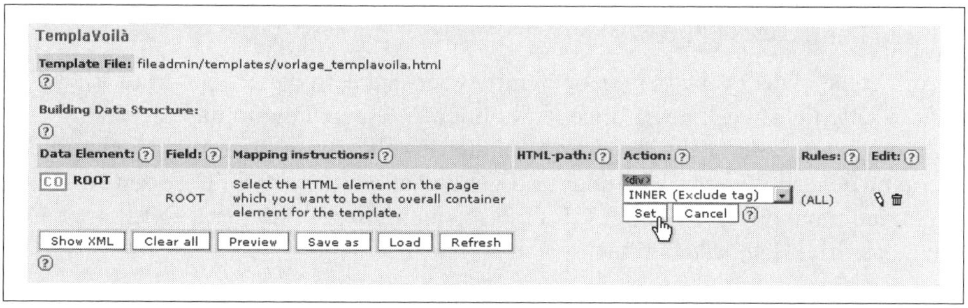

Abbildung 13-6: Angabe, ob das ausgewählte HTML-Tag ersetzt wird oder bestehen bleiben soll

Die Angabe des Präfixes *field_* ist zwar nicht zwingend notwendig, jedoch sollten Sie zur Vermeidung von Konflikten mit dem im Hintergrund gespeicherten XML-Format diesen Präfix beibehalten.

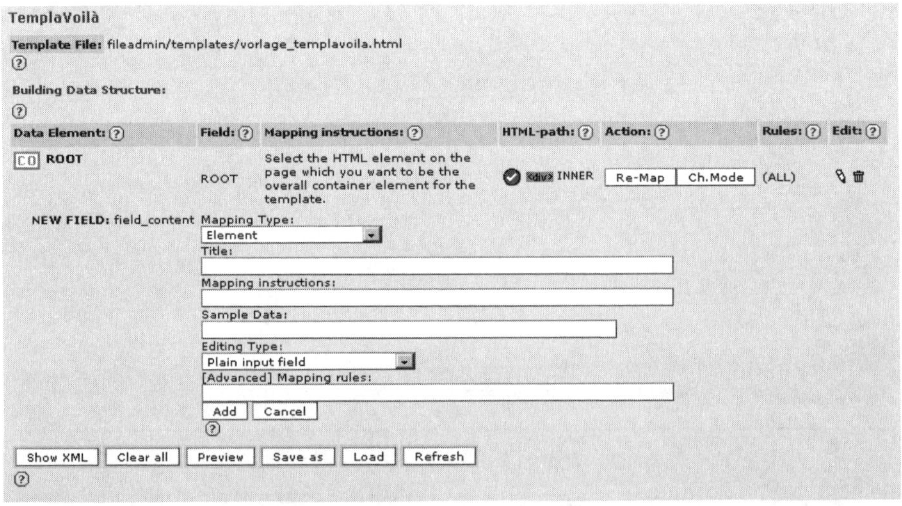

Abbildung 13-7: Den Inhaltsbereich definieren

Im Auswahlfeld *Mapping Type* wählen Sie den Eintrag *Element* aus. Geben Sie im Feld *Title* einen beliebig gewählten Namen an, der den dynamischen Bereich beschreibt, z.B. *Content*. Unter *Editing Type* können Sie angeben, was später in diesem dynamischen Bereich geschehen soll. Wählen Sie hier den Eintrag *Content Elements* aus. Speichern Sie anschließend Ihre Angaben über den Button *Add*.

Wie in Abbildung 13-8 zu sehen, können Sie nun auch für das neu erstellte Element *field_content* einen Bereich in Ihrer Designvorlage festlegen, indem Sie auf den zugehörigen Button *Map* klicken.

Es öffnet sich wieder die bereits bekannte Oberfläche, in der Sie per Mausklick den gewünschten HTML-Bereich angeben können. Wählen Sie nun das `<div>`-Tag oberhalb des Texts »Hier steht ein ganz normaler Inhalt« aus (Abbildung 13-9), um den Content-Bereich zu kennzeichnen, und geben Sie bei der anschließenden Auswahl, ob es sich um ein INNER- oder OUTER-Tag handeln soll, wieder INNER an, damit auch das `<div>`-Tag bestehen bleibt.

Das Menü kennzeichnen

Auch für das grafische Menü muss eine Position angegeben werden, an der das Menü dann später erscheinen soll. Legen Sie daher erneut ein Element an, indem

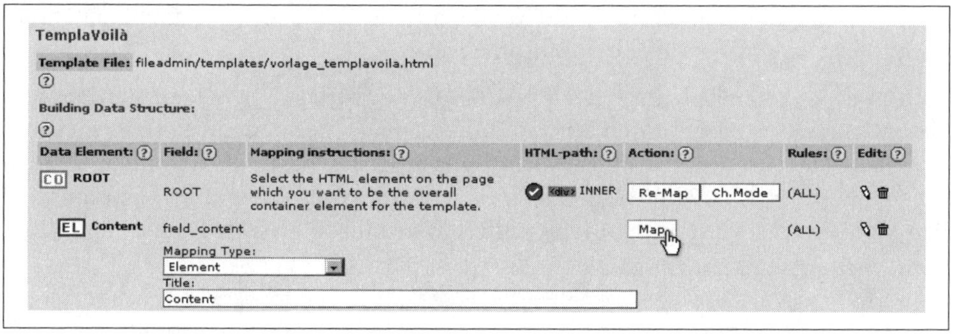

Abbildung 13-8: Der Inhaltsbereich wird mit einem HTML-Element verbunden

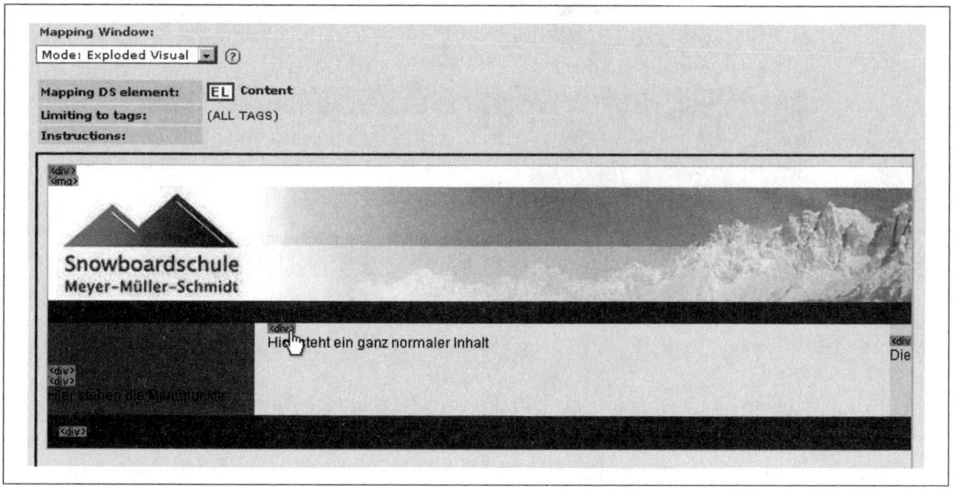

Abbildung 13-9: Auswahl des HTML-Tags für den Inhaltsbereich

Sie in das Feld *Enter new fieldname* klicken (siehe Abbildung 13-4) und das dann erscheinende Präfix zu *field_menu_links* erweitern. Durch Bestätigen der Angabe mit dem Button *Add* wird die Seite erneut mit der schon bekannten Maske aus Abbildung 13-7 neu geladen. Geben Sie als Titel den frei gewählten Titel *Menü links* an.

Die spätere Verarbeitung des Menüs wird allerdings wieder über TypoScript beschrieben. Wählen Sie, damit in dem noch zu kennzeichnenden Menübereich auch TypoScript-Code ausgeführt wird, aus dem Auswahlfeld *Editing Type* den letzten Eintrag *TypoScript Object Path* aus. Damit Sie einen auszuführenden TypoScript-Pfad angeben können, müssen Sie diese Änderungen allerdings erst einmal über den Button *Add* übernehmen. Es erscheint anschließend die gleiche Maske nochmals, jedoch wurde sie um das Eingabefeld *Object path* erweitert, das mit *lib.myObject* vorbelegt ist. Ersetzen Sie diese Vorbelegung durch *lib.menu_links*. Sie haben dann später in Ihrem TypoScript-Template die Möglichkeit, unter *lib.menu_* *links* eine eigene Beschreibung Ihres Menüs mittels TypoScript vorzunehmen. Speichern Sie Ihre Angaben über den Button *Update*.

Nun muss das neue Element noch mit der Designvorlage verbunden werden. Klicken Sie hierzu wieder auf den Button *Map* des neuen Elements. Sie erhalten erneut die Oberfläche, in der Sie mittels Klick das HTML-Tag bestimmen können, an dessen Stelle später das Menü erscheinen soll. Wählen Sie jetzt den `<div>`-Container vor den Menüeinträgen im linken Menü mittels Mausklick aus (siehe Abbildung 13-10).

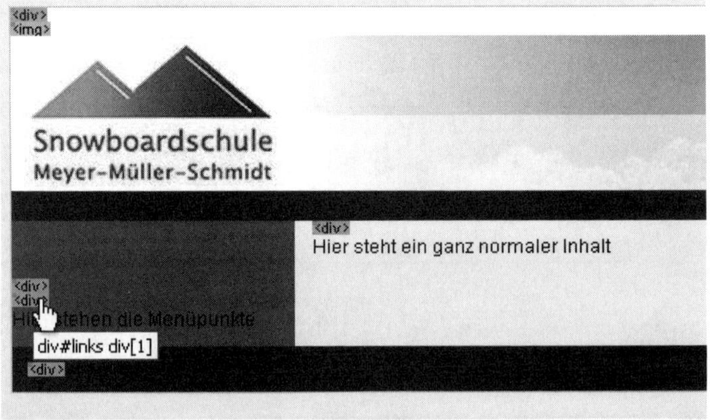

Abbildung 13-10: Auswahl des HTML-Tags, an dem später das Menü erscheinen soll

In der anschließend erscheinenden Maske müssen Sie wiederum auswählen, ob dieser `<div>`-Container ersetzt werden soll, das `<div>`-Tag selbst also auch eliminiert wird, oder ob eine Ersetzung innerhalb des `<div>`-Containers stattfinden soll. Lassen Sie den Eintrag erneut auf INNER stehen, damit der `<div>`-Container bestehen bleibt. Speichern Sie die Einstellung über den Button *Set* ab.

Sie haben jetzt alle erforderlichen Bereiche gekennzeichnet bzw. dynamische Elemente erstellt und diese Elemente mit der Designvorlage verbunden. Nachdem der Mapping-Vorgang abgeschlossen ist, können Sie die erstellten Daten über den Button *Save as* speichern.

Es erscheint die in Abbildung 13-11 gezeigte Maske, in der Sie im Feld *Title of DS/TO* angeben können, wie die gesammelten Informationen zur Verbindung von Elementen mit der Designvorlage bezeichnet werden sollen. Hier können Sie einen Namen frei wählen, wie z.B. *TV_MainMap*. Im Auswahlfeld *Template Type* können Sie den Eintrag *Page Template* so belassen. Speichern Sie anschließend die erstellten Daten über den Button *CREATE TO and DS*.

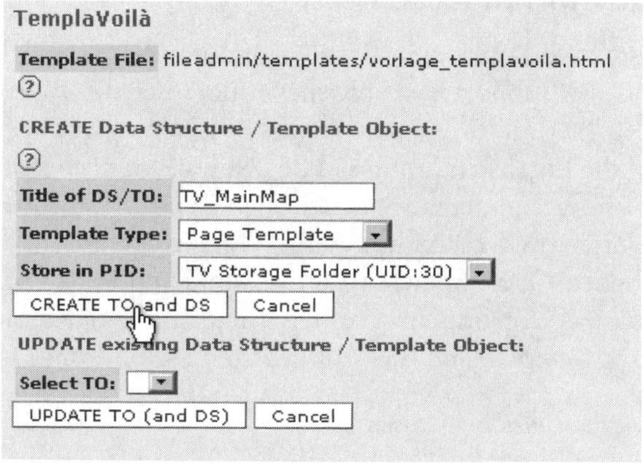

Abbildung 13-11: Speichern der erstellten Daten

Das Projekt-Template erstellen

Sie haben jetzt die erforderlichen Datenstrukturen (DS) und Template-Objekte (TO) angelegt. Wenn Sie sich das Ergebnis der Seite *root_templavoila* aber im Frontend ansehen möchten, werden Sie die Fehlermeldung *Error: No template found* erhalten.

Auch für TemplaVoilà ist das Anlegen eines TypoScript-Templates erforderlich. Wechseln Sie daher im linken Menü in das Backend-Modul *Template* und wählen Sie aus dem Seitenbaum die Seite *root_templavoila* aus. Wenn Sie jetzt rechts oben aus dem Menü den Eintrag *Info/Modify* auswählen, erhalten Sie die im Kapitel 5 in Abbildung 5-1 gezeigte Oberfläche. Klicken Sie, wie bereits in Kapitel 5, *TypoScript in der Praxis*, beschrieben, auf den Button *Create template for a new site*, um ein neues Projekt-Template zu erstellen.

Sie können jetzt erneut über TypoScript beschreiben, wie die Webseite dargestellt werden soll. Die vorhandenen sechs Zeilen TypoScript-Code sollen wieder gelöscht und durch eine eigene Beschreibung ersetzt werden.

Das statische Template »CSS styled content« inkludieren

TemplaVoilà benötigt zum Anzeigen von Seiteninhalten die Erweiterung *CSS styled content*, die bereits in Kapitel 8, *Inhalte ausgeben*, für das klassische Projekt inkludiert wurde. Auch für das neue Projekt-Template muss das statische Template *CSS styled content* wieder inkludiert werden. Klicken Sie daher, wie in Abbildung 8-10 gezeigt, auf den Textlink *Click here to edit whole template record* und fügen Sie das statische Template zu Ihrem Projekt-Template hinzu (Abbildung 8-11).

TemplaVoilà ausführen lassen

Da es sich bei TemplaVoilà um eine Erweiterung handelt, kann diese Erweiterung wieder über das USER-Objekt angesprochen und über die Eigenschaft `.userFunc` ausgeführt werden. In Kapitel 10, *Bestehende Erweiterungen integrieren*, haben Sie dieses Objekt und die Eigenschaft anhand des News-Plugins bereits kennen gelernt. Ersetzen Sie jetzt die vorhandenen Beispielzeilen TypoScript, die mit dem Anlegen des Projekt-Templates von TYPO3 automatisch erzeugt wurden, durch den im Beispiel 13-1 angegebenen Code. Speichern Sie anschließend das Projekt-Template ab. Wenn Sie sich jetzt das Ergebnis im Frontend ansehen, werden Sie die gelb hinterlegte Fehlermeldung *TemplaVoilà ERROR* erhalten (Abbildung 13-12).

Beispiel 13-1: TemplaVoilà ausführen lassen

```
page = PAGE
page.stylesheet = fileadmin/style.css
page.10 = USER
page.10.userFunc = tx_templavoila_pi1->main_page
```

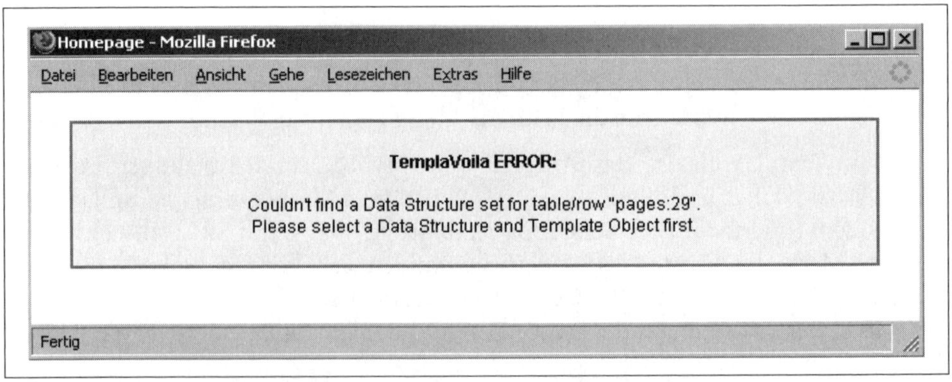

Abbildung 13-12: Fehlermeldung beim Ausführen von TemplaVoilà

Die TemplaVoilà-Erweiterung weiß noch nicht, welche so genannte Datenstruktur (DS) verwendet werden soll – diese haben Sie im vorherigen Abschnitt angelegt, indem Sie auf den in Abbildung 13-11 gezeigten Button *Create TO and DS* geklickt haben. Jetzt müssen Sie auf der Seite *root_templavoila* noch angeben, welche Datenstruktur verwendet werden soll – auch wenn derzeit nur ein Datensatz hierzu existiert.

Bearbeiten Sie daher nochmals die Seite *root_templavoila*. In dem in Abbildung 13-13 gezeigten Feld *Seiten-Datenstruktur* können Sie jetzt den Eintrag *TV_MainMap* auswählen. Speichern Sie anschließend die Seite erneut und betrachten Sie das Ergebnis im Frontend. Sie sollten nun das in Abbildung 13-14 gezeigte Ergebnis erhalten.

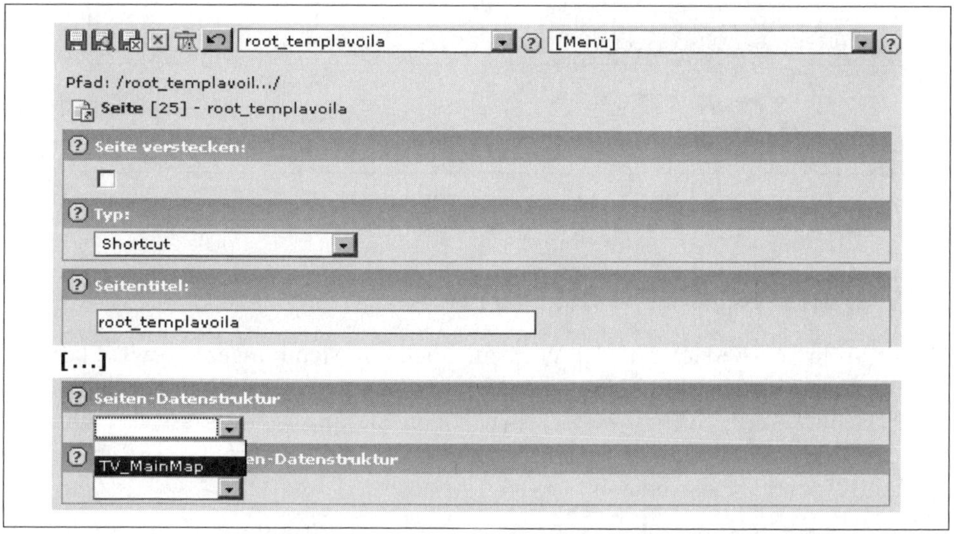

Abbildung 13-13: Datenstruktur für TemplaVoilà auswählen

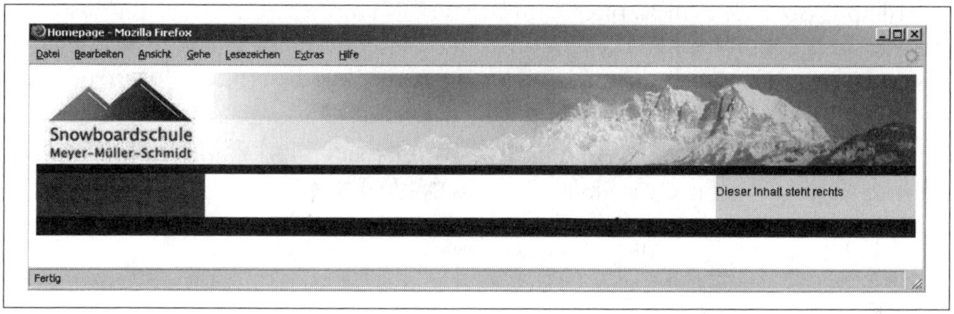

Abbildung 13-14: Im Frontend wird die Webseite bereits ohne Inhalt angezeigt.

Seiteninhalte anlegen

Sofern Sie in der erstellten Datenstruktur und dem erstellten Template-Objekt angegeben haben, dass mindestens ein Element Inhalt (Content) beinhalten soll (Abbildung 13-7), können Sie jetzt Inhalt anlegen. Klicken Sie hierzu im linken Menü auf das TemplaVoilà-Seitenmodul und wählen Sie im Seitenbaum die Seite *Homepage* aus. Im rechten Bereich wird Ihnen jetzt die in Abbildung 13-15 gezeigte Oberfläche angeboten, mit der Sie Inhalte anlegen und auch bearbeiten können (wenn Inhalte vorhanden sind). Klicken Sie zum Anlegen auf das grüne Plussymbol. Sie erhalten damit die bereits gewohnten Oberflächen zum Anlegen von Seiteninhalten. Da diese Seiteninhalte auch wieder in der Datenbanktabelle *tt_content* gespeichert werden, können Anpassungen am Design ebenfalls über TypoScript getätigt werden, so wie Sie es in Kapitel 10 kennen gelernt haben.

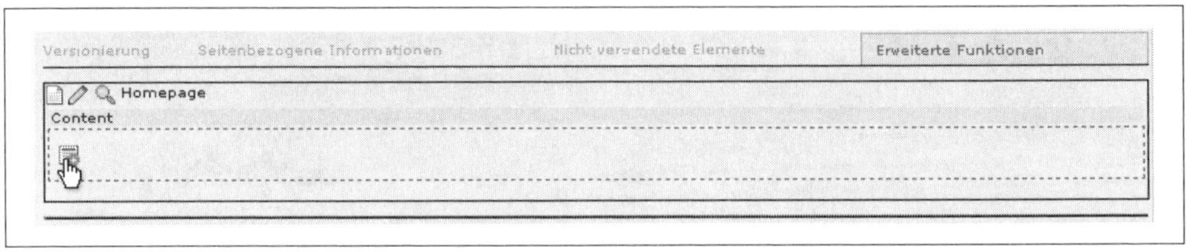

Abbildung 13-15: Über das Plussymbol kann jetzt ein Seiteninhalt angelegt werden

Das grafische Menü erstellen

Damit im linken Bereich auf der Webseite auch ein Menü angezeigt wird, können Sie die Beschreibung des Menüs wieder über TypoScript angeben. Im Abschnitt »Das Menü kennzeichnen« weiter oben haben Sie angegeben, dass das Element `field_menu` durch TypoScript erstellt werden soll – der entsprechende TypoScript-Pfad soll `lib.menu_links` heißen.

Erzeugen Sie daher, wie schon in Kapitel 7, *Menüs erstellen*, kennen gelernt, mittels TypoScript unterhalb von `lib.menu_links` ein HMENU-Objekt. Das folgende Beispiel haben Sie bereits in Kapitel 7 im Beispiel 7-11 erstellt. Da dieses TemplaVoilà-Beispiel lediglich aus einer Navigationsebene besteht, wurde auf die Angabe eines `entryLevels` verzichtet. In Kapitel 7 finden Sie aber die benötigten Informationen, wenn Sie mehrere Navigationsebenen erstellen möchten.

Erweitern Sie jetzt Ihr TypoScript-Template auf der Seite *root_templavoila* um die in Beispiel 13-2 angegebenen Zeilen 6 bis 40. Denken Sie daran, bei der Eigenschaft `.special.value` in Zeile 26 die ID der Seite *root_templavoila* anzugeben.

Beispiel 13-2: Das grafische Menü erstellen

```
01    page = PAGE
02    page.stylesheet = fileadmin/style.css
03    page.10 = USER
04    page.10.userFunc = tx_templavoila_pi1->main_page
05
06    # Das grafische Menü erstellen
07    lib.menu_links = HMENU
08    lib.menu_links {
09       wrap = <img src="fileadmin/images/linie_weiss.gif" width="178" height="1"><br>|
10       special = directory
11       special.value = 26
12       1 = GMENU
13       1.NO = 1
14       1.NO {
15          XY = 178, 24
16          backColor = #364497
17
18          # Text auf den Menüpunkt rendern
19          10 = TEXT
```

Beispiel 13-2: Das grafische Menü erstellen (Fortsetzung)

```
            10.text.field = title
            10.fontColor = #FFFFFF
            10.fontFile = fileadmin/fonts/verdana.ttf
            10.fontSize = 12
            10.niceText = 1
            10.offset = 14, 16

            # Eine weiße Linie erzeugen
            20 = IMAGE
            20.file = GIFBUILDER
            20.file {
               XY = 178,1
               backColor = #FFFFFF
            }
            20.offset = 0, 23
         }

      # Einen RollOver-Zustand beschreiben
      1.RO < .1.NO
      1.RO.backColor = #061467
   }
```

Sie haben jetzt gesehen, wie sich das Erstellen von Websites mit TemplaVoilà von der klassischen Methode unterscheidet. Wenn die Vorteile dieser Methode für Ihre Arbeit nützlich sind, sollten Sie sich auf der offiziellen TYPO3-Seite *typo3.org* sowie im deutschsprachigen Portal unter *www.typo3.org* weiter darüber informieren, welche Erfahrungen andere Entwickler mit dieser Erweiterung machen.

In diesem Kapitel:

- Freundlichere URLs
- Workspaces: Trennung von Entwurfs- und Live-Umgebung
- Update auf eine höhere TYPO3-Version
- Ein Backup erstellen
- Das Backend-Passwort vergessen?

KAPITEL 14

Tipps und Tricks

In diesem Kapitel erhalten Sie nützliche Tipps und Tricks, die thematisch nicht in die anderen Kapitel passen, aber dennoch gelegentlich benötigt werden.

Freundlichere URLs

TYPO3 gestaltet Links in der Standard-Konfiguration nicht unbedingt anwenderfreundlich. Eine URL wie beispielsweise *index.php?id=123&type=0* kann man sich nur schwer merken. Suchmaschinen akzeptieren zwar mittlerweile teilweise diese Links wieder, das Ranking ist häufig jedoch wesentlich besser, wenn die URL einen thematischen Bezug zur Suchanfrage hat. In diesem Abschnitt wird TYPO3 so konfiguriert, dass es normal lesbare URLs, wie z.B. *homepage.html*, erstellt, über die sich sowohl Suchmaschinen als auch die Webseiten-Besucher freuen.

Simulieren statischer Webseiten

TYPO3 unterstützt die Möglichkeit, dass eine an TYPO3 übergebene URL aufgesplittet wird. Wenn TYPO3 eine URL *123.0.html* erhält, weiß es, dass dieser Link intern *index.php?id=123&type=0* heißen soll – es wird also die Seite mit der eindeutigen *ID = 123* und die TypoScript-Konfiguration für das PAGE-Objekt mit der *typeNum = 0* aufgerufen. Das Grundproblem ist zunächst, dass TYPO3 überhaupt eine URL der Form *123.0.html* zugewiesen wird, da TYPO3 für die Anzeige der Frontend-Seiten nur mit einer Datei *index.php* arbeitet.

Im Webserver Apache kann über so genannte *ModRewrite*-Regeln in *.htaccess*-Dateien eingestellt werden, dass, wenn eine angeforderte Webseite nicht vorhanden ist, diese Anfrage an eine andere Datei weitergereicht wird. *ModRewrite* muss im Apache-Webserver aktiviert worden sein.

Editieren Sie hierzu zunächst die Datei *.htaccess* im Stammordner Ihrer Webseite und fügen Sie folgende Zeilen hinzu, durch die Anfragen an nicht gefundene Webseiten mit der Dateiendung *.html* an die Datei *index.php* weitergereicht werden.

```
RewriteEngine On
RewriteCond %{REQUEST_FILENAME} !-f
RewriteRule ^[^/]*\.html$ index.php
```

Bei auf TYPO3 spezialisierten Providern sollte diese *.htaccess*-Datei im Regelfall schon vorbereitet sein.

Nach dem Abspeichern dieser Konfiguration werden Sie im Frontend keine direkten Veränderungen feststellen können. Wenn Sie allerdings manuell eine URL wie z.B. *12.0.html* angeben, werden Sie bemerken, dass sich der Inhalt der Webseite mit der eindeutigen *ID = 12* öffnet, als hätten Sie *index.php?id=12* angegeben. Sehen Sie sich nun z.B. per FTP auf Ihrem Webspace um, werden Sie keine Datei mit dem Namen *12.0.html* finden können – die Anfrage wurde vom Apache-Server an die Datei *index.php* weitergeleitet. Auch wenn Sie die URL auf die Form *12.html* abkürzen, wird die Seite mit der eindeutigen *ID = 12* angezeigt, da die Angabe einer `type = 0` in der URL optional ist.

Von TYPO3 erzeugte Links freundlicher gestalten

Die von TYPO3 erzeugten Links, z.B. im Menü, weisen jedoch noch die unfreundliche Gestalt *index.php?id=123* auf. Über TypoScript können Sie jetzt über eine Konfigurationseigenschaft angeben, dass eine Funktionalität `simulateStaticDocuments` unterstützt wird und Links in der freundlicheren Gestalt erzeugt werden sollen.

```
config.simulateStaticDocuments = 1
```

Beim Betrachten der Webseite im Frontend werden Sie jetzt mit Vergnügen feststellen, dass TYPO3 in den Menüs die Links in der Form *123.0.html* erzeugt. Die in den Links angegebene `0` ist jedoch überflüssig und kann ebenfalls entfernt werden, indem Sie Ihr TypoScript-Template noch um eine weitere Konfigurationsoption erweitern:

```
config.simulateStaticDocuments_noTypeIfNoTitle = 1
```

Die erzeugten Links im Frontend erhalten nun als URL nicht mehr die `0` in der Mitte, die die gewünschte `typeNum` angibt, und lauten z.B. *123.html*.

Jedoch sind auch diese URLs nur schwierig zu lesen und vor allem schwer zu merken. Suchmaschinen werden sich vielleicht etwas mehr darüber freuen, wenn die URL *123.html* heißt und nicht *index.php?id=123*, aber trotzdem wird das Ranking bei Suchanfragen nicht sonderlich steigen.

Beim Anlegen oder Bearbeiten von Seiten im Backend haben Sie ein Feld *Alias* zur Auswahl, in dem Sie einen URL-Titel für die Seite angeben können. Bearbeiten Sie z.B. die im Praxisbeispiel umgesetzte Seite *Über uns* und geben Sie im Feld *Alias* als URL-Titel *ueber_uns* an, so wie in Abbildung 14-1 zu sehen.

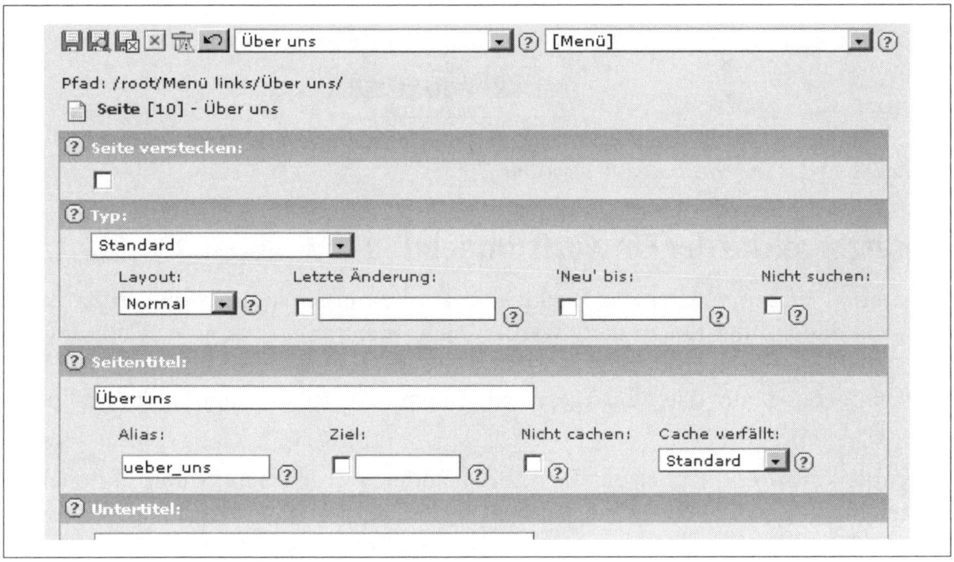

Abbildung 14-1: Einen Alias für eine Seite angeben

> Wenn Ihnen das angegebene Feld nicht zur Verfügung steht, überprüfen Sie, ob Sie im unteren Bereich der Maske ein Flag im Feld *Zweite Optionspalette aktivieren* gesetzt haben.

Bei einem erneuten Aufrufen des Ergebnisses im Frontend sollte nach einem Refresh der Webseite unter dem Menüpunkt *Über uns* ein Link auf *ueber_uns.html* erscheinen.

Workspaces: Trennung von Entwurfs- und Live-Umgebung

Bis jetzt haben Sie Änderungen immer direkt an der Live-Präsentation vorgenommen. Mit der TYPO3-Version 4.0 wurde eine so genannte *Entwurfsumgebung* eingeführt, die im Englischen als *Draft-Workspace* (Entwurfs-Arbeitsbereich) bezeichnet wird. In einer Entwurfsumgebung können Sie Änderungen an Seiten, Seiteninhalten und auch an TypoScript-Templates vornehmen, doch werden diese Änderungen erst nach dem Veröffentlichen in der Live-Umgebung angezeigt.

Im Backend finden Sie rechts unten ein Workspace-Auswahlfeld (siehe Abbildung 14-2), das zurzeit die Elemente *Live-Workspace* sowie *Entwurfs-Workspace* enthält. Wenn Sie aus diesem Auswahlfeld den Eintrag *Entwurfs-Workspace* auswählen, wird das Backend neu geladen.

Abbildung 14-2: Den Arbeitsbereich auswählen

Einsatzbereiche der Entwurfsumgebung

Sie werden erkennen, dass das Backend jetzt nicht mehr so umfangreich ist. Viele Menüpunkte auf der linken Seite werden nicht mehr angezeigt, wie beispielsweise die Dateiliste oder auch der Extension-Manager. Hintergrund ist, dass in der Entwurfsumgebung nur datenbankgestützte Datensätze zur Verfügung stehen, nicht aber das Dateisystem.

Datenbankinhalte, die über das Backend geändert werden (z.B. Seiten), können in unterschiedlichen Versionen zur Verfügung stehen, von denen nur eine Version in der Live-Umgebung angezeigt wird. Für Dateien steht diese *Versionierung* nicht zur Verfügung. Sämtliche Änderungen an Dateien haben sofort eine Auswirkung auf die Live-Umgebung. Die im Extension-Manager und auch im Installtool vorgenommenen Änderungen werden z.B. in der Datei *typo3conf/localconf.php* gespeichert. Ein Update einer TYPO3-Erweiterung oder das Hinzufügen oder Löschen von Erweiterungen kann somit nicht in der Entwurfsumgebung getestet werden.

Auch das Ändern von Designvorlagen steht nur über einen Umweg in der Entwurfsumgebung zur Verfügung. Da eine Designvorlage eine Datei ist, ist eine Versionierung und damit eine Trennung von Live- und Entwurfsumgebung nicht möglich. Jedoch sind TypoScript-Templates versionierungsfähig, da diese Templates in der Datenbank gespeichert werden. Sie könnten z.B. von Ihrer Designvorlage eine Kopie erstellen und dann über TypoScript in der Entwurfsumgebung auf diese kopierte Designvorlage verweisen. Jedoch sollten Sie auch bei dieser Herangehensweise Vorsicht walten lassen, da sich schnell Fehler einschleichen können (z.B. durch Änderungen an eingebundenen Dateien wie z.B. Stylesheets oder Grafiken), die Auswirkungen auf die Live-Umgebung haben.

Grundsätzlich lässt sich daher sagen, dass die Trennung von Entwurfs- und Live-Umgebung insbesondere für redaktionelle Tätigkeiten eine wertvolle Bereicherung darstellt. Da derzeit keine Versionierung von Dateien ermöglicht wird, sind tief greifendere Entwicklungen oder Änderungen wie z.B. Anpassungen im Installtool, das

Testen von Erweiterungen oder auch generelle TYPO3-Updates nicht versionierungsfähig und können somit in der Entwurfsumgebung nicht genutzt werden.

Die Entwurfsumgebung einsetzen

Wenn Sie das Backend auf die Entwurfsumgebung umgestellt haben, können Sie ganz regulär redaktionelle Änderungen vornehmen, so wie Sie es gewohnt sind. Wenn sich an einer Seite Änderungen ergeben haben, wird dieses im Seitenbaum farblich gekennzeichnet.

Wenn Sie sich die geänderten Daten ansehen möchten, können Sie rechts unten das Häkchen bei *Frontend Preview* setzen und sich die Frontend-Seite dann in einem separaten Fenster ansehen. Hierfür müssen Sie jedoch ins Backend eingeloggt sein, und das Backend muss sich auch in der Entwurfsumgebung befinden.

Eine etwas umfangreichere Oberfläche erhalten Sie, wenn Sie in der Entwurfsumgebung im Seitenbaum auf das Icon der Seite klicken, die Sie anschauen wollen, und dann aus dem Pop-up-Menü den Eintrag *Ansehen* auswählen. Es öffnet sich ein neues Fenster, das in drei Bereiche aufgeteilt ist. Links oben ist das Frontend-Resultat der Live-Umgebung sichtbar, links unten das Resultat der Entwurfsumgebung. Auf der rechten Seite finden Sie das so genannte *Workspace Management*. Über den Button *Publish page* können die Änderungen der angezeigten Seite veröffentlicht werden. Wenn nur einzelne Seiteninhalte veröffentlicht werden sollen, können Sie dies auch über das *Publish*-Icon veranlassen (Abbildung 14-3).

Weitere Entwurfsumgebungen

Sie können noch weitere Entwurfs- bzw. Arbeitsumgebungen anlegen. Hierzu müssen Sie sich im Backend in der Live-Umgebung befinden. Auf der Rootebene (Weltkugel) können Sie dann z.B. einen neuen Workspace erstellen, in dem Sie zusätzlich umfangreiche Angaben für Workflows machen können.

> Nähere Informationen zum Erstellen und Konfigurieren von Workflows erhalten Sie online unter *www.typo3.org* sowie unter *www.typo3.net*.

Redakteure auf die Entwurfsumgebung beschränken

Sie können den Arbeitsbereich von Redakteuren auch auf die Entwurfsumgebung beschränken. Hierzu müssen Sie die Zugriffsrechte des jeweiligen Redakteurs bearbeiten und im Abschnitt *Workspace permissions* nur die Option *Edit Draft (Offline)* aktiviert lassen. Sämtliche Änderungen, die Redakteure nun vornehmen, sind nicht mehr sofort online sichtbar, der Redakteur sieht im Backend nur noch die Entwurfsumgebung. In Kombination mit Workflows lassen sich auf diese Weise zusätzlich umfangreiche Freigabeprozesse realisieren.

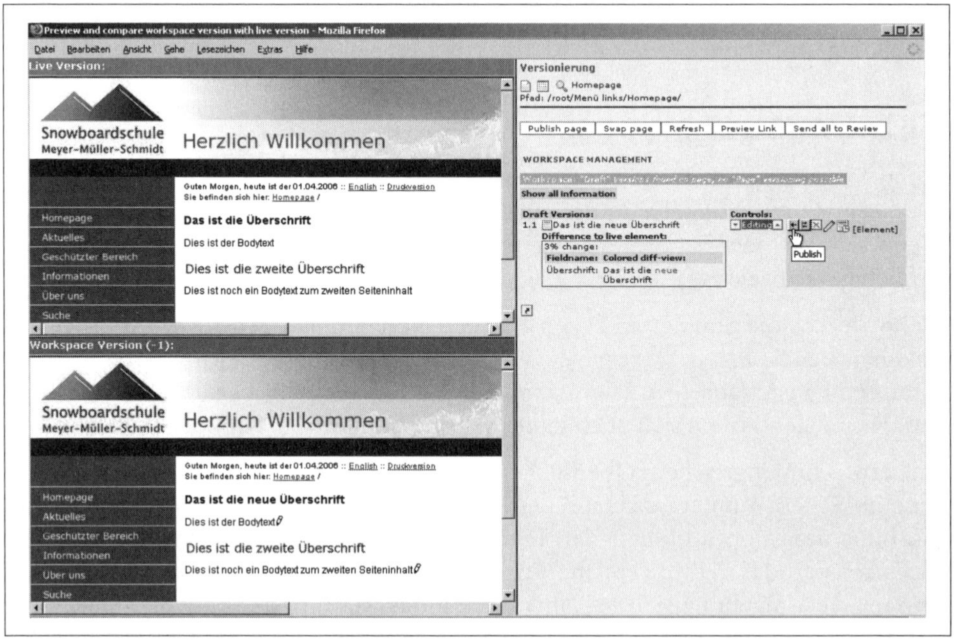

Abbildung 14-3: Veröffentlichen von geänderten Inhalten

Update auf eine höhere TYPO3-Version

Es ist eine neue TYPO3-Version erschienen – sehr schön. Die Community war wieder fleißig und hat viele Anregungen und Verbesserungen eingebracht. Dennoch sei gleich vorweg gewarnt: *Never change a running system!* Warum updaten, wenn alles läuft? Sofern keine Sicherheitslöcher bekannt sind – und bis jetzt ist nur einmal im Jahr 2003 ein relativ kleines Sicherheitsproblem bekannt geworden, das umgehend gefixed wurde – macht ein TYPO3-Update keinen Sinn. Auch mit der Entwicklung auf eine neue Version zu warten können Sie sich sparen – legen Sie einfach mit der zuletzt erschienenen Final-Version los und entwickeln Sie Ihre Webseiten. Die Neuerungen in höheren TYPO3-Versionen sind teilweise sehr speziell, Sie werden nach einem Update nicht alles neu erstellen müssen! Genug der Vorworte.

In diesem Abschnitt erfahren Sie, wie Sie unter Linux ein Update auf eine neuere TYPO3-Version durchführen können. Wie Sie unter Windows oder anderen Betriebssystemen ein TYPO3-Update vornehmen, können Sie z.B. unter *http://typo3.net* nachlesen bzw. erfragen.

Den Quellcode zu einer neuen TYPO3-Version erhalten Sie online unter *http://typo3.org*. Als Quellcode-Paket benötigen Sie im Regelfall nur das so genannte *Source-Package*, das den reinen TYPO3-Code und die benötigte Datenbankstruktur beinhaltet. Laden Sie diese neue Version in Ihr TYPO3-Stammverzeichnis parallel zu dem bereits bestehenden Ordner *typo3_src-x.x.x/*, der den Quellcode für die gerade aktive Webseite enthält. Entpacken Sie den Inhalt dieses Ordners wie gewohnt bzw. wie in Kapitel 2, *TYPO3 installieren*, gezeigt und setzen Sie, je nach Serverkonfiguration, die Rechte neu.

Die Ordner- bzw. Dateistruktur könnte jetzt z.B. wie folgt aussehen:

```
[...]
fileadmin/
uploads/
typo3temp/
index.php -> typo3_src/index.php
t3lib -> typo3_src/t3lib
typo3 -> typo3_src/typo3
typo3_src -> typo3_src-4.0/
typo3_src-4.0/
typo3_src-4.x/
[...]
```

Sie können in dieser Struktur erkennen, dass unter *typo3_src/* ein so genannter *symbolischer Link* auf den Ordner *typo3_src-4.0/* zeigt. Solange der symbolische Link nicht abgeändert wird, greift noch immer der alte Quellcode. Um nun den Quellcode auf eine Version 4.x umzustellen, reicht es im Regelfall aus, den symbolischen Link neu zu setzen:

```
rm typo3_src
ln -s typo3_src-4.x/ typo3_src
```

Somit zeigt der Ordner *typo3_src/* auf den Ordner *typo3_src-4.x/*, der alte Ordner ist allerdings noch immer vorhanden. Ein Downgrade ist hierdurch relativ einfach möglich, indem Sie den symbolischen Link wieder auf den alten Quellcode »biegen«.

Wenn Sie jetzt allerdings die Webseite im Frontend betrachten, werden Sie mit großer Wahrscheinlichkeit feststellen, dass Ihre Webseite nicht mehr ohne Fehlermeldungen angezeigt wird, wenn überhaupt. Grund hierfür ist normalerweise, dass von der neuen TYPO3-Version Datenbanktabellen benötigt werden, die noch nicht vorhanden sind.

Um eine Überprüfung der Datenbanktabellen vorzunehmen, müssen Sie sich in das Installtool einloggen. Dieses Installtool, das Sie über die URL *http://meinedomain.tld/typo3/install/* erreichen können, wird Ihnen im Regelfall aber nicht direkt zur Verfügung stehen, da mit dem neuen Quellcode die Ausführung des Installtools über eine so genannte `die()`-Funktion verhindert wird. Um das Installtool lauffähig zu machen, müssen Sie, wie in Kapitel 2, *TYPO3 installieren*, erläutert, den Aufruf dieser Funktion verhindern, indem Sie aus der Datei *typo3/install/index.php* entweder die entsprechende Zeile auskommentieren oder ganz löschen.

Nach dem Entfernen oder Auskommentieren der `die()`-Funktion sollten Sie wieder Zugriff auf das Installtool haben. Wenn Ihnen jedoch der Zugriff mit einer *Internal*

Server Error-Meldung verwehrt wird, sollten Sie prüfen, ob die Datei- und Ordnerrechte für den neuen Quellcode auch richtig, nach den Vorgaben des Providers, gesetzt sind.

Im Installtool können Sie nun in den Abschnitt *Database Analyser* wechseln. Über den Textlink *Compare* können Sie prüfen, ob alle erforderlichen Datenbanktabellen und Datenbankfelder vorhanden sind (Abbildung 14-4).

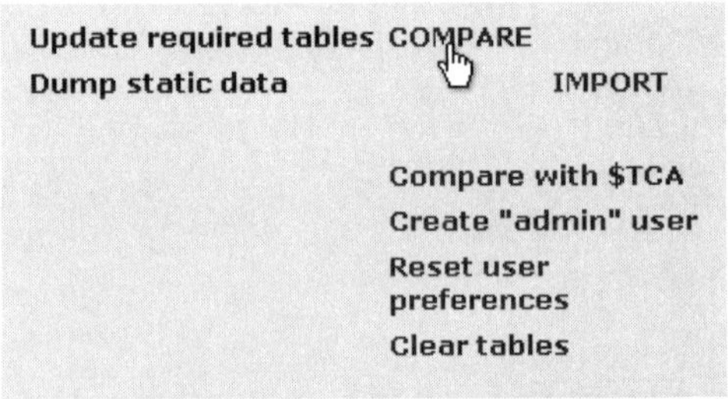

Abbildung 14-4: Die Datenbank überprüfen

TYPO3 macht Ihnen Vorschläge dazu, welche Änderungen am System vorzunehmen sind. Sämtliche Änderungen, die TYPO3 an der Datenbank vornehmen möchte, können Sie über ein Kontrollkästchen vor jeder Aktion aktivieren bzw. deaktivieren. Die Vorschläge von TYPO3, Datenbanktabellen und -felder anzulegen, lassen Sie getrost so stehen. Sie können ohne weitere Überlegungen einfach auf den Button *Write to database* klicken.

Es ist empfehlenswert, anschließend aus dem Ordner *typo3conf/* Dateien zu löschen, die mit *temp_CACHED_** beginnen. Nach dem Entfernen dieser Dateien sollten Sie sich nun wieder in das Backend einloggen können. Hier löschen Sie einmal manuell den gesamten Cache – und Ihr Update sollte erfolgreich abgeschlossen worden sein.

Mit TYPO3-Version 4.0 gab es Änderungen, durch die das Backend nicht mehr in jeder Sprache zur Verfügung steht. Wenn Sie z.B. ein Update von TYPO3-Version 3.8.0 auf Version 4.0 vornehmen, müssen Sie im Extension-Manager nachträglich alle gewünschten Sprachen installieren.

Informationen zu den Besonderheiten der neuen TYPO3-Versionen erhalten Sie online unter *http://typo3.net*. Dort wird auch beschrieben, was Sie bei einem Update von der TYPO3-Version 3.8.0 (oder früher) auf die Version 4.0 zusätzlich noch beachten müssen.

Ein Backup erstellen

Um ein Backup von TYPO3 zu erstellen, gibt es grundsätzlich mehrere Möglichkeiten. Auch stehen bereits einige Erweiterungen dafür zur Verfügung. In diesem Abschnitt werden Sie allerdings erfahren, wie Sie selbst ein manuelles Backup durchführen können, damit Sie wissen, welche Daten tatsächlich zum Wiederherstellen einer TYPO3-Präsentation benötigt werden.

Ein manuelles Backup besteht aus zwei Bereichen: den benötigten Dateien sowie den Daten aus der Datenbank. An Dateien werden alle von Ihnen und auch von den Redakteuren hochgeladenen Dateien benötigt, die sich zum einen im Ordner *fileadmin/* befinden, zum anderen im Ordner *uploads/*.

Auch der Ordner *typo3conf/* wird benötigt. In diesem Ordner befindet sich die Datei *typo3conf/localconf.php*, die die Konfiguration des Grundsystems (Datenbankverbindungen etc.) enthält und in der alle über das Installtool durchgeführten Änderungen abgespeichert sind. Sämtliche von Ihnen nachträglich aus der Extension Repository heruntergeladene Erweiterungen wurden ebenfalls im Ordner *typo3conf/ext/* abgelegt.

Für die Sicherung der Dateien werden somit die folgenden Ordner einschließlich aller Dateien und Unterordner benötigt:

```
fileadmin/
uploads/
typo3conf/
```

Für die Daten aus der Datenbank eignet sich das Tool *phpMyAdmin*, das auch als TYPO3-Erweiterung zur Verfügung steht. Hier können Sie über den Link *Exportieren* einen so genannten Datenbank-Dump erstellen lassen. In Abbildung 14-5 sehen Sie die entsprechende Maske, um eine Sicherung der Datenbank zu erstellen.

Achten Sie beim Erstellen des Datenbank-Dumps darauf, dass Sie die Kontrollkästchen *Struktur*, *Mit 'Drop Table'*, *Auto_Increment-Wert hinzufügen*, *Daten* sowie *Vollständige 'Insert's* aktiviert haben. Außerdem ist es sinnvoll, sich das erzeugte SQL-Dump als Datei herunterzuladen – aktivieren Sie dazu das Kästchen bei *Senden*.

Es kann nicht schaden, wenn Sie alle Datenbanktabellen herunterladen. Sollten Sie allerdings Probleme der Art haben, dass Sie auf Grund einer Prozesszeit-Begrenzung Ihres Webservers nicht alle Daten exportiert bekommen, können Sie entweder jede einzelne Datenbanktabelle separat sichern oder aber nur die tatsächlich benötigten. Pauschal lässt sich sagen, dass alle Tabellen, die mit *cache_** beginnen, nicht benötigt werden bzw. der Inhalt und auch die Struktur dieser Tabellen problemlos rekonstruiert werden können. Auch kann die Tabelle *sys_stat*, vor allem im Live-Betrieb, sehr viele Einträge haben – die Daten dieser Tabelle werden ebenfalls nicht zwingend benötigt.

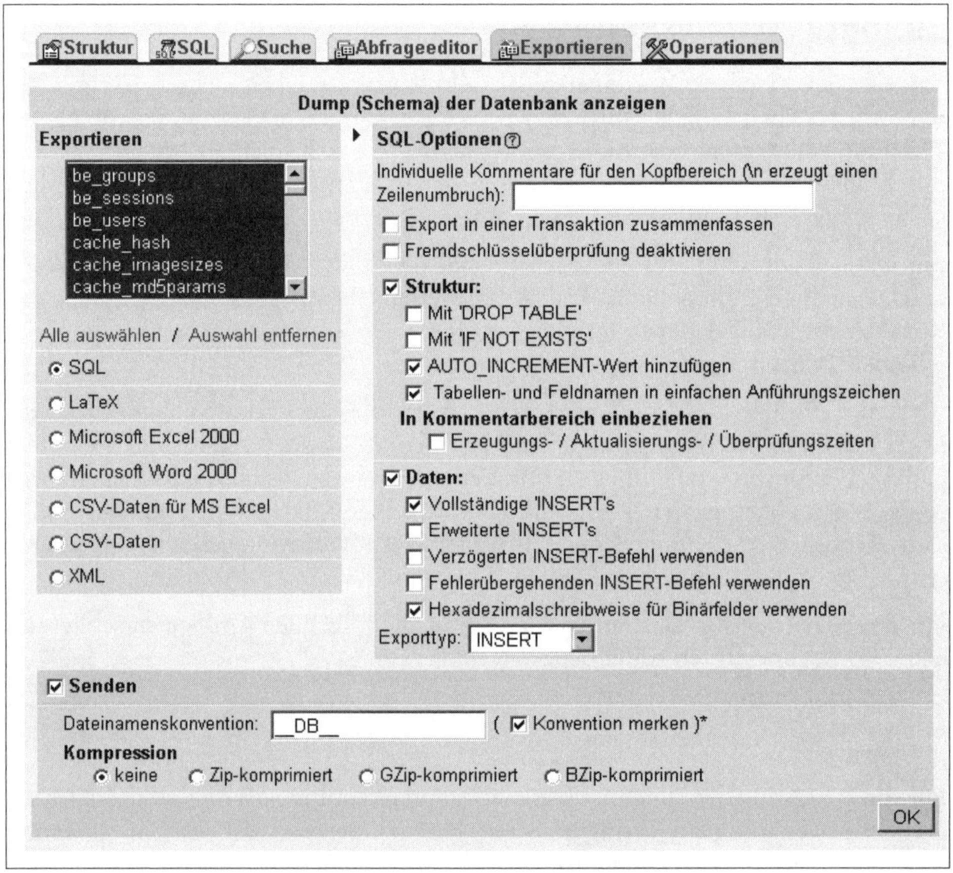

Abbildung 14-5: Einen Datenbank-Dump erstellen

Fehlende Datenbanktabellen lassen sich relativ einfach über den schon vorgestellten Database-Analyser im Installtool wiederherstellen – die Daten jedoch nicht. Allerdings werden auch nicht alle Daten ausdrücklich benötigt – Sie brauchen die Seiten, die Seiteninhalte, die erstellten Templates und sicherlich noch einige andere Datenbanktabellen, aber nicht unbedingt Tabellen für den Cache oder für Statistiken.

Das Backend-Passwort vergessen?

Ups ... Sie haben keinen Zugriff mehr auf das Backend? Keine Panik! Solange Sie noch irgendwie Zugriff auf den Server haben – sei es per FTP oder direkt per SSH als Benutzer *root*, müssen Sie sich keine Sorgen machen. Im Folgenden wird gezeigt, wie Sie einen neuen Backend-Benutzer als Administrator anlegen können, mit dem Sie das Passwort für Ihren alten Benutzer neu setzen können.

Sie haben Zugriff auf das Installtool

Wenn Sie Zugriff auf das Installtool haben, können Sie sich entspannen und haben nach wenigen Klicks wieder Zugriff auf das Backend. Gehen Sie im Installtool in den Abschnitt *Database-Analyser*. Im unteren Bereich finden Sie den Textlink *Create »admin« user*, hinter dem sich die in Abbildung 14-6 gezeigte Maske verbirgt. Geben Sie nun in den Feldern *username* und *password* die gewünschten Zugangsdaten ein. Wichtig ist allerdings, dass es den Benutzernamen noch nie zuvor in dieser TYPO3-Installation gegeben hat. Auch wenn der Benutzername zuvor einmal existiert hat und irgendwann gelöscht wurde, ist er nicht eindeutig, da er in der Datenbank nur mit einem *deleted*-Flag versehen wurde. Zwar können Sie im Backend dann einen weiteren Benutzer mit dem gleichen Benutzernamen anlegen – über das Installtool ist dies jedoch nicht möglich. Achten Sie außerdem darauf, dass Sie für den Benutzernamen nur Kleinbuchstaben verwenden. – Nach dem Anlegen eines Administrators sollten Sie sich mit den gerade vergebenen Zugangsdaten in das Backend einloggen können.

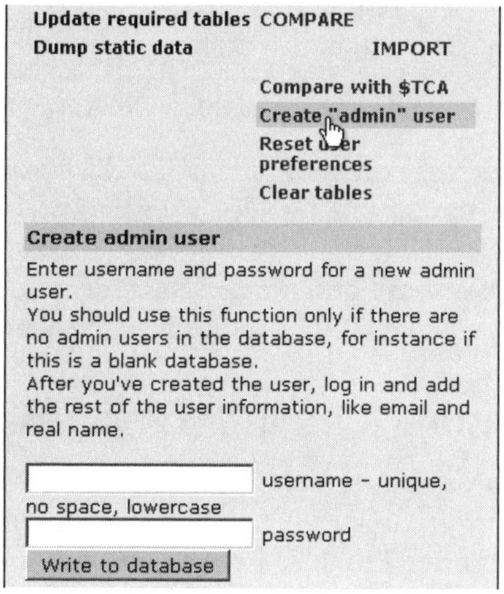

Abbildung 14-6: Einen Administrator anlegen

Sie haben das Installtool-Passwort vergessen?

Auch jetzt brauchen Sie noch nicht in Panik zu geraten, zumindest dann nicht, wenn Sie noch Zugriff auf den Server per FTP oder auf andere Art und Weise haben. Wenn Sie im Installtool ein Passwort Ihrer Wahl eingeben, sehen Sie nach dem Absenden des fehlerhaften Logins im unteren Bereich eine Zeichenkette, zu erkennen in Abbildung 14-7, die das von Ihnen eingegebene Passwort in MD5-verschlüsselter Form anzeigt.

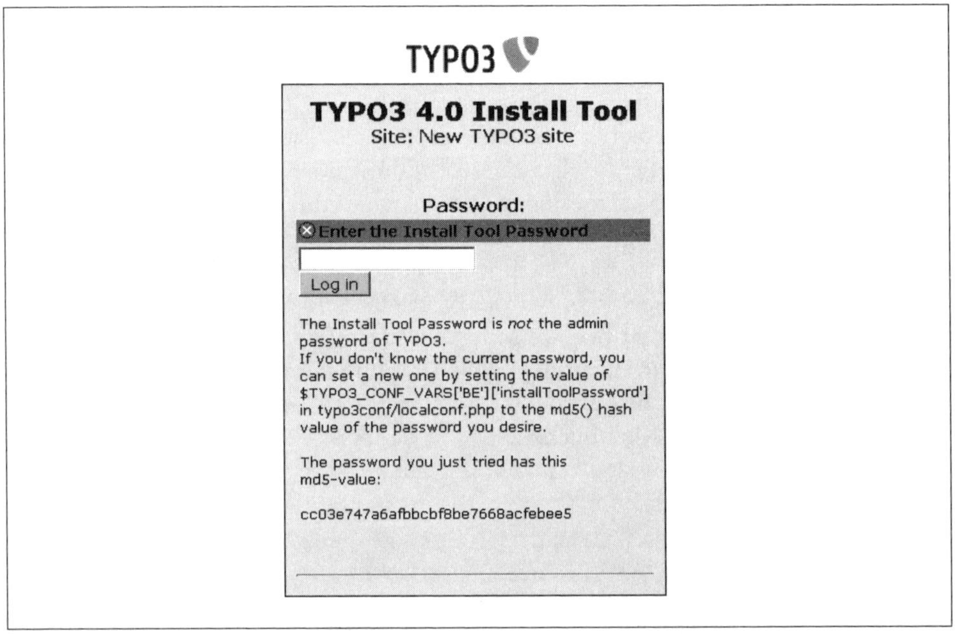

Abbildung 14-7: Das eingegebene falsche Passwort in verschlüsselter Form

Kopieren Sie sich dieses Passwort nun heraus. Per FTP können Sie jetzt die Datei *typo3conf/localconf.php* öffnen und für die in dieser Datei angegebene Konfiguration `$TYPO3_CONF_VARS["BE"]["installToolPassword"]` das soeben kopierte neue Passwort in der verschlüsselten Form setzen. Nach dem Speichern und Hochladen der Datei auf den Server sollte ein Login in das Installtool nun möglich sein.

Sie haben auch sonstige Zugangsdaten vergessen?

Jetzt dürfen Sie langsam nervös werden. Wenn Sie TYPO3 bei einem Provider hosten, bitten Sie diesen darum, dass FTP-Passwort neu zu setzen. Wenn Ihr Provider ein auf TYPO3 spezialisierter Provider ist, wird er Ihnen sicherlich das Passwort zum Installtool neu setzen bzw. ggf. sogar gleich einen neuen Backend-Benutzer einrichten. Hosten Sie TYPO3 jedoch selbst, müssen Sie zumindest noch Zugriff per SSH als Benutzer *root* auf den Server bekommen, um die Datei *typo3conf/localconf.php* zu bearbeiten. Wenn Sie auch das Passwort für den Benutzer *root* vergessen haben, wird eine Knoppix-CD hier möglicherweise noch helfen – oder Sie sollten sich das Buch *Linux Server Hacks* kaufen, ebenfalls im O'Reilly Verlag erschienen ...

TypoScript-Kurzreferenz

Übersicht

Datentypen

<tag>

Beispiel: `<BODY bgcolor="red">`

align

Gibt eine vertikale Ausrichtung an.

Mögliche Werte: `right/left/center`

Default: `left`

VHalign

Gibt eine vertikale und eine horizontale Ausrichtung durch zwei kommaseparierte Werte an.

Horizontal (`right`, `center`, `left`)

Vertikal (`top`, `center`, `bottom`)

Mögliche Werte: `r/c/l, t/c/b`

Default: `l, t`

Beispiel: `r, c`

resource

Es gibt zwei Arten von Ressourcen (Dateien): eine direkte Dateiangabe inkl. Pfad sowie ein Verweis auf eine Datei innerhalb der Datenbank (z.B. eine Datei innerhalb eines Templates). Befindet sich innerhalb des Werts ein Schrägstrich, wird die Datei aus dem angegebenen Verzeichnis genommen, ansonsten wird innerhalb des Templates (Resources) nach einer Datei gesucht.

Das Sternchen am Ende des Dateinamens bewirkt, dass die letzte Dateiversion (bei *toplogo*.gif* z.B. *toplogo_05.gif*) verwendet wird. Den numerischen Präfix legt TYPO3 beim Hochladen selbstständig an, wenn der Dateiname bereits vergeben ist.

Beispiel:

```
fileadmin/bild.gif
bild*.gif
```

imgResource

Erwartet als Datei eine gültige Grafik (ähnlich wie bei `resource`, s.o.). Welche Dateitypen erlaubt sind, kann im Installtool im Abschnitt *All Configuration* über die Konfigurationsmöglichkeit `$TYPO3_CONF_VARS["GFX"]["imagefile_ext"]` festgelegt werden.

Default: *pdf, gif, jpeg, jpg, tif, bmp, ai, pcx, tga, png*

Beispiel:

```
fileadmin/bild.gif
bild*.gif
```

target

HTML-Target, der in `<A>`-Tags Verwendung findet. Wird überwiegend bei Frames benötigt. Der Datentyp `target` verdeutlicht, dass ein HTML-Target erwartet wird.

Mögliche Werte: Jede beliebige Zeichenkette wird akzeptiert.

Beispiel:

```
_top
_blank
page
```

int+/posint

Positive Zahl (Integer-Wert größer oder gleich 0).

int

Beliebige Zahl.

string/str/value

Beliebige Zeichenkette.

boolean

True/False, 1/0, ja/nein.

Leere Zeichenketten werden als *falsch* gewertet, beliebige Zeichenketten (außer »=0«) als *wahr*. Üblicherweise werden die Werte *1* für *wahr* und *0* für *falsch* verwendet.

degree

Mögliche Werte: –90 bis 90

rotation

Wie `int+`, jedoch verdeutlicht `rotation`, dass eine Zahl zwischen 0 und 360 erwartet wird.

Mögliche Werte: 0 bis 360

Beispiel: `180`

x,y,w,h

`x,y` geben die Position von der linken oberen Ecke aus an (x = nach rechts, y = nach unten).

`w,h` geben eine Breite und eine Höhe an.

Beispiel: `10,10,5,5`

HTML-color

Übliche HTML-Farbangaben. Farbwörter werden in einer TYPO3-internen Tabelle in einen Hex-Wert umgewandelt.

Beispiel:

```
red
#ffeecc
```

GraphicColor

Wie `HTML-color`, jedoch ist zusätzlich die Angabe von RGB-Werten möglich.

Beispiel:

```
red
#ffeecc
255,0,255
```

page_id

Angabe einer Seiten-ID. `page_id` erwartet eine positive Zahl oder aber die Angabe von `this` als Verweis auf die aktuelle Seite.

Beispiel:

```
34
this
```

list

Kommaseparierte Liste von beliebigen Zeichenketten.

Beispiel: `item1, item2, item3`

wrap

Ein Wert kann von beliebigen Zeichenketten umhüllt bzw. eingeschlossen werden. Im Beispiel wird dem Wert `<font color="red">` vorangestellt, `</font>` wird am Ende hinzugefügt.

Beispiel: `<font color="red">|</font>`

case

Gibt an, ob eine Zeichenkette in Groß- (`upper`) bzw. Kleinbuchstaben (`lower`) umgewandelt wird.

Mögliche Werte: `upper, lower`

getText

Erläuterung siehe Abschnitt »data (getText)«.

dir

Gibt eine Dateiliste aus. Im Beispiel werden aus dem Ordner *fileadmin/files* alle *pdf-*, *gif-* und *jpg*-Dateien aufgelistet, sortiert nach dem Dateinamen. Das Durchsuchen erfolgt rekursiv (inkl. Unterverzeichnissen), dem Dateinamen wird der gesamte Pfad vorangestellt.

Syntax: `[relativer Pfad] | [Liste von Dateiendungen] | [Sortierung: name, size, ext, date] | [reverse: "r"] | [vollständige Pfadangabe: Boolean]`

Beispiel: `fileadmin/files | pdf, gif, jpg | name | r | true`

Objektgruppen

An diversen Stellen in der Referenz wird auf eine Objektgruppe verwiesen. Welche Objekte zu einer Objektgruppe gehören, können Sie der folgenden Liste entnehmen.

Objektgruppe	Einzelne, untergeordnete Objekte
cObjekt	HTML, TEXT, IMAGE, ...
frameObj	FRAMESET, FRAME
menuObj	GMENU, TMENU, IMGMENU, JSMENU
GifBuilderObj	TEXT, SHADOW, OUTLINE, EMBOSS, BOX, IMAGE, EFFECT

Funktionen/stdWrap

Daten auslesen

field
fieldname

Gibt den Inhalt eines angegebenen Feldnamens aus. `field` ist die einfache Form von `getData`.

Beispiel: Dies gibt den Titel der aktuellen Seite aus:

```
page.10 = TEXT
page.10.field = title
```

Hinweis: Mit `".field = nav_title // title"` wird der Inhalt des Datenbankfelds `"title"` nur dann ausgegeben, wenn `"nav_title"` keinen Wert enthält.

data
getText

Nähere Informationen im Abschnitt »data (getText)«.

cObject
cObject

Der Inhalt eines anderen cObjekts (z.B. TEXT, IMAGE etc.) kann angegeben werden.

filelist
dir/stdWrap

Siehe `dir` im Abschnitt »Datentypen«.

data (getText)

`[.data = …]`

Mit der Funktion `data` können diverse Werte ausgelesen werden.

Hinweis: Mit `//` können mehrere Werte angegeben werden. Es wird der erste Wert genommen, der ein Ergebnis größer als 0 enthält.

Beispiel: `10.data = GPvar : name // GPvar : username`

field : [Feldname]

Mit `field` kann ein beliebiges Feld aus der Tabelle *pages* der aktuellen Seite ausgelesen werden. Identisch zur `stdWrap`-Funktion `field`.

Beispiel:

```
10 = TEXT
10.data = field : header
20 = TEXT
20.field = header
```

getenv : HTTP_REFERER

Mit genenv können die üblichen Umgebungsvariablen, wie z.B. der Referer, ausgelesen werden.

Beispiel:

```
10 = TEXT
10.data = getenv : HTTP_REFERER
```

date : d.m.Y

Mit date kann das aktuelle Datum zurückgeliefert werden. Die Formatierung erfolgt dabei mit den in PHP-date()-Funktionen üblichen Buchstaben.

Beispiel:

```
10 = TEXT
10.data = date : d.m.Y
```

GPvar : irgendwas

Mit GPvar können GET- und POST-Werte ausgelesen werden (z.B. in Formularen etc.).

Beispiel:

```
10 = TEXT
10.data = GPvar : username
```

TSFE : [TSFE-Wert]

Mit TSFE können Werte ausgelesen werden, die in einem globalen »TSFE-Array« stehen.

Beispiel:

```
10 = TEXT
10.data = TSFE : loginUser
```

DB : [Tabelle] : [uid] : [Feld]

Mit DB kann ein beliebiger Datensatz ausgelesen werden.

Hinweis: Es können hier nur Felder angezeigt werden, die in einem »TCA-Array« enthalten (z.B. im Backend sichtbar) sind. Datensätze, die als *deleted* gekennzeichnet sind, werden ebenfalls nicht ausgegeben.

Bedingungen

override

string/stdWrap

Wenn `override` einen Wert größer als eine leere Zeichenkette oder 0 zurückliefert, wird der Wert genommen, der sich hinter `override` ergibt.

ifEmpty

string/stdWrap

Wenn der Inhalt bis zu diesem Punkt leer ist (oder gleich 0), wird der Wert genommen, der sich hinter `ifEmpty` ergibt.

required

boolean

Wird `required` auf 1 gesetzt, wird das gesamte Objekt nur dann ausgeführt, wenn tatsächlich ein Wert zurückgegeben wurde.

Beispiel: Dieses Beispiel führt jeden Datensatz nur dann aus, wenn im Datenbankfeld `bodytext` auch ein Wert enthalten ist:

```
page.10 = TEXT
page.10.field = bodytext
page.10.wrap = <hr size="1">|
page.10.required = 1
```

fieldRequired

Ähnlich wie `required`, jedoch kann hier speziell auf ein bestimmtes Feld hin geprüft werden.

Beispiel: Dieses Beispiel führt jeden Datensatz nur dann aus, wenn im Datenbankfeld `title` auch ein Wert enthalten ist:

```
page.10 = TEXT
page.10.field = bodytext
page.10.fieldRequired = title
```

if

Nähere Informationen im Abschnitt »if«.

Parse-Funktionen

listNum

int / +calc / +"last"

Teilt einen Inhalt nach Kommata (oder einem anderen Zeichen) auf (explode).

Weitere Eigenschaften:

`splitChar`: Trennzeichen, Default = Komma. Wird ein numerischer Wert angegeben (z.B. *10*), wird das entsprechende ASCII-Zeichen genommen (10 = Zeilenumbruch)

Beispiel: Dieses Beispiel zeigt nur den letzten Satz des Datenbankfelds `bodytext` an:

```
page.10 = TEXT
page.10.field = bodytext
# Char 46 ist ein Punkt.
page.10.splitChar = 46
page.10.listNum = last - 1
```

parseFunc

Nähere Informationen im Abschnitt »parseFunc«.

split

Nähere Informationen im Abschnitt »split«.

trim

boolean

Entfernt Leerzeichen vor und hinter einem Wert.

intval

boolean

Wandelt einen Wert in eine Zahl um. Wenn sich ein Wert nicht in eine Zahl umwandeln lässt, wird 0 zurückgeliefert.

case

case

Konvertiert eine Zeichenkette in Groß- oder Kleinschreibung.

Mögliche Werte: `upper`, `lower`

crop

Schneidet den Inhalt nach einer angegebenen Anzahl von Zeichen ab und fügt die nach einem Pipe-Symbol angegebenen beliebigen Zeichen an.

Beispiel: Dieses Beispiel liefert als Ergebnis »Dies ist nu... « zurück. Der Rest wird abgeschnitten und durch die angegebenen Punkte ersetzt.

```
page.10 = TEXT
page.10.value = Dies ist nur ein Test
page.10.crop = 11 | ...
```

stripHtml

boolean

Entfernt alle HTML-Tags aus dem Inhalt.

htmlSpecialChars

boolean

Der Inhalt wird durch die PHP-Funktion `htmlspecialchars()` geparst. Dadurch wird HTML-Code nicht ausgeführt, sondern direkt angezeigt.

br

boolean

Konvertiert alle Zeilenumbrüche in einen `<br>`-Tag (bzw. wie unter »brTag« angegeben).

brTag

string

Alle ASCII-Codes mit 10 (CR) werden durch den angegebenen Wert ersetzt.

Beispiel: `brTag = <br>`

doubleBrTag

string

Alle doppelten Line-Breaks (ASCII-Code 10) werden durch den angegebenen Wert ersetzt.

Beispiel: `doubleBrTag = <p>`

Datums- und Zeitfunktionen

date

date-conf

Formatiert einen Wert in ein Datum. Zu Formatierungsmöglichkeiten siehe Tabelle 5-4 oder *php.net*.

strftime

strftime-conf

Wie `date` (s.o.).

age

boolean
String: Min | Std | Tage | Jahre

Wenn `age = 1` gesetzt ist, wird der Inhalt (z.B. ein zurückgelieferter Wert aus einer Datenbankabfrage) als Datum gesehen und die Differenz zwischen dem aktuellen Datum und dem zurückgelieferten Datum berechnet. Beinhaltet age eine Zeichenkette, dient diese Zeichenkette zur Formatierung (4 Werte für Minuten, Stunden, Tage und Jahre, jeweils getrennt durch ein Pipe-Symbol).

EditPanel

editPanel

boolean/editPanel

Siehe Objekt »EDITPANEL«.

editIcons

string

Siehe Objekt »EDITPANEL«.

Debugging

debug

boolean

Ähnlich wie `htmlSpecialChars`: Liefert das Ergebnis in HTML-Darstellung zurück. HTML-Code wird somit nicht vom Browser ausgeführt.

debugFunc

boolean/integer
2 = Darstellung in einer Tabelle

Liefert den Inhalt zurück. Mit `debugFunc = 2` können einzelne Werte in einer Tabelle überprüft werden.

debugData

boolean

Liefert den Inhalt von `$cObj->data` direkt an den Browser.

imgResource

ext

imageExtension/stdWrap

Gibt an, welche Dateiendungen als `imgResource` gewertet werden sollen.

Default: *web (= if, jpg)*

width/height

int/stdWrap

Gibt die gewünschte Breite und Höhe einer Grafik in Pixel an.

Hinweis: Sind beide Parameter angegeben und die Pixelangabe von einem der beiden Parameter wurde um ein *m* ergänzt, bleiben die Proportionen erhalten, und die angegebenen Größen gelten als maximale Dimensionen.

params

string

Beliebige Zeichenkette. Hier können an ImageMagick beliebige Parameter übergeben werden (per Kommandozeile). – Nähere Informationen finden Sie in der Dokumentation zu ImageMagick.

Beispiel:

```
-rotate 90
```

frame

int

Gibt bei animierten Gifs und bei PDF-Dateien den gewünschten Frame an.

import

path/stdWrap

Mit `import` wird ein Verzeichnis bestimmt, aus dem eine Grafik geladen werden soll.

Beispiel:

```
.import = fileadmin/pics/
.import.field = image
.import.listNum = 0
```

maxW/maxH

int/stdWrap

Maximale Breite (`maxW`) und maximale Höhe (`maxH`) in Pixel.

minW/minH

int/stdWrap

Minimale Breite (`minW`) und minimale Höhe (`minH`) in Pixel.

imageLinkWrap

enable

boolean/stdWrap

Aktiviert die Erzeugung eines Links zu einer Grafik.

width/height
int (1 bis 1000)

Breite und Höhe der Grafik in Pixel. Durch ein *m* hinter einem der Werte (z.B. `.width=100m`) werden die Proportionen beibehalten, `width` und `height` sind dann maximale Werte.

effects
string

Hier können besondere Grafikeffekte angegeben werden. Nähere Informationen zu `effects` finden Sie im Abschnitt »GIFBUILDER«.

Beispiel:

```
.effects = gamma = 1,3 | sharpen=80
```

wrap
wrap

Wrap um das Bild. Mit einem `wrap` wird ein gegebener Inhalt, der durch das Pipe-Symbol gekennzeichnet wird, im Regelfall mit HTML-Code umhüllt.

Beispiel:

```
<table border="1"><tr><td> | </td></tr> </table>
```

JSwindow
boolean

Das Bild wird in einem neuen Fenster geöffnet, die Dimensionen des neuen Fensters passen sich der Bildgröße an.

JSwindow.expand
x, y

Gibt an, um welche Pixelzahl das Fenster größer sein soll als das Bild.

JSwindow.newWindow
boolean

Wenn `JSwindow.newWindow` gesetzt ist, wird jedes Bild in einem neuen Fenster geöffnet.

title
string

Seitentitel eines neuen Fensters (HTML).

bodyTag
<tag>

<body>-Tag eines neuen Fensters.

Beispiel:

```
<body bgcolor = "white">
```

numRows

table

string

Angabe des Tabellennamens.

select

Nähere Informationen im Abschnitt »select«.

select

uidInList

Kommaseparierte Liste von Unique-IDs.

pidInList

Kommaseparierte Liste von Parent-IDs.

orderBy

SQL: Order By

Beispiel:

```
select.orderBy = sorting, title
```

groupBy

SQL: Group By

Beispiel:

```
select.groupBy = CType
```

max

int / +calc / +"total"

Es werden maximal x Datensätze ausgegeben.

begin

int / +calc / +"total"

Es wird erst ab dem x-ten Datensatz begonnen.

where

SQL: Where

Erweiterung der Where-Klausel um eigene Bedingungen.

Beispiel:

```
select.where = colPos = 0 AND CType='text'
```

andWhere
SQL: Where

Erweitert eine unter `.where` angegebene Where-Klausel um eine zusätzliche Bedingung.

languageField

Wird bei mehrsprachigen Präsentationen zur Unterscheidung der Sprache benötigt.

Beispiel: `select.languageField = sys_language_uid`

if

Die `if`-Funktion liefert *wahr* zurück, wenn alle (!) verwendeten Abfragen *wahr* sind. Wenn eine einzelne Abfrage *falsch* zurückliefert, ist das Gesamtergebnis falsch.

isTrue
string/stdWrap

Wenn der Inhalt *wahr* ist (kein leerer String und ungleich 0), wird das, was sich unterhalb von `isTrue` befindet, verarbeitet.

isFalse
string/stdWrap

Wenn der Inhalt *falsch* ist (leerer String oder String = 0), wird das, was sich unterhalb von `isFalse` befindet, verarbeitet.

isPositive
int/stdWrap + calc

Wenn der Inhalt einer positive Zahl ist (größer als 0), wird das, was sich unterhalb von `isPositive` befindet, verarbeitet.

isGreaterThan
.value/stdWrap

Liefert *wahr* zurück, wenn der Inhalt größer ist als der Wert von `isGreaterThan.value`.

isLessThan
.value/stdWrap

Liefert *wahr* zurück, wenn der Inhalt kleiner ist als der Wert von `isLessThan.value`.

equals
.value/stdWrap

Liefert *wahr* zurück, wenn der Inhalt identisch ist mit dem Wert von `equals.value`.

isInList

.value/stdWrap

Liefert *wahr* zurück, wenn der Inhalt in der kommaseparierten Liste von `isInList.value` vorhanden ist.

Hinweis: Die kommaseparierte Liste darf zwischen den einzelnen Elementen keine Leerzeichen haben!

value

string/stdWrap

Ggf. Angabe eines zu überprüfenden Werts.

negate

boolean

Das zurückgelieferte Ergebnis (wahr/falsch) wird negiert.

parseFunc

short

Strings (Array)

Hier können Abkürzungen vereinbart werden.

Beispiele: Alle Vorkommnisse von `t3` werden in TYPO3 umgewandelt:

```
.short.t3 = TYPO3
```

Hier wird an einem Anwendungsfall demonstriert, wie eine sich ändernde Versionsnummer innerhalb der Contents dynamisch gehalten werden kann:

```
.short.versionx = 3.8.0
```

Dieses Beispiel demonstriert das Setzen eines Links auf die Homepage:

```
.short.backToHome = <a href="index.php">
```

makelinks

boolean/stdWrap

`makelinks = 1` erzeugt aus jedem Content, der mit *http://* oder *mailto:* beginnt, einen Link.

tags

String (Array)

Eigene HTML-Tags.

Beispiel:

```
.tags.fett = TEXT
.tags.fett {
   current = 1
   wrap = <b>|</b>
}
```

---

denyTags

Strings (kommasepariert)

In denyTags können HTML-Tags verboten werden.

Beispiel:

```
.denyTags = font, span
```

---

allowTags

Strings

Hier werden erlaubte Tags aufgeführt. Wird ein Tag in `allowTags` gefunden, wird deny-Tags ignoriert.

Objekt-Referenz

PAGE

---

typeNum

Integer

Angabe der `typeNum`, die das gewünschte PAGE-Objekt definiert.

Hinweis: `typeNum` muss gesetzt werden und eine eindeutige Nummer erhalten.

1,2,3,10,20,30

cObject

Stellt eine Liste zur Verfügung, auf der diverse Objekte in einer geordneten Folge angelegt werden können. Die Ordnung wird durch die Höhe der Nummer angegeben.

Beispiel:

```
page.20 = TEXT
page.20.value = WELT
page.10 = TEXT
page.10.value = HALLO
```

---

wrap

wrap

Inhalt wird gewrapt. Über das Pipe-Symbol »|« wird der zu umhüllende Wert gekennzeichnet.

Beispiel:

```
page.10 = TEXT
page.10.value = HALLO WELT
page.10.warp = <b> | </b>
```

stdWrap

Wrapt den Inhalt mit den `stdWrap`-Eigenschaften und -Funktionen. Nähere Informationen finden Sie im Abschnitt »Funktionen/stdWrap«.

bodyTag

<tag>

Body-Tag (HTML) der Seite.

Default: `<body bgcolor = "#FFFFFF">`

Beispiel:

```
page = PAGE
page.typeNum = 0
page.bodyTag = <body bgcolor = "red">
```

frameSet

Objekt FRAMESET

Nähere Informationen im Abschnitt »Frameset«.

meta

Objekt META

Angabe von Meta-Tags.

Beispiel:

```
page = PAGE
page.typeNum = 0
page.meta.AUTHOR = R. Meyer
page.meta.KEYWORDS.field = title
```

shortcutIcon

resource (*.ico*)

Einige Browser können kleine Icons zur URL hinzufügen. Hier wird ein Verweis zu einer *.ico*-Datei angegeben.

headerData

string

Fügt beliebigen Code (z.B. JavaScript-Code etc.) in den Header-Bereich ein.

config

Nähere Informationen ab Abschnitt »CONFIG«.

includeLibs

resource

Einzubindende PHP-Dateien, wird insbesondere von Erweiterungen benötigt.

stylesheet

resource

Fügt in den Header-Bereich der Seite eine *css*-Datei ein.

Beispiel:

```
page.stylsheet = fileadmin/style.css
```

Ergebnis im HTML-Code:

```
<link rel="stylesheet" href="fileadmin/style.css">
```

includeCSS.[array]

resource (Array)

Wie die Eigenschaft `stylesheet`, jedoch können hier mehrere Stylesheets angegeben werden.

Beispiel:

```
page = PAGE
page.typeNum = 0
page.includeCSS.f1 = fileadmin/f1.css
page.includeCSS.f2 = fileadmin/f2.css
```

CSS_inlineStyle

string

Hier kann beliebiger CSS-Code direkt an den Browser »durchgereicht« werden (Inline CSS bzw. In-Document CSS). Der `<style>`-Tag selbst wird von TYPO3 erzeugt.

Text

value

string

Ausgabe eines beliebigen Texts.

Beispiel:

```
page.10 = TEXT
page.10.value = Hallo Welt
```

(stdWrap-Eigenschaften)

Nähere Informationen finden Sie im Abschnitt »Funktionen/stdWrap«.

Beispiel:

```
page.10 = TEXT
page.10.field = title
```

COA

1,2,3,4,10,20

cObject

Mit COA kann ein Objekt in eine geordnete Liste mit mehreren Objekten aufgeteilt werden.

Beispiel:

```
page = PAGE
page.typeNum = 0
page.10 = COA
page.10.10 = TEXT
page.10.10.value = Hallo
page.10.20 = TEXT
page.10.20.value = Welt
```

if

Wenn `if` *falsch* zurückliefert, wird der COA-Abschnitt nicht gerendert. Nähere Informationen zu `if` finden Sie im Abschnitt »Funktionen/stdWrap«.

wrap

wrap

Umhüllt einen Inhalt, der durch das Pipe-Symbol »|« gekennzeichnet wird, mit einem Wert.

Beispiel:

```
page.10 = TEXT
page.10.value = HALLO WELT
page.10.wrap = <b> | </b>
```

stdWrap

stdWrap

Nähere Informationen im Abschnitt »Funktionen/stdWrap«.

COA_INT

1,2,3,10,20

cObject

Wie Objekt COA, jedoch werden die unter COA_INT angegebenen Objekte nicht gecached. Nähere Informationen dazu in Kapitel 9, *Erweiterte Darstellung von Inhalten.*

if

Wenn `if` *falsch* zurückliefert, wird der COA-Abschnitt nicht gerendert. Nähere Informationen zu `if` finden Sie im Abschnitt »Funktionen/stdWrap«.

CASE

key

string/stdWrap

In key wird der zu überprüfende Wert eingetragen.

Beispiel:

```
.10 = CASE
.10.key.field = layout
```

[value-array] cObject

Hier können beliebige Werte angegeben werden, nach denen eine CASE-Abfrage überprüft werden soll.

Beispiel:

```
.10 = CASE
.10.key.field = layout
.10.1 = TEMPLATE
[…]
.10.7 = TEXT
[…]
```

Die `1` wie auch die `7` spiegeln in diesem Beispiel gespeicherte Werte des Datenbankfelds `layout` wider: Steht in dem Feld *Layout* eine `1`, wird das TEMPLATE-Objekt ausgeführt, steht in dem Feld *Layout* eine `7`, wird das TEXT-Objekt ausgeführt.

default cObject

Default, wenn keine Übereinstimmung gefunden wurde.

stdWrap

Nähere Informationen zu `std/Wrap` finden Sie im Abschnitt »Funktionen/stdWrap«.

if

Nur wenn `if` einen wahren Wert (> 0) zurückliefert, wird die CASE-Abfrage ausgeführt. Nähere Informationen zu `if` finden Sie im Abschnitt »Funktionen/stdWrap«.

FILE

file resource

Die unter `.file` angegebene Datei wird direkt an den HTML-Code übergeben. Ausnahmen sind Dateien mit den Endungen *jpg*, *jpeg*, *gif* und *png*. Diese werden direkt in ein `<img>`-Tag umgewandelt.

Beispiel:

```
.10 = FILE
.10.file = fileadmin/datei.txt
```

Hinweis: Die Dateigröße ist intern auf 1 MByte beschränkt.

wrap

wrap

Umhüllt einen Inhalt, der durch das Pipe-Symbol »|« gekennzeichnet wird, mit einem Wert.

Beispiel:

```
page.10 = FILE
page.10.file = fileadmin/test.jpg
page.10.wrap = <table><tr><td> | </td></tr></table>
```

TEMPLATE

template

cObject

Unter der Eigenschaft `template` wird ein Objekt angegeben, in dem im Regelfall die Designvorlage abgelegt ist, normalerweise das Objekt FILE.

Beispiel:

```
.10 = TEMPLATE
.10.template = FILE
.10.template.file = fileadmin/datei.html
```

marks.[Platzhalter]

cObject

Unterhalb von `marks.` werden Platzhalter definiert. Dabei wird direkt hinter `marks.` der Platzhalterbezeichner angegeben und alles einem Objekt zugewiesen.

Beispiel:

```
.10 = TEMPLATE
.10.template = FILE
.10.template.file = fileadmin/datei.html
.10.marks.INHALT = TEXT
.10.marks.INHALT.value = Hallo Welt
```

Hinweis: Die Platzhalterbezeichner unterscheiden Groß- und Kleinschreibung!

workOnSubpart

string

In dem oben genannten Beispiel (von `marks`) wird eine gesamte Datei eingelesen. Mit `workOnSubpart` kann dagegen auf einzelne Teilbereiche einer Datei zurückgegriffen werden, wenn diese angegeben sind. Im Wesentlichen besteht ein Subpart aus zwei Markierungen, ähnlich Platzhaltern, die einen Teilbereich einschließen.

Syntax: Teilbereiche werden eingeschlossen von:

```
<!-- ###SUBPARTBEZEICHNER### begin-->
<!-- ###SUBPARTBEZEICHNER### end-->
```

CONTENT

table

string

Hier wird der Name einer Datenbanktabelle angegeben. Mögliche Tabellen sind *pages* sowie alle Tabellen mit dem Präfix *tx_*, *tt_*, *ttx_*, *fe_*, *user_*.

Beispiel:

```
.10 = CONTENT
.10.table = tt_content
```

select

Hier kann in die SQL-Abfrage eingegriffen werden. Nähere Informationen zu select finden Sie im Abschnitt »Funktionen/stdWrap«.

Beispiel:

```
.10 = CONTENT
.10.table = tt_content
.10.select.orderBy = sorting
```

wrap

wrap

Umhüllt einen Inhalt, der durch das Pipe-Symbol »|« gekennzeichnet wird, mit einem Wert.

Beispiel:

```
page.10 = CONTENT
page.10.table = tt_content
page.10.wrap = | <hr size="1">
```

stdWrap

stdWrap

Nähere Informationen finden Sie im Abschnitt »Funktionen/stdWrap«.

IMAGE

file

imgResource

Angabe des Pfades zu einer Grafikdatei.

Beispiel:

```
page.10 = IMAGE
page.10.file = fileadmin/test.jpg
```

params

string

Angabe von Parametern für den <img>-Tag.

alttext/titletext

string/stdWrap

Beispiel:

```
.10 = IMAGE
.10.file = fileadmin/firmengebaeude.gif
.10.titletext = Unsere Firma
```

if

Nur wenn if einen wahren Wert zurückliefert, wird IMAGE ausgeführt. Nähere Informationen zu if finden Sie im Abschnitt »Funktionen/stdWrap«.

wrap

wrap

Umhüllt eine Grafik, die durch das Pipe-Symbol »|« repräsentiert wird, mit einem Wert.

Beispiel:

```
page.10 = IMAGE
pege.10.file = fileadmin/firmengebaeude.gif
page.10.wrap = <table><tr><td> | </td></tr></table>
```

stdWrap

Nähere Informationen im Abschnitt »Funktionen/stdWrap«.

GIFBUILDER

XY

x, y (Kalkulation möglich)

Mit XY werden die gesamten Dimensionen der zu erzeugenden Grafik angegeben.

format

gif/jpg

Durch Angabe eines Formats kann manuell auf die Dateigröße zugegriffen werden. Standard ist immer *gif*.

Beispiel:

```
page.10 = IMAGE
page.10.file = GIFBUILDER
page.10.file.format = jpg
```

reduceColors

Integer

Sofern das Format eine *gif*-Datei ist (Standard), können die Farben reduziert werden.

Mögliche Werte: 1 bis 255

Beispiel:

```
page.10 = IMAGE
page.10.file = GIFBUILDER
page.10.file.reduceColors = 16
```

quality

Integer

Wenn das Format der Grafik *jpg* ist, kann mit `quality` die Qualität der *jpg*-Grafik angegeben werden.

Mögliche Werte: 10 bis 100

transparentBackground

boolean 1/0

Wird diese Eigenschaft auf 1 gesetzt, wird die Grafik mit der Farbe transparent gemacht, die auf Position 0.0 (Pixel in der linken oberen Ecke) der Grafik gefunden wird.

Hinweis: `niceText` sollte nicht zusammen mit dieser Eigenschaft verwendet werden.

transparentColor

HTML-Color

Hier kann explizit eine transparente Farbe angeben werden.

Hinweis: `niceText` und `reduceColors` sollten nicht zusammen mit dieser Eigenschaft verwendet werden.

Beispiel:

```
page.10 = IMAGE
page.10.file = GIFBUILDER
page.10.file.transparentColor = #F3C6CC
```

transparentColor.closest

boolean 1/0

Transparente Farbe wird die nächstliegende Farbe.

backColor

Color

Hintergrundfarbe für die gesamte Grafik. Standard ist ein weißer Hintergrund.

Beispiel:

```
page.10 = IMAGE
page.10.file = GIFBUILDER
page.10.file.backColor = #333333
```

maxWidth

Integer/Pixel

Mit `maxWidth` kann die maximale Breite der Grafik angegeben werden. Diese Eigenschaft kommt insbesondere bei der dynamischen Angabe von `XY` zum Einsatz.

Beispiel:

```
page.10 = IMAGE
page.10.file = GIFBUILDER
page.10.file.XY = [10.w], [10.h]+20
page.10.file.maxWidth = 160
```

maxHeight

Integer/Pixel

Mit `maxHight` kann die maximale Höhe der Grafik angegeben werden. Siehe auch »maxWidth«.

HMENU

1, 2, 3 etc.

Integer

Gibt an, auf welcher Menüebene gearbeitet werden soll. `1` ist z.B. die erste Ebene, wohingegen `2` schon die ersten Unterordner sind, die andere Eigenschaften erhalten können.

Beispiel:

```
page.10.marks.MENU_LINKS = HMENU
page.10.marks.MENU_LINKS {
   1 = TMENU
   1.10 = [...]
   2 = TMENU
   2.10 = [...]
}
```

entryLevel

Integer

Der Einstiegslevel für dieses Menü. Gibt an, ab welcher Ebene ausgehend von der *rootline* (–1) das Menü angezeigt werden soll. Nähere Informationen finden Sie in Kapitel 7, *Menüs erstellen*.

special

string

Mit `special` können die Menüelemente selektiert werden. Diese Eigenschaft ist nicht zwingend erforderlich, für manche Realisierungswünsche ist sie jedoch sehr nützlich.

Mögliche Werte: `directory, list, updated, browse, rootline, keyword`

Hinweis: `special` kann weitere Untereigenschaften wie z.B. `value` (bei `directory`) oder `range` (bei `rootline`) haben.

minItems

Integer

Die Mindestanzahl von Menüeinträgen. Wenn nicht genügend Menüeinträge vorhanden sind, werden Dummy-Einträge mit dem Titel » . . . « mit einem Link auf die aktuelle Seite erzeugt.

maxItems
Integer

Die maximale Anzahl von Menüeinträgen. Falls mehr Menüeinträge vorhanden sind, werden diese bei der Menüerzeugung ignoriert.

excludeUidList
Integer (kommaseparierte Liste)

Hier können Seiten (uids) angegeben werden, die *nicht* im Menü erscheinen sollen. Hierdurch lassen sich bestimmte Seiten einfach verstecken.

begin
Integer

Der erste Eintrag im Menü.

Beispiel: Um die ersten zwei Elemente eines Menüs nicht anzuzeigen, kann man hier `begin = 3` angeben.

wrap
wrap

Umhüllt ein Menü, das durch das Pipe-Symbol »|« gekennzeichnet wird, mit einem Wert.

Beispiel:

```
page.10 = HMENU
page.10.wrap = <table><tr><td> | </td></tr></table>
```

TMENU/TMENU_ITEM

expAll
boolean

Wenn `expAll` auf 1 gesetzt ist, werden die Untermenüs permanent mit angezeigt.

Default: 0

allWrap
wrap

Umhüllt das gesamte Menüelement mit HTML-Code.

Beispiel:

```
page.10 = TMENU
page.10.allWrap = <b> | </b>
```

linkWrap

Umhüllt die Einträge innerhalb des von TYPO3 erzeugten <A>-Tags mit dem angegebenen Wert.

beforeImg
imgResource

Grafik, die *vor* einem Menüelement angezeigt werden soll.

beforeImgTagParams
stdWrap

Angabe von Parametern für den erzeugten `<img>`-Tag.

beforeImgLink
boolean

Wenn diese Eigenschaft aktiviert ist, wird zusätzlich zum Menütext auch auf die Grafik ein Link gesetzt.

beforeROImg
imgResource

Grafik für einen RollOver-Zustand.

RO
boolean

Wenn für das Textmenü ein RollOver-Zustand aktiviert werden soll, muss diese Eigenschaft auf 1 gesetzt werden.

linkWrap
wrap

Umhüllt die Einträge innerhalb des von TYPO3 erzeugten `<A>`-Tags mit dem angegebenen Wert.

GMENU/GMENU_ITEM

expAll
boolean

Wenn `expAll` auf 1 gesetzt ist, werden die Untermenüs ebenfalls mit angezeigt.

collapse
boolean

Gibt an, was bei einem »geöffneten« Element passieren soll, wenn auf dieses Element erneut angeklickt wird. Ist `collapse = 1`, wird durch einen Klick auf ein bereits geöffnetes Menüelement dieser »Ordner« wieder geschlossen. Die Untermenüs dieses Eintrags werden somit nicht mehr angezeigt.

target
String (HTML-Target)

Hier kann angegeben werden, was der HTML-Target eines Links sein soll.

Beispiel: `marks.MENU_OBEN.1.target = _self`

wrap

wrap

Mit dieser Eigenschaft kann das »gesamte Menügebilde« mit dem angegebenen Wert umhüllt werden.

forceTypeValue

integer

Angabe eines expliziten &type-Parameters, der für den Link verwendet werden soll.

min

x, y (Kalkulation möglich)

Mit `min` können die minimalen Dimensionen des gesamten Menüs angegeben werden.

Beispiel: `marks.MENU_OBEN.1.min = 100,20`

Hierdurch ist das gesamte Menü mindestens 100 Pixel breit und 20 Pixel hoch.

max

x, y (Kalkulation möglich)

Wie `min`, jedoch werden hier die maximalen Dimensionen des gesamten Menüs angegeben.

useLargestItemX

boolean

Die gesamte Breite des Menüs ist so breit wie das längste Element.

useLargestItemY

boolean

Die gesamte Höhe des Menüs ist so hoch wie das höchste Element.

disableAltText

boolean

Wenn diese Eigenschaft auf 1 gesetzt wird, werden keine Alt-Tags mehr erzeugt.

before

String/HTML

Gibt an, was *vor* einem Menüeintrag angezeigt werden soll.

beforeImg

String/Dateipfad

Absolute Angabe einer Grafikdatei, die vor dem Menüeintrag angezeigt wird.

Beispiel:

```
page.10.1.beforeImg = /fileadmin/1a.gif
```

EDITPANEL

label

string

Titel für das Editpanel. Der aktuelle Datensatz-Titel kann mit %s eingefügt werden.

Beispiel:

```
page.20 = EDITPANEL
page.20.label = Sie editieren: %s
```

allow

string

Gibt an, welche Funktionen zur Verfügung stehen. Mehrere Werte können kommasepariert angegeben werden.

Mögliche Werte: `toolbar, edit, new, delete, move, hide`

Beispiel:

```
page.20 = EDITPANEL
page.20.allow = edit, new, delete
```

newRecordFromTable

string

Gibt an, für welche Tabelle neue Datensätze angelegt werden.

Beispiel:

```
page.20 = EDITPANEL
page.20. newRecordFromTable = pages
```

line

integer

Hier kann die Distanz einer Linie (1 Pixel) zum Editpanel angegeben werden. `line=0` zeigt keine Linie an.

edit.displayRecord

boolean

Wenn diese Eigenschaft auf 1 gesetzt wird, wird der editierte Eintrag zusätzlich oberhalb des Editierformulars angezeigt.

onlyCurrentPid

boolean

Wenn diese Eigenschaft auf 1 gesetzt wird, werden nur Datensätze mit einem Editpanel versehen, wenn diese Datensätze tatsächlich auf der aktuellen Seite liegen. Mit der Eigenschaft `CONTENT->select` können z.B. Inhalte fremder Seiten eingelesen werden.

FORM

layout

Hier wird das Layout festgelegt. Dabei wird mit Markern gearbeitet. Mögliche Marker sind ###LABEL### und ###FIELD###, was jeweils den Text vor einem Formularfeld angibt und das Formularfeld selbst.

Beispiel:

```
page.10.marks.SUCHE.layout = <tr><td>###LABEL###</td><td>
###FIELD###</td>
```

wrap

Hier wird angegeben, was um das gesamte Formular gewrapt wird.

Beispiel:

```
page.10.marks.SUCHE.wrap = <table>|</table>
```

target

Hier wird der Target des `<form>`-Tags angegeben.

Beispiel:

```
page.10.marks.SUCHE.target = _self
```

badMess

string

Wenn nicht alle Felder ausgefüllt wurden, wird dieser Hinweistext ausgegeben.

goodMess

string

In dieser Eigenschaft können Sie angeben, welcher Hinweistext ausgegeben werden soll, wenn alle Felder ausgefüllt wurden. Sie sollten besser die Eigenschaft `redirect` (s.u.) verwenden.

redirect

integer

Hier wird angegeben, auf welche Seite (uid) verwiesen werden soll, wenn das Formular korrekt ausgefüllt wurde.

Beispiel:

```
page.10.marks.SUCHE.redirect = 123
```

recipient
string

E-Mail-Adresse des Empfängers, wenn bei der Konfiguration `formtype_mail=submit` angegeben wurde.

data

Hier werden die einzelnen Formularfelder angegeben. Wird oft in Kombination mit `field` verwendet, z.B. `data.field` = Datenbankfeld.

dataArray

Wie `data`, jedoch können hier mehrere Objekte aufgenommen werden (z.B. für Auswahlfelder).

image
imgResource/Objekt

Angabe einer Grafik für den Submit-Button.

Beispiel:

```
30.image = FILE
30.image.file = fileadmin/submit.gif
```

USER/USER_INT

Der Unterschied zwischen USER und USER_INT liegt insbesondere in der Handhabung des Caches. Das Resultat aus USER_INT wird nicht gecached. Das Resultat von USER wird gecached, sofern nicht innerhalb des PHP-Skripts die Funktion `$GLOBALS["TSFE"]->set_no_cache()` aufgerufen wird.

USER/USER_INT benötigen auf höchster Objektebene eine Angabe der zu inkludierenden Datei (`includeLibs`).

userFunc
Name der Funktion

`userFunc` gibt die gewünschte Funktion (z.B. in einer inkludierten Klasse) an.

Beispiel:

```
includeLibs.class1=fileadmin/class1.php.inc
page = PAGE
page.typeNum = 0
page.10 = USER
page.10.userFunc = klassenname->main
page.10.meinObjekt = TEMPLATE
```

[String-array]

An die eigene PHP-Funktion werden die Eigenschaften unterhalb von USER übermittelt. So kann z.B. aus der eigenen PHP-Funktion der gesamte Abschnitt `meinObjekt` gerendert und zurückgeliefert werden.

PHP_SCRIPT/PHP_SCRIPT_INT

Ähnlich wie USER/USER_INT.

PHP_SCRIPT/PHP_SCRIPT_INT können keine Funktionen innerhalb der inkludierten Datei aus TYPO3 heraus direkt ansprechen. Ebenfalls ist davon auszugehen, dass PHP_SCRIPT bzw. PHP_SCRIPT_INT in zukünftigen TYPO3-Versionen nicht mehr unterstützt werden. Von der Verwendung dieses Objekts ist daher abzuraten!

file

Resource/Datei

Datei, die inkludiert wird.

Frames

Beispiel für eine Frame-Definition:

```
unten = PAGE

unten.typeNum = 1

oben = PAGE
oben.typeNum = 3

frameset = PAGE
frameset.typeNum = 0
frameset.frameSet {
   rows = 150,*
   params = border="0" framespacing="0" frameborder="NO"

   1 = FRAME
   1.obj = oben
   1.params = scrolling="NO" marginwidth="0" marginheight="0"
   2 = FRAME
   2.obj = seite
   2.params = scrolling="Auto" noresize frameborder="NO"
}
```

FRAME

obj
string

Hier wird angegeben, welche Seite in das jeweilige Frameset geladen werden soll (Name des PAGE-Objekts).

options
string

Hier können zusätzliche URL-Parameter angegeben werden.

params
string

Hier können zusätzliche Frame-Parameter angegeben werden.

Beispiel: `.params = scrolling="AUTO" noresize`

FRAMESET

1,2,3,4,...
fortlaufende Nummern

Hier werden die einzelnen Frame-Seiten definiert.

cols
string

Übliche HTML-Angabe der `cols` (siehe Beispiel oben).

rows
string

Übliche HTML-Angabe der `rows` (siehe Beispiel oben).

params
string

Die Parameter eines Framesets.

Beispiel: `.params = border="0"`

OptionSplit

OptionSplit kann einer Eigenschaft mehrere Werte zuweisen, die sich abwechseln (alternieren), oder kann sie in mehrere Bereiche aufteilen (Anfang, Mitte, Ende).

|*|

Teilt einen Wert in die Bereiche Anfang, Mitte und Ende auf (Teilbereiche).

Beispiel:

```
page.10.1 = GMENU
page.10.1.XY = 100,20
page.10.1.backColor = blue |*| red |*| yellow
```

Die Hintergrundfarbe des ersten Elements ist Blau, des letzten Gelb, und die Hintergrundfarbe aller Elemente in der Mitte ist Rot.

||

Teilt einen Teilbereich (|*|) in erstes, zweites, drittes, ... Element auf.

Beispiel:

```
page.10.1 = GMENU
page.10.1.XY = 100,20
page.10.1.backColor = blue || green |*| red |*| silver ||
yellow
```

Hier erhält das erste Element eine blaue und das zweite Element eine grüne Hintergrundfarbe. Alle Elemente in der Mitte erhalten eine rote Hintergrundfarbe. Das vorletzte Element erhält eine silberne, das letzte Element eine gelbe Hintergrundfarbe.

Conditions

Browser

Bei der Überprüfung wird intern die Versionsnummer des Browsers mit übergeben. Ist der Browser z.B. der Netscape Communicator in der Version 4.72, lautet der zu überprüfende Browsername »netscape4.72«. Die Überprüfung auf einen Teilstring reicht hier aber aus. So würden hier z.B. »net« oder »scape« oder auch »netscape4« funktionieren.

Syntax: `[browser = ...]`

Beispiel: `[browser = netscape, opera]`

Browser	Name
Microsoft Internet Explorer	msie
Netscape Communicator	netscape
Lynx	lynx
Opera	opera
PHP fopen	php
AvantGo	avantgo
Adobe Acrobat WebCapture	acrobat
IBrowse (Amiga)	ibrowse

Browser	Name
Teleport Pro	teleport
Sonstige	unknown

Browser-Version

Syntax: `[version = ...]`

Beispiele: Nur für Versionen, die genau 4.03 sind:

`[version = 4.03]`

Nur für Versionen größer als 4 und ebenfalls für Netscape-Browser Version 3:

`[version = > 4] [browser=netscape3]`

Betriebssystem

Syntax: `[system = ...]`

Beispiel: `[system = win, mac]`

Betriebssystem	Name
Windows 3.11	win311
Windows NT	winNT
Windows 95	win95
Windows 98	win98
Macintosh	mac
Linux	linux
SunOS	unix_sun
HP-UX	unix_hp
SGI/IRIX	unix_sgi
Amiga	amiga

Devices

Syntax: `[device = ...]`

Gerät	Name
Handheldss/PDAs	pda
WAP-Handys	wap
Grabbers	grabber
Indexing robots	robot

Sprache

Der Wert muss exakt mit dem Wert übereinstimmen, der in `getenv("http_ACCEPT_LANGUAGE")` in PHP gespeichert ist.

Syntax: `[language = ...]`

IP-Adressen

Syntax: `[IP = ...]`

Beispiele: `[IP = 123.*.*.*]`
`[IP = [192.168.*.*] [62.153.151.126]`

Stunde

Syntax: `[hour = ...]`

Beispiel: `[hour = > 17]`

Minute

Syntax: `[minute = ...]`

Mögliche Werte: 1 – 59

Beispiel: `[minute = > 37]`

Wochentag

Syntax: `[dayofweek = ...]`

Mögliche Werte: 0 – 6 (Sonntag = 0 bis Samstag = 6)

Beispiel: `[dayofweek =0]`

Tag des Monats

Syntax: `[dayofmonth = ...]`

Mögliche Werte: 1 – 31

Beispiel: `[dayofmonth = > 25]`

Monat

Syntax: `[month = ...]`

Mögliche Werte: 1 – 12

Beispiel: `[month = 12]`

Benutzergruppe (FE)

Bei `usergroup` wird die uid der gewünschten FE-Benutzergruppe angegeben.

Syntax: `[usergroup = ...]`

Beispiel: `[usergroup = 16]`

Eingeloggter Benutzer (FE)

Bei `loginUser` wird die uid des gewünschten FE-Benutzers angegeben.

Syntax: `[loginUser = ...]`

Beispiele: Findet genau einen FE-User:

`[loginUser = 25]`

Findet alle eingeloggten FE-Benutzer:

`[loginUser = *]`

treeLevel

Prüft auf die aktuelle Ebene innerhalb des Baums. Besonders für Manipulationen bei der Template-Vererbung sinnvoll einsetzbar.

Syntax: `[treeLevel = ...]`

Beispiel: `[treeLevel = 3]`

PIDInRootline

Prüft, ob sich eine bestimmte Seite unterhalb einer bestimmten Seite befindet. Besonders für Manipulationen bei der Template-Vererbung sinnvoll einsetzbar.

Syntax: `[PIDInRootline = ...]`

Beispiel: `[PIDInRootline = 12, 216]`

PIDupinRootline

Wie »PIDInRootline«. Die aktuelle Seite wird hier jedoch ausgeschlossen.

Syntax: `[PIDupinRootline = ...]`

GlobalVar/GlobalString

Prüft auf globale Variablen (GET, POST, Umgebungsvariablen): ENV, GP, TSFE, LIT

Syntax:

```
[globalVar = ...]
[globalString = ...]
```

Beispiele:

```
[globalString = HTTP_HOST=www.robertmeyer.info]
[globalString = ENV:REMOTE_ADDR=192.168.*.*]
[globalVar = TSFE:id > 10]
```

userFunc

Hier kann eine eigene PHP-Funktion angegeben werden, die *true* bzw. *false* zurückliefert. Die PHP-Funktion selbst wird in der Datei *localconf.php* abgelegt.

Syntax: `[userFunc = <Funktions-Name>]`

Beispiel: `[userFunc = meineFunktion()]`

Primäre Objekte

PAGE

Nähere Informationen im Abschnitt »PAGE«.

CONFIG

linkVars

Stringliste

Variablen aus HTTP_GET_VARS, die immer an eine erzeugte URL angefügt werden sollen.

Beispiel: `config.linkVars = session`

Dies fügt an einen Link den Parameter `session` mit einem übertragenen Wert an.

Hinweis: Einige Module/Erweiterungen erzeugen direkte Links, hierdurch kann diese Eigenschaft ggf. unbrauchbar werden.

message_page_is_being_generated string

Alternative Nachricht (HTML) zu *Page is being generated.*

message_preview string

Alternativer Text (HTML), der erscheinen soll, wenn die Preview-Funktion aktiviert ist.

Default: `PREVIEW`

locale_all string

PHP-`setlocal`-Funktion. Nähere Informationen unter *php.net*.

Beispiel: `config.locale_all = de_DE`

spamProtectEmailAddresses boolean

Wenn diese Eigenschaft gesetzt wird, werden alle E-Mail-Adressen verschlüsselt, so dass E-Mail-Robots diese E-Mail-Adresse nicht mehr entschlüsseln können.

spamProtectEmailAddresses_atSubst string

Alternative Angabe des @-Zeichens.

Default: (at), sofern `spamProtectEmailAddresses` aktiviert ist.

frameReloadIfNotInFrameset boolean

Wenn diese Eigenschaft aktiviert ist, muss immer das gesamte Frameset geladen sein – einzelne Frame-Seiten lassen sich nicht separat im Browser öffnen.

Hinweis: `typeNum` muss ungleich 0 sein!

includeLibrary resource

Hier kann eine PHP-Datei inkludiert werden.

cache_period int (sec)

Hier kann in Sekunden angegeben werden, wie lange eine Seite im Cache verweilen soll.

Hinweis: Der Wert dieser Eigenschaft kann durch jede angelegte Seite überschrieben werden.

Default: 86400 (= 24 Std.)

cache_clearAtMidnight

boolean

Wird diese Eigenschaft aktiviert, verfällt der Cache einer Seite nachts um 0 Uhr.

Default: *false*

no_cache

boolean

Wenn diese Eigenschaft aktiviert ist, wird kein Cache verwendet.

Default: *false*

Hinweis: Diese Eigenschaft sollte aus Performancegründen nicht aktiviert werden!

stat

boolean

TYPO3-interne Statistiken werden geführt.

Default: *true*

stat_excludeBEuserHits

boolean

Wenn diese Eigenschaft aktiviert ist, werden Seitenzugriffe von eingeloggten Backend-Benutzern nicht mit protokolliert.

stat_excludeIPList

string

Wenn die IP-Adresse (REMOTE_ADDR) in diesem String enthalten ist, werden die Seitenzugriffe ebenfalls nicht mit protokolliert.

stat_mysql

boolean

Aktiviert das Schreiben von Logs in die DB-Tabelle *sys_stat*.

Default: *false*

stat_apache

boolean

Aktiviert das Schreiben von Logs in eine unter `stat_apache_logfile` angegebenen Datei.

stat_apache_logfile

filename

Hier wird angegeben, wie die Datei heißt, in die die Logs geschrieben werden.

Hinweise: Diese Datei muss vorhanden und schreibbar sein.

Keine Pfadangabe! In der Datei *localconf.php* wird unter `$TYPO3_CONF_VARS["TSFE"]["logfile_dir"]` der Pfad zur Logdatei angegeben.

stat_apache_pagenames

string

Hier kann die Simulierung des Dateinamens definiert werden.

Mögliche Werte: `[title], [uid], [alias], [type], [path]`

Default: `[path][title]-[uid].html`

simulateStaticDocuments

boolean/PATH_INFO

Mit dieser Option können statische Seiten simuliert werden. Von TYPO3 aus erzeugte Links verweisen nicht mehr auf `index.php?id=123`, sondern z.B. auf:

```
123.0.html
[uid].[type].html
[alias].[type].html
```

Hierzu muss eine *.htaccess*-Datei existieren, die z.B. folgenden Inhalt hat:

```
RewriteEngine On
RewriteRule ^[^/]*\.html$index.php
```

Mit PATH_INFO können Windows-Benutzer die PHP-Funktionen nutzen.

simulateStaticDocuments_addTitle

boolean

Wenn diese Eigenschaft aktiviert wird, wird zusätzlich der Titel der Seite vorangestellt:

```
[title].[uid].[type].html
```

simulateStaticDocuments_noTypeIfNoTitle

boolean

Sofern der Typ 0 ist, wird dieser nicht mit in den Link aufgenommen. Aus

```
[uid].[type].html
```

bzw.

```
[alias].[type].html
```

wird somit

```
[uid].html bzw. [alias].html
```

simulateStaticDocuments_pENC

string

Kodiert zusätzliche Parameter (z.B. `index.php?id=123&tt_news=1234`).

Mögliche Werte: `base64, md5`

Vor- und Nachteile von base64:
Keine Parameter in der URL.
Die URL wird sehr lang.
Probleme mit Suchmaschinen.

Vor- und Nachteile von md5:
Die URL wird kürzer als bei base64.
Der Dateiname wird in einer Caching-Tabelle gehalten, hierdurch können Caching-Probleme auftreten!

titleTagFunction — Funktionsname

Um den Titel der Seite manuell zu setzen, kann eine Funktion hierzu aufgerufen werden (anzulegen in der *localconf.php*).

headerComment — string

Hier kann ein beliebiger Kommentar angegeben werden, der vor dem TYPO3-Hinweis im Quelltext erscheint.

notification_email_encoding — string

Hier kann für versendete E-Mails (plain text) der jeweilige Encode-Modus angegeben werden.

Mögliche Werte: `base64, quoted-printable, 8bit`

notification_email_urlmode — string

Bei versendeten E-Mails können Links lang werden. Um einen Zeilenumbruch zu verhindern, werden »Shortcuts« innerhalb einer Tabelle gesetzt, die auf den Original-Link zeigen.

Mögliche Werte: `[empty], 76, all`

admPanel — boolean/ADM-Panel

Wenn `admPanel` aktiviert ist, wird (bei eingeloggtem Backend-User) ein Admin-Panel angezeigt.

Hinweis: Das Admin-Panel muss für jeden Benutzer separat im Feld *TSConfig* aktiviert werden!

index_enable — boolean

Gecachete Seiten dürfen indiziert werden.

index_externals

boolean

Wenn diese Eigenschaft aktiviert ist, werden auch »externe« Media-Links (z.B. PDF, DOC) mit indiziert.

sys_language_uid

integer

Hier kann die uid einer Webseitensprache angegeben werden.

FE_DATA/FE_TABLE

[table].default.[field]

string

Hier wird angegeben, welche Werte für neue Datensätze »Default« sind.

Beispiel:

```
.tt_content.default {
   hidden = 1
   CType = 0
   header = Dies ist die Überschrift
}
```

[table].allowNew.[field]

string

Hier wird angegeben, in welche Felder bei der Neuanlage eines Datensatzes aus dem Frontend heraus geschrieben werden darf.

Beispiel:

```
.tt_content.allowNew.hidden = 0
.tt_content.allowNew.CType = 0
.tt_content.allowNew.title = 1
```

[table].allowEdit.[field]

string

Gibt an, welche Felder editiert werden dürfen.

Beispiel:

```
.tt_content.allowEdit.hidden = 0
.tt_content.allowEdit.CType = 0
.tt_content.allowEdit.title = 1
```

[table].autoInsertPID

boolean

Bei aktivierter Eigenschaft wird die pid bei neuen Datensätzen automatisch hinzugefügt.

[table].processScript

resource

Include-Skript, das die Daten in die Datenbank schreibt. Als Beispiel ist das Skript des Gästebuch-Moduls empfehlenswert, zu finden unter *typo3/ext/tt_guest/pi/guest_submit.inc*.

[table].doublePostCheck

String (Feldname)

Gibt einen Feldnamen (Integer) an, in dem ein Integer-Hash-Wert gespeichert wird. Hierdurch können doppelte Einträge vermieden werden.

TSConfig : Benutzer

admPanel

Hinweis: Damit das Admin-Panel angezeigt und aktiviert wird, muss auch in TypoScript `config.admPanel` aktiviert werden.

enable.[bereich]

boolean

Hier können verschiedene Bereiche des Admin-Panels aktiviert werden.

Bereiche: `all` (aktiviert alle folgenden Bereiche), `preview`, `cache`, `publish`, `edit`, `tsdebug`, `info`

Beispiel: `admPanel.enable.edit = 1`

Hinweis: Für Admin-User muss `admPanel` nicht explizit gesetzt werden. Hier ist `admPanel.enable.all = 1` immer gesetzt.

hide

boolean

Wenn `hide` aktiviert ist, wird das Admin-Panel nicht angezeigt.

[module].edit

boolean

Hier können Edit-Bereiche explizit gesetzt werden.

Bereiche:

```
forceDisplayIcons
forceDisplayFieldIcons
forceNoPopup
```

Beispiel: `admPanel.forceNoPopup.edit = 1`

options

RTEkeyList

String (kommasepariert)

Hier kann der Rich-Text-Editor für den Benutzer konfiguriert werden. Folgende Elemente können mit in die kommaseparierte Liste aufgenommen werden:

Elemente `cut, copy, paste, formatblock, fontstyle, fontsize, bold, italic, underline, left, center, right, orderedlist, unorderedlist, outdent, indent, line, link, table, image, textcolor`

Hinweis: Bekommt `options.RTEkeyList` keinen Wert zugewiesen, werden alle Elemente angezeigt.

clearCache.pages

boolean

Der Benutzer kann den gesamten Cache einer Seite löschen.

clearCache.all

boolean

Der Benutzer kann alle Caches löschen.

lockToIP

String (kommasepariert)

String-Liste mit möglichen IP-Adressen, von denen sich der Benutzer einloggen kann. Wildcards (*) sind erlaubt.

Beispiel:

```
options.lockToIP = 192.*.*.*, 62.4.*.*
```

saveDocNew/saveDocNew.[table]

boolean

Mit aktiviertem `saveDocNew` wird für den Benutzer ein zusätzlicher Button *Speichern und neuen Datensatz anlegen* angezeigt. Mit `[table]` kann diese Option für ganz bestimmte Module aktiviert werden.

Beispiel:

```
saveDocNew = 0
saveDocNew.tt_products = 1
```

disableDelete/disableDelete.[table]

boolean

Deaktiviert den *Löschen*-Button. Mit `[tables]` kann explizit der Button für ein bestimmtes Modul gesteuert werden.

contextMenu.[key].disableItems

String (kommasepariert)

Hier können die einzelnen Elemente aus den Klickmenüs (Element-Browser) deaktiviert werden.

Mögliche Werte für key:
`pageTree, pageList, folderTree, folderList`

Mögliche Objekte für page-Werte:
`view, edit, hide, new, info, copy, cut, paste, delete, move_wizard, history, perms, new_wizard, hide, edit_access, edit_pageheader, db_list`

Mögliche Objekte für folder-Werte:
`edit, upload, rename, new, info, copy, cut, paste, delete`

Beispiel:
`contextMenu.pageTree.disableItems = delete`

setup

Setup hat zwei Unterwerte: `default` und `override`. Sämtliche hier aufgeführten Eigenschaften können somit `setup.default...` oder `setup.override...` sein. `default` gibt an, welche Werte beim ersten Login des Benutzers gelten sollen, `override` gibt an, dass die zum Benutzer gespeicherten Werte überschrieben werden sollen.

thumbnailsByDefault

boolean

Thumbnails werden angezeigt.

startInTaskCenter

boolean

Wenn diese Eigenschaft aktiviert wird, öffnet sich das Backend im *TaskCenter*.

saveTreePositions

boolean

Wenn diese Eigenschaft aktiviert wird, merkt sich TYPO3 beim Logout die zuletzt bearbeitete Seite und öffnet diese beim nächsten Login.

edit_RTE

boolean

Aktiviert bzw. deaktiviert den Rich-Text-Editor.

copyLevels

int (positiv)

Anzahl der Ebenen, die ein Benutzer rekursiv kopieren darf.

recursiveDelete

boolean

Aktiviert das rekursive Löschen. Alle Unterseiten und deren Inhalte werden mit gelöscht.

TSConfig : Page

mod

web_layout.menu.function

Modul: Web > Page

Optionen:

0 => QuickEdit
1 => Columns
2 => Languages

web_info.menu.function

Modul: Web > Info

Optionen:

page => Pagetree overview
log => Admin Changelog
tsconf => Page TSconfig

web_func.menu.function

Modul: Web>Functions

Optionen:

1 => Import
2 => Export
3 => Wizards

web_ts.menu.function

Modul: Web>Template

Optionen:

0 => Info/Modify
1 => Constant editor
2 => TypoScript Object browser
3 => Template analyzer

user_task.menu.function

Modul: User>Task center

Optionen: "tasks" => Tasks
"messages" => Messages
"note" => Quick Note
"recent" => Recent Pages
"mod" => Modules
"actions" => Actions

SHARED.colPos_list

Spezielle Eigenschaft, mit der sich die Content-Spalten *Links*, *Normal*, *Rechts*, *Rand* aktivieren bzw. deaktivieren lassen.

Optionen: "0" => Normal
"1" => Left
"2" => Right
"3" => Border

Beispiel: `mod.SHARED.colPos_list = 0,2`

[mod].tt_content.colPos_list

Eigenschaft, mit der sich die Content-Spalten *Links*, *Normal*, *Rechts*, *Rand* aktivieren bzw. deaktivieren lassen.

Optionen: "0" => Normal
"1" => Left
"2" => Right
"3" => Border

Beispiel: `mod.web_layout.tt_content.colPos_list = 0,2`

[mod].tt_content.fieldOrder

String (kommasepariert)

Sortierreihenfolge im Backend für *tt_content*-Elemente.

[mod].noCreateRecordsLink

boolean

Der Link *Neuen Datensatz anlegen* wird nicht angezeigt.

[mod].alternateBgColors

boolean

Mit aktivierter Eigenschaft werden Hintergründe bei Elementen alternierend dargestellt.

newWizards

boolean

Aktiviert bzw. deaktiviert den Wizard *Neuen-Datensatz-Anlegen*.

Index

Symbole

A

B

C

D

E

F

G

M

N

O

P

Q

R

S

U

V

W

X

Z

Über den Autor

Robert Meyer befasst sich seit Jahren mit Content Management-Systemen und seit 2001 intensiv mit TYPO3. Er kennt die Eigenarten, Möglichkeiten und Stärken, aber auch die Grenzen dieses unternehmenstauglichen Systems. Er leitet das auf Hosting und Support spezialisierte Unternehmen *mittwaldmedien CM Services* und führt regelmäßig TYPO3-Schulungen für Einsteiger und Fortgeschrittene in verschiedenen Städten durch.

Kolophon

Das Design der Reihe *O'Reillys Basics* wurde von Hanna Dyer und Michael Oreal entworfen, das Coverlayout dieses Buchs hat Michael Oreal gestaltet. Als Textschrift verwenden wir die Linotype Birka, die Überschriftenschrift ist die Adobe Myriad Condensed, und die Nichtproportionalschrift für Codes ist LucasFont's TheSansMono Condensed. Die in diesem Buch enthaltenen Abbildungen stammen von Michael Oreal und wurden mit Macromedia Freehand 8 erzeugt.

PHP & MySQL

PHP Design Patterns

Stephan Schmidt, 376 Seiten, 2006, 34,90 €
gebundene Ausgabe
ISBN 978-3-89721-442-2

PHP Design Patterns zeigt Ihnen, wie Sie Software mit Entwurfmustern so konzipieren, dass sie modernen Standards entspricht, zukunftssicher ist und sich problemlos erweitern lässt, wenn sich die Anforderungen ändern. Stephan Schmidt erläutert zunächst einige allgemeine Regeln des guten Software-Designs, um dann alle wichtigen Design Patterns detailliert vorzustellen und anhand von Praxisbeispielen gut nachvollziehbar zu implementieren. Da PHP häufig für die Entwicklung von Webanwendungen eingesetzt wird, liegt ein Schwerpunkt des Buchs auf Design Patterns in diesem Umfeld: Der Autor zeigt, wie Websites anhand des Schichtenmodells sinnvoll aufgebaut werden und in welcher Form hier Enterprise-Patterns zum Einsatz kommen.

Programmieren mit PHP, 2. Auflage

Kevin Tatroe, Rasmus Lerdorf & Peter MacIntyre, 592 Seiten, 2006, 44,90 €
gebundene Ausgabe
ISBN 978-3-89721-473-6

Als Erfinder von PHP bringt der Autor Rasmus Lerdorf natürlich eine besondere Perspektive und viel Spezialwissen mit, das PHP-Programmierer in keinem anderen Buch finden werden. In *Programmieren mit PHP* erläutern Lerdorf und seine Koautoren – beide ausgewiesene PHP-Experten – klar und kompakt Sprachsyntax und Programmiertechniken von PHP anhand zahlreicher praxisorientierter Beispiele. PHP-Programmierer finden hier alles, was sie über die Generierung dynamischer Webinhalte mit PHP wissen müssen, fortgeschrittene Entwickler können ihr Wissen durch Insidertipps und -techniken von Rasmus Lerdorf erweitern.

PHP 5 Kochbuch, 2. Auflage

David Sklar & Adam Trachtenberg
794 Seiten, 2005, 46,- €
ISBN 978-3-89721-409-5

Das beliebte Kochbuch zu PHP in vollständig aktualisierter Neuauflage: Gesammeltes Wissen von amerikanischen und deutschen PHP-Experten! Der Bestseller behandelt jetzt PHP 5, er wurde komplett überarbeitet sowie durch neue Kapitel und Rezepte ergänzt. Neben einer umfangreichen Rezeptsammlung zum neuen PHP-Objektmodell bieten die neuen Kapitel eine ausführliche Einführung in Webservices und zeigen, wie man die in PHP 5 hinzugekommenen Iteratoren, Streams, Wrapper, Filter und Exceptions sinnvoll in der Praxis einsetzt. Die neugestalteten XML-Erweiterungen werden ebenso praxisnah besprochen wie PHP auf der Kommandozeile und PEAR.

PHP in a Nutshell

Paul Hudson, 400 Seiten, 2006, 34,90 €
ISBN 978-3-89721-343-2

PHP in a Nutshell ist ein umfassendes Nachschlagewerk zu PHP im bewährten Nutshell-Stil, das den Kern der Sprache sowie alle populären Erweiterungen behandelt. Es deckt die neueste PHP-Version 5.1 ab. Das Buch versucht nicht, die viel genutzte PHP-Online-Dokumentation zu ersetzen, sondern ist so konzipiert, dass es das Online-Manual sinnvoll ergänzt und dessen Lücken schließt: Die Informationen gehen stärker in die Tiefe, Zusammenhänge werden deutlich gemacht und die Themen sind so organisiert, dass der Leser sehr schnell genau das findet, wonach er gerade sucht. Zudem bietet das Buch zahlreiche Beispiele sowie wertvolle Tipps und Tricks, die den Programmierer in der Praxis ganz konkret weiterbringen.

High Performance MySQL

Jeremy D. Zawodny & Derek J. Balling
312 Seiten, 2005, 38,- €
ISBN 978-3-89721-388-3

Einführungen in MySQL gibt es viele. Aber wer größere MySQL-Server betreut, die verlässlich laufen müssen, egal, was Programmierer oder Benutzer auf sie loslassen, der braucht weiter reichende Informationen. Jeremy Zawodny ist MySQL-Guru bei Yahoo! und hat mit seinem Co-Autor Derek Balling umfangreiches Insider-Wissen für Profis gesammelt. In *High Performance MySQL* erfahren Sie, wie Sie mit der richtigen Konfiguration, mittels Replikation, Lastverteilung und Backups erreichen, dass Ihre Site immer problemlos funktioniert.

Webdatenbank-Applikationen mit PHP und MySQL, 2. Auflage

Hugh E. Williams & David Lane
876 Seiten, 2005, 46,- €
ISBN 978-3-89721-387-6

Diese zweite Auflage führt fort, was die erste Auflage dieses Buchs zu einem Bestseller gemacht hat: Sie vermittelt Grundlagenwissen, um mit PHP und MySQL datenbankbasierte Webanwendungen programmieren zu können, veranschaulicht die praktische Umsetzung anhand einer komplexen Beispiel-Website und behält dabei die Prinzipien des guten Anwendungsdesigns im Auge. Schwerpunkt der Überarbeitung dieses Buchs war die Umsetzung der neuen Features von PHP 5 und MySQL 4.1, aber auch die Verwendung von PEAR-Paketen.

O'REILLY®

anfragen@oreilly.de • http://www.oreilly.de • +49 (0)221-97 31 60-0

Webdesign

HTML mit CSS & XHTML von Kopf bis Fuß

Elisabeth Freeman & Eric Freeman
692 Seiten, 2006, 44,90 €
ISBN 978-3-89721-453-8

Sie wollen die Web-Grundtechnologien HTML und CSS erlernen, fürchten aber nüchtern-technische Lehrbücher? Dann ist HTML mit CSS und XHTML von Kopf bis Fuß genau das Richtige für Sie! Statt langweiliger Vorträge finden Sie hier viele visuelle Überraschungen, witzige Comics, geistreiche Dialoge und unterhaltsame Beispiele. Und trotzdem vermittelt das Buch das technische Know-how, das man braucht, wenn man im Web-Umfeld arbeitet oder arbeiten möchte. Angefangen bei den Grundkenntnissen in HTML, XHTML und CSS über notwendige Infos zu Zeichensätzen und Farben bis hin zur Einhaltung der Webstandards werden alle wichtigen Themen behandelt – worauf warten Sie also noch?

HTML & XHTML, 3. Auflage

Chuck Musciano & Bill Kennedy,
608 Seiten, 2007, 39,90 €, gebundene Ausgabe, ISBN 978-3-89721-494-1

Dieses Buch ist eine umfassende und komplette Übersicht über HTML 4.01 und XHTML 1.0, die über eine Einführung weit hinausgeht. Es behandelt detailliert jedes HTML-Element und erklärt die jeweilige Funktionsweise und das Zusammenspiel mit anderen Elementen. Das Buch ist besonders geeignet für HTML-Autoren, die professionelle Webseiten erstellen und dazu das ganze Spektrum an Möglichkeiten mit HTML und XHTML nutzen wollen.

JavaScript – Das umfassende Referenzwerk, 3. Auflage

David Flanagan,
1100 Seiten, 2007, 54,90 €, gebundene Ausgabe, ISBN 978-3-89721-491-0

JavaScript ist als Baustein des WWW mittlerweile fast so bekannt wie HTML. Für das Erstellen dynamischer Webseiten kommt man um die clientseitige Skriptsprache nicht mehr herum. Mit der Verbreitung von Ajax wird JavaScript inzwischen aber auch zur Programmierung komplexer Anwendungen mit vielen Tausend Zeilen Code verwendet.

JavaScript – Das umfassende Referenzwerk wurde von Kultautor David Flanagan für diese Neuauflage komplett überarbeitet und um viele Kapitel ergänzt, die den modernen Einsatz von JavaScript und Ajax dokumentieren. Die dritte Auflage ist die deutsche Ausgabe der fünften englischen Auflage.

Webdesign mit CSS

Jens Meiert, Ingo Helmdach
228 Seiten, 2005, 29,- €
komplett in Farbe
ISBN 978-3-89721-422-4

Standardkonformes Webdesign muss nicht zwangsläufig zu langweiligen Designs führen, sondern ermöglicht durchaus originelle Ideen. Dieses durchgehend vierfarbige Buch bietet Anregungen und Beispiele für CSS-Standard-basierte Designs, die zur eigenen Inspiration studiert werden können, aber auch sofort angewendet und für die eigenen Bedürfnisse angepasst werden können. Das Buch wendet sich an Webdesigner, Autoren und Entwickler, die sich mit den XHTML- und CSS-Standards prinzipiell auskennen und nun auf der „Design-Leiter" ein paar Stufen höher klettern wollen. Die CSS- und XHTML-Beispieldateien können heruntergeladen und frei verwendet werden.

Cascading Style Sheets – Das umfassende Handbuch, 2. Auflage

Eric A. Meyer,
576 Seiten, 2007, 39,90 €, gebundene Ausgabe, ISBN 978-3-89721-493-4

Eric Meyer, eine international anerkannte Größe in der CSS-Gemeinde, behandelt in diesem Buch ausführlich die aktuellen Standards CSS2 und CSS2.1. Detailliert beschreibt er alle CSS-Eigenschaften, erläutert, wie sie mit anderen Eigenschaften zusammenwirken und zeigt anhand vieler praktischer Beispiele, wie sie angewendet werden. Durch die Referenzen im Anhang zu allen CSS-Eigenschaften und Selektoren kann dieses Buch auch sehr gut als Nachschlagewerk verwendet werden.

CSS Kochbuch, 2. Auflage

Christopher Schmitt,
544 Seiten, 2007, 39,90 €, gebundene Ausgabe, ISBN 978-3-89721-492-7

Aktualisiert und deutlich erweitert, wartet die zweite Auflage des *CSS Kochbuchs* mit dem bewährten Mix aus schnellen, praxisorientierten Lösungen und begleitenden Diskussionen auf. In über 150 Rezepten behandelt Autor Christopher Schmitt gängige bis vertrackte CSS-Aufgaben, denen sich Webdesigner immer wieder gegenüber sehen. Den passenden Code dazu gibt es zum Herunterladen – CSS für alle Lebenslagen, fertig zum sofortigen Einsatz auf Ihrer Website.